TAT와 기타 스토리텔링 평가의 핵심 제2판

ESSENTIALS OF TAT
and Other Storytelling Assessments

Hedwig Teglasi 지음 | 장문선 · 이종환 옮김

Essentials of TAT and Other Storytelling Assessments, 2nd Edition
by Hedwig Teglasi

Printed in Korea
ISBN : 978-89-98521-53-0

역자 서문

주제통각검사(Thematic Apperception Test, 이하 TAT)는 일련의 그림자극으로 구성된 투사적 검사로, 그림자극에 대해 이야기를 만들어 가는 과정에서 수검자가 의식적으로 잘 인식하지 못하는 욕구, 정서, 기분, 콤플렉스, 성격 갈등의 일부를 드러내는 방법이다. TAT는 매우 풍부하면서도 복잡한 정보를 제공해 주기 때문에 다른 심리검사 자료를 보완하는 검사방법으로도 그 가치를 인정받고 있다. 임상장면에서의 이와 같은 유용성에도 불구하고, TAT는 신뢰도, 타당도의 문제와 더불어 다양한 채점체계의 존재로 인한 채점 및 해석에서의 문제점 등으로 인해 그 유용성에 비해 다소 제한적으로 사용되어 왔다. 그러나 각 그림자극에 투사될 수 있는 미묘한 정서와 갈등, 억압된 욕구와 방어기제 등의 측면을 고려해 보면, 임상장면에서 TAT는 검사 용도뿐 아니라 치료과정을 촉진하고 확장해 줄 수 있는 치료적 매개체의 가능성 또한 지니고 있음을 유추해 볼 수 있다. 이와 관련하여 역자는 내담자가 경험하고 있는 문제의 심층적 측면을 이해하는 데 도움을 줄 수 있는 검사로서의 기능뿐 아니라, 내담자 내면의 빗장을 열고 문제의 본질과 그에 대한 정서적 통찰을 촉진해 주는 매개체로서의 TAT의 역할에 대해 감탄한 바가 몇 차례 있어 소개하고자 한다.

50대 후반의 한 여성이 종합건강검진에서 이상 소견이 없었음에도 지속되는 두통과 자율신경계 항진 및 소화 기능상의 문제를 호소하여 상담에 의뢰되어 역자를 방문한 바 있다. 이 여성은 신체적 증상에 지나치게 몰두하고 있었고, 다른 심리 환경적 문제나 스트레스 요인 등에 대해서는 부인하는 자세로 일관하였으며, 심리상담 자체에 대해 부정적인 자세를 보였다. 면담과정에서 이러한 태도로 인해 깊이 있는 대화로 이어지지 못했고, 관련된 내면의 문제를 탐색하기 위해 심리평가를 시행하게 되었다. 다면적 인성검사, 문장완성검사에서는 방어적 태도로 일관하였고, 그림검사는 거부한 상태에서 큰 기대를 갖지 못하고 TAT를 실시하게 되었다. 예상한 바대로, 1번 카드에서 4번 카드에 이르기까지 이 여성은 그림에 대한 피상적인 묘사 수준에 그치는 짤막한 반응만을 나타내었다. 그러나 5번 카드(한 중년여성이 방문을 살짝 열고 방안을 탐색하는 모습이 그려져 있는 카드)를 보면서 그녀의 반응 태도는 달라졌다. 거의 즉각적인 반응을 보이던 이전의 모습과는 달리 3분이 넘는 긴 침묵이 이어졌는데, 그러한 침묵 이면에 복잡한 심적 과정이 펼쳐지고 있는 듯 보였다. 그러다 갑자기 침묵을 깨며 격앙된 음성으로 "하여간 노크도 하지 않고 문을 벌컥벌컥 여는 시어머니… 시어머니…이런 사람이 문제라니까!" 하며 흥분하는 것이었다. 그런 다음 일순간 얼굴이 붉어지면서 역자를 향해 "아니, 그러니까 제 시어머니가 그렇다는 게 아니고…" 하며 당황스러운 표정으로 어찌할 바를 몰라 하였다. 잠시 침묵이 흐른 뒤, 그 여성은 그림카드를 덮고는 "제가 너무 바보 같다. 이 그림을 보니 제가 살아온 인생 이야기를 하고 싶다. 그래도 되는가?"라고 하며, 수십 년 동안 남편의 외도, 시어머니의 간섭과 억압 등에 대한 이야기를 이어 갔다. TAT의 그림자극이 그간 억압하고 방어하고 있었던 자신의 삶에 대한 진지한 물음을 던지게 된 계기가 되어, 이후 이 여성은 심리상담에 적극적인 관심과 참여를 나타내게 되었다. 이처럼 TAT 반응이 통찰과 치료 진전에 직접 영향을 준 인상적인 사례가 몇 차례 더 있었다.

역자들은 TAT가 지니고 있는 이와 같은 임상적 가치를 여러 각도에서 심층적으로 재조명하고 있는 안내서를 임상현장에 종사하고 있는 많은 분들에게 소개하고자 H. Teglasi가 집필한 『Essentials of TAT and Other Storytelling Assessments』를 번역하게 되었다. 이 책은 TAT와 관련된 풍부한 임상경험 및 연구로 잘 알려진 저자가 TAT와 기타 스토리텔링 검사 반응을 인지, 정서, 대상관계, 동기와 자기조절 등의 영역에서 심층적으로 해석할 수 있도록 풍부한 사례를 함께 제시하여 설명하고 있다. 그간 역자가 대학원 심리평가 강의에서 참고교재로 활용해 오면서 평가 및 치료의 촉진제로서 TAT의 가치를 재확인할 수 있는 보석 같은 내용이 포함되어 있음을 경험하게 되어 보다 많은 임상가에게 소개하고 싶은 욕심이 커졌다. 그러나 의욕만 앞선 채 막상 번역을 시작하게 되니, 너무나 복잡하고 긴 문장과 추상적인 용어들로 가득 찬 원어를 의미를 살려 해석하는 일이 정말 만만치 않은 과제로 다가왔다. 중도에 포기하고 싶은 마음도 몇 차례 들었지만 좋은 책을 소개하고 싶다는 순박한 욕심이 결국엔 완성본으로 이어지게 되었다.

번역과정 및 교정 작업에 있어서 경북대학교 심리학과 임상 대학원생들(임종민, 손한백, 신진아, 장준희)의 노력과 헌신이 너무나 결정적이었음을 밝히며, 다시 한 번 지면을 통해 감사의 뜻을 표하는 바이다. 또한, 이 책을 번역하면서 더욱 확실해진 신념으로, TAT를 활용한 사회인지 및 대상관계 척도(Social Cognition and Object Relations Scale)를 국내에 처음으로 표준화하는 연구 또한 수행하게 되어 그 보람이 더욱 커졌다. 앞으로 이 책이 작은 밑거름이 되어 TAT의 임상적 활용과 가치에 대한 후속적인 연구가 더욱 많이 이루어지길 희망하며, 끝으로 이 책이 출판되기까지 적극적인 관심과 격려를 아끼지 않으신 박학사의 구본하 사장님과 편집부 여러분께 진심으로 감사의 뜻을 전한다.

2016년 여름, 경북대학교 연구실에서
역자대표 장문선

시리즈 서문

『심리평가의 핵심(Essential of Psychological Assessment)』 시리즈에서 우리는 독자들에게 가장 효과적이고, 이해하기 쉬운 형태로 핵심적이면서도 유용한 정보를 전달하고자 하였다. 본 시리즈는 인지, 성격, 교육, 신경심리학과 같은 다양한 분야에서 활용되는 평가도구를 다루고 있다. 이 시리즈를 통해 임상가는 유효성이 검증된 최신 검사도구를 접할 수 있을 뿐만 아니라, 새로이 개정되는 평가도구를 능숙하게 사용할 수 있는 간결하면서도 포괄적인 방법을 숙달할 수 있다. 심리평가라는 복잡한 과정을 시작하기에 앞서 초심자는 이 책에서 반드시 익혀야 할 모든 정보와 기법을 발견할 수 있을 것이다.

핵심적이고 주요한 내용을 강조하기 위해 시각적 자료를 활용하여 체계적이고 단계적인 지침을 제시하였다. 각 장은 주제에 따라 명확하고 명료하게 구성하였으며, 실시, 채점, 해석 및 임상적 적용을 쉽게 이해하는 것을 목표로 하였다. 또한 임상적 추론을 향상하기 위해 필요한 만큼의 이론과 연구를 제시하였다. 우리는 오랫동안 '현명한' 검사활용을 주장해 왔다. 다시 말해, 검사점수의 프로파일이 전문가의 임상적 관찰과 예리한 분석을 통해 실제 삶에 적용되지 않는다면 평가 자체는 무의미하다. 검사 프로파일이 사람들의 삶에 영향력 있게 사용되지 못한다면 무슨 소용이겠는가? 우리는 독자들이 이 시리즈를 통해 훌륭하고 현명한 검사자가 되길 바란다.

『TAT와 기타 스토리텔링 평가의 핵심(Essentials of TAT and Other Storytelling Assessments)』 2판에서 Hedwig Teglasi 박사는 모든 주제통각기법의 이론적 토대인 투사 가설(projective hypothesis)을 성격에 대한 연구에서 통용되는 견해와 연결 지어 설명하였다. 또한 그녀는 개인적 도식과 사회적 정보처리과정을 반영하는 경험의 언어로서 이야기(narrative)에 대한 연구에 포함된 스토리텔링 기법의 임상적 활용을 개념화하였다. 이 책은 주로 주제통각검사(Thematic Apperception Test)에 중점을 두었으며, 아동용 주제통각검사(Children's Apperception Test)와 Tell-Me-A-Story Test, Roberts 2 또한 다루고 있다. 이 책은 네 가지 영역(인지, 정서, 대상관계, 동기와 자기조절)에서 평가지와 사례를 포함하는 구체적인 지침을 제공한다.

시리즈 편집자 Alan S. Kaufman, Ph. D., Nadeen L. Kaufman, Ed. D.
Yale University School of Medicine시리즈 서문

감사의 말

경험의 언어로서 하나의 이야기는 그것이 그림자극에 대한 이야기든 개인적 기억에 대한 이야기든 상관없이 반복적으로 검토될 수 있다. 다양한 심리학 하위 분야에 걸친 과학적 문헌은 내용과 구조의 측면에서 이야기를 분석할 수 있는 다양한 관점을 제공한다. 이야기를 부호화하고 해석하는 접근에 있어 많은 도움을 준 학자들에게 거듭 감사의 말을 전한다. 또한 통찰력 있는 질문으로 제2판 집필의 원동력이 되어 주었던 나의 학생들과 Wiley의 편집자 Isabel Pratt에게도 감사를 표한다.

저자 소개

Hedwig Teglasi 박사는 메릴랜드 대학교 Counseling and Personnel Services 학부의 교수로 재직 중이며, 미국 심리학 전문가 위원회(American Board Professional Psychology, ABPP)의 위원이다. 또한 그녀는 미국심리학회(American Psychological Association), 성격평가학회(Society for Personality Assessment), 미국학교심리학회(American Academy of School Psychology)의 회원이다. 그녀는 성격, 기질, 사회적 유능성 증진과 관련된 주제에 대한 다수의 논문과 저서를 집필하였으며, 특히 사회적 정보처리과정을 유도하는 도식을 평가하고 수정하기 위한 스토리텔링 평가의 활용을 연구하였다. Teglasi 박사는 「School Psychology Quarterly」 편집장을 역임한 바 있으며, 기질 및 성격 평가와 관련된 특정 저널 편집위원단의 구성원이다. 그녀는 최근 미국 학교심리학 위원회(American Board of School Psychology)의 회장을 역임하였다.

차례

1 CHAPTER
개관

주제통각기법(thematic apperceptive techniques)은 제시된 장면에 대한 이야기를 유도하고 해석하는 방법을 일컫는 것으로, 전통적으로 투사도구의 일환으로 분류되며 성격에 대한 수행기반 측정도구로 간주된다. 모든 투사기법은 특정 수행에 대한 요구를 충족할 수 있는 획일화된 정확한 접근이 불가능하다는 공통점이 존재하며, 이 때문에 각각의 자극은 개성의 표현을 극대화하는 방식으로 제시된다. 개인으로 하여금 과제를 수행하도록 하거나 또는 질문지나 면접을 통해 정보를 보고하도록 하는 등의 성격에 대한 다양한 측정방법 가운데, 특히 투사검사를 보다 광의의 개념화인 **성격에 대한 수행기반 측정도구**(performance-based measures of personality)로 간주하는 것은 성격연구 분야에서 핵심적인 구분으로 인정된다(Meyer & Kurtz, 2006; Teglasi, 1998). 성격 수행 측정도구는 보다 구조화된 인지 수행 측정도구와는 근본적으로 다르다. 성격을 측정하는 과제들은 분명하고 정확한 답이 없는 불확실한 상황 아래에서 문제를 추론하고 해결하는 과정을 평가하기 위해 사용된다. 반면, 인지(지능 또는 학업 성취)를 측정하는 과제들은 명확한 문제를 제시하고, 각각의 응답은 단순히 정답 혹은 오답으로 분류된다. 정답이나 오답이 없는 상황에서 이루어지는 스토리텔링 과제에 대한 반응의 평가는 고도의 자격을 갖춘 전문가에 의해 이루어지는데, 그들은 자신의 이론적 틀에 부합하는 특정한 해석적 도식을 활용하여 반응을 평가한다.

많은 비판에도 불구하고, Morgan과 Murray(1935)에 의해 도입된 일련의 그림 세트의 구성인 주제통각검사(Thematic Apperception Test, TAT)는 가장 인기 있는 심리검사로 남아 있다(Archer, Marnish, Imhof, & Piotrowski, 1991;

Watkins, Campbell, & McGregor, 1988; Watkins, Campbell, Nieberding, & Hallmark, 1995). 그러나 TAT는 Murray가 제안한 해석체계를 넘어, 이후 다양한 해석적 접근이 발전되었다. 더 나아가, TAT를 변형하여 여러 가지 다른 그림자극과 이에 수반되는 반응을 해석하는 절차 또한 도입되었다.

주제통각기법의 역사

TAT 자극(Morgan, & Murray, 1935; Murray, 1938, 1943)의 도입은 복잡한 사회적 상황을 묘사한 그림 장면에 대한 스토리텔링이 성격의 중요한 측면을 드러낼 것이라는 개념을 대중화하였다. 이야기를 유도하기 위한 그림의 사용은 TAT의 도입 이전, 잘 알려지지 않은 네 가지 연구에서 보고된 바 있다(Tomkins, 1947).

TAT가 발전하기 시작할 무렵, 지각을 강조한 Rorschach 기법이 인기를 얻기 시작했다. Murray(1938)는 TAT가 **통각**을 평가하는 이점을 제공한다고 생각하였다. 그는 **지각**(perception)을 감각적 인상에 근거한 사물의 인식으로, **통각**(apperception)을 지각된 것에 대한 의미 부여로 정의하였다. 이러한 정의에 따르면, 그림 장면에 대한 스토리텔링은 등장인물의 동기, 의도, 및 기대를 파악하기 위해 그림 단서에 대한 해석을 요구하는 **통각** 과제이다. Murray는 TAT 그림에 대한 이야기를 해석하는 자신의 이론에 근거한 구체적인 해석체계를 제안했지만, 스토리텔링 기법의 매력과 탄력성은 다양한 그림자극의 구성과 TAT 그림에 대한 다양한 해석적 접근의 도입을 초래하였다(8장 참조).

TAT의 해석적 절차와 다양한 파생물은 성격에 대한 연구(Smith, 1992) 혹은 임상적 활용(Jenkins, 2008)을 위해 고안되었다. 성격 연구자들은 특정한 성격 구조를 평가하기 위한 명확한 기준을 선호(Smith, 1992)하는 반면, 임상가들은 '전인적(whole)' 인간의 기능을 평가하기 위해 보다 광의의 구조를 선호한다. 많은 사람은 TAT는 평정되어서는 안 되며 해석되어야 한다고 주장한다(Gieser & Stein, 1999). 일반적으로, 임상가들은 정보를 이끌어 내고 이를 자신의 전문적 훈련과 지식에 비추어 해석하는 유용한 도구로 TAT 기법의 사용을 선호한다. 이러한 접근의 전형적인 예로, Bellak(1975, 1993)의 TAT 해석에 대한 정신역동적 이론의 적용을 들 수 있다. 임상 장면에서 TAT의 인기에도 불구하고, TAT에 대한 특정한 채점 체계에 대한 합의나 임상적 활용에 대한 포괄적인 규준은 없는 실정이다. 그럼에도 불구하고, 임상적 목적을 위해 개인의 적응과 관련된 신뢰성을 갖춘 특정한 부호화 절차가 발전되어 왔다(Jenkins, 2008; McGrew & Teglasi, 1990).

지난 반세기 동안 정신역동적 관점이 TAT의 임상적 활용에 있어 지배적인 위치를 차지하고 있었음에도 불구하고, 사회인지이론에 근거한 또 다른 해석적 체계가 도입되기도 하였다(Cramer, 1996; Teglasi, 1993, 1998; Westen, Klepser, Ruffins, Silverman, Lifton, & Boekamp, 1991). 현재의 관점은 TAT 본래의 이론적 토대를 약화시키기보다는 TAT에 입각한 기본적 원리를 확장하는 입장을 취한다.

사회인지이론에 따르면, 실시간 정보처리과정은 자기, 타인 그리고 세상에 대한 구조적 지식인 도식 혹은 과거에 조직화된 심리적 갖춤새(mental set)에 의해 영향을 받는다(Cervone, 2004; Teglasi, 1998). 개인은 현재 상황을 해석하기 위해 도식의 저장고를 끌어내며, 이것은 곧 결정과 행동을 이끌어 내는 해석(interpretation)이 된다. 성격 수행 측정도구를 임상적으로 활용하기 위해 이해하고 있어야 할 중요한 부분은 원하는 정답이 없는 불분명한 과제가 제시된다는 점이다. 즉 개인으로 하여금 새로운 자극에 반응하고 이를 해석하는데 자신의 심리적 갖춤새를 부과하도록 요구한다.

투사 가설(Frank, 1939)의 공식화 이후, 반응에 제한을 두지 않는 것이 허용되는 TAT와 같은 측정방법은 투사적 기법으로 지칭되었다. 주제통각기법을 포함하여 모든 투사적 기법의 핵심적인 가정은 '투사 가설(projective hypothesis)'을 바탕으로 한다. 투사 가설이란, 환경으로부터의 자극은 개인의 특정한 욕구, 동기, 감정, 지각적 갖춤새(perceptual sets) 및 인지 구조에 의해 감지되고 조직화되며, 이러한 과정의 대부분은 개인이 인식하지 못한 채 자동적으로 발생한다는 것을 뜻한다(Frank, 1948). 많은 경험적 증거들이 지각, 사고, 행동 그리고 동기에 스며들어 있는 무의식의 영향을 드러내고 있다(Bargh &

Morsella, 2008; Duckworth, Bargh, Garcia, & Chaiken, 2002). 투사 가설은 즉각적인 인식 밖에서 이루어지는 과정을 통해 의식적 사고와 행동에 영향을 미치는 마음의 질적 구성요소로 정의되는 '무의식'과 현저한 유사점을 내포하고 있다(James, 1998; Uleman, 2005). 이러한 자동적 과정은 투사검사에 대한 반응과 더불어 삶에서 경험하는 투사검사 상황과 유사한 비구조화된 상황에서의 반응을 형성한다.

역사적으로, TAT에 대한 대다수의 비판은 TAT와 자기보고식 검사가 동등한 정보를 제공한다는 잘못된 관점으로부터 기인한다. 자기보고식 방법이 개인이 믿고 있는 바를 파악하기 위한 더욱 간단하고 적은 노력을 필요로 하는 방법(단지 직접적으로 물어보는 방법)으로 여겨지기 시작한 이래로, 투사검사는 자기보고식 검사를 넘어서는 부가적인 가치를 지니고 있다는 것을 증명해야 할 기로에 서게 되었다. 이러한 맥락에서, 이야기 모티브(narrative motive) 측정방법과 이에 상응하는 자기보고식 특성 사이의 낮은 연관성은 어느 한쪽의 타당성 부족을 시사하는 것으로 잘못 판단되었다. 특성 이론가들은 투사적 측정도구에 대한 신뢰도와 타당도에 의문을 품는 경향이 있는 반면(Lilienfield, Wood, & Garb, 2000), 동기 이론가들은 이들 기법 간의 낮은 관련성을 자기보고와 수행도구에서 평정되는 구성개념에 대한 특수성의 증거로 채택하는 경향이 있다(Brunstein & Maier, 2005).

연구자들은 자기보고식 측정방법과 TAT와 같은 성격 수행 측정도구의 사용에 영향을 미치는 심리학적 구성개념에서의 이원론을 수립하였다. 구성개념의 명시적 형태는 자기개념에 기인하고 내성법을 이용할 수 있으므로 자기보고를 활용할 수 있는 반면, 암묵적 형태는 내성법에 의한 접근이 불가능하다(Bornstein, 2002; James, 1998; McClelland, Koestner, & Duncan, 1998). 인간의 기능에 대한 무의식의 심층적 역할을 이해할 수 있다는 이점과 관련하여 초래된 이론적 배경의 변화는 인간의 마음이 너무 복잡하기 때문에 단일한 평가방법으로 마음을 특징지을 수 없다는 점을 깨닫게 되는 결과를 초래하였다.

투사적 기법의 속성(TAT 포함)

- 자극은 반응을 준비하는 것이 불가능하도록 충분히 모호해야 하며, 이로 인해 개인의 주관적 해석이 요구된다.
- 과제에 접근하는 수많은 '올바른(correct)' 방법이 있다.
- 반응에 제약을 두지 않아야 하며, 반응은 개인이 조직화하는 흔적을 극대화한다.

이론적 토대

투사 가설과 도식 이론의 핵심 원리는 유사하다. 두 이론 모두 현재 자극의 해석에 관여하는 과거에 조직화된 심리적 '갖춤새(sets)'의 역할을 지적하며, 의식적 인식 밖에서 발생하는 이러한 심리적 구성요소의 영향을 강조한다(Fiske, Haslam, & Fiske, 1991; Wyer & Srull, 1994). 본질적으로 도식 이론과 연구는 투사 가설의 작동 방식을 정교화하는 데 활용될 수 있으며, TAT와 같은 성격에 대한 수행 측정방법을 지지할 수 있는 근거를 제공한다. 이야기 그 자체는 과거 경험에 대한 조직화를 포착하는 일종의 도식이며, 현재 경험을 정리하기 위한 심리적 구조를 제공한다(Teglasi, 1998). 성격 수행검사에 대한 반응을 이끄는 도식의 작동 양상을 이해하기 위해서, 심리적 구성개념과 정보처리 방식에서의 기본적 이원론을 고려하는 것이 필수적이다.

심리학적 구성개념과 이중 정보처리과정 이론

심리학적 구성개념의 암묵적(implicit) 그리고 명시적(explicit) 형태 간의 널리 입증된 구분은 자신에 대한 진솔한 감정에 의해 형성되는 '경험적 자기(experiencing self)'와 언어적 정보를 보다 객관적으로 처리함으로써 형성되는 '언어적으로 정의된 자기(verbally defined self)'를 구분하는 기본적인 이분법적 접근과 부합하는 것으로 여겨진다(James, 1890). 구성개념으로의 명시성은 개인의 자기-정의(self-definition) 또는 정체감에서 중요한 것이 무엇인지로 나타나거나 혹은 사회적으로 바람직하게 여겨지는 것(좋은 학생이 되는 것)이 무엇인지로 나타나는데, 이는 실제 경험(학습 과정을 즐기는 것)으로 이어질 수 있고 그렇지 않을 수도 있다. 일련의 고전적 연구에서 McClelland와 동료들(Koestner & McClelland, 1990; Koestner, Weinberger, & McClelland, 1991; McClellnad et al., 1989)은 TAT를 활용하여 측정된 암묵적 성취동기와 자기보고를 사용하여 측정된 명시적 성취동기가 서로 다른 경로로 발달하며, 타 변인들과도 서로 다른 형태의 관련성을 보인다는 점을 논하였다(Spangler, 1992). 암묵적 동기는 개인의 인생에서 중요한 타인과의 만남과 더불어 이와 관련된 활성화된 자발적 반응에 바탕을 둔 정서적 경험의 특정한 측면에 대한 기질적 준비성이다. 대조적으로, 자기-귀인적(self-attributed) 동기는 개인적 성향보다는 자신이 추구하는 자기-기술(self-description)을 향한 논리적, 문화적, 그리고 사회적 기반에 좀 더 뿌리를 둔 자기(self)에 대한 개념화로 구성된다. 자기-귀인적(명시적) 동기는 사회적으로 장려되는 가치를 표현하는 것 또는 자기의 특정 측면을 나타내는 것에 대해 보상을 제공하는 상황에 대한 반응을 예측하게 해 주지만, 개인의 정서적 선호도와 반드시 연관되는 것은 아니다. 암묵적 동기는 우리가 활동하거나, 무엇인가를 경험하거나, 과제를 수행할 때 발생하는 본질적인 즐거움을 통해 발달한다(Biernat, 1989; Koestner, Weinberger, & McClelland, 1991; McClelland et al., 1989). TAT를 활용하여 평가된 암묵적 동기는 장기적인 행동적 추세를 예측하는 반면, 설문지를 활용하여 평가된 자기-귀인적(명시적) 동기는 단기적인 선택 행동을 예측한다. 자기보고식 검사와 수행 과제를 활용하여 측정된 다양한 구성개념에 대한 이원론적 설명은 꾸준히 제기되어 왔다(빠르게 찾기 1.1 참조).

빠르게 찾기 1.1

심리적 구성개념에 대한 이원적 형태: 암묵적 그리고 명시적 성격

- **성취동기(Achievement motivation)** (McMlelland et al., 1989)
- **자존감(Self-esteem)** (Bosson, Swann, & Pennebaker, 2000; Spalding & Hardin, 1999)
- **의존성(Dependency)** (Bornstein, 1998)
- **태도(Attitudes)** (Greenwald, Banaji, Rudman, Farnham, Nosek, & Mellott, 2002)
- **공격성(Aggression)** (Frost, Ko, & James, 2007)

빠르게 찾기 1.2

정보처리과정에서의 이중 처리체계 (Evans, 2008 참조)

연결주의 체계 (체계 1)	**상징적 처리체계** (체계 2)
무의식적(의식을 반영하지 않음)	의식적
자동적, 자연스러운	의도적, 노력이 필요한
빠르고, 직관적이고, 동시적인 과정	상대적으로 느리고, 통제되고, 분석적인 과정
많은 정보를 처리할 수 있는 높은 용량	주의(attention)에 의한 제한된 용량과 작업 기억
경험적	이성적
암묵적	명시적

정보처리과정에서의 두 가지 차별화된 방법(빠르게 찾기 1.2 참조)은 심리학적 구성개념의 암묵적, 명시적 형태와 관련이 있다. 무의식적(암묵적)이며, 빠르고, 자동적이고, 많은 양의 정보를 동시에 다룰 수 있는 용량의 처리과정과 의식적(명시적)이고, 느리고, 의도적인 처리과정 사이에는 본질적인 차이가 있다(Evans, 2008). 이러한 이원화된 설명은 '심장'과 '머리' 사이의 불일치로 묘사되어 온 각기 다른 사고방식 사이의 갈등을 합리적, 경험적 정보처

리 과정으로 특징짓는다(Epstein, 1994; Epstein & Pacini, 1999). '심장'은 자신의 감정과 연결된 것을 신뢰하기 때문에, 근거가 없더라도 확신하는 경향이 있다. 반면에 '머리'는 새로운 근거에 의해 쉽게 변화하는 논리적이고 합리적인 생각에 반응하는 경향이 있다. 물론, 이러한 두 사고체계가 서로 극단적으로 치우쳐 있음을 지적하며, 이 두 체계를 절충하고자 하는 견해도 존재한다.

개인은 암묵적, 명시적(자기-귀인적) 동기 혹은 신념과 더불어 암묵적, 명시적 신념에 상응하는 정보처리과정에서의 자동적이고 통제적인 방식을 다양한 상황에서 직면한다. 앞서 언급된 바와 같이 암묵적, 명시적 도식은 서로 다른 맥락에서 나타남에도 불구하고, 서로 상호작용하여 행동과 적응에 영향을 미친다. 몇몇 상황에서는 외부적 보상이 한 개인의 암묵적 동기보다 더 중요하게 여겨질 수 있으며(Rudman, 2004), 명시적, 암묵적 심리적 구성개념 사이의 갈등은 심리적 안녕감을 향한 다양한 타협을 초래하는 결과로 이어질 수 있다. 성취를 향한 암묵적, 자기-귀인적(명시적) 동기 사이의 불일치는 주관적인 심리적 안녕감의 감소와 더불어 심리적 증상의 형성과 관련된다(Baumann, Kaschel, & Kuhl, 2005).

암묵적, 자기-귀인적(명시적) 성향 사이의 불일치는 해당 문화의 사회적 바람직성에 따라 다른 방식으로 해결될 가능성이 있다(성취를 향해 나아감 또는 공격성의 표출). 경로화 가설(chaneling hypothesis)에 따르면(Winter, John, Stewart, Klohnen & Ducan, 1998), 특정한 자기상(self-image) 또는 자신에 대한 타인의 평판을 유지하기 위한 욕구와 암묵적 성향 사이의 갈등이 발생할 때면, 명시적 동기가 암묵적 동기를 표현하기 위한 경로(channel)에 영향을 미친다. 예를 들면, 공격적인 자기상을 견딜 수 없는 한 개인이 내면에 적대감을 경험하고 있다면, 이러한 적대감을 간접적인 방식으로 표현할 것이다(Frost, Ko, & James, 2007). 심리학적 구성개념을 두 가지 형태로 평가하는 것은 상황적 맥락하에서의 개인의 기능으로 고려되는 성격 변인에 대한 명시적, 암묵적 형태의 상대적 영향력을 파악할 수 있게 한다.

일반적 그리고 개인적 지식 구조

도식 이론과 투사 가설의 관계에 대한 충분한 검토를 위해서는 경험을 조직화하는 지식 구조의 두 가지 유형에 대한 구분이 필요하다. 하나는 인식의 주체와 독립적인 지식 구조이고, 다른 하나는 인식의 주체 특유의 지식 구조이다(Mandler, 1982; Wozniak, 1985). 인식의 주체와 독립적으로 존재하는 지식은 **일반적**(public) 지식인 반면, 개인의 경험에 의존적인 지식은 **개인적**(personal) 지식이다(그림 1.1 참조). 일반적이든 개인적이든 간에 모든 도식은 환경에서의 자극과 사건의 관계에 대한 정보를 감지하고, 처리하고, 사용하기 시작하는 능력의 결과물이며, 이는 종종 의도적 노력이나 의식적 인식 없이 형성되기도 한다(Dowd & Courchaine, 2002; Lewicki, Czyzewska, & Hill, 1997; Lewicki, Hill, & Czyzewska, 1992). 논리, 근거 혹은 사회적 합의 등의 증거를 통하여 외부 세계의 규칙성을 포착하는 도식은 **일반적**(public) 도식으로 불린다. 반면, 내부 및 외부세계의 지각된 규칙성을 조직화하는 도식은 **개인적**(personal) 도식으로 형성되는 경향이 있는데, 이는 개인에게 독특하게 나타나며 자신과 마음이 잘 통하는 타인에 의해서만 확인되기 때문이다.

일반적 도식은 **논리적**(logic), **사회적**(social) 도식으로 재분류될 수 있다. 사실 혹은 사건 간의 관찰된 관계에 대한 과학적 원리나 수학 공식과 같은 논리적 도식은 비판적 분석, 논증 또는 직접적 증거를 통해 발달하고 변화한다. 일상적 사건의 규칙성을 조직화하는 사회적 도식(식당에서 음식을 주문하는 방법, 치과를 방문할 경우 앞으로 일어날 일 등), 문화적으로 받아들여지는 규칙 또는 신념(교실에서 손을 들고 질문하기, 종업원에게 팁을 주기 등) 혹은 공용 시설에 대한 배치에 대한 지식(공항 등)은 사회적 합의에 의해 유지되며, 반드시 논리를 필요로 하지 않는다. 이러한 사회적 도식은 일반적으로 발생할 수 있는 상황에서 앞으로 무슨 일이 일어날 것인지와 어떻게 행동할 것인지에 대한 특정한 기대를 규정한다(Abelson, 1981; Schank & Abelson, 1977).

개인적 도식(personal schemas)에 대한 분류는 심리적 구성개념의 두 가지 형태, 즉 **암묵적**(implicit), **명시적**(explicit) 형태의 구분과 유사하다. **명시적 개인적 도식**(explicit personal schemas)은 타인 그리고 세상과 관련된 자신에 대한 모델로, 이는 개인이 사회적 가치 혹은 정체성의 중요한 측면의 기반에 대해 자기-귀인을 부여하는 동기를 포함하며, 반드시 실제 경험에서의 규칙적 형태와 연관되는 것은 아니다. 명시적 개인적 도식은 특정한 자기상에 대한 분명한 단서 혹은 보상을 제공함으로써 상대적으로 구조화된 상황에서 활성화된다. 암묵적 개인적 도식(implicit personal schemas)은 자신을 둘러싼 환경에 존재하는 사람들과의 상호적 접촉에 대한 지속적 통합으로 구성되는 실험적인 규칙성을 반영한다(Teglasi & Epstein, 1998). 행동과 결과의 관계 그리고 외부 사건의 흐름과 관련된 자신의 정서적 상태에 대한 규칙적 패턴과 같은 외부 세상에서의 특정 양상을 파악함으로써, 개인은 어떤 행동이 특정 결과를 초래할 수 있는지 혹은 초래할 수 없는지에 대한 기대를 형성한다. 그러므로 암묵적 개인적 도식은 정동, 인지, 행동 사이의 상호관련성을 포착하면서, 고통의 근원에 대한 신념과 더불어 불쾌한 상태를 조절하고 원하는 결과를 가져올 수 있는 자신의 효능성에 대한 신념을 포함한다. 부분적으로 암묵적일 수도 있는 개인적 도식은 주입식 학습에 비해 실험적 학습(새로운 규칙성을 발견하거나, 경험을 재구성하는 것 등)을 통해 더욱 쉽게 변화한다(Dowd, 2006).

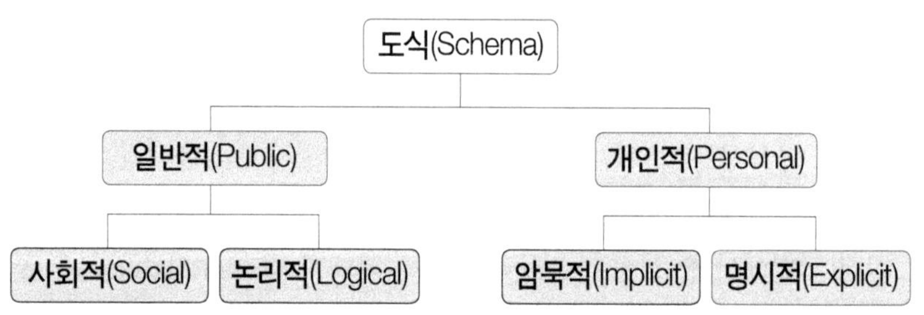

그림 1.1 일반적 도식과 개인적 도식

각각의 개인은 성숙, 기질, 인지 발달, 사회화의 복잡한 상호작용을 통해 삶에 대한 특정한 태도를 취하고, 자기, 세상, 관계에 대한 특정한 형태의 자신만의 가정을 발달시킨다(Stark, Rouse, & Livingston, 1991). 개인적 도식의 발달은 환경과의 상호작용을 형성하는 개인적 차이와 더불어 이러한 상호작용에 대한 해석에 영향을 받기 때문에, 개인적 도식은 개인 특유의 표상으로 구성된다(Taglasi, 2006). TAT 그림에서 묘사된 장면이 제공하는 단서를 통합하고 반응을 조직하는 개인의 전략은 새롭거나, 스트레스가 많거나, 애매모호한 상황에서 그들이 과거에 획득한 지식을 적응적으로 사용하기 위해 적용하는 방법과 유사하다. 마찬가지로, 도식 이론은 친숙하지 않은 상황에 대한 성공적 적응이 과거 경험으로부터 '알고 있는 것'과 현재 '지각된 것' 간의 조화를 요구한다는 것을 가정한다.

개인적 도식의 구성개념은 지각, 인지, 기억, 정동, 행동 그리고 피드백의 형태를 망라하므로, 성격을 이해하기 위한 다양한 관점을 포함한다. 또한 도식-주도 정보처리과정에 의하면, 과거 조직화된 지식이 현재 진행 중인 경험을 적응적 또는 부적응적 방식으로 지각하는 데 영향을 미치기 때문에, 도식의 구성개념은 정신병리학의 연구와 정상 성격 과정에 대한 연구의 가교역할을 한다. 현실을 정확하게 표상하는 지식 구조는 지각을 식별하고, 이를 의미 있는 단위로 조직화하고, 빠진 정보를 채우고, 새롭게 필요한 정보를 탐색하기 위한 전략을 고안하는 방법의 효율성을 증가시킨다. 그러나 부적응적인 도식은 모순되는 증거에도 불구하고 변화에 저항하고 초기 오해를 공고히 만드는 주의와 정보처리과정의 편향에 영향을 미친다(Beck, 2002; Beck & Clark, 1997; Horowitz, 1991; Riso, du Toit, Stein, & Young, 2007).

이중 정보처리과정 이론은 일반적, 개인적 지식 구조의 발달을 설명하는 이론이며, 이러한 두 가지 사고방식을 나타내는 도식을 평가하기 위한 도구의 사용에 영향을 끼쳤다.

기억해 두기

투사적 기법은 주로 모호한 자극에 대한 반응을 조직화하는 개인의 특정한 지식 구조의 적용에 관심이 있다.

도식과 이야기

> **유의사항**
>
> 개인적 도식은 변화에 저항적이다. 그 이유는 개인적 도식의 발달을 주도하는 처리과정이 계속해서 활성화되고 있기 때문이며, 도식이 이전부터 존재하는 구조에 적합하도록 새로운 경험을 조정하고 조직화하는 경향이 있기 때문이다.

이야기의 형식과 개인적 도식은 경험이 통합되기 전에 존재하는 구성요소라는 점과 정보처리과정에 대해 알려 준다는 점에서 유사하다. 이야기에는 삶에서 일어나는 사건의 흐름을 시작, 중간 그리고 끝이 있는 삽화로 구성함으로써 자신의 경험을 정리하는 개인적 도식이 암묵적으로 수반된다(Oatley, 1992). 특정한 시간과 공간에서 발생하는 사건을 기술하는 것에 더하여, 이야기는 사건, 정서, 사고, 행동을 인과 관계적, 조건적, 일시적 이해를 반영하는 방식으로 엮음으로써 개인적 의미를 전달한다(심지어 학년기전 아동도 이러한 특성을 지닌다.) (Flavell & Miller, 1998; Fivush & Haden, 1997; Wellman & Gelman, 1998). 본질적으로, 정신세계에 대한 화자의 이해를 포함하여 '마음 이론(theory of mind)'이라는 용어로 불려 온, 사고를 위한 도구로서의 이야기의 기능(Bruner, 1990; Hermans, 2003)은 외적 행동이 사고, 신념, 감정, 소망, 의도와 같은 내적 세계에 의해 조직화된다는 인식에 근거한다(Fonagy & Target, 2003).

심적 상태에 대한 아동의 이해는 회고된 자서전적 기억에 심리적 인과성을 부여할 수 있는 능력과 더불어 발달한다. 경험에 대한 이야기식 기술은 행동과 인과적으로 관련된 심적 상태에 대한 이해를 반영한다(Reese, 2002). 도식과 마찬가지로, 마음 이론은 고립된 신념의 집합체가 아니라, 심적 상태, 환경에 대한 지각, 결정, 계획, 행동 사이의 상호 관련성을 포착한다(Wellman, 1990). 도식이 그러하듯이, 마음 이론은 의식 밖에서 작동하며, 심적 구성물(사고, 감정, 의도) 사이의 분류와 관계 및 외적 사건과 행동에 대한 심적 구성물 간의 상호 관련성을 포함하는 사회적 정보처리과정에 대한 토대를 제공한다.

인지로서의 이야기

서사적(narrative) 사고와 명제적(propositional) 사고의 차이는 일반적 도식과 개인적 도식의 차이와 유사하다. 명제적 사고는 일반적, 논리적, 형식적, 보편적, 추상적인 반면, 서사적 사고는 한편의 이야기와 같고, 구체적, 특정적, 개인적, 심상적, 대인관계적이며, 등장인물, 배경, 의도, 감정, 행동, 결과를 포함한다(Bruner 1986, 1990). 서사적, 구체적 유형의 사고는 각각 다른 방식으로 경험을 정리한다. 명제적 또는 패러다임적 사고를 할 때는 개념화와 범주화가 먼저 이루어지는데(Bruner, 1986; Hermans, Kempen, & Van Looon, 1992; Vitz, 1990), 그 속에 개인의 경험이나 특정한 맥락을 초월하는 논리적이고 과학적으로 보편적인 어떠한 것들이 포함된다. 마찬가지로 서사적 사고를 할 때도 범주화가 이루어지지만, 이들은 특정한 사람, 시간 그리고 장소에 대해서 관계적으로 맥락화되어 있으며 감정을 포함한다. 논리적 사고는 사실을 확립하는 것이 목표인 반면, 서사적 사고는 어떠한 의미를 확립하는 것이 목표이다(Parry & Doan, 1994). (빠르게 찾기 1.3 참조)

빠르게 찾기 1.3

스토리텔링을 활용한 도식의 평가에 대한 경험적, 개념적 증거

1. 많은 문헌은 연구자에게 개인의 경험이 이해될 수 있는 고유의 이야기에 초점을 맞추도록 한다(예: Bruner, 1990; McAdams, Diamond, de St. Aubin, & Mansfield, 1997). 이야기를 자연스러운 사건들로 배열하고, 합리적인 인과관계와 화합하는 정서로 구성하는 것은 아동에게 있어 중요한 발달과제이며, 이는 정신건강에 대한 함의를 가진다(Mancuso & Sarbin, 1998). 스토리텔링은 듣기 및 독해 능력과 밀접한 관련이 있다(Blankman, Teglasi, & Lawser, 2002).
2. 경험을 조직하는 원리는 초기 기억, 자서전적 기억, 그림자극을 묘사한 이야기를 포함하는 다양한 서사적 절차를 통해 확인할 수 있다(Demorest & Alexander, 1992; McAdams, Hoffman, Mansfield, & Day, 1996). 성인 및 대학생들이 각자의 삶에서 개인적으로 중요

하다고 여기는 사건들을 적은 이야기와 TAT 이야기의 주제는 명백한 일관성을 보였다(McAdams, Hoffman, Mansfield, & Day, 1996). 자서전적 기억에서 비롯된 각본과 한 달 후 TAT 도판을 활용한 보고된 이야기에서 비롯된 각본을 통하여, 스크립트 지식(scripted knowledge) 구조는 새로운 정동 자극에 덧씌워진다는 결론을 확인할 수 있다(Demorest & Alexander, 1992).

3. 사회적으로 유능한 행동은 외적 및 내적 자원의 유의미한 단서를 정확하게 부호화하고 해석하는 것을 시작으로 의도를 형성하고, 목표를 유지하며, 적절한 반응을 하고, 선택된 반응을 전략적으로 실행하고 평가하는 복잡한 기술을 포함한다(Dodge & Price, 1994; Elias & Tobias, 1996). 이러한 사회적 문제 해결의 구성요소가 개념적으로는 구분이 가능하더라도, 이야기 내에서는 사회적 상황에 대해 생각하는 틀로서 서로 연결되어 있다(예: Teglasi & Rothman, 2001; Teglasi, Rahill, & Rothman, 2007).
4. 부적응적으로 관계를 표상하는 도식은 정신병리와 기능적으로 관련되어 있다(예: Downey, Lebolt, Rincon, & Freitas, 1998; Oppenheim, Emde, & Warren, 1997). 정보처리 과정의 유연성을 저해하는 도식적 처리과정에서의 문제는 비효과적인 도식을 고수하여 역기능적인 정서, 태도, 행동을 계속하게 하는 악순환을 야기한다(Greenberg, Rice, & Elliott, 1993). 도식 이론에 근거한 인지 치료적 접근은 갈수록 증가하는 추세이다(예: Riso, du Toit et al., 2007).
5. 이야기는 경험을 조직하는 중요한 구성물이다. 이야기를 말하는 것과 같이 불미스러운 사건과 관련된 감정을 조직적으로 표현하는 것은 심리적, 신체적으로 도움이 된다(Hemenover, 2003; Pennebaker, 1997). 그러나 경험이 꼭 특정 개인의 것일 필요는 없다. 타인의 심리적 외상을 자신의 경험인 것처럼 적는 것도 자신의 외상 경험에 대해 적는 것과 마찬가지로 유사한 효과를 발휘한다(Greenberg, Wortman, & Stone, 1996).

경험을 서사적 형태로 조직화하는 능력은 아동의 적응과 관련된 핵심적 발달과제이다(Mancuso & Sarbin, 1998). 5세경이 되면 아동은 시간의 흐름에 따라 사건을 서술하는 수준을 벗어나 특정 상황에서의 문제 또는 심리적 쟁점까지 파악할 수 있으며, 9~11세가 되면 성인의 수준에 도달한다(Applebee, 1978; Botvin & Sutton-Smith, 1977; Peterson & McCabe, 1983). 일련의 사건과 경험을 응집력 있게 서술하지 못하는 아동은 학업이나 사회적 유능성이 좀 더 낮은 것으로 나타났다(Bloome, Katz, & Champion, 2003). 이야기를 주고받는 것은 주관적 현실을 상호 공유하는 기본적인 방식이며, 사회적 대화에서 적절한 때에 적절한 이야기를 하는 것은 사회적 지능의 특징으로 고려되어 왔다(Schank, 1990). 사실상 모든 의미 있는 사회적 지식은 이야기 형태로 나타나며, 이야기는 경험의 언어(language of experience)이다(Schank & Abelson, 1995).

TAT와 자서전적 이야기

이야기는 일련의 사건을 순서에 맞게 정리하는 구조를 제공하며, 이를 특정한 장소와 특정 시간상에 위치시키고, 감정, 생각, 행동과 연결시키면서 일상에서 일어나는 사건들을 기억으로 표상하는 가장 기본적인 수단이다(Schank, 1990). 스크립트 이론에 따르면 개인의 삶에서 특정한 사건에 대한 장면(scene) 또는 기억은 적어도 하나의 기본적인 정서(예: 기쁨, 즐거움, 두려움, 분노)와 그 정서의 대상이 되는 하나의 대상을 포함하고 있다(Tomkins, 1987; Carlson, 1981). 장면은 가족 또는 집단으로 조직화되고 새로운 장면과 이전의 장면에 대한 기억을 해석, 창조, 조직화하는 스크립트를 구성한다. **스크립트(script)**에 관한 Tomkins의 개념은 **개인적 도식(personal schema)**과 부합한다. 장면을 회상하는 능력(일화기억)과 이를 스크립트로 조직화하는 능력(일반 사건 기억)은 적응적인 기능을 시사한다(Nelson & Fivush, 2004). 특정 경험을 일관성 있게 말하는 것은 내화에서 중요하다. 한편, 사건을 연결하여 일반적인 이야기로 구성하는 것(스크립트 또는 도식)은 이전 삽화에 대한 기억을 보충하고(공백을 채움) 이어질 사건을 해석하는 데 도움을 준다.

회상된 일화는 실제 발생한 사건과 정확하게 일치할 필요가 없다. 오히려, 자서전적 연구의 가장 큰 가치는 **현재** 삶의 의미를 비춰 준다는 점에서 찾을 수 있다(Tomkins, 1987). 마찬가지로, 내담자가 치료자에게 묘사한 경험도 역사적 사실과는 다르지만 심리적 과정에 의해 변형된 '줄거리(story line)'로 여겨진다(Schafer, 1992). 이와 유사하게, 성인의 정체성에 대한 전기(傳記) 모델(life-story model)(McAdams, 1985, 1993; McAdams & Pals, 2006)에 따르면,

개인은 현재와 이어지는 과거 경험에 대해 선택적으로 가치를 매기면서 자신의 삶에 일관성을 부여한다. 개인의 암묵적 및 명시적 목표나 동기와 관련된 기억은 더욱 쉽게 접근 가능하다(Woike, Mcleod, & Goggin, 2003). 암묵적 동기는 정서가 부여된 경험의 회상에 관여하는 반면, 명시적 동기는 자기-개념을 유지하는 것과 관련된 경험과 정보의 회상에 관여한다(DeSteno & Salovey, 1997; Singer & Salovey, 1993; Woike et al., 2003).

TAT 자극에서 보고된 이야기의 세부 내용은 실제 경험을 나타낸다고 할 수 없다. 그러나 다른 이야기 출처(면담, 자서전적 이야기, 특정 기억의 회상, 일기 등)와 마찬가지로, TAT에서의 이야기는 인과의 이해, 수단과 목적, 추상적 주제, 정동적 각본, 개인의 표상에 대한 복합성과 같이 경험을 조직화하는 범주와 원리라는 점에서 분석될 수 있다(Alexander, 1988; Arnold, 1962; Demorest & Alexander, 1992; Leigh, Westen, Barends, Mendel, & Byers, 1992; McAdams, Hoffman, Mansfield, & Day, 1996; Schank, 1990). 치료의 초기에 환자가 보고한 자신의 초기 기억에 관한 이야기와 TAT에서의 이야기를 사회인지와 대상관계 척도(Social Cognition and Object Relations Scale, SCORS)(Westen, 1995)로 평정해 본 결과, 두 가지 이야기 모두 척도 결과에서 중요하게 고려되는 변인인 치료 동맹 수준을 예측했다(Pinsker-Aspen, Stein & Hilsenroth, 2007). TAT에서 드러난 이야기에서 평정되는 전반적인 동기와 관련된 주제는 일상생활의 기억을 기록한 일기에서 나타나는 주제 내용과 일치한다(Woike & Polo, 2001). 개인은 새로운 사람을 만날 때 무의식적으로 자신이 중요하게 여기는 타인에 대한 범주에 대입하여 본다(Andersen, Reznik, & Glassman, 2005). 이러한 범주는 초기 경험에 관한 이야기나 TAT 도판의 분석을 통해 알 수 있다.

도식으로 구성된 범주는 경험에 걸친 규칙성의 양상을 감지하는 개인의 특성에 의존한다. 규칙성의 감지에 사용되는 원료는 관찰되는 특징이다. 개인은 자신의 사회적, 신체적 세계와 교류하면서 자신을 둘러싸고 있는 환경에서 적절하다고 여겨지는 규칙에 맞춰 현실(기대, 인과의 이해)을 이해한다. 이때 함께 나타나는 사고, 정서 그리고 행동 경향이 주어진 환경적 맥락에서 파악되면, 뇌는 이를 모두 모아 군집을 구성한다(Mischel & Ayduk, 2004). 즉, 군집에서 한 요소라도 마음속에 먼저 떠오르면, 이것은 다른 것을 활성화한다(유년기 때 살았던 집을 방문할 때 앞서 어떤 감정과 생각이 일어남).

자서전적 기억에 관여하는 신경망에 대한 연구결과(사건관련 fMRI를 사용), TAT 자극이 자서전적 기억의 인출에 관여하는 뇌의 부분을 활성화한다는 것이 증명되었다(Schnell, Dietrich, Schnitker, Daumann, & Herpertz, 2007). TAT 도판은 경계선 성격장애(BPD) 환자집단과 통제집단에서 유사한 수준의 활성화를 유발하였지만, 통제집단에 비해 경계선 성격장애 환자들의 뇌는 정서적인 TAT 도판과 중립 자극 모두에 과잉 활성화를 보였다. 경계선 성격장애 환자들이 정서적인 자극과 중립자극을 구별하지 못한다는 결과는 이러한 차이가 일상에서 경계선 성격장애 환자의 도식 발달에 대한 암묵적인 과정을 저해한다는 것을 의미한다. 암묵적으로도 알아차리지 못하는 것은 도식을 형성하는 범주로 분류되지 못한다.

그림자극을 보고 이야기를 만드는 것과 같은 대인 관계적 상황이나 과제에 대해 활발하게 사고할 때, 개인은 내적 및 외적 정보 자원을 통합할 수 있는 작동 모델을 구성한다(빠르게 찾기 1.4 참조). 그림에 의해 환기된 이야기를 통해 심리적 안녕뿐만 아니라 심리적 고통 또는 역기능적 행동을 유발하는 정보처리과정에 적용되는 범주를 평가할 수 있다. 아동의 TAT에서의 구조적 특징을 통해 아동이 학교에서 보이는 정서 장애와 관련된 정보처리과정의 왜곡과 결손을 파익힐 수 있다(Lohr, Teglasi, & French, 2004; McGrew & Teglasi, 1990). 정확성, 조직화, 복합성과 같은 아동의 도식의 질은 기질(Bassan-Diamond, Teglasi, & Schmidt, 1995; Lohr et al., 2004), 공감능력(Locraft & Teglasi, 1997; Teglasi, Locraft, & Felgenhauer, 2008a)과 더불어 청각적 이해력 및 독해력(Blankman, Teglasi, & Lawser, 2002)과도 관련이 있다.

빠르게 찾기 1.4

TAT 이야기와 실제 경험의 관계

1. 개인은 날마다 경험의 규칙성으로부터 '교훈'을 배운다. 어느 한 교훈이 계속해서 학습되면 이는 그 교훈은 학습한 특정 사건과는 별개로 일종의 구조(예: 문법)가 될 수 있다(Schank, 1990; Tomkins, 1987). 추상적 도식은 다양한 (직접적 또는 간접적) 경험에 기반하기 때문에, 이는 특히 모호한 상황이나 TAT와 같은 과제에서 쉽게 활성화된다(Murray, 1938).
2. 일상에서 비롯된 경험에 대한 통합에서 나타나는 개인적 차이는 TAT 이야기 구조에서 나타나는 변인과 유사하다. 이들 변인은 다음과 같다. (a) 단편적인 연관성, (b) 기억에서 선별된 실제 경험의 직접적인 재현, (c) 책, 다른 매체 또는 정형화된 생각 등에서 차용한 이야기 서술 방식, (d) 과제를 완수하기 위해 경험에서 '우러나오는' 신념 또는 교훈 적용하기(Teglasi, 1993).
3. 이야기와 그 내용의 내적 논리 및 응집력은 개인이 일상적 경험에서 어떻게 학습하는지, 그리고 과제를 완수하기 위해 그 지식을 어떻게 사용하는지 보여 준다(예: 자극을 정확히 해석하고 지침에 따르는 것).
4. 반복되는 내용은 화자의 고민이나 몰두하고 있는 대상에 대한 단서를 제공해 준다(Henry, 1956). 구조와 내용을 모두 다루는 것으로 내용에만 너무 치중하는 위험은 피할 수 있지만, 종합적 경험 구조에 의미 있게 통합하지는 못한다(Teglasi, 1998).

서사적 인지 측정을 위한 TAT의 활용

개인적 도식은 한 번 형성되고 나면, 기존의 지식과 새로운 정보를 비교하기 위한 수단이 된다. TAT 그림 장면에 대한 검사자의 지시에 따른 이야기를 조직화하기 위하여, 기존의 도식은 자동적으로 범주와 구조를 제공한다. 일반적으로 한 개인이 과거 경험에 대해 일관성 있게 설명할 것이라 예상하는 바와 같이, TAT 그림에 대한 이야기도 환상이나 임의적 연상이라기보다 조직화된 구성물로 간주한다(Holt, 1961). TAT에 대한 서술, 즉 이야기에서 그림자극을 해석하고 생각을 조직화하기 위해 활용되는 화자의 도식은 유사한 비구조화된 실제 상황의 해석에도 적용된다(Bellak, 1975, 1993). TAT는 설명해야 할 '정해진' 그림을 제시하고, 완성된 이야기를 구성하라는 지시를 동반한다. 이야기의 구성은 서사적 양식의 조합을 수반하는데, 이러한 서사적 양식에는 계속되는 세상과의 조우를 조직화하기 위한 과거 경험에서 비롯된 내적 표상이 작용한다(빠르게 찾기 1.5 참조). 광범위한 반응이 허용된다 할지라도 TAT 자극은 상당히 구체적으로 구성되어 있으므로, 장면 해석에 대한 단서의 탐지가 용이하다. 중요한 자서전적 사건의 설명을 동반한 TAT 이야기의 구조와 주제 특징 사이에는 공통점이 있을 것으로 고려되는데, 이는 둘 모두 화자가 경험을 조직화하는 원리에 따라 구성되기 때문이다. 그러나 TAT 이야기의 표면적 내용과 실제 사건과의 유사성은 상정할 수 없다.

빠르게 찾기 1.5

사회적 문제 해결과 TAT 이야기를 이끌어 내기 위한 표준 질문

그림에서 무슨 일이 일어나고 있나요? 문제를 해결하기에 앞서, 문제를 명확히 밝혀야 한다. 사회적 상황을 이해하기 위한 도식과 기억의 보고(寶庫)는 장면에 묘사된 긴장감에 대한 인상을 형성하고, 이러한 개념을 조직화하는 근원이다. 개별적 자극 특징에 대해 묘사하는 것은 검사의 지시로 얻고자 하는 정보에 대한 요구를 만족시키지 못한다.

전에는 어떤 일이 있었나요? 묘사된 장면의 과거를 포함하여 전개되어 가는 사건을 연속해서 풀어내는 것은 사회적 인과관계(예: 인과 추론)와 시간 조망에 대한 화자의 도식을 보여 준다. 사회적 정보를 처리하는 화자의 방식은 자극에 제시된 당면한 상황에 대한 해석뿐만 아니라 장면에 이르는 일련의 사건을 가정함으로써 역사적 맥락에 사건을 배열하는 것에서도 드러난다.

이 사람(들)은 무슨 생각을 하고 있고 어떻게 느끼고 있을까요? 이러한 질문은 내적 세계에 대한 화자의 이해와 더불어 장면에서 묘사되었거나 이야기에서 소개된 다양한 등장인물의 내적 삶과 외적 상황을 조화시키는 능력을 드러내게 한다. 의도, 가치, 목표에 대해 추론하는 것은 사회적 정보처리과정의 핵심요소이다. 화자는 상황, 행동, 결과에 걸맞은 방식으로 각 등장인물의 생각, 감정, 의도를 통합함으로써 응집력 있는 이야기를 만들어 낼 수 있다.

이야기가 어떻게 끝나나요? 잘 구성된 이야기의 세부사항은 결말을 향해 일관성 있게 나아간다. TAT에서의 지침이 등장인물 앞에 놓인 딜레마를 해결하기 위한 행동이나 계획을 특별히 요구하지 않음에도 불구하고, 긴장을 해결하거나 목표를 달성하기 위한 수단은 스토리텔링 과제에서 암묵적으로 나타난다. 지각된 수단과 목적의 연결성은 이야기와 도식의 핵심적 측면이며, 따라서 이야기의 교훈, 도덕, 함의를 이해하기 위한 기본으로 여겨진다(Alexander, 1988; Arnold, 1962; Schank, 1990). 문제를 해결하는 화자의 자원은 이야기에서 등장인물이 딜레마를 해결하는 방식뿐만 아니라, 화자가 스토리텔링 과제에서의 문제 해결 요구를 충족시키는 방식에서도 드러난다.

개개인은 자서전적 이야기(Nelson & Fivush, 2004)와 더불어 TAT에 대한 이야기에서도 정확성, 복합성, 조직성에서 다양한 차이를 보인다. 몇몇의 사람들은 시종일관 경험의 조직화된 내적 표상을 반영하는 이야기를 보고하는데, 이러한 이야기는 현실을 정확하고 정교하게 바라볼 수 있도록 촉진하는 감정과 의도에 대한 세부적이고 균형 잡힌 유연한 총체적 범주를 보여 준다. 이와 다른 사람들은 환경을 단순하게 지각하는 총체적 범주 또는 극단적 이분법에 따라 조직화된 내적 세계를 반영하는 이야기를 보고한다. 또 다른 사람들은 응집력 있는 사고의 양상을 보이기보다는 단편적인 개념을 반영하는 이야기를 보고한다. 도식 발달이 과거 경험에 대한 개인적 통합의 산물이라는 점을 고려한다면, 다음과 같은 경우에 도식의 정확도와 완성도는 제한될 것이다. 주의, 인지, 정서조절의 문제가 정보처리과정을 방해하는 경우, 개인의 기질적 경향성과 환경적 요구 사이에 부조화가 정보처리과정을 방해하는 경우, 반(反)사회적-환경적 상황이 정보처리과정을 방해하는 경우 등이다. 기질적으로 높은 부정적 정서반응을 보이는 아동은 평균적 반응을 보이는 아동에 비해 TAT에서 단순하며 단기적 자기조절 전략을 반영하는 이야기를 보고한다(Bassan-Diamond, Teglasi, & Schmidt, 1995; Lohr, Teglasi, & French, 2004).

도식 활성화

기억에 저장된 도식은 활성화되기 전까지는 비활성 상태에 있다. 활성화된 특정 도식은 과거에 유용하게 활용된 적이 있고, 현재 상황에 적절한 것으로 여겨지는 도식이다(Anderson, Bothell, Byrne, Douglass, Lebiere, & Quin, 2004). 한 번 활성화되고 나면, 도식은 부분적으로 직접적인 주의, 기억, 지각에 의해 실시간으로 정보처리과정을 형성한다. 몇몇 경우에서, 활성화된 도식은 적응적 반응에 도움이 되지 않는 판단의 오류를 범한다. 그러나 개인은 실행기능을 통하여 자신의 도식을 감독할 수 있고, 필요한 경우에는 의도적으로 활성화된 도식을 무시하고 대안적 도식을 활용할 수 있다(MacDonald, 2008). 고차 실행기능은 개인이 활성화된 도식을 구조적으로 다룰 수 있도록 하는 상위(meta) 도식(Singer & Salovey, 1991)의 유용성과 관련되어 있다. 이러한 상위 도식은 개인이 일상적 스트레스, 예측하지 못한 실패, 예상 밖의 격변 등을 맞닥뜨렸을 때 자신의 도식을 수정하는 방법에 영향을 미치므로, 적응력 및 회복력과 연관되어 있다.

도식은 정신병리학의 기저를 이루고 있는 심리적 취약성으로 고려되어 왔다. 역기능적 도식은 도식과 일치하지 않는 정보를 무시 또는 왜곡하고, 도식과 일치하는 개념은 쉽게 받아들이면서 기존의 도식을 공고히 하는 방법으로 정보를 처리하는 경향에 의해 유지된다. 예를 들어, 자신이 무능하다는 신념은 혹독하게 자기 반성을 하거나, 실수에 대해 선택적으로 주의를 기울이거나, 성공을 평가절하하거나, 실수를 과도하게 중요시하는 경향에 의해 유지될 것이다. 인지치료는 도식과 조화를 이루지 않는 정보에 대한 저항을 극복하는 것을 특히 강조하며 기저 도식(underlying schemas)에 중점을 둔다(Riso, du Toit et al., 2007).

도식 복합성

인지적 복합성은 일반적으로 정보처리의 두 가지 구성요소의 측면으로 이해할 수 있다. 분화(differentiation)—현상의 다양한 측면에 대해 지각하고 생각하는 능력, 통합(integration)—현상의 다양한 측면 간의 관련성을 인식하는 능력(Schroder, Driver, & Stteufert, 1967; Suedfeld, Tetlock, & Streufert, 1992). 현상의 다양한 측면 간의 보다 많은 차이와 관련성을 특징적으로 보이는 복잡한 도식은 한쪽 방향으로만 치우쳐 생각하거나 양극단적인 판단을 내리기보다는 다양한 측면을 탐색함으로써 부정적 정보를 건설적인 방향으로 재구성할 준비가 되어 있을 것이다. 낮은 복합성 수준을 보이는 도식은 삶의 다양한 측면을 분리해서 보지 않기 때문에 부정적 상황의 영향을 과대평가하는 경향이 있을 수 있다(Linville, 1987; Luo, Watkins, & Lam, 2009).

도식 복합성과 적응 사이의 관련성을 뒷받침하는 증거는 서로 엇갈리고 있으며(Woolfork, Gara, Allen, & Beaver, 2004), 이러한 증거 간의 불일치는 부분적으로 구성개념이 정의되고 측정되는 방식에 기인한다. 도식은 두 가지 구분되는 방법으로 복합성을 지닌다. 태도에 관한 연구에서, 진술에 대한 구조적 복합성은 두 가지 관점 사이의 긴장상태에 중점을 두는 변증법적(dialectical) 복합성 또는 단일 관점의 세부사항에 중점을 두는 정교한(elaborative) 복합성을 포함할 것이다(Conway et al., 2008).

자서전적 기억과 TAT 이야기를 구성하는 도식은 분화와 통합의 과정을 반영한다(Woike, Lavezzary, & Barsky, 2001). 그러나 태도와 관련된 진술의 평가와 유사하게 이야기의 복합성은 두 가지 방식으로 평가될 수 있다. ① 서로 다른 개념적 영역(conceptual domains)(문제, 감정, 사고, 행동, 해결방안 등)에 대한 구분, ② 조직화, 단일 영역(부정적이거나 양가적인 감정의 미묘한 차이)에서의 정교화(elaborations). 불안한 사람이 자신에 대한 개념을 조직화한 이야기에서 잠재적 위협이나 불안한 상태의 미묘한 차이에 대해 상세히 서술하는 것이 지배적인 경우, 이 이야기는 정교한 복합성(elaborative complexity)의 특징을 지닌다. 동일한 이야기가 만약 불안을 야기하는 상황을 명확하게 하고, 불안과 문제에 대응하기 위한 전략을 다루면서 목표를 포함하며, 수단과 목표

사이의 적절한 연결성을 포함한다면, 개념적 복합성(conceptual complexity)의 특징을 지닌다.

기억해 두기

TAT에서의 이야기는 두 가지 형태의 복합성과 관련된 특징을 지닌다. 개념적 복합성(conceptual complexity)은 구분되는 서로 다른 영역의 수와 관련된다. 정교한 복합성(elaborative complexity)은 한 영역 내에서의 세부사항(details)의 수와 관련된다. 후자는 다른 심리학적 구성개념을 고려하지 않고 단일한 심리학적 구성개념의 미묘한 차이와 복잡한 내용에 집중하는 것을 뜻한다. 예를 들어, 이야기를 보고할 때, 부정적 정서에 대한 미묘한 차이는 구별하거나 관련지어 보고하면서, 그러한 정서를 다루는 것과 같은 다른 영역에 대해서는 보고하지 않을 수 있다. 마찬가지로, 액션이 많은 흥미진진한 이야기를 보고하면서, 목표, 의도 또는 경험의 다른 영역에 대해서는 보고하지 않을 수 있다.

도식 발달

세상에 대한 심적 모형의 형성은 인간 발달의 핵심이며, 이는 개인이 과거에 학습한 것을 사용하도록 하고, 현재 경험에 대한 정보를 제공한다. 조직화되고 체계적인 정보처리과정은 개인으로 하여금 경험을 통해 추론된 규칙적인 양상과 법칙을 파악하는 것을 가능하게 하는데, 이는 도식이 성장하게끔 하는 기반으로 간주된다. 개인은 다양한 맥락에서 사람들과의 무수한 상호작용 과정에 포함된 정보의 공변하는 양상을 탐지하고, 통합하고, 활용한다(Dowd & Courchaine, 2002; Lewicki, Czyzewska, & Hill, 1997; Lewicki, Hill, & Czyzewska, 1992). 기질 또는 신경과학 분야에서 연구되는 주의, 정서, 인지, 행동과 같은 기본과정을 조절하는 체계에서의 개인차가 이러한 정보의 공변하는 양상에 대한 탐지에 영향을 미치는 것으로 여겨진다(Posner & Rothbart, 2007). 주의와 정서의 조절은 아동의 사회적 능력을 촉진하는 정서에 대한 이해와 같은 일련의 지식 구조와 관련이 있다(Spinard et al., 2006; Trentacosta, Izard, Mostow, & Fine, 2006). 선택적 주의 또는 다른 것에 신경을 쓰지 않으면서 어떤 일에 적응하는 능력은 개인이 현재 활동과 관련 없는 정보를 과도하게 받아들이거나 중요한 단서를 무시하면서 지나치게 지엽적인 부분에 집중하는 것을 막는다. 주의 조절(유지, 집중, 전환)은 개인으로 하여금 적절한 결정을 내리거나 특정 과업을 수행함에 있어 필요한 복합성을 처리할 수 있도록 한다 (빠르게 찾기 1.6 참조).

빠르게 찾기 1.6

주의 유지, 억제, 실행기능과 같은 핵심 인지기능의 결함을 특징으로 하는 주의력결핍 및 과잉행동장애(Attention-Deficit/Hyperactivity Disorder, ADHD)는 타인의 정서적 상태에 대한 제한된 평가와 관련이 있다(Corbett & Gidden, 2000). ADHD 남학생에 대한 연구에서(잠재적 위협에 대한 신호인) 분노와 두려움에 대한 이들의 정서인식은 약물치료 후 개선되었지만, 통제집단에 비해 여전히 손상되어 있는 것으로 나타났다. 약물치료가 어느 정도 효과적일 수 있지만, 도식 발달은 시간의 흐름에 따라 발생한다(Williams et al. 2008).

기질 연구에서 개념화된 만성적인 정동 상태(chronic affective states)는 도식 발달과 관련되어 있다. 정서는 개인으로 하여금 환경에서의 정서와 관련된 측면에 대해 경계하도록 하고, 이러한 사건의 해석에 관여함으로써 정보처리 과정에 영향을 미친다. 부정적 정서 반응성은 부정적 사건에 많은 주의를 기울이는 것(Derryberry & Reed, 1994)과, 이러한 사건이 더욱 스트레스를 유발함을 인식하는 것과 관련되어 있다(Rothbart & Bates, 2006; Costa, Somerfield, & McCrae, 1996). TAT에서의 이야기를 통한 자기-조절적 도식의 평가결과, 높은 부정적 정서 반응성을 지닌 초등학생이 평균적 반응성을 지닌 초등학생에 비해 긴장상태에 대한 즉각적이고 단기적인 해결에 더욱 집중하는 것으로 나타났다(Bassan-Diamond et al., 1995). 부정적 정서성은 오랜 시간에 걸쳐 우울에 대한 취약성을 유발하는 도식의 발달에 영향을 미친다. 그러나 만성적, 비만성적 유형의 우울을 호소하는 사람들의 도식은 구분된다(Riso et al., 2003). 만성적 우울과 관련된 도식은 손상된 자율성(미숙한 대처효능감 및 환경을 시련으로 바라보는 관점)과 (누군가의 실수 혹은 엄격한 수행 요구로부터의 일탈에 대한) 과잉경계를 시사한다. 이러한 도식은 해결될 수 있는 명백한 문제를 제시하는 것보다 삶에 대한 일반적인 불쾌감과 불만을 보고하는 만성적 우울을 호소하는 사람들의 도식의 경향성과 일치한다.

빠르게 찾기 1.7

(주의, 정서, 행동에 대한) 기본적인 자기-조절적 과정은 직접적으로, 간접적으로, 양방향적으로, 위계적으로 작용하여 도식의 성장에 영향을 미친다(Teglasi, 2006). (a) **직접적(direct)**—분류되고 조직화될 수 있는 인식으로 접어든 정보를 안내함으로써, (b) **양방향적(bidirectional)**—선택적 주의와 선택적 접근 혹은 회피에 의해 정보 노출에 영향을 미침으로써, (c) **상호적(reciprocal)**—인간과 다양한 환경(요구를 충족하는 자원) 사이의 부합도와 개인이 타인으로부터 끌어내는 반응(수용, 지지, 불쾌함)에 의해서, (d) **위계적(hierarchical)**—앞서 언급한 직접적, 간접적, 양방향적인 작용에 의해 형성된 경험에 대한 심적 표상을 형성함으로써. 한 번 발달하기 시작하면, 도식은 조우하는 환경에서 개인을 안내하는 역할을 담당한다.

삶의 다양한 영역에서 나타나는 불만은 단편적인 방식으로 해결하기 어렵기 때문에, 일반화된 부적응적 도식(generalized maladaptive schemas)이라는 하나의 공통된 주제하에 다양한 문제를 개념화하는 것이 유용하다(Riso, Maddux, & Turini-Santorelli, 2007).

잘못된 정보처리과정의 이력은 불완전하고 왜곡된 심리적 갖춤새를 강화하고, 이에 대한 개입은 도식(차이 혹은 왜곡), 잘못된 정보처리과정이 사용되는 방법(선택적 정보처리과정) 그리고 잘못된 정보처리과정이 발달하고 지속적으로 유지되는 과정에 대해 다루는 것을 필요로 한다(빠르게 찾기 1.7 참조). 부적응적 행동에 관여하는 도식과 관련된 장애는 인지적 왜곡(예: 의도와 상황의 편향된 해석)과 인지적 결함(예: 불충분한 문제 해결)을 포함한다. 앞서 언급한 것처럼 (주의와 정서의 조절을 포함하는) 동기와 정보처리과정은 특정한 상황을 요구한다. 그러므로 역기능적 도식은 주로 상황 특수적이다. 도식의 특성과 상황 특수성은 불안장애, 우울장애에서 상이하게 나타나는 도식적 정보처리의 어려움에 영향을 미치며(Foa & Kozak, 1991; Greenberg, Elliott, & Foerster, 1991; Safran & Greenberg, 1988), 이는 치료적 개입의 대상이 될 수 있다(Goldfried, Greenberg, & Marmar, 1990; Shirk, 1998; Riso et al., 2007; Shirk & Russell, 1996).

스토리텔링 기법에 대한 경험적 기반

특정 도구(instrument)의 경험적 기반은 도구가 평가하고자 하는 바를 타당하고 신뢰할 수 있게 측정하는 능력에 달려 있다. 타당도와 신뢰도는 일반적으로 스토리텔링 기술에 적용되는 것이 아니라, 각각의 그림 세트, 실시 절차, 해석기법에 적용된다. 그러므로 이야기 평가에 대한 특정한 방법을 지지하는 혹은 반증하는 증거는 해당 방법의 자산(資産)이 된다. 심리 측정적 기준은 질문지에 의지하든 수행 과제에 의지하든 모든 평가 전략에 동등한 엄격함을 적용하지만, 이러한 적용에 있어 심리 측정적 원칙은 기법의 본질에 부합한다. 질문지 사용자가 입증된 신뢰도와 타당도를 바탕으로 개발된 문항과 척도에 의존하는 것과 같이, 개방형 수행 과제의 사용자는 부호화와 해석에 대한 타당성과 신뢰성의 확립에 의존한다(Cramer, 1996; Jenkins, 2008; Teglasi, 1993; 1998).

구성 타당도

측정을 위한 검사에서 구성개념의 명확성은 검사의 적절한 활용에 필수적이다. 구성 타당도(construct validity)의 개념은 측정 여부와 상관없이, 상황에 대한 반응에 영향을 미치는 측정된 현상(예: 지능)이 현실 세계에 존재한다는 가정에 달려 있다. 실제 현상으로서의 구성개념과 이러한 현상을 포착하려는 시도로서의 측정 사이의 구분은 구성개념의 평가를 위한 다수의 가능성을 인정하고, 구성개념과 이와 관련된 다양한 측정방법이 지속적으로 개선되도록 한다. 반면, 특정한 측정방법(즉, 조작적 정의)의 동의어로서 구성개념을 정의하는 것은 구성개념을 수정하는 것에 대한 여지를 남긴다. 이 장의 초반에 논의되었던, 구성개념의 개선에 대한 예는 실생활의 행동에 미치는 차별적인 영향으로 인해 구분되는 심리학적 현상에 대한 **명시적**(explicit), **암묵적**(implicit) 유형의 공식이다. 결국 특수한 정보를 제공하는 것으로 발견된 구성개념과 유사해 보이는 다양한 측정 접근법의 활용으로 인하여, 이러한 진보가 가능하였다. 수행과 자기보고식 도구가 동일한 구성개념에 대한 대체 가능한 측정도구라는 인식은 더 이상 이론적으로 옹호될 수 없다. 마찬가지로, 질문지에서 나타나는 서로 다른 정보제공자 간의 의견 불일치는 이들 간의 동등성에 대한 의문을 야기한다(De Los Reyes & Kazdin, 2005).

타당성 있는 검사를 위해(Borsboom, Mellenbergh, & Van Heerden, 2004) 측정된 구성개념은 실제 생활환경에서의 반응과 더불어 검사에 대한 반응을 야기하는 '실제' 현상을 반영해야 한다. Borsboom과 동료들(2004)에 따르면, 개념으로서의 '타당도(validity)'는 타당도를 증명하는 활동으로서의 '타당화(validation)'와는 구분된다. 흔히 사용되는 타당화 방법인 '다특성 다방법(multi-trait-multi-method)' 상관 설계는 측정방법과 구성개념에 따른 분산을 고려하기 위해 사용되어 왔다(Campbell & Fiske, 1959). 중요한 정보를 제공함에도 불구하고, 이러한 설계는 타당도의 핵심 문제와 특성의 존재 및 현실 세계와 검사 반응에 대한 인과적 영향력을 직접적으로 다루지 않는다. 구성개념이 검사 반응에 인과적 영향을 미친다는 지식은 '타당도'와 관련된 증거를 제공한다.

구성 '타당화'는 "검사 점수의 해석이나 의미와 관련된 특정 증거의 통합"을 나타내고(Messick, 1989, p. 17), 모든 형태의 신뢰도와 검사가 의도하는 바를 측정하는 지표를 포함한다. 타당화 근거의 평가는 현상에 대한 이론적 개념과 부합해야 한다. 예를 들어, '지능'은 검사 항목뿐만 아니라 실제 생활에 대한 반응에도 영향을 미치기 때문에 실재적이다. 그러나 만약 지능 검사가 매우 구조화되어 있다면, 검사에 대한 반응은 검사 상황과 유사하게 구조화된 현실에서만 일반화될 수 있다. Borsboom과 동료들의 주장과 마찬가지로, 공격성에 대한 다양한 측정방법의 수렴 혹은 확산 방식(다특성 다방법 설계)은 공격성과 관련된 현상이 측정방법에 대한 반응에 미치는 영향에 대한 설명이 부족하므로, 타당도에 대한 정보를 제공하지 않는다. 이러한 현상은 공격성의 형태(외현적, 관계적)와 기능(주도성, 반응성; Card & Little, 2006)뿐만 아니라 공격성에 대한 구성개념의 암묵적, 명시적 형태(Frost, Ko, & James, 2007)를 포함한다. 본질적으로, 구성 타당도는 상관관계표가 이런 실질적인 심리학적 이론에 의해 제공된다.

임상적 활용을 위한 TAT 타당도의 속성은 현실 세계에 대한 반응 및 이야기 구성과 인과적으로 연관되어 있는 유의미한 심리학적 구성개념의 공식화로부터 시작된다. 이야기를 부호화하는 범주는 구성개념에 대한 합의된 보편적 이해를 반영해야 한다. 따라서 평가자 간 신뢰도가 높더라도, 공격적 내용을 유발하는 자극, 공격성의 의도, 공격성의 결과 및 공격성의 형태와 기능 등을 구분짓는 설명이 불가능하기 때문에, 공격적인 이야기 내용의 빈도를 부호화하는 것은 공격성의 구성개념을 평가함에 있어 제한점을 갖는다(Teglasi, 1993, 1998). 다음 장에서 설명하겠지만 공격성을 포함하는 모든 내용은 유도된 그림자극에 대하여 의미를 부여함으로써 환경, 의도 및 결과를 재현한다.

TAT 이야기의 해석을 위한 단위의 개발과 타당화는 측정적 문제를 주의깊게 고려하는 것을 필요로 하는데, 특정 해석체계(Veroff, Atkinson, Feld, & Gurin, 1960)에서는 단어의 수 혹은 이야기 길이와 관련된 발생 가능한 혼입(confounding)의 영향력을 고려한다. 이러한 문제 해결을 위한 두 가지 방법으로, 이야기 길이에 대한 교정 요인(correct factor)의 사용(Cramer, 1987; Murray, 1943; Winter, 1982)과 이야기에서 나타나는 직접적인 단어가 아닌 기저의 구성개념과 관련된 해석적 단위의 사용이 있다(Teglasi, Lorcaft, & Felgenhauer, 2008a,b).

이 밖에 개념적 명료성은 측정의 유용성과 관련된 평가에 활용된다.

안면 타당도

안면 타당도(face validity)의 개념은 검사가 측정하고자 하는 바와 검사의 '겉모습'이 일치하는 정도를 일컫는다. 수검자는 자신의 이야기가 어떻게 해석되는지 알 수 없기 때문에, 안면 타당도는 스토리텔링 절차에 대한 수용성의 문제와 관련된다. 긴장상태를 묘사한 사회적 장면에 대해 이야기를 만드는 것은 사회적 정보처리에 대한 '안면 타당한' 측정으로 보인다. 그러나 교육적, 심리적 검사를 위한 지침에 따르면, 안면 타당도는 검사결과의 타당성에 대한 기준으로 고려되지 않는다.

준거 타당도

측정에 대한 준거 타당도(Criterion Validity)는 측정도구와 일련의 명시된 준거 사이의 공존적 혹은 예언적 상관관계에 대한 입증을 포함한다. 질문을 통해 측정된 반응(예: TAT)과 준거 변인(실생활 반응)의 기저에 동일한 구성개념을 가정하기 때문에, 두 가지 모두 논리적으로 구성 타당화의 대상이 될 수 있다(Messick, 1989). 따라서 제시된 수행에 대한 측정은 그것의 기능적 요구의 측면에서 이해될 수 있고, 만약 어떤 반응이 동일한 기능적 요구를 형성한다면(즉, 구성개념의 동일한 차원을 측정한다면), 그러한 반응은 다른 과업 및 실제 상황에 일반화될 수 있을 것으로 고려된다. 이러한 측면은 타당화의 기반인 예측(prediction)과 설명(explanation)에 동등한 가치를 부여한다. 성취동기에 대한 TAT 평가와 자기보고식 측정방법은 모두 외부 준거와 상관을 보였지만, 서로 다른 방식으로 발현된다는 발견(이 장의 초반에 논의됨)은 예측과 설명 사이의 구분에 대한 필요성을 제기하였다.

부가적 타당도

만약 검사도구가 특정 준거와의 관련성을 바탕으로 종합심리검사의 다른 측정치에 대한 추가적 정보를 제공한다면, 부가적 타당도(incremental validity)의 특성을 지닌다(Mischel, 1968). 부가적 타당도의 예로, IQ와 TAT 점수의 조합으로 평균 평점(grade point average, GPA)과 직업 성공을 예측하는 경우를 들 수 있으며, 이 경우 개별적인 IQ 혹은 TAT 점수는 예측 변인(GAP, 직업 성공)에 기여하지 않았다. 복합적으로 결정되고 복잡한 기준이 증가할수록, 다양한 구성개념의 역할을 설명하는 것이 중요해진다. 다른 측정치들의 기여도를 통제한 후 준거의 예측에 대한 고유한 정보를 제공하는 검사의 능력을 지칭하는 '부가적 타당도'의 개념과 더불어 다양한 평가도구의 활용에 있어서, 특정 기능을 설명하는 단일 구성개념의 한계점이 여실히 드러난다(Mayer,

2003). 부가적 타당도의 실용적 측면에 따르면, 검사는 종합평가에서 타 검사도구가 밝히지 못한 준거에 대한 변량을 설명할 수 있을 때 가치를 지닌다. 반면, 만약 부가적 타당도가 구성 타당도에 기인한다면, 단일 검사도구가 아닌 다양하게 측정되는 구성개념에 대한 고유한 기여도가 상대적으로 높은 가치를 지닐 것이다. 즉, 어떤 검사를 선택할 것인가에 대한 실용적 질문은 어떤 구성개념이 주어진 현상에 적절한가? 그러한 현상의 변량을 구성하는 각 구성개념의 고유한 기여도는 무엇인가? 각각의 구성개념을 측정하는 가장 좋은 방법은 무엇인가? 등이 될 수 있다. 구성 타당도의 중요성에 입각하여, 부가적 타당도의 타당화는 구성개념 그 자체와 예측 변인과 예측된 변인 둘 모두로서의 구성개념의 측정방법에 대한 적절성을 각각 독립적으로 고려한다. 우리는 예측 변인과 예측된 변인에 대한 변량의 기저를 이루는 구성개념 자체의 본질에 대하여 최우선적으로 질문해야 한다.

내용 타당도

주제통각기법의 내용 타당도(content validity)는 그림자극 혹은 해석의 단위와 관련된다. 그림자극과 관련된 내용 타당도는 선정된 도판에 내포된 주제 영역(관계, 정서, 상황 등)의 적절성과 관련된 반면, 해석 전략과 관련된 내용 타당도는 특정한 현상(예: 대상관계)을 측정하기 위해 이야기 내용에 적용된 부호화 단위의 적절성과 관련 있다.

개념 타당도

구성 타당도와 부가적 타당도가 개인 간 구성개념과 측정방법의 연결과 관련되어 있는 반면, '개념 타당도'(conceptual validity)(from Maloney & Ward, 1976)는 개인 내 양식에 초점을 맞춘다. 사례개념화(case conceptualization)에서는 어떻게 한 개인이 자신의 특정 발달 시점에서 세상에 대한 특정한 입장을 취하게 되었는가에 대한 가설을 설정한다. 다른 우연한 경로가 유사한 결과를 이끌었을 수 있으며(동일결정론, equifinality), 유사한 요인이 서로 다른 결과에 대한 원인이 될 수 있다는 점(다중결정론, multifinality) (Cicchetti & Rogosch, 1996)을 감안한다면, 사례개념화는 단순한 문제가 아니다. 모든 개인에게서 나타나는 특정한 결과를 예측하기 위한 목적으로 개인 혹은 환경에서의 특정한 위험 및 보호 요인의 목록을 작성하는 것은 불가능하며, 특정 환경에서의 유사한 행동은 각기 다른 원인으로 설명되는 경우가 허다하다. 그러므로 사례개념화는 기본적으로 개인이 다양한 맥락에서 겪고 있는 상호작용에 대한 작동 모델의 방식과 그러한 상호작용을 종합하는 도식의 성장 방식을 규명하는 것이다. 사례개념화는 이러한 방식으로 당면한 환경에 따른 인과적 영향을 검증하는 절차를 포함하므로, 장면에 대한 행동적 변량의 기록(기능적 행동 분석)에만 치중하지 않는다(Haynes & O'Brien, 1990). 마찬가지로, 진단적 증상의 기술에 한정된 평가에서는 대처 자원과 같은 개인의 다른 특성을 고려하지 않고, 특정 장애(예: 불안)의 제한된 기능과 관련된 기제를 명확하게 밝힐 수 없다.

사례개념화에 대한 개념 타당도는 현재 문제의 원인이 되는 개인의 과거 및 현재의 상호작용에 대한 정보를 조사하여, 관련된 현상에 대한 인과적 가설을 산출하는 절차에 바탕을 둔다. 평가 혹은 개입에 대한 전문가의 관점이 바탕이 되는 이론적 지향과는 무관하게, 사례개념화에서는 행동이 개인, 환경 그리고 둘 사이의 역동적 기능에 대한 경험적 고찰을 포함한다(Lewin, 1935). 과거 환경과의 접촉에서 학습된 것(도식)은 현재 맥락에 대한 개인적 기능과 관련된 정보를 제공한다. 당면한 현재 환경과의 상호작용에 있어 개인이 사용하는 방법의 영향력을 감안할 때, 도식은 치료적 개입의 중요한 대상으로 고려되므로(Shirk & Russell, 1996), 암묵적, 명시적 도식 모두를 다룰 필요가 있다(Dowd, 2006).

신뢰도

심리평가에서 신뢰도(reliability)에 대한 일반적인 개념은 측정방법에서의 일관성과 관련된 속성을 말한다.

평가자 간 신뢰도

스토리텔링의 산물은 개방적 반응에 대한 해석적 판단이며, 이러한 해석적 판단에 대한 신뢰도의 보고는 필수적이다. 평가자 간 신뢰도(rater reliability)는 각기 다른 평가자가 적용하는 해석적 절차가 동일한 반응에서 동일한 결과를 산출하는지에 대한 문제를 다룬다. 해석의 기준이 명확하게 지시되고, 해석자가 평가과정에 대하여 잘 훈련받은 경우에 주제통각기법에 대한 평가자 간 신뢰도가 높아지는 경향이 있다(Karon, 1981). 이러한 조건하에서 둘 혹은 그 이상의 평가자들 간의 상관계수 혹은 한 명의 평가자와 전문가에 의해 평정된 일련의 연습 시행(practice materials) 사이의 상관계수는 .80에서 .85의 범위를 넘어서야 하며, 이러한 수치는 일반적으로 적절한 신뢰도를 나타내는 것으로 고려된다(Lundy, 1985). 훈련과 실제 경험을 포함하여, 이 책에서 기술된 각기 다른 부호화 체계의 평가자 간 신뢰도는 .80 이상으로 나타났다(Blankman, Teglasi, & Lawser, 2002; Teglasi, Locraft, & Felgenhauer, 2008a). 명확한 기준과 적절한 훈련은 해석자의 경험과 반응이 의미하는 바에 대한 가치 혹은 가정의 차이에 대한 편향을 감소시킨다(Jenkins, 2008). 비록 문헌에서 보고되지는 않았지만, 임상적 활용에 있어 시간에 따른 단일한 평가자의 신뢰도를 확립하는 것이 중요할 것으로 고려된다.

결정 신뢰도

평가자 간 신뢰도를 평가하는 또 다른 방법으로는 신뢰도 계수와 같은 특정 단위에 초점을 두기보다 프로토콜에 대한 평가자의 전반적인 판단 혹은 결정에 대한 일치 여부를 조사하는 것이다. 임상가가 자신의 연구 및 이론과 관련된 지식을 이야기로부터 도출한 결론에 적용할 경우, 이러한 형태의 신뢰도는 보다 정확한 TAT에 대한 임상적 유용성을 반영한다. 한 가지 문제는 서로 다른 이론적 초점을 지향하는 전문가들이 프로토콜의 서로 다른 측면을 강조하는 경향이 있다는 것이다. 그러나 Shneidman(1951)은 각기 다른 자신만의 방식으로 TAT를 평가하는 16명의 임상가들이 서로 유사한 결론에 도달한다는 점을 증명하였다. 수행 표본 혹은 도판의 수는 결정 신뢰도(decisional reliability)에 영향을 미치는 중요한 요인으로 간주된다. TAT의 신뢰성 있는 평가를 위해서, 임상가들은 각 수검자로부터 적어도 여섯 가지 이상의 이야기를 수집해야 한다.

검사-재검사 신뢰도

재검사에 따른 신뢰도를 산출함에 있어 두 가지 중요한 고려점은 (a) 이야기 내용의 유사성과 임상가의 판단의 유사성 중 어디에 초점을 둘 것인가(Karon, 1981), (b) 평가하고자 하는 측면에 영향을 미치는 성격 구조가 상대적으로 안정적인가 불안정적인가(Cramer, 1996)에 대한 것이다. 구체적 내용에 대한 신뢰도와 시간의 경과에 따른 반응의 해석적 의미에 대한 일관성은 서로 낮은 관련성을 보인다. 게다가 성격이 변화할 수 있다는 점을 감안한다면, 검사와 재검사의 시간 간격은 중요한 요소로 작용할 수 있으며, 특정 측면에서의 예상되는 변화에 대한 이론과 자료는 검사-재검사 신뢰도(test-retast reliability)에서 반드시 고려되어야 한다. TAT 이야기의 구조적 특징은 검사-재검사에 따른 상관관계에서 나타나는 것처럼 (적어도 짧은 기간 동안)안정적으로 유지되는 경향이 있다(Locraft & Teglasi, 1997).

유의사항

'객관적(objective)' 그리고 '투사적(projective)'이라는 용어는 후자가 더욱 주관적임을 시사한다. 그러나 George Kelly(1958)가 지적한 바와 같이, 서로 다른 평가과정의 측면에도 불구하고 객관적, 투사적 기법 모두 주관적 측면을 가진다. 평정척도에서의 문항에 대한 신뢰도는 본질적으로 질문에 대한 응답자의 해석과 관련된 일관성의 문제인 반면, 주제통각기법과 관련된 신뢰도는 자극, 반응, 해석방법의 조합과 해석자의 기술에 달려 있다. Meyer와 Kurtz(2006)는 투사적, 객관적이라는 용어의 사용을 변화시키기 위해 「Journal of Personality Assessment」에 투고하는 저자들을 위한 편집지침을 제안하였다

내적 합치도

특정 구성개념을 측정하는 검사의 항목은 서로 상관이 있을 것으로 고려된다. 알파(α)계수로 제시되는 항목 간의 상관관계가 높을수록, 각 항목은 측정하고자 하는 구성개념을 더욱 일관적으로 측정한다. 반분신뢰도(검사를 두 가지로 나누어 검사의 절반인 한 부분의 점수와 다른 부분의 점수와의 상관성을 파악하는 것)는 내적 합치도(internal consistency)를 평가하는 하나의 방법이다. TAT에서의 내적 합치도를 입증함에 있어서, 각각의 그림은 하나의 항목으로 고려된다. 수집된 TAT 이야기의 가짓수는 반분신뢰도의 평가에 충분하지 못할 수 있다. 일반적으로 내적 합치도를 파악할

수 있는 모든 접근은 TAT에 적용되었을 때 문제점을 지닌다. 그림이 각기 다른 주제를 유도하도록 고안되어 있다는 점(Morgan & Murray, 1935)을 고려하면, 내적 합치도의 평가를 위해 이야기 내용을 고려하는 것은 적절치 못하다(Lundy, 1985). 실제로, 주제 내용의 측면에서 TAT는 고전적 심리측정 이론의 원리를 충족시키지 못한다. 이는 TAT에서는 내적 합치도(알파계수)에 비해 검사 신뢰도가 더 높게 나타나기 때문이며, 이러한 양상은 전통적 심리측정에 대한 가정과 상반되는 것이다(Lundy, 1985). 그러나 그림에 직접적으로 영향을 받지 않는 구조 변인에서의 일관성은 개념적으로 옹호 가능하며 수용될 수 있는 것으로 고려된다(Atkinson, Bongort, & Price, 1977). 자극과 그에 따른 이야기의 조화 또는 이야기와 이야기에서 나타나는 세부사항의 수렴 정도의 조화에서의 정확성과 같이, 이야기에서 나타나는 구조적, 형식적 특성에 대한 내적 합치도는 비교적 높은 것으로 나타난다(Blankman, Teglasi, & Lawser, 2002; Teglasi, Locraft, & Felgenhauer, 2008a).

자기점검

1. Rorschach는 주로 지각을 평가하는 반면, TAT는 통각을 평가하는 검사이다. (예/아니요)
2. 전통적으로, 만약 _______, 이야기의 부호화를 위한 기준은 최상의 임상적 유용성을 지닌다.
   (a) 기준이 세부적으로 구체화되어 있고, 심리측정적으로 타당하다면
   (b) 기준이 광범위한 해석적 지침을 제공한다면
   (c) 'a'와 'b' 모두이다.
   (d) 'a', 'b' 둘 다 아니다.
3. 도식 이론은 '투사적 가설'에 중심이 되는 다음과 같은 가정을 지지한다.
   (a) 현재 경험의 해석을 위한 과거에 조직화된 '갖춤새'의 중요성
   (b) 인식의 밖에서 작동하는 심적 과정에 대한 중요성
   (c) 'a'와 'b' 모두이다.
   (d) 'a', 'b' 둘 다 아니다.

4. 지식 구조 혹은 도식은 다음과 같은 방식으로 정보를 조직화한다.
(a) 인식의 주체와 독립적이고, 공개적 검증이 가능한 방식
(b) 인식의 주체에 제한적이고, 논리적 분석에 의한 타당화가 불가능한 방식
(c) 'a'와 'b' 모두이다.
(d) 'a', 'b' 둘 다 아니다.

5. TAT 이야기는 다음을 구성한다.
(a) 실제 경험의 재현
(b) 대중 매체를 차용한 생각
(c) 삶의 경험이 통합된 관념
(d) 모두 아니다.

6. 스토리텔링은 다음과 같은 도식과 사회적 문제 해결 전략의 평가에 유용하다.
(a) 매우 친숙하게 정형화된 상황
(b) 낯설거나, 스트레스가 많거나, 복잡하거나 정서적인 상황
(c) 'a'와 'b' 모두이다.
(d) 'a', 'b' 둘 다 아니다.

7. 정보처리과정에 대한 이중 이론은 서로 상반되는 다음과 같은 두 개념을 다룬다.
(a) 정서에 의해 영향을 받는 '경험하는' 자기와 언어적으로 정의된 자기
(b) 정서에 의한 사고와 합리적, 분석적 사고
(c) 'a'와 'b'모두이다.
(d) 'a', 'b' 둘 다 아니다.

8. 정서, 인지, 주의 과정에서의 개인적 차이는 도식의 발달에 영향을 미친다.
(예/아니요)

9. 모든 신뢰도와 타당도에 대한 증거는 구성개념에 대한 타당화의 과정에 포함될 수 있다.
(예/아니요)

10. 스토리텔링과 자기보고식 측정은 서로 상호 대체적인 활용이 가능하다.
(예/아니요)

11. TAT의 심리측정적 특성을 파악하는 것은 다음의 경우 복잡해진다.
(a) 각각의 해석적 방법에 대한 타당도와 신뢰도의 수립을 필요로 하는 경우
(b) 각각의 모든 평가자에 대한 신뢰도의 증명을 요구하는 경우
(c) 'a'와 'b' 모두이다.
(d) 'a', 'b' 둘 다 아니다.

정답: 1. 예, 2. b, 3. c, 4. c, 5. d, 6. b, 7. d, 8. 예, 9. 아니요, 10. 아니요, 11. c.

2 CHAPTER

스토리텔링 시행의 핵심

주제통각기법(Thematic apperceptive techniques)은 스토리텔링 과제의 기본적인 요소로 구성된 지침과 그림자극을 활용하여 성격을 측정하는 수행기반 측정도구라는 특징을 지닌다(Teglasi, 1998). 주제통각기법은 사회적 단서를 평가하는 능력, 사회적 상황을 추론하는 능력 등을 밝혀내는 것으로, 검사의 지침과 그림자극은 수검자가 이러한 능력을 발휘하도록 구성되어 있다.

자극

주제통각검사(Thematic Apperception Test, TAT)는 Murray(1943)가 도입한 특정 자극과 지침을 의미한다. 그러나 주제통각이라는 용어는 포괄적인 의미로 사용되고 있으며, 하나의 그림자극 세트에 국한되지 않는다(Keiser & Prather, 1990). TAT가 도입된 이래로, 주제를 이끌어 내기 위해 다양한 자극 세드가 개발되어 왔으며, 특정한 이론적 지향성에 근거하여 개발된 자극 세트(Blacky Test, Blum, 1950; Tasks of Emotional Development, Cohen & Weil, 1975) 또는 특정 상황에서의 태도와 관련된 표본에 근거하여 개발된 자극 세트(School Apperception Method, Solomon & Starr, 1968; Education Apperception Test, Thompson & Sones, 1973)가 있다. 또한, 아동(Children's Apperception Test, Bellak & Bellak, 1949; Roberts Apperception Test for Children, McArthur & Roberts, 1982-currently, Roberts 2, Roberts & Gruber, 2005; Children's Apperceptive Storytelling Test, Schneider, 1989), 청소년(Symonds Picture Story Test for Adolescents, Symonds, 1939, 1949), 노인(Senior Apperception Test,

Bellak & Bellak, 1973; Gerontological Apperception Test, Wolk & Wolk, 1971), 특정 소수민족(Tell-Me-A-Story, Constantino, Malgady, & Rogler, 1988; Thompson, 1949)과 같은 특정 집단용 그림자극이 도입되었다. TAT 그림자극이 무채색이고, 정서적 분위기가 어둡고, 인종적 다양성이 결여되었다는 비판으로 인해 새로운 자극 세트가 소개되기도 하였다(Holmstorm, Silber, & Karp, 1990; McArthur & Roberts, 1982; Schneider, 1989; Thompson & Sones, 1973). 또한 TAT 그림은 시대에 뒤떨어지는 의복 양식과 머리 모양으로 인물을 표현한다는 비판(Henry, 1956; Murstein, 1968)과 전반적으로 분위기가 어둡다는 비판(Ritzler, Sharkey, & Chudy, 1980)을 받기도 했다. 이러한 비판에도 불구하고, TAT 자극은 여전히 많이 사용되고 있다(Teglasi, 1998). 색채가 풍부하고 보다 현대적인 그림을 새롭게 도입하였지만, 새로운 그림이 기존의 TAT 자극의 강점을 포함하지 못했기 때문에 기존의 자극 세트는 보존될 수 있었다. 자극의 특성을 보다 잘 이해함으로써 주제통각기법을 보다 효과적으로 사용할 수 있다(Murstein, 1965; Zubin, Eron, & Schumer, 1965).

자극은 이야기를 형성하는 데 중요한 역할을 하고, 그림은 수검자의 반응을 이끌어 내어 중요한 기능영역에 대한 해석적 의미를 제공한다는 점에서 가치가 있다. 하지만 어떤 자극을 사용할지는 무엇을 평가하고자 하는지에 따라 다르다. 새로운 자극의 도입은 지금까지는 그림자극의 다양한 특성이 어떠한 역할을 하는지 이론적으로 이해하는 것과 합의된 채점체계를 마련하는 것에 도움을 주지 못했다. 채점체계, 집단 유형, 사용목적을 고려하지 않고서는 모호성(반응을 유도하는 단서의 수와 단서의 명확함)과 같은 자극의 다양한 특성이 갖는 이점에 대해 일반적인 결론을 내릴 수 없다. 적대감에 대한 연구에서 연구자는 수용할 수 없는 행동과 관련성이 별로 없는 그림은 적대감의 표현욕구를 측정하는 반면, 수용할 수 없는 행동과 매우 관련성이 높은 그림은 적대감을 표현하는 것에 대한 억제나 죄책감을 측정한다고 주장한다(Salz & Epstein, 1963). 낮은 모호성은 단일한 동기를 평가하는 데 더 유리할 수 있지만(Singer, 1981), 높은 모호성은 두 가지 이상의 동기에 대한 상대적 평가를 가능하게 한다는 점에서 보다 효과적일 수 있다(Atkinson, 1992). 성격 내용의 풍부함은 TAT 세트 내에서 모호성의 세 가지 수준(고, 중, 저)에 따라 달라지는데, 중간 정도의 모호성을 가지는 도판은 성격 정보를 가장 많이 포함하는 이야기를 산출한다(Kenny & bijou, 1953). 하지만, 연구자들이 모호성의 근본적인 차원에 대한 기준을 고려하지 않고 모호성의 다양한 수준을 비교하기 때문에, 모호성에 관한 연구의 결론은 내려지지 않고 있다.

주제통각 자극 세트의 개발이 주제의 내용(예: 특정한 동기)과의 관련성에 초점을 맞춰 왔지만, 자극의 구조적 특징은 내용이 아니라 심리적 기능을 명확하게 밝히는 데 도움이 된다(Teglasi, 1993, 1998). 자극의 이러한 구조적 요소는 복합성, 모호성, 정서적 분위기, 특징적인 세부사항의 수, 이질적 단서가 통합된 정도를 포함한다. 자극의 이러한 측면은 내용의 중요한 요소(예: 연령, 성별, 인종특성, 상호작용 유형)에 따라 체계적으로 변화될 수 있으며, 구조화 수준에 따라 달라지는 수검자의 수행에 대한 결론과 상호작용의 특정 유형과 관련된 도식에 대한 결론을 내리도록 한다. TAT 세트(Morgan & Murray, 1935; Murray, 1938)는 30개의 도판과 1개의 백지 도판으로 구성되어 있다. 이 도판은 수검자의 연령이나 성별에 맞게 20개의 그림으로 된 4개의 비슷한 세트로 구성되어 있다. 이런 이유로 도판에는 1에서 20까지 번호가 매겨져 있고, 소년, 소녀, 14세 이상 남성, 14세 이상 여성에게 적합한 도판을 각각 (B), (G), (M), (F)로 표기하고, 여러 대상에게 적합한 경우에는 (MF, BG, BM, GF)로 표기하였다. 숫자 다음에 문자가 없는 도판은 14세 이상의 모든 성별에 적합한 것으로 간주된다(TAT 그림에 묘사된 이미지의 역사를 위한 개관은 Morgan, 1995 참조).

자극 간의 관계에 대한 수검자의 특성

수검자가 등장인물을 동일시할 때 더 길고 풍부하게 이야기하며 스토리텔링 과제에 더 열중할 것이라는 가정은 남성용과 여성용 도판을 설정하는 근거를 제공하였다. 임상가는 수검자가 자신을 그림자극에 묘사된 등장인물로 여기거나 혹은 자신이 등장인물과 비슷하다고 여긴다면, 수검자의 동일시가 강화될 것이라고 생각했다. 그러나 대학생들은 동성 인물을 더 동일시하지는 않았다(Katz, Russ, & Overholser, 1993). 연구결과, 이야기의 길이와 환상의 양,

정동의 본질에서 성차가 나타나지 않았다. 게다가, 자극의 유사성에 근거하여 수검자의 동일시 여부를 파악하는 것은 불가능하다. 예를 들어, 성별에 상관없이 대부분의 아동은 도판 2에 대한 이야기를 만들어 낼 때, 배경에 남성이 존재함에도 불구하고 전경에 있는 젊은 여성에 집중한다. 따라서 그림의 중심은 이야기에서 부각되는 내용의 근간을 이루는 것으로 보인다. 현재는 성인남성, 성인여성, 소년, 소녀에게 적합한 것으로 지정했던 기존의 방식(예: B=소년, M=남성, G=소녀, F=여성)을 따르지 않는다. 따라서 소년 또는 성인남성에게 적합한 것으로 지정되었던 3BM 도판이 소녀 또는 성인여성에게도 종종 사용된다.

일반적으로, 특수 집단용 자극을 사용하는 것이 전통적인 TAT 그림을 사용하는 것보다 더 풍부한 이야기를 이끌어 내지는 않는다(Bailey & Green, 1977; Weisskopf-Joelson, Zimmerman, & McDaniel, 1970). 노인 환자에게 사용하기 위해 도입된 노인용 통각검사(Gerontological Apperception Test, GAT)는 많은 노인들이 TAT 도판에 묘사된 상황과 등장인물을 동일시하기 힘들 것이라는 가정에 기반하고 있다. GAT는 '성욕 상실, 매력 상실, 신체적 한계, 가족 문제와 같이 일반적이지 않은 노인 특유의 문제'를 묘사했다(p. 3). 하지만, GAT와 TAT를 비교한 결과 GAT의 이점은 없는 것으로 밝혀졌다(Fitzgerald, Pasewark, & Fleisher, 1974; Pasewark, Fitzgerald, Dexter, & Cangemi, 1976). 유사한 논리가 또 다른 노인용 통각검사(Senior Apperception Test, SAT) 개발에도 적용되었지만(Bellak, 1975), SAT가 TAT보다 더 나은 것은 아니었다. 본질적인 문제는 유사성에 관한 것이 아니라 묘사된 경험의 의미를 파악하는 화자의 능력일 것이다.

기존의 TAT 도판 세트는 등장인물을 백인으로 묘사했기 때문에, 다른 인종에의 적용 가능성에 관한 문제가 제기되어 왔다. Bailey와 Green(1977)은 백인의 얼굴에 검은 피부를 덧칠한 Thompson(1949)의 시도에서 나아가 더 현실적으로 아프리카계 인물을 묘사하기 위해 Murray의 도판을 수정했다. 그들은 새로 개발된 자극과 기존의 TAT 도판과 Thompson의 수정판에 대한 수검자의 반응을 비교했다. 25~45세의 아프리카계 미국인 수검자는 수정된 두 도판 세트가 이야기를 더 많이 하도록 촉진한다고 평가했지만, 반응 내용은 별다른 영향을 받지 않았다. 게다가 개인적 감정에 대해 보고하는 수검자의 능력 평가에서 세 가지 자극 세트 간에는 차이가 없었다. 사실 수검자와 그림 속 등장인물 간의 지각된 유사성은 빈번하게 유도되는 주제의 내용보다 TAT에서 묘사된 관계의 정서적인 분위기와 더 일치했다(Alvarado, 1994). 그림자극과 수검자의 유사성에 대한 문제는 파악된 정보의 유용성보다 감정에 대한 수검자의 민감성과 더 관련이 있는 것으로 고려된다.

집단의 다양성을 포함하도록 자극을 고안한 것처럼, 전문가는 다른 이론적이고 실증적인 사항을 고려하는 것이 중요하다. 일례로 Constantino, Malgady와 Rogler(1988)가 Tell-Me-A-Story의 약자인 TEMAS('themes'의 스페인어)로 불리는 투사적 스토리텔링 기법을 도입한 바 있다. TEMAS 자극은 묘사된 인물의 수와 구조라는 중요한 두 가지 측면에서 TAT 그림과는 다르다. 첫째, TEMAS 자극은 해결방안으로 딜레마의 두 가지 측면을 제시함으로써 TAT 도판보다 이야기를 유도하는 구조화된 단서를 더 많이 제공한다. 둘째, 수검자가 특히 기술적인 접근을 취한다면 TEMAS의 더 복잡한 자극과 더 많은 등장인물들은 보다 긴 이야기를 촉진시킨다. Constantino와 Malgady(1983)는 히스패닉, 아프리카계 미국인, 유럽계 미국인으로 이루어진 세 아동집단에게 표준 TAT와 더불어 TEMAS의 두 가지 버전(소수집단, 비소수 집단)을 실시하였다. 소수집단 아동들은 표준 TAT보다 TEMAS의 두 가지 버전에서 더 길게 이야기하였다. 하지만 소수집단 학생들의 이야기 길이는 TEMAS의 두 가지 버전(소수집단과 비소수 집단)에서는 차이를 보이지 않았는데, 이는 인물의 사회적/민족적 특징 이외에 자극의 다른 측면들이 이러한 차이를 설명함을 시사한다. 유럽계 미국인 아동은 자극과 관계없이 이야기의 풍부함이 동일함을 보여 주었다. 게다가 아프리카계 미국인과 유럽계 미국인 아동은 TAT에서 이야기의 풍부함이 동일하게 나타났다. 여기서 요점은 TEMAS를 폄하하거나 TAT의 우위를 내세우고자 함이 아니라 피상적인 유사성이나 차이점에 근거하기보다는 다양한 평가방법 간의 개념적 차이와 유사성을 확인하는 것이 중요하다는 것이다.

그림자극의 특성

그림 장면에 대한 이야기를 만드는 과제는 그림을 해석하기 위해 사건, 생각, 의도, 행동, 결과를 적절히 연결하는 '내용(context)'의 형성과 자극을 '설명(explains)'하는 이야기를 은연중에 요구한다. 개인의 도식을 평가하기 위해서는 판에 박힌 이야기나 공통된 문화적 고정관념의 관점에서 설명하기 어려운 장면을 묘사하는 자극을 제시하는 것이 가장 유용하다. TAT의 이점 중 하나는 그림이 정형화된 틀에 맞지 않는 미완성된 일을 나타내는 상황을 묘사한다는 것이다(Henry, 1956). 예를 들어, TAT에서 4번 도판은 수검자로 하여금 남녀의 신체적 근접성과, 남성의 화난 표정과 이를 달래는 여성의 표정 간의 불일치를 조정하도록 요구한다. 특이하거나 복잡한 장면은 이를 설명하고 지침을 따르기 위해 지식 구조를 융통성 있게 사용하도록 요구하는 반면, 익숙하고 스크립트화된 지식으로 쉽게 설명할 수 있는 장면은 정형화된 이야기를 통해 다룰 수 있다.

자극의 영향력을 평가하기 위한 기본적인 두 가지 방법이 있다. (a) 빈번하게 유도되는 주제의 유형, (b) 묘사된 장면의 특징(Peterson & Schilling, 1983). 다양한 TAT 도판에 의해 유발되는 전형적인 주제를 기술할 수 있다(Bellak, 1975; Bellak & Abrams, 1997; Henry, 1956; Holt, 1978; Murstein, 1968; Stein, 1955). 주제와 관련된 도판의 영향력은 독립된 심리적 기능영역에서의 개인의 반응 양식을 분석하는 데 관심이 있는 임상가에게 중요하다. 하지만 어떤 도판은 다른 도판(Cooper, 1981; Newmark & Flouranzano, 1973)보다 더 광범위한 주제를 이끌어 낸다. 아마 그러한 도판은 수검자가 심리적으로 의미 있는 내용을 표현하도록 하는 더 많은 여지를 남기기 때문에 보다 유용할 것이다. 사실 Haynes와 Peltier(1985)는 Newmark와 Flouranzano에 의해 다양한 주제를 이끌어 내는 것으로 확인된 도판 중 9개는 임상가가 가장 빈번하게 사용하는 것으로 평가하였음을 발견했다.

어떤 특정한 이야기에서 드러나는 태도는 제시된 그림 속 등장인물의 상호작용에 특수한 것일 수 있다. 동료, 어른, 아동 혹은 남녀 관계는 서로 다른 도식을 불러일으킬 수 있다. 그러므로 다양한 연령, 성별, 상호작용의 방식을 나타내는 인물을 묘사하는 그림을 적절하게 선정하는 것이 유용하다. 또한 자극의 구조적 특징은 장면에 대한 적절한 설명을 쉽게 발견할 수 있느냐의 여부에 영향을 미친다. 일반적으로 언급되지 않는 자극의 세부사항은 은연중에 이야기에 영향을 준다. 5번 도판의 꽃이나 책은 두드러지게 언급되지는 않지만 방에 대한 어떤 것을 암시할 수 있다. 또한 도판 8BM의 전경에 있는 젊은 남성이 입은 재킷과 넥타이는 세부사항으로서 이야기를 형성하는 단서를 제공할 수 있다(예: '그의 결혼식에서'). 다른 세부사항은 단서와는 별다른 관계가 없다(1번 도판에서 '눈썹'이나 2번 도판에서 '남성의 속옷'). 과제에서 요구되는 것은 그림자극의 특성에 따라 달라지며 임상가는 이러한 요구의 맥락에서 수행을 평가해야 한다(빠르게 찾기 2.1 참조).

빠르게 찾기 2.1

TAT 그림의 네 가지 구성요소

1. **사소하거나 관련 없는 세부사항**— 분명하게 언급되지 않으며 대부분 이야기에 영향을 미치지 않는다(구체적인 생각을 나타내는 세부항목에 한정하여 집중함을 시사. 1번 도판 '어떤 사람의 눈썹', 2번 도판 '땅에 있는 선')
2. **배경**— 비교적 중심에 위치한 대상이나 옷은 장면을 해석하는 데 대체로 영향을 미치지만 분명하게 언급되거나 그렇지 않을 수 있다(1번 도판의 바이올린, 2번 도판의 여자가 들고 있는 책). 도판 3BM의 총과 같은 어떤 대상은 의미가 있지만 배경으로 물러나거나(알아차리지 못하거나 고의적으로 무시됨) 전체적인 그림의 형태가 왜곡되지 않고 다른 것(열쇠 등)으로 확인될 수 있다.
3. **자세와 얼굴표정**— 장면을 해석하는 데 있어 가장 중요한 것은 인물의 명백한 태도와 행동뿐만 아니라 그들의 감정과 관계를 암시하는 자세와 얼굴표정이다. 예를 들어, 1번 도판에서 소년의 자세와 얼굴표정과 더불어 얼굴에 손을 대고 있는 것은 어떤 감정을 암시한다. 자극의 이러한 측면은 은연중에 이야기를 이끌어 내지만 분명하게 언급되지는 않는다.
4. **구성**— 세부사항, 배경, 자세와 얼굴표정 간 관계에 근거한 정확한 설명은 직접적으로

(기술적으로) 그것에 초점을 두지 않지만 자극의 구성요소를 포함하면서 심리적 문제나 장면의 숨은 의미를 담아낸다.

그림자극의 내용과 구조

그림 내용의 특징

1. 인물의 특징. 이야기의 핵심은 연령, 성별 또는 일반적인 외모, 감정, 행동의 측면에서 등장인물을 묘사하는 것이다. TAT는 수검자로부터 다양한 도식을 이끌어 내기 위해 다양한 관계 유형을 표집해야 한다. 또한 묘사된 인물의 수가 다양한 그림자극을 포함해야 한다.
2. 배경장면 혹은 대상의 특징. 농촌과 같은 배경이나 총과 같은 대상 유형은 이야기 내용에 속하지만 기본적인 정서나 관계만큼 중요하지는 않다.
3. 심리적 문제. 근본적인 심리적 딜레마는 자극의 형태(배경의 특징, 대상, 얼굴표정, 등장인물의 자세)에 의해 전달되며 이는 야기된 정서적 문제나 자극의 잠재적 의미를 이룬다. 예를 들어, 소년과 바이올린을 묘사하는 1번 도판은 개인적 성향과 외부의 요구 사이에서 있을 수 있는 갈등을 초래한다. 게다가 바이올린은 가족관계에 대해 지각한 수검자의 태도를 드러내 줄 수 있는데, 그 이유로 바이올린은 일반적 교육제도에서 요구하는 것이 아니라 가족이 장려하는 과제를 암시하기 때문이다.
4. 수검자와의 유사성. 자극에 묘사된 등장인물과 수검자의 연령, 성별, 인종 혹은 민족적 배경 간 유사성은 반응에 영향을 미칠 수 있는 요인으로 간주된다. 더 많은 연구가 필요하지만, 지금까지의 연구결과는 신체적 유사성(예: 연령, 성별, 인종)이 결정적이지 않을 수도 있음을 시사한다 (Murstein, 1963). 가장 중요한 것은 묘사된 심리적 문제가 수검자에게 얼마나 의미 있는가이다.

그림 구조의 특징

1. **모호성(ambiguity).** Murstein(1963, 1965)은 TAT 그림의 구조와 모호성을 구분한다. 구조는 자극의 특성인 반면(예: 누구와 무엇이 묘사되는가에 관한 명확성, 단서나 물건의 제시), 모호성은 도판에 의해 유발되는 주제를 변화시킨다(Newmark & Flouranzano, 1973). 적당한 모호성을 가지는 그림은 다양한 반응을 가능하게 하지만, 전문가의 해석에는 도움이 된다(Lindzey, 1952; Murstein, 1965). 반면 그림에서 무슨 일이 일어나는지 명확하게 나타내는 자극은 반응의 다양성을 감소시킨다. 예를 들어, 정서발달 과제(the Tasks of Emotional Development, TED)의 도판 중 하나는 중년의 여성이 바닥에 있는 아이의 소유물을 가리키고 아이는 쳐다보고 있는 모습을 묘사한다. 이 장면은 TAT에서 방(방엔 책이나 꽃과 같은 다양한 물건이 있지만 중요하지 않다) 안을 보고 있는 늙은 여성을 묘사한 5번 도판보다 더 많은 반응을 이끈다. 정서적 발달과제 자극은 부모가 특정한 규칙을 위반한 아이를 혼내는 이야기를 풀어내어 인물과 갈등을 분명히 밝힌다. Roberts-2의 14번 도판도 마찬가지로 어머니의 한계설정에 대한 부모와 아동의 갈등을 묘사하도록 구성되어 있다. TAT 그림은 이러한 주제를 배제하는 것은 아니며 많은 다른 주제를 선택할 수 있게 한다. 모호성과 관련된 자극의 특징은 자극 형태가 관습적이거나 상투적인 설명을 잘 받아들이는 문화에서 흔히 인지되는 사회적 맥락을 묘사하는 정도와 자극의 상투성이다. 자극은 이야기를 제한하는 많은 단서를 포함할 수 있고, 이러한 단서들은 문화적 고정관념을 따를 수도 있다. 틀에 박힌 이야기로 쉽게 설명되는 자극에서는 사회적 도식을 뒷받침하고 내재적으로 조직화된 도식을 집결시키고자 하는 수검자의 요구는 중요치 않다. Roberts-2는 실제 생활 사건으로 인식될 수 있는 구조화된 상황을 반영하는 자극을 사용한다(Roberts & Gruber, 2005). 그림이 상황의 의미를 명확하게 묘사한다면 통각이라는 용어를 검사의 이름에서 제거하는데, 이는 Roberts-2가 투사적 기법이 아님을 시사한다.
2. **정동적 분위기(affective tone).** 이론상으로는 주제통각기법에 사용되는

그림의 일반적인 분위기는 긍정적이거나 부정적이거나 중립적이다. TAT 도판은 부정적인 분위기가 지배적이라는 비판을 받아 왔는데, 그 이유는 부분적으로는 그림이 흑백이기 때문이다(Ritzler, Sharkey, & Chudy, 1980). 우리가 긍정적인 감정을 수반하는 색상을 공통적으로 연상한다는 점을 고려할 때, 채색 유무는 그림 장면의 정동적 분위기에 기여하는 것으로 생각된다. 하지만 각기 다른 특정한 장면에 대하여 보고된 이야기에서 색상이 미치는 잠재적인 영향에 대한 결론을 내리기에는 체계적인 증거가 부족한 실정이다. 게다가 부정적인 분위기는 수검자가 그림에 묘사된 갈등을 어떻게 평가하고 해결하는지 관찰할 기회를 제공하면서, 해결되어야 하는 딜레마나 미결된 상황을 나타내기 때문에 유용할 것으로 고려된다. 본질적으로 부정적인 장면은 수검자가 슬픔이나 갈등을 벗어나 어떻게 적응적인 해결로 나아가는지 관찰하는 것을 가능하게 한다. 통각성격검사(The Apperceptive Personality Test, APT)는 TAT 자극의 부정적인 분위기를 피하기 위해 고안되었다(Holmstrom, Silber, & Karp, 1990). 그럼에도 불구하고 전문가들은 통각성격검사보다 TAT 반응결과를 더 선호하는 것으로 나타났다(참가자들은 이야기 결과에 대한 평가에서 차이가 없었다). 이러한 연구결과는 이야기가 행복하거나 불행하게 끝나는지의 여부는 검사 자극에서 드러난다기보다 수검자의 역할에 영향을 받음을 시사한다. 모호한 상황에서는 강력한 정서와 연합된 도식이 표면으로 떠오른다. 따라서 (TAT와 같이) 가능한 많은 반응을 수반하는 자극을 제시하는 것의 이점 중 하나는 가장 뚜렷한 도식이 발현되도록 하는 것이다.

3. **복합성(complexity).** 자극 복합성의 정도는 응집력 있는 이야기로 통합되어야 하는 모순된 요소의 개수와 유형에 따라 다르다(예: 전경과 배경, 얼굴표정과 자세). 독특한 세부사항(수술 장면에 있는 총)은 쉽게 설명될 수 없기 때문에 자극과 조화되는 이야기를 만들어 내기 위해서는 창의성이 필요하다.
4. **강도(intensity).** TAT 자극에서 드러나는 갈등이나 정서에 대한 극적인 묘사는 미결 상황이라는 인상을 주는 경향이 있으며, 그렇게 함으로써 수검

자를 검사에 끌어들인다(Henry, 1956). 선화(line drawing)를 활용한 다른 자극(Roberts-2)이나 알록달록한 그림(TEMAS)은 TAT에서 묘사된 인물처럼 실감나지 않는다.

5. **보편성(universality).** 묘사된 정서나 경험의 보편성은 다른 연령, 성별, 인종 혹은 민족집단을 그린 별개의 자극 세트를 만들어 내야 할 필요성을 해결할 수도 있다. 비교적 보편적이며 대부분의 사람들이 직면하는 사회적 상황을 표현한 그림은 다양한 연령과 하위문화 집단에 적합하다고 시사된다(Veroff, 1992).

시행

생각나는 대로 자유롭게 말하는 과제는 반응을 이끌어 낼 수 있는 단서와 교육적 환경에 민감하다(Dana, 1982). 그러므로 과제를 구조화하고 격려를 제공하며, 반응을 촉진하는 표준 시행 절차를 확립하는 것이 필요하다. 또한 과제에 대한 수검자의 수행을 정확히 나타내는 것도 중요하다. TAT에서 도판의 순서에는 내재된 논리가 있으며, 일반적으로 도판은 번호순으로 실시되어야 한다(Arnold, 1962; Bellak, 1986; Karon, 1981). 예를 들어, 처음의 두 도판(1번과 2번)은 상대적으로 온화한 정서를 드러내는 반면 도판 3BM과 도판 4가 더 강렬한 정서를 묘사한다. 하지만 다음에서 설명되는 것처럼, 각 도판은 고유의 특성이 있고, 전문가는 자신의 판단에 따라 순서를 결정할 수 있다.

지침

TAT에 대한 지침에서는 수검자가 다음 구성요소를 포함하여 완전한 이야기를 만들도록 요구한다(Murray, 1943). 그림에서 무슨 일이 일어났는가? 과거에는 무슨 일이 있었는가? 그림의 인물들(혹은 개인)은 무엇을 느끼고 있는가? 그들은 무슨 생각을 하고 있는가? 결국 어떻게 되는가? 이러한 이야기 구성요소는 사회인지이론과 관련이 있으며, 사회적 문제 해결과 관련된 사회적 정보처리의 많은 요소를 포함한다(빠르게 찾기 2.2 참조).

빠르게 찾기 2.2

도식에 내포된 사회적 문제 해결 구성요소와 TAT 지침

(Teglasi, 1998)

문제 해결 구성요소	지침 (정보처리과정)
문제 확인: 수검자는 자극(배경, 대상, 의상, 사람, 얼굴표정, 자세)을 평가함으로써 장면에 암시되어 있는 문제를 확인한다. 장면을 해석하는 데 있어 갈등의 내부적, 외부적 자원을 통합하는 것이 과제다.	그림에서 무슨 일이 일어나고 있나요?(다양한 인물들의 관점에서 핵심 문제나 딜레마를 끄집어내기 위해 자극을 부호화하고 해석한다.)
인과관계의 순서에 대한 이해: 수검자는 원인과 결과를 연결시키고 사건의 흐름을 현실적인 기간으로 배열하면서 논리적이고 응집력 있는 사건 순서를 설정한다.	전에는 어떤 일이 있었나요?(시간적 맥락에서 사건을 배열한다.)
내적 세계에 대한 이해: 수검자는 등장인물의 내면세계, 생각, 감정, 의도를 외현적 행동, 사건의 순서와 관련짓는다.	등장인물이 무슨 생각을 하고 있고 어떻게 느끼고 있을까요?(목표나 의도를 설정하고 심적 상태가 반응에 미치는 영향을 이해한다.)
수단과 목적 간의 관련성에 대한 이해: 수검자는 위에서 조직화한 대로 등장인물 앞에 놓인 갈등이나 문제를 해결하기 위해 적절한 수단을 제안한다.	이야기가 어떻게 끝나나요?(의도, 행동, 결과에 대한 인과관계를 형성하고, 그렇게 함으로써 반응이 어떤 결과를 가져올지에 대한 기대를 보인다.)

8장에서 설명할 기법을 포함하여 TAT 이후에 개발된 다른 주제통각기법에도 비슷한 지침이 적용된다. 이야기의 특정한 구성요소를 포함하는 지침은 명확하게 전달되기만 한다면 지침대로의 정확한 표현 방식은 중요하지 않다. 전

문가는 화자의 이해수준에 맞는 언어를 사용해야 한다.

성인용 지시문(Murray, 1943)

이제부터 제가 그림을 한 번에 하나씩 보여 드릴 거예요. 그러면 각 그림에 대한 이야기를 만들어 주시면 돼요. 그림에 나타난 사건에 이르기까지 어떤 일이 있었는지, 지금 무슨 일이 일어나고 있는지, 등장인물은 어떤 생각과 감정을 가지고 있는지 그리고 어떻게 끝나는지를 이야기해 주세요. 과거, 현재, 미래를 포함하는 완전한 이야기를 말씀해 주시면 됩니다. 이해하셨나요? 저는 말씀해 주시는 이야기를 그대로 받아 적을 것입니다. 여기 첫 번째 그림이 있습니다(검사자는 수검자에게 그림을 건네준다).

다음은 일반적인 지시문을 Murray(1943)가 아동용 지시문으로 수정한 것이다.

이제부터 제가 몇 개의 그림을 보여 줄 거예요. 각각의 그림에 대해 이야기를 만들어 주면 돼요. 그림에서 무슨 일이 일어나고 있는지 그 전엔 무슨 일이 있었는지, 사람들이 무슨 생각을 하고 어떻게 느끼고 있는지, 마지막엔 이야기가 어떻게 끝나는지에 대해 말해 주세요. 그러니까 과거, 현재, 미래를 포함하는 전체 이야기를 말해 주면 돼요. 그림에 대해 원하는 어떤 이야기를 만들어도 돼요. 이해했나요? 저는 이야기 내용을 그대로 받아 적을 거예요. 여기 첫 번째 그림이 있습니다(검사자는 수검자에게 그림을 건네준다).

또한 검사자가 녹음을 하고자 한다면, "당신의 이야기를 받아 적을 건데, 놓칠 수도 있으니 녹음을 하겠습니다."라고 말할 수도 있다.

TAT 이야기에 관한 지시문은 새로운 정보를 제시하는 것이 아니라 익숙한 이야기 형태의 요소를 단순히 되풀이하는 것이다. 어린 아동도 기본적인 최소한의 이야기 구조를 이론적으로 알고 있으며(Applebee, 1978), 이는 화자에게 과거, 현재, 미래를 포함하는 전체 이야기를 말해 달라고 요구하기에 충분한 근거가 된다. 하지만 Murray가 고안한 것처럼 체계적인 지침을 제시하는 것은 이야기 반응에 대한 기준을 설정하고 표준 질문에 대한 수단을 제공하기 때문에 이점이 있다. 특히 아동의 경우 촉진은 해석을 위한 충분한 자료를 얻기 위해 종종 필요하다. 전문가는 경도 혹은 중등도의 지적 장애를 가진 환자에게 검사를 시행하려면 일반적으로 받아들여지고 있는 절차로부터 벗어날 것을 제안한다(빠르게 찾기 2.3 참조). Peterson(1990)은 가능한 한 적은 단서를 제공하도록 지침을 변형할 것을 제안한다. "그림에서 일어날 수 있는 일에 대한 이야기를 말해 주세요"(p. 194). Murray 지침의 수정본은 문제 해결 개념화에 따라 채점을 용이하게 하려는 목적으로 고안되었으며 그림에서 "무엇이 문제인가요?"를 "무슨 일이 일어나고 있나요?"로 대체한다(Ronan, Colavito, & Hammontree, 1993; Ronan, Date, & Weisbrod, 1995).

빠르게 찾기 2.3

지적 장애 환자를 위한 TAT 시행 지침(Hurley & Sovner, 1985)

1. 검사자는 지시할 때 구체적인 용어를 사용해야 한다.
2. 검사자는 견본 도판으로 이야기를 구성하여 설명할 수 있다.
3. 검사자는 필요에 따라 지시의 각 구성요소에 대해 촉진하는 것 외에도 비암시적으로 문제를 명료하게 하도록 요청할 수 있다.

검사장면과 검사도구

검사실은 편안해야 하며 분위기를 산만하게 할 수 있는 소리와 대상(장난감, 잡동사니)이 없는 곳이어야 한다. 어떤 검사자는 수검자에게 의도치 않게 단서를 제공할 가능성을 최소화하기 위해 얼굴을 직접 마주 보는 위치를 피한다. 하지만 검사를 시행하는 동안 이미 정해진 좌석 배치나 다른 기존의 관례가 있다면 굳이 바꿀 필요는 없다. 검사자는 선정한 도판, 필기도구, 녹음기를 준비하여야 한다.

격려

TAT는 4세 정도의 어린 아동에게도 사용 가능하지만, 오히려 높은 연령대에서조차도 때때로 지시에서 요청받은 이야기의 모든 구성요소를 포함한 이야기를 구성하는 데 어려움을 나타낸다. 모든 연령의 수검자에게 반응을 촉진하기 위해서는 검사자가 표준 절차를 따라야 한다고 제안된다. 만약 검사자가 지침을 분명하게 반복해서 말했으나 개인이 검사를 시작하는 데 어려움을 경험한다면, 검사자는 "그림에서 일어날 수 있는 일에 대해 말하면서 시작하시면 돼요."와 같이 말할 수 있다. 만약 화자가 이야기를 시작하였으나 이후의 이야기를 이어 가는 데 주저한다면 검사자는 격려하듯이 고개를 끄덕이거나, 특정한 질문을 하기보다는 "계속하세요."라고 하면서 화자를 촉진해야 한다. 이러한 일반적인 촉진방법은 이야기하는 과정이 (비록 어떤 경우에서는 불가피하지만) 일련의 질문과 답변이 아니라는 기대를 나타내는 것으로 여겨진다. 만약 화자가 그림에서 일어난 일을 묘사한 후에 이야기 진행이 정지된다면, "그 전에는 무슨 일이 있었을까요?"와 같이 촉진할 수 있다. 그런 다음 검사자는 사건의 순서가 어떻게 진행되는지에 대해 질문하고, 필요하다면 "마지막에 어떻게 되었나요?"라고 물어보면서 이야기의 결말을 촉진할 수 있다. 만약 화자가 이를 생략한다면, 검사자는 그 시점에서 인물이 어떻게 느꼈는지, 어떻게 생각하는지에 대해 물어보아야 한다. 검사자는 필요하다면 모호한 대명사의 언급과 같은 불확실한 측면을 명확하게 하고자 질문할 수 있다(예: "이 여자는 누구죠?"). 검사자는 충실하게 기록하기 위해 화자의 비언어적 행동, 발언, 이야기의 중단뿐만 아니라 모든 질문을 기록한다. 만약 화자가 격려나 특정 질문에 반응하지 않는다면, 검사자는 추후 이전 도판으로 돌아갈 수 있음을 제안할 수 있다.

- 화자가 요구하거나 검사자가 필요하다고 느끼면, 지시를 반복할 수 있다.
- 수검자가 이야기 구성요소를 말하지 않으면 이에 대해 반드시 촉구해야 한다. 각

구성요소는 이야기마다 한 번 요구할 수 있다. 구성요소는 다음과 같다. 그림에서 무슨 일이 일어나고 있는가, 앞서 일어난 일은 무엇인가, 등장인물(들)은 무슨 생각을 하고 있는가, 등장인물(들)은 어떻게 느끼는가, 결말은 어떻게 되는가?

- 화자가 이야기의 결말을 반드시 말하도록 한다.
- 이야기의 한 부분이든 아니든 화자가 말하는 모든 것과 당신이 말한 모든 것을 축어록 식으로 작성한다. 또한 화자의 비언어적 반응(이야기의 중단, 찡그린 얼굴, 큰 미소, 책을 쥐고 있는 여인을 가리키기, 독특한 자세, 목소리 톤, 관련 행동)도 기록한다.
- 어느 것도 놓치지 않기 위해서는 녹음도 가능하다.
- 흥미를 갖고, 비언어적으로 또는 "계속하세요, 음, 그리고… "와 같은 말을 하면서 전반적으로 격려한다.
- 시행 후 이야기를 가능한 한 빨리 옮겨 적는다(이야기하는 중에 타이핑하는 것은 라포 형성에 도움이 되지 않는다).

기억해 두기

격려는 지침의 네 가지 영역에서 제한된다.

- 화자가 이야기를 시작하는 데 어려움을 겪는다면, "이것은 당신의 이야기예요. 당신이 원하는 어떤 이야기든 할 수 있어요."와 같은 일반적인 진술을 자제한다. 격려는 "이 그림에 대한 이야기를 해 주세요."라고 말하면서 화자가 그림에 집중할 수 있도록 해야 한다. 더 필요하다면, "이 그림에서 일어날 만하다고 생각되는 것을 말해 주세요." 혹은 "이 그림에서 어떤 일이 일어나는지에 대해 당신이 생각하는 바대로 이야기를 시작할 수도 있어요."라고 말할 수 있다. 만약 화자가 괜찮은 이야기를 보고하지 못하는 것에 대해 스스로 회의감을 표현한다면, "옳고 그르거나 좋고 나쁜 이야기는 없어요. 그냥 당신이 원하는 어떤 이야기든 하시면 돼요."라고 하지 말아야 한다. 대신에 "좋은 이야기를 말하는 데에는 다양한 방법이 있어요."라고 말할 수 있다.
- 만약 수검자가 그림자극에서 사건을 묘사한 이후 이야기 진행이 막혔다면, "이전에는 무슨 일이 있었나요?"라고 물어보라.
- 단어를 신중히 선택하여 "그/그녀는 무슨 생각을 하나요?", "그/그녀는 어떻게 느끼고 있나요?"라고 물어보라. 예를 들어, 등장인물이 무엇에 대해 생각을 하고 있는지 물어보는 것을 피해야 하는데, 이는 수검자의 단답형 대답(그의 엄마, 바이올

린과 같은)을 촉진할 수 있기 때문이다.

- 일반적으로 좋은 촉진은 "그러고 나서 무슨 일이 있었나요?" 혹은 "계속하세요."와 같이 질의응답 형식을 벗어날 수 있는 형태이다.
- "어떻게 되었나요? 마지막엔 무슨 일이 일어나나요?"와 같은 질문으로 이야기의 결말을 유도하는 것이 중요하다.
- 앞서 소개한 어떤 촉진으로도 화자가 반응하지 않는다면, 촉진을 반복하고 고개를 끄덕이면서 격려하고 "좋아요. 다른 것은요?"라고 말할 수 있다. 하지만 화자가 반응을 보인다면, 더 이상 촉진하지 않고 무슨 말이든 받아들인다.
- 가능한 한 질의응답 형식을 피하기 위해, 고개를 끄덕이거나 "음", "계속하세요."와 같은 특정한 촉진 대신 보편적인 격려를 사용한다.

반응 기록

녹음기는 검사자가 작성한 기록을 보충하는 데 사용할 수 있다. 이 두 가지 절차에는 몇 가지 이점이 있다. 첫째, 검사자의 수기(手記)는 검사자의 필요에 맞춰 이야기의 속도를 맞추도록 수검자에게 요구하기 때문에 상호작용의 대인관계적 요소를 지닌다. 그러나 만약 수검자가 말이 너무 빨라 검사자가 따라가지 못하면, 녹음기는 필수적이다. 둘째, 검사자가 화자의 속도에 맞출 수 있다 하더라도 녹음기의 사용은 놓친 단어나 문장, 삽입구를 나중에 채워 넣을 수 있기 때문에 모든 발언을 받아 적어야 한다는 압박을 줄여준다. 셋째, 녹음기가 제대로 작동하는 것을 확인하더라도 프로토콜을 기록하는 것이 대안이 될 수 있다.

이야기를 옮겨 쓸 때, 상용어는 축약할 수 있다.

Looks like(~처럼 보인다)=ll

Long pause(긴 침묵)=LP

Short pause(짧은 침묵)=SP
What is happening in the picture query(도판에서 지금 무슨 일이 일어나고 있나요?)=H?
What happened before query(이전에는 어떤 일이 일어났을까요?)=B?
Thinking query(등장인물이 무슨 생각을 하고 있을까요?)=T?
Feeling query(등장인물은 어떤 기분일까요?)=F?
Ending query(결말은 어떻게 되나요?)=TO?

도판 선정

TAT 지침서(Murray, 1943)는 30가지의 그림과 하나의 백지 도판에서 20장의 도판을 선정하여 시행할 것을 제안한다. 도판 중 11장은 모든 화자에게 사용되고 9장은 연령과 성별에 따라 선정된다. 수검자에게 도판 20장을 모두 실시할 필요는 없으며 심지어 이런 방식이 선호되지도 않는다. 청소년 및 법정 장면에 대한 임상조사에 따르면, 평균적으로 사용되는 도판은 10.25장이다(Haynes & Peltier, 1985). 일반적으로 임상가는 8~12장의 도판을 사용한다. 기존에 특정한 연령과 성에 적합하게 선정했던 대로 하기보다는 임상가가 심리적으로 의미 있는 자료를 이끌어 내는 도판의 유용성을 판단하여 도판을 선정한다.

임상가는 특정한 주제나 심리적 처리과정을 '끌어내는'데 기여하는 도판을 숙고하여 선택한다. Peterson과 Schilling(1983)은 자극에 대한 이론적인 논의를 제시하였다. 각각의 도판에서 흔히 유도되는 주제를 설명하고(Bellak, 1975; Bellak & Abrams, 1997; Henry, 1956; Holt, 1978; Stein, 1955) 다양한 도판의 유용성을 검토하였다(Teglasi, 1993). TAT의 처음 10장의 도판은 기본적인 대인관계를 묘사하며 두 번째 세트보다 임상가가 더 많이 사용하고 정서적으로 유의미한 정보를 이끌어 낼 가능성이 있다(Cooper, 1981; Ehrenreich, 1990; Worchel, Aaron, & Yates, 1990).

TAT에서의 도판 선정에 대한 제안(Bellak, 1975; Henry, 1956; Teglasi, 1993)에 따르면 대부분의 남성용 도판이 더 풍부하고 복잡한 주제를 유발하기 때문에 모든 성별에 적합하다고 지적한다(빠르게 찾기 2.4 참조). Bellak과 Abrams(1997)는 다른 도판과 필요에 따라 조화롭게 추가할 수 있는 성인용 도판 8~10장으로 구성된 표준 세트를 제시했다. 1, 2, 3BM, 4, 6BM, 7GF, 8BM, 9GF, 10, 13MF. 한 도판(13MF)을 제외하고 나머지 도판들은 연령과 성별에 관계없이 이야기를 풍부하게 이끌어 내는 동일한 효과가 있는 것으로 보인다. 관계와 정서를 매우 명확하게 묘사하지 않거나 추가적인 단서 없이 생각에 몰두하는 인물을 묘사(3GF)하는 도판은 다른 도판만큼 효과적이지 않다.

Murray(1943)는 Henry(1956)의 비평과 경험에 기반하여 중요한 자극 특성과 부가설명을 기술하였는데, 자주 사용되는 각각의 TAT 도판에 대한 요약을 다음에 제시하였다.

빠르게 찾기 2.4

TAT 도판 선정

특정 TAT 도판을 선정하는 것과 관련하여 임상가 간 고려해야 할 합의가 있다. Arnold(1962)가 선정한 도판(1, 2, 3BM, 4, 6BM, 7BM, 8BM, 10, 11, 13MF, 14, 16 및 20)은 Bellak의 필수적인 남성용 도판(1, 2, 3BM, 4, 6BM, 7BM, 11, 12M 및 13MF)에서 한 장(12M)을 제외한 나머지를 포함한다.

7~11세의 아동(1, 3BM, 7GF, 8BM, 12M, 13B, 14, 17BM)과 청소년(1, 2, 5, 7GF, 12F, 12M, 15, 17BM, 18GF)을 위해 Rabin과 Haworth(1960)가 선정한 도판은 Arnold와 Bellak이 선호한 도판을 대부분 포함한다. Hartman(1970)의 17세 이하 소년에게 선호되는 도판에 대한 조사는 순서대로 1, 3BM, 6BM, 7BM, 13MF, 7GF, 8BM, 4, 10, 12M, 16(blank), 18GF이다. Teglasi(1993)는 도판 1, 2, 3BM, 4, 5, 6BM, 7GF, 8BM이 남녀 아동 및 청소년에게 가장 유용하다고 지적하였을 뿐만 아니라 다른 도판(7BM, 10, 12M, 13B, 13MF, 14 및 17BM)도 연령과 의뢰사유에 따라 유용하다고 언급했다.

도판 1

Murray의 묘사: "책상 위에 놓인 바이올린을 응시하고 있는 어린 소년"

부가설명: 1. 다른 세부사항으로는 악보, 책상, 바이올린 아래의 식탁보가 있다. 2. 자극 요구: 특정 인물과 주요 사물에 대한 묘사는 소년의 얼굴표정을 바이올린과 관련지어 설명할 것을 요구한다.

도판 2

Murray의 묘사: "목가적 장면: 손에 책을 들고 있는 젊은 여성이 전경에 있고, 배경에는 밭에서 일하고 있는 남성과 그것을 바라보고 있는 나이 든 여성이 있다".

부가설명: 1. 다른 세부사항으로 세 인물과 농촌과 관련된 특징(바위, 건물, 말)을 포함하고 있다. 2. 자극 요구: 장면은 다양한 세부사항뿐만 아니라 세 인물과 배경장면을 통합할 것을 요구한다. 3. 거의 주목하는 않는 세부사항: 임신한 것처럼 보이는 중년여성, 밭고랑, 여성의 옷, 남성의 수염.

도판 3BM

Murray의 묘사: "바닥에 있는 한 소년이 잔뜩 웅크린 모습으로 소파에 기대어 있고, 오른팔에 머리를 대고 숙이고 있다. 소년의 옆쪽 바닥에 권총이 놓여 있다."

부가설명: 1. 웅크린 소년 옆쪽 바닥에 있는 물체는 대부분의 사람에게 총이나 무기로 보이지만 열쇠와 같은 다른 물체로 보고하는 경우도 있다. 많은 수검자는 인물을 여성으로 인식한다. 2. 자극 요구: 등장인물과 '총'이 유일하게 형태를 가진 대상이다. 많은 수검자는 묘사된 인물의 형태에 초점을 두고 그 물건에 관심을 가지지 않는다. 단지 일부의 수검자만이 총을 인식할 뿐이다.

도판 4

Murray의 묘사: "마치 여성으로부터 벗어나려는 것처럼 얼굴과 몸을 돌리고 있는 남성의 어깨를 여성이 붙잡고 있다."

부가설명: 1. 드물게 배경에 있는 두 번째 여성을 실제 인물이나 포스터 혹

은 여성 그림으로 보고한다. 2. 자극 요구: 적절한 기술은 남성과 여성의 모순되고 극적인 감정을 설명한다. 두 주요인물은 신체적으로 근접해 있지만(접촉) 그들의 감정은 일치하지 않는다.

도판 5

Murray의 묘사: "중년의 여성이 반쯤 열린 문 입구에서 방 안을 바라보며 서 있다."

부가설명: 1. 다른 세부사항으로는 꽃과 같은 방에 놓인 물건이 있다. 2. 자극 요구: 비교적 단순한 장면에 대한 적절한 기술은 여인이 왜 방으로 들어가고 있는지에 대한 설명을 필요로 한다. 추가적인 인물이 소개될 수 있다. 방에 놓인 물건이 언급될 수 있는데, 이는 사소한 세부사항으로 주의가 전환됨을 암시한다.

도판 6BM

Murray의 묘사: "작고 늙은 여인이 키 큰 젊은 남성을 등지고 서 있다. 남성은 당혹스러운 표정으로 아래를 내려다보고 있다."

부가설명: 1. 여인은 창문을 바라보고 있고 남성은 모자를 쥐고 있다. 외적 세부사항을 사용하여 자신의 반응을 뒷받침하는 수검자는 모자와 창문을 언급할 수 있다. 그렇지 않을 경우 이러한 것은 상호작용에 대한 암시적인 단서로 남는다. 2. 자극 요구: 남성과 여성 사이의 독특한 관계(예: 떠나거나 나쁜 소식을 전하고 있는 아들)에 대한 설명이 필요하다. 다른 세부사항은 부수적이다.

도판 7BM

Murray의 묘사: "무뚝뚝하게 허공을 응시하고 있는 젊은 남성을 백발의 남성이 바라보고 있다."

부가설명: 1. 주요 인물을 제외한 다른 세부사항은 없지만 얼굴 특징에 주목할 수 있다. 2. 자극 요구: 얼굴표정과 연령 차이를 통해 두 남성의 관계를 밝

힐 수 있는 설명이 필요하다.

도판 7GF

Murray의 묘사: "나이 든 여성이 소녀 옆 소파에 앉아 있고 말을 걸거나 책을 읽어 주고 있다. 소녀의 무릎에는 인형이 놓여 있고 시선을 돌리고 있다."

부가설명: 1. 소녀는 여성이 하고 있는 일에서 동떨어져 보인다. 인형은 때때로 고양이와 같은 애완동물로 지각된다. 간혹 가구나 의상에 대한 세부사항에 주목하기도 한다. 2. 자극 요구: 두 주인공 사이의 관계에 대한 설명(소녀가 시선을 돌리고 있는 이유)이 필요하다.

도판 8BM

Murray의 묘사: "청소년기의 한 소년이 그림 밖을 정면으로 보고 있다. 소총이 한쪽에 보이고, 마치 환상처럼 외과 수술 중인 흐릿한 장면이 배경에 있다."

부가설명: 1. 보통 '칼'과 같은 수술장면과 전경에 주인공이 입고 있는 넥타이와 재킷을 세부사항으로 주목한다. 오른쪽 상단의 창문이나 책장은 드물게 언급된다. 2. 자극 요구: 다른 현실에 있는 것처럼 보이는 전경과 배경의 관계를 설명하도록 요구하는 복잡한 장면이다. 다양하고 포착하기 어려운 세부사항과 총에 대해 비교적 명확하게 설명함으로써 이 장면은 복잡해진다.

도판 10

Murray의 묘사: "젊은 여성이 남성의 어깨에 머리를 기대고 있다."

부가설명: 1. 묘사된 두 인물의 성별은 다양하게 해석할 수 있을 정도로 충분히 모호하다. 따라서 이 도판의 주제는 신체적 근접성이다. 2. 자극 요구: 이 도판은 관계에 대한 해석을 유도하는 단서가 상대적으로 부족하다.

도판 12M

Murray의 묘사: "젊은 남성이 눈을 감은 채 소파에 누워 있다. 수척한 모습의 늙은 남성이 누워 있는 사람을 향해 몸을 굽히고 있고 그의 얼굴 위로 손을 뻗고 있다."

부가설명: 1. 자극 요구: 두 사람의 특이한 자세에 대한 설명이 필요하다.

도판 13MF

Murray의 묘사: "젊은 남성이 팔에 머리를 묻고 고개를 아래로 한 채 서 있다. 침대에 누워 있는 여인이 그의 옆에 있다."

부가설명: 1. 여인의 나체는 중요한 세부사항이다. 2. 자극 요구: 남성과 여성의 관계에 대한 설명이 필요하다.

도판 13B

Murray의 묘사: "어린아이가 통나무 오두막의 현관 계단에 앉아 있다."

부가설명: 1. 세부사항으로 오두막, 소년의 맨발, 소년의 손에 있을 수 있는 물체가 있다. 2. 자극 요구: 오직 한 인물만 묘사하고 있는 자극은 간단하다. 한 명의 인물만 있는 다른 도판처럼 이 도판도 소년이 혼자서 무엇을 하고 있는지 설명하거나 다른 등장인물을 소개할 가능성을 증대시킨다. 이런 방법으로 도판은 더 큰 세계와 연결된 느낌을 끌어낸다. 한 사람 이상을 묘사하는 그림은 화자가 묘사된 대로 관계를 다루게 만든다.

유의사항

라포가 형성된 후 종합심리검사가 끝날 무렵 주제통각검사를 실시하는 것이 좋다. (a) 화자는 검사자와 이전부터 상호작용을 하고 있었기 때문에 그를 더 편안하게 느낄 것이고, (b) 검사의 모호성으로 인하여, 성인과 아동 모두에게 불안을 유발하는 과제를 수행하기에 앞서 수검자가 검사에 대해 일반적으로 지니고 있는 걱정이 뚜렷해질 수 있으며(Newmark, Hetzel, & Freking, 1974; Newmark, Wheeler, Newmark, & Stabler, 1975), (c) 어떤 저항이나 불안이 야기되더라도 차후의 과제 수행을 방해하지 못할 것이기 때문이다.

자기점검

1. 임상가는 주제통각검사 자극을 ______에 기초하여 선택한다.
   (a) 기존에 아동/성인, 남성/여성에 적합하도록 정한 것
   (b) 특정한 주제와 관련된 내용을 이끌어 내는 영향력
   (c) 'a'와 'b' 모두이다.
   (d) 'a', 'b' 둘 다 아니다.
2. 자극은 주제통각기법에서 중요한 역할을 한다. 왜냐하면 ______
   (a) 자극이 정서적, 사회적, 문맥상의 단서를 제공하기 때문이다.
   (b) 자극이 유발하는 반응의 임상적 유용성과 풍부함이 다르기 때문이다.
   (c) 자극은 과제의 문제 해결 요구를 반영하기 때문이다.
   (d) 모두이다.
3. 화자는 등장인물과 연령과 성별, 인종이 유사하면, 임상적으로 더 유용한 이야기를 말한다.
   (예/아니요)
4. 주제통각검사를 시행할 때, 표준 지침은 사람들이 일반적으로 완전한 이야기에 포함되는 것을 단순히 되풀이하는 것이다.
   (예/아니요)
5. 전문가들은 가능한 '최고'의 이야기를 이끌어 내기 위해서 화자에게 격려를 많이 해야 한다.
   (예/아니요)

정답: 1. d, 2. d, 3. 아니요, 4. 예, 5. 아니요

3 CHAPTER

스토리텔링 해석의 핵심

TAT는 본디 4세 이상의 연령의 수검자를 대상으로 제작되었다(Murray, 1938). TAT를 활용한 연구에 대한 개관에서 Cramer(1996)는 "성인 TAT 이야기의 해석에 유용하다고 밝혀진 해석적 관점은 아동의 이야기를 해석할 때에도 마찬가지로 유용하다."라고 결론을 내렸다. Bellak의 TAT(성인)와 CAT(아동)의 채점 체계는 사실상 동일하다(Bellak & Abrams, 1997). 마찬가지로, 이 책에 제시된 도식 평가의 절차는 특정한 긴장상태(인식 가능하고 해결될 수 있는)에 대해 묘사한 자극을 제공하는 그림-이야기 방법에 광범위하게 적용될 뿐만 아니라, 아동과 성인 모두에 적용 가능하다. 정보처리과정을 가능하게 하는 도식의 역할은 이후의 다른 장에서 좀 더 상세히 다룰 것이다. 이야기 해석의 목표는 막연한 상황의 조직화에 적용되는 도식적 구조와 정보처리과정을 평가하는 것이다. 도식은 특별히 복합적인 판단이 필요한 상황에서 '지적' 결정을 가능하게 한다고 할 수 있다. 만약 도식이 즉각적인 상황 혹은 과제에 대한 정보처리과정을 충족시킬 만큼 충분히 정확하고 복합적이라면 경험에 대해 사고하기 위한 도구로 유용할 것이다.

다음의 수수께끼에 대해 생각해 보자(출처 미상). 어느 날 밤, 한 남자가 똑바로 앞을 향해 뛰기 시작했다. 그런 다음 왼쪽으로 돌아서 뛰다가 곧 또다시 왼쪽으로 돌아서 뛰었다. 그리고는 집을 향해 달리기 시작했다. 그가 집에 도착했을 때 마스크를 착용한 두 남자가 그를 기다리고 있었다. 두 남자는 누구였을까?

야구에 대한 도식의 활성화는 앞선 수수께끼를 해결하도록 도와주는 요소에 일관성을 부여한다. 뛰고 있던 남자는 야구 선수이며, 마스크를 낀 두 남자는 포수와 심판이다. 머릿속에 떠오르는 야구에 대한 도식의 용이함이 각 개인마다 다양할지라도, 도식 그 자체는 개인의 경험에 따라 변하지 않기 때문에 일반적이다.

이번에는 다음 이야기에 대해 생각해 보자. 8세 앨리슨은 교사에게 긴 연휴 동안 가족과 함께 다녀왔던 디즈니랜드에 대해 열정적으로 이야기하고 있었다. 이에 대해 교사는 장난조로 "여기서 나가."라고 하였다. 앨리슨은 잠깐의 망설임도 없이 교실 밖으로 걸어 나갔다. 평균 상의 양호한 IQ 점수에도 불구하고, 앨리슨은 교사의 목소리 톤과 얼굴표정에 내포되어 있는 정서적인 단서에서 문자 그대로의 의미와 상황적 맥락을 조정하는 상호작용의 미묘한 차이에 대한 정보를 포착하지 못했다. 야구 경기에 대한 도식은 외부 세계에서 일어나는 일련의 사건에 대한 정보를 조직화하는 반면, 이러한 상황을 파악하기 위한 도식은 심적 상태에 대한 이해를 요구한다.

앨리슨은 의사전달의 의도보다는 교사가 사용한 단어 그 자체에 반응한 것이다. "마음 이론(Premack & Woodruff, 1978)"으로 대표되는 심적 상태에 대한 이해는 "여기서 나가."와 같은 진술이 따로 떨어져 나와 처리되는 것이 아니라 전체의 상호작용 속에서 가볍게 해석되도록 한다. 마음 이론이 충분히 발달하지 못하였다면, 사회적 지각은 행동을 의도, 생각, 감정과 연결하는 인지적 틀(Malle, 2001) 속에서 맥락화될 수 없고, 이러한 한계는 위의 삽화와 자폐 아동의 진단 근거가 된다(Baron-Cohen, 1995; Frith, 2000; Leslie, 1992).

마음 이론과 도식 모두 구분된 자극을 쉽게 이해할 수 있는 단위로 조직화하기 때문에, 두 이론 모두 심적 모델이 사회적 인지를 위한 기본 도구라고 가정한다(Baird & Baldwin, 2001; Fiske & Taylor, 1991; Schank & Abelson, 1977). 심적 상태를 추론하는 능력은 인간(아동 포함)이 타인의 행동을 적절히 이해하고, 예상하고, 반응할 수 있도록 한다. 마음 이론은 일반 아동과 자폐 아동 연구와 같이 마음을 이해하는 능력이 제한된 사례를 연구함으로써 형성되었다. 도식 연구자들의 부족한 관심에도 불구하고, 마음 이론의 핵심은 심적 상태에 기초하여 행동하려는 의도성 혹은 인간 상호작용에 대한 현상이다(빠르게 찾기 3.1 참조).

의도를 이해하기 위해서는 욕망과 소망을 의도와 구분하는 것이 필수적이다(Malle & Knobe, 2001). 욕망은 어떤 결과를 기원하지만 이를 위한 계획 수립과 관련된 노력은 기울이지 않는 반면, 의도는 개인의 행동이 특정 결과로 이어진다는 구체적인 신념에 근거하고, 이로 인해 의도된 결과와 행동을 취하는 방법 모두를 나타낸다(빠르게 찾기 3.2 참조).

이 장의 주요 쟁점은 기저의 함의(Arnold에서 차용한 용어, 1962) 혹은 TAT 이야기의 의미 형성에 기반을 둔다. 함의(import)는 실제 삶의 경험보다 경험의 주관적 통합에 기반을 둔 화자의 도식과 관련된다. 이야기에 함의를 부여하는 조직화된 원리는 지속적인 경험을 체계화하는 것과 유사하다. 인간의 기억은 이야기 형태에서 관련된 경험을 조직화하는 정리 체계로서 기능하고, 이는 외부 환경, 내적 긴장상태 혹은 심리적 문제, 의도, 이를 추구하는 수단 및 결과를 포함한다(Schank, 1990). 특정 양상의 관계가 외부 사건, 내적 긴장, 의도, 행동과 결과에서 반복적으로 관찰될 때, 그 유형은 경험으로부터 독립적으로 존재하는 구조 혹은 도식의 한 유형이 될 수 있다.

빠르게 찾기 3.1

발달 연구에서의 의도, 수단 그리고 목적

1. '마음 이론'의 일반적인 정의는 행동이 동기, 신념 또는 목표와 같은 개인의 심적 상태에 의해 조직화된다는 것을 이해하는 것이다(Premack & Woodruff, 1978). 따라서 마음 이론은 객관성(외부세계의 사건, 행동)과 주관성(내적 세계의 생각, 신념, 의도)을 구분함으로써 타인의 행동을 예측할 수 있게 해준다(Astington, 1991; Flavell, 1988).

   의도를 이해하는 것은 '마음 이론'으로 지지된다. IQ, 언어적 능력, 집행 기능을 통제한 후에도, 의도적 행동에 대한 유아의 관심과 4세 아동의 마음 이론 사이에 대한 종단적 관련성이 발견되었다(Wellman, Lopez-Duran, LaBounty & Hamilton, 2008). 더욱이, 유아는 의도와 관련된 행동의 특징에 선택적으로 주의를 기울이며 이를 회상한다(Wellman & Phillps, 2001). 비록 개별적인 의도와 관련된 활동의 측면으로 인간의 행동을 파악하지 못함에도 불구하고, 10~11개월 된 유아도 의도의 시작과 완료에 해당하는 행동 구조에 적응하는 모습을 보인다(Baldwin, Baird, Saylor, & Clark, 2001).

2. 5세 아동은 의도된 행동과 그렇지 않은 행동을 구분한다(Astington & Lee, 1991). 5세 아동은 욕망과 의도를 구분할 줄 아는 반면, 3, 4세 아동은 두 가지를 구분하는 데 어려움을 겪는다(Schult, 2002). 틀린 믿음을 이해하는 것은 4세에 나타나지만 놀라움과 긍지와 같은 복잡한 감정은 이후의 연령에서 이해할 수 있는 것으로 나타났다(Flavell & Miller, 1998; Wellman, 2002 참조). 마음 이론 기법의 발전과 관련된 문제점(의도 형성 또는 결합적 사고 형성의 어려움)은 경험적으로 아동 병리학과 관련되어 있다(Baron-Cohen, 1991, 2000).
3. 언어 사용에 비해 문법 규칙의 활용이 뒤떨어지는 4세 아동의 능력과 같이, 의도와 수단, 목적을 연결해서 이해하여 언어로 표현하는 아동의 능력은 암묵적 이해력보다 뒤떨어진다. 분노와 아픔과 같은 감정은 말로 표현하기 어려움에도 불구하고, 아동은 스스로의 감정과 타인의 감정에 대해 구조적으로 행동할 수 있다(Dunn, 1991). 따라서 아동은 성인과 사회적 상호작용의 기본적인 과정이 다른 것이 아니라 암묵적, 명시적 지식 간의 간격 크기가 다르다(Premack, 1992). Piaget는 논리적인 수학적 사고 등이 아동과 성인의 가장 큰 차이를 보여 주는 영역으로 간주한 반면, 마음 이론 연구자들은 성인의 사고 방식이 5세 아동과 놀랍도록 유사하다고 여긴다(예: Gardner, 1991). 의도에 대한 아동의 이해는 어린 연령일수록 자신의 행동을 통해 암묵적으로 드러나며, 연령이 증가할수록 자신이 이해한 바를 명시적인 언어로 나타낸다.

빠르게 찾기 3.2

의도 대 욕망

1. 문화는 해당 문화의 구성원들이 보편적으로 추구하는 결말과 관련된 지식을 포함하고, 욕망은 그 문화에 뿌리를 내리고 있다(Bruner, 1990). 의도는 경험된 규칙성에 기반을 둔 의도, 활동, 결과 간을 연결하는 보다 개인적 절차에 기초한다. 이러한 의도-활동-결과 도식은 수단-목적 관계와 인과를 포함하기 때문에 욕망에 비해 보다 정교하다.
2. 소망 혹은 욕망과 구분되는 진정한 의도는 다음과 같은 개인에게서 나타난다(Knobe, 2003). (a) 확실한 결과를 원하는 사람, (b) 행동이 결과로 이어진다고 믿는 사람, (c) 활동을 수행하고자 하는 사람, (d) 활동을 수행할 능력이 있는 사람, (e) 의도 자체에 대한 활

동의 수행과 관련 있는 사람. 대부분의 자폐 아동은 타인의 행동을 신념/의도로 파악하는 데 어려움을 보이지만, 상대적으로 욕망으로 파악하는 것은 어려워하지 않는다(Baron-Cohen, 1955). 발달상 초기에 발현되는 욕망에 귀인하는 것은 신념에 기인하는 것보다 정교하지 못하다(Wellman & Woolley, 1990).

3. 마음 이론에서 정교함의 차이는 연령뿐만 아니라 개인에 따라 다르게 관찰된다. 비록 3세 아동이 명시적인 의도를 참조하지만, 이 의도성에 대한 초기 관점은 욕망의 개념과 융화되어 있다(Baird & Astington, 2005). 5세 무렵이 되면, 의도에 대한 아동의 개념은 성인의 개념과 유사해진다. 그럼에도 불구하고, 5세 이상의 아동(과 성인)은 욕망의 개념과 목표 지향적 의도를 혼용하는 모습을 보이기도 한다.

1장에서 다루었듯이, 이러한 도식은 모호한 상황에서 활성화될 수 있다. 도식 활성화는 해당 도식과 관련된 과거의 유용성 및 현재 상황과의 관련성에서 비롯된 현저성에 기반을 둔 지속적 접근 가능성 수준에 의존한다(Anderson, Bothell, Byrne, Douglass, Lebiere, & Quin, 2004). 이야기에서 숨은 의미나 메시지를 담고 있는 함의는 대개 이야기 내용의 구조로부터 파생된 것이지만, 스토리텔링 과정이나 이야기 전개 방식에 대한 정보를 제공한다(빠르게 찾기 3.3 참조).

유의사항

비록 마음 이론의 제한된 발달이 사회적 인지를 저해함에도 불구하고, 심적 상태를 해석하는 데 어려움을 보이는 개인은 물리적 사건에 대한 인과적 추론에는 어려움을 보이지 않을 수 있다.

빠르게 찾기 3.3

함의 형성의 내용과 과정

내용	과정
외적 딜레마 혹은 상황: 무슨 일이 일어나고 있는가? 전에는 어떤 일이 있었는가?	**외적 딜레마 혹은 상황:** 반응이 자극 도판에 묘사되어 있는 것(반응, 해석)과 어떻게 관련되어 있는가? 현재 상황과 과거 내력 간의 연결이 현실적인가?
심리적 문제 혹은 긴장: 심리적 '쟁점' 혹은 문제가 무엇인가? 문제의 외부적, 내부적 자원 간의 연결성은 무엇인가? 상황 혹은 문제에 대한 등장인물의 생각과 느낌은 무엇인가?	**심리적 문제 혹은 긴장:** 문제 혹은 심리적 쟁점(사고와 감정)이 자극 형상과 조화되어 있는가? 감정 자원이 내부적인가 외부적인가? 장면에서 현재 일어나고 있는 것과 과거에 일어난 것 때문에 형성된 문제나 긴장상태가 적절한가?
의도 혹은 목표: 문제와 관련된 등장인물의 의도 혹은 목표는 무엇인가?	**의도 혹은 목표:** 화자가 목표를 설정함에 있어서 사회적 인과관계를 얼마나 잘 이해하고 있는가? 의도 혹은 목표의 특징은 무엇인가(즉각적 소망, 욕망 혹은 부합된 적절한 목적)?
구성 복합성: 등장인물의 환경이나 딜레마에 대한 관점을 복잡하게 만드는 요인이 있다면 무엇인가? 사건에서 나타나는 예상 밖의 전개(일련의 불행 또는 헛된 노력)가 있는가?	**스토리텔링 복합성:** (줄거리를 진전시키지 못하거나 다양한 생각과 조화되지 못하는 하나의 생각을 정교화시킴으로써) 이야기를 구성함에 있어서, 화자는 어떤 방식으로 복합성을 형성하는가?
수단: 문제나 긴장상태를 해결하기 위해 등장인물 혹은 조력자가 이용한 수단(결정, 계획, 행동, 대응기제)은 무엇인가?	**수단:** 수단이 목표를 달성하기에 현실적이고 충분한가? 수단이 반응적인가 혹은 주도적인가?
결과: 결말은 어떻게 되는가? 문제가 모든 사람이 만족하는 방식으로 해결되었는가? 단기적인가 장기적인가?	**결과:** 현실적인 이행과정을 통해 결과가 드러나는가? 사건, 의도, 결정, 활동, 결과를 연결하는 일관된 틀이 있는가? 결과가 문제 전체를 드러내는가 혹은 문제의 일부분만 드러내는가?

이야기 형태, 과정, 내용

화자가 '어떻게(how)' 이야기를 풀어내는가와 '무엇을(what)' 이야기하는가에 대한 양식에서 화자의 도식이 드러난다. TAT에서 형태와 내용은 스토리텔링 과정의 결과물(Teglasi, 1993)로 구분된다(Henry, 1956; Holt, 1958; Rappaport, 1947). 이야기의 형태적 특징 및 이야기 과정은 화자의 도식과 관련된 응집성과 현실적 기반에 대한 정보를 제공하기 때문에, 도판 전체에 걸친 프로토콜 내에서 명백하게 드러나야 한다. 반대로, 내용은 특정 주제를 유발하도록 고안된 특정한 자극에 따라 차이가 날 것으로 고려된다(Morgan & Murray, 1935; Murray, 1938).

이야기 형태

대다수의 이야기 내용이 그림자극에 대한 반응이라는 점을 고려하면, 이야기 해석의 핵심은 구체적인 주제 해석(Holt, 1958)보다 이야기 내용을 조직화하는 고차적 원리를 파악함으로써 내용의 구조를 분석하는 것이다(McGrew & Teglasi, 1990; Teglasi, 1993). 이야기의 형태적 혹은 구조적 특징과 관련된 세 가지 유형은 다음과 같이 구분된다. 첫 번째는 **함의(import)**로 숨은 의미, 기저의 메시지 혹은 이야기의 '도덕성'(이 장의 후반에 설명)을 구성하는 내용의 일반화된 속성을 의미한다. 두 번째는 **추상적 내용(abstracted content)**으로 시간조망, 사회적 적절성 혹은 정동의 내 · 외적 자원과 같은 내용의 고차적 명시(designation)를 의미한다. 내용의 추상적 속성은 심리적 처리과정을 반영한다. 예를 들어, (세부 특성과 관련 없는) 부적절한 내용은 걸러질 것으로 고려되므로, 이러한 내용의 포함은 손상된 기능을 시사한다. 세 번째 유형은 **구조적 조직화(structural organization)**로 내적 논리, 지시의 준수, 자극 해석의 정확성과 같은 화자의 사고과정에 대한 조직화와 도식의 응집성을 의미한다.

이야기 발달의 과정

이야기의 구성과 조직화 과정은 이야기 구조로 변환된다. 따라서 분리된 연상이나 사고의 논리적인 통합을 통해 나열된 개인의 생각은 이야기의 구조적 조직화를 통해 확연히 드러난다. 서술과정은 (a) 생각을 떠올리고 정교화하는 순서(예: 그림자극에 대한 반응, 검사자의 질문, 이전 이야기의 구성요소), (b) 이야기를 발전시켜 나가기 위한 분명한 계획, (c) 전개된 세부사항의 점검, (d) 검사자의 질문에 대한 유연한 반응을 포함한다.

이야기 내용

내용 분석에서는 화자가 가장 중요하게 여기는 특정 고민과 주제가 드러난다. 예를 들어, 등장인물이 '힘들어 보인다.'거나 '부담을 느끼고 있다.'와 같은 반복적인 묘사는 화자의 경험과 관련되어 있을 수 있으며, 자세히 살펴볼 필요가 있다. 그러나 내용 해석은 상당히 복잡하고 까다로운 노력을 요한다. 특정 내용이 그림자극에 의해 단서가 주어지거나 이야기하는 사람의 순간적인 연상을 통해 구성된다면, 이는 상대적으로 지속적인 고민을 표현하는 것이 아닐 수도 있다. 따라서 자극의 추출 혹은 이야기의 다른 측면으로부터의 내용 분리를 통한 단순한 빈도 계산은 혼동을 준다. 비슷한 내용임에도 불구하고, 단편적인 기억의 부분이나 느슨하게 연결된 연상을 통해 진행된 이야기는 이야기 묘사와는 다른 심리적 과정을 드러낸다. 이야기 묘사는 기억에서 표상된 사고 및 자극과 부합하여 나타나는 사고의 창의적인 재조직화를 통해 구성된 것이다. 따라서 자극과 동일하거나 이야기의 구조적인 목적에 부합하는 공격적 내용은 반사회성 또는 불명확한 의도에 자연스럽게 나타나는 공격성과는 다른 의미를 지닌다. 개인의 경험과 고민(내용)의 본질은 그 경험과 고민이 조직화(형식)되어 있는지에 영향을 받는다.

이야기 함의

일반적으로 사용되는 해석 전략은 TAT 이야기의 세부사항을 그 함의나 '도덕성'을 구성하는 추상적인 주제로 재구성하는 것이다(Arnold, 1962; Bellak, 1975; Teglasi, 1993). 함의에 대한 전문가의 공식적인 입장은 서술 과정뿐만 아니라 이야기의 내용과 구조를 고려하면서 삶에 대한 화자의 입장을 명확히 하는 것을 목표로 한다. 즉, 함의는 이야기의 조직화 과정을 이끄는 신념 또는 원칙을 (혹은 그것의 부재를) 전달하기 위해 모든 내용과 구조적 세부사항을 요약한 것이다. 그러나 만일 이러한 서술요소가 흩어져 있다면, 그 요소는 체계적인 방법으로 평소의 생각, 감정, 행동을 이끄는 '신념'을 구성하지 못한다. 따라서 이야기 과정과 구조는 이야기의 '함의(import)'를 결정한다는 점에서 매우 중요하다. TAT 이야기와 '함의'에 삶의 이야기를 응축시킬 때, 이야기에서 드러나는 수단과 목적 간의 연결이 강조되는데(Arnold, 1962; Bruhn, 1992; Schank, 1990), 왜냐하면 이러한 연결은 삶의 경험으로부터 습득한 '교훈'을 구성하기 때문이다.

일상적인 만남에 기초하여 개인은 특정 상황에서 자신과 타인의 행동이 긍정적인 감정을 형성하고, 긴장을 개선하거나 의미 있는 결과를 만들어 내는 방법을 예측하기 위해 의도, 계획, 행동과 결과를 연결하는 전형적인 양상을 식별한다. 원하는 결과를 추구하거나 성취하는 것을 방해하는 내·외적 장애물과 같은 복합성을 포함하는 이러한 양상은 기억에 저장되어 있으며, 나중에 어떻게 의도, 방법, 결과가 '함께 이어지는'지에 대한 개인의 생각에 기반을 둔 학습으로 인출된다(Schank, 1990). 이야기에서 주제를 이끌어 낼 때 의도, 수단, 목적의 중심적 역할은 발달 연구에서 이러한 변인을 중요시 여기는 이유와 유사하다. 아동이 일상적으로 접하는 상호자용에 따라 판단해 보면, 아동은 암묵적으로 사회적 인과관계를 이해하고 있으며 이러한 개념을 언어적으로 획득하기 이전에도 이러한 이해를 바탕으로 적절히 행동한다. 이야기 함의는 내적 상태 또는 사회적 인과관계에 대해 언어적으로 조직화된 지식보다는 암묵적 이해를 나타낸다.

TAT 이야기 지침은 화자가 의도, 생각, 감정의 내적 세계를 외적 행동 및 사건의 연결과 조화시킬 것을 요구한다. 주제 내용과 관계없이, 의도, 행동, 결과 사이의 조화는 자기, 타인, 세계에 대한 정보를 조직화하는 기본적 구조를 구성하고(Schank, 1990), 따라서 이야기의 도덕성 혹은 함의를 전달한다. 하지만, 특히 이야기 내용이 지리멸렬하고, 비현실적이거나 자극의 부정확한 해석에 기반을 둔다면, 이야기 과정은 함의를 반영해야 한다.

다음 부분에서 다루어질 내용은 함의의 두 가지 유형에 관한 것이다. 이야기 내용에 담긴 숨은 의미를 표현하는 내용 함의(Arnold, 1962)와, 이야기의 서술과정과 구조적 특성에 기반을 둔 과정 함의(Teglasi, 1993).

내용 함의와 과정 함의

함의는 이야기 묘사에서의 다섯 가지 구조적 특징과 관련된 이야기 내용 및 스토리텔링 과정을 추출한다. 상황(circumstance), 확인된 문제(identified problem), 의도(intention), 수단(means), 결과(outcome). 문제의 특성을 포함하는 이야기의 최초의 전제는 의도와 행동, 방법과 결과 간의 연결에 대한 적절성을 평가하는 배경을 제공한다. 가능하거나 적절한 행동 범위는 외적 환경과 인물의 내적 세계 모두에 달려 있다. 함의는 전개되는 사건의 논리와 환경, 행동에 대한 내적 상태의 일관성을 포착한다. 경험(행동 혹은 감정 등)의 한 측면이 다른 것에 비해 지나치게 강조된다면, 함의는 마찬가지로 강조된 바로 그 측면을 반영한다. 내용 함의(content import)를 표현할 때, 중점적으로 다루어야 할 것은 최초의 전제와 후속 사건이 결과와 관련되는 방식이다. 함의를 결정함에 있어서 이야기의 결과가 중심적 역할을 하는 이유는 만족스러운 결말이 이야기의 모든 미진한 부분을 매듭짓기 때문이며, 이렇게 함으로써 세부사항에 일관성을 부여한다. 그러므로 은행 강도에 대한 이야기는 강도가 이후에 행복하게 살게 되는지('범죄에 대한 대가를 치르지 않는다.'), 감옥에 가게 되는지('범죄에 대한 대가를 치른다.')에 따라 다른 메시지를 전달한다. 마지막으로, 정보처리과정의 격차와 논리적 모순은 사회적 인과관계 및 방법과 결과의 연관성에 대한 화자의 이해를 제한한다. 따라서 검사자는 이야기에 포함된 세부사항뿐만 아니라 생략된 부분도 고려해야 한다.

이야기의 메시지나 함의는 주어진 줄거리의 세부사항을 넘어 보편적일 수 있고, 묘사된 맥락이나 상황에만 적용 가능할(고유적) 수도 있다. 조건적 또는 특정 상황적 함의는 '만약 ~한다면'의 형식으로 표현된다. 이야기의 특정 상황이나 등장인물의 독특한 상태(예: 전쟁 중이거나 술에 취한 상황, 혼란스러운 상황)는 '만약'에 해당한다. 또한 검사자는 특정한 관계(또래, 부모, 아동)

에 대한 묘사나, 다른 연령 혹은 성별이 포함된 함의의 체계적 변인에 주의해야 한다. 자극의 구조적 특징에 따른 반응에 대한 변인(복합성, 배경) 혹은 화자의 감정적 반응(장면에 의해 놀람)은 일반화를 제한할 수 있다. 함의는 첫 번째, 두 번째, 세 번째 인물의 묘사에서 나타날 수 있다. 이는 간단한 문장으로 표현될 수도, 복잡한 전제의 묶음으로 표현될 수도 있다. 내용 함의가 보편적으로는 매우 세부적으로 묘사된 (뒤의 예시에서처럼) 등장인물의 관점에 의해 드러나지만, 화자의 도식을 대표하는 기본적인 신념은 관점과 관계없이 비슷할 것이다. '힘이 정의를 만든다.'와 같은 보편적인 신념처럼, '괴롭히는 사람(a bully)'에 대한 이야기는 강함과 약함 모두를 의미한다. 과정 함의(process import)는 내용을 제외하고, 반응을 조직화하기 위해 화자가 내세우는 원칙을 포착한다. 맥락 그 자체가 신념을 이끌어 내기에 충분하지 않을 때, 함의는 대개 이야기 절차를 통해 이끌어 낼 수 있다. 마지막으로, 스토리텔링 과정은 내용의 의미와 관련이 있고 이는 곧 함의와 관련됨을 의미한다. 예를 들어, 만일 이야기가 그림에 대한 부정확한 이해에 근거한다면, 내용 함의의 의미는 달라진다.

요약하자면, 함의는 등장인물의 시점보다는 화자의 시점에서 본 이야기의 숨은 의미를 전달하는 추상적인 개념이다. 이러한 추론의 기본적인 단위는 문제 설정, 목표, 의도와 관련된 결과 및 수단과 목적 사이의 연결성에 관한 본질적 특성을 강조한다. 내용 함의는 내용의 구조를 담아낼 뿐만 아니라 이야기 묘사과정을 포함하기도 한다. 때로는 함의가 스토리텔링 과정의 기초를 전체적으로 구성하기도 한다.

이야기의 구조적 특징을 그림으로 그려 보는 것이 함의의 형성을 배우는 사람들에게 도움이 될 수 있다. 외적 상황(그림에서 무슨 일이 일어나고 있는지, 전에는 어떤 일이 있었는지), 문제 또는 심리적 긴장상태(생각, 감정, 긴장, 의심 등의 내적 세계), 문제, 심리적 딜레마 또는 긴장상태를 해결하기 위한 등장인물의 의도, 동기 또는 목표, 복잡한 요소(예상했거나 예상하지 못했던 사태 전환, 목표를 추구함에 있어 내 · 외적 장애물, 이전에 실패했던 노력), 긴장상태를 다루거나 목적을 추구하기 위한 행동, 결정 또는 다른 대응 전략과 같은 수단, 결과 또는 외적 상황과 심리적 문제에 대한 결론이 나타나는 방식. 이야기를 구조적 기반으로 도해한 후, 임상가는 구조적 요소 간의 관계를 축약하여 함의를 이끌어 낸다. 이를 통해 임상가는 외적 상황(딜레마, 상황, 열망), 등장인물의 내적 세계(생각, 감정, 의도, 목표), 등장인물의 계획 또는 결과에 따른 행동의 응집성에 중점을 둘 수 있다.

내용 함의와 과정 함의의 차이점을 나타내기 위해 젤다가 들려준 두 가지 이야기를 고려해 보자(완성된 프로토콜은 이 장의 뒷부분에 소개하였다).

도판 1. 소년은… 바이올린 수업을 가기 위해 준비하고 있어요. 하지만 소년은… 무엇을… 그러니까 어디에 활이 있는지 몰라요. 그리고 바이올린 수업은 10분 후에 시작될 거예요. 이 수업은 소년의 첫 번째 수업이며, 그는 수업에 빠지기 싫어해요. 그리고… 그리고 소년은 자신의… 활을 찾기 위해 이미 온 집을 다 뒤졌어요. 이제 소년의 수업은 5분밖에 남지 않았어요. 마침내 소년은 활을 찾았고 바이올린 수업에도 갔어요.

외적 상황(딜레마를 유발한 현재와 과거사건): 소년이 바이올린 수업을 가기 위해 준비를 하고 있지만 활이 어디 있는지 모르며, 무엇을 해야 하는지도 모른다.

문제 또는 심리적 긴장상태: 수업을 놓치기 싫으며 수업은 10분 후에 시작된다.

의도 또는 목적: 첫 수업에 가고 싶다.

복합성(선택): 이미 집 안의 모든 곳을 찾아보았다.

수단: 활을 찾기 위한 새로운 전략 없이, 그저 다시 찾아보기만 한다.

결과: 아슬아슬하게 활을 찾았으며 수업에 갔다.

내용 함의: 소년이 미리 계획을 세우지 않고 무엇을 해야 하는지 모르더라도, (이전 전략을 반복하는) 뭔가 행동을 계속하다 보면 마지막 순간에는 일이 잘 풀릴 것이다.

몇 분 남지 않은 마지막 순간의 압박과 관련된 내용은 앞으로의 일을 예상하고 미리 계획을 짜는 데의 어려움 및 불명확성을 나타내는 스토리텔링 과정에서의 특성과 일치한다. 먼저, 바이올린을 응시하는 그림자극 내 소년의 표정은 제자리에 있지 않은 활에 대해 불안해하는 사람과는 정확히 일치하지 않는다. 또한 전체적인 이야기는 10분 동안 일어난 이야기로(더 넓은 문맥이나 목적에 대한 암시가 전혀 없다), 이러한 일촉즉발의 상황에 초점을 맞추는 것은 일의 우선순위를 설정하고 장기간의 긴장상태를 마무리하는 것을 방해할 수 있다.

도판 8BM. 아무것도 떠오르지 않아요. [검사자: 그림에서 무슨 일이 일어나고 있나요?] 일어서 있는 여자, 그리고 남자가 있어요. 두 남자가 있고, 남녀가 다른 남자에게 무언가를 하려고 해요. [검사자: 사람들은 어떻게 생각하고 어떤 감정을 느끼고 있을까요?] 남자는… 여자는… 남자는 아무것도 하고 있지 않아요. 내 생각에 남자의 감정은 좋은 편인 것 같고, 다른 남자는… 괜찮은 것 같아요. 하지만 여자는 별로 좋은 감정은 아닌 것 같아요. [검사자: 어떻게 끝이 날까요?] 잘 모르겠네요.

상황: 인물을 각각 따로 나열하고 있다. 그림자극의 배열에 대한 어떠한 해석도 없다.

문제 또는 긴장상태: 어떤 사람은 기분이 좋으며 어떤 사람은 그렇지 않다. 어떠한 딜레마도 형성되어 있지 않다.

의도: 어떠한 목적을 가진 의도도 없다.

복합성(선택사항): 없다.

수단: 없다.

결과: 없다.

과정 함의: 만일 상황이 복잡하거나 불편하다면, 수검자는 그 문제를 다루지 않고, 그저 인물들이 그 순간에 어떠한 감정을 느끼는지 등의 개별적인 정보에만 주목한다.

젤다는 다른 사람이나 환경을 결부시키지 않고 사람들의 독립적인 행동과 감정을 언급하면서, 그림 요소 간의 관계를 다루지 않고 있다. 자극에 대한 애매한 처리는 모호한 의도를 형성하고, 의미 있는 경험과는 연결되지 않은 감정을 표현하며, 목적 없이 행동하는 등장인물에 대한 묘사와 일치한다. 다른 도판보다 복잡한 이 도판(8BM)에 대한 반응의 어려움은 그녀가 복잡하고 막연한 정보를 처리할 때 많은 어려움을 경험할 수 있다는 점을 시사한다.

그림자극에서 도출된 반응은 장면에 묘사된 것뿐만 아니라 잠재적으로 주의를 전환시킬 수 있는 요소의 포함 및 복합성과 같은 자극의 구조에 따라 다양해진다. TAT 8번 도판과 같은 복잡한 자극은 화자가 자극의 다양한 요소를 별개로 처리하는지 혹은 장면에 제시된 단서들 간의 의미 있는 관계를 추론함으로써 이러한 요소를 통합하는지에 대해 알려 준다.

마약 소지와 매춘으로 구금된 적이 있으며, 지능지수가 81이고, 21세 여성인 메리가 보고한 다음 이야기는 복잡한 자극에 대한 개념적 처리과정이 없는 해석과, 이야기의 내용보다 이야기가 전개되는 과정으로부터 수집된 의미를 보여 주는 사례이다.

도판 8BM. 이들은 남자를 절개하고 있어요. 이들은 남자를 가르고 있고, 여긴 병원이고, 저건 총이에요. 저거 총 아닌가요? 이들은 남자를 절개하고 있고, 아마도 저 남자를 죽일 것 같아요. [검사자: 나중에는 어떻게 될 것 같나요?] 모르겠어요. 비극이겠죠. [검사자: 감정은 어떨 것 같아요?] 모르겠어요. 이들이 어떤 감정을 가지고 있는지 모르겠어요. 남자는 변호사라든가 뭐 그쯤으로 보이네요.

과정 함의: 복잡하거나 익숙하지 않은 자극에 맞닥뜨리게 되면, 수검자는 인과관계에 대한 이해 없이 개별적인 조각조각의 정보를 처리한다.

불일치하는 요소를 설명하는 해석방식을 적용하기보다 메리는 직접적으로 그림의 일부분에만 반응한다. 예를 들어, '남자를 절개하고 있다.'는 장면 일부를 그대로 언어적으로 표현한 것이다. 총의 존재에 대해 알게 된 후, 화자는 남자를 죽일 의도가 있다고 가정하였다. 마지막으로 넥타이와 겉옷을 입고 있는 변호사로 보이는 전경의 그림은 나머지 그림과 분명하게 연결되지 않았다.

주의력결핍/과잉행동장애를 진단받았으며, 평균 지능수준을 지닌 8세 6개월의 켄이 보고한 다음의 이야기는 이야기의 내용보다 스토리텔링 과정의 측면에서 가장 잘 이해될 수 있다.

도판 8BM. 이들은 남자, 프레드를 잘라서 열었어요. 그리고 영혼이 빠져나왔어요. [검사자: 전에는 무슨 일이 있었을까?] 모르겠어요. [검사자: 어떤 생각

을 하고 있을까?] 칼 저리 치워요.

과정 함의: 수검자는 제공된 모든 단서를 고려하지 않고, 강렬한 감정을 유발하고 있는 개별적인 자극에 반응하고 있다.

내용은 자극과 기이하게 연합된다. 화자는 정면의 두드러지는 그림에 대해 고려하지 않았으며 장면 일부분을 있는 그대로 해석하는 폭력적인 묘사(배경에서, '그를 자르고 있어요.')로 이야기를 시작했다. 더욱이, 그는 묘사된 상황에 대한 맥락(예: 과거 사건, 의도)을 이야기에서 더 발전시키지 않았다. 장면에 대한 부정확한 해석과 이야기의 빈약함으로 인해, 이야기의 내용은 반응의 양식보다 함의를 형성하는 데 유용하지 못하다. 다음의 함의는 검사에 대한 화자의 접근을 표현한다. "수검자는 관련 있는 모든 정보를 고려하기보다는 당면한 상황에 대한 첫인상에 매우 민감하게 반응한다." 이러한 함의는 다음과 같이 새롭게 다시 표현될 수 있다. "복잡하거나 무서운 자극에 직면했을 때, 아동은 신중하게 정보를 처리하지 않고 외양에 근거하여 과도하게 반응한다."

내용이 과거 경험의 의미 있는 통합보다 자극에서 도출된 반응 혹은 순간적인 연상으로 제한될 때, 이야기 내용은 화자의 신념을 이해하는 데 있어 상대적으로 중요하지 않다. 이러한 사례에서, 이야기가 발전되는(혹은 검사를 회피하는) 구조나 방식은 경험의 조직화와 재조직화의 토대가 되며, 이는 스토리텔링 과정에 근거한 함의를 구성한다.

유사한 내용으로 구성된 이야기의 서로 다른 함의

동일한 연령대의 아동들이 1번 도판에서 보고한 두 이야기는 내용에서 피상적 유사성이 있지만, 그 이면의 숨은 의미 혹은 함의는 명확히 구분된다. 10세의 재니어리는 평균 지능의 6학년생이다. 재니어리는 어른의 도움 없이 제때 학업을 완수하지 못하는 빈도가 잦아지는 것에 대한 부모의 걱정으로 의뢰되어 평가받았다(8장 참조). 재니어리는 현재 좋은 성적을 받고 있지만, 해야 할 과제를 하거나 중요한 시험을 치를 때 점점 힘들어하고 자신의 능력에 대한 의구심을 표현하는 빈도가 잦아졌다고 한다. 평균 상 지능의 5학년생인 9세 11개월의 벤지는 조사 연구의 참가자이다.

재니어리

도판 1. 옛날 옛적에 바이올린을 좋아하지만 연주하는 것은 좋아하지 않는 소년이 있었어요. 그러나 그는 바이올린을 반드시 연주해야만 해요. 지금 소년은 주위를 둘러보면서, 학교에서 좋은 성적을 받기 위해 연주를 해야 하는지 아니면 연주하는 것을 좋아하지 않기 때문에 연주하지 않아도 되는지 생각하고 있어요. 그리고 결국 소년은 연주하는 것을 좋아하지 않기 때문에 바이올린을 연주하지 않을 거라고 말해요. 끝이에요. [검사자: 감정은 어떨까?] 소년은 바이올린을 연주하지 않는다는 사실에 꽤 만족하고 있어요. 왜냐하면 소년은 바이올린 연주를 정말 좋아하지 않거든요.

> **상황:** 소년은 좋은 성적을 받기 위해 바이올린을 연주해야 하는 상황이다. 하지만 그러기 싫다.
> **문제 또는 긴장상태:** 소년은 자신의 학교 성적과 관련되기 때문에 좋아하지 않는 것을 할지 말지 결정해야 한다.
> **의도:** 의무와 감정 사이에서 결정해야 한다.
> **복합성(선택사항):** 없다.
> **수단:** 없다.
> **결과:** (아마 소년이 실제로 연주하지 않고 있는 자극을 보고) 연주하지 않기로 결정하였다. 그러나 나쁜 성적이라는 잠재적인 결과에 대해서는 다루지 않고 있다.

과정 함의: 미래에 중요한 영향을 끼치는 반드시 해야 할 일에 직면했을 때, 수검자는 그 행동을 하지 않기로 한 결정에 만족할 것이다. 왜냐하면 그것에 크게 신경을 쓰고 있지 않으며 좋아하지도 않기 때문이다.

벤지

도판 1. 소년은 바이올린을 가지고 있지만 연주를 잘하지는 못해요. 그래서 그는 자신이 연주를 잘하지 못한다는 사실에 대해 조금 화가 나 있어요. 선생님은 제가 이 그림에 대해 어떻게 생각하는지 알고 싶은 거죠? [바이올린 아랫

부분을 가리키며] [검사자: 이야기하고 싶은 대로 하렴.] 소년은 자신이 연주를 잘하지 못한다는 사실을 알기 때문에 바이올린을 계속할지 그만둘지를 고민하고 있어요. [검사자: 나중엔 어떻게 될 것 같아?] 소년은 잘하지 못할 것을 알기 때문에 그만두게 될 것 같아요.

상황: 연주를 잘하지 못하는 바이올린을 가지고 있다.

문제 또는 긴장상태: 어떻게 하면 연주를 잘할 수 있을지 몰라서 화가 나 있다.

의도: 계속 연습을 해야 할지, 아니면 연주하는 방법을 모르기 때문에 그만두어야 할지 결정해야 한다.

복합성(선택사항): 없다.

방법: 자기 자신의 기준에 근거하여 신중한 결정과 생각을 한다.

결과: 소년은 절대 연주를 잘할 수 없을 거란 생각에 근거하여 바이올린을 포기한다(하지만 어떠한 외적 압력은 없었다).

과정 함의: 여가 활동이라 하더라도 무언가를 잘한다는 것은 매우 중요하다. 또한 자신의 기준에 절대 만족하지 못한다고 생각되면 수검자는 그 활동을 포기할 것이다.

두 이야기 모두 바이올린을 연주할 것인지의 여부를 결정해야 하는 상황을 주제로 하고 있지만 전달하고 있는 의미와 함의는 서로 다르다. 두 이야기의 주인공은 바이올린을 연주하지 않기로 결정을 내렸다. 하지만 곧 문제가 발생하고, 그에 대한 결정을 내리는 방법과 결정의 결과가 매우 다르다. 재니어리의 이야기에서 등장인물은 좋아하지 않는 의무를 저버리고, 충족되지 않은 의무의 결과는 무시하였다. 벤지의 이야기에서 등장인물은 의무에 압박을 느끼지 않으며 스스로의 기준에 대해 생각한다. 스스로 생각했을 때, 발전할 수 없을 것 같은 자발적 활동을 추구하는 것에 대한 등장인물의 반항은 아마 합리적인 결정일 것이다.

재니어리와 벤지의 이야기 함의에서 이야기의 결과는 매우 중요한 부분이지만, 결과는 현재 당면한 문제와 관련하여 결정된다. 문제에 대해 재니어리가 내린 정의는 좋은 성적을 받기 위해 좋아하지 않는 과제를 해야 하는 의무이며, 이를 하지 않기로 결정하는 것으로는 쉽게 해결되지 않는다. 반면, 문제에 대해 벤지는 의무가 부여되지 않은 활동에 노력을 기울여야 하는지에 대해서는 (자신의 기준에 만족하지 않는 능력에 관해) 이를 추구하지 않아도 된다고 결정 내린다는 관점을 보인다. 벤지의 경우 이야기의 주인공은 결정을 내릴 때 신중하게 고려하는 우선순위가 있지만, 재니어리의 등장인물은 미래에 미치게 될 영향을 무시한 채 좋은 성적을 받기 위해 필요하기는 하지만, 좋아하지 않는 과제를 무시해 버린다.

함의의 특수성 혹은 보편성

강한 상대에게 복종하는 사람에 대한 이야기라면, '힘은 곧 정의다.'와 같은 보편적인 함의가 형성될 것이다. 하지만 가능하다면 함의는 딜레마나 상황에서 문제의 본질을 포함해야 한다. 이에 따라 모든 함의를 검토했을 때, 아동과 권위자와의 관계나 또래 간의 관계와 같이 결과가 의미하는 특정 상태를 확인할 수 있다. 초기 형태의 함의는 조건부로 고려하지만 만일 비슷한 내용이 여러 이야기의 다른 상황에서 묘사된다면 초안 전체의 분석은 더욱 일반적인 신념으로 고려된다.

예를 들어 우수한 지능의 15세 브라이언이 이야기한 다음 내용을 살펴보자.

도판 5. 제이크는 할머니랑 같이 살고 있어요. 할머니는 매일 손자에게 잔심부름을 시키기 위해 새벽 5시에 깨우는 매우 엄격한 사람이에요. 제이크는 학교에 가지 않으며 가정학습을 하고 있기 때문에 모든 책은 책꽂이에 꽂혀 있어요. 지금 할머니는 들어와서 제이크의 잠을 깨우고 있어요. 제이크는 설거지를 하고, 빨래를 하고, 빨랫감을 정돈해야 해요. 할머니는 '왜 저렇게 게으르지?'라고 생각하고, 제이크는 '왜 저렇게 엄격하시지?'라고 생각해요. 그래서 둘은 서로가 서로에게 협조적이지 않다는 생각 때문에 모두 행복하지 않아요. [검사자: 결말은 어떻게 되나요?] 결국엔 할머니가 손자에 비해 힘이 세기 때문에 그는 일어나서 잔심부름을 해야 했을 거예요.

상황: 할머니는 가정학습과 관련하여 매우 엄격하며, 잔심부름을 시키기 위해 아침에 일찍 손자를 깨운다.

문제 또는 긴장상태: 할머니와 손자 모두 행복하지 않다. 할머니는 손자가 협조적이지 않으며 게으르다고 느끼며, 손자는 할머니가 너무 엄격하다고 생각한다.

의도: 의도나 목적이 없다. 그저 등장인물들은 왜 그러한지에 대한 고민을 한다.

복합성(선택사항): 없다.

수단: 일어나서 요구된 심부름을 한다.

결과: 없다. 긴장과 부담은 지속되고 있다.

과정 함의: 수검자에 비해 더욱 강한 상대가 수검자가 이해할 수 없는 부담스러운 요구를 한다면, 수검자는 요구에 응하는 것 말고는 다른 선택이 없다.

이처럼 함의의 보편성 또는 특수성은 전체 프로토콜의 맥락에 따라 결정된다.

함의 분석

젤다의 사례

아동용 지능검사(WISC)에서 IQ 113인 8세 10개월 된 아동 젤다의 이야기에서 나타나듯이, 주어진 프로토콜에서 각각의 함의는 다른 이야기들의 맥락을 통해 평가된다. 경험이 많은 검사자가 함의를 형성하기 위해 각각의 이야기를 그림으로 풀어낼 필요는 없지만, 초보자를 위해 다음에 젤다의 도식을 제시하였다. 이야기는 젤다의 좋지 않은 학교 성적(C나 그보다 더 낮은 성적)에 대한 부모의 걱정과 젤다의 느린 검사 속도, 무질서함에 대한 교사의 불만에 의한 평가의 맥락에서 유추할 수 있다. 부모는 젤다의 빈번한 공상에 대해 걱정을 표했지만, 젤다를 안정적이고, 좋은 심성을 지녔으며 대인관계에 능숙한 아이로 보고하였다.

도판 1. 소년은… 바이올린 수업을 가기 위해 준비하고 있어요. 하지만 소년은… 무엇을… 어디에 활이 있는지 몰라요. 그리고 바이올린 수업은 10분 후에 시작될 거예요. 이 수업은 소년의 첫 번째 수업이며, 그는 수업에 빠지기 싫어해요. 그리고… 그리고 소년은 자신의… 활을 찾기 위해 이미 온 집을 돌아다녔어요. 이제 수업은 5분밖에 남지 않았어요. 마침내 소년은 활을 찾았고 바이올린 수업에도 갔어요.

외적 상황(딜레마를 유발한 현재와 과거 사건): 소년이 바이올린 수업을 가기 위해 준비를 하고 있지만 활이 어디 있는지 모르며, 무엇을 해야 하는지도 모른다.

문제 또는 심리적 긴장상태: 수업을 놓치기 싫으며 수업은 10분 후에 시작한다.

의도 또는 목적: 첫 수업에 가고 싶다.

복합성(선택사항): 이미 집 안의 모든 곳을 찾아보았다.

수단: 활을 찾기 위한 새로운 전략 없이, 그저 다시 찾아보기만 한다.

결과: 아슬아슬하게 활을 찾았으며 수업에 갔다.

내용 함의: 소년이 미리 계획을 세우지 않고 무엇을 해야 하는지 모르더라도, (이전 전략을 반복하는) 뭔가 행동을 계속하다 보면 마지막 순간에는 일이 잘 풀릴 것이다.

몇 분 남지 않은 마지막 순간의 압박과 관련된 내용은 앞으로의 일을 예상하고 미리 계획을 짜는 데의 어려움 및 불명확성을 나타내는 스토리텔링 과정에서의 특성과 일치한다. 먼저, 바이올린을 응시하는 그림자극 내 소년의 표정은 제자리에 있지 않은 활에 대해 불안해하는 사람과는 정확히 일치하지 않는다. 또한 전체적인 이야기는 10분 동안 일어난 이야기로(더 넓은 문맥이나 목적에 대한 암시가 전혀 없다), 이러한 일촉즉발의 상황에 초점을 맞추는 것은 일의 우선순위를 설정하고 장기간의 긴장상태를 마무리하는 것을 방해할 수 있다.

다음 이야기는 젤다가 자신의 의도대로 행동하는 것 또한 어려워함을 보여 준다.

도판 2. 여자…는 어떤 장소 옆을 지나고 있어요. 그 장소는… 어떤 특정한 행동을 시키기 위해 말을 훈련시키는 곳이에요. 그리고 여자는… 그러나 사실 이들이 무엇을 하고 있는지 잘 몰라요. 그리고 여자는 어딘가로 가야 해요. 하지만 여자는 사람들이 말을 가지고 무슨 일을 하는지 궁금해해요. 그래서 여자는 정말 원하진 않지만, 남자에게 물어보기로 결심했어요. 그런데 여자는 너무 부끄러웠고, 어딘가로 가야 했기 때문에 남자에게 물어보지 않기로 결정했어요. 그리고 여자는 떠났어요.

이야기를 도식화해 보면, 그림자극에 의해 유도된 내용은 반복되지 않는다. 이야기의 함의 또는 도덕성은 전적으로 도식화된 요소 간의 관계에 달려 있다.

상황: 어딘가로 가던 여성이 어떤 장소 옆을 걸어간다.

문제 또는 긴장상태: 사람들이 무슨 일을 하는지, 무엇을 원하는지 모른다.

의도: 남자에게 질문하려고 했으나 원하지 않는다.

복합성(선택사항): 남자에게 질문하기엔 너무 부끄러워서 하지 않았다.

수단: 질문하고자 하는 의지를 포기하고 자신의 길을 갔다.

결과: 아마 여자가 가고자 했던 곳에 도착했을 것이다.

내용 함의: 만약 여자가 다른 곳(모호함)에 가는 동안 자신이 본 것에 대해 궁금하다면, 여자는 이에 대해 물어볼지의 여부에 대해 고민하지만, 곧 어렵다는 것을 깨닫고 잊어버리고는 가던 길을 계속 갈 것이다.

함의는 초기(이해하려는) 의도를 포기하고 자신의 환경으로부터 학습하는 데 대한 소극적인 태도를 시사한다. 그 '여성'은 자신이 가진 의문에 대한 답을 찾으려는 다른 방법이 없으며 '어딘가' 모호한 목적지로 주의를 옮기면서 곧 흥미를 잃어버린다. 일반적으로 의도는 명확하게 드러날 때, 그리고 행동과 연관되어 있을 때 보다 잘 지속되며, 모호할수록 이를 지속하기 더욱 어렵다. 다음 이야기는 공상이 즐거울 때만 자신의 공상에 머물면서 외적 세계를 무시하는 여자아이에 관한 이야기다.

도판 7GF. [검사자: 그림에서 무슨 일이 일어나고 있나요?] 저기에… 엄마

와 딸이 있고, 딸은 여동생이나 남동생을 안고 있어요. 음, 엄마는 여자아이에게 뭔가를 말하려고 하는데, 여자아이는 공상에 빠져 있어요…. 그리고 여자아이는 공상 중이기 때문에 [거기에] 없어요…. 그리고 엄마가 아이에게 중요한 것을 말하려고 해요. 여자아이는… 그녀는 멋진 생각에 빠져 있어서 엄마에게 대답을 딱히 하고 싶지 않아요. 그리고 갑자기 여자아이는… 나쁜 생각이 들어서 결국 엄마에게 대답을 했어요.

이 이야기는 아이의 관점에서 한 번, 그리고 엄마의 관점에서 한 번 더 묘사되었다. 보통 다른 등장인물들의 관점에서 이야기를 분석할 때, 두 관점은 상호관련이 있기 때문에 비슷한 함의나 신념을 나타낸다(예: 엄마를 무시하는 아이에 대한 이야기는 엄마가 무시를 당한다는 것을 의미한다).

딸

상황: 딸은 여동생 또는 남동생을 안고 있으며 엄마는 뭔가 중요한 것을 말하려고 한다.

문제 또는 긴장상태: 딸은 재미있는 공상을 하고 있어서 대답을 하고 싶어 하지 않는다.

의도: 걱정과 관련해서는 없다.

복합성(선택사항): 없다.

수단: 공상이 나쁘게 변화되었을 때 대답했다.

결과: 엄마가 원하는 것을 했다. 긴장이 해결되었다.

엄마

상황: 뭔가 중요한 것을 여동생이나 남동생을 안고 있는 딸에게 말하고 싶어 한다.

문제 또는 긴장상태: 딸은 아무런 생각이 없다. 반응이 없다.

의도: 분명하지 않지만 그저 기다리는 것처럼 보인다.

복합성(선택): 없다.

수단: 엄마가 어떠한 행동을 하지는 않는다. 결국 딸이 마음을 바꾼다.

결과: 대답을 얻었다.

아동의 관점에서의 함의: 만일 아동이 행복한 상상에 몰두하고 있다면 딸은 부모가 어떤 중요한 것에 대해 이야기하려고 해도 부모(엄마)에 대한 관심을 차단하며, 그저 자신이 하고 싶어질 때 주의를 기울인다(나쁜 공상이 떠올랐기 때문이다).

엄마의 관점에서의 함의: 만약 중요한 것이라 할지라도 엄마가 딸의 공상을 방해하면, 엄마는 공상이 끝날 때까지 무시당하는 것을 참는다.

두 관점에서 공통점은 의도, 행동과 결과 간의 미약한 연결이다. 딸은 자신의 공상이 나쁘게 변할 때까지 엄마에게 대답하지 않으며, 엄마는 기다리는 것처럼 보인다. 목적 있는 행동은 전혀 나타나지 않고 있다. 지금까지 형성된 함의는 (마지막의 노력은 성공했다. 즉, 만일 어떤 것이 어렵다면 하지 마라. 엄마에게 대답하기 위해 즐거운 활동을 미룰 필요는 없다는 것 등이다) 젤다의 부모님과 교사의 걱정에서 나타난 것과 일치한다. 다른 인물들과 유사하게 이 이야기에서도 엄마가 무엇을 이야기하고자 하는지(중요하다는 것 말고는), 딸이 해야 하는 것이 무엇인지 ('대답') 정확하게 명시하지 않아 모호한 부분이 있다. 이러한 보편적인 모호함을 통해 젤다가 자신의 주변 환경의 세부적인 부분을 적극적으로 처리하지 않음을 알 수 있다.

다음 이야기는 젤다가 복잡한 자극에 대해 모호하며 회피적인 대답을 보이는 것과 관련된다.

도판 8BM. 아무것도 떠오르지 않아요. [김사자: 그림에서 무슨 일이 일어나고 있나요?] 일어서 있는 여자 그리고 남자가 있어요. 두 남자가 있고, 남녀가 다른 남자에게 무언가를 하려고 해요. [검사자: 사람들은 어떻게 생각하고 어떤 감정을 느끼고 있을까요?] 남자는… 여자는… 남자는 아무것도 하고 있지 않아요. 내 생각에 남자의 감정은 좋은 편인 것 같고, 다른 남자는… 괜찮은 것 같아요. 하지만 여자는 별로 좋은 감정은 아닌 것 같아요. [검사자: 어떻게 끝이 날까요?] 잘 모르겠네요.

상황: 인물을 각각 따로 부르고 있다. 그림자극의 배열에 대해 어떠한 해석도 없다.

문제 또는 긴장상태: 어떤 사람은 기분이 좋으며 어떤 사람은 그렇지 않

다. 어떠한 딜레마도 형성되어 있지 않다.

의도: 목적을 가진 어떠한 의도도 없다.

복합성(선택사항): 없다.

수단: 없다.

결과: 없다.

과정 함의: 만일 상황이 복잡하거나 불편하다면, 수검자는 그 문제를 다루지 않고, 그저 인물들이 그 순간에 어떠한 감정을 느끼는지 등의 개별적인 정보에만 주목한다.

내용 그 자체는 신념을 끌어낼 만큼 충분하지 않다. 그러므로 위에 제시된 함의는 대개 (이 장의 초기에 설명된) 이야기 절차로부터 획득된다. 하지만 사례에서 종종 볼 수 있듯이, 이야기 내용과 스토리텔링 과정은 유사하다. 젤다는 장면의 세부사항에 대해서는 다루지 않으며 문맥과는 동떨어진 사람을 주로 묘사하였다. 자극에 대한 모호한 반응은 모호한 의도를 형성하고, 의미 있는 경험과 결부되지 않은 감정을 나타내며, 목적 있는 방식으로 행동하지 않는 등장인물의 묘사와 일치한다. 다른 도판보다 복잡한 이 도판에 대한 반응의 어려움은 그녀가 복잡하고 막연한 정보를 처리할 때 많은 어려움을 경험할 수 있다는 점을 시사한다.

도판 13B. 소년이 있어요. 그는 심심해서 오늘 하루 종일 무엇을 할지에 대해 생각하고 있어요. 그는 무엇을 해야 할지 몰라요. 결국 그는… 결정했어요…. 친구들과 놀기로 했어요. 하지만 그의 친구 중 한 명이 하루가 채 가기도 전에 가 봐야 해서 하루 종일 놀지는 못했어요. 그래서 그는 점심시간에 할 만한 무언가를 생각해 보려고 해요. 그리고 그는 친구 중 한 명이 점심 때 가지 않는다는 사실을 기억해 냈어요. 그는 아침에 한 친구와 놀고 난 후, 오후에는 다른 친구와 놀기로 결정했어요.

상황: 무엇을 할지에 대해 소년은 생각하고 있다.

문제 또는 긴장상태: 그는 심심해하며 무엇을 해야 할지 모른다.

의도: 친구와 놀기로 결정했다.

복합성(선택사항): 계획은 종일이 아닌 오전에만 한정된다.
수단: 종일 계획을 짜는 데 도움이 될 만한 어떤 것을 기억해 낸다.
결과: 아침과 오후에 각기 다른 친구와 놀기로 결정했다.

내용 함의: 만일 소년이 심심해서 하루 종일 놀고자 한다면, 그는 친구가 가능한 시간에 맞춰 함께 놀면 된다.

이 이야기에서 젤다는 문제 해결 방략을 사용한다. 등장인물은 목적(지루함을 없애기 위해 친구와 놀고자 한다)을 정한 후 적절한 결정을 내린다. 그러나 그녀의 모호한 방식은 활동과 특정 친구를 정하지 않는 것에서 드러난다.

도판 4. [검사자: 그림에서 무슨 일이 일어나고 있나요?] 남자…는 뭔가를 보려고 하고 있고, 여자는 그런 남자를 바라보려고 해요. 남자는 여자를 사랑하지 않는다고 느끼지만 여자는 남자가 그렇지 않다고 생각해요…. 여자는 남자를 사랑하고 남자도 자신을 사랑한다고 생각해요. 그리고 여자는 남자가 자신을 사랑하지 않는다는 느낌을 받았어요. 왜냐하면 남자가 여자와 같이 있으려 하지 않기 때문이에요. 하지만 남자는 여자를 위해 많은 것을 했으며 좋은 친구도 되어 주었어요. 그래서 여자는 남자가 자신을 싫어할 것이라고 생각하지 않았어요. 그런데 여자는 걱정이 되었어요. 결국 여자는 남자가 자신을 좋아하지만 다른 사람도 좋아하는 것이라고 생각했어요. 그리고 여자는 다른 친구들과 있을 수 있도록 보내 주기로 하고 괜찮다고 생각해요. 여자는 그의 생각을 되돌릴 수 없기 때문이에요.

이 이야기는 여자의 관점이 강조되었기 때문에 일반적으로 여자의 관점에서 도식화되어야 한다. 하지만 함의는 두 등장인물 모두에 함축되어 있다.

상황: 남자와 여자는 서로에 관해 다른 감정을 느끼고 있다.
문제 또는 긴장상태: 여자는 남자가 자신과 같이 있지 않으려는 모습에 그가 자신을 더 이상 사랑하지 않는다고 깨닫는다. 하지만 그녀는 그가 자신과 친구 모두를 좋아한다고 생각한다.
의도: 그녀는 그가 다르게 생각하도록 만들 수 없기 때문에 남자가 다른 친구들을 보도록 허락한다.

복합성(선택사항): 없다.

방법: 관계를 지속시키기 위해 다른 방식으로 결정을 내린다.

결과: 긴장이 해결되었다.

내용 함의: 만일 타인이 과도한 요구를 하지 않거나 그들 자신과 다른 사람의 감정을 존중해 주는 범위 내에서 기대를 지속한다면 관계는 온전히 지속될 수 있다.

여자는 자신의 전반적인 대인관계에 대해 깊이 생각하고, 남자가 친구를 만날 권리를 수용한다. '모호한' 서술적 특징에도 불구하고 관계에 대한 추론은 복잡하다.

도판 6BM. 여자에게 손님이 찾아왔어요. 그리고 손님은 이 여성이 하녀란 걸 알고 있지만 그녀의 이름… 여자의 이름을 기억하지 못해요. 그는 걱정을 하고 있어요…. 왜냐하면 그는 하녀가 자신이 알고 있는 중요한 인물이란 것을 알고 있기 때문이에요. 그리고 그녀 또한 남자에 대해 같은 생각을 하고 있어요. 그리고… 남자는 하녀에게 인사를 하고 싶고, 그녀도 남자에게 인사를 하고 싶지만 둘 중 누구도 서로의 이름을 기억하지 못하며 서로가 누구인지, 어떻게 서로를 아는 건지 기억하지 못해요. 그래서 둘 다 계속 생각만 하고 있다가 결국 남자는 기억해 내지만 하녀는 기억하지 못했어요. 그래서 남자는 하녀에게 인사를 하였고 남자도… 하녀도 그의 목소리와 외모를 통해 남자를 기억해 내고 둘은 서로에게 이야기를 시작해요.

상황: 한 여성에게 방문자가 찾아왔다.

문제 또는 긴장상태: 둘 다 서로의 이름을 기억하지 못하지만 서로 인사를 하고 싶어 한다.

의도: 둘 다 계속 이름을 생각하고 기억하길 원한다.

복합성(선택사항): 없다.

방법: 남자가 여자를 기억하고 인사를 하자, 여자는 남자의 목소리를 듣고 기억을 떠올렸다.

결과: 서로 담소를 나누기 시작했다.

내용 함의: 누군가의 이름을 기억하는 것은 어렵다. 그러나 남자와 여자가 기억하기 위해 노력한다면, 어느새 한 사람이 기억하게 되고, 결국에는 두 사람 모두 서로 이야기를 나눌 수 있게 된다.

이야기에는 서로를 존중하는 등장인물의 분명한 욕구가 존재한다. 하지만 서로의 이름을 기억하는 것과 같은 어려움(또는 도판 7GF에서 즐거운 공상과 문제의 분리)은 등장인물이 의도한 사회적 행동의 시도를 복잡하게 한다. 이 장면에 대한 설명은 그림자극과 정확하게 일치하지 않으며, 상황의 미묘한 변화에 맞추어 반응하는 것에 대한 어려움은 사회적 목표를 달성하는 것을 어렵게 할 수 있다. 또한, 이야기의 논리는 남자가 이름을 기억해 내지 못하는 여자를 찾아간다는 점에서 한계가 있다.

함의 분석

앞서 보았듯이, 각 이야기의 함의는 보편적 또는 특정 상황의 '도덕성(moral)'으로 형성되어 있다. 전체적인 일련의 함의에 대한 검토는 일반적 혹은 특정한 결과 사이의 구분을 통해 더욱 개선될 수 있다. 도판 간 유사한 양상의 반복은 보다 비구조화된 상황 또는 과제에 반응하는 특징적인 양상을 시사(Henry, 1956)하는 반면, 체계적인 변화는 상황 특수적인 반응임을 시사한다. 예를 들어, 부정적인 기대가 특정 상황에 국한되거나(예: 하나의 등장인물만 묘사되는 것) 또는 전반적인 비관주의로 나타날 수 있다. 대인관계는 동료, 부모 또는 권위자에게서 비슷한 양상을 암시하는 등장인물의 나이, 성별 또는 역할 등을 통해 다양하게 나타날 수 있다. 서술과정과 이야기의 구조적 측면에서의 다양성은 복잡한 정도가 다르거나 또는 책, 꽃, 총과 같이 잠재적으로 방해가 되는 단서를 제시하는 그림자극을 통해 알 수 있다. 특정 양상은 도판에서 유도된 이야기 내용상의 등장인물을 통해 추론해 볼 수 있다. 따라서 등장인물의 목표는 과제를 끝낸다거나, 사회적 기대를 맞춘다거나, 즉각적 욕구를 만족시키는 것과 같은 강조되는 면을 고려한다. 유사하게, 수동적이거나 능동적인 것과 같은 행동의 특성도 알 수 있다. 함의의 순서는 분석이 가능하다(Arnold, 1962).

젤다가 만든 이 일련의 이야기는 미리 계획을 세우는 것에 대한 어려움과 실망스러운 활동을 회피하는 경향성을 담아낸다. 건망증 혹은 계획의 결여 때문에 어색한 상황이 발생한다. 시시각각 주고받는 사회적 상호작용(어머니에게 대답하기, 인사하기 위해 이름 기억하기)을 재개하는 것처럼, 원하는 목표가 종종 매우 즉각적으로 이루어진다는 점에서 목표 지향적 활동이 제한된다. 더욱이, 충분한 노력, 계획, 전략적 행동의 부재에서 긍정적인 결과를 예상하기도 한다(예: 마지막 순간 활을 찾기). 전체적으로, 이러한 양상은 수단과 목적 간의 연결성이 장기적인 목적을 달성하기 위한 자기 지향적인 노력에 동기를 부여할 만큼 충분히 발달되지 못하였음을 시사한다. 환경이 제공하는 미묘한 단서를 향한 주의, 조직, 계획, 반응 조절에서의 문제는 검사에 대한 자주적인 노력을 유지하는 것을 방해할 수 있다. 젤다는 예측 가능한 상황보다 복잡하고 모호한 상황을 마주할 때 더욱 어려움을 겪는다. 그녀는 또래 상황(두 어른과 아이들 사이)에서 적응적인 문제 해결 전략과 타협을 원하는 것을 포함하여, 대인 관계 상황에 대한 대응능력을 드러낸다. 가까운 관계에서 젤다는 타인의 관점과 요구를 고려하며, 각각의 상황에서 과도하게 행동하기보다는 장기적인 시각을 취한다.

함의를 위한 설명적 가설

각 이야기의 함의는 결국 다른 이야기들과 다른 정보의 출처를 고려하여 이해될 수 있다. 하지만 처음에 검사자는 이야기 자체의 단서를 세밀하게 분석하여 함의에 대한 가능한 설명을 모색한다. 앞서 설명했듯이, 이야기의 내용이 가끔은 너무 복잡하거나 검사자가 화자의 신념을 찾기에는 너무 제한적일 때가 있다. 이와 같은 경우 함의는 서술 구조와 스토리텔링 과정에 기초하여 형성된다. 과정 함의라고 설명하였던 이러한 형태의 함의는 내용 함의에서 전형적으로 유도되는 신념보다는 검사에 대한 화자의 접근 방식(자극 해석과 이야기 발전)을 드러낸다. 하지만 접근 방식과 더불어 적절한 내용을 포함하는 모든 이야기는 스토리텔링 과정과 이야기의 구조적 조직화의 측면 모두에서 분석될 수 있다. 앞서 설명했듯이, 이야기의 형식적[illegible]체적 측면은 내용과 병행하는 경향이 있고, 표현된 신념에 대한 가능한 설명을 암시한다. 예를 들어, 젤다의 이야기에서 계획하기와 지속적인 목표 추구에 실패한 등장인물은 상대적으로 즉각적인 염려에 대한 그녀의 집착과 일치한다. 젤다의 부정확한 자극 배열 설명과 정보처리의 모호성 같은 문체적 요소는 장기적으로 목표를 설정하고 추구하는 데 느끼는 어려움을 드러내는 것일 수도 있다. 검사자의 목적은 '함의'에 압축된 삶의 경험을 조직할 수 있는 행동 규율(스크립트나 도식)을 찾고, 함의를 설명할 수 있는 화자의 심리적 과정과 구체적인 관심을 밝히는 것이며, 이러한 측면은 검사의 목적과도 관련이 있다. 따라서 검사자는 함의로 포착되는 화자의 도식에 대한 몇 가지 가능한 설명을 탐색할 수 있다. 먼저, 앞서 명시되었듯 검사자는 서술과정과 이야기 구조와 관련하여 각각의 함의를 평가해야 한다. 둘째, 정보를 확증하기 위해 프로토콜에서 다른 이야기를 재검토한다. 마지막으로, 검사자는 다른 검사와 행동 관찰, 학업 또는 검사 수행, 사회적-정서적 이력과 화자의 삶의 환경과 같은 다른 적절한 정보를 검토해야 한다. 따라서 부모와 교사에 의해 보고된 젤다의 주의산만과 부주의는 내용 함의와 서술과정, 구조와 일치한다. 이러한 해석과정에 따라 개인의 정보처리과정 방식에 대한 초기의 주안점은 차후에 사회적 맥락과 통합될 것이다.

이야기 내용과 관계없이 문체적, 조직적 특징은 자극의 본질 또는 특정 장면에 대한 개인적 반응에 기인하는 몇몇 변인과 함께 프로토콜 내에서 비교적 지속적으로 남아 있다. 이러한 문체적 특징은 수많은 각기 다른 기능의 영역을 통합하고, 스토리텔링 과제의 수행을 종합심리 평가에서의 다른 검사결과와 연결하며, 각기 다른 삶의 상황에 대한 적응에서의 차이를 설명하는 정보처리과정의 양식에 초점을 맞춘다. 이 책의 이어지는 장에서는 특정한 인지, 주의, 정서과정을 부호화하는 지침을 제공하며, 이러한 지침은 그 자체로 유용할 뿐만 아니라 이야기 의미에 대한 이해에 기여한다. 결론에 대한 확증은 각각의 이야기 전체에 걸친 내용의 일관성, 구조, 이야기 과정과 더불어 이러한 것들이 종합 평가에서의 다른 결과와 대응되는 방식을 통해 발견된다. 수행 자료의 통합은 삶의 다양한 영역에 대한 적응과 관련된 기능의 상황-관련, 과제-관련 변인을 설명한다. 평가를 통해, 검사자는 자료의 양상(검사결과 내, 검사결과 간)을 관련 있는 심리학적 구성개념과 결부시킴으로써 과학적 가설 검증의 입장을 취한다.

유의사항

주제 내용의 해석에 있어 검사자는 다음을 고려해야 한다.

1. 내용과 자극 배열의 관계
2. 이야기 묘사의 형식적 특징(논리, 일관성)과 이야기 구성의 과정
3. 전체 이야기에서 표현된 함의 또는 메시지

신념(convictions)과 원칙(principles)의 조직화는 일반적으로 화자의 의식 밖에서 작동하는 함의에 의해 포착된다.

유의사항

함의를 해석할 때 다음에 유의해야 한다.

1. 부정적인 내용은 그림에서 활성화된 것일 수도 있으며 화자의 성격 영향과 일치하지 않을 수도 있다(예: 불안, 우울).
2. 이야기 서술의 세부사항은 삶의 경험보다 그림에서 묘사된 장면이 불러일으키는 고정관념이나 익숙한 내용(예: 이야기, 영화)과 일치할 수 있다.
3. 이야기는 실제적인 신념보다 특정 경험이나 순간적 연상을 열거하는 것일 수 있다.

소망(wish)과 의도(intention)를 구분하는 것은 중요하다. 어떤 사람이 소망하는 것은 결과의 내용에 기초한 것(좋은 성적, 교육)인 반면, 어떤 사람이 의도하는 것은 행동의 내용이나 원하는 결과를 얻기 위한 수단과 방법에 기초하는 것이다. 의도는 가능하리라 믿는 것을 통해 예측이 가능한 반면, 욕망(desire)은 일어날 법한 일에 대한 실제적 기대와 연결되지 않을 수도 있다(Malle & Knobe, 2001). 자신이 조절할 수 없는 것(날씨, 타인의 행동)은 '의도'할 수 없다.

자기점검

1. 이야기 함의에 대한 설명 중 옳지 않은 것은?

(a) 검사자에 의해 형성된다.
(b) 주인공의 주된 걱정을 포착한다.
(c) 화자의 신념을 포함하고 있다.
(d) 이야기 서술을 조직화하는 원리를 기술한다.

2. 서술 형태, 과정, 내용을 간략하게 정의하라.

3. 검사자는 일반적인 함의와 상황-특정 함의를 어떻게 구별하여야 하는가?

4. 만약 _______, 이야기 구조와 이야기 서술과정은 관련이 있다.

(a) 내용이 해석될 수 없다면
(b) 내용이 해석될 수 있다면
(c) 'a'와 'b' 모두이다.
(d) 'a', 'b' 둘 다 아니다.

5. 함의에 대한 가설의 설명은 _______ 이외에서 모두 찾아볼 수 있다.

(a) 이야기 세부사항, 구조, 이야기 서술 과정
(b) 수검자의 설명
(c) 다른 검사에서의 수행
(d) 배경 정보와 현재 상황

6. 어린 아동의 TAT 이야기 반응은 사회적 인과관계에 대한 그들의 암묵적인 이해를 _______.

(a) 자신의 지식으로 언어화할 수 있는 것보다 더 잘 보여 준다.
(b) 자신의 지식으로 언어화할 수 있는 만큼 보여 준다.
(c) 자신의 지식으로 언어화할 수 있는 것보다는 못 보여 준다.
(d) 아이들마다 이해의 정도가 다르다.

정답: 1. b, 2. 형태: 내용 일반적인 특성으로 조직적 또는 구조적 특성에 기반을 둔다. 형태는 (a) 함의, (b) 내용의 어떠한 추상적 특성(예: 시간 조망과 같은 고차 명시), (c) 구조적 조직화(예: 논리성, 자극과 관련된 일관성)를 포함한다. 과정: 생각의 흐름을 배열하고, 계획하고, 점검하는 방식. 내용: 특정 주제 또는 걱정, 3. 검사자는 일관성과 함의의 중요 요소가 어떻게 '어울리는지' 화자의 표현 변화를 통해 알아본다. 이러한 요소들은 딜레마나 상황(문제), 의도(생각, 느낌, 동기, 목표와 같은 내적 세계), 복합성, 수단(행동 또는 결정), 결과를 포함한다. 4. c, 5. b, 6. a.

4 CHAPTER

TAT를 활용한 인지 평가의 핵심

TAT와 같은 스토리텔링 검사는 표준화된 지침과 적당히 모호한 장면을 수검자에게 제시한다. 이는 비구조화된 유사한 사회적 상황에서 나타나는 개인의 사고와 문제 해결의 측면을 드러내도록 함으로써, 개인의 독특한 수행을 측정하는 것이다. 따라서 인지과정의 평가에 TAT 기법을 활용하는 것은 개인의 인지능력이나 성취도를 측정할 수 있는 구조화된 검사를 대체하거나 타당화하려는 의도가 아니다. 비록 적응과 관련 있을지라도, 이야기에서 단서를 추론하는 것과 관련된 문제는 전체 지능지수 혹은 다른 하위 척도에 의해 입증될 필요가 없다. 표준화된 지능검사는 분명하게 서술된(학업적) 문제를 해결하는 **능력**(ability)을 측정하기 위해 만들어진 것이지, 불분명한 문제를 해결하는 자질을 측정해 주는 것은 아니다(Pretz, Naples, & Sternberg, 2003). 막연한 조건하에서 추론하는 능력은 추론이 필요한 순간을 인식하는 **민감성**(sensitivity)과 같은 **기질**(dispositions)적 측면과, 필요한 노력을 기울이는 **성향**(inclination)을 포함한다(Perkins & Ritchhart, 2004). 개인은 대체로 접근 가능한 단서를 세심히 살펴서 새로운 정보를 찾아야 하고, 이용할 수 있는 정보에 대해 생각하거나 행동해야 한다. 사고에 대한 기질적 관점은 확실하게 문제가 제시되거나 즉각적으로 반응할 수 있는 최대 수행조건에서의 개인의 **능력**(able)을 확인하는 것이 아니라 실제 상황과 유사한 조건에서 전형적으로 개인이 추론하는 **방법**(how)과 추론의 **시점**(when)에 초점을 맞춘다(Ritchhart, 2002). 빠르게 찾기 4.1에 최대 수행조건과 전형적 수행조건 간의 비교를 제시하였다.

스토리텔링으로 측정된 구성개념은 무언가를 확인하는 것이 아니라, 구조화된 검사에서 얻은 정보를 보충하기 위한 것이다. 측정된 구성개념을 실생활의 기능에 일반화하기 위해서는 두 가지 수행조건을 모두 고려해야 한다. 예를 들어, 두 가지 형태의 지속적인 주의(Barkley, 1997), 즉 유관형성 주의(contingency-shaped attention)와 목표 지향 지속주의(goal directed persistence)가 각각 최적의 상황과 습관적 상황에 적용된다.

빠르게 찾기 4.1

최대 수행조건과 전형적 수행조건(Cronbach, 1970; Sackett, Zedeck, & Fogli, 1988)

최대 수행조건:

- 높은 수준의 노력과 주의를 요하는 검사의 중요성을 인식한다.
- 뚜렷한 기대와 수행 기준에 의해 유발된 반응이다
- 의식하지 않는 자연스러운 최대 수행을 이끌어 내기 위해서 관찰은 짧은 시간 내에 이루어져야 한다.

전형적 수행조건:

- 자신이 관찰되거나 평가되고 있다는 것을 의식하지 못할 경우, 개인은 최선을 다하지 않는다.
- 반응을 오랫동안 관찰한다.
- 반복적인 노력을 통해 오랫동안 학습된 능숙한 반응은 보다 더 습관적인 노력이 필요한 복잡한 검사 수행을 가능하게 한다.
- 평가 기준과 수행 지침은 구체적이지 않고 개인으로 하여금 각자 자신의 개성에 따라 반응하도록 한다.

이 장에서는 그림을 보여 주고 이야기를 만드는 검사를 활용하여 도식으로부터 도출된 사고와 정보처리과정의 수준을 평가하는 과정에 대해서 다룬다. 이전 장에서 언급했듯이, 도식은 묘사된 장면을 해석하고, 일련의 사건을 짜 맞추고, 의도, 감정 그리고 문제에 대한 합리적인 해결책에 도달하기까지의 과정을 이끌어 낸다. 정보처리과정의 방식은 이야기의 등장인물 사이의 관계에서 화자가 주요 문제나 긴장상태를 만들어 내기 위해 상황을 어떻게 해석하는지, 논리적이고 일관성 있는 이야기를 만들어 내기 위해 어떻게 계획하고 검토하는지, 결말을 의미 있게 만들기 위해 어떠한 식으로 연결하는지, 인과적 이해와 시간조망을 통합하고 그것을 내적(사고, 기분, 의도, 목표) 그리고 외적(행동, 사건, 자극)상황과 어떻게 연결하는지를 통해 명백히 드러난다.

지각적 의미와 개념적 의미로서의 자극

도식의 기본적인 기능은 TAT 그림을 지각하고 의미를 부여하는 것이다. 따라서 화자가 장면을 보고 핵심적인 딜레마를 어떻게 서술하는지에 대해 "화자는 지각한 것으로부터 의미 있고 추상화된 개념을 이끌어낼 수 있는가, 또는 지각한 것에 집중할 수 있는가?"와 같은 중요한 질문을 할 수 있다. 대상 영속성과 다양한 보존 개념은 지각 대상의 다양한 측면과 함께 조정되는 개념구조의 흔한 예이다(Flavell, 1963; Piaget, 1954). Piaget는 지각을 할 때 물체의 특정 측면에만 주의를 기울이는 중심화(centration)가 개인으로 하여금 맥락을 벗어난 부분적인 인상을 형성하게 하고 사물을 왜곡하도록 만든다고 추론하였다. 중심화는 순전히 발달적인 현상만은 아니다. 왜냐하면 정서적인 압박과 마찬가지로 인지적/지각적으로 제한을 받게 되면 어떤 연령대에서든지 일어날 수 있기 때문이다. TAT에 적용되어 원만하게 작동하는 개념적 틀은 주의를 가장 적절한 자극으로 유도하고 화자가 자극의 형태를 보고 핵심을 파악할 수 있도록 한다.

추상적 사고와 구체적 사고

구체적 사고란 즉각적인 상황 또는 개인의 구체적인 경험에서부터 비롯되는 것이다. 반면, 추상적 사고는 즉각적인 상황과는 비교적 거리가 먼, 경험으로부터 얻은 추상적인 '학습' 쪽에 가깝다(Geary, 2005; Johnston & Holzman, 1979). 행동적으로 추상성은 상황에 좌우되기보다 독립적인 행동을 시작하고 유지하기 위한 내면적 틀을 사용하면서 나타난다.

구체적 사고는 즉각적인 상황에 한정되어 있기 때문에 현재의 관점을 과거의 경험, 미래의 예측과 통합시키지 못한다. 만약 행동이 현재에만 국한되어 있다면 개인은 불만을 참기 힘들 것이고, 자신에게 동기가 될 수 있는 외적인 요소를 필요로 할 것이다. 게다가 경험이 이전에 선행된 사건이나 이후에 수반될 사건과 관련성이 적다면, 개인은 과거의 경험을 현재와 앞으로 있을 미래에 적용하지 못한다. 상황을 해석하고 행동을 유도하는 추상적인 내적 틀이 없다면, 행동을 계획하거나 결과를 추론하고 타인의 반응을 예상할 때 개인은 인과적 분석이 아닌 시행착오적 방법을 거치게 될 것이다. 더욱이, 개인은 의도, 목표, 동기 또는 행동을 성찰하지 않을 것이다.

유의사항

보다 구체적이고 비정서적인 상황에서와는 달리, 불안하거나 자극 또는 검사로 인해 일시적으로 겁에 질렸고 위험을 감수하기 꺼리는 개인은 TAT 그림에서 찾을 수 있는 구체적인 단서에 집착할 것이다. 따라서 검사 수행에서 비롯된 정서는 반응의 유연성을 제한하고 구체적 전략의 수립을 촉진한다.

유의사항

구체적 사고는 (자극, 지시 또는 구체적인 개인적 경험으로 제한된) 지능지수가 매우 낮은 개인에게 흔하고, 높은 지능 지수와는 관련이 없다.

유의사항

통찰을 암시하는 어구(예: '더욱 열심히 하다. 또는 '문제에 대해서 이야기하다')는 화자가 들어 보았거나 읽어 보았지만 유용하게 사용하는 방법을 터득하지 못한 '단어'를 반영한다. 검사자는 이야기의 구체적인 내용과 전반적인 틀을 조합시켜야 한다(일관성, 논리, 의도나 소망, 행동 그리고 결과 사이의 적절한 연결성).

TAT에서 얻어진 이야기에서 추상적-구체적 사고의 징후는 이야기의 내용 또는 구조와 마찬가지로 화자가 어떻게 그림자극을 해석하느냐를 통해 분명히 드러난다. 구체적 사고는 도판의 특정 단서를 해석하는 것(예: '저기에 총이 있고 그는 분명히 누군가를 죽일 거예요.')과 심리적인 과정을 거치지 않은 즉각적인 사건에 의해 유발된 등장인물의 생각, 감정 그리고 행동들을 포함한다. 추상적 인지는 유연하고 화자가 자극의 개념적인 특징을 초월한 이야기를 만들 수 있도록 한다. 따라서 외부 사건을 등장인물의 행동뿐만 아니라 심리적 과정(생각, 감정 그리고 의도를 포함한)과도 함께 연결한다. 사고의 더 큰 유연성이나 제각기 다른 '이야기'의 부분을 결합하여 보다 자유롭게 경험을 끄집어낼 수 있는 능력은 기억에 달려 있다. 이러한 유연성은 단편적인 사건을 합성한 이야기나 어떤 뉘앙스를 풍기는 그림에서 비롯된 이야기를 차용하는 것(고정관념, 대본, 영화 줄거리)을 감소시킨다.

정동적인 경험을 추상화하고 상징화하는 데의 어려움이 곧 개인적이지 않은 영역에서도 유사한 문제가 나타난다는 점을 시사하지는 않는다. 자폐 아동은 물리적 세계를 이해할 수 있을 때라 할지라도 사회적 이해에서는 결함을 보인다(Baron-Cohen, Leslie, & Frith, 1986). 아동의 인과관계에 대한 이해능력을 연구하기 위해 Baron-Cohen과 동료들은 이전에 개발된 그림-배열검사를 사용하였다. 그림-배열검사는 그림을 보여 주고 이야기를 만들어야 하는 검사이다. 그들은 세 가지 종류의 그림 배열을 보여 주었다. (a) 기계적, 물리적인 인과관계를 묘사하기, (b) 행동적, 심리적 상태에 대한 언급 없이 외적인 행동만을 묘사하기, (c) 의도적, 심리적 상태(틀린 믿음 검사)에 대해 직관적이고 즉각적인 이해를 통해 배열된 행동을 설명하기. 자폐 아동과 상위 성취 아동 모두 앞선 두 가지 종류의 배열은 비교적 잘 이해하는 모습을 보였지만, 의도적인 이야기에서는 대조집단에 비해 이해능력이 떨어지는 모습을 보였다. 인지적 손상이 없는 아동과 다운증후군 아동에 비해 자폐 아동은 심리적 상태를 묘사하는 표현은 거의 사용하지 않았다(예: 욕망, 지식, 감정 또는 내적 상태를 암시하는 행동). 이런 양상의 발견을 통해 연구자는 자폐 아동이 '후속장면'에 대해서 추론할 줄 모르는 것이 아니라 심리적상태에 대해 사고할 수 있는 능력이 결여되어 있다는 결론을 내렸다.

기억해 두기

이야기의 일관성은 이야기를 만드는 도식의 구조를 반영한다. 다음과 같은 상황에서는 이야기의 일관성이 붕괴될 수 있다.

- 주의: 화자는 다음과 같은 이유로 주의집중에 어려움을 경험할 수 있다. 주의를 기울이고 유지하는 것과 관련된 문제, 유연한 주의의 전환과 관련된 문제, 주의를 기울이지 않는 것과 관련된 문제
- 개념화: 화자는 그림 장면에 내포된 핵심 갈등이나 딜레마를 '설명'하기 위한 추론 형성뿐만 아니라 이야기 구성을 위한 계획의 수립에 어려움을 겪을 수 있다.
- 지식의 전략적 응용: 만약 화자가 반응 양상을 기계적으로 학습했다면(즉, 일반적인 원리, 양상, 규칙, 합의점에 대한 파악 없이) 그는 새로운 상황에 지식을 적용하지 못할 것이다.

자극 해석에서의 추상성-구체성

가장 추상적인 설명은 '형태(gestalt)'에 의미를 부여한다. 형태는 그림자극의 특정 세부특징을 드러내지만 이를 초월하기도 한다. 가장 구체적인 반응은 사소하거나 부적절한 세부특징에 초점을 두며 자극의 일부만을 보고 바로 추론하는 것이다. 자극을 구체적으로 살펴본다는 것은 화자의 사고가 다양한 선례로부터 통합된 교훈의 기호적 표현에 의존하는 것이 아니라, 당시의 경험이나 환경에서 즉각적으로 찾을 수 있는 단서에 전적으로 의존한다는 것을 의미한다. 예를 들어, 카드 13B에 그려진 남자아이에 대한 묘사에서, '그는 신발을 신고 있지 않다.', '그는 가난하다.', '그는 고아다.'라고 한다면, 이는 자극의 지각적인 특징이라기보다 매우 추상적인 도식에 의해 나온 것이다. 마찬가지로 등장인물들의 감정은 자극(예: '그는 행복해 보이지 않는다.'), 외적인 사건(예: '줄이 끊어졌다.') 그리고 심리적 과정(예: '그는 바이올린을 잘 연주할 수 없어서 화가 났다.')으로부터 바로 묘사된다. 반응이 자극이나 스토리텔링 검사의 지시사항과 밀접한 관련이 있다면 화자는 주어진 환경에서 쉽게 찾을 수 있는 단서를 이야기 구조에 적용할 것이다. 또한 반복적이거나 통상적이고 숙련된

검사에서는 더 나은 수행을 보일 것이다. 그림자극을 이해할 때 구체적 또는 추상적으로 사고한다는 것은 상대적으로 지각된 단서에 중점을 두는 것과 장면의 전반적인 의미에 중점을 두는 것 사이에서 어떠한 선택을 하는가와 관련된다.

이야기 구조에서의 추상성-구체성

추상적 사고는 이야기 내용의 조직화에서 명백하게 드러난다. 지금-여기를 넘어선 특정 구조 차원에서 서사적인 성찰적 사고를 한다는 것은 다음을 포함한다. (a) **과도기적 사건**—결과와 관련된 감정의 변화 또는 현실적인 사건의 배열을 설명할 수 있는 합리적인 이유(과도기적 사건 대 마술적 또는 임의적 반전), (b) **사건의 맥락**—자극에서 포착된 갈등을 설명할 합리적인 과거 사건, (c) **내면상태와 외부상황의 조화**—외적인 사건과 등장인물들의 사고 또는 감정의 연결(예: 행동, 의도, 사고, 감정 그리고 결과를 함께 연결하기).

이야기 내용에서의 추상성-구체성의 부호화 수준

만약 등장인물이 지금-여기를 중심으로 사고한다거나(일상), 현재 검사 상황에 '기존의' 틀(template)을 적용하기 위해 소설 줄거리나 정형화된 매체에서 내용을 가져왔다거나, 주제의 일관성 없이 사고가 자극과 제한적으로 연결되어 있다면, 화사가 구체적인 사고를 하는 것으로 볼 수 있다. TAT에 있어서 추상성은 가장 구체적인 사고로부터 시작하여 자극에 대한 단편적 묘사, 문자적 묘사, 이해, 추상적 이해의 네 수준으로 분류할 수 있다.

자극을 묘사하는 반응(첫 번째, 두 번째 수준)은 그림자극에 충실한 반응이다. 반면 그림자극을 이해하는 반응(세 번째, 네 번째 수준)은 그림의 장면을 넘어서는 설명을 제공한다(Byrd & Witherspoon, 1954). 아동의 추상성 정도에 관한 기대치는 학령 초기 아동-유치원(Lehman, 1959), 7세 아동(Schwartz & Eagle, 1986), 8세 아동(Byrd & witherspoon, 1954)이 그림자극을 이해하는 반응(통각적 반응)을 얼마나 자주 하느냐에 따라 상이하다. 어떤 학자들은 자극을 묘사하여 이야기를 구성하는 초등학교 3학년 무렵이면 기능한 일이라고 말한다(Gradner & Holmes, 1990).

추상성의 수준

수준 1: 자극에 대한 단편적 묘사

이야기는 제각각이고 서로 관련성 없는 세부묘사로 나열되어 있으며, 그림의 다양한 요소가 서로 연결되어 있지 않아 단편적이거나 일반적인 주제에 국한되어 있다. 감정은 전적으로 자극에 달려 있다.

- 그림을 이해하기보다 그림에 대한 명명 혹은 묘사(머리를 감싸고 있기 때문에 슬퍼요. 소년은 바이올린을 보고 있어요. 여자가 문을 열고 있어요.)
- 지시사항을 문자 그대로 이해(지시사항의 요소들이 반응을 촉진하는가의 여부와 상관없이, 자연스럽게 이야기를 하기보다는 나열하는 식)
- 이해하지 못한 스토리텔링 개념(이야기는 그림으로부터 나오는 것이 아니라 화자가 지어내는 것)
- 이야기는 인물들이 하고 있는 것, 할 예정인 것 혹은 하길 바라는 것에 대한 진술에 제한되어 있고 그림에서 일어나고 있는 것과 동일하게 진술된다(즉, 이해가 동반된 것이 아님).
- 그림에서 볼 수 있는 장면에 국한된 요소(소년은 바이올린을 보고 있어요.)

수준 2: 자극에 대한 문자적 묘사

비록 화자가 앞선 수준보다는 시간의 흐름에 따라 자극을 묘사하지만, 여전히 이야기는 자극과 매우 연관되거나 장면을 단순히 문자적으로 읽는 것에 지나지 않는다.

- 자극과 즉각적인 시간적 틀에 밀접한 장면에 대한 해석('이 여성은 안에 뭐가 있나 보려고 문을 열고 있어요.'—무엇을 예상하고 있는가에 대한 묘사가 없음)
- 환경에서 변화에 따라 변천하는 사건의 부재(현재 상황과 감정에 선행하는 상황이나 설명이 없음).
- 고려되는 것들은 극단적으로 사소하거나 매우 전형적인 것으로 받아들여지는 일상에 국한된다.
- 감정은 그림을 이해하여 추론된 것이 아니라 그림의 특징에서 표현된 것이다('저건 총이니까 그는 사람을 죽였을 거야!', '그들은 그의 배를 가르고 있어요.'—수술을 하고 있다거나 장면을 이해할 수 있는 다른 설명을 하지 않는다).

수준 3: 자극이 결합된 해석

그림장면의 다양한 요소가 해석과 조화를 이루지만, 이는 의도를 잘 반영한다기보다 욕망, 소망 등 단기적인 것에 국한되어 있다.

- 이야기는 자극의 특성에 과하게 의존하여 전개된다.
- 내적 상태는 그림과 밀접하게 관련된 사건으로부터 기인한다.
- 내적 상태는 모호하거나 매우 정형화된 것이다.
- 사고에 영향을 미치는 제한된 통찰 또는 사고에 영향을 미치는 전체상에 대한 제한된 인식
- 변화된 감정이나 상황에 대한 제한된 과도기적 사건과 인과관계에 대한 이해
- 현실적인 실현 방식 없이 소망이나 욕망이 두드러지게 표현된다(부자가 되고 싶다. 유명해지고 싶다. 장난감을 원한다).
- 일련의 사건들이 현재의 단기적인 상황이나 그림에서 묘사된 것과 의미가 상통한다.

수준 4: 추상적 해석

장면에 대한 '설명'이 등장인물의 내면적 특성과 외현적 특징의 측면에서 제공된다[예: 소년은 바이올린을 잘 연주하지 못해 슬퍼요(기준에 대해 언급)/ 소년은 바이올린을 연주하려고 했지만 할 수가 없어서 슬퍼졌어요]. 이때, 심리적 과정은 외적 사건과는 별개인 것으로 이해된다(예: 행동의 의도 대 행동의 결과 또는 영향). 장기간의 끊임없는 에너지 투여에 대한 노력은 장면에서 묘사된 긴장상태를 해결할 수 있게 해 준다. 화자는 긴장을 해소할 수 있는 건설적이고 주도적인 조치를 취하는 이미지를 형성할 수 있는 자원이 없을 수도 있지만(이로 인해 등장인물이 이러한 힘으로 가득 차 있지 않더라도), 이러한 방법을 실현할 수 있게끔 장면을 이해할 수는 있다.

사고에서의 추상성-구체성 수준의 사례

수준 1: 자극에 대한 단편적 묘사

내용은 그림의 다양한 요소를 전반적 이해에 기초하여 의미 있는 단위로 연결하는 구조 없이 그림에 대한 단편적이고 부적절한 세부사항을 명명하는 것에 국한된다(예: '소년은 눈썹이 있어요.'). 내용은 단일 등장인물들의 의미 있는 전체 형태(게슈탈트)를 담아내지 않고 연속선상에서 그림의 다양한 부분과 단

편적, 직접적으로 연결되어 있을 수 있다(예: '소녀는 책을 옮기고 있고, 여자는 나무에 기대 서 있어요. 그리고 남자는 말과 함께 일을 하고 있네요."). 감정은 이야기의 사건보다는 자극과 관련된다. 추상적 사고의 결핍을 암시하는 이 수준은 종종 지적 장애로 인한 추상적 사고의 결핍을 특징으로 한다.

토냐, 16세 5개월, Stanford-Binet IQ 42점.

도판 1. 그가 잠들었는지 아니면 밑을 내려다보고 있는지 모르겠어요. 이게 뭐죠?….[검사자: 보고 싶은 대로 보렴.] 그는 식탁에 팔꿈치를 올리고 앉아서 잠이 들었어요…. 어려워요…. 모르겠어요…. 이게 제가 이 그림을 보고 생각할 수 있는 다예요. [검사자: 그럼 그전에는?] 모르겠어요. [검사자: 어떻게 되어 가고 있는 것 같니?] 글쎄요…. 어렵네요. [검사자: 무슨 생각을 하는 것 같아?] 그것도 어려워요. [검사자: 어떤 감정일 것 같니?] 그는 슬퍼해요. [검사자: 왜 그럴까?] 몰라요, 모르겠어요.

안나, 7세 3개월, WISC, 전체 IQ 86점(언어성 지능=91, 동작성 지능=82).

도판 1. 제가 생각하기에 이 소년은 무언가를 고치고 있는 것 같아요. 그리고 음, 그는 손을 들어 귀에 대고 있어요. 그리고 음, 그는 금발에 가까운 머리카락을 지니고 있고, 하얀색 식탁이 있어요. 그리고 그 뒤엔 검은색 종이가 있네요. [검사자: 아이는 무슨 생각을 하고 어떤 감정일 것 같아?] 그는 그의 물건이 잘 작동할 것이라고 생각하고 있고 자신의 지능에 대해 느끼고 있는 것 같아요.

두 명의 화자 모두 의미 있게 등장인물을 묘사하는 것이 아니라 관련성 없고, 구체적인 세부묘사에 초점을 맞추었다.

수준 2: 문자적 묘사

여전히 그림의 지각적인 특징에 초점을 두고 있지만, 화자는 이제 자극에서 볼 수 있는 단편적인 외부 사건과 감정을 연결할 수 있다. 감정을 내적 세계나 더 넓은 상황적 단서에 응집력 있게 연결하지 않고 단편적인 사건에 귀인하는 것은 의도를 이해하거나 경험에 대한 감정의 역할을 보여 주기에는 부족하다.

짐, 16세, WISC, 전체 IQ 96점, 품행장애로 진단, 현재 통원 치료 중.

도판 1. 그는 바이올린을 쳐다보고 있어요. 아마 지루할 거예요. 연주하고 싶은 건 아니에요. 누군가 그걸 소년 앞에 가져다 놓았어요. 누가 연주하라고 시켰기 때문에 매우 화가 났어요. 그래서 그는 연주하지 않는 거예요.

그림자극에 대한 해석은 내면의 심리적인 과정보다는 지각적 특징과 더욱 관련되어 있다. 소년은 '보고 있고' '아마 지루해하고' 그리고 '누군가가 그걸 소년 앞에 가져다 놓았다.' 묘사된 장면을 해석하는 데 있어 맥락의 부재는 자신의 분노감정에 반응적인, 순간의 경험을 초월한 표상을 형성하는 내적 자원이 부족한 인물을 표현하도록 이끈다. 또한, '그의 앞에' 바이올린을 가져다 놓은 사람의 의도나 정체가 무엇인지에 대한 언급이 없다.

에이미, 14세 10개월, WISC, 전체 IQ 70점, 아스퍼거 증후군으로 진단받은 적 있음.

도판 1. 그는 마치, 음, 마치 밑을 보고 있는 것 같아요. 왜냐하면 기타가 망가진 것 같거든요. 그는 우울해 보여요. [검사자: 그럼 그전에는 어땠을까?] 제 생각엔 그는 아마 행복했을 거예요. [검사자: 그럼 어쩌다가 이렇게 됐을까?] 제 생각에, 음, 그는 그냥 실수로 기타를 망가뜨린 거 같아요.

이 이야기는 개념적인 강조보다 지각적 강조에 알맞다. '소년'은 밑을 보고 있는데, 왜냐하면 '그의 기타가 망가진 것 같이 보이기' 때문이다. 이렇게 감정과 비교적 단편적인 사건의 일대일 연결은 그 감정을 충분히 설명하지 못한다. 만약 '기타'가 중요한 독주회 직전에 망가졌다고 했다면, 상황의 내포된 의미가 감정적인 면에서 더 충분히 설명되었을 것이다.

이 이야기의 양상은 추상성, 인과관계 그리고 의도를 이해하는 데 있어서의 문제점을 지적한다. 예를 들어, 그전에 무슨 일이 있었는지에 대한 질문에 에이미는 소년이 "아마 행복했을 거예요." 정도의 대답밖에는 할 수 없었다. "나중에는 어떤 일이 생길까?"라는 질문에 대한 그녀의 대답은 그녀가 이야기의 '목적'이라는 개념을 충분히 이해하지 못했을 수도 있음을 보여 준다.

수준 3: 자극이 결합된 해석

묘사된 장면에서 일어나는 사건이 내적 심리적 과정과 장기적 숙고에 제한적으로 연결되어 있다는 점에서 해석은 자극과 긴밀한 관련을 맺고 있으며, 이를 통해 화자의 생각이 특정 장면에 국한되어 있음을 알 수 있다. 다음에 소개된 14세 9학년인 브라이언의 이야기에서 볼 수 있듯이, 이러한 방식의 사고는 높은 지능 지수와는 상관없이 개인을 특징지을 수도 있다(WISC, 전체 IQ 135). 브라이언은 학업부진과 반항, 분노, 가정과 학교에서의 적대적인 행동으로 의뢰되었다. 당시 브라이언은 결석을 하고, 숙제를 하지 않았으며 자주 지각을 하곤 했다.

도판 1. 빌리의 어머니는 그에게 바이올린 연습을 하라고 말하기로 마음먹었어요. 하지만 빌리가 바이올린을 받았을 때 줄 하나가 없다는 걸 알았어요. 그는 어쩔 줄 몰랐고, 줄을 새로 살 돈도 없었어요. 그래서 그는 앉아서 머릿속으로 연주 연습을 하였어요. [검사자: 생각은?] 그는 노래를 생각하며 머릿속으로 연주 연습을 하였어요. [검사자: 감정은?] 그는 바이올린을 연주할 수 없어서 화가 났어요. [검사자: 결말은?] 다음 날, 그의 어머니는 그를 태우고 악기상가로 가서 줄 전체를 새로 사 주었어요.

브라이언은 무슨 일이 일어나고 있는지 뿐만 아니라 어떤 일이 선행되었고 어떤 일이 수반되었는지도 설명할 수 있는 완결성을 가진 이야기를 만들었다. 하지만 이야기는 이틀에 걸쳐서 일어났고, 이야기에 나오는 행동들은 의도, 목표, 자주성이 매우 결여된 상태로 오로지 외적인 이유로만 동기화된 것이다. 아들의 자발적인 의지와는 상관없이, 그의 어머니가 빌리에게 바이올린 연습을 시켰고, 고장 난 줄을 갈아 주기 위해 그를 악기상가로 데리고 갔다.

수준 4: 추상적 해석

장면에 대한 추상적 해석은 외적인 사건과 심리적 과정이 서로 얽힌 채 배열되어 있는 자극에 기저하는 의미를 '설명'한다. 다음에 제시된 이야기는 게일이 들려준 것이다. 15세이자 10학년인 게일은 웩슬러 전체 IQ에서 평균 상 범위의 점수(118)를 받았고, 자신감이 부족하며 학교와 가정에서 집중하는 데 어려움을 겪고 있다. 그녀는 잦은 병치레로 결석을 자주 하였지만 평가 당시에는 학업을 잘 따라오고 있었다(대부분 B 학점을 받았다). 그녀는 수학은 잘하지 못하지만 인문학에서는 두각을 나타내었다. 따뜻하고 사랑받는 가족 분위기에서 그녀의 부모님은 게일이 사랑스럽고, 너그럽고, 선생님과 친구들로부터 사랑받는 아이라고 표현했다. 또한, 그녀는 내성적이고, 분노, 실망감 등의 부정적인 감정을 표출하기보다 마음속에 담아 둔다고 하였다.

도판 1. 음, 헨리라는 소년이 있었어요. 그리고 그는 할아버지로부터 소포를 받았어요. 그는 소포를 열고, 테이블 위에 얹었어요. 소포 안에는 바이올린이 있었지요. 음, 그는 한참 동안 그것을 바라보았어요. 왜냐하면 그것은 할아버지의 것이었기 때문이죠. 헨리는 슬프기도 했어요. 왜냐하면 이제 더 이상 할아버지가 이 바이올린을 가지고 있지 않기 때문이에요. 하지만 그는 할아버지가 바이올린을 주셔서 기뻤고, 연주하는 법을 배우고 싶어 했어요. 잠시 앉아서 생각을 한 후, 그는 바이올린을 연주하는 법을 배우러 갔어요.

묘사된 긴장상태는 그림에 대한 별다른 언급 없이, 외부사건과 심리적 과정을 설명하고 해결한다.

지각적 통합

지각적 통합(perceptual integration)이라는 개념은 화자가 지각적인(perceptual) 과정(장면의 세부사항)과 개념적인(conceptual) 과정(장면의 의미)을 소율하는 방법에 대하여 상술한 추상적-구체적 사고의 수준과 중첩된다. 지각적 통합을 할 때는 자극의 미묘한 차이(뉘앙스)를 고려한 이야기의 정확성(accuracy), 사회적 인과성(social causality)에 대한 화자의 이해, 내면세계와 외부세계를 조정하는 화자의 심리적 마음가짐(psychological mindedness)의 세 가지 요소를 고려한다. 이야기의 전제와 자극의 배열 간 적합성으로 정의되는 정확성을 판단하기 위해, 검사자는 제시된 그림자극을 참고한다(2장에서 언급).

스토리텔링 검사를 수행함에 있어 화자는 중심이 되는 딜레마 또는 이야기의 주제를 찾기 위해 지각적인 특징들이 서로 '어울리는' 방법을 결정하고, 이렇게 함으로써 지각한 것을 개념적인 틀에 적용한다. 지각된 정보의 해석에 적용되는 개념적 과정은 지각된 다양한 요소의 관계 사이에서 특정 자극의 의미를 부여하는 데 영향을 미친다(주방에서의 칼은 요리도구지만, 교실에서의 칼은 무기이다). 자극을 정확하고 통합적으로 보기 위해서는 그림자극의 요소를 각각 따로 지각하는 것이 아니라, 지각된 그림자극의 요소들 사이에서 개념적인 관계를 파악해야 한다. 따라서 높은 수준의 지각적 통합은 정서적이고 대인관계적인 단서(표정, 포즈)와 특정 맥락을 형성하는 그림자극의 특징(물체, 배경 또는 입은 옷)을 요구한다. 개념적 구조(심적 준비, 기대 또는 도식)는 지각되는 것을 의미 있는 정보로 구성하도록 도와준다.

전문가들은 TAT 자극 세트에서 묘사된 사회적인 장면을 모호하게 묘사하였는데, 이로 인해 TAT 도판에 대한 다양한 해석이 가능하게 되었다. 그럼에도 불구하고, 많은 도판에서 등장인물들의 정체성과 감정을 명확하게 구분할 수 있다(Murstein, 1965). 따라서 임상가는 이야기의 특성 외에도 화자가 자극을 해석하는 방법을 평가할 수 있다. 화자는 등장인물의 자세나 표정을 보고 갈등과 부정적인 감정을 잘 식별할 수 있다. TAT 자극에 대한 기본적 정서의 왜곡은 면밀히 살펴보아야 한다(Rappaport, Gill, & Schafer, 1975; Teglasi, 1993; Tomkins, 1947). 왜냐하면 이것은 강렬한 집착이나 잘못된 정보처리과정에서부터 기인한 상황에 대한 잘못된 반응을 반영하기 때문이다. 등장인물의 자세나 표정을 보고 판단할 수 있는(예: 도판 4에서 서로 포옹하고 있는 사람들) 감정과 자신의 관계적인 측면을 오해하는 것은 자극의 사소한 특징(예: 도판 3BM의 총)이나 심지어 주요한 특징(예: 도판 1의 바이올린)을 빠뜨리고 잘못 판단하는 것보다 더 큰 문제를 시사한다(McGrew & Teglasi, 1990).

앞으로 소개될 지각적 통합의 다섯 가지 수준은 구체적-추상적 차원의 사고와 일정 부분 중첩된다. 하지만 이 수준에서는 (a) 그림에서 볼 수 있는 단서의 정확한 해석, (b) 사건의 배열과 행동결과 사이에서 볼 수 있는 사회적 원인에 대한 이해, (c) 등장인물의 내면세계와 외적 세계의 조율에 있어서의 심리적 마음상태와 같은 세 가지 추가된 고려사항이 더욱 강조된다.

지각적 통합의 수준

수준 1: 모순된(discrepant) 수준

이야기의 전제는 다음과 같은 이유로 전체적인 그림에 적절하지 않다. 주요 등장인물 배제, 등장인물의 나이나 역할의 무시 혹은 지각 실패, 부적절한 세부사항에 초점을 둠, 감정 혹은 관계에 대한 중대한 지각 실패

다음과 같은 경우:

- 장면에서 묘사된 등장인물의 기본적인 감정이나 관계가 고려되지 않거나 잘못 판단되는 경우(예: 사람들의 표정이나 포즈 또는 나이를 잘못 지각함)
- 자극의 배열과 부합하지 않는 경우(예: 명백하게 다른 포즈나 표정을 하고 있는 등장인물들이 모두 같은 감정을 느끼고 있다고 생각하는 것처럼, 문제라고 생각하는 것이 자극과 관계없거나 관계성이 적다.)
- 주요 등장인물이 이야기에서 빠져 있는 경우
- 형태를 지각하지 않고 사소하고 부적절한 세부사항(예: 눈썹)에 초점이 맞춰져 있는 경우

수준 2: 문자적(literal) 수준

이 수준에서 주로 잘못 지각하는 것은 자극의 추론적이고 암시적인 의미이다. 이야기의 세부사항은 '틀리지는' 않았지만, 장면에 대한 이해는 배경이나 맥락적 요소와 밀접하게 관련 있거나 또는 자극에서 보이는 것에 전적으로 기반을 두고 있다. 이로 인해 이야기에 묘사적인 특징을 더해 준다. 감정을 읽을 수는 있지만 이는 심리적 과정을 거치지 않는다(장면이나 외부적 사건과 지나치게 단순한 관련성을 가진다). 소망과 욕망은 지속적인 의도 없이 일시적인 반응을 일으킨다. 개념적 처리과정 중에서 학자가 선호하는 지각적인 단서는 그림에 나오는 심리적 암시를 알아차리는 것에 어려움을 겪는 데에서 명백하게 볼 수 있다.

다음과 같은 경우:

- 각 등장인물의 감정이나 긴장을 장면에서 묘사된 대로 읽을 수는 있지만 감정과 등장인물의 관계에 대한 다양한 단서를 조율하여 자극을 일관성 있게 이해하지는 못하는 경우
- 장면의 다양한 요소를 의미 있게 연결하지 않고, 외부 단서와 의도, 목적 또는 장기적인 계획과 같은 심리적(내적)인 과정을 충분하게 연결하지 않은 채 자극을 묘사하는 경우
- 감정이 그림자극에서 볼 수 있는 당시 상황이나 즉각적인 사건을 벗어나지 못하고 외부적인 것에 입각하여 지나치게 단순화되어 표현되는 경우
- 사건의 배열이 그림자극에서 볼 수 있는 그 '순간' 또는 감정이나 긴장과 이야기 사건 사이의

단순한 연결을 넘어서지 못하는 경우
- 묘사된 감정의 강도를 충분히 알아채지 못하는 경우(잘못 알아차리는 것은 아님)
- 지각적인 것과 개념적 과정을 조율하는 과정에서 화자가 자극을 어떻게 해석해야 하는가에 대한 어려움을 해결하지 못하는 경우(대상이 무엇인지 고민하는 것은 아님).
- 사회적인 현실과 동떨어진, 인과적 추론의 결여(혹은 모호한 인과적 추론)나 이상한 인과관계를 초래하는 개념적 해석이 도출된 그림자극의 지각적 특징에 의존하는 경우
- 사회적 인과성에 부합되지 않는 온전한 대본(예: 구전 이야기, 영화, 고정관념 등)에 의존하는 경우

수준 3: 피상적(superficial) 수준

등장인물의 기본적인 정서나 인물 간의 관계를 알아차릴 수는 있으나 심리적 과정을 피상적으로 이해하는 것은 장면에 대한 해석을 방해한다(예: 등장인물의 정서와 이들 사이의 관계는 모호하거나, 정해진 대본이거나 또는 고정관념적인 장면과의 연관성에 의해 정교화된다).

다음과 같은 경우:
- 서술 구조가 단순하고 규칙적인 경험으로부터 나오는 정형화된 사회적 도식의 간단하고 논리적인 양상에 의해 특성화되는 경우(매체, 동화, 일상, 사회적 상황 또는 익숙한 연속적인 사건들에서 차용한 것일 수도 있음)
- 심리적 과정에 대한 이해가 부족하여 장면에 대한 지각적인 요소가 지나치게 강조된 경우
- 서로 다른 등장인물의 감정을 잘 알아차리고 관련 외부 사건과도 적절하게 연결하지만, 심리적 과정과의 연결은 피상적인 경우
- 의도, 목표, 계획의 역할이나 현재 당면한 딜레마를 고려하지 않아 정서에 대한 견해가 그림의 맥락 내에서 부자연스러운 경우
- 화자가 적절한 맥락적 단서나 미묘한 표정 또는 장면의 배경이나 등장인물들의 옷에서 암시되는 것들을 알아채지 못해 그림과 화자가 만들어 가는 이야기 사이에 연결이 부정확한 경우
- 그림의 요소들은 충분하게 관련되지만, 자극과 화자가 만들어 가는 이야기 사이의 연결이 심리적인 과정 또는 사회적 인과성을 지나치게 단순화하거나, 피상적 또는 정형화하여 표현되는 경우

수준 4: 정확한(accurate) 수준

화자는 외부 사건에 사회적 규범을 적용하여 이해하고 또 개인의 감정이나 의도의 역할을 이해하면서 자극을 해석하는 데 더 복잡한 추론 체계를 사용한다. 이야기는 대부분 그림의 숨겨

진 의미를 잘 담아내지만 핵심적인 물건이나 몇몇 맥락 단서는 무시되거나 잘못 해석될 수도 있다. 가장 중요한 것은 감정과 관계에 대한 해석은 자극형상에 대한 정확한 '해석'을 제공한다는 것이다. 등장인물은 실제로 계획된 행동이 행해지지 않더라도 반응을 유도(단기적인 반응에 반하는)할 지속적인 의도를 가지고 있고 또 외부적 요구나 도전에 직면하고 있는 것으로 묘사된다. 이 수준에서는 다음과 같은 경우가 발생했을 때 부호화 방법이 변화된다.

이야기는 자극과 조화되어 심리적인 과정을 알아차리고 사회적 인과성을 잘 이해할 수 있도록 내적 및 외적 긴장의 근원을 통합한다. 그러나 자극과 이야기의 연결은 다음과 같은 이유로 다음 수준에 미치지 못한다.

- 감정이나 관계가 자극의 미묘한 맥락 단서를 충분히 알려 주지 못한 경우이거나 자극의 주요한 요소가 무시되거나 잘못 해석되는 경우
- 사회적 인과성은 대부분 이해되나, 심리적인 과정이나 연속적인 사건의 묘사가 충분히 정교화되지 못한 경우

수준 5: 미묘한 의미(nuanced) 수준

감정과 관계에 대한 이해를 통해 그림에서 제시되는 단서의 미묘한 차이를 알아챈다. 자극에서 비교적 덜 중요한 요소들이 누락될 수도 있고 잘못 해석될 수 있음에도 불구하고 이야기의 세부묘사는 정확하고 구체적이며 현실적이다. 전체적인 이야기는 심리적인 문제(숨은 의미)를 포착하고 사회적인 인과성을 이해할 수 있는 방향으로 그림의 느낌과 만들어가는 이야기 사이를 일관적으로 조정한다. 자극의 숨은 의미를 정확하게 이해하며, 이야기의 세부적인 내용 사이의 인과관계는 정교하고 미묘하다.

장면의 미묘한 차이를 해석하고 사회적 인과성과 심리적인 처리과정에 대해 정확하고 현실적인 이해를 바탕으로 하는 이야기를 만들어 내기 위해 총체적인 경험을 포함하여 융통성 있게 추론할 수 있다. 즉, 화자는 도식을 확장하고 모호한 상황에 적응하기 위한 새로운 도식을 만드는 데 능숙하다.

다음과 같은 경우:

- (자극의 덜 중요한 요소를 누락하더라도) 이야기가 모든 단서 및 자극 배열의 세부요소와 일관되는 경우
- 사건의 원인과 그에 따른 영향 그리고 심리적 과정의 복잡성을 화자가 분명하고 현실적으로 이해하는 경우(세부사항과 '전체 그림' 간의 균형을 맞추면서)
- 사회적 인과성 및 심리적인 과정에 따라 장면의 특징과 만들어 가는 이야기를 정확하고 의미 있게 그리고 현실적으로 맞춰 가는 경우

지각적 통합 수준의 사례 예시

수준을 결정할 때, 임상가는 수검자가 보이는 자극의 부분적인 특징의 누락이나 과포함 또는 오해보다는 정서와 등장인물 사이의 관계를 통해 전달되는 이야기가 얼마나 '그림에서 일어나고 있는 일'을 잘 설명하고 있는지에 중점을 두어야 한다. 다음에 TAT 도판 4와 8BM에서의 이야기 반응을 제시함으로써 다섯 가지 수준에 대해 설명하고자 한다(도판을 어떻게 묘사했는지는 2장을 참고하라).

1. 모순된 수준

8세 3개월의 아론은 모순된 수준에 해당되는 두 가지 이야기를 들려주었다. 그의 WISC 점수는 전체 IQ 119점(언어성=102점, 동작성=133점의 차이를 보임)이며, 정서장애로 인해 독립된 교실에서 특수 교육을 받고 있다. 그는 또한 특정 학습장애가 있어 말하기와 언어교육도 함께 받고 있다.

도판 4. 크고 찡그린 얼굴을 하고 있는 남자가 있어요. 이 남자는 항상 찡그린 얼굴을 하고 있어요. 그런데 그렇게 몇 년이고 있는 거예요. 그는 잠이 들 때도, 그리고 밤새도록, 하루 종일 그 얼굴을 하고 있어요. 저는 그가 왜 찡그리고 있는지는 모르겠어요. 근데 어쨌든 그는 그러고 있어요. 그리고 그는 일 초 동안 눈을 깜빡였어요. 그리고 그는 돈이 하나도 없어요. 그는 크고 긴 목에 누가 입맞춰 주는 걸 좋아하고 또 누군가 질펀한 입맞춤을 해 주는 것도 좋아해요. 그리고 그는 항상 찡그리고 있어요. 어느 날, 그는 미소를 지었어요. 그리고 그들은 행복하게 살았어요. 끝이에요. [검사자: 그가 무슨 생각을 하고 있었는지 말해 줄래?] 그는 크고 슬픈 얼굴을 하고 있다고 생각했고 그리고 그는 몇 분 간격으로 눈을 깜빡일 수 있는지 궁금해했어요. 그러면 그는 보통 사람들처럼 될 줄 알았죠.

아론이 이야기에 붙인 제목과 그가 들려주는 전반적인 이야기는 극중에 묘사된 '찡그린 얼굴'을 하고 있는 한 남성에게만 초점이 맞춰져 있다. 여성은 단지 "그들은 행복하게 살았어요."라는 문장을 통해 어렴풋이 등장할 뿐이다. 묘사된 감정이나 두 명의 등장인물 사이의 관계, 그 어떤 것도 자극과 적절하게 연결되어 있지 않다.

도판 8BM. 항상 병원을 가는 남자아이가 있었어요. 그는 어머니를 그곳에서 봐야 했거든요. 아이는 어머니가 자주 상처를 입는다고 들었어요. 어머니는 다른 것을 해보고 싶었고 아이는 뭔가 하고 있었어요. 아무것도 안 하는 게 아니에요. 자신의 어머니를 보고 있었어요. 그리고 그는 빠져나오고 싶었지만 그렇게 할 수가 없었어요. 어느 날, 그는 멀리 도망쳤어요. 그리고 그는 자신의 어머니를 다 잊어버렸죠. 그리고 그는 집으로 다시 돌아갔고 다른 무언가를 할 생각을 하고 있었어요. 하지만 지루했고, 그는 행복하게 살았어요. 여기까지예요. [검사자: 느낀 감정은 무엇이니?] 그는 조금 지루해했어요.

아론은 '항상 병원을 가는' 남자를 통해 그림의 장면을 묘사했다. 짐작건대, 그 아이는 진료실에서 아마도 '어머니가 조금 다쳤다는 것을 들었을' 것이다. 이것은 그림에 묘사된 '수술'장면을 묘사하기에는 흔하지 않은 표현이다(예: 수술대에 오른 인물은 남성으로 보인다). 또한 그는 단서를 서로 의미 있게 연결하지도 못한다(예: 장면을 통합시킬 만한 적절한 추론을 하지 못한다).

2. 문자적 수준

이 수준에서의 주된 잘못된 지각은 자극이 내포한 의미를 알아채지 못하는 것에서부터 비롯된다. 화자는 등장인물이 느끼는 감정과 나이는 알지만, 사건, 감정, 의도 그리고 행동을 연결할 수 있는 심리적 과정은 잘 모른다. 화자는 과거, 현재, 미래에 일어날 사건들 사이에 내포된 인과관계를 무시하고 '지금 이 순간'에만 머무르며 장면을 묘사한다. 화자는 자극의 다양한 요소를 통합시켜 이야기를 만들지 않고 각각의 짧은 이야기로 분리해서 말할 수도 있다(예: 화자는 전경과 배경은 알아차리지만 이것들을 의미 있게 연결하지는 못한다). 등장인물들의 관계나 감정은 자극과 절대 양립하지 못하지만 그렇다고 주요 등장인물들이 빠지지는 않는다. 흔히, 화자는 '개념적'인 것보다 '지각적'인 것을 더 강조한다. 가끔 피상적이고 구체적이고 서술적인 방식으로 자극을 이해할 때도 있고, 그림자극의 주요 요소를 일관되게 연결하는 데 어려움을 겪을 때도 있다. 대신에, 화자는 사회적 인과성이나 자극의 특징과 일치하지 않는 선에서 다른 대본(이야기, 영화, 고정관념)에서 차용한 사건을 덧붙일 수도 있다.

킵, 9세, WISC 전체 IQ 98점.

도판 4. 그는 화가 난 것처럼 보여요. 그녀가 그에게 무언가를 한 것 같아요, 그리고 그녀는 자신이 한 행동에 대해 사과하려고 해요. 하지만 그는 그녀를 용서하지 않을 거예요. [검사자: 어떤 감정을 느끼니?] 슬퍼요. 그는 곧 울 것처럼 보여요. [검사자: 이야기는 어떻게 끝이 나니?] 그는 그녀를 용서하지 않을 것 같고 이들은 헤어질 거예요.

화자는 감정을 정확하게 파악했다. 하지만 이야기는 감정과 행동에 대한 심리적 과정을 담고 있지 않고, 들려준 감정이나 등장인물들의 관계에 대해서 설명할 수 있는 충분한 맥락을 가지고 있지도 않다.

도판 8. 어린 소년은 [웃음] 혼란스러워 보여요. 그는 신경 쓰지 않는 것처럼 보여요. 그의 아버지는 수술을 받기 위해 수술대 위에 올라가 있어요. 의사는 남자의 생명이 위태로울까 겁이 나요. 그리고 소년은 더 이상 신경 쓰지 않는 척하기가 힘들었는지 걸어 나가요. [검사자: 이야기는 어떻게 끝이 나니?] 아버지는 살아나요.

이번에도 마찬가지로 화자가 그림의 요소는 잘 파악했다. 하지만 등장인물의 심리적 세계, 대인관계 또는 사건의 배열을 언급하기보다 등장인물의 생김새나 그림에서 무엇을 하려고 하는지를 통해 감정을 전달한다. 제시된 두 이야기에서 화자는 장면에서 묘사된 등장인물들에 '갇혀 있다.' 즉, 매우 융통성 없는 수준의 이해를 나타낸다.

3. 피상적 수준

이야기는 그림의 장면을 올바르게 해석할 수는 있지만, 묘사된 감정이나 등장인물의 관계를 충분히 반영하지 못하거나 사회적 인과성, 수단-목적의 연결성 그리고 심리적 과정을 지나치게 단순화하여 전달한다.

브라이안, 14세, Wechsler IQ 135점.

도판 4. 알프의 아내는 어젯밤 다른 남자와 잠자리를 했고 그는 매우 화가 났어요. 그는 너그러운 사람이라 그녀를 때리지는 않겠지만 그녀와 더 이상 함께 살 수는 없었어요. 그래서 그는 떠나요. 아내는 그를 붙잡으려 하지만 그렇

게 할 수 없었어요. 왜냐하면 그는 이미 그렇게 마음을 먹었기 때문이죠. 얼마 후, 그 남자, 그러니까 남편은 그 일에 대해서 다시 생각했고 매우 화가 났어요. 그리고 그는 그녀와 같이 잔 남자를 찾아가 때렸어요. /무슨 생각을 하고 있지?/ 그녀는 '내가 도대체 무슨 짓을 했지?'라는 생각을 했고 그는 '그녀가 도대체 왜 그런 짓을 한 거지?'라는 생각을 했어요.

화자가 행동의 의도에 대해 제대로 이해하지 못하고 있기 때문에 이야기에서 남편과 아내는 각자가 서로에게 한 행동으로 인해 헤어졌다. 부가적인 설명 없이, 아내는 물리적으로 남편을 잡으려 하고 화가 난 남편은 떠나기로 결심했다(그림에서 보이는 그대로).

도판 8. 행크는 제2차 세계대전에 참전한 군인이었어요. 그리고 지금 그는 참전했을 당시를 생각하고 있어요. 그는 전쟁에 나갔고 팔에 총상을 입었어요. 이들은 그의 팔을 도려내서 총알을 꺼내야 했지요. 당시 장면을 회상하니 마취를 하지 않은 상태였기 때문에 너무 아팠던 게 떠올랐어요. 그는 마취를 하지 않은 것에 대해 화가 났지만 이들이 할 수 있는 최선을 다해 준 점에 대해선 기뻤어요. 그러지 않았더라면 그는 팔을 잃고 말았을 테니까요. /어떻게 되었을까?/ 그는 두 명의 남성을 위기에서 구해서 후에 정부로부터 최고의 명예 훈장도 수여받았어요. 또 두 명의 남성은 그를 살린 공로로 퍼플하트 훈장(전투 중 부상을 입은 군인에게 주는 훈장)을 받았어요.

화자는 군인이 전쟁 중 수술받았던 이야기를 전개하면서, 그가 고통을 겪었지만 성공적인 결과에 감사했다며 적절하게 전경을 배경으로부터 분리했다. 이야기가 어떻게 끝이 나는지 물었을 때, 화자는 군인의 회상에서 볼 수 있는 현재의 의미를 명백하게 말하지 않고 그저 훈장을 수여받았다는 정형화된 결말을 전개했다.

4. 정확한 수준

화자는 긴장상태를 알아채고 이야기는 대체로 감정과 등장인물의 관계에 대해 자극에 내포된 의미를 담아낼 수 있다. 그러나 화자는 다섯 번째 수준만큼 맥락적 단서에 부합하는 충분히 복잡한 이야기를 전달하거나 인과관계 또는 심리적 과정에 대해 추론하지 못한다.

이 수준은 7GF와 8BM 도판을 보고 게일(평균 상의 IQ, 자세한 사항은 앞부분 참조.)이 들려준 이야기를 바탕으로 설명하도록 하겠다. 게일이 도판 4를 보고 들려준 이야기는 장면에 묘사된 감정의 강도를 충분하게 설명하지 못했기 때문에 세 번째 수준에 해당된다.

도판 4. 음, 그림에는 오랜 기간 집을 떠났다가 금방 돌아온 남자가 있어요. 그는 아내에게 돌아왔지만 조금 바뀌었어요. 그리고 그녀는 어떻게, 왜 그가 바뀌었는지 모르지만 더 이상 함께하지는 않을 것 같네요. 이들은 싸우진 않지만 더 이상 대화는 없어요. [긴 침묵] 더 말해야 하나요?

비록 화자가 남녀 간의 긴장을 언급하지만 이야기는 등장인물의 표정과 몸짓을 설명하지 않는다.

도판 7GF. 음, 여기 이 여자는 소녀에게 프랑스어를 가르쳐야 해요. 하지만 소녀는 프랑스어를 배우기 싫어해요. 그녀는 밖에 나가 놀고 싶어 해요. 그래서 이 소녀는 항상 산만하고, 선생님이 질문할 때마다 답을 몰라요. 그러니까 더 열심히 프랑스어를 배워야 하고 밖에 나가 노는 시간은 줄여야 하죠. 그리고 음, 그녀는 똑바로 배우지 않고 집중도 하지 않아요. 프랑스어를 절대 배우지 못하죠. 결국 그녀와 선생님 모두 포기했어요.

이야기는 등장인물의 감정과 태도를 포함하고 있고 이 둘의 관계 또한 잘 드러난다. 긴장은 표면적으로 드러나지는 않았지만 결과적으로 해결되었다. 비록 사건의 배열이 사회적 인과성과 일치하지만 등장인물은 딜레마를 해결하기 위해서 활발한 논의를 하지 않는다(도판 4와 유사).

도판 8. 음, 그림 속에 소년은 음, 남자를, 그러니까, 사고를 당해 수술을 받게 되었어요. 그건 사고였어요. 그 누구의 잘못도 아니에요. 하지만 그는 매우 죄책감을 느껴서 남자가 수술받을 동안 병원에 있기로 했어요. 남자는 괜찮아요. 그는 살았어요. [검사자: 남자는 무슨 생각을 하고 있을까?] 그는 거기 정말 있고 싶지 않았지만 그렇게 해야만 할 것 같았어요.

이야기는 적절한 배경을 제시하고 전경에 있는 등장인물과 장면을 연결하며 장면과 일치한다. 그러나 인과관계의 추론은 매끄럽지 못하다. 사고를 당한 남성의 다른 가족은 언급되지 않았고 '소년'이 왜 그렇게 해야만 했는지에 대해서도 언급하지 않았다.

5. 미묘한 의미 수준

화자는 감정과 등장인물의 관계를 이해할 때 모든 단서와 중요한 세부적 특징을 고려한다(별로 중요하지 않은 세부적 특징을 누락하거나 잘못 지각하는 경우가 있을지라도). 그림의 '요지'를 정확하고 구체적으로 파악할 수 있도록 배열된 자극을 의미 있게 해석한다.

벤지, 9세 11개월, WISC 전체 IQ 139점.

도판 4. 음, 자신을 짜증나게 했거나 도발한 사람에게 매우 화가 난 것처럼 보이는 남자가 있어요. 그의 아내는 자신을 화나게 한 사람을 공격하는 행동처럼 그가 나중에 후회할 짓을 하지 못하게 막으려고 하고 있어요. 결국 그녀는 그를 제지해서 그는 행동을 멈출 것이고 화를 가라앉힐 거예요.

여기서 화자는 남녀 관계의 특징뿐만 아니라 이들 사이에 있는 갈등의 특징까지도 정확하게 설명했다. 여자가 남자를 저지하는 것이 그녀가 할 일이어서가 아니라 나중에 그가 충동적인 행동을 한 것을 후회할 것이라는 데서 나온 것이기에 화자가 심리적인 부분도 잘 이해하고 있음을 알 수 있다. 결국 남자는 그의 아내에게 영향을 받아 행동을 멈춘 것도 있지만 자신의 화를 가라앉혀야 한다는 것도 깨달았다.

도판 8BM. 소년이 있어요. 네 소년요. 청소년에 가깝기는 한데, 이 아이는 수술을 받아야 해요. 그는 수술받는 꿈을 꾸고 있고 조금 두려워하고 있어요. 그래서 그는 수술이 어떻게 될 것인지에 대해서 생각하고 있는 거예요. 그러자 그는 자신에게 닥칠 일을 예상하게 되었고 그래서 더 무서워졌어요. 왜 저기 소총이 있는지는 모르겠어요. [검사자: 끝이니?] 그는 두려움을 극복했고 아무것도 아닌 걸로 무서워했다는 걸 깨달았어요. 왜냐하면 그는 아픔을 거의 느끼지도 않았거든요.

화자는 전경과 배경('꿈을 꾸다')을 분명하게 연결한다. 그리고 이야기는 묘사된 감정과 중요한 맥락적 단서를 잘 나타낸다. 화자는 그림에서 소총을 보았지만 이야기에 활용하지는 않았다. 이야기가 '꿈'을 묘사하고 있음을 고려하면 이런 누락은 중요하지 않다. 이야기의 막바지에서는 꿈과 소년의 현실생활을 연결시키면서 끝이 난다.

지각적 통합의 상위 수준에서 융통성 있고 세련된 개념 도식은 정확한 지각을 바탕으로 의미 있는 추론을 하여 핵심적인 딜레마를 찾을 수 있도록 한다. 정형화된 도식은 그 문화에서 가장 중요한 특징에 따라 지각한 자극을 체계화하는 본보기 역할을 한다. 구체적이거나 기초적이거나 체계적이지 않은 도식은 즉각적이며, 조절되지 않고 또한 개념적 과정에 의해 중재되지 않은 반응을 조성한다.

계획하기와 점검하기

반응을 계획하고 관찰하기 위한 화자의 자원은 검사 도중 행동의 조절, 이야기의 체계화 그리고 등장인물에 대한 계획성과 같은 방법을 전달한다. 스토리텔링 검사는 핵심적인 긴장상태를 형성하며 그림자극과 일치하는 딜레마를 찾기 위해 즉각적인 결정을 내리는 과정을 포함한다. 화자는 전반적인 줄거리를 만들어 갈 때 자극의 전체적인 느낌(미묘한 의미)을 보고, 다른 대안적 세부사항을 따져 보며 통찰이나 검사자의 질문에 따라 처음 접근한 방향을 수정한다. 화자의 도식은 마치 문법규칙이 문장이나 문단을 규정하는 것처럼 사고의 병렬을 유도한다. 도식으로부터 나온 생각은 주로 의식 밖에서 진행된다. 하지만 화자는 도식과 타협함과 동시에 일관성과 논리성을 위해 세부적인 내용을 넣고 빼는 것을 결정하는 전략적인 노력을 기울일 수 있다. 앞서 언급했듯이, 심적 모델은 개인으로 하여금 TAT 자극에서 지각한 세부적 요소에 추상적인 개념을 적용할 수 있게 할 뿐만 아니라 즉각적인 압력과 장기적인 고려를 현실과 마찬가지로 조직화할 수 있게 해 준다. 이처럼 미래의 가능성을 보여 주는 '전체상'에 비춰 사건을 판단하는 능력은 개인이 계획을 짜고, 다양한 목적을 최대한 효율적으로 조직하고 우선순위를 매기는 등 어떠한 목표를 세우게 한다. 이야기를 만드는데 잘 조직화된 도식이 없다면, 화자는 자극을 보고 반응할 때 세부적인 요소나 개인적인 생각에서 방황하거나, 가능성(소망)과 개연성(현실적인 의도) 사이에서 균형을 잃을 수 있다.

계획할 때는 무엇이 가장 적절한지 선택하고, 주의와 정서의 처리를 위해 필요하다면 한 사고방식에서 다른 사고방식으로 생각을 전환하는 자기-조절(self-regulatory) 기능이 필요하다. 지속적으로 주의를 기울이는 데 어려움을 겪게 되면 이야기를 만들 때 필요한 조직화된 도식의 활성화(순행간섭에 의해)뿐만 아니라, 이야기를 계획하고 잘 만들어졌는지 확인하는 데 문제가 생긴다. 화자에게 복잡하고 익숙하지 않은 이야기를 다시 들려 달라 하면, ADHD 아동은 대조집단 아동보다 더 조직화되지 못하고, 비일관적이며 많은 오류를 포함하고 있는 이야기를 들려준다(Tannock, Purvis, & Schachar, 1993). 서로 다른 이야기가 만들어지는 것은 수행 통제의 문제와 관련하여 정보를 조직하고 점검하는 기능에 어려움을 겪는 것으로 설명된다. 등장인물들의 행동이 얼마나 잘 계획되었는가에 대한 관점에서 이야기의 내용은 종종 이야기의 구조를 반영한다. 이야기를 만들 때 미리 계획하지 않고 시행착오를 겪는 방법을 취한 화자는 등장인물 또한 목적이나 계획 없이 묘사한다. 대신, 등장인물은 미리 예상했어야 하지만 그러지 못했던 상황이나 갑작스러운 상황에 반응한다. 따라서 화자의 계획과 점검은 이야기의 구성과 이야기 등장인물의 행동 또는 반응에 반영된다.

인과관계에 대한 화자의 이해 정도는 사건의 배열(예: 개연성 있는 사건 대 개연성이 낮은 사건)과 함께 등장인물의 노력과 결과가 얼마나 일치하는가를 통해 알 수 있다. 행동의 계획과 점검은 개인이 사회적 인과성을 얼마나 이해하는가에 의존한다. 만약 세상에 대한 표상(도식)이 미래를 예측할 적절한 인과적 연결이 없고 행동을 취하거나 하지 않았을 때의 결과를 예측하지 못한다면 개인은 행동을 유도할 수 있는 외재적 구조(예: 결과에 따른 명백하고 합리적인 기대)와 단서가 필요할 것이다. 일관적인 구조를 가진 이야기에서는 등장인물이 핵심문제를 나타낼 수 있게 의도와 목적에 따라 전형적으로 행동한다. 이로써 예상되는 결말을 만들기에 충분한 조건을 갖추게 된다. 등장인물은 이야기에 나오는 다양한 상황에 처한 여러 인물을 위해 몇 가지 사안을 고려하여 주어진 상황(행동의 장□단기적 영향)에 적용할 것이다. 다음 단락에 계획하기(planning)와 점검하기(monitoring)의 문제를 시사하는 이야기의 특징을 기술하였다.

기억해 두기

평가적 관찰이 이루어지는 과제와 환경은 일반화될 수 있도록 맥락과 기능적으로 유사해야 한다(Messick, 1983). TAT는 비교적 구조화되지 못한 환경에서 계획하는 것과 이를 점검하는 기능을 평가한다. 또한, TAT는 비교적 불분명한 상황이나 과제에만 적용된다.

기억해 두기

충분히 생각하고 수정하는 과정을 거친다는 점을 고려했을 때, TAT 동안 만들어지는 이야기는 미리 계획된 이야기가 아니다. 이야기를 만들 때 화자는 다음의 세 가지 정보를 통해 암묵적으로 이야기를 계획하고 조정한다.

1. 검사 시행 동안의 화자의 태도: 일반적으로 사회적 기대에 맞지 않는 행동이나 검사에 저항적인 행동은 모호한 맥락에서 반응을 계획하고 점검하는 데의 어려움을 드러낸다.
2. 이야기를 보고하는 동안의 화자의 태도: 계획하기, 점검하기 시 화자가 사용할 자원에 대한 단서는 이야기 진행이 얼마나 일관성 있는지 그리고 얼마나 모순적이지 않고 일관적인지를 통해 알 수 있다.
3. 등장인물의 감정, 생각, 의도, 행동: 등장인물은 화자가 행동을 계획하고 점검하는데 적절한 양상으로 묘사된다. 계획하기에 어려움을 겪게 되면 등장인물이 일반적으로 예상하고 대응할 수 있는 사건에 그대로 노출되는 경우, 등장인물이 특정 노력을 하지 않는 경우(지루함), 목표 지향적이지 않은 경우, 더 큰 사안을 무시하고 당장에 일어난 사건이나 그 이전에 일어난 사건에 반응하는 경우, 이야기의 방향을 바꿀 수 없는 경우, 지금-여기를 뛰어넘어 조망할 수 있는 전략이 없는 경우로 드러난다.

표 4.1에 제시한 체크리스트는 화자가 모호한 자극에 대해 계획하고 점검할 때 방해가 되는 것을 나열한 것이다.

1. 화자의 행동											
(각 이야기에 적용되는 만큼 체크하시오.) 도판번호 →	1	2									
도판을 보고 웃거나 비난하는 등 이야기를 묘사하는 동안 우스꽝스럽거나 부적절한 반응을 나타내며 과제에 저항한다.											
수검자가 도판을 보는 것을 불편해하고 무서워하거나, 장면에 대해 지나친 정서적 반응을 보이는 것과 같은 부정적 반응을 보인다.											
과제에 대하여 상당한 불편감, 지루함, 불만을 보인다(과제를 그만두고 싶어 하며, 얼마나 남았는지 계속 묻는다).											
지시를 받거나 이야기하는 동안 친근하게 잡담함으로써 과제를 벗어난 행동을 한다.											
도판을 던지거나 소음을 내는 것과 같은 비정상적인 행동을 한다.											
2. 이야기 보고에 대한 화자의 계획											
(각 이야기에 적용되는 만큼 체크하시오.) 도판번호 →	1	2									
연상적 또는 반응적으로 생각을 형성한다(각각의 생각은 이전의 생각과 연관되어 있지만, 전반적인 주제와 연결되지 않는다).											
개인적 반응(그가 날 쳐다보고 있어요. 무서워요.)이나 검사의 요구와 달리 다른 대상으로부터 자신을 분리하는 것의 어려움을 시사하는 1인칭 시점을 보고한다.											
화자가 이야기를 만드는 일련의 흐름을 놓쳐버린다(검사자의 질문이나 개인적인 연상으로 인해 처음 이야기의 초점으로부터 벗어난다. 이행과정 없이 최초의 전제로부터 이야기의 흐름이 변한다. 관점이 제멋대로 변하며, 3인칭 시점에서 1인칭 시점으로 갑작스럽게 변한다).											
이야기 묘사의 비일관성 혹은 모순되는 내용이 나타난다.											
화자가 사회적 인과성(동기, 의도, 수단-목적의 관련성)에 대해 제대로 이해하지 못한다.											

표 4.1 체크리스트: 계획하기와 점검하기를 방해하는 것

2. 이야기 보고에 대한 화자의 계획											
(각 이야기에 적용되는 만큼 체크하시오.) 도판번호 →	1	2									
긴장상태나 결과가 없다(이 항목이 체크되면 아래의 두 항목은 넘어가시오).											
적절한 이행과정 없이 결과나 변화가 일어난다.											
결과가 화자가 만든 핵심 갈등, 긴장 또는 딜레마를 충분히 뒷받침해 주지 못한다.											
3. 등장인물의 감정, 생각, 의도, 행동											
(각 이야기에 적용되는 만큼 체크하시오.) 도판번호 →	1	2									
인물은 무신경하고, 지루함을 견디지 못하며 따분해 하고, 소망적인 생각이나 단기적인 해결책만을 제시한다.											
인물은 충분한 노력 없이 즉각적인 만족감을 느끼거나 물질적인 이득을 얻는 것에 사로잡혀 있다.											
인물이 문제나 목표를 명확히 인식하지 않고 행동하거나 반응한다. 계획 또는 예측 없이 이전의 사건이나 행동에 대한 반응으로 행동이 발생한다.											
인물이 계획이나 예상되는 결과(어떤 행동을 하거나 하지 않음에 따라 수반되는 결과)를 생각하지 않고 행동한다.											
인물이 일반적으로 예측되는 과제나 상황에 직면한다.											
인물이 부적절하거나 성급한 결론을 내린다. 상황을 이해할 수 없다. 합리적인 대안을 생각하는 데 실패하거나 과잉 반응을 한다.											
인물이 타당하고 연령에 적절한 제약과 의무를 불공정하거나 이해할 수 없다고 여기면서 회피하려고 한다.											
인물이 '이렇게 해야 한다'고 생각하는 것과 반대되는 방식으로 지속적으로 행동한다.											

* 모든 경우에 적용하기에는 한계가 있음.

표 4.1 (계속)

시간 조망

시간 조망(time perspective)은 "개인과 문화가 개인의 일생을 과거, 현재, 미래라는 독특한 시간의 범주로 나누는 방식"으로 정의된다(Zimbardo, Keough, & Boyd, 1997). 개인의 시간에 대한 체계는 상황에 따라 변화함에도 불구하고 기능적 인지 양식으로 굳어진 정보처리과정의 선호되는 방식의 결과물이다. 현재에 머무르는 개인은 즉각적인 자극이나 환경에서 가장 두드러지는 측면을 보고 결정을 내리므로, 이들이 범할 수 있는 위험한 행동의 범위는 더욱 넓을 가능성이 높다(More & Gullone, 1996; Zaleski, 1994; Zimbardo & Boyd, 2008). 수업을 빠지는 것과 같은 행동에서, 이러한 행동의 장기적인 결과보다 부모님의 꾸중을 더 걱정하는 10대는 현재의 시간 조망에 매여 있는 것이다. 시간에 대한 각 개인의 개념은 인과관계의 이해, 그리고 현재 상황의 선행사건 및 미래 예측의 이해에 필수적이다. 현실적인 시간 조망은 개인으로 하여금 예상하고, 미리 계획하고, 당장의 걱정을 장기적인 고려사항으로 바꿀 수 있게 한다. 현실적인 시간 조망은 앞서 즉각적인 상황을 넘어선다는 의미로 정의되었던 추상적 사고를 통해 형성된다.

시간 조망의 잘못된 통합은 기본적으로 세 가지 방법에 의해 발생한다. 첫째, 현재 당면한 시간으로 시간적 조직 틀을 제한할 때, 둘째, 비현실적인 타임프레임(timeframe)을 보일 때, 셋째, 시간을 모호하게 지시할 때이다. 중간 정도의 적절한 타임프레임은 시간 차원을 높은 수준으로 개념화했다는 것이다. 이야기 속의 사건에서 언급되듯이 시간 범위를 부호화하는 것은 화자가 가진 시간에 대한 개념에 따라 결정된다.

(각 이야기에 적용되는 만큼 체크하시오.) 도판번호 →	1	2									
'지금-여기'에 있는 그림자극의 단서나 단적인 부분을 벗어나지 못하는 즉각적인 타임프레임											
비현실적이거나 모호한 타임프레임											
이야기 속에 설정된 문제에 대한 적절한 타임프레임											

표 4.2 시간 조망 체크리스트

이야기 구조에서의 추론/일관성

추론과정에서의 어려움은 광범위하고 연속적으로 진행되는 서사와 이야기 구조의 결과에 반영된다. 예를 들어, (앞서 밝혔듯이) 계획하고 점검할 때 겪는 어려움, 특히 어떤 문제를 내포하더라도 목적 지향적이고 지속적인 노력을 발생시키는 어려움은 많은 일상생활에 어려움을 초래하는 사고장애처럼 역기능적인 것은 아니다. 일반적으로, 모든 언어적 표현의 표본은 사고장애를 측정할 수 있고, 이러한 사고장애 지표(the thought disorder index, TDI)는 체계적으로 Rorschach(Rorschach) 잉크반점 검사 반응에 적용된다. Rorschach 검사로 사고장애를 측정할 때의 지표는 IQ와 상관이 없는 반면(Johnston & Holzman, 1979), WAIS를 바탕으로 하는 TDI는 IQ와 부적 상관이 있다(Gold & Hurt, 1990; Johnston & Holzman). 사고장애에 대한 연구를 통해 사고의 결함과 왜곡을 식별할 수 있게 되었다(빠르게 찾기 4.2 참조).

빠르게 찾기 4.2

사고의 결함과 왜곡(Kendall, 1993)

인지적 왜곡은 마치 사고과정에서 개인화의 오류나 관계가 없는 것을 있다고 착각하는 오류를 자주 범하는 것과 같은 편향되고 역기능적이거나 조직화되지 못한 정보의 처리과정과 관련된다. 인지적 결함은 미숙하거나 제한된 정보처리 또는 의도나 대안적 설명을 찾지 못하고 경험을 지나치게 단순화하여 이해하는 정보처리과정과 연관되어 있다. 화자가 그림을 보고 들려주는 이야기에 포함된 내용과 누락된 내용을 통해 인지적 결함과 왜곡이 나타난다. 정서장애로 진단받은 아동 중 서술적 사고(narrative thought)에 문제가 있는 아동은 자극을 상당히 잘못 지각하거나 논리적 결함이 있는 이야기를 만든다. 예를 들어, 사고의 연결이 모순적이고 지나치게 비현실적이라던가, 사회적으로 적절하지 못하고 이전의 생각과 관련이 없는 말을 한다(McGrew & Teglasi, 1990). TAT에서 개인이 특별히 몰두하고 있는 어떠한 것을 제외하고 개인의 현실 판단 능력(현실 검증력)이 떨어지는 경우는 자극을 부정확하게 확대하여 지각할 때, 반응이 사회적으로 용인될 수 있는 형태가 아닐 때, 이야기가 비논리적이거나 양립할 수 없는 내용으로 이루어져 있고 매우 믿기 힘든 사건의 연속일 때와 같은 경우이다.

이야기에서 사고장애를 설명해 주는 지표로는 비논리, 낮은 연결성, 문법오류, 일관성 없고 미숙하고 분열된 생각, 그림에 없는 요소를 설명하는 것 등이 있다(Fish & Ritvo, 1979; Rund, 1986; Shapiro & Huebner, 1976).

이와 관련된 개념으로 '의사소통 이탈(Communication Deviance, CD)' 또한 TAT에서의 이야기 반응의 논리적 추론 정도를 평가할 수 있다. CD라는 용어는 특정 개인이 이야기를 보고함에 있어 청취자에게 분할주의를 기울이며 이를 지속하는 것을 실패할 때와 체계적이고 논리적인 사고에 실패할 때의 반응을 관찰하면서 도입되었다(Singer & Wynne, 1966; Wynne, Singer, & Toohey, 1976). CD의 구성개념은 짧은 이야기 표본(Kymalainen, Weisman, Rosales, & Armesto, 2006)과 TAT(Chapman, 2008) 반응을 한께 확인해 보는 것과 같이 다양한 방법으로 측정된다. CD는 특정 문화권에 국한되기보다는 범문화적이다(Doane, Miklowitz, Oranchak, & Flores de Apodaca, 1989).

CD를 특징적으로 나타내는 TAT 이야기 반응의 구조적 요소를 분류하는 세 가지 범주는 다음과 같다.

종결 문제(closure problems): 서론, 본론, 결론 구조를 가진 완전한 이야기를 만들어 내지 못함, 불완전한 생각, 이해하기 어려운 줄거리 및 일관적이지 않고 모순적인 내용이 포함된다. 그림의 핵심적인 내용을 누락하거나 혼란스러워함 등

파괴적 행동(disruptive behavior): 지시를 받으면서 검사자를 방해함, 주제에서 벗어난 생각을 나타내는 이야기를 회피함 혹은 이야기 세트에서 벗어남(검사를 잘못 구조화하면서, 생각이 벗어나게 됨) 등

기이한 논리와 오지각(peculiar logic and misperceptions): 특히 그림 단서에 대한 오지각, 그림의 세부사항에 대해 특이한(idiosyncratic) 의미의 부여, 단어, 구, 불필요한 생각의 반복 등

앞서 언급한 것을 바탕으로, 이어지는 TAT 이야기 반응의 특징은 이야기의 조직화된 구조를 방해하고 기능을 손상시키는 추론과 관련된 문제를 나타낸다.

1. 와해된 이야기 과정 또는 자극과 모순된 이야기(지각적 통합 참고). 이야기가 장면과 관련 없거나 가장 중요한 단서를 담아내지 못하고 불필요하게 광범위한 범위의 이야기에 집중된다. 무의미한 세부사항이 이야기의 중심에 있고 사사로운 생각의 침투, 이상한 언행의 반복 및 모순이 이야기를 방해한다. 화자는 그림자극으로부터 거리를 유지하지 못하고, 주로 그림을 보고 두려워하거나 과장하는 등의 반응을 하거나, 연상을 억제하지 못하기도 한다(예: 단조로운 운율, 특정한 구의 반복, 검사자를 이야기 속에 집어넣기, 특유의 혹은 지리멸렬한 생각). 이야기는 사고의 흐름이 이끄는 대로 조직화된 주제 없이 단편적으로 구성되어 있다.
2. 사회적으로 수용될 수 없는 반응. 이야기의 내용이 사회적으로 수용 가능한 기준에서 벗어나거나 행동이 부적절하다. 수검자는 이야기의 전반적인 분위기를 섬뜩하거나 적대적이거나 잔혹하게 나타내며, 극도로 비현실적이거나 흔하지 않은 방식으로 사건의 흐름을 표현하기도 한다. 또한 수검자는 이야기에서 등장인물을 극도로 무력한 상태로 묘사하기도 하며 검사를 받는 동안 수검자는 수용 가능한 수준을 넘어 극도로 이상한 행동을 보이기도 한다(예: "만약 카드가 앞으로 엎어지면 이야기를 하겠어요. 만약 뒤로 엎어진다면, 말 안 할래요."). 인지적인 과정의 결과로 나타난 이야기의 내용은 경험의 해석에 영향을 미친다. 적대적이고 기괴한 이야

기의 내용은 부적응적인 사고과정으로 인하여 사회적으로 적절한 방식으로 스스로를 드러내지 못함을 암시한다.

3. **개념화의 부조화 수준.** 검사자는 이야기가 개념적으로 모순되는 생각을 포함할 때, 상대적으로 구체적인 관심사와 추상적인 관심사가 겉보기에 대체될 수 있는지(예: 그림 도구가 필요할 것이라는 표현과 카드를 보는 모든 수검자가 장면을 보고 웃을 것이라 생각하는 것)에 대하여 또는 추상적인 문제가 구체적인 해답을 가지고 있을 때(예: 막대사탕이 노숙 혹은 악몽과 관련된 문제를 해결한다는 생각)와 같은 상황에서 도식과 상황을 연결 짓는 문제에 대하여 알아보기 쉽게 기록해야 한다.
4. **잘못된 논리. 이야기의 주요 모순점, 마술적 사고, 혼란, 불완전한 사고의 파편.** 사고에서 개념적 경계를 고수하는 문제와 사회적 인과성에 대한 심각하게 와해된 이해는 손상된 추론을 시사한다. 따라서 개인 특유의(idiosyncratic) 추론 혹은 비현실적인 인과관계는 이야기 내용, 구조, 과정에서 명백하게 드러날 수 있다. 예를 들어, 이야기의 결과가 등장인물의 행동, 생각, 느낌과 조화되지 않는다. 등장인물은 끔찍한 상황으로 인해 무력감에 빠져 있고, 당황하거나 움직일 수 없게 된다. 상황은 더욱 악화되고, 등장인물은 상황을 이해하거나 상황에 적절히 반응할 수 있는 대응능력이 없다. 혹은 화자가 이야기 검사 자체를 잘못 이해한다('카드가 검은색, 흰색, 색이 없어서 말을 못 하겠어요.'). 사건의 배열은 예상 밖으로 (기이하게)흘러갈 뿐만 아니라 사실상 (믿기 어려울 만큼)불가능하다. 그러므로 이야기 내용의 논리에 틈새가 존재하게 되며, 줄거리에 주요한 모순이 존재한다(이야기 진행의 점검과정에서 정확성의 결핍으로 인해 모순적인 세부사항을 말하는 것과는 대조적임). 이야기는 과도하게 구체적이거나, 과일반화되어 있거나, 개인적인 진술을 포함할 수 있고 혹은 이야기의 이행과정이 부족할 수 있다. 이야기 내용은 혼란스럽거나 모순되거나 비논리적이다(부조화를 보이는 세부사항, 비현실적인 생각, 불완전하게 남겨진 사고의 단편 등).

유의사항

사고장애가 미숙한 대화 기술을 가진 아동에게 과잉 혹은 과소 추정되는 것을 막기 위해서, 전문가들은 어린 아동의 정상적 언어능력 또는 생각의 표현에 대한 부정확성과 와해된 사고를 구분하는 자신만의 기준을 가져야 한다. 정상적으로 발달한 아동의 경우, 비논리적인 사고와 연상의 이완의 발생빈도는 6~7세 이후 급격하게 감소한다(Caplan, 1994).

기억해 두기

추론과정에서 겪는 어려움은 상대적으로 심하지 않은 문제(즉각적인 시간 범위, 빈약한 계획, 일관성 있는 이야기로 진행되는지 점검하는 과정에서의 사소한 실수)부터 논리적 사고의 심각한 분열(연상의 이완, 일관성 없음, 불완전함 또는 단편적인 사고, 그림에 나타나지 않는 측면을 묘사)에 이르는 연속선에 존재하는 것으로 간주된다. 이러한 추론과정의 어려움에 대한 두 가지 범주는 다음과 같다. 왜곡(distortion): 편향되고, 제대로 기능하지 못하거나 혹은 조직화되지 않은 기이하고, 주제에서 벗어난 연상과 같은 정보과정. 결손(deficits): 불완전하고 단순한 도식의 결과로 인한 제한된 정보처리과정(의도나 대안적 설명 및 장기간의 함의를 고려하는 데의 실패). 결손을 파악하기 위해서는 이야기 과정에서 무엇이 나타나는지와 더불어 무엇이 부족한지를 생각하는 것이 가장 중요하다.

(각 이야기에 적용되는 만큼 체크하시오.) 도판번호 →	1	2									
지각적 통합 수준 1(모순된 수준)을 포함한 조직화되지 않은 이야기 전개, 초점이 맞지 않는 생각의 전개(개인화된 사고, 고집 또는 그림에 대한 정서적 반응)											
사회적으로 받아들여지지 않는 내용이나 신념(예: 기이함, 지나친 무력감, 적대감, 폭력성)											
추상적 사고와 상반된 수준의 개념화(다양한 생각이 서로 '제각각'이며 기이해 보임)											
잘못된 논리, 심각한 모순, 마술적 사고, 혼란, 불완전하게 남겨진 생각의 파편, 타당해 보이지 않는 일련의 사건											

표 4.3 이야기 구조에 있어서의 추론/일관성 과정에 대한 체크리스트

연상적 사고

이야기를 만들어 낼 때 발생하는 사고의 순서는 두 가지 사고과정의 결합을 통해 나타난다. 연상(associative)과 규칙-기반(rule-based). 연상적 사고는 자동적으로 일어나며, 규칙-기반 사고는 의도적으로 나타난다(Sloman, 1996). 사고의 두 체계는 상호 보완적인 기능을 담당한다. 연상적 체계는 정보의 확률적 구조에 근거하는 반면, 규칙-기반 체계는 분석이나 관념에 특화되고 논리적으로 검증될 수 있는 연관된 특징에 대한 사고를 이끈다. 하지만 이분법적인 규칙-기반 사고와 연상적 사고로는 복잡한 사고과정을 적절히 나타내지 못한다. 사실 자동적 사고는 종종 두 가지 이유로 규칙-기반 사고이기도 하다. 첫째, 반복적인 경험 양상은 고유한 구조를 지닌다(예: 자연의 법칙). 그리고 기억 속에서 일관성 있게 나타나는 연상적 사고는 논리적이고 내적으로 지속된다. 둘째, 경험의 흐름에 대한 합리적인 추론은 시간에 따라 자동적으로 이루어진다(Smolensky, 1988). 따라서 연상적 사고는 인과관계에 고착된 반복적인 사건이나 경험에 근거하기 때문에 논리가 전혀 없는 것이 아니라 전형적으로 위계와 인과관계에 민감한 것이다(Sloman, 1996). 그리하여 이야기 검사에 적용되는 연상적 사고는 규칙에 기반을 두거나 논리적일 것으로 생각된다. 그러나 연상적 사고의 순서, 내용, (자동적인) 조직화와 관련된 논리나 인과관계는 이야기로는 분명하게 이해될 수 없다(합리적인 분석의 대상이 아니기 때문이다).

연상적 경로는 창의성을 자극하는 반면, 논리적 분석은 목표를 향한 사고를 자극한다. 창의성의 결합과 엄격한 규칙에의 적용은 모든 절차에서 필수적이다. 정교하고 미묘한 연상에서의 풍부한 내적 세계에 대한 논리적 반응은 '직관적인(intuitive)' 지혜의 근거다. 일상에서 개인은 연상과 규칙에 근거한 사고(Sloman, 1994)를 구체적(혹은 설명 가능한) 일관성이나 전반적인(혹은 개념적인) 일관성을 형성하면서 조화시킨다. 구체적 일관성은 자신이 무엇을 '아는지(know)' 보다는 무엇을 '보는지(see)'에 영향을 받는 개인의 작업 기억의 일시적인 내용에 관한 규칙과 설명을 적용한다. 개념적인 일관성이나 장기적인 지식의 관점에서 현재 정보의 틀은 선택적으로 관련성 있게 형성된다. 따라서 대부분의 개인은 자신의 반응이 특정한 상황에서 전형적이라는 생각을 배제한 채로 현재 당면한 갈등 상황의 특이성에 따라 자신의 기분이나 행동을 설명하려 한다. 개념적인 일관성은 좌절이 시간과 장면에 걸친 개인의 생각, 기분, 행동 양상을 담은 설명에 미치는 영향의 결과일 수 있다.

스토리텔링 검사가 요구에 부합하기 위해서는 연상적 과정을 통해 '회상(그림 단서에 의해)'되는 것과 자극을 설명하는 논리적 이야기를 구성하는 사고의 배열, 지시를 만족시키는 것 사이의 어떤 통합이 필요하다. 이러한 연상의 경로는 무조건 의도적이거나 부자연스럽지는 않다. 생각의 흐름은 연상이 도식 양상을 따르는 것처럼 활성화된 도식과 연결되면서 자동적으로 조직화된다. 다음에 제시된 연상적 사고의 다섯 수준은 사고의 순서가 자동적인 연상을 조직하는 근본 도식을 바탕으로 한다는 가정과 함께, 얼마나 적절한 생각이 나타났는지에 중점을 둔다. 사고는 열린 이야기에 일관성을 나타내는 과거의 생각, 자극, 느낌, 구체적인 경험이나 고정관념 혹은 잘 조직화된 개인의 도식에 의해 형성된다. 이야기 구조는 연상의 조직화된 구성과 더불어 검사와 관련이 없거나(특정한 사적인 것을 회상) 혹은 검사의 요구에 걸맞지 않은(그림과 모순되거나 사회적 인과성과 조화되지 않는) 것에 대한 억제된 연상을 필요로 한다. 문제는 연상의 조직화 또는 억제된 연상(그리고 이들은 의도, 감정, 행동에 대한 자기조절에서의 한계와 관련될 수 있다)에서 발생한다.

연상적 사고의 수준

1. 주제에서 벗어난 연상(tangential association)

화자는 분명한 인과적 연결이 없는 하나의 생각을 나타냄과 동시에 중심적인 생각에서 벗어난 채 또 다른 생각을 생성해 내면서 이야기를 구성한다. 느슨하거나 탈선적인 연상은 연관성 있는 자극에 집중하지 못함, 유동적으로 변하는 심리적 갖춤새와 관련된 문제 혹은 현재 과제에 적절하지 않은 강력한 연상을 멈추지 못함을 시사한다(Weiner, 1966). 주의와 인지과정에 대한 개인의 빈약한 통제능력은 전략적이고 조직화된 생각의 통합을 방해하게 된다. 따라서 이야기의 내용이 아주 기이하고(경험적으로 예상할 수 있는 규칙에서 벗어났거나), 관련성이 없고, 사적이고, 너무 구체적이고, 그림자극과 관련이 없다. 화자의 반응은 초반에는 자극과 연결되지만 점차 자극에서 벗어난다. 이야기는 적절한 중간 과정 없이 한 주제에서 다른 주제로 쉽게 바뀌는 듯한 인상을 주며, 사고의 흐름과 그림자극의 세부적인 부분에 휩쓸리는 것처럼 보인다. 심한 경우, 화자는 자신의 내적 세계로 침잠하거나 검사에 집중하는 것조차 잊어버리고 만다. 가장 큰 특징은 화자가 애매하고 정확하지 않게 그림 단서에 이야기를 맞추면서, 이야기에서 적절한 자극을 선별적으로 선택하지 못하고 관련 없는 작은 부분에 집중하는 것이다.

아담, 9세 8개월, 평균 상의 IQ, 등교 거부로 의뢰되었음.

도판 5. 맞아, 여기에 식물이 있어요. 이거 정말 이상해요. 이 식물은 작지만 방으로 들어오는 누구라도 다 잡아먹어 버려요. 사람들은 방에 들어가기 시작했고 사라져버렸어요. 마침내, 이 여자는 살짝 들여다봤는데 식물이 사람을 잡아먹는 것을 봤어요. 그때 여자는 소리를 질렀고 식물은 뛰어가서 여자를 잡아먹었어요. 결국, 식물은 집 안에 있는 모두를 잡아먹었어요. 그러고 나서 다음 집, 또 그다음 집으로 가서 모두를 잡아먹었어요. 그리고 아이를 만들어내기 시작해요. 아이들이 막 흩어지고 이웃의 모든 사람을 잡아먹었어요. 그 후 다른 지방에도 갔고 다른 나라에도 갔어요. 곧 세상에는 사람이 모두 사라지게 되어 버렸어요. 한 식물, 오직 이 식물이 세상을 점령하기 시작했고 지금도 그래요. 그래, 이게 바로 세상의 종말이에요.

물론 허구적인 구성을 따르는 순서이지만, 주제에 벗어난 연상의 수준에 해당한다. 방 안을 둘러보는 여성에 주목한 것은 그림자극의 세부사항(식물)에 대한 일련의 연상에서 벗어났다는 점에서 중요하다. 또한 통합된 개념의 형성도, 각각의 인과적 연결성도 불분명하다.

다음에 소개할 사례도 이와 유사하게 그림 속 여성에 의해 형성된 개인적인 연상으로 구성되며, 검사의 요구사항을 충족하지 못한다.

스테파니, 7세 8개월, Stanford-Binet IQ 113점.

도판 5. 아아, 알겠어요. 한번은 할머니와 할아버지가 이모를 보러 뉴저지에 갔어요. 그러고 나서 이모는 또 다른 사람을 보러 뉴욕에 갔어요. 또 이모는 아나폴리스에 삼촌을 보러 갔어요. 그리고 삼촌은 뉴욕에 증조할머니를 만나러 갔어요. 그러고 나서 증조할아버지는 나랑 엄마랑 아빠를 만나러 갔지만 아무도 만나지 않았어요. 그러고 나서 우리는 그를 보러 갔어요. 여기까지예요. 하지만 이 이야기가 사실은 아니에요. [검사자: 어떤 기분을 느끼고 있을까?] 아, 할머니는 감기에 걸려도 기분이 좋으셨고, 할아버지는 무릎이 아프셔서 상태가 좋지 않으셨어요. 그리고 할아버지는 병원에 가셨어요…. 1997년에요.

상당히 장황한 설명 후에야, 화자는 자신이 '진짜 이야기'를 말하지 않고 있다는 것을 깨달았다. 이러한 인식은 생각을 조직화하는 전략을 구상할 때 아주 중요한 시작점이다. 하지만 기분과 관련된 질문에 대답할 때, 스테파니는 신체적인 불편함을 호소했는데, 이런 불편함은 내부세계를 이해하는 데에 문제가 있고 이러한 검사와 관련하여 어려움을 경험한다는 것을 보여 준다.

2. 직선적 연상(linear association)

검사를 수행할 때 개념이 함축적으로 조직화된 틀이나 계획으로 구성되어 있기보다 선행하는 생각이 이후의 생각을 불러일으킬 때, 연상이 직선적으로 이루어졌다고 말할 수 있다. 직선적 연상은 경험이 한 차원에서 다른 차원으로 이동하지 못한다는 것을 의미한다. 유발된 생각은 이전과 이후의 생각에 인과적인 연결성을 부여하지만, 더 큰 양상을 형성하는 데에는 영향을 주지 않는다. 특히 화자가 과하게 사고나 감정, 행동이라는 한 요소에만 치중할 경우나 각 요소 간에 일관성이 없을 경우 또는 수검자가 검사의 요구에 따라 다양한 차원으로 생각을 균형 있게 처리하기보다 자극, 이전의 이야기 사건이나 감정과 연결하려 하는 경우에는 화자가 경험을 한 측면에서 다른 측면으로 이행하지 못한다는 것을 분명하게 보여 준다. 이야기 진행 방식이 논리적인 기대에서 크게 벗어나지 않더라도 중심 이야기와 세부사항 간의 인과적인 연결성이 이야기 속에서 전반적으로 일관성 있는 생각으로 도출되지는 못한다. 화자는 그림이 무엇인지와 같은 가능성 있는 각각의 대안(예: 둘 혹은 그 이상의 시나

리오를 검사자에게 답하는 경우)을 연상하거나 다양한 대안을 불완전한 채로 둔다. 개념은 방향성과 관련하여 단편적인 반응으로 묘사되는데, 그런 방식으로 (비록 연상의 틀 안이지만) 검사를 다루려는 어떤 시도를 보여 준다.

조니, 9세 2개월, WISC IQ 114점.

도판 5. 샤워하러 화장실에 간 여자가 있어요. 여자는 주위가 시끄럽다고 생각했어요. 그 소리는 마치 계단에서 나는 발걸음 소리처럼 들렸어요. 여자는 가운을 들고 무슨 소리인지 알아보려고 샤워실에서 나왔어요. 그리고 "거기 누구 있나요?"라고 말했어요. 하지만 아무도 대답하지 않았어요. 여자는 다시 샤워실로 돌아갔어요. 그 후에 여자는 계단에서부터 들려오는 더 큰 소음을 들었어요. 그때 다시 샤워실을 나와 말했어요, "어, 그러니깐 거기 누구 있나요?" 여전히 대답은 없었어요. 여자는 다시 샤워를 하러 갔고, 누가 계단에서 오는 것처럼 더 크게 삐걱거리는 소리를 들었어요. 그리고 여자는 그때 "그러니깐, 어서 여기서 나가! 안 그럼 경찰을 부를 거야."라고 소리쳤어요. 또다시 답이 없었어요. 여자는 샤워실로 돌아갔고, 그 후에 계단에서 소리가 들려왔고, 마지막으로 샤워실을 뛰쳐나왔어요. 바로 강아지였어요. 여기까지예요.

샤워를 할 때 발걸음 소리를 들은 여성은 첫 번째 반응으로 가운을 입고 확인하였다. 아무도 없는 것을 확인하고, 여자는 샤워실로 돌아왔지만(이전에 여자는 샤워를 하고 있었다는 점에서 약간 모순이 존재한다) 다시 소음을 들었다. 일련의 확인은 소음의 주인이 강아지였다는 것을 알게 될 때까지 계속되었다. 이러한 순차적인 생각의 흐름은 각기 다른 사고(소음의 출처에 대한 사고), 느낌(두려움) 혹은 등장인물의 전략(샤워실로 되돌아오지 않고 소음의 근원을 탐색하는 대안을 취하지 않음)과 같이 경험의 다른 차원을 유도하지는 않으면서 같은 행동만을 반복한다. 논리적으로, 강아지가 만든 소음은 등장인물과 친숙하다. 그러므로 사건의 전반적인 흐름에 대한 전제는 다소 '과하다(a bit off)'. 주제를 놓치지는 않았지만, 화자는 그저 약간의 변형만 하면서 생각을 반복할 뿐이다. 따라서 생각 간의 인과적 연결성은 모호하다. 게다가, 그림 자극은 이야기와 잘 어울리지 않는다. 화자는 언뜻 보기에 만족스러운 결과를 만들기 전까지 직선적인 패턴만을 반복할 뿐이다.

직선적 연상의 경우, 다음의 이야기(제레미, 12세, WISC IQ 평균 이하)에서 처럼 너무 길거나 장황할 필요는 없다.

도판 5. 여자는 문으로 가고 있어요. 불이 켜진 것을 보았고, 음, 그리고 불을 껐어요.

이 이야기는 화자의 최소한의 노력이 담긴 직선적 연상의 예시이며, 화자는 간단한 연상에 순차적으로 조직화된 자극을 가미하였다. 하지만 직선적 연상은 경험을 한 차원에서 다른 차원(사고, 느낌, 행동, 결과)으로 옮기지는 못하였다. '문으로 가고 있는' 여성은 왜 불이 켜져 있는지 모른다. 여자는 그저 불을 끌 뿐이다. 이 이야기는 조직화된 틀을 제공하려는 목적이나 인과적 연결성이 전무하다. 불이 켜져 있어서 불을 끈다는 이야기의 핵심 내용은 일반적으로 충분히 연상이 가능하다. 하나의 사고는 생각의 내적 연결망이 없이 다음 생각으로 이어질 뿐이다.

3. 정형화된 연상(patterned association)

화자는 경험이나 미리 짜여진 이야기 구성에서의 규칙적인 양상에 따라 생각하기도 한다. 따라서 이미 형성된(이미 짜여 있거나 혹은 이전에 경험한 적이 있는) 도식은 검사가 요구하는 사항(검사 지시사항, 그림자극이 전달하는 뉘앙스, 능동적인 계획)과 관련하여 각 반응에 주의를 기울이지 않고 형성된다. 그림자극에 대한 이야기를 생각하지 않고 검사를 다루는 전략으로는 과거의 경험에서 회상할 수 있는 이야기, 영화, TV 프로그램, 구전의 반복처럼 친숙한 대상으로부터 생각의 흐름을 차용해 오는 경우가 있다. 이런 전략에 의존하는 사람은 능동적으로 정보를 조직화하지 않고 사건의 흐름을 규칙적으로 부호화한다. 그리하여 TAT에 반응할 때, 개인은 최소한 자극에 적합한 '가공된' 이야기를 발견하기 위해 자신의 기억을 탐색하고 스토리텔링 지시를 따른다. 종종 이러한 정형적인 접근은 깊이가 부족하고 진정성이 없는 등장인물이 등장하는 저급한 영화와 같은 느낌을 주는 '틀에 박힌' 이야기를 생산하도록 한다. 화자는 이야기에 불필요한 세부사항을 집어넣거나 또는 역설적으로 세부사항이 거의 없거나 애매하게 가미하여 이야기의 의미를 모호하게 한다. 등장인물이 행동하고 그에 반응하는 이유와, 발생한 사건의 원인은 최소한 피상적으로나마 통합되지만 정확하게 이해하기는 힘들다. 사실상 쉽게 마음에 와 닿는 사건의 양상(친숙함, 현저함)은 이야기 진행을 능동적으로 검토하지 않거나 사회적 인과성에 대한 한정적인 이해만을 담아낸다. 그림자극과 이야기를 조화시키려고 할 때, 논리를 억지로 집어넣기 위해 무리를 하게 되거나 그림과의 연결이 그저 '늘어진' 것처럼 느껴진다.

WISC 전체 IQ가 105점인 14세 미카는 2세 이래로 경험하고 있는 심한 분노에 대한 우려로 의뢰되었다. 부모님은 미카의 분노가 심해지는 것을 막기 위해 무엇이 필요한지 이해하길 원했다.

도판 5. 남자와 여자의 아들이 어느 날 밤 집에 들어오지 않아서 이들은 아들을 매우 걱정했어요. 경비가 그날 밤 집에 찾아와서 남편에게 말을 걸었어요. 그리고 여자는 들어가서 무슨 일이 일어나고 있는지 보려고 했으나 경비가 계속 여자에게 나가라고 하였고, 남편 또한 아내를 말렸어요. 그리고 아이는 어떤 남자에게 납치되었다는 것이 밝혀졌어요. 그리고… 글쎄요… 아들은 상점에서 어떤 물건을 계속 도둑질한 것이 포착되었고, 경비가 그를 잡아, 감옥에 넣었던 거예요. 남편과 아내는 아들을 감옥에서 빼내기 위해 갔지만 이들은 충분한 돈이 없었고 아들은 이틀 동안 감옥에 있어야 했어요. 부모는 걱정과 함께 자식이 그런 일을 저질렀다는 것에 화를 냈어요. [검사자: 어떻게 될 것 같아?] 아들은 마침내 감옥에서 풀려났고 오랜 시간 집에 꼼짝도 못 하고 머물러 있어야 했어요. [검사자: 부모님이 어떻게 생각했을까? 어떤 감정이었을까?] 부모님은 아들을 죽이려 했을 거예요…. 말이 그렇다는 거죠. 실제로 죽이지는 않겠지만… 부모는 아들을 걱정하였고, 그가 괜찮은지 궁금해했어요. [검사자: 아들은 어떻게 생각했을까? 어떤 감정이었을까?] 그는 자신이 도둑질을 했다는 사실에 화가 났으며, 자신이 저지른 짓을 생각하며 부모님께 죄송한 마음이었어요. 그는 도둑질은 할 짓이 못된다고 느꼈어요. 그는 부모님이 야단칠 때 가장 두려워했어요.

부모가 자식이 체포된 것을 걱정하는 이야기는 미카가 권위에 대하여 반복적인 충돌이 있었음을 시사한다. 갈등 상황에 대하여 미카는 (만약 잡히지 않았더라면 어떠했을지 모르지만) 자신이 체포됨으로써 발생할 수 있는 장기적인 영향이나 자신의 행위가 잘못된 행동이라는 것을 생각하기보다 즉각적인 결과(체포된 것과 부모님이 혼낼 것이라는 염려)만을 생각하였다. 미카는 이해라기보다 연상으로 부모의 관점을 인식했다. 부모는 아들을 걱정했고 보석으로 풀려나게 했으나 부모님의 좋은 의도는 상황에 대해 아들이 내린 결론에 진정으로(정서적 그리고 인지적으로) 의미 있게 통합되지 않았다.

4. 종합적 연상(synthesized association)

화자는 인과관계와 영향, 의미와 결과 사이의 연결성을 이해하면서 생각을 전개한다. 생각의 연속성은 기대, 계획, 반응 탐지를 보여 주고 이야기는 일반적인 맥락에서의 그림자극 단서처럼 경험의 다양한 차원의 세부적인 요인과 이행과정을 포함한다. 이야기의 초점은 분명하며 사건, 사고, 느낌, 행동, 결과는 가능한 몇몇의 이탈이나 과도한 상세화가 나타날지라도 중심 주제와 양립 가능하다. 연상을 지배하는 인과적 추론은 이야기의 전제가 다소 적나라하고 이상적이라도 현실에서 크게 벗어나 있지 않다.

매튜, 11세 8개월, WISC IQ 126점(언어성=137, 동작성=110).
도판 5. 소년은 꽤 오랫동안 청소하지 않았던 방을 청소하기로 어머니와 약속했어요. 그래서 어머니는 곧 청소하겠지 생각하며 안심했어요. 그러나 어머니가 확인하러 왔을 때, 방은 심지어 이전보다 더 더러웠어요. 어머니는 아들에게 매우 화가 났어요. 어머니는 아들에게 벌을 줘야겠다고 생각했어요. 음. 그리고 아들은 잠시 동안 도망갔어요. 그리고 그가 다시 돌아왔을 때, 어머니는 너무 화가 나서 아들에게 자신의 방 이외에 집 안의 다른 방들도 청소하라고 시켰어요.

이 이야기의 전제는 아들이 약속을 지키지 않아 어머니를 실망시켰다는 점이다. 처벌을 받을 것을 알면서도 아들은 도망쳤다. 그것도 '아주 잠시 동안'. 아들이 도망갔다는 것은 화자가 화해를 기대한다는 점에서 이야기 진행을 계획할 때 중요한 단서가 된다. 돌아오자마자, 아들은 '나쁜' 행동을 한 것에 대한 결과를 책임져야 한다는 것을 알고 있었다. 이러한 일련의 연상적 과정은 논리적이지만 아들이 ('전보다 더 더러운') 방을 청소한다는 약속을 깬 것에 대한 이유가 불명확하다는 점에서 최상 수준의 논리는 아직 부족하다.

5. 통합적 연상(integrative association)

이야기 요소는 일관성 있고 중심 주제를 위주로 탄탄하게 조직화되어 있다. 생각은 개념적으로 등장인물에 따라, 그리고 목적, 행동, 결과를 연결하는 잘 통합된, 복합적이고 내면화된 표상을 따라 유려하게 흐른다. 이야기 과정과 이야기의 구조가 상호 관련된다는 점을 생각해 보면, 이 수준에서는 이야기가 잘 조직화된(이 장의 이후에 설명될 인지적-경험적 통합의 상위 수준과 상응한다) 것으로 추정해 볼 수 있다. 비록 연상적 사고의 수준이 인지적-경험적 통합 수준과 상응하지만, 두 가지 부호화 평가기준은 분명하게 구분 가능한 초점을 지닌다. 연상적 사고는 생성되는 과정에서 생각의 순서를 강조하는 반면에 인지적-경험적 통합은 일관성 있는 구성을 형성하면서 경험의 다양한 차원에 대한 조화를 강조한다.

다음에 소개할 9세 벤지의 5번 도판에 대한 이야기는 특별히 극적이거나 복잡하지는 않지만 목적(어떤 사람을 찾기)을 세워나가는 것에서 시작하여 합리적인 결과에 관한 기대(사람이 집에 있다는 암시적인 전제를 통해 사람을 찾는다)와 더불어 적절한 조치(탐색)를 취하는 것이 드러나 있다. 이야기가 간단하더라도, 의도-행동-결과 과정의 관점에서 도식은 잘 형성된 것이고 생각의 도입을 감독하는 암묵적으로 조직화된 구조로서 기능한다.

도판 5. 한 여인이 집에 와요. 혹은 방에 들어가요. 그리고 여인은 어떤 사람을 찾아요. 그래서 여인은 집 곳곳을 찾았고 거기에 누군가 있었어요. [검사자: 누가?] 아마 집에 사는 어떤 사람일 거예요. 그래서 여인은 그 사람에게 어떤 것을 원해요. [검사자: 무슨 일이 일어났을까?] 여인은 찾을 때까지 그를 계속 찾을 것 같아요.

유치원생의 다음 이야기 반응도 통합적 연상의 과정을 통해 발전한다.

수검자 203(#90).

도판 5. 엄마는 어린 아들을 찾고 있어요. 그런데 그는 거기에 없어요. 아마도 엄마가 엉덩이를 때릴 거라고 생각해서 도망갔을 거예요. 엄마는 아들이 뛰쳐나갔을 때 슬펐어요. 아들 또한 그랬어요. 엄마는 아들에게 나쁜 일이 벌어졌

을 거라고 생각해요. 아들은 아마 길을 잃었을 거예요. 아들은 친구를 찾았고 친구는 아들과 엄마를 도와줘요. 엄마는 아들이 뛰쳐나갔기 때문에 엉덩이를 때려요. 그 후 그는 아무것도 하지 않아요.

비록 이야기를 말하는 방식이 정교하진 않았지만(예: 연령에 적절한 언어 구사 및 문장 구조), 기저에 깔린 주제와의 연관성 측면에서 세부사항의 개념화는 꽤 성숙한 편이다. 생각은 논리적으로 연결되어 있고 조직화된 도식 구조로 봤을 때 일관성이 있다. 매튜의 이야기와는 반대로, 이것은 소년이 미래에 뛰쳐나가면 안 된다는 것을 배웠다는 점에서 장기적인 해결책을 제공한다. 어머니와 아들 모두 자신의 기분과 행동 그리고 다른 사람에 대한 적절한 느낌이 책임감과 잘 연결된다. 각 등장인물은 상황에 대하여 슬퍼하였으며 다른 이의 감정 또한 인식한다. 이런 관점의 균형은 제3자의 감정을 알아채는 것과 화해의 배경이 된다. 이후, 아이는 충동적인 행동에 대한 처벌을 수용하고 교훈을 얻는다. 매튜의 이야기와는 반대로, 이는 외적 자극, 내적 상태, 행동, 해결책을 통합한다.

연상적 사고의 수준

수준 1: 주제에서 벗어난 연상. 지리멸렬한 이야기로서 하나의 생각이 다른 생각이나 중심 개념과 관련하여 인과적 연결성이 분명하지 않은 채로 이후의 생각을 유발하면서 이야기를 구성한다. 반응은 자극과 일차적으로 연결되지만 점차 멀어진다. 내용은 그림자극과 관련 없이 주제에서 벗어나며 사적인 측면에 가깝다.
수준 2: 직선적 연상. 그림자극과 선행사건(예: 일련의 행위처럼 하나의 사고에서 반복적인 정교화가 일어남) 또는 정서와의 연상이 직선적으로 이루어져 있다. '이야기'를 생산하기보다 이야기가 나아갈 방향에 있을 구체적인 내용에 대해 더욱 고심하여 반응이 이루어진다. 화자는 중심이 되는 생각을 연결하려고 하지만 이야기의 세부사항 중 전제적인 인과적 연결성은 존재하지 않거나 모호하고 타당하지 않다.
수준 3: 정형화된 연상. 생각은 경험이나 문화적인 고정관념 속에서 미리 짜여진 규칙성에 따라 이루어진다. 생각의 시간적 순서는 형식적이고 구전, 영화, TV 프로그램으로부터 차용되거

나 친숙하고 미리 짜여 있는 경험의 반복일 것이다. 이야기 진행은 마치 깊이가 부족하며 진정성이 결여된 형편없는 영화와 같다. 함축적으로 이해할 수 있는 작은 요소가 외현적으로 나타난다. 세부사항은 '덧붙여진 것'이 아니거나 세부사항이 거의 없고 모호하게만 나타난다. 대본에 쓰인 듯한 양상이 반복될 때에는 어떤 그림자극의 뉘앙스를 미묘하게 왜곡하거나 애매한 논리가 나타난다.
수준 4: 종합적 연상. 생각은 일반적인 맥락에서 경험의 다양한 차원을 엮는 방법을 제시한다. 이때 생각은 사회적 인과성에 대한 이해를 전달하며 일관성 있는 이야기의 생산을 주도한다. 이야기 전제와 추가된 세부사항은 명백하게 관련성이 존재하고 다소 적나라할 정도로 현실적이다. 사건, 사고, 기분, 행동, 결과 간 관련성은 적절한 편이다.
수준 5: 통합적 연상. 이야기 요소는 일관성이 있고 이야기를 이끄는 친사회적이고 현실적인 논박과 더불어 중심 주제를 필두로 촘촘하게 조직화되어 있다. 생각은 개념적으로 잘 통합되고 복합적인 내면적 표상과 어우러져 유연하게 이동한다. 잘 형성된 도식은 심각하게 '느슨한 결말'이 나타나지 않게 하며 이야기의 하위 요소를 잘 내포한다.

연상적 사고를 부호화하는 것은 개인이 생각하는 내용이 아니라 방법에 강조점을 둔다. 각각의 TAT 이야기는 생각의 도입을 이끄는 근본적으로 잘 조직화된 구조의 관점에서 설명할 수 있다. 여러 가지 원리가 연상에 영향을 준다. 위에 제시한 다섯 수준은 스토리텔링 검사의 요구사항을 염두에 두면서 생각 사이에서 일관성을 증대시킨다.

경험의 내적, 외적 요소의 조화

내적 요소와 외부 환경 사이의 정보를 통합하는 과정에서의 인지적 통제의 실패는 정신병리의 많은 부분을 설명한다(Santostefano, 1991). 개인은 외부나 내부 세계에서 발생하는 자극을 구별하는 과정을 통해서 사적인 측면에서 벗어나 외부 환경의 현실적인 측면을 판단할 수 있다. 따라서 현실 검증력은 외재적 단서와 내적으로 표상된 정보(도식)를 조정하면서 이루어진다. 화자는 이야기가 논리적으로 양립할 수 없는 부분을 포함하거나 사건의 순서가 타당하지 않을 때(추론과정에 대한 앞의 내용 참조)와 마찬가지로 제시된 카드와 어울리지 않거나 사회적으로 수용될 수 없는 반응을 억제하지 못할 때(Rorschach와 TAT 모두에서) 낮은 현실 검증력을 보인다.

내적 상태와 관련 없는 행동이나 일련의 외적 사건을 통해 진행되는 이야기는 화자가 경험의 내적 차원과 외적 차원을 잘 조정하지 못한다는 것을 시사한다. 유사하게 아주 사소하거나 고정관념이 담긴 (짜여진) 내용은 화자가 사건의 표면만 보고 있음을 시사한다. 예컨대, 매우 지루해하지만 바이올린을 다섯 시간 동안 연주하는 등장인물을 묘사함으로써 기분과 행동 사이에 단절이 존재한다는 것을 알려 준다. 화자는 등장인물이 긴장의 내외적 근원을 알고 있을 때(예: 속상하게 만드는 행동에 뒤따르는 외적인 처벌과 같은 회한이나 죄책감)와 외부 자극이나 즉각적인 소망이 아니라 지속적인 목적(동기, 목표, 원리)이 외부적인 행동을 발생시킬 때와 같은 상황을 통해 내외적 관점의 조정을 설명한다. 노력, 목표, 신념, 헌신처럼 의미 있는 내적 표상과 외적 현실의 일치를 가능하게 하며, 각 개인이 과거의 경험을 돌아보게 하고, 행동하기 전에 신중을 기하게 하여 궁극적으로는 결단력 있는 행동을 하게끔 한다.

노력이나 목표, 신념, 헌신과 같은 내적 표상은
외적 사건과 개인의 행동에 일치감과 의미를 부여하고,
과거의 경험을 반영하게 하며,
행동하기 전에 심사숙고하게 도와주고,
궁극적으로는 결단력 있는 행동을 하게 만든다.

개인마다 다른 관점을 조화하여
관점이나 모든 염려되는 요구를 다루는 '문제'에 대한 해결책을 제시하며,
독립적인 목표를 가지게 하여 적절한 제한점이 있는 협력적인 관계에서 각자의 개성을 보유한 사람이 되도록 도와준다.

내부와 외부세계의 균형 잡힌 조화는 다양한 관점을 제공하는 정서가 특정 관점을 제공하는 풍부한 인지적 맥락 속에 있을 때 현실적이고 신중한 문제 해결을 가능하게 한다. 내적 요소와 경험이라는 외적 요소의 조화에 대한 어려움은 상황, 의도, 방법, 결과 사이에 연결고리를 만드는 데에 어려움이 있음을 시사한다(표 4.4 참조).

(각 이야기에 적용되는 만큼 체크하시오) 도판번호 →	1	2									
외적 자극만 존재 등장인물의 관심과 행동은 내면의 목적이나 문제 해결을 위한 현실적인 시도보다는 요구, 욕심, 소망, 저항 또는 이전의 이야기 속 사건에 대한 반응으로 나타난다.											
내적 자극만 존재 등장인물의 관심과 행동은 외부세계의 환경과 밀접하게 연관되지 않은 반추적 연상이나 반응으로 나타난다. 정서는 환경이나 즉각적으로 문제를 해결하는 것을 크게 고려하지 않고 이야기 사건을 이끈다.											
경험의 도덕적 측면의 부재 등장인물이나 수검자는 행동의 결과에 대한 관심이 부족하며, 자신의 행동에 대한 책임감이 없거나 타인의 행복을 고려하지 않는다. 무책임한 행동에 따른 적절한 결과(처벌 등)가 발생하지 않는다.											
사회적으로 부적절한 행동 수검자의 행동이 검사자가 수용할 수 있는 한계에 다다르거나, 등장인물의 행동이 사회적 관습과 일치하지 않는다(반사회적, 병적으로 무력한).											

표 4.4 경험의 내적, 외적 요소의 조화에서의 한계점 체크리스트

각기 다른 개인의 관점의 조화

대인관계적 도식이 각기 다른 개인의 내부와 외부세계를 조화시키는 것과 달리, 개인 내적 도식 혹은 자기 도식은 한 개인의 내부나 외부세계의 다양한 구성요소를 연결하는 구조이다. 개인 내적 도식 및 대인관계 도식 모두 각 개인의 인지적-정서적 처리과정의 산물이다. 그러므로 다양한 상황에서 자신의 기분이나 동기를 극단적으로 단순화하여 판단하는 개인은 타인을 이해할 때도 (강렬한 정서에 사로잡히지 않는 이상) 자신에게 적용하던 추론방법을 그대로 적용한다. 대인관계 도식은 자신의 내적, 외적 경험을 조화하여 각 개인의 관점(개인 내적 도식)을 조직화한다. 개인 내적 도식의 조직화를 지배하는 핵심요소(공평한 기준 혹은 원리 대 사회적 의무나 '책무'의 준수 등)는 대인관계 도식 또한 조직화한다. 타인의 개인 내적 도식에 대한 충분한 조화는 각 개인이 현재의 상황에 자신만의 독특한 경험과 관점의 이력을 대입한다는 것과 관련된 암묵적인 이해를 필요로 한다. 한 명의 등장인물을 묘사하는 TAT 도판(1번 도판과 3BM 도판)은 대인관계적 연관성을 지닌 추상적인 가치나 기준(예: 공감, 용기, 헌신 등)과 마찬가지로 도움에 대한 기대나 타인으로 인한 저해요인 또한 내포하고 있기 때문에 여러 관점의 조화를 드러낼 가능성이 있다. 표 4.5의 체크리스트는 화자가 다양한 개인의 관점을 유의미하게 조화하는 TAT 이야기 반응의 특징을 설명한다.

(각 이야기에 적용되는 만큼 체크하시오) 도판번호 →	1	2									
소망과 환상이 현실적인 평가(외부의 요구, 규칙)와 구분된다.											
행동의 의도와 행동의 영향이 구분된다.											
행동 및 결과가 현실적인 사회적 인과성에 따라 분명하고 명확하게 의도 및 동기와 연결된다.											
등장인물은 서로 중요하고 호혜적인 관계로 연결되어 있다(관련이 없거나 이야기되지 않은 관심사나 이해에 사로잡히지 않는다).											
'문제'의 해결이 모든 등장인물의 견해와 요구를 조화시킨다.											
등장인물은 협력적으로 상호작용함으로써 각자의 특성(의도, 목표)을 유지한다.											

표 4.5 개인 내 혹은 개인 간 내적, 외적 경험의 조화 체크리스트

인지적-경험적 통합

그림자극을 통해 만들어진 이야기는 경험 차원(예: 상황, 사고, 느낌, 행동, 의도, 관계 속에서)의 분화 정도와 분화된 요소의 통합과 관련된 응집성(예: 인과관계, 수단-결과, 느낌-사고, 의도-행동)을 밝힘으로써 인지적-경험적 도식의 복합성을 평가한다. 분화된 것이 무엇인가는 개인에게 중요한 것이 무엇인지에 대해 알려 주는 기능으로 여겨지는 반면, 분화된 것의 통합은 매 순간과 장기적인 관점을 모두 고려했을 때 화자의 경험에 일치성을 부여하는 원리를 알려 준다(1장에서 언급했던 구체적인 논의 참조). 간단히 말해, 인지적 복합성은 정보를 처리할 때 적용하는 분화와 통합의 산물이다(Streufert & Nogami, 1989). **분화**(differentiation)는 한 영역 안에서의 다양한 차원을 구분하는 과정인 동시에 다른 관점을 택하는 과정이다. 이러한 분화의 과정은 차이점 간의 명료한 혹은 모호한 정도에 따라 적용한다. **통합**(integration)은 개념적으로 구분되는 차원을 관련짓는 과정이다. 이에 따라 장기적 관점과 단기간 관점이 조화를 이루게 되며, 의도와 행동의 영향력은 조정과정을 거치지 않더라도 명료하게 구분될 수 있다.

인지적-경험적 통합의 수준을 결정하는 과정에서, 구체적인 이야기의 세부사항은 각 이야기 간 전반적인 주제, 도판의 그림자극을 연결(예: 느낌과 의도는 단순히 그림에 묘사된 느낌을 설명하는 데에 비해 행동, 사건과 관련성이 존재함)한다. 현실 상황에 대한 평가는 화자가 의도, 행동의 영향이나 가능성과 같은 다양한 경험 요소를 구분하지 못할 때 드러난다.

유의사항

스토리텔링 과제를 수행함에 있어 도식을 유연하게 적용하는 데 어려움을 지닌 화자의 경우, 이와 유사한 요구상황에서도 문제를 경험할 가능성이 있다.

잘 형성된 도식은 복잡함과 모호함에 대한 인식을 촉진함으로써 개인이 복잡한 정보를 더 잘 처리할 수 있게 도와주는 적응력을 증진시킨다. 자신에 관한(자기 도식) 다양한 측면에 대한 보다 복잡한 구분을 할 수 있는 개인은 스트레스 요인을 보다 효과적으로 잘 다루는데(Linville, 1985, 1987; 1장의 논의 참조), 이는 심적 상태를 잘 분화하는 것이 외부의 위협과 내적 상태를 더 잘 조직화할 수 있으며, 이를 다루기 위한 자원을 더 잘 결집시킬 수 있기 때문이다. 덜 복잡한 도식은 더 극단적인 사건을 완전히 좋거나 완전히 나쁜 것으로 평가하도록 만든다(빠르게 찾기 4.3 참조).

빠르게 찾기 4.3

도식의 복합성과 적응

인지적-경험적 도식의 복합성은 다음에 근원을 둔다.

- 경험 차원 간 분화의 명료함(상황, 사고, 느낌, 의도, 동기나 목표, 의사결정, 계획, 행동, 결과)
- 분화요소 간 조화의 응집성(원인-결과, 수단-목적, 느낌-사고, 의도-행동)

잘 형성된 도식은 다음과 같은 이유로 적응을 향상시킨다.

- 경험의 다른 영역에 대한 개인의 인식을 증진시키며 복잡한 정보를 처리하는 데 관여한다.
- 개인으로 하여금 생각이 '조화를 이루는' 방법과 관련된 보다 복잡한 '규칙'을 따르도록 함으로써 다의성(多義性)을 확장시킨다.

더 복잡한 자기 도식을 가진 사람은 스트레스에 더 잘 대응한다. 복잡하고, 모호하고, 스트레스를 주는 상황은 개인이 다양한 도식을 풍부하게 활용할 기회를 제공한다. 구조화되고, 일상화되고, 친숙한 상황(검사)은 이미 짜여 있는(오래전에 형성되었으며, 많이 시연된) 도식이 처리한다.

복잡하고, 모호하고, 스트레스를 주는 상황(혹은 검사)에서는 개인이 체계적으로 도식을 사용해야 한다, 반면 개인은 이미 형성되었고 충분히 적용해 온 도식은 친숙하거나 일상적인 사건을 처리하는 데 사용한다(Derry, 1996; Hammer, 1996). 개인이 특징적인 수준 이전으로 기능을 하게 되는 스트레스 상황을 겪으면서 복합적인 사고과정이 방해를 받는다. 스트레스를 유발하는 사건은 고통스러운 감정이나 사건을 해결할 수 없도록 자아의 감각을 일으키고 위협의 느낌을 증폭시키는 도식을 활성화시킨다(Shirk, Boergers, Eason, & Vab Horn, 1998; 빠르게 찾기 4.4 참조).

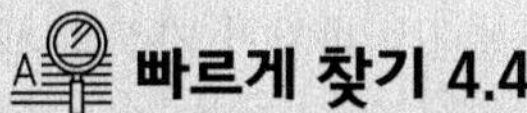

빠르게 찾기 4.4

스트레스와 사고과정

스트레스를 받는 상황 동안 사고의 특정 차원은 취약해진다(Pennebaker, 1990).

- 관점의 폭: 주의와 사고의 초점이 즉각적인 문제에만 집중되어 있다.
- 자기-반영: 개인은 자신의 행동, 사고, 느낌에 대하여 원인과 결과를 생각하는 빈도가 줄어든다.
- 정서 인식: 개인은 자신의 기분상태의 변화를 빠르게 인지하지 못한다.

TAT 이야기 반응에서 평가된 사고의 수준은 검사에 나타나는 상대적으로 구조화되지 않은 상황 속에서 개인의 특징적인 기능 방식이 담긴, 이전에 조직화된 도식을 반영한다. 스트레스나 색다른 상황에서 기존의 사고과정은 제약을 받는다.

기억해 두기

주어진 상황에서 나타나는 같은 행동이라도 이는 각각 서로 다른 복잡한 도식에서 비롯된다. 예를 들어, 어떤 사람은 부정적인 반응 때문에 화를 내는 것을 참는 반면, 다른 사람은 자신의 정서가 타인에게 영향을 끼칠 수 있기 때문에 화를 내지 않는다.

인지적-경험적 통합의 다섯 수준(가장 적합한 수준을 선택하시오)

1. 와해된(disorganized) 수준

다음의 보기 중 사회적 단서를 이해하고, 상황의 함축적 의미를 파악하고, 인과관계를 구분할 때 한계가 나타난 경우, 화자가 경험을 이해하는 도식에 손상(왜곡이나 지나친 단순화)이 발생한다. (a) 지각적 통합의 모순된 수준, (b) 그림자극과는 '함께 움직이지 않는(불일치하는)' 화자의 생각이 혼합되어 있는 논리 추론과 개념화와 관련된 수준, (c) 이야기에서 앞뒤가 맞지 않거나 비현실적인 사건과 양립할 수 없고 모순이 가득한 생각과 같이, 자신이나 세계에 대한 기이하고 비논리적인 가정, (d) 화자가 자신의 생각의 흐름을 점검할 수 없는 경우(말과 행동에서의 보속반응, 상황과 맞지 않는 불완전한 생각, 느낌, 사고, 의도, 행동의 모순처럼 앞뒤가 맞지 않는 생각), (e) 사회적 기대로부터 반응 내용이 총체적으로 이탈됨(모든 등장인물이 극도로 무능력하게 묘사됨. 잔인하고 섬뜩하거나 사회적으로 용인되지 않는 이야기 내용, 검사 동안 부적절한 행동을 함), (f) 화자가 검사를 어렵게 느끼는 것에 비해 검사 자체에 대한 이해가 떨어짐, (g) 화자가 그림자극을 보고 과장된 반응을 하거나 놀라서 그림자극과 일정 거리를 유지하지 못할 경우.

인과관계나 현실과 공상을 구분하지 못하는 현저한 왜곡 같은 논리적 사고의 실수는 반응 내용 자체가 부적절하지 않을 때 더욱 명백하다. 이러한 수준을 나타내는 이야기가 정서장애를 지니고 특별 교육 프로그램을 받고 있는 TAT 1번 도판을 본 아동을 통해 드러난다.

로저, 9세 8개월, WISC IQ 66점.

도판 1. 색깔이 있는 그림은 없나요? [검사자: 아니, 검은색과 흰색만 있어.] 그는 색칠을 하고 있는 것 같아요. [검사자: 색칠을 하는 것 같다고?] 그는 무언가를 생각하고 있어요. 여기에 색이 없어서 저는 그게 뭔지 모르겠어요. 그는 생각하고 있어요. [검사자: 무슨 일이 일어났니?] 아무것도요. 이건 바이올린이에요. 그는 바이올린을 연주하는 것에 대해 생각하고 있어요. [검사자: 어떻게 되었니?] 그때 그가 바이올린을 켰어요. [검사자: 어떤 감정일까?] 그는 바이올린을 켜고 싶어 해요.

무채색 때문에 무슨 일이 일어났는지 모른다는 화자의 이야기는 화자가 검사를 제대로 이해하지 못했으며 제시된 장면을 해석하는 데 어려움이 있다는 것을 의미한다. 처음에는 당황했지만 로저는 검사자의 도움을 받으며 계속 간단한 이야기(소년은 바이올린을 연주하고 싶어 하며, 실제로 연주를 함)를 만든다. 친숙한 색이 있는 그림을 요청하는 것과 같은 지나치게 구체적인(concrete) 화자의 행동은 기능의 손상을 암시한다.

엘리자베스, 10세 9개월, WISC IQ 100점.

도판 1. [소리 지름] 모르겠어요! 음… [검사자: 검사가 많이 어렵니?] 음… [검사자: 그럼, 선생님한테 그림 속에서 무슨 일이 일어나고 있는지 말하면서 시작해 보는 건 어떨까?] 그… 사람이 생각하고 있어요. [검사자: 전에는 어떤 일이 일어났을까?] 몰라요…. 아마도 문제가 있었을 거예요. [검사자: 그게 뭘까?] 몰라요…. [검사자: 글쎄, 이야기는 그림 속에 없는 것 같은데, 엘리자베스가 한 번 상상해서 이야기해 볼까?] 싫어요! 상상하기 싫어요! [검사자: 답을 만들어 내는 방법이 많이 있을 거야.] 흠… 아… [검사자: 그림 속 아이가 어떤 생각을 하고 있을까?] 몰라요! 엄청, 엄청 슬퍼해요. [트림] [검사자: 나중엔 어떻게 될까?] 그는 다시 행복해졌어요오오오오오!

아동이 검사 동안 보인 행동과 이야기를 말하지 않으려고 떼쓰는 방법에 대해 유심히 생각해 보아야 한다. 엘리자베스가 소리를 지르거나 이상한 소음을 만들면서 검사가 어렵다는 점을 표현하는 것은 사회적으로 받아들여지지 않는 행동이다.

조니, 9세 2개월, WISC IQ 114점.

도판 1. 아이가 바이올린을 만들고 있어요. [아동이 카드를 떨어뜨림] [검사자: 괜찮아.] 그리고 아이는 지루해해요. 아이는 그걸 가지고 뭘 해야 할지 몰라요. 아이는 그걸 가지고 뭘 해야 할지 알지 못, 못해요. 아이는 지루해하고 있죠. 잠잘 시간이 다가오고, 아이는 그걸 가지고 뭘 해야 할지 알고 싶어 하지만 뭘 해야 할지 몰라요. 아이는 계속해서 뭘 해야 할지 생각하고 있어요. 아이는 어떤 것도 생각하지 않고, 그냥 거기에 앉아서 뭘 해야 할지만 생각하고 있어요. 아이는 바이올린을 가지고 뭘 해야 할지 몰라요. 아이는 음악에 대해서 많은 것을 알지 못하죠. 밤이 점점 어두워지고, 아이는 뭘 할지 몰라서 그저 거기에 앉아서 생각하고 또 생각을 해요. 이제 거의 자정이에요. 그리고 아이는 무언가 깊은 생각에 더 빠져들기 전에 잠 들어요.

'바이올린을 만들고 있다'는 데 요구되는 세련된 표현은 지루하다거나 그걸 가지고 뭘 해야 할지 모르겠다는 생각과는 어울리지 않는다. 자신이 만든 바이올린으로 무엇을 해야 할지 모르는 인물의 무기력한(보속적인) 교착상태는 과업에 대한 건설적인 대응 반응을 생성해 내지 못하는 측면과 양립하는 것이다.

2. 미숙한(rudimentary) 수준

통합적으로 추론할 때 발생하는 심각한 한계점은 다음에 나타나는 간단한 추론과정의 결함을 통해 발생한다. (a) 그림자극이나 단일 사건을 단순하게 연결하는 것 이외에 느낌이나 다른 내적 상태를 설명하지 못한다. (b) 인과적 추론이 최소화되고, 극도로 기본적인 반응만 보이며 반응 자체가 모호하다(예: "무언가 나쁜 일이 일어났어요."). (c) 그림에서 등장인물이 상황을 바라보는 방식('묘사')이나 등장인물의 의도, 기분, 배경, 상황에 대한 차이점에 대한 이해 없이 겉으로 드러나는 행동으로 등장인물을 구분한다. 등장인물은 즉각적인 혹은 자기중심적인 염려에 초점을 두며 계획적인 의도나 현실적인 결과가 나올 것이라는 기대에 이끌리기보다는 자극상황이나 모호한 정서에 반응한다. (d) 결과는 모호하고 불충분하게 이행과정(방법부터 의도까지)과 연관되거나 그 순간을 넘어서는 문제를 해결하지 못한다. 기이하지만 불가능하지는 않은 소망이나 다소 비현실적인 전략 또는 갈등의 회피가 문제를 해결한다. (e) 화자가 중요한 지각적 단서를 무시하거나, 느낌 혹은 이행과정을 의사소통 및 그림자극의 이해에 대한 '간극'으로 남겨 두어 설명하지 않은 채로 남겨둔다.

도판 1에 대한 짐의 반응을 다시 떠올려 보라.

짐, 16세, WAIS IQ 96점, 품행장애 진단.

도판 1. 그는 바이올린을 보고 있어요. 아마 지루할 거예요. 연주하고 싶은 건 아니에요. 누군가가 그걸 소년 앞에 가져다 놓았어요. 누가 연주하라고 시켰기 때문에 매우 화가 났어요. 그래서 그는 연주하지 않는 거예요.

짐의 이야기는 이 수준에서 두 가지 통합의 문제를 보여 준다. (a) 짐은 의도나 다른 맥락적 요소를 고려하지 않고 즉각적인 상황이나 자극에 대하여 한 등장인물의 반응이 필요하다는 생각에 지나치게 '사로잡혀' 있다. 의도는 바이올린을 보고 있는 사람이나 바이올린을 그 앞에 갖다 놓은 어떤 사람에 의해 형성된 것이 아니다. 실제로, 등장인물의 정체성과 그와 소년 간 관계의 특성은 불분명하다. 그리고 (b) 짐은 요구에 부합하면서 문제를 해결하거나, 부정적인 결과를 예상하는 전략을 완성해 내거나 만들어 내지 못한다. 주인공은 무계획적이었으며, 이야기가 화자의 전반적인 계획에 의해 진행되는 것이 아니라 단편적으로 진행된다. 개념적 명료화의 부재는 이야기의 세부적인 사항이 모호하고 불분명하며 느낌, 행동, 사고가 불균형한 점에서 잘 드러난다. 대안을 떠올리거나 타협하는 등의 장기적인 전략을 생각하지 않고 지루해하는 것과 화를 내는 것만이 소년의 반응('아무것도 하지 않음')과 관련된다. 이러한 인지적인 통합의 한계는 짐의 판단을 저해시키고 부적절한 행동을 이끈다.

3. 피상적(superficial) 수준

이야기의 내용이 사회적으로는 적절하나 이야기의 '깊이'가 부족하고 구체적이지 못하다. 추론과정은 종종 문화적인 고정관념이나 구체적인 화자의 경험과 부합하고, 상대적으로 단기적인 목적이나 외부적인 요구와 관련이 있다. 경험을 이해하는 틀은 소망이 담긴 생각과 사건 또는 대인관계에 대한 피상적인 관점에 의해 지배적으로 형성되며, 다소 순진하고 고정관념에 사로잡혀 있다. 등장인물은 내재적 원천, 기준을 세우기 위한 노력을 통한 만족이 결여된 채 외적인 유인가(incentive)나 결과에 초점을 맞춘다. 따라서 중요한 행동은 흥미, 호기심, 활동의 즐거움에 이끌리기보다는 외부적인 영향을 더 많이 받는다. 등장인물의 행동은 원칙이고 장기적인 목표에 의한 것이라기보다는 필요성과 욕망 혹은 외부 압력에 의해 이루어진다. 등장인물은 즉각적인 고통을 줄이고 싶어 하고 행복, 돈, 교육, 성공, 우정, 가족과 같은 '그럴듯한 삶'과 관련된 일상적인 것을 얻고 싶어 한다. 동시에 등장인물은 '쉽고 무난한' 행동 경로를 찾거나 성장함에 따라 요구받게 되는 나이에 맞는 책임감을 회피한다. 그러므로 행동과 긴장의 해결은 사람과 사건에 대한 고정관념이나 여러 등장인물의 관점에 대한 제한적인 조정과 같이, 장기적인 관점과 단기적인 관점의 균형을 맞추지 못한다. 이야기는 다른 곳으로부터 '빌려온 것이거나' '가공'된 것이다. 이야기는 화자가 그림자극에 정확하게 부합하는 이야기로 만들기 위해 다양한 도식을 융통성 있게 활용하지 못한 채 영화, 책, 실제 경험의 반복에 기반을 두게 된다.

조, 10세 3개월, 평균 상의 IQ, 주의력결핍/과잉행동장애(ADHD)로 진단받음.

도판 1. 글쎄, 아이는 바이올린의 줄을 연결해요. 왜냐하면 그게 쉽고 재밌을 거라고 생각하거든요. 하지만 실제론 아이는 줄을 연결하는 것 때문에 미루어 둔 숙제를 해야 하기 때문에 즐겁지 않아요. 그리고 다른 아이들은 모두 연습실에 가 있었어요. 모두 콘서트 준비를 해야 하지만 아이는 연습을 하지 못했어요. 그래서 아이는 콘서트에서 빠지고 싶었지만 부모님이 허락하지 않았어요. 부모님은 그가 최선을 다해야 한다고 생각했어요. 콘서트 직전에, 아이는 바이올린을 부쉈어요. 아이는 부모님께 우연히 부서졌다고 말했지만 친구에게 자신이 바이올린을 부순 사실을 말했고, 친구가 자신의 부모에게 이 사실을 말했는데, 그 친구의 부모가 아이의 부모님께 또한 이 사실을 알려 주었기 때문에 아이의 부모님은 이 아이가 거짓말했음을 알아차렸어요. 그래서 부모님은 새것을 사 주었어요. 앞으로 2년 동안 아이는 바이올린을 연주해야 했고, 그게 마음에 들지 않았어요. 결국 아이는 매우 형편없는 성적을 받게 되었어요.

바이올린 줄을 연결하는 아이는 바이올린을 연주하는 것은 쉽고 재미있다고 생각하였지만 좌절을 경험할 수 있는 상황에 대해서는 생각하지 못했다. 또한 최선을 다하라는 부모님의 말씀을 따르지 않고 바이올린을 부숴 버렸다. 이러한 행동(부모님께 순전히 사고였다고 말한 것)을 되짚어 보면, 등장인물은 근시안적이며, 뒤따를 결과에 대해 예상하지 못하였으며, 그에 대한 응분의 대가를 지불하였다. 부모님의 의도는 립 서비스(아들이 최선을 다하기를 바라는 것)를 통해 아이에게 전달되고 있지만, 부모와 아이 간 관점은 조정되지 않았다(아들은 부모를 속이고, 처벌을 받고, 나쁜 성적을 받는다). 화자는 등장인물 간 행동을 일어난 결과와 연결하고 있지만 아이와 권위적인 인물 사이의 악순환과 그에 따른 결과를 부정적인 것으로 본다. 이러한 행동과 반응의 연속은 내재된 가치나 현실적인 문제 해결 방식과 같은 근본적인 원리에 의한 것은 아닌 것으로 보인다.

4. 현실적(realistic) 수준

경험을 이해하는 틀은 현실적이고 실제적인 고려사항을 아우르며 조직화된다. 이때 이야기의 구성은 일련의 행동이나 반응(계획하기의 결함을 보임) 혹은 차용해 온 세부사항(고정관념, 영화, 책, 사적인 축적물)을 처리하기보다는 일관성 있는 원리에 의해 이루어진다. 이야기는 개념적으로 명료하고 구체적이며, 사건의 흐름은 내적 상태, 행동, 결과를 통합하고 각 등장인물의 개성과 조화를 이룬다. 등장인물은 계획적으로 분명한 목표를 향해 행동하지만, 내적인 동기나 만족(예: 검사상황을 즐기기)의 내재된 근원, 장기적인 관점과 단기적인 관점의 균형, 다양한 등장인물 간 관점의 조화는 가장 높은 단계의 수준보다는 비교적 불분명하다.

이안, 8세 11개월, 평균 상의 IQ, 적응에 문제가 없으며 병원에 의뢰된 적 없음.
도판 1. 저거 바이올린이에요? 음 글쎄, 그는 학교를 마치고 집으로 돌아왔어요. 그는 바이올린을 좋아하지 않기 때문에 연주하고 싶지 않아요. 하지만 나중에 그는 아마 TV를 보고 싶은 마음에 바이올린을 결국 연주하게 될 것이고, 숙제도 하고 연주도 할 것 같아요.

화자의 도식에는 우선순위가 존재하며 하기 싫은 활동도 책임감이나 목표를 성취하기 위해서 참고 해내는 모습이 담겨 있다. 그러나 소년이 바이올린 연주에 대해 부정적인 느낌을 가지고 있다는 점으로 미루어 볼 때, 수검자는 궁극적인 목표나 바이올린 연습이 이후 자신에게 어떤 가치로 다가올지에 대해서는 통합하지 못하였다.

5. 복합적이고 책임감 있는(complex and responsible) 수준

화자가 그림자극을 통해 이야기하는 다양한 고려사항은 분명하게 구분되고 일관성 있게 통합됨에 따라 이야기 속 사건은 다양한 내·외적 세계의 차원을 통합하는 맥락을 구성한다. 따라서 기분, 사고, 행동, 결과는 등장인물과 내적으로 그리고 등장인물 사이에서 조화롭게 어우러진다. 행동과 주요 갈등은 광범위한 관심을 담아내고 그림자극과 정교하게 잘 어울리며, 개념화가 잘 이루어진 시간 범위를 통합하고, 타인에 대한 숙고가 잘 드러난다. 이야기는 심리적 세계의 복합성에 대해 화자가 이해하고 있는 정도를 잘 전달하며, 여러 등장인물의 장 · 단기적 욕구, 열망, 의도, 행동, 결과 등의 균형을 이루게 하는 미묘한 특징도 잘 내포한다. 이야기에 드러난 문제의 해결방안은 모든 등장인물의 존엄성을 동시에 염두에 두며, 등장인물 간의 유연한 문제 해결 방안을 제시한다. 목표는 현실적인 수준보다 더욱 추상적이고 자기발전, 타인이 느낄 감정에 대한 배려 혹은 사회적인 상황을 개선하는 데 기여하는 현실적인 소망 등을 포함한다.

벤지, 9세 11개월, 적응에 문제없음, 최우수 수준의 IQ(다른 이야기는 3장에 거론됨, 전체 프로토콜은 이 장의 후반부에 제시함).

도판 1. 소년은 바이올린을 가지고 있지만 연주를 잘하지는 못해요. 그래서 그는 자신이 연주를 잘하지 못한다는 사실에 대해 조금 화가 나 있어요. 선생님은 제가 이 그림에 대해 어떻게 생각하는지 알고 싶은 거죠?[바이올린 아랫부분을 가리키며] [검사자: 이야기하고 싶은 대로 하렴.] 소년은 자신이 연주를 잘하지 못한다는 사실을 알기 때문에 바이올린을 계속할지 그만둘지를 고민하고 있어요. [검사자: 나중엔 어떻게 될 것 같아?] 소년은 잘하지 못할 것을 알기 때문에 그만두게 될 것 같아요.

소년의 문제는 자신만의 기준에 따라 성취할 수 없는 활동에 대한 노력을 계속할 것인가에 대해 의사결정을 하고 있다는 것이다. 이안의 이야기와 달리, 활동의 의미가 의사결정에 중점적으로 초점이 맞춰져 있다. 바이올린 연주를 배우는 것은 읽기능력처럼 다른 능력과 달리 선택적이라는 점과 성공에 필수적이지는 않다는 점이 중요하다. 때문에 아동의 의사결정은 사회적으로 수용 가능하며, 이러한 의사결정의 과정은 인지적-경험적 통합의 수준을 평가함에 있어서 중요하다. 소년의 결정은 검사상황에서의 순간적인 좌절감과 관련된 것이 아니라 자신의 내적 기준에 따라 악기를 잘 연주할 수 없다는 신념에 따른 것으로 보인다.

인지적-경험적 통합의 수준

수준 1: 와해된 수준. 이 수준의 특징은 화자의 행동 및 결론짓지 못한 이야기와 관련이 있다. 화자의 행동은 사회적인 기대에서 매우 벗어나 있으며 이야기의 진행은 조직화되지 않은 사고 과정을 나타낸다. 경험을 이해하는 도식은 손상(왜곡되거나 설명이 지나치게 단순함)되어 있고, 사회적 단서의 해석, 함축된 의미의 이해 또는 사회적 인과성에 대한 해석에서 한계를 보인다.

- 지각적 통합의 모순된 수준
- 기괴하고 섬뜩하고, 사회적으로 부적절한 내용이나 인과관계에 대한 왜곡된 이해가 담겨 있는 세상에 대한 기이하고 비논리적인 가정
- 논리적인 추론과 개념화와 관련된 문제－양립할 수 없는 사고, 타당성(단순히 개연성이 떨어지는 것이 아님)이 떨어지거나 이야기 내용에 심각한 모순이 포함되어 있는 아주 비논리적인 사건
- 검사도구를 집어 던지는 등 사회적인 기대에서 매우 벗어난 행위
- 이야기의 내용이 극도로 무력하거나 박탈감에 젖은 상태로 등장인물을 묘사하는 등 사회적인 기대에서 많이 벗어남
- 화자가 검사를 이해하지 못함(검사 자체를 어려워하는 것과는 대조적임)
- 화자가 그림자극으로부터 거리를 유지하지 못하며, 그림을 보고 과장되게 반응하거나 놀람

수준 2: 미숙한 수준. 기이한 왜곡보다는 세부적인 인과적 연결을 통합할 때 논리의 과정을 지나치게 단순화하여 정리하는 경향이 있다. 이에 따라, 간단한 반응이나 인과적인 추론을 넘어서는 느낌이나 내적 상태는 존재하지 않으며 극도로 미숙하고 모호하다. 등장인물은 화자가 그림을 바라보는 방식(중요한 지각적인 단서는 무시), 의도, 느낌, 개인이 살아온 역사 혹은 상황에 대한 최소한의 구분을 통해 드러나는 외적인 행동을 통해 구별된다. 등장인물은 계획적인 의도나 현실적인 결과에 대한 기대보다는 상황적인 자극에 반응하는 경향이 있다. 결과는 모호하며, 충분히 설명되지 못하고, 현재에 국한된 문제만을 다루어 그 이후의 문제 해결에는 실패한다. 문제나 갈등에 대한 해답은 개연성이 떨어지지만 실현 불가능하지는 않은 소망이나 비현실적인 전략 혹은 갈등에 대한 회피로 나타난다.

느낌과 내적 상태는 단순하게 이해될 수 있다－행복, 슬픔, 분노와 같은 단순한 정서에 대한 명명은 자극이나 단일한 사건과 관련이 있다.

- 지나치게 단순하거나 모호한, 최소한의 인과적 추론이 나타남('나쁜 일이 일어났어요.').
- 등장인물은 화자가 그림을 바라보는 방식(중요한 지각적인 단서는 무시), 의도, 느낌, 개인이 살아온 역사 혹은 상황에 대한 최소한의 구분을 통해 드러나는 외적인 행동을 통해 구별됨.

- 결과는 모호하고, 다음 사건(이야기의 전개방법에서 결말까지)과 불충분하게 연결되거나 현재에 국한된 문제만을 다루어 그 이후의 문제 해결에는 실패함. 문제나 갈등에 대한 해답은 개연성이 떨어지지만, 이전 수준에서처럼 실현 불가능하지는 않은 소망이나 비현실적인(고지식하고 순박한) 전략 혹은 갈등의 회피로 나타남
- 의사소통이나 이야기의 이해에 간극이 존재하며, 사건의 변화가 생략됨

수준 3: 피상적 수준. 이전 수준보다는 한걸음 나아간 생각의 조화가 이야기에 나타난다. 하지만 구체적이지 못하고(모호함) 문화적으로 '정형화되어 있다'는 점에서 사건에 대한 고정관념이 이야기에 존재한다. 상대적으로 기준에 부합하기 위한 노력 부족이나 내적인 삶보다는 외적인 동기나 결과를 강조하여 열망과 소망에 맞는 행동이 발생한다. 등장인물은 즉각적인 고통을 경감시키려 하며 '괜찮은 삶'(바르게 생각하기, 돈, 교육, 성공, 관계)과 관련된 일상적인 것에 집중한다. 이야기는 '깊이'가 부족하고 구체적이지 못한데, 이는 이야기 진행에 나타나는 이해나 그림자극을 보이는 것에 비해 더 확대하여 바라볼 때 나타날 수 있는 '간극'이 반영된 틀에 박힌 생각이나 피상적인 관점임을 의미한다.

이 수준은 목적이 단기적이고 깊이가 부족하고 구체적이지 못하지만 사회적으로 바람직한 내용을 담고 있다는 점, 행동이 즉각적인 요구에 의해 유발된다는 점, 사고의 고정관념, 순진함, 소망, 사건이나 관계에 대한 피상적인 관점을 통해 표현된다는 점이 주요 특징이다.

- 등장인물은 외부 동기나 결과에 맞춰져 있음—내재적인 만족이나 기준에 대한 노력이 결여됨
- 중요한 행동이 외적으로 진정성 있는 흥미, 호기심, 활동의 즐거움, 기준을 세우기 위한 노력 없이 발생함
- 등장인물의 행동은 원리나 장기적인 목표보다는 자신의 열망이나 소망 혹은 외부 압력에 의해 나타남
- 행동과 문제 해결에서 장기적인 관점과 단기적인 관점이 골고루 균형을 이루지 못함
- 이야기는 다른 매체로부터 차용되었거나 가공됨

수준 4: 현실적 수준. 사건을 현실적으로 묘사하며 이야기는 등장인물 내, 다른 등장인물 간의 내적 상태와 외부 상황을 일관성 있게 담아낸다. 등장인물의 일관적인 의도는 적절한 행동을 유발하고 분명한 목표나 문제 해결을 추구한다. 하지만, 현실적이고 실제적인 고려사항을 높은 수준의 특징인 표준, 이상, 원리, 내부 만족 요인보다 더 중요시한다. 맥락 단서를 무시하는 반면에 정서나 관계는 정확하게 해석한다. 경험을 이해하는 틀은 일련의 행동이나 반응(계획성의 부족) 혹은 다른 매체(고정관념, 영화, 책, 단일 경험의 반복)로부터 차용된 세부적인 요소에 의한 이야기 진행보다는 일관성 있는 원리를 기반으로 한 이야기 구조를 지니며, 현실적

이고 실제적인 고려사항을 어우르며 조직화된다.

- 이야기가 개념적으로 분명하고 구체적임
- 일련의 사건이 내적 상태, 행동, 결과를 잘 통합하고 각 등장인물의 개성을 조화롭게 설명함
- 등장인물은 각자의 목적을 성취하기 위해 의도와 계획성을 가지고 행동함
- 장·단기적인 고려사항이 포함된 동기나 만족과 같은 내재적인 요인과 모든 등장인물의 관심사가 균형을 이룸

수준 5: 복합적이고 책임감 있는 수준. 이야기는 등장인물 내 혹은 등장인물 간 느낌, 사고, 의도, 행동, 역할, 결과뿐만 아니라 심리적 세계의 복합성 및 장·단기적 관점과 열망, 다양한 등장인물의 소망이 균형을 이룰 수 있는 유연한 문제 해결의 근원에 대한 이해를 제공한다. 해결책은 모든 등장인물의 욕구와 권리를 염두에 두며, 목표는 이전 수준보다 더욱 추상적이고, 자기발전과 사회적 상황의 개선에 힘을 보탤 수 있는 현실적인 소망 등을 포함한다. 이야기는 매끄럽게 흘러가며, 사건을 개념적으로 분명하고 구체적인 방식으로 묘사한다. 또한 이야기는 사건을 다양한 차원과 관념을 통합하는 문맥 속에서 등장한다.

내·외부 세계가 잘 분화되어 있고 조화되어 있다. 행동과 걱정은 수검자의 광범위한 흥미를 반영하고, 그림자극의 미묘함과 조화를 이루며, 개념화가 잘 이루어진 타임프레임과 등장인물 간의 고려사항을 모두 통합한다. 경험의 다양한 차원이 분명하게 구별되고 외부 사건이 수검자의 심리적 세계의 복합성에 대한 이해를 일관성 있게 설명하면서 조화를 이룬다.

- 이야기에서 다양한 각 등장인물의 서로에 대한 장·단기적인 욕구, 느낌, 의도, 열망, 사고, 행동, 결과와 이야기의 맥락 그리고 그림자극에 설정된 문제 및 사회적 인과성이 균형을 이룸
- 행동과 관심사는 화자의 광범위한 흥미를 반영하고, 그림자극을 정밀하게 따르며, 개념화가 잘 이루어진 타임프레임을 통합하고, 타인에 대해 고민한 흔적을 보여 줌(내적 삶과 외적 상황이 명확히 구분됨)
- 문제 해결은 모든 당사자가 합당하다고 느낄 수 있는 해결책이며, 현실적이고 유연한 문제 해결을 유도하며 다양한 관점을 포괄함
- 목표는 더욱 추상적이고, 균형 잡혀 있으며, 모든 이전 수준보다 복합적이며 적절한 행동과 결과를 자아냄. 목표는 자기발전, 타인의 느낌에 대한 걱정, 사회적 상황을 개선하는 현실적인 바람을 포함함

사례 예시

이 장에서 설명하였던 변인에 대한 이해를 두 가지 프로토콜의 비교를 통해 돕고자 부록 4.1을 제시하였다. 부록 4.1의 사례는 주의력 문제로 의뢰되었으며 실제로 매우 긴 프로토콜을 보인 오스카(O)의 이야기와, 우수한 주의력을 보였으며 오스카와 비슷한 연령인 벤지(B)의 이야기에 대한 부호화 과정을 제시하였다.

유의사항

이야기 분석은 진단의 목적이 아니며, 개인의 기능이나 현재의 문제 등과 관련된 개인적인 도식을 명료화하기 위해 수행된다. 예를 들어, 주의력이나 정서의 조절과 관련된 문제는 다양한 진단과 관련이 있다. 통합적인 평가를 하는 과정에서, TAT 이야기는 어떻게 이러한 자기조절의 어려움이 일상 경험에 대한 추론의 본보기 역할을 담당하는 도식을 통해 나타나는지 명료하게 보여 준다.

오스카의 사례

오스카는 7세경에 처음 발견된 주의력 관련 문제 행동이 계속 증가하여 9세에 부모 손에 이끌려 평가를 받기 위해 내원하였다. 오스카의 부모에 의하면 오스카는 일러 주기 전까지는 숙제하는 것을 잊어버리며, 반드시 해야 함에도 숙제 자체를 아예 무시한다고 보고하였다. 오스카의 이전 및 현재 담임교사 모두 오스카가 수업 활동과 숙제를 해내지 못했다고 하였다. 오스카가 학내활동을 할 때 매우 산만한 태도를 보였지만, 학업성적은 매우 우수하여 지속적인 부모의 관리감독과 가정-학교 협력과정에서 대부분 A를 받았다. 검사 동안, 주의력의 문제를 보이면서도 오스카는 검사 자극에 잘 반응하였으며 검사를 완수하기 위해 노력하였다. 다양한 자극으로 인해 집중력이 흐트러질 때마다 오스카는 그가 이전의 자극에 대해 했던 말을 다시 반복하였다. 그는 구조화된 검사에 비해 그림 그리기 검사와 스토리텔링 검사 등의 비구조화된 검사에서 덜 산만한 모습을 보였으나 실제로는 구조화된 검사의 수행결과가 더 좋았다. 오스카의 웩슬러 아동용 지능검사의 전체 지능지수는 평균 상에 해당하였으나(전체지능지수 114, 백분위 82) 지표 간 점수에는 차이를 보였다. 우드콕-존슨 성취도 검사(Woodcock-Johnson Achievement Test)의 수행에서 오스카의 언어검사 점수는 평균, 읽기와 산수검사의 점수는 우수 범위에 해당하였다. 지속적인 주의력을 측정하는 TOVA-R(Test of Variables of Attention-Revised) 검사에서 오스카는 시각적 검사는 잘 수행하였다. TOVA는 연속적으로 빠르게 일련의 자극이 화면에 제시되며 목표 자극에만 반응하도록 요구되는 컴퓨터 검사이다. 수행은 비록 정상범위에 속했으나, 오경보 오류(commission errors, 목표 자극이 아닌 자극에 틀리게 반응한 비율)는 검사가 진행되는 동안 유의미하게 증가하였다. 오경보 오류의 증가는 오스카가 검사의 요구에 따라 반응을 억제하는 데 어려움을 보였음을 시사한다. 그러나 TOVA 단독수행 결과만으로 주의력결핍 및 과잉행동장애를 진단하는 데에는 한계가 있음을 유념하여야 한다.

오스카의 TAT 프로토콜은 이 장의 참조 영역을 다룰 때 소개하였던 변인과 관련하여 앞서 검토되었다. 그의 이야기 반응과 의미 및 함의를 설명하기 위한 가설은 이야기 요약을 참조하기 바란다.

도판 1. 음. 과거에, 소년은 바이올린을 쳐다보면서 자신은 그 바이올린을 연주할 수 없을 거라 생각했어요. 소년의 아버지가 다가와서는 바이올린을 가르쳐줄 개인 음악교사를 소개해 줬어요. "넌 정말 바이올린을 연주하고 싶은가 보구나."라고 선생님이 이야기했어요. 그리고 소년도 "네, 아마도요."라고 대답했고, 선생님은 "나는 너의 개인교사란다. 앞으로 보쉬 선생님이라고 부르렴." 하고 말했어요. 그러고 나서 선생님은 소년에게 연주할 악보를 주고 연주해 보라고 했어요. 곡은 "반짝, 반짝, 작은 별"이었어요. "이 곡이 바이올린을 시작하기 위한 가장 기본적인 곡이란다. 한 번 연주해 보겠니?" 소년은 연주하는 중간에 종종 실수를 했어요. 그리고 선생님은… 소년에게 완벽하게 연주할 수 있을 때까지 연습하라고 했어요. 소년은 연습에 연습을 거듭했어요. 연습하다가 과외 시간을 훌쩍 넘겨버렸고 선생님은 추가 수당을 받아야 했죠. 다가오는 연주회에 대해 선생님은 소년에게 인내해 주었어요…. 선생님은 소년

에게… 보쉬 선생님은 그 아이…. 소년에게 그렇게 이야기했고… 소년은 연습을 더욱 열심히 하기 시작했어요. 하루, 아니 일주일 동안이요. 일주일 후, 소년은 연주를 잘할 수 있게 되었고, 다른 곡으로 진도를 나갈 수 있을 정도가 되었어요. "처음 바이올린을 시작하는 것치고는 굉장히 잘하는구나. 초급반의 스타가 탄생하겠는걸." 하고 선생님이 말했어요. "그럴 수 있다면 좋겠어요!" 소년이 이야기했어요. 선생님은 소년에게 바이올린에 대해 더 많은 것을 가르쳐 주었고 다가올 크리스마스 연주회에서 연주하게 될 것이라고 하였어요. 소년은 "알겠어요."라고 답했어요. 소년은 크리스마스 연주회를 대비해 "징글벨"과 같은 여러 크리스마스 캐롤들을 연습했어요. 그리고 소년은… 소년은 요셉에 대한… 아, 아기 예수와 그의 부모인 마리아와 요셉에 대한 곡을 연주했고, 그 이후에는 다른 초급자들과 함께 다른 노래들을 합주했어요. 바이올린 과외가 끝나고… 모든 연주회가 끝나고… 크리스마스 연주회가 끝나고 나서, 선생님은 소년을 상급반으로 진학시켰고 소년은 곧 상급반에서 가장 바이올린 연주를 잘하는 학생이 되었어요. [검사자: 과거에는 어땠어?] 음, 그냥 놀기만 했죠. 아버지와 함께, 장난감을 가지고서, 뒤뜰의 연못에서 배를 타기도 하고… 소년의 집 뒤뜰에는 연못이 있거든요…. 장난감을 가지고 놀고… 배에서 뛰어놀기도 하고 그랬어요. [검사자: 이 소년은 어떤 감정을 느꼈을까?] 이야기의 첫 부분에서 소년은 우울함을 느꼈어요. 이야기 중간에는 점점 나아졌고, 마지막에는 괜찮아져서 스스로에게 자부심을 느꼈을 것 같아요.

내용 함의: 소년이 격려받지 못하고 바이올린에 흥미가 없었더라도, 과외를 받고 열심히 연습한다면 최고가 될 수 있을 것이다.

과정 함의: 도판을 보고 이야기를 만들어 낼 때, 오스카는 그림자극이 주는 교훈이나 추상적인 것보다 자신의 경험에 의거하여 도판의 특징적인 세부사항 묘사에 더 초점을 맞춘다(모든 도판에 이러한 특징이 적용된다).

함의를 설명하기 위한 가설: 도판에 그려진 장면에서의 갈등에 대한 묘사가 끝난 후, 오스카는 검사에 주의를 잘 기울이지 못하였으며 구체적이고 세세한 기억에 대해 기계적으로 반복하였고 이야기 구성을 위한 계획도 세우지 못했다. 검사자가 다시 방향을 잡아 주면('이전에는 어떤 일이 있었지?'), 오스카는 이전에 묘사했던 사건과는 연결되지 않는 새로운 사고과정(소년이 뒤뜰에서 어떻게 놀았는지 등)에 대해 이야기하였다. 하나의 일관된 이야기 구성이라는 검사의 요구를 충족하는 이야기의 개념적인 조직화 없이 연상적 과정을 통해 그의 경험을 구체적이고 세세한 하나의 문맥으로 구성하는 오스카의 이러한 양상은 결말이 열린 검사에서의 의도된 행동 조직화 문제나 혹은 심리 내적인 가이드라인이 부재인 상황을 뜻한다. 이러한 서술과정은 소년이 스스로는 바이올린을 잘 배울 수 없다고 생각했으나 개인교사의 도움을 받고 나서는 성공할 수 있다고 생각한 반응내용과 일치한다. (오스카의 부모에 따르면, 오스카가 주 1회의 바이올린 레슨을 받았다는 것과 곧 바이올린을 곧잘 습득했다고 증언한 점은 주목할 만한 이야기이다.)

동기 및 정서적 문제는 이 장에서 다루지 않았지만, 이 이야기(그리고 다른 프로토콜에 있는 이야기)는 어떠한 내재적 즐거움에 대한 지표도 제공하지 않는 반면 등장인물은 (반에서 스타가 되는 것과 같이) 무언가를 잘 해내야 하는 대상이라는 인식에 의해 동기화된다. 아마도 칭찬과 격려는 지도와 구조의 결합에서 주의의 초점을 유지하기 위한 외재적 동기로서 효과적일 것이다.

도판 2. 이 이야기는 숲속에서 살아남으려는 가족에 관한 거예요. 옛날 옛적에 한 남자와 엄마 그리고 딸이 있었어요. 이들은 산악지방에서 농사를 지으며 살았어요. 남자는 농부고 모든 종류의 곡식을 기르고 동물들을 돌보았어요. 엄마는 아빠를 도와주었고 딸 역시 학교에 다녔지만 아빠를 도와주곤 했어요. 하루는 딸이 학교에 가는 길에 그만 길을 잃어버렸는데 숲속에서 한 소년을 만났고, 숲속에서만 살아왔던 소년은 소녀를 도와주었어요. 그리고 소년은 소녀에게 자신도 전에는 소녀처럼 살았다고 말해 주었어요. 소년 역시 등굣길에 길을 잃었고 결국 자연인이 되었다고 말했어요. 자연인이요. 그런 다음 소년은 소녀가 숲을 빠져나갈 수 있게 도와주었고 그곳에서 학교로 가는 길을 알려 주었어요. 학교에 도착한 후 소녀는 종일 소년을 생각했고 집으로 돌아온 후로도 온통 소년 생각으로 가득 찼어요. 소녀는 소년을 만나기 위해 다시 숲으로 향했어요. 소녀가 다시 집으로 돌아왔을 때, 아빠와 엄마는 매우 화가 나 있었어요. '로즈', 소녀의 이름이에요. "로즈, 숲에서 그렇게 오랫동안 뭘 했니?" 소녀는 "아무것도 안 했어요. 진짜예요."라고 말했어요. 로즈가 거짓말을 할 때 얼굴이 빨개지고 진땀을 흘린다는 것을 알고 있던 아빠는 로즈가

거짓말을 하고 있다고 생각했어요. "로즈, 아빠는 네가 거짓말을 하고 있다고 생각한다. 자, 이제 거기서 뭘 했는지 이야기해다오." 소녀는 "음… 그냥 숲에서…"라고 운을 뗐으나 소녀의 아빠와 엄마는 말을 자르며 동시에 "숲속에서 대체 무엇을 한 거야?"라며 다그쳤고 소녀는 "방에 들어가서 숙제할 거예요." 라고 대답했어요. 하지만 부모님은 소녀를 방에 들어가지 못하게 하였고 마침내 소녀가 숲에서 무얼 했는지 듣게 되었죠. "더 이상 숲에는 가지 마라. 학교만 곧장 가. 우리가 한 달 내내 매일 학교까지 동행하마. 학교에서 노는지, 숲으로 가는지 확인할 거니까 한 달 동안은 즐거운 일 따윈 없을 테니 각오하렴." "싫어요." "네가 싫어하든지 말든지 그건 중요하지 않다. 우린 널 보호하려는 거야." "싫다고요." "이제 방에 들어가거라." 소녀는 방에 들어와 숙제를 하면서 울기 시작했어요. 한 달 후, 소녀의 부모님은 자신들이 한 일에 대해 매우 슬퍼하였어요. 그들 자신이 부끄러웠고, 자신들의 시야에서 벗어나지 않을 정도만큼 소녀가 원할 때 숲에 가서 놀 수 있도록 하였어요. "좋아요." 그리고 그들은 행복하게 살았고, 소녀는 소년을 만나 결혼하게 되었어요(결혼 행진곡을 흥얼거림). 여기까지예요. (이 이야기에서 오스카는 등장인물마다 다른 목소리를 사용하였다. 소녀의 목소리는 굉장히 높았고 특정 대화에선 이야기를 잘 알아듣기가 어려웠다.)

내용 함의: 만약 소녀가 부모와의 규칙을 어겼다면, 소녀는 임시로 부모님의 제약과 관리감독을 받아들이겠지만 소녀는 부모가 궁극적으로는 자신이 하고 싶은 대로 하게 해 주었을 것이라고 가정할 것이다.

함의를 설명하기 위한 가설: 등장인물 간의 대화장면과 같은 구체적인 세부사항 묘사를 통해 그림자극이 주는 그 자체의 상태부터 이야기 구성에 이르기까지, 이야기의 진행과정은 1번 도판과 유사하다. 자신의 생각과 행동을 점검하고 통제하려고 하는 오스카의 문제는 이야기 진행과정뿐만 아니라 이야기의 내용과 구조에서도 분명하게 드러난다. 주인공이 등굣길에서 길을 잃었던 것처럼, 오스카는 그의 환상을 대화로 구현해 낼 때 구체적인 설명을 하지 못하고 표현하는 데 어려움을 느끼는 것으로 보였다. 이야기 내에서 부모의 관리감독에 대한 묘사는 등장인물(그리고 화자 자신)의 자기조절에 대한 어려움을 보상하지만 항상 받아들여지는 것은 아니다(주인공은 부모가 그들의 제한을 철회할 때 가장 행복해한다). 이 그림에서도 마찬가지로, 부모의 기대를 충족하는 것에 대해 걱정하기보다는, 학업에 대한 소녀의 노력과 '결국 행복하게 살 것이다'는 목표 이외의 다른 목표를 위한 헌신을 암시하는 표현은 사용되지 않았다.

도판 3. 옛날 옛적에 어린 소녀가 살았어요. 이름은 래티샤예요. 전체 이름이 래티샤 라토냐라서 사람들은 라토냐라고 불러요. 소녀가 음식을 가지러 어딘가로 걷고 있을 때 모두들 "안녕 라토냐"라고 인사했고 "안녕"이라고 소녀는 대답했어요. 소녀는 음식을 가지고 집에 돌아온 후, 다시 밖으로 나갔어요. [검사자: 이 그림에서 일어나고 있는 일에 대해 말해 주렴.] 소녀는 울고 있는 것 같아요. [검사자: 그림에 대해서 이야기하고 있는 거지? 이 그림에서 지금 일어나고 있는 것에 대해 말해 보자꾸나.] 옛날 옛날에 래티샤라는 여자아이가 살았는데, 소녀는 밖에 나가서 이웃사람들과 이야기하였고 누군가 다가와서 집주인이 오고 있다고 말하였고 집주인은 소녀에게 며칠 내로 집 임대료를 내지 않으면 집에서 쫓아낼 거라고 했어요. 소녀는 방으로 돌아와 울기 시작했어요. "어떡해야 되지? 난 돈이 없는데. 돈이 충분치가 않아." 그 후 소녀는 일자리를 찾아 도시로 나갔어요. 그리고는 한 군데를 찾아냈어요. 집에 돌아온 후 소녀는 침대에 앉았다가 다시 바닥에 앉으며 "아, 내일 아침부터 출근해야 되는구나." 얼마 후 소녀는 "어차피 임대료는 갚아야 하니까, 길거리에 나앉는 것보단 계속 이 집에 사는 것이 좋을 거야."라고 생각했어요. 소녀는 아래층으로 내려가… 은행으로 가서 은행에 있는 사람들에게 몇 달러만 달라고 졸랐어요. 은행에 있던 사람에게서 20달러… 한 사람당 20달러씩… 은행에는 4명… 10명이 있었고 금세 꽤 많은 돈을 얻게 되었어요. 집주인은 천 달러를 요구했고 이제 소녀는 800달러만 더 갚으면 되었어요. "나머지 돈은 있니?" "아니오. 하지만 금방… 이제 직장을 얻었으니 곧 갚을 수 있어요." "알겠다." 집주인이 떠난 후 소녀는 "휴" 하고 한숨을 내쉬었어요. 집주인은 "저 아이… 일하게 된 것이 하나도 달갑지 않아 보이네." 하고 혼잣말을 했어요. "내가 즐겁게 일하러 다닐 수 있을까?" 하고 소녀도 중얼거렸어요. 그리고 소녀는 침대 곁에 앉아서 다시 울기 시작했어요. 몇 분 후 소녀는 자리에서 일어나 침대에 누웠어요. 소녀는 "무엇이 날 이토록 곤경에 빠뜨린 걸까? 좀 더 일찍 취직해서 돈을

갚았어야 했는데. 이젠 800달러를 갚아야 하는 처지라니."라고 혼잣말로 중얼거렸어요. 이듬해 집주인은 다시 찾아왔고 400달러를 더 요구했어요. 조금의 말미도 주지 않았고요. 아, 아니 집주인은 1,200달러를 더 받길 원했어요. 소녀가 줄 수 있는 금액은 1,000달러였고, 집주인은 1,000달러를 더 달라고 했어요. 이후 집주인은 해마다 찾아와서… 매년 400달러를 달라고 요구했어요. 그러자 소녀는 지불하길 거부하고 "내년에 드릴게요." 하고 미뤘어요. 4년 중 3년이 지난 후, 소녀는 금액을 지불해야만 하는 상황에 부딪혔고 "오, 내가 신경을 못 쓰고 있었네. 전에 돈을 냈어야 했는데." 하고 후회했어요. 이후 3년이 꼬박 지나고… 아니 5주… 아니 11개월이 지난 후, 소녀는 집주인에게 모든 돈을 지불할 여력이 생겼어요. 그리고 소녀는 모든 돈을 갚았어요. 그리고… [검사자: 이야기 만들기가 끝났으면 나에게 말하렴.] 네, 끝났어요.

내용 함의: 삶에서 힘든 의무(임대료를 갚기 위해 직업 활동을 하는 것)를 다하기 위한 계획 없이 주인공은 지속적인 책임으로부터 벗어나는 것뿐만 아니라 위기에 대한 도움을 타인에게 의존한다.

함의를 설명하기 위한 가설: 오스카는 그림에서 벌어지고 있는 상황(주인공이 임대료를 잊지 말고 갚아야 하는 상황)과 부합하는 이야기를 만들도록 검사지시에서 안내받았다. 이 이야기는 개념적 변화가 없는, 세부적인 내용이 반복되는 일련의 연상적 과정이다. 이야기가 흐름 없이 세부적인 부분에 휩쓸리고 어떻게 마무리할지에 대한 전략이 부재하였으며, 오스카는 검사자가 이야기를 끝내도 된다는 힌트를 주자마자 바로 검사를 급하게 마무리 지었다. 또한, 생각과 행동을 조직화하는 외부적 방향성(direction)에 대한 열망이 분명하게 나타난다. 계획하기를 어려워하는 것은 이야기를 구성하는 방법과 주인공이 자신의 집에서 쫓겨날 위험에 처할 때까지 임대료 지불에 대한 요구금액이 어느 정도인지 예상하는 데 실패한 주인공을 통해 드러난다. 상황을 맞이하는 주인공의 비효율적인 전략(예: 임대료를 과잉 지불하는 것)과 일하는 것이 '재미없다'는 관점은 상당히 복잡한 요소이다.

도판 4. 옛날 옛적에 로키라는 이름의 남자와 그의 아내인 릴리가 있었어요. 며칠 후, 로키는 출근하면서 "나 이제 나가야 해, 릴리"라고 말했어요. 아내는 "알겠어. 잘 갔다 와."라고 대답했어요. "응, 그래."라고 로키가 다시 대답했

어요. 얼마 후, 로키는 릴리에게 전화를 걸었고, 아내는 "로키, 언제 돌아와?"라고 물었어요. 남자는 "잘 모르겠어. 아마 몇 달 후?"라고 답했어요. "아 그렇구나. 잘 다녀와. 안녕"이라고 아내가 말했어요. 전화를 끊은 후, 로키는… 중국지사에 통화를 하였고, 아내에게 다시 전화를 걸어 "여보, 나 여기에 더 있어야만 할 것 같아."라고 말했어요. "얼마나?" "1년 정도?" 아내는 "알겠어. 이만 끊어, 자기." 하며 전화를 끊고는 거의 기절할 뻔했어요. 로키도 거의 기절했어요. 몇 분 후, 두 사람은 다시 힘을 내었고, 로키는 폭력배에게 공격당한 중국인 아이들을 도와주러 갔어요. 남편은 아이들의 생명을 살렸고 병원까지 데려다주었어요. 얼마 후, 남편은 아내에게 전화해서 "여보, 의사가 한동안 어디 가지 말래. 집에 좀 일찍 돌아갈 수 있을 것 같아."라고 했고, 아내는 "정말 잘됐다!"하고 대답했어요. 아내는 남편을 위한 깜짝 파티를 계획하기 시작했어요. 아내는 이웃을 모두 초대했어요. 어떻게 묘사를 해야 될지 잘 모르겠네요. (검사자: 어떤 감정이었을까?) 처음에는 약간 행복했고, 이야기의 중간과 끝에 가서는 슬펐지만 결국에는 매우 행복하게 마무리 됐어요. 이게 다예요.

내용 함의: 남편이 자신의 직업적 책임에서 벗어나 아내(그리고 깜짝 파티)에게 돌아가는 방법은 영웅적인 행동을 통해 신체에 상해를 입는 것이다.

함의를 설명하기 위한 가설: 이 두서없는 이야기는 그림자극과는 상당히 무관해 보인다(남편과 아내가 서로에게 잘 갔다 오라는 인사를 원만하게 건넨 점은 그림자극 내 장면과 일치하지 않는다). 외적 상황으로의 변화는 남편과 아내의 관계를 통제한다. 이러한 이유로, 영웅적 행동을 할 우연한 기회는 등장인물이 자신이 원하는 것을 이루게끔 해 준다. 좀 더 일반적인 수준에서, 이 이야기의 중요한 특징은 평범한 사람은 선택의 제약이 많지만 영웅은 그들이 바라는 대로 할 수 있다는 점이다. 행복한 끝맺음(깜짝 파티)은 단지 '의사가 한동안 어디 가지 말라'고 한 것 때문에 남편이 집으로 돌아온다는 것을 고려해 볼 때 다소 비현실적이다. 이전 이야기와 마찬가지로, 감정은 상황과 함께 묘사되지 않으며, 검사자가 추가적인 질문을 한 이후에 추가 반응으로 제시된다.

도판 5. 옛날 옛적에, 아가타라는 할머니가 있었어요. 아가타는 혼자 살았어요. 할머니는 집을 청결하게 하고 살았지요. 하지만… 누군가 할머니 집에 찾아올 때마다 집을 어지르곤 했는데, 할머니 주변 사람들은 모두 잔뜩 취해

있었기 때문이에요. 아가타는 "너희들 이제 술을 끊어야 해."라고 말했어요. 이들은 "당신도 알다시피, 우린 못 끊어. 술은 우리에게 별다른 해를 주지 않아."라고 답했어요. 할머니는 "그래 알지, 너희는 좋은 사람이었고 지금도 그래."라고 말했어요. 거기엔 모두에게 심술궂게 대하는 여기 이 남자도 있었어요. "너한텐 아무 일이 없겠지. 넌 언제나 심술궂었으니까." 할머니가 말했어요. "너도 좋은 사람이야. 이 사람만 빼고 다 좋은 사람이지. 술을 마시기 시작한 후부터 너희 모두 변했어. 꼭 술을 끊어야 해." 그들은 금주하려고 시도했지만, 잘 되지 않았어요. 그리곤 그들 중 한 명이 흡연을 하기 시작했어요. 아가타는… 총기와 알코올을 사고파는 것을 금지하기 위한 투표 활동을… 하기 시작했어요. 알코올이 사람들에게 해가 된다는 것이 알려진 후… 할머니의 활동이 점차 힘을 얻기 시작했어요. 사람들은 더 이상 총기와 알코올을 팔지 않게 되었어요. 그리고 단백질, 주스, 칼슘, 탄산과 같은 좋은 것을 팔기 시작했고 총기 파는 것을 멈췄어요. 놀랍게도 총기와 알코올을 파는 상점은 빠른 속도로 문을 닫기 시작했어요. 폐점률은 약 네 배 정도 높아졌고 모든 사람이 할머니에게 감사하게 되어 할머니의 활동을 지지하게 되었어요. 할머니의 나이는 많았지만, 세계의 모든 사람이 할머니를 좋아하게 되었어요. [검사자: 어떤 감정이었을까?] 처음에 할머니는 사람들을 슬프게 바라보았어요. 그러다 점차 분노하게 되었고 마지막엔 행복했을 것 같아요. [검사자: 그 전에는?] 처음 그 집에 있을 땐 조용히 살았지만 일주일 후부터 활동을 시작했어요.

내용 함의: 누군가 특정한 한 가지 문제에 대해 걱정하면, 이 사람은 세계의 모든 나쁜 것을 중단하는 운동을 하기 시작하여 결국 (비현실적으로) 세계적인 영웅이 된다.

함의를 설명하기 위한 가설: 집을 청결하게 하고자 하는 등장인물의 핵심 문제의 해결보다는 등장인물이 영웅이 되는 다소 허황된 방향으로 이야기가 전개된다. 이미 이야기가 만들어지는 연상적 양상은 익숙하다. 이야기는 세부적인 부분이 잘 짜여 있지 않은 일련의 사건으로 진행된다. 이야기의 세세한 내용은 검사지시에 부합하는 이야기 구성에서, 선택되고 무시되는 적극적인 과정보다는 오히려 화자가 머릿속에 떠오르는 대로 표현된다. 따라서 이야기가 하나의 연상으로 연결은 되지만 개념적으로 조직화되지는 못했다.

도판 6. 옛날 옛적에 조지라는 남자가 살았어요. 그는 매우 깔끔하고 깨끗한 사람이었고 그… 그는 부유하였지만 친절했어요. 그는 가정부 필립스 씨를 고용했어요. 필립스는 60세이고… 나이가 많네요. "당신은 정말 깔끔하게 사네요…. 조지씨. 부인과 아이들도 계신데… 큰 집으로 이사하실 계획은 없나요? '유쾌한 브레디가(Brady Bunch, 1969년에서 1974년까지 방송되었던 미국 드라마, 흔히 '단란한 가정'을 일컫는 관용적 표현: 역주)'보다 자녀도 많으신데."라고 그녀가 물었어요. "네, 뭐 저는 큰 집으로 이사하는 것이 아직 내키지 않네요. 제 말은, 이 집에 좋은 추억이 많아서요. 저는 늘 그 순간들을 생각하곤 해요." 그가 대답했어요. "그래도 큰 집으로 가는 것이 나을 것 같아요." 그녀가 다시 말했어요. "알아요. 그렇지만 아직은 그러고 싶지 않아요." 그가 다시 대답했어요. 다음 날, "제게 좋은 생각이 있어요. 이곳에 있는 모든 것을 이사 갈 때 함께 옮기면 되지 않을까요?" 그녀가 물었어요. "하지만, 제 추억은요?" 그가 말했어요. "추억은 당신 안에서 영원할 거예요. 이사를 하더라도 추억은 이 집에 남겨지는 것이 아니라 당신과 함께할 거예요." 그녀가 대답했어요. "음, 좋은 말이네요. 좋아요. 내일 당장 이사하도록 해요." 그가 말했어요. 그리고 그녀는 "그렇게 빨리요?" 하고 물었고 그는 "저는 아마 이 지구상에서, 우주상에서 가장 빠르게 이사를 하는 사람일 거예요." 하고 대답했어요. 그리고 실제로 다음 날 이사를 했어요. 꼬박 하루도 안 돼서 대저택으로 이사를 했어요. 지금 이 학교 건물보다 더 큰 곳으로요. 얼마 후, 아이가 "아빠, 내 방은 어디예요?" 하고 부모님께 물었어요. 그리고 이후 그들은 그곳에서 3년을 살았어요. 그는 "나도 잘 모르겠네. 이 집의 지도를 그려 놔야겠구나."라고 말했어요. 아이들은 "그래요."라고 대답했어요. 그들은 집 안 곳곳에 지도를 붙였어요. 그렇게 살았다고 하네요. 이상이에요. [검사자: 감정은 어땠을까?] 처음에, 아빠는 슬프면서도 행복했어요. 점점 괜찮아지다가 마지막에는 매우 기뻐했어요. 이게 끝이에요.

내용 함의: 부유하다면, 그/그녀는 가족과 함께 대저택으로 이사 가는 것과 같이 상상 속에서 존재할 법한 의사결정을 내리지만, 비현실적인 해결이라는 예상치 못한 복잡한 문제가 얽혀 있다.

함의를 설명하기 위한 가설: 여기서도 또다시, 등장인물의 깔끔함에서 시작하여 가족이 대저택으로 이사를 가면서 끝나며 대저택에서 길을 잃을까 봐 지도를 붙여 놓는(외부적 구조) 말도 안 되는 이야기가 등장하였다. 이전 이야기와 마찬가지로, 계획이나 예상의 부재에서 사건은 이전에 발생한 사건의 꼬리를 물고 발생한다.

도판 8. 옛날 옛적에, 젊은 남자와 그의 아버지가 있었어요. 젊은이의 아버지는 병을 앓고 있었고 어디가 아픈지 확인하기 위해 수술대에 올라야 했어요. 의사는 "젊은이, 나는 자네 아버지가 반드시 수술을 해야 된다고는 생각하지 않네. 아버님은 지금 궤양, 감기, 기억 상실 그리고 뭐랄까… 암이라고 생각하네."라고 말했어요. 젊은이는 "암, 감기, 기억 상실, 또 다른 많은 질병을 앓고 계시다니!"라고 말했고 의사는 "그렇다네."라고 대답했어요. 아버지는 병상에 누워 있었어요. 젊은이는 "아버지, 아버지, 좀 어때요?"라고 물었어요. 아버지는 몸을 일으키며 "아, 무슨 일이니?"라고 되물었어요. "아버지 몸이 좀 안 좋대요." 아들은 더 이상은 어떠한 말도 아버지에게 말해 주지 않았어요. "의사선생님, 아들이 저에게 화가 났나요?" 하고 아버지가 의사에게 물었어요. "아닙니다. 다만 저희가 아버님을 도와 드릴 수 없어서 그러는 것 같습니다." 의사가 대답했어요. "뭐가 문제인가요? 제 병을 고치기 어렵나요?" 아버지가 물었어요. "음, 더 심각한 문제입니다. 마음의 준비를 하셔야 할 것 같습니다." 의사가 이야기했어요. "뭐라고요?" 아버지는 깜짝 놀라며 물었어요. 의사는 여전히 아버지를 수술 중이었어요. 제 말은, 이제 봉합을 해야 된다고요. 의사는 집도하여 수술을 진행하다가 실수로 꿰맨 자리를 다시 잘라 버렸고 아버지는 "으아악!" 하고 비명을 질렀어요. 의사는 다시 상처를 봉합하였어요. 시간이 지나 아들은 성장하였고 아버지는 명이 다 되어 돌아가셨어요. 감기, 암, 다른 질병들 때문에요. 아들은 아버지가 살아 계셨으면 하고 바라고 또 바랐어요. 시간이 지나, 아버지의 장례를 치르는 동안, 의사는 아들에게 다가와 "젊은이, 우리가 실수했네. 자네 아버지는 살아 계신다네." 아들은 "뭐라고요?" 하고 대답했어요. "아버지는 지금 잠들어 계신 것뿐이네." 의사가 말했어요. "그럼 아버지가 깨어나셨을 때 왜, 왜 알아차리지 못하신 거죠?" 의사는 "글쎄요, 저희도 잘 모르겠네요." "그래요, 아버지는 살아 계세요." 아들이 말했어요. 얼마 후, 아버지는 깨어나셨고 아들은 "아버지, 살아나셨네요. 이제 아무 문제없어

요." "휴" 하고 아들은 안도의 한숨을 내쉬었어요. 여기까지예요. [검사자: 어떤 감정일까?] 처음에는, 아들은 슬펐어요. 계속 슬퍼하다가 마지막엔 매우 행복했을 것 같아요.

내용 함의: 필연적으로 발생할 일을 받아들이기 어려울 때, 이야기 속 소년은 소원을 빌었고 큰 실수가 있다는 것을 발견하고는 결국 모든 것이 괜찮아졌다.

함의를 설명하기 위한 가설: 이 이야기는 일차원적인(피상적인) 등장인물과 전혀 일어날 것 같지 않은 일련의 사건들로 이루어진 한 편의 영화처럼 진행된다. 이야기 진행의 계획 없이 오스카는 논리적인 마무리를 짓지 못하였다. 결국 오스카는 이야기 속 아버지를 죽음으로부터 다시 살아 돌아오게 함으로써 주인공의 바람을 이루어 주게끔 하였다. 이전 도판에서의 이야기와 마찬가지로, 등장인물들은 자신의 행동에 대한 결과를 직시하지 않으며 심각한 실수에도 불구하고 마지막은 항상 행복하게 마무리된다.

이야기 요약

TAT 이야기를 구성할 때, 오스카는 이야기 진행에 대한 전략적인 계획 없이 보다 손쉬운 검사를 해내는 것보다 눈앞에 놓인 부차적인 세부사항에 집중하는 등 그림자극에 대하여 자신의 배경지식에 근거하여 생각을 표현하는 것을 더 선호하였다. 때때로 명확한 지시사항 없이, 특히 그림자극이 복잡할 때, 오스카는 그림 주변의 단서에 걸맞은 반응을 하는 데 어려움을 겪었다. 이야기를 진행하면서 내용을 스스로 점검하는 데 있어 오스카가 겪는 어려움은 외부적인 관리감독(supervision)과 지시사항을 요구하는 것 혹은 해야 할 일을 반드시 해내야 하는 문제에 직면하거나 계획 및 예견의 부재로 인한 딜레마를 해결하는 것으로 묘사되는 등장인물의 모습과 유사하다. 영웅으로 대변되는 오스카의 이야기 속 주인공은 다소 단조롭고 따분한 삶의 필요조건으로부터 면제된다. 이러한 양상은 오스카의 산만함, 부주의, 조직화의 문제와 맥을 함께 한다. 그림자극의 세부적인 특징과 관련된 연상과정에 주의를 빼앗기는 오스카의 경향성(등장인물이 주의력 결핍을 보이는 인물로 묘사되는 양상)은 심각한 주의산만성을 암시한다. 더욱 구조화된 검사에서 비교적 쉽게 답을 찾았던 오스카의 수행과는 대조적으로, 검사자가 주는 간접적인 단서는 오스카가 이야기 검사에서 나은 수행을 보이는 것에 아무런 도움을 주지 못하였다. 오스카가 구조화된 검사에서 보인 평균 상의 수행은 TAT와 같이 상대적으로 자신만의 기준과 목표의 조직화가 필요한 검사에서의 수행과 비교된다. 역설적이게도 오스카는 구조화가 많이 필요하지 않은 검사를 더 선호하였으며 구조화된 학업 수행검사에서는 따분함과 좌절을 경험하였다.

오스카의 이야기가 자신의 사고과정을 점검하고 이야기 진행과 별로 관련이 없는 생각을 떠올리지 않도록 하는 데 어려움을 보이지만 일반적인 반응내용은 사회적으로 용인할 수 있을 정도로 적절하였다. 또한 타인의 기분을 맞추거나 성공적으로 타인에게 인식되기 위한 오스카의 동기는 목표 지향적인 활동을 하기 위한 내부적 자원의 투자가 최소한으로 이루어진 언어에서도 명백하게 드러난다. 내적 구조를 통한 검사상황에서의 더 나은 수행과 이에 따라 형성된 반응 기준이 짝지어진 이러한 동기화된 양상은 오스카가 학교나 집에서 계획하기 및 자기점검과 같은 특정 검사를 완수하기 위한 지시사항을 잘 따르리라는 점을 암시한다. 간혹 오스카가 자신과 맞지 않는 외재적 한계에 부딪히더라도 격려, 칭찬, 인정과 관련된 자극에는 잘 반응하였다. 가족과 교사의 충분한 격려가 필요하며, 명상을 통한 치료를 고려할 수 있을 것이다.

벤지의 사례

벤지와 오스카의 이야기를 부호화한 결과에 대한 비교는 부록 4.1을 참고하시오.

도판 1. 소년은 바이올린을 가지고 있지만 연주를 잘하지는 못해요. 그래서 그는 자신이 연주를 잘하지 못한다는 사실에 대해 조금 화가 나 있어요. 선생님은 제가 이 그림에 대해 어떻게 생각하는지 알고 싶은 거죠?(바이올린 아랫부분을 가리키며) [검사자: 이야기하고 싶은 대로 하렴] 소년은 자신이 연주를 잘 하지 못한다는 사실을 알기 때문에 바이올린을 계속할지 그만둘지를 고민하고 있어요. [검사자: 어떻게 될 것 같아?] 소년은 연주를 잘하지 못할 것을 알

기 때문에 그만두게 될 것 같아요.

도판 2. 여기 가운데 부분은 1800년대의 가족인 것 같고, 쉬고 있는 이 사람은 엄마, 말을 끌고 있는 이 사람은 아들이거나 아버지 둘 중 하나예요. 그리고 여기 이 소녀는 방금 전까지 책을 읽고 있었고 이제 집으로 돌아가려 해요. 이 때 당시를 생각해 본다면 이 소녀가 학교를 과연 다녔을까 싶네요. 아무튼 저는 소녀가 학교에 갔다 오는 것처럼 보이네요. [검사자: 이 가족들은 어떤 일을 하고 있는 것 같아?] 생계를 위해 하루 일과를 열심히 보내고 있는 것 같아요.

도판 3BM. 여기 사람이 있네요. 여자는 매우 피곤하거나 아니면 슬퍼해요. 음… 매우 슬퍼하는 것 같아요. 여자와 가까운 사이인 누군가와 안 좋은 일이 있었고, 여자는 그 일을 극복하려고 노력해요. 이건 총인가요? [검사자: 너는 이것을 총으로 보았니?] 아니오, 뭔가 모호한 물체요. 총일 수도 있겠네요. 여자가 너무 우울해서 총으로 자살하려 했는지는 모르겠지만 아무튼 모호한 물체네요. 총일 가능성도 있어서 혹시나 싶어서 여쭤 본 거예요. [검사자: 무슨 일이 있었을까?] 아마 여자의 가족 중 한 명이 죽었나 봐요. [검사자: 다 끝난 거니?] 결국 여자는 극복해 낼 거예요. 슬픔을 극복하고 잘 살아갈 것 같아요.

도판 4. 자신에게 화를 냈거나 공격을 한 사람에게 화가 나 있는 남자가 있어요. 아내는 공격한 사람에게 반격을 하는 등의 후회할 일을 남편이 하지 못하도록 말리고 있어요. 결국 아내는 남편을 말리고 남편도 화를 누그러뜨릴 거예요.

도판 5. 어떤 숙녀가 방금 집에 도착한 것이거나 아니면 누군가를 찾기 위해 집에 와서 방에 들어가려는 것 같아요. [검사자: 누구를?] 이 집에 사는 다른 누군가를요. 아마 숙녀는 그 누군가에게 원하는 것이 있는 것 같아요. [검사자: 그 후에 어떤 일이 일어났을 것 같아?] 그 사람을 찾을 때까지 숙녀는 계속 찾을 것 같아요.

도판 6BM. 생각을 좀 해 봐야 되겠어요. (잠깐의 침묵) 이 할머니의 아들이 집에 막 들어와서 할머니에게 자신이 겪었던 슬픈 일과 같은 나쁜 소식을 전해 주었고 이 이야기를 들은 할머니는 놀람과 동시에 슬퍼하고 있어요. 그게 다예요. [검사자: 이야기를 좀 더 만들어 보자면, 그 소식은 뭘까?] 음 아마… 잘은 모르겠어요. 그냥 할머니를 놀라게 하고 또 슬프게 하는 소식이요. [검사

자: 끝났니?] 나쁜 소식을 전해 듣고는 둘 다 그냥 그렇게 살아갈 것 같아요. 무슨 TV 쇼에 나오는 이야기 같네요.

도판 7GF. 좋아요. 이야기하기 전에, 이들은 소녀를 학교에 보내 주기로 한 것 같아요…. 학급이 하나뿐인 학교요. 이 그림에서 선생님은 소녀에게 수업을 하고 있지만 소녀는 흥미가 없고 수업을 듣고 있지 않아요. 다른 누군가가 소녀에게 수업을 하더라도 집중하지 않는 모습에 화가 날 거예요. [검사자: 결국 어떻게 될 것 같아?] 제가 말했듯이 선생님은 소녀에게 화가 날 것 같아요. [검사자: 나중에는 어떻게 될까?] 소녀는 꾸중을 듣고 수업에 집중하게 될 것 같아요.

도판 7BM. 소년이 성적표를 가지고 집으로 왔고 아버지는 그것에 만족하지 못하고 소년을 혼냈어요. 소년은 혼나서 매우 슬퍼요. [검사자: 그리곤 어떤 일이 일어났을 것 같아?] 아버지가 주는 벌을 다 받아서 기분이 좋지 않을 것 같아요.

도판 8BM. 소년, 음… 소년보단 어떤 청소년이 수술을 받게 되었고 수술이 어떻게 될지 상상하고 있어요. 약간 무서워하고 있어요. 앞으로 어떤 일이 벌어질지 지켜보고 있고 그것이 그를 더욱 두렵게 만들어요. 여기 왜 총처럼 보이는 것이 있는지 잘 모르겠네요. [검사자: 끝이야?] 그는 잘 극복하고 지금은 수술했다는 사실조차 느끼고 있지 않기 때문에 걱정할 것이 없다는 것을 깨달았어요.

도판 12M. 이 소년은 아파요. 그의 할아버지가 소년을 보러 왔고 할아버지가 옆에 있다는 것만으로 그는 잘 회복하고 있어요. [검사자: 할아버지는 무슨 생각을 하실까?] 할아버지는 소년이 아파서 슬퍼요. 어떻게든 소년이 낫는 데 도움을 주고 싶어 해요. 실제로는 할아버지가 옆에 있는 것 자체가 소년의 병을 낫게 하지는 못해요. 하지만 옆에 있다는 사실만으로 소년의 기분은 나아지고 있어요.

도판 12BG. 나무, 잔디, 채소가 있는 들판에 강 혹은 바람이 흘러가고 있고 오래전에 사용했을 것 같은 배가 한 척 있는 장면 같아요. 누군가 우울하고 스트레스 받아서 평화롭고 조용한 곳을 가고 싶을 때 올 수 있는 곳이에요. 사람이 없어서 다른 그림들과는 다른 것 같아요.

도판 13B. 통나무집에 한 소년이 앉아 있어요. 그는 지루해하며 뭘 해야 될지 생각하고 있지만 아무것도 할 것이 없다는 사실에 슬퍼하고 있어요. [검사자: 끝이야?] 그는 아무런 생각도 못하고 있어서 아무것도 못하고 있어요.

자기점검

1. **다음 중 지각적 통합(perceptual integration)에 대한 설명으로 옳지 않은 것은?**
   (a) 인지적-경험적 통합과는 관련이 없다.
   (b) 도판에 제시된 장면의 설명에 대한 정확성과 세밀함을 의미한다.
   (c) 높은 수준의 지각적 통합은 지각적 요소 간의 개념적 관계성을 입증하는 것이다.
   (d) 위의 설명 모두 참이다.
2. **구체적 사고(concrete thinking)의 특징에 대한 설명으로 옳지 않은 것은?**
   (a) 즉각적인 상황적 단서와 관련된다.
   (b) 특정 개인의 경험과 밀접하게 연관된다.
   (c) 시행착오적 문제 해결에 기여한다.
   (d) 위의 설명 모두 참이다.
3. **다음 중 인지적-경험적 통합에 대한 설명이 아닌 것은?**
   (a) 과거, 현재, 미래라는 시간적 관점의 통합이다.
   (b) 인과론이나 다른 논리적 틀을 따르는 관념의 조직화이다.
   (c) 내부세계와 외부세계로부터의 자극을 조화시킨 것이다.
   (d) 위의 설명 모두 참이다.
4. **왜 '시간 조망(time perspective)'이 TAT 이야기 반응에서 중요한가?**
5. **연상적 사고(associative thinking)와 규칙-기반 사고(rule-based thinking) 사이의 핵심적인 차이는 무엇인가?**
6. **사고의 결손과 왜곡은 어떻게 TAT 이야기 반응에서 나타나는가?**
7. **주의력 혹은 다른 사고과정의 장애로 인해 발달된 '혼란스러운 도식(disrupted schema)'은 TAT 이야기 반응에서 분명하게 나타난다.**
   (예/아니요)

정답: 1. a, 2. d, 3. d, 4. 검사지시(설명, instructions)는 시간에 따른 일련의 사건에 대한 단서를 제공하며 이는 이야기의 구조에 필수적인 요소이다. 또한 시간은 사고를 조직화한다. 5. 연상적 사고는 의도적으로 조직화되지 않았으나 (즉 자동적인) 경험에 대한 내재적인 규칙성을 반영하는 생각의 흐름을 나타내

는 반면, 규칙-기반 사고는 설정된 목표에 맞게 의도된 분석과정이나 논리적인 사고과정을 나타낸다. 6. 결손은 빠져 있거나 모호하게 남아 있는 것에서 분명하게 드러나는 반면, 왜곡은 이야기의 내용에서 모순되고, 비논리적이며, 사회적으로 바람직하지 않은 내용으로 나타난다. 7. 예

부록 4.1

추상적 사고의 수준

도판번호	1	2	3BM	4	5	6BM	7GF	8	13
벤　지	4	4	4	4	4	4	4	4	4
오 스 카	3	3	3	3	3	3		2	

지각적 통합의 수준

도판번호	1	2	3BM	4	5	6BM	7GF	8	13
벤　지	5	5	5	5	5	5	5	5	5
오 스 카	2	2	2	1	2	1		2	

연상적 사고의 수준

도판번호	1	2	3BM	4	5	6BM	7GF	8	13
벤　지	5	5	5	5	4	5	4	5	5
오 스 카	2	2	2	2	2	2		2	

인지적-경험적 통합의 수준

도판번호	1	2	3BM	4	5	6BM	7GF	8	13
벤 지	5	5	5	5	4	5	4	5	5
오 스 카	3	3	2	1	2	1		2	

5 CHAPTER

TAT를 활용한 정서 평가의 핵심 [1]

TAT처럼 불쾌감을 유발하는 그림자극은 수검자가 부정적 정서를 경험하고, 조절하고, 표현하고, 해결하도록 유도한다. 정동을 상징화하고 표상화하는 것은 어렵기 때문에 수검자는 이야기를 구성할 때 그림자극이 유발하는 정동의 부정적인 측면을 축소/과장하거나 왜곡한다. 이러한 어려움은 화자가 그림자극 및 사회적 인과성을 통해 파악할 수 있는 사건, 의도, 행동의 맥락에서 감정을 표현하기보다는 정서적 단서에 과민반응하거나 이를 무시하고 오인할 때 뚜렷하게 나타난다. 이 장에서는 개인이 부정적 정서를 개념화하고 조절하는 원리를 중점적으로 다룰 것이다.

---

1) 역자 주

역자는 feeling을 감정으로, emotion을 정서로, affect를 정동으로 번역하였다. Leo Rangell(1995)에 따르면, 지금껏 다양한 학자들이 감정, 정서, 정동의 차이를 밝히려고 시도하였으나, 이를 구분할 수 있는 일반적으로 수용되는 만족할 만한 공식은 없다고 지적하였다. 감정, 정서, 정동을 정확히 구분하기란 어려운 일이지만, 독자의 이해를 돕기 위해 다음에 세 가지 개념에 대한 간략한 설명을 제시하였다.

감정(feeling): 즉각적이고 순간적인 느낌, 지각을 통한 감정의 수동적이고 주관적 경험, 중추신경에서 주관적으로 경험되는 상태

정서(emotion): 개인이 지각한 상황에 대하여 어떻게 반응하는가에 영향을 미치는 행동적, 경험적, 생리적 반응 경향성의 종합체(Gross, 2002)

정동(affect): 정서와 관련된 모든 현상과 무의식적 정서 경험을 포함하는 개념. 자극에 대한 무의식적, 생리적, 자동적, 동기적 반응. 학자에 따라 다르게 정의된다.

이야기로서의 정서

정서(emotion)는 자신의 감정(feeling)을 외현적 상황 및 행동계획과 연관시킴으로써 비롯되는 신체적(예: 근육긴장), 정동적(예: 슬픔) 경험으로 형상화된 복잡한 이야기 구조로 나타난다. 정서의 '핵심'은 반복되는 개념적 활동을 통해 정서로 변환되는 긍정적이거나 부정적인 정동(affect)상태이다(Barrett, Mesquita, Ochsner, & Gross, 2007; Lazarus, 1991a) 생리적 반응을 '이야기'로 나타내는 경험의 체계 내에서 '감정(feeling)'은 '정서(emotion)'가 된다. Shweder(1994)의 설명에 따르면, "'정서(emotion)'는 신체적 사건(피로, 흉부통증, 소름)이나 정동적 사건(공황, 공허함)과 같은 전체적인 이야기로, 일종의 지각(상실, 획득, 위협, 가능성)으로 경험되며, 일종의 계획(공격, 철수, 인정, 은신, 탐색)과 연결된다." '이야기'는 감정, 인식, 개념이 수렴되어 구성되며, 달리 구분되지 않는 기쁘거나 불쾌한 감정을 조직화하는 정서의 역할을 보여 준다. 이야기 구조는 원인과 결과(정서를 유발하는 것)를 연결하고, 수단과 목적(정서를 다루는 방법과 목표를 달성하고 긴장을 경감시키는 방법)을 연결한다. 이처럼 신체적, 정동적 반응은 인지와 연결됨으로써 정서로 발전한다.

핵심 정동의 변화와 마찬가지로 우리는 매일같이 환경의 변화를 마주하기 때문에, 정서적 이야기의 발달을 통해 정동이 정서로 변화하는 것은 점차 자동화된다. 정서적 이야기가 발달하는 다양한 경로가 있지만, 경로가 일단 굳어지면서, 정서적 이야기는 고유의 생명력을 얻는다. 자동적으로 정서로 경험되는 것은 정동(기쁘거나 불쾌한 기분상태)과 인지(원인 및 잠재적 행동에 관한 개념)가 결합된 마음의 상태이다(Barrett et al., 2007). 감정을 유발하는 상황은 정서 및 정서와 관련된 인지적 측면을 활성화시키고, 그 결과 특정한 정동을 동반한 반복적인 경험, 이와 관련된 상황, 그리고 행동은 자동적인 인지패턴이나 인지도식으로 점차 확립된다(Beck, 1976). 이런 도식은 심적 표상의 정동적 측면과 인지적 측면을 연결시키며, 심리적 반응 및 표현적 · 도구적 행동을 동반한다(Lazarus, 1991a; Schwartz & Shaver, 1987). 이 체계에 속한 어떤 요소라도 이와 결합된 다른 요소를 촉발할 수 있다(Berkowitz, 1990). 예를 들어, 불쾌한 정동은 심리적 반응, 아이디어, 기억, 현재 상태와 관련된 표현적 운동 반응을 유발하고 다른 부정적 감정을 촉발하는 경향이 있다.

개인은 자신의 내적 상태를 일반적인 정동적 경험('낮은 단위') 혹은 구체적인 정서('높은 단위')로 표현하는 정도가 다른데, 이런 차이는 개인의 언어지능이나 단어의 의미를 이해하고 있는 정도로는 완벽하게 설명할 수 없다(Barrett 1998, 2004). 대체로 특정 정서는 비열한 활동을 지각하는 사람이 분노를 느끼고, 불확실성이나 실존적 위협에 직면한 사람이 불안을 느끼는 것처럼 '만약 ~하다면'식의 평가와 관련이 있다. 하지만 만약 '분노'가 품위를 손상시킨 데 대한 반응이라면, 문화적 환경에서 이 사람은 품위를 훼손시키는 신호에 대해 인식하고, 그 신호에 의미를 전가해야 한다(Lazarus, 1994). 정서적 '이야기'는 문화적 원칙을 따른다(Lazarus, 1991c; Lutz & White, 1986; Scherer, 1992; Smith & Scott, 1997). 그렇지만, 정동을 인지와 연합하는 개인적인 과정은 특정 상황과 정서가 일대일로 대응하는 것을 방해한다(Nezlek, Vansteelandt, Van Mechelen, & Kuppens, 2008; Kuppens, Van Mechelen, Smits, De Boeck, & Ceulemans, 2007; Parkinson, 1999).

평가와 정서

앞서 언급했듯이, 정동이 인지 체계 안에 포함되면서 정동은 정서로 변화한다. 정서 평가 이론가는 개인이 자신의 심리적 안녕(Wellbeing)과 관련된 정동적으로 힘든 상황을 자동적으로 평가함에 따라 발생하는 정서에 중점을 둔다(Lazarus, 1991a). 이러한 평가는 개인이 상황에 직면하는 즉시 발생하지만, 도식에 영향을 받거나(Cervone, 2004), 정동이 포함된 '이야기'에 영향을 받는다. 즉, 도식은 정서를 유발하는 주변요인이고, 평가는 정서를 유발하는 핵심요인이다(Lazarus, 1991a). 정서는 개인에게 심리적 의미를 부여하는 현재 상황에 대한 달리 구분되지 않는 기쁘거나 불쾌한 정동상태를 정보와 연결하는 심적 표상, 이야기 혹은 도식이다. 인지와 정동은 서로를 구성하고 있으며, 둘 다 정서를 조절한다(빠르게 찾기 5.1 참조).

빠르게 찾기 5.1

도식과 정서조절

1. **도식의 복합성과 구성.** (인식, 해석, 표현의 문제를 포함한) 정서의 자기조절과 관련된 두 가지 어려움은 도식의 복합성 및 불충분한 구성(결핍)과 역기능적 구성(왜곡)이다. 결핍은 통제 구조의 미발달로 인한 조절 문제와 관련이 있지만, 왜곡은 정서를 부적절한 목적으로 향하게 하는 부적응적 통제 구조로 인한 이상조절 문제와 관련이 있다(Cicchetti, Ackerman, & Izard, 1995; Rubin, Coplan, Fox, & Calkins, 1995).
2. **기억으로부터 도식의 인출.** 기억을 통해 이전 경험에 접근하는 것은 활성화된 도식에 달려 있다. 우울증의 스트레스-취약성 모형은 부정적 정동이 존재할 때만 부정적 생활 사건이 역기능적 도식을 활성화시킨다고 상정한다(Miranda, Gross, Persons, & Hahn, 1988). 우울한 기분은 부적응적 도식을 활성화시킨다(Higgins, King, & Mavin, 1982). 심리치료에 도식을 활용할 수 있는지 알아보기 위해서는 기분에 의해 도식이 인출되는지에 대한 보다 많은 연구가 필요하다. 인지와 정동 구조는 서로를 구성하고 있지만, 서로의 원인은 아니다. 우울도식은 정동, 인지, 행동 상호 간의 관계를 포함하는 복잡한 체계이다(Swallow, 2000). 도식과 도식의 기능에 대한 합의된 견해는 없지만, 도식은 정신병리학의 발전 및 지속과 긍정적 적응에 핵심적인 역할을 하는 것으로 여겨지고 있다.
3. **활성화된 도식과 일련의 정보처리과정의 조합.** 개인의 '일련의' 문제 해결 능력(예: 집중, 작업 기억)은 도식이 현재 상황에 맞게 굳어지거나 수정되도록 영향을 준다. 예를 들어, 규제전략에 초점을 두는 것보다 부정적 정서를 반추하는 사람은 다음의 세 가지 기제를 통해 우울증에 보다 취약하다(Nolen-Hoeksema, 1999). 첫째, 부정적 정동을 악화시키는 부정적 사고에 대한 반추는 인식의 지배를 강화하는데, 이는 결국 우울한 사고 및 기억에 대한 접근성을 높인다(도식 활성화). 둘째, 반추과정은 에너지를 소모하고 집중력을 손상시킴으로써 건설적 사고와 문제 해결을 방해한다(더 악화된 '일련의' 처리과정). 셋째, ('일련의' 과정대로 처리해야만 하는 문제로 인해) 충족하지 못한 기대와 미해결 문제는 악순환을 심화한다.

활성화된 도식은 평가를 통해 정서 및 정서와 관련된 반응을 유발한다. 적응적 도식이 자동적 평가에 대한 정보를 제공한다는 점에서 자동적 평가는 적응적이다. 겉보기에 수월해 보이고 직관력 있는 평가도 잘 개발된 도식을 통해 얻을 수 있는 풍부하고 미묘한 차이가 있는 숙고에 근거한다(Lazarus, 1995; Reisenzein, 2001; Scherer, 2001; Smith & Kirby, 2001a,b). 반면에, 왜곡된 평가와 역기능적 평가의 기저를 이루는 부적응적 도식은 정서경험을 불러일으키고, 고통이나 갈등의 악순환을 심화시키는 행동을 야기한다. 정서 중심적 치료개입은 흔히 핵심정동이 정서로 변하는 과정을 목표로 삼는다(Greenberg, 1993; Moses & Barlow, 2006).

부모의 규제가 자신에 대한 불신과 멸시로 형성된 도식을 지닌 17세 고등학교 2학년 카일을 생각해 보자. 이 도식이 카일을 화나게 하는 직접적인 원인은 아니다. 그 보다는 어떤 규제(예: 통금시간)를 모욕적이라고 평가하는데 이 도식을 적용함으로써 간접적으로 화가 유발된다. 부모의 규제에 대한 보다 적응적인 도식은 규제에 융통성을 부여하여, 몇몇 규제를 합당한 부모의 양육, 불필요한 걱정(또는 불신), 타당한 관점의 차이, 오해로 간주토록 한다. 자동적 평가를 유도하는 조건적 도식은 개인에게 정서 및 행동 반응을 발생시키는 다양한 결과와 함께 범주의 파노라마를 제공한다.

카일의 도식이 발달하는 과정은 자동적 · 연상적 평가와 의식적 · 의도적 추론을 구별해 주는 평가의 이중 처리과정 모형으로 이해할 수 있다(Smith & Kirby, 2001a,b; Smith & Neumann, 2005). 부모의 규제가 모욕적이라고 반복적으로 평가하게 되면 이러한 평가는 다른 정보와 함께 카일의 도식에 새겨지며, 그가 부모의 규제를 이 도식과 연관시키면 도식이 형성될 때 새겨진 평가와 정서가 즉시 수반된다(Reisenzein, 2001). 평가함에 있어서 부모의 규제를 받거나 심지어 규제가 예상될 때조차도 카일은 자동적으로 분노를 경험한다. 카일은 자신이 평가했다는 사실을 모르기 때문에, 상황적 요인이 분노의 직접적 원인이라 생각할 수 있다.

카일에게 이러한 평가 양식이 발달하게끔 만드는 악순환은 아동기 동안 학업적 어려움에서 나타난 주의곤란을 포함하는데, 이러한 학업적 문제는 부모의 관심과 개입(최고의 학교를 선택하고, 과외를 시키고, 숙제를 부추김)을 유도한다. 평가가 이루어지는 동안, 카일은 자신의 가치를 인정하고 부모의 지지를 계속해서 갈망하지만, 지속적으로 경험하고 있는 학업에 대한 좌절감과 부담감은 매년 가중된다. 이에 카일은 점점 더 극단적으로 평가하고 거의 끊임없이 분노를 경험하게 되는데, 그럼에도 불구하고 낙천적으로 보이기 위해 화를 억제하려고 노력한다. 카일은 솔직하게 자신의 경험을 검사자에게 털어놓았고, 자신의 '지속적인' 화에 대한 불만을 표현하였다. 또한, 자신이 겪고 있는 정서는 자신에게는 무의미하지만 일반적으로 가족과 사회가 추구하는 성취를 향한 정당한 분노라고 설명했다.

카일이 자신이 처한 상황을 이해하려고 하는 즉시, 그가 매일 직면하는 것들이 그의 자동적 도식을 강화한다. 카일의 이분법적 사고는 부모의 규제를 대개 '이분법적' 방식(내가 그렇게 하도록 허락하거나 허락하지 않거나)으로 평가하게 만들며, 부모의 규제를 자신을 존중해 주지 않는 것으로 간주하는 경향은 분노와 갈등을 유발한다. 동시에, 카일은 좌절감, 집중곤란, 자신의 학업과 학습에 대한 무의미함 때문에 매일 힘겨워하고 있다. 카일의 평가를 유도하는 암묵적 도식이 나날이 공고해지고 있다는 것을 고려하면, 도식을 유지하는 암묵적 과정을 고려하지 않고서 의식적 평가를 장려하는 인지적 개입만 시도하는 것은 충분치 않을 수 있다(Campos, Frankel, & Camras, 2004; Linehan et al., 2002). 카일의 언어적 표현을 변화시켜도 그의 경험이나 자동적으로 활성화되는 도식은 변하지 않을 것이다. 평가에 앞서, 카일의 관심은 최소한의 노력으로 고등학교에서 대학교로 진학하는 것이었다. 카일의 부모는 그가 대학에 진학하기 위해 필요한 지원과 사전에 적합한 학교를 선정하는 것의 필요성에 대해 논의하였다. 카일은 부모의 의견에 동의하였고, 평가에 참여하고 싶어 했다(10장 참조).

정서평가이론의 전제는 자신이 직면한 상황을 심리적 안녕(Wellbeing)의 관점에서 정동적으로 평가한다는 점과 판단을 내리는 범주가 도식에 한정되어 있다는 점이다. 입력된 정보를 분류하는 데 사용되는 범주는 문화적·언어적 맥락의 영향을 받지만(Mesquita, 2001a,b; Mesquita & Ellsworth, 2001), 서로 다른 평가 모델(Ellsworth, & Scherer, 2003) 사이에 자신과 상황의 타당성을 확립하는 몇몇 추상적인 범주에 관한 접합점이 있다(빠르게 찾기 5.2 참조; Frijda, 2006). 예를 들어, 스트레스 상황을 평가함으로써 발생하는 정서는 개인이 효과적으로 대처하기 위해 지니고 있는 암묵적 감각에 의해 완화된다

(Lazarus, 1999; Scherer, Schorr, & Johnstone, 2001).

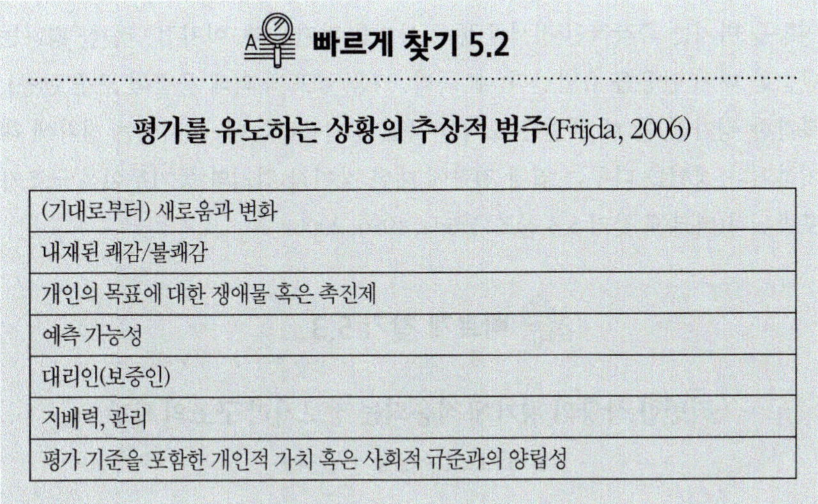

빠르게 찾기 5.2

평가를 유도하는 상황의 추상적 범주(Frijda, 2006)

(기대로부터) 새로움과 변화
내재된 쾌감/불쾌감
개인의 목표에 대한 장애물 혹은 촉진제
예측 가능성
대리인(보증인)
지배력, 관리
평가 기준을 포함한 개인적 가치 혹은 사회적 규준과의 양립성

정서조절

외부 환경에서 얻은 단서와 내부 환경에서 얻은 정보를 통합하는 개인의 도식은 정서를 인지적으로 조절하는 도구로 기능한다(Santostefano, 1991). 가족 여행이 취소되었을 때 다르게 반응하는 한 가정 내의 두 아이를 생각해 보라. 10세 조쉬는 여행이 취소된 것에 대해 화를 냈고, 여행 갈 날짜가 다시 정해질 때까지 뿌루퉁해 있었다. 조쉬의 동생인 8세 조는 아기 여동생의 갑작스러운 고열이 걱정되어 여행이 취소된 것에 대해 아무런 불만도 표현하지 않았다. 상황에 대한 평가를 통해 조는 여행을 가지 못하는 상황을 조쉬보다 쉽게 받아들였다. 이러한 융통성이 부족한 조쉬는 이번 여행이 취소된 것을 '계약'이 파기된 것과 같은 것으로 여겨서 분노와 실망감을 표출하였다. 이처럼, (기념일, 생일, 공휴일과 관련된) 기대는 상황을 거의 고려하지 않고 반드시 이행해야 할 '계약'을 포함한다.

도식의 구성, 복합성, 정확성은 정서적으로 중요한 사건을 평가하고, 대처 반응 및 다른 자기조절 반응을 생성하는 데 중요하다. 상대적으로 단순한 수준에서는, 목표와의 관련성에 대한 인식(즉각적인 혹은 장기적인), 원인(내적 혹은 외적), 목적에 대한 이해가 없는 상태에서 지각하는 사람(perceiver)에게 영향을 미치는 즉각적인 정서를 통해 사건을 판단한다. 이처럼 단순한 평가는 단순한 대처 반응을 유발한다(예: 폭발, 싸움/공포에 의해 유발된 도주 반응). 복잡한 평가를 할 때 개인은 도식을 폭넓게 사용하는데, 여기에는 상황에 대처하거나 정서를 다루는 집행 전략에 대한 장기적 원리와 동기부여적 구조가 포함된다(빠르게 찾기 5.3 참조; Frijda, 1986, 2006).

빠르게 찾기 5.3

직면한 상황의 평가에 적용되는 정보처리 구조의 확장

(Frijda, 1986에서 발췌)

- 고립된 정보를 기록하거나 부호화하기—반사적 반응(예: '나는 덥고, 무서워요')과 관련 없거나 설명을 벗어난 고통, 분노, 위협, 놀람
- 학습된 자극 반응 양식—연합된 자극 반응 양식은 더 큰 맥락에서 나눠진다. 이는 처벌과 같은 단순한 유관성 혹은 상황 특수적이고 비일반적인 연합을 포함한다(예: '만약 내가 남동생을 때린다면, 엄마는 화를 낼 것이다.', '난로를 만지면 나는 아플 것이다.').
- 고정관념과 같은 단순한 구조적 양식—(대중매체에서 접하거나 단순히 옳고 그름과 관련된 정보처럼) 경험의 규칙성을 반영하거나 단순한 논리적 양식을 따르는 사회적 도식(동화, 정형화된 이야기, 일상적인 상황에서의 일련의 사건).(예: "어떤 일이든 일어나기 마련이고, 나는 얼마든지 그 일을 해결해 나갈 수 있고, 다 잘 될 것이다.")
- 해석적 구조. 앞서 설명한 양식과 유사하지만 규준과 장기적 전망과 같은 좀 더 복잡한 추론방식을 포함하며, 행동과 결정에서 목적이나 정서의 보다 정교한 역할을 포함한다. 특성은 역사, 감정, 가치에 의해 인식된다.
- 합성 구조. 새로운 도식을 만들기 위해 일상 경험을 풍부하게 활용하고, 애매한 상황을 판단하기 위해 다양한 경험을 활용한다.

임상적 인지이론가들은 정서적 정보를 처리할 때 발생하는 왜곡이나 단순화와 같은 인지적 편향이 심리장애의 발병과 지속에 결정적 역할을 한다고 본

다(Beck, 2005; Williams, Watts, MacLeod, & Mathews, 1997). 정서조절과 관련된 문제는 내재화 및 외현화 장애를 포함한(Achenbach & Edelbrock, 1983) 아동기 정신병리의 핵심이며(Cole, Michel, & Teti, 1994), 성인에게 나타나는 주요장애는 그 원인이 아동기에 있다(Kessler, Berglund, Demler, Jin, & Walters, 2005). 목표를 달성하고 관계를 유지하기 위해 개인이 정서적 반응을 관찰하고, 평가하고, 수정할 때 정서조절은 필수적이다. 정서조절의 근원은 기질과(빠르게 찾기 5.4 참조) 도식 유도 평가에 있다. 정서조절과 관련된 이 두 가지 근원은 발달과정과 함께 엮여 있다. 1장에서 다루었듯이, 자기조절과 기질적 반응성의 개인차는 정서적 자기조절에 관여하는 도식의 질과 관련되어 있다(Bassan-Diamond, Teglasi, & Schmidt, 1995; Lohr, Teglasi, & French, 2004; Teglasi, 2006).

빠르게 찾기 5.4

기질에 뿌리를 둔 정서의 의도적, 반응적 통제

기질의 두 가지 측면은 반응성(생리적 각성, 정동적 흥분, 행동 체계의 낮은 역치수준)과 조절(반응 경향성을 조정하는 자동적, 의도적 절차로 주의력 통제 및 자극 유발 반응성의 접근 혹은 회피가 있음)이다. 아동의 정서조절은 기질의 의도적, 반응적 통제와 관련하여 연구되고 있다. 의도적(effortful) 통제는 계획적이고, 반응적(reactive) 통제는 덜 자발적이다(Derryberry & Rothbart, 1997; Eisenberg & Moriss, 2002; Eisenberg, Smith, Sadovsky, & Spinrad, 2004; Spinrad et al., 2006).

의도적 통제는 의미상 집행적 주의체계로 기능하는데, 개인이 반응을 계획하고, 오류를 발견하고, 지배적 반응을 억제하거나(개인의 선호에 반하지만 필요에 의해서 드러내는 정서적 표현과 같은) 덜 지배적인 반응을 활성화할 때 사용된다(Rothbart & Bates, 2006; Posner & Rothbart, 2007). 이러한 의도적 기능은 집중력을 유연하게 조절하는 능력에 영향을 받는다.

반응적 조절절차는 **과잉통제**(소심하고, 부자연스럽고, 융통성이 결핍된 것과 같은 행동 억제)와 **과소통제**(계획적이지 않은 충동적 접근행동과 같은)를 포함한다. 의도적 통제는 긍정적 기능과 발달을 촉진하는 경향이 있지만, 반응적 조절절차의 두 가지 유형은 최극단에서 건강한 발달을 저해한다(Eisenberg & Moriss, 2002).

기질은 정서와 주의를 조절하는 도식의 발달에 영향을 미친다(Teglasi & Epstein, 1998; Teglasi, 2006). 이 도식은 정서적 경험을 평가하는 데 사용되는 범주를 제공하며(Barrett, 2006), 정동적 · 인지적 · 행동적 · 생리적 통합 체계와 같은 평가절차를 유도함으로써 조절에 영향을 미친다(Mauss, Levenson, McCarter, Wilhelm, & Gross, 2005).

정서조절과 관련된 문제는 (a) 정서를 유발하는 암묵적 절차, (b) 정서에 대처하기 위한 의도적, 명시적 조절절차를 목표로 하는 개입에 따라 다양한 방식으로 발생한다(Campos, Frankel, & Camras, 2004; Fosha, 2000; Hunt, 1998; Linehan, 1993; Schore, 2003).

앞서 언급했듯이, 정서는 정동상태에 대한 특정 평가를 통해 발생하여 점차 반응 경향성을 포함하는 인지 체계에 속하게 된다. 정서조절의 두 가지 범주는 표출된 정서적 반응의 각기 다른 지점에서 영향력을 행사한다. 선행사건 중심(antecedent-focused) 조절은 정서적 경험 및 이와 관련된 반응 경향성의 활성화에 앞서 발생하지만, 반응 중심(response-focused) 조절은 정서를 경험하고, 반응 경향성이 생성된 후에 발생한다(Gross, 1997, 2001). 이 개념에 따르면, 정서조절은 정서를 경험하기 전후에 발생하는 평가절차를 포함한다(빠르게 찾기 5.5 참조).

빠르게 찾기 5.5

선행사건 중심 조절 및 반응 중심 조절

1. 선행사건 중심 조절(antecedent-focused regulation)—정서를 조정하는 자동적 평가는 차후의 조절에 대한 요구를 사전에 방지한다. 예를 들어, 부모의 규제를 정당한 것으로 평가하는 것은 화를 미연에 방지한다. 좀 더 복잡한 방식으로 사전에 방지하는 것은 내면화된 규제를 지닌 아이가 수용 가능한 범위 내에서 자신의 행동을 조절하는 것처럼 외부 조절에 대한 요구를 감소시킨다. 실험실 절차는 원래의 평가 경향성에 반하지 않은 상태로 평가를 대체하기 위해 개발되었다. 통제집단과 비교하여, 컴퓨터를 통해 더 큰 그림

을 찾는 과제(인지적 편향 수정, CBM)를 시행한 참가자는 이후에 부정적 영화에 대해 보다 낮은 고통을 경험했고, 분노를 유발하는 자서전적 기억이 적었다(Schartau, Dalgleish, & Dunn, 2009; Wilson, MacLeod, Mathews, & Rutherford, 2006). CBM은 차후 직면하게 될 상황의 자동적 평가에 영향을 미치는 평가 습관을 발전시킨다.

2. **반응 중심 조절**(response-focused regulation)—반응 중심 조절에 관한 두 가지 접근은 재평가(도식과 평가 간의 연결을 변경하기 위한 자동적 평가의 의도적 처리)와 표현억제(정서를 밖으로 표출하는 것을 억제)가 있는데, 둘 다 도전을 수반한다. 표현억제(내적으로 혼란스럽지만 겉으로는 침착한 상태)는 경험은 변화시키지 않고 오로지 타인에게 보여지는 것만 변화시키며, 헌신적인 사회적 지지와 대인관계에서의 친밀감과 같은 사회적 비용으로 접근한다(예: Srivastava, Tamir, McGonigal, John, & Gross, 2009). 처음에 무의식적으로 실시한 평가를 의도적으로 재평가하는 것은 어려울 수 있으며, 이를 위해 개인은 자동적 평가과정을 인식하고, 통제가 쉽게 이뤄지지 않는 방식으로 변화해야 한다. 먼저 논의했던 두 가지 접근은 관련이 있다. 누군가의 이야기를 다른 관점에서 말하는 것(다른 사람은 어떻게 느낄 수 있는지)은 수검자의 영역을 확장시키는 것처럼 보이며, 당면과제를 넘어 고통스러운 상황의 특징에 의식이 향하도록 하여 정서적 반응을 완화한다(Libby & Eibach, 2002). (CBM처럼) 최초의 평가 경향성에 반하지 않으면서 상황을 재평가하는 기회는 불편한 상태를 사전에 방지하도록 하는 대안적 사고방식을 제공한다. 표현억제는 때로는 필수적이지만, 과하게 사용하면 에너지를 다른 의미 있는 곳에 활용하도록 하는 개인의 자원에 부담을 주며, 사회적 관계에 거리를 두게 만든다.

대응

대응(coping)이라는 용어는 '스트레스 상황에서의 조절'로 정의되며, 앞서 논의한 자동적 혹은 의도적 정보처리과정, 선행사건 혹은 반응에 집중된 정서조절과 유사한 이중 처리과정으로 구성되어 있다. 이중 처리과정 모형은 스트레스 상황에 대한 즉각적·자동적 반응인 **스트레스 반응**(stress reaction)과 스트레스 반응을 다루기 위해 노력을 투자하는 **행동조절**(action regulation)을 구분한다(Skinner & Zimmer-Gembeck, 2007). 스트레스 반응을 유발하면 자동적으로 평가가 이어지는 것처럼 보이며, 스트레스 반응을 관리하는 것은 더 의도적인 행동조절 과정으로 개념화된다(Compas et al., 1997, 2001). 스트레스를 경험하게 되면 이에 대처하기 위해 자동적 평가(선행사건에 집중된)를 통해 스트레스를 사전에 방지하고 최소화하거나 행동조절(반응에 집중된)을 통해 스트레스를 완화한다. 스트레스 반응을 방지하는 자동적 평가는 의도적 대처를 감소시킨다는 점에서 이점이 있다.

반응에 집중된 대응기제의 두 가지 유형으로 정서 중심 대응과 문제 중심 대응이 있다(Compas et al., 2001; Eisenberg et al., 1997; Lazarus & Folkman, 1984). **정서 중심(emotion-focused)** 대응은 스트레스 반응 그 자체를 초점으로 하여 개인에게 정서적 경험, 정서의 표출, 이에 수반하는 생리적 반응을 다루도록 요구한다. **문제 중심(problem-focused)** 대응은 정서의 원인을 해결하는 것을 목표로 하여 정서를 유발하는 상황에 대처하기 위해 개인에게 행동을 조절할 것을 요구한다. 정서조절, 행동조절, 주의조절과 같은 조절에 관한 다양한 하위체계는 반응에 대응하는 데 도움을 준다(Holodynski & Friedlmeier, 2006; Skinner, 1999).

정서조절 기능을 하는 도식은 선행사건 및 반응에 집중된 대처에 중심이 되어 긴장감을 완화하거나 방지하는 자동적인 상황 평가를 유발하고, 잠재적 행동계획을 제공한다(Cole, Martin, & Dennis, 2004; Holodynski & Friedlmeier, 2006). 도식에 기반을 둔 대응은 긴장감의 근원과 대처 방식에 대한 개인의 개념화에 의해 좌우된다. 즉각적인 인식, 자동적 도식, 의도적 이유 및 이들 사이의 역동과 같은 임상적으로 유의미한 인지의 뚜렷한 단계가 발견되었다(빠르게 찾기 5.6 참조). 이러한 인지단계는 정보처리의 자동적 방식과 통제된 방식을 결합한다. 방어기제를 개념화하는 것은 불안과 같은 괴로운 정서를 경험하지 않기 위해 사전에 예방하는 차원에서 조절하는 것과 합치된다. 최근의 연구는 개인이 자신의 도식에 대응하기 위해 사용하는 전략에 대해 설명한다(빠르게 찾기 5.7 참조).

빠르게 찾기 5.6

정서 관련 인지의 상호 관련된 층

앞서 언급한 내용과 인지이론과 함께, 개인은 인식의 여러 단계에서 현실을 경험하는데, 그 단계는 (a) 시시각각의 상태 및 사고단계, (b) 이런 상태의 의미에 대한 설명 및 평가 단계, (c) 도식 혹은 사전지식 구조 단계가 있다. 인지이론은 각 단계와 단계 간의 상호작용을 다룬다.

1. **매 순간의 상태와 사고에 대한 인식:** 이 단계는 가장 구체적이고 접근하기 쉬워서, 인식의 즉각적인 '사실'을 구성하는 자동적 평가와 자동적 사고를 포함한다. 이런 사실은 반박할 수 없으며(주관적 현실), 기분 및 행동 반응 경향성과 밀접하게 연결되어 있다. 이런 자동적 평가는 정확하고 적응적일 수 있으며 혹은 정보처리과정에서의 오류를 반영할 수 있다(Beck, 2002;, 1963). 인식에 접근하기 쉽더라도, 이 단계에서 인지는 순조롭게 통제되지 않을 것이다.
2. **사전지식 구조:** 이전 경험을 도식의 형태로 통합하는 것은 인식의 내용에 대한 의도적 설명과 자동적 평가에 영향을 미친다. 도식은 가장 일반적이고 접근이 용이하지 않은 단계에서 작동한다. 이론과도 같이 도식은 인식되지 않은 정보를 조직하여 무엇이 관련이 있고, 무엇이 관련이 없는지 알려 준다(Dowd & Courchaine, 2002; Dowd, 2006; Fiske & Taylor, 1991). 도식은 실시간 평가를 일으켜 정동적으로 강렬한 자동적 판단을 유발하며(Cervone, 2004; Lazarus, 1991a,b), 자동적 평가를 심사숙고하기 위한 보다 통제된 처리과정(재평가하기, 설명하기 혹은 때때로 정정하기)에 영향을 미친다. 개인이 자신의 정동상태를 개념화하는 방법은 자신의 경험을 판단하는 데 사용하는 범주를 보관하는 도식이나 지식 구조에 달려 있다.
3. **인식을 입력하는 것에 대한 설명:** 자동적 평가는 현재의 상황이 개인의 심리적 안녕과 관련이 있을 것이라는 정동적으로 강렬한 믿음으로 구성된 반면에, 추후의 반영이나 재평가는 매 순간 경험하는 '사실'을 '전반적인' 맥락에서 이해하게 하거나 설명을 제공한다. 만약 평가가 변화하면, 정서 또한 변할 것이다.
4. **인식, 평가, 설명, 도식의 즉각적인 내용 간 상호작용:** 경험적 사실과 설명 간의 활발한 상호작용은 개인이 기존의 도식('이론')을 새로운 상황에 적용하는 방식과 관련이 있어서 새로운 정보를 통해 기존의 지식 구조를 변화시키려 하지만, 반대로 인식되지 않거나 잘못 인식된 정보에 맞추어 도식을 유지하는 방식과도 관련이 있다. 이 세 가지 단계

를 가로질러 진행 중인 역동은 적응과 관련이 있으며, 종종 개입을 위한 목표로 여겨진다(Beck, 2002; Clark, Beck, & Alford, 1999; Guidano, 1995; Young, Klosko, & Weishaar, 2003; Riso, Maddux, & Turini-Santorelli, 2007).

빠르게 찾기 5.7

도식에 대응하기(Young, Klosko, & Weishaar, 2003)

- 도식 회피(schema avoidance)—고통을 주는 도식을 의식으로 떠올리지 않기 위해 도식을 활성화하는 행동, 감정, 사고뿐만 아니라 만남을 회피함으로써 자신의 생활을 조절하는 것.
- 도식 순응(schema surrender)—기존의 사고방식을 공고하게 만들기 위해 지각, 인지, 행동을 변화시킴으로써 도식에 순응하는 것(예: 낮은 자존감에 맞는 삶의 방식을 선택하는 것). 이처럼 자기조절 능력이 감소하면 유발된 부정적 정서를 다루기란 쉽지 않기 때문에 도식에 부합하지 않는 정보를 무시할 가능성이 크다(Fischer, Greitemeyer, & Frey, 2008; Schmeichel, Vohs, & Baumeister, 2003).
- 도식 보상(schema compensation)—도식과 반대되는 방식으로 행동함으로써 도식의 영향을 무색하게 만드는 것(예: 미숙함에 대응하기 위해 개인은 완벽주의자가 되고자 하거나 필사적으로 일하지만, 이런 노력은 종종 역효과를 낳아서 오히려 도식을 공고하게 한다).

즉각적으로 인식한 내용과 도식에 의해 유도된 설명의 차이를 조정하는 방법은 도식의 복합성과 구성에 달려 있다(예: 상황의 '객관적인' 특징에서 자신의 정서적 반응을 구별해 내기). 선택적 주의에 대한 어려움 혹은 경험을 상징화하고 조직화하는 데에 대한 제약과 함께 강렬한 부정적 정동은 도식발달을 방해한다. 왜냐하면 이러한 것들이 경험적 '사실'을 대체하고 직면하는 상황으로부터 유의한 교훈을 얻기 위한 사고 간의 논리적 연결과정을 복잡하게 하기 때문이다. 더욱이, 외상, 스트레스, 학대와 같은 반복적이고 심각한 정서적 경험은 자기감에 악영향을 미칠 수 있다. 결국, 극심한 불안, 스트레스, 외상 등의 다양한 이유로 인해 기존에 조직화된 도식의 구성이 일시적으로 흐트러질 수 있다. 표준 자극에 대한 이야기를 구성하는 것은 생각의 의식화와 생각 및 의식이 '어우러지는' 방법을 드러내기 때문에 주제통각기법을 이용한 도식의 평가가 가능하다.

고통스러운 사건의 정서적 영향은 경험의 세부적 내용을 반추할 때는 격렬해지지만, 보다 넓은 관점에서 사건을 재평가할 때는 경감된다(빠르게 찾기 5.8 참조). 연구에 따르면, 최근의 미해결 분노삽화에 대해 반추하도록(그 상황과 당시에 자신이 어떻게 느꼈는지 반복적으로 생각하기) 지시받은 연구 참가자는 재평가를 하도록(다른 사람은 어떻게 느꼈을지 생각하기) 지시받은 참가자에 비해 더 큰 분노를 보고하였고, 자율신경계가 더욱 활성화되는 것으로 나타났다(Ray, Whilhelm, & Gross, 2008). 스트레스 경험에 대한 반추적, 정서적 사고를 응집력 있는 이야기로 재구성하는 것은 그러한 경험에 대한 정서의 영향을 보다 쉽게 다루게끔 만든다(Gergen & Gergen, 1988; Pennebaker, Mehl, & Niederhoffer, 2003). 정서적 환기(emotional venting)(Lewis & Bucher, 1992) 또는 시각화(visualizing)(Kross, Ayduk, & Mischel, 2005)가 스트레스 요인과의 물리적 거리를 증가시킨다는 연구결과는 정서표현의 가치나 인지적 정보처리를 하지 않는 인지적 회피의 가치를 지지하지 않는다. 감정과 사고를 통합함으로써 경험을 체계화하는 이야기로의 재구성은 신체적 · 심리적 증상을 완화시키는 심리치료의 중요한 요소로 간주되어 왔다(Pennebaker, 1997; Pennebaker & Seagal, 1999). (1장에서 살펴본) 인지 구조의 복합성에 관하여 반추는 정교한 복합성(elaborative complexity)을 증가시키지만, (이야기 형태에서 또는 다른 관점으로부터) 경험에 대한 조직화된 설명을 제공하는 것은 다양한 관점에서 고려할 수 있도록 하고, 이로 인해 개념적 복합성(conceptual complexity)이 향상된다.

빠르게 찾기 5.8

반추, 재평가, 인지적 복합성

반추(rumination)는 환경적 압력이 없음에도 한 가지 주제에 대해 반복적으로 사고하는 것이다(Martin & Tesser, 1996). 인지적 재평가(cognitive reappraisal)는 정서유발 사건에 대한 적극적인 반영과정으로 사건의 의미 혹은 자기와의 관련성을 해석한다(Garnefski & Kraaij, 2006; Gross, 2001; Gross & John, 2003). 재평가는 정서조절 전략으로 유발요인의 정서적 영향을 다루기 위해 추가적인 정보를 고려하거나 상황이 개인의 목표에 영향을 미치는 방식을 다른 관점으로 이해함으로써 기존의 해석을 변화시킨다(Lazarus, 1991a,b). 자기관련 정보를 포괄적 방식(나는...)보다 조건부 방식(...할 때 나는...)으로 입력하도록 지시하는 것은 부정적 자기관념의 영향을 감소시키고, 더 미묘하고 덜 상투적인 사회적 지각을 만들어 낸다(Mendoza-Denton, Ayduk, Mischel, Shoda, & Testa, 2001).

정서와 TAT 이야기

TAT는 수검자에게 긴장감을 유발하는 장면을 보여 주고, 그 긴장감을 일련의 인과적 사건(이전에 어떤 일이 있었고, 앞으로 어떤 일이 일어날지)을 지닌 인지적 맥락 안으로 끌어들여 이러한 긴장감을 극복(이야기가 어떻게 끝나는지)하도록 한다. 장면의 부정성을 극복하기 위해, 화자는 인물이 그들의 목표와 의도에 부합하는 문제 설정에 대응할 수 있도록 그들에게 자원을 불어넣는다. TAT 자극에 제시된 부정적 정동에 대응할 수 있는 자원과 기제에 대한 평가는 '정서적 이야기'로 합쳐진다. 개념적으로 대응은 평가와 구별되지만, 변화하는 환경과 자기와의 관련성에 대한 개인의 자동적 평가는 변화하는 환경에 자신이 얼마나 잘 대응하는지를 고려하기 때문에 대응과 평가 모두 동시에 정서에 영향을 미친다(Lazarus, 1999; Scherer, Schorr, & Johnstone, 2001). 스트레스 사건을 잠재적으로 대응 가능한 것으로 여기는 개인은 사건을 해롭지 않은 것으로 평가하여, 스트레스 반응을 약화시킬 수 있다. 따라서 불안에 대한 경험은 상황이 위협적이라는 평가와 상황에 대응하지 못하게 될 것이라는 인식을 포함한다(Beck & Weishaar, 1989). 일반적으로 개인은 자신의 대응능력에 대해 늘 생각하긴 하지만, 자연스럽게 행동과 기대결과를 연결하는 도식의 편향에 따라 행동한다. 이러한 이유로 (스트레스를 포함한) 정서조절은 도식의 편향이 나타나기 전 · 후로 발생한다. 예를 들어, 예상치 못한 시끄러운 소음을 들으면 깜짝 놀랄 것이다. 하지만, 만약 큰 책이 떨어지는 것을 보았다면 소음이 위협적이지 않은 것이라고 이해하여 경고 반응은 완화된다.

대응과 관련된 문제는 특정상황에 한정되고 상황 특수적 도식을 대표한다. 따라서 사회적 상황에서 불안과 부끄러움을 느끼는 대학생의 자기 패배적인 인과적 귀인은 새로운 사람을 만나는 것처럼 가장 고질적으로 부끄러움을 느끼는 상황에 한정된다(Teglasi & Fagin, 1984; Teglasi & Hoffman, 1982). 실제로, 대응행동은 일반적인 대응방식보다는 특정 스트레스 요인에 대한 반응으로 좀 더 정확하게 설명할 수 있다(Folkman & Lazarus, 1980, 1986, 1988). TAT 이야기 반응으로부터 대응반응을 평가하기 위한 부호화를 위해서는 수검자가 문제 및 긴장감을 인지했는지, 이를 해결할 수 있는지 고려해야 한다(즉, 문제의 특성에 따라 어떤 대처전략은 비현실적일 수 있다).

정동의 근원

앞서 다루었듯이, '핵심' 정동을 정서로 변형시키는 것은 정동을 이야기에 부여함으로써 정동을 정동 유발요인 및 행동계획과 연결하는 것이다. 고통스러운 정서를 조절하는 것은 개인이 감정의 원인을 특정한 외부 원인, 내적으로 조직화된 심리과정, 이 둘의 조합 중 어디에 두는지에 따라 결정된다. 논리적으로, 정동이 외부요인에 의해 완전히 설명될 수 있다면 감정을 바꿀 수 있는 유일한 방법은 상황을 변화시키는 것이다. 반대로, 내적으로 조직화된 감정은 내적 조절을 유발하고 다음과 같은 중요한 구분을 가능하게 한다. (a) 개인의 행동과 목적, (b) 감정과 감정의 목표가 되는 대상의 특징. 하지만, 감정의 원인을 내적 요인으로 귀인하는 것은 건설적인 반응을 생성하지 못한다. 예를 들어, 우울한 사람은 자신의 부정적 정서를 내부에서 오는 것으로 판단하지만 부정적 정서를 변화시키기 위해 다른 요인에 의존한다. 우울한 사람이 부정적 감정을 변화시키는 데 저항하는 이유는 절망감, 의욕상실, 인식된 무능력 때문일 수 있다.

TAT 이야기 반응에서 내적으로 조직화된 정서와 외적으로 조직화된 정서를 구별하는 것은 정서-행동-결과로 이어지는 연속선에서 의도와 목적이 얼마나 현저하게 나타나는지에 달려 있다. 이런 근본적인 의문은 정서가 내부(의도, 심리적 맥락의 공유)와 외부(환경, 결과) 고려사항의 통합적인 네트워크에 결합되어 있는지 혹은 미숙하거나 내적 세계의 틀에 박힌 인식을 동반한 외적 현실에 고정되어 있는지와 관련된다. 다음에 제시된 TAT 도판 3의 이야기를 살펴보자. "남자는 어떤 나쁜 일을 하였다는 이유로 처벌받았기 때문에 슬프다[검사자: 결말은?]. 남자는 그것을 잊어버렸다." 여기서 정동은 처벌, 외적 요인과 연관되어 있으며, '의미', '나쁜' 행동의 의도, 처벌하는 사람의 목적과는 관련이 없다.

Locraft와 Teglasi(1997)의 연구에 참가한 6학년 학생 두 명의 TAT 도판 2에 대한 이야기는 각각 낮은 수준과 높은 수준의 공감과 관련되어 있는 감정의 내적 조직과 외적 조직 간의 차이를 보여 준다.

낮은 수준의 공감: 도판 2. 여자아이는 학교로 걸어가면서 자신은 농장에 사는 것을 좋아하지 않는다고 생각하고 있어요. 여자아이는 유명한 작가가 되어서 남아메리카, 오스트레일리아, 프랑스 등의 다른 나라에 관한 책을 쓰고 싶어 해요. 그리고 아마도 백악관에 초대되어 연설할 수 있을 거예요.[검사자: 결국엔?] 그 꿈은 실현될 거예요. 아마도 이 여자아이가 생각하고 꿈꿔 왔던 것처럼 이루어질 거예요. [검사자: 감정은?] 아주 멋지게요.

'여자아이'는 부와 명예를 위해 농촌생활을 떠나는 것을 꿈꾸지만 오직 외적인 장애물만 고려하였다. 수검자(공감수준이 낮다고 교사가 평정하였음)는 배경에 있는 사람들에게는 주의를 기울이지 않은 채 긍정정서를 꿈꿔 온 '생활방식'과 관련지었지만 현실적인 과정이 결여되어 있다.

높은 수준의 공감: 도판 2. 책을 든 여자가 어딘가로 이동하는 것처럼 보이는데, 그녀는 아버지가 일하는 모습과 어머니가 남은 일을 끝내기 전에 잠시 쉬고 있는 것을 보게 되었어요. 그녀는 무언가에 화난 것처럼 보여요…. 아마도 부모님이 가난해서 그녀를 대학교에 보낼 만큼 충분한 돈이 없나 보네요. 이런 생각을 하자 그녀는 슬퍼졌어요. 결국 그녀는 부모의 일을 도와드려요. 그들은 각자 자신이 잘하는 일이 있고, 함께 일하는 것이 즐겁기 때문에 함께 일을 하고 있어요. 그녀는 2년 동안 부모를 도왔는데, 일이 점점 나아져서 매달 일정 금액을 저축할 수 있게 되어 몇 년 뒤에 그녀는 대학에 갈 수 있을 거예요.

이 이야기에서 '여자'는 농장을 떠날 수 있도록 목표를 설정하였다. 하지만, 이전 이야기의 '여자아이'와 달리 여자는 가족과의 관계가 밀착되어 있으며,

자신의 목표를 성취하기 위해 일을 해야 한다는 사실을 인식하고 있다. 보다 중요한 것은 여자의 정서가 그녀로 하여금 가족과 함께 '즐겁게' 일할 수 있도록 하는 자산이라는 것이다. 매우 공감적인 아동들 간의 일반적인 경향과 일치하게, 이 화자의 정서는 내적으로 조직화되고, 인지와 함께 풍부하고 미묘한 도식으로 엮여져 있다.

내적으로 조직화된 정서는 기억에 의해 지속되고, 선행 감정('더 이상 참을 수 없는 상태')을 통해 강화되기 때문에 감정은 촉발 사건 이후 지속된다고 가정된다. 반대로, 외적으로 조직화된 정서에서는 그 원인이 상황과 직접적인 관련이 있다고 보아 동기부여, 의도, 원칙, 관계 등의 심리적 요소를 탐색하지 않는다.

이야기는 정동의 근원에 근거하여 부호화되는데, 그 방식은 다음의 범주 중 하나를 선택하는 것이다.

- **미인식(unrecognized)된 것**. 그림에 묘사된 긴장이 이야기에 포함되어 있지 않다.
- **서술적(descriptive)인 것**. 정서가 그림에 포함된 단서와 직접적으로 연결되어 있다(예: '이 남자아이는 슬퍼 보여요'). 감정은 독립된 현실로 존재하는데, 그림에 제시된 것을 넘어 상황이나 사고와의 인과관계 없이 자극과 연결되어 있다. 정서의 식별을 위한 유일한 근거는 등장인물의 자세 및 얼굴 표정이나 '이 그림은 저에게 ~을 상기시켜요.'처럼 자극과의 연관성이다. '~때문에'라는 단어는 정동의 개념을 서술적으로 나타낼 수 있는데, 이를 도판 8BM 이야기 반응에서 발췌한 내용에서 살펴볼 수 있다. "… [앞쪽의] 남자아이는 몹시 화가 난 것처럼 보이며, 칼을 지닌 두 남자는 누군가를 죽였기 때문에 행복해 보인다." 이 반응은 주로 해석을 제외한 인식에 기초하고 있다(이해한 것보다 보이는 것을 강조). 감정의 기술적 설명(descriptive accounting)도 정동의 원인을 외적 근원에 두는 것을 나타내지만 다음에 제시된 범주보다는 제시된 단서와 좀 더 직접적인 관련이 있다.
- **외적(external)인 것**. 개인은 감정과 상황(그리고 아마 행동) 간의 규칙적인 패턴을 발견하지만, 목적과 의도는 인식하지 못한다. 감정은 심리적 과정(예: 목표, 의도)을 동반하지 않는 상황과 거의 동일하다(예: 상황이나 개인의 행동에 의해 유발된). 감정은 외적 근원(예: 타인을 비난하기)

에 기인하는데, 외부조건의 변화(예: '누군가 그에게 소리를 질렀기 때문에 슬퍼요')에 따라 감정이 사라질 수 있다는 의식을 동반한다. 내적 상태는 실제 사건이나 행동보다 덜 두드러지게 나타난다. 외적으로 조직화된 감정은 (a) 자극과 명확하게 연결된 것, (b) 특정 사건 혹은 유발 자극과 직접적으로 연결된 것, (c) '각색된' 이야기(영화, TV, 소설)에서 직접적으로 차용한 것, (d) 개인이 어떻게 느끼는지에 대한 생각을 모호하거나 진부한 형태로 구성한 것, (e) 사고, 행동, 결과의 통합적 틀로 조직화한 것보다는 그 순간과 연결된 것으로 나타난다.

- **내적(internal)인 것.** 만약 정서가 유발 사건과 연관된 내적 상태(예: '의미', 목표, 이상, 가치, 기준)를 인지적으로 조직화한 것이라면(예: '그는 바이올린을 잘 켜지 못하기 때문에 슬퍼요') 감정의 근원은 내적이다. 그러므로 내적 · 외적 세계는 균형이 잡혀야 한다(특정 사건에 대한 장기적 의미에 따른 확신). 감정은 함축적으로 사고, 행동과 같은 경험의 다른 차원 및 외부환경과 연관된 심리과정으로 이해된다. 정서가 내부에서 기인한다고 인식하는 핵심은 등장인물이 '소유하고 있는' 감정이다. 반대로, 감정이 외적 근원에 직접적으로 기인할 경우 감정의 원인은 외부에 있다.

정서에 대한 인식은 두 가지 방식으로 조직화된다. 한 가지는 외부세계를 지향하는 것으로, 정동의 근원으로서 사건, 행동, 결과에 중점을 둔다. 다른 한 가지는 심리세계를 지향하는 것으로, 이곳에서 정동은 내적 세계와 외적 세계 간의 연관성과 연결된다. 표 5.1은 정동의 근원을 부호화하기 위한 체크리스트이자 추가적인 부호화 지침이다(Teglasi et al., 2008a에서 발췌한 빠르게 찾기 5.9 참조).

(각 이야기에 적용되는 만큼 표시하시오.) 도판번호 →	1	2										
미인식된 것(장면에 묘사된 긴장감이 인식되지 않은)												
외적으로 서술된 것(자극과 관련된)												
외적으로 유발된 것(이야기 묘사 속 맥락에 의한)												
내적인 것(긴장감의 내적 근원과 외적 근원의 조화)												

빠르게 찾기 5.9

도식의 복합성과 적응

반응이 외적으로 서술된 것으로 부호화됨:

- 그림에 제시된 자극과 분리되지 않은 감정

반응이 외적으로 유발된 것으로 부호화됨:

- 감정이 외적 관심, 상황, (그림에서 사람을 보는 방식을 포함한, 내적인 것에 유발되지 않은) 유발 자극에 의해 전적으로 유발됨
- 내적인 목적이나 진정한 관심은 없고, 외적 보상을 위한 욕구에서 기인한 행동
- 내적 세계에 대한 기본적이거나 진부한 의식
- 외부사건, 결과, 소유물에 관심의 초점이 맞추어진 것

반응이 내적인 것으로 부호화됨:

- 정동의 내적 · 외적 근원이 조화되고, 통합적인 경우(정서가 의도, 계획, 사전경험과 같은 내적 관심과 상황, 결과와 같은 외적 고려사항의 네트워크와 연관되어 있음)
- 내적인 목적에 기인한 행동
- 결정 혹은 행동을 위한 의도가 중요하게 고려됨
- (관계, 감정, 의도, 타인의 목표와 같은) 원칙, 기준, 과정 혹은 공익을 평가하는 것에 대한 관심

부호화를 위해 고려할 사항

- 무엇이 개인을 행복하게 만드는가? 행복의 외적인 근원은 물질적인 것, 오락 활동, 명성, 성공, 인정, 영웅이 되는 것을 포함한다. 반면에 행복의 내적인 근원은 기준을 만족하거나 원칙을 따르는 것을 포함한다(자기와 타인의 자율성에 대한 인정, 개인의 고유한 목표를 충족하기, 즐거움이나 성취감을 공유하는 것과 같은 대인관계의 연결).
- 무엇이 개인의 반응을 이끄는가? 정서와 행동은 개인의 내적 세계나 외부 유발 사건의 관점에서 논의되는가? 즉각적인 정서나 행동이 장기적 의미를 지니는가(예: 즉각적인 정서의 영향과 의도 간의 비교)? 개인은 정서와 관련된 사건을 기대하거나 사건, 반응, 결과(그리고 외적 결과에 대한 반응)에 의해 놀라는가?
- 개인은 어떻게 긴장을 해소하는가? 외부세계에 전적으로 기반을 둔 정서는 유사하게 해소될 가능성이 있다(외부세계의 변화는 사건을 변화시키거나 정서에 대한 어떠한 책임도 없이 다른 정서를 유발한다).

정동적 긴장에 대처하기

개인은 일상생활이나 새로운 접촉을 마주할 때마다 지속적으로 문제와 씨름하고 긴장에 대처한다. 앞서 언급했듯이, 스트레스 반응이 유발되면, 개인은 문제 중심 혹은 정서 중심 대응의 조합을 위해 행동 통제 전략을 활용한다. 문제 중심 전략은 특정 문제를 해결하기 위한 노력을 포함하지만, 정서 중심 전략은 사건과 관련된 부정적 기분을 극복하기 위해 행동 및 사고에 초점을 맞춘다. 불리한 상황을 변화시키거나 회피할 수 있다면, 문제 중심 전략은 부정적 정동을 개선하기 위한 효과적인 방법이다(Folkman, 1984). 다른 여지가 없다면, 감정조절을 목표로 한 전략을 활용하는 것 이외에는 선택의 여지가 없다(Folkman & Moskowitz, 2004). 이러한 환경에서, 정서 중심 전략은 가장 적절한 전략일 것이다. 기질에 따른 자극 민감성 및 정서적 반응에서의 정상적인 변화(Watson & Clark, 1992)는 생활 사건에 대한 평가와 불쾌한 감정에 대처하는 방식을 내포하고 있다(Carver, Scheier, & Weintraub, 1989). 매우 부정적인 반응을 경험하는 개인은 자신의 감정을 조절하는 데 큰 어려움을 겪는다(Rothbart & Jones, 1998).

TAT 이야기는 세 가지 범주의 대처 방식을 제시한다. 미대처, 즉각적 혹은 부분적 대처, 장기간 혹은 문제 중심 대처. 부호화를 위해서 세 가지 범주 중 하나를 먼저 선정하고, 다음에 제시된 구체적인 하위범주를 선택한다.

1. 미대처 혹은 비현실적 대처

(a) 긴장이 미인식되고 변화하지 않고 더 격렬해지거나, (b) 대처 전략이 존재하지 않고 마술적(magical)이거나 매우 비현실적이기 때문에 정서가 조정되지 않은 채로 남아 있다.

- 미인식된 대처. 부정적 정서가 인식되지 않았다. 수검자가 긴장을 알아차리는 데 실패한 것은 등장인물이 노력하는 모습에 관한 서술의 필요성을 방해한다.
- 정동 변화의 결여. 등장인물이 자기인식이나 해결책 없이 원래의 부정적 상태에 남겨져 있다. 최종 정동상태는 그림에 의해 설명될 수 있다.

- 압도된 대처. 고통스러움의 극단적 상태가 만연해 있거나 부정적 정동이 악화된다. 이야기의 등장인물이나 수검자는 자기의심이나 다른 부정적 반추에 빠질 수 있으며, 혹은 건설적인 목적이 없는 분노 표출을 나타낼 수 있다. 정서는 이야기를 발전시키려는 등장인물 혹은 수검자의 시도에 대한 문제 해결 노력을 방해할 수 있다. 등장인물은 무력하며, 도움을 구하거나 감정이나 불리한 환경을 해소하기 위한 자기-주도성 전략을 상실하였다.
- 반응적 혹은 충동적 대처. 이야기의 등장인물이나 수검자는 정서나 상황에 대응하기 위한 현실적인 전략이 없는 상태에서 감정에 반응할 수 있다. 예를 들어, 등장인물은 문제해결을 위한 사고의 균형이 부족하며, 감정에 빠지거나 성급한 결론에 다다를 수 있다. 등장인물이나 수검자는 문제를 악화시키는 말이나 행동을 할 수 있다. 그러므로 등장인물은 목적이나 전략 없이 행동할 수 있다.
- 분리된, 체념한, 가망 없는 대처. 등장인물이 정동적 긴장을 표현하지만, 공허감이나 체념 때문에 감정을 조절하기 위한 목적의식이 있는 반응을 생성하는 데 실패한다.
- 죄책감이 드는, 후회스러운 대처. 등장인물은 미해결된 죄책감이나 후회에 빠져 있다.
- 상당히 비현실적인 대처. 긴장감이 현실적인 개입과정 없이 해결되었다. 그러므로 정동은 적절한 이행과정 없이 변화한다. 예를 들어, 등장인물은 설득력이 없는 안심시키는 언행에 만족하거나 마술적 혹은 사실적이지 않은 사건의 변화로 성공할 수 있다. 감정은 가능성 없는 사건의 변화(예: 혼자서 전쟁에서 승리하기, 비현실적인 요구를 용인받기)나 꿈 혹은 희망(도움을 위한 요청이나 행동이 정당할 때)을 통해 해소된다.

2. 즉각적 혹은 부분적 대처

문제 혹은 감정의 근원을 다루는 장기간 대처와는 대조적으로, 즉각적 방식은 지속적인 해결 방식을 획득하는 것보다는 현재의 감정을 다루기 위해 어떤 방법이든 취하는 것을 지향한다. 원인을 다루지 않고 정서를 변화시키는 것을 강조하거나, 감정을 유발하는 순간적인 상황을 변화시키기 위해 전반적인 사항을 고려하지 않고 단기간의 행동을 강조할 수 있다. 만약 감정이 단기간의 문제로 존재한다면, 단기 해결책은 타당할 수 있다. 하지만, 지속적인 문제나 감정에 대한 단기 해결책은 부분적 대처로 여겨진다.

- 근시안적인 긴장감소. 주된 목표는 지속적인 문제나 원인을 다루기보다는 즉각적인 정서적 불편함을 완화하는 것이다. 그 예로, 인지적 혹은 행동적으로 회피함으로써 불안 완화하기, 타인의 도움이나 일시적으로 안심시키는 언행에 맹목적으로 의지하기, 중요하거나 신중한 중재과정을 수반하지 않는 상황의 변화를 통해 부정적 정동을 해소하기, 사과하는 것보다는 실수를 타인이 수용해 줄 것이라고 순진하게 기대하기 등이 있다.
- 긍정적 정동의 근시안적인 증가. 주된 목표는 있음직하지 않은 수단을 통해 만족감을 얻거나 보상을 찾는 것으로, 현실적인 확률을 간과하고 잭팟을 터뜨릴 확률을 즐기는 도박꾼과 유사하다. 그러므로 이야기는 몹시 낙관적일 수 있으며, 있을 법하지는 않지만 마술적이거나 아주 믿기 어렵지만은 않은 행복한 결말을 동반한다. 수검자는 몇 가지 중요한 문제를 간과하고 이야기를 간소화하여 말할 수 있다. 긍정적인 감정은 외부 환경의 변화를 통해 내적 중재 과정 없이 만연해 있을 수 있다.
- 타인에 대한 과도한 의존. 등장인물이 스스로 행동을 취하거나 다른 전략을 사용하는 것이 (등장인물의 나이와 상황을 고려하여) 적절할 때 등장인물은 타인에게 의존한다.
- 타인으로부터의 과도한 독립. 결국에는 전략이 문제를 해결할 것 같지 않을 때 타인과의 협동이나 의사소통 없는 과도한 독립이 나타난다.

3. 장기적 혹은 문제 중심 대처

등장인물은 부정적 감정의 근원을 다루거나 긍정적인 상태를 지속적으로 촉진하기 위해 현실적인 노력을 기울인다. 등장인물이 앞날에 대한 계획을 세우고, 상황을 변화시키고, 자기인식을 하고, 감정을 현실적으로 수용하거나 재구성함으로써 긴장감의 근원을 다루기 때문에 변화가 일어난다. 다시 말해서, 수검자는 장기적 고려사항과 단기적 고려사항의 균형을 맞춘다는 점에서 정서적 긴장을 조절하거나 정서적 행복을 증진할 수 있다. 현실적 대처는 문제를 예측하는 것, 고통에 직면해서도 목표를 지향하는 것, 새로운 정보나 지지를 찾고, 다른 가능성을 탐색하고, 개인의 관점을 재구성하는 자원을 포함한다.

- 부정적 정동의 현실적 감소. 대처 전략은 외부적(실제 상황) 혹은 내부적(해석) 감정의 근원을 다룬다. 효과적인 문제 해결은 관련된 모든 등장인물과의 긴장을 현실적인 방식으로 오랜 기간에 걸쳐 해소한다. 하지만, 때로는 유일한 현실적 전략이 상황을 수용하고, 감정을 건설적으로 다루고, 의미를 찾고, 감정을 재구성하는 것이다.
- 긍정적 정동의 현실적 유지 혹은 증가. 등장인물은 긍정적 경험을 촉진하기 위해 문제 해결 전략, 목표설정 전략 혹은 다른 전략을 사용한다(예: 목표성취, 관계증진).
- 도움 및 지지를 찾거나 받지 않는 현실적인 긴장 해소방안. 등장인물의 나이와 발현된 딜레마를 고려할 때, 도움을 받거나 찾지 않고 긴장을 해소하는 것이 적절하다.
- 도움이나 지지를 적절하게 요청하는 현실적인 긴장 해소방안. 등장인물은 도움을 요청하기 전에 가능한 모든 것을 한다.
- 특별한 요청 없이 제공된 적절한 도움, 조언 혹은 안심시키는 언행. 자연스럽고 적절한 타인에 대한 민감성은 등장인물이 딜레마를 해결할 수 있도록 한다. 이러한 도움은 마술적으로 나타난다기보다는 상호 간의 관계를 돌보는 맥락에서 발생한다.

1. 화자의 태도 도판번호 →	1	2										
미인식된 대처(부정적 정서가 인식되지 않음)												
정서, 자기인식, 이해에서 변화가 없음												
압도된 대처(고통이 만연하거나 부정적 정동이 악화됨)												
반응적/충동적 대처(계획이나 목적 없이 행동을 유발함)												
분리된, 체념한, 희망 없는 대처(행동이나 반응의 실패, 철수, 포기)												
자기비난에 빠져드는 식의 대처(수치심, 후회)												
상당히 비현실적인. 마술적 외부개입 혹은 있을 법하지 않은 사건의 변화(예: 혼자서 전쟁에서 승리하기, 비현실적 요구를 용인받기), 꿈 혹은 기대(행동이 정당하게 여겨질 때)												
2. 즉각적 혹은 부분적 대처	1	2										
긴장의 원인을 완전히 다루지 않은 상태에서 부정적 정동이 일시적(근시안적)으로 감소하거나 딜레마의 악영향이 감소함(예: 회피, 일시적으로 안심시키는 언행, 무언가를 해결하기, 합법적 의무를 준수하기)												

표 5.2 체크리스트 : 정동적 긴장에 대처하기

2. 즉각적 혹은 부분적 대처	1	2										
중요한 문제를 인식하지 않은 채 긍정적 정동이 일시적(근시안적)으로 증가 혹은 유지되거나 상황이 개선됨												
독립적인 행동이 타당할 때 도움을 구하거나 찾으면서 타인에게 과도하게 의존함(맹목적으로 의존하거나 너무 이르게 도움을 요청함)												
일반적으로 도움을 요청하는 상황에 대응함으로써 타인으로부터 과도하게 독립함(예: 바이올린을 만드는 어린아이)												
3 장기적 혹은 문제 중심 대처	1	2										
부정적 정동의 현실적 감소. 효과적인 문제 해결을 통해 부정적 정동이 감소함(예: 감정의 원인을 다루기)												
긍정적 정동의 현실적 유지 혹은 증가. 효과적인 문제해결을 통해 긍정적 정동을 증대시키거나 유지하기												
특별한 요청이 있든 없든, 적절한 도움, 조언, 안심시키는 언행은 등장인물이 효과적으로 딜레마를 해결할 수 있도록 함												

표 5.2 (계속)

정서적 성숙과 TAT

정서적 성숙의 개념은 정동적 사건에 대한 인지적 해석과 관련된다. 정서에 대해 생각하는 특정 방식은 현실 검증력을 높이고, 효과적인 정서조절을 가능하게 한다. 표상적 · 인지적 발달을 증가시키면서, 행복과 슬픔 같은 전반적이고, 모호하고, 양극화된 정동은 자신감, 죄책감, 고마움, 근심, 안도와 같은 보다 구체적인 정서로 구별할 수 있다(Holinger, 2008). 정서가 보다 미묘하게 변화되고 조직화되면, 유발 환경과 감정 간의 관계는 더욱 복잡해진다(예: 일반적으로 어린아이는 친구가 자랑을 하면 기분이 나쁘지만, 그 친구를 싫어하지는 않는다). 정서가 인지의 조직화된 체계에 포함되지 않으면, 개인의 감정 원인을 탐색하는 방법과 감정을 조절하는 전략은 부족해진다. 정서적 성숙의 개념을 TAT 이야기 해석에 적용한 Thompson(1986)은 성숙의 두 가지 특징을 제시하였다. (a) 감정은 전반적인 경험보다는 상황, 사람, 사건에 구체적이다(개인에 대한 모든 것이 하나의 습관 대 혐오 등으로 기술됨). (b) 감정은 인지 체계에 속하는데, 이 인지 체계는 감정에 대한 구체적인 이해와 감정에 대응하고 재구성하는 방법을 포함한다. 정동적 성숙의 이러한 핵심적인 측면은 두 가지 관련 개념과 연결된다. 정서의 현실검증, (앞 절에서 논의했듯이) 정서가 내적인 것이며 외적 환경으로부터 분리되어 있다는 사실에 대한 이해.

정서의 현실검증

정서의 현실검증에 있어서 감정을 유발하는 사람이나 환경의 '객관적인' 특성으로부터 자신의 정동적 경험을 분리하는 것이 핵심적이다. 감정을 유발하는 사람이나 환경의 실제적 특성으로부터 감정을 분리하지 않으면, 개인은 불편함을 느낄 때 부정적으로 판단하고, 행복을 느낄 때 긍정적으로 판단한다. 하지만, 감정의 분리는 대상 고유의 것이 아닌 개인의 자산으로 감정의 적절성에 대한 질문과 행동이나 사건의 대안적 해석에 대한 개념화를 가능하게 한다(Thompson, 1986). 이는 행동에 대한 심리적 충격과 행위자의 의도를 구분할 수 있게 하는 유발맥락과 관련된 내적 과정으로서 정서에 대한 개념화이다. 예를 들어, "내가 힘들 때 당신이 다른 데 정신이 팔려 있으면, 나는 당신이 나를 거절한 것처럼 느껴져요."와 같은 반응은 감정의 분리를 보여 준다. 반면에, 감정을 오로지 외적인 유발자극과 연결하는 개인은 심리적 과정(기존의 감정)과 타인의 의도와 같은 복잡한 인식을 거치지 않고 단지 거부감을 느낄 수 있다.

정서를 인과적으로 이해하는 것은 현실검증과 정서조절에 있어 중요하다. 기억 및 기존의 감정과 같은 내적 과정에 의해 중재된 정동의 개념은 내적으로 조직화된 활동을 통해 감정을 조절할 수 있도록 한다(Harris, Olthof, & Terwogt, 1981; Nannis, 1988). 반면에, 감정상태에 사로잡힌 개인은 외적 사건의 변화를 기대하고, 무기력한 상태로 있으며, 서로 상반되는 감정 사이에서 마음이 흔들린다(Thompson, 1986). 심지어 감정이나 반응이 내적으로 귀인된 것일지라도 현실과 관련하여 적절히 검증되지 않는다면 감정이나 반응을 해결하기 어렵다. 원인이나 환경으로부터 분리되거나 모호하게 연결된 감정은 대체로 충분히 이해되지 않기 때문에, 구조적인 문제 중심 해결이나 재구조화로는 처리할 수 없다. (앞서 '낮은 수준'으로 서술한) 모호하거나 인상주의적인 정서적 정보처리는 중요한 정보가 간과되고 정동이 전반적인 원인으로 작용하는 바, 현실검증을 방해한다. 또한 폭넓은 관점을 고려하지 않고 정보를 강조하는 것은 순간적인 반응으로부터 지속적인 정서를 구별하는 것을 어렵게 만들어 자기성찰 과정을 제한하기 때문에 현실검증을 방해한다.

부인, 투사, 주지화와 같은 방어기제의 사용을 통해 정동을 조절한다는 점에서 현실검증은 왜곡될 수 있다(TAT 이야기 반응에서의 방어기제 부호화, Cramer, 1991, 빠르게 찾기 5.10, 5.11 참조). 흔히 괴로움을 감소시키는 방어전략은 자기와 세상에 관한 정보처리의 정확성이 감소하는 것을 감수한다. 도식 체계 내에서, 방어기제는 인식할 수 있는 정보를 왜곡하고, 무시하고, 통제함으로써 기존의 도식을 보존하는 정보처리 방식으로 구성되어 있다. 압도되거나 지리멸렬해지는 것을 방지하기 위해, 개인은 방어적인 방법으로 인지적 활동을 축소하거나 정서의 강도를 조절하기 위한 활동 및 과업에 참여하는 것을 제한할 수 있다. 방어는 현실에 대한 인식을 왜곡하기 때문에, 자기와 세상에 대한 도식이 올바르게 발달하는 것을 방해할 수 있다. 하지만, 다른 방어기제는 적응적일 수 있으며, 자기와 세상에 대해 효과적으로 차별화된 표상을 형성하는 데 기여할 수 있다(Vaillant, 1977, 1992). 결국, 복잡하고 잘 차별화된 도식 구조는 심지어 불쾌한 정동을 경험하고 있는 도중에도 개인이 사건에 효과적으로 대응할 수 있도록 해 준다. 예를 들어, 불쾌한 활동이 더 큰 도움이 된다면 개인은 높은 수준의 좌절을 견딜 수 있다.

빠르게 찾기 5.10

아동의 방어기제

아동은 불안과 자존감을 위협하는 것으로부터 자신을 보호하기 위해 방어기제를 사용하며, 방어는 연령에 따라 변화하고 성숙한다(Cramer, 2007). 부인(denial)은 정확하게 인식될 경우 불안을 야기할 수 있는 사고, 감정, 경험을 무시하거나 잘못 전달하는 방식으로 작동한다. 부인은 과소통제와 관련되지만(Cramer, 2009), 현실에 대한 왜곡된 인식을 포함하기 때문에 잘못된 인식에 근거한 자기조절은 현실적 상황에 의해 조절되지 않는다는 점은 논리적으로 보일 수 있다. 투사(projection)는 자기가 받아들일 수 없는 것을 타인에게 귀인하는 것이다. 이는 세상에 존재하는 타인(혹은 자기)이 위협적이고, 투사가 필수적임을 의미한다. 사회인지 연구자는 의도를 귀인하는 과정에서 발생하는 편향(적대적 의도를 공격성과 관련된 중립행동에 귀속시키는 경향성; Crick과 Dodge, 1994)과 공격성을 정당화할 수 있는 다른 이유(Frost, Ko, & James, 2007)에 관하여 연구하였다. 좀 더 성숙한 방어기제인 동일시(identification)는 현실인식의 변화를 요구하지 않지만, 자신이 존경하는 사람의 자질을 본받아서 그들처럼 변화하는 것과 관련된다.

빠르게 찾기 5.11

아동의 이야기에서 방어기제 부호화하기(Cramer, 1991)

부인(denial): 주요 등장인물이나 대상의 생략, 오해, 전환, 존재에 대한 부정적 진술, 현실 부정, 긍정적인 것을 지나치게 확대하고 부정적인 것을 지나치게 축소함, 뜻밖의 선량함, 긍정성, 낙관성, 상냥함

투사(projection): 적대적 감정과 의도 혹은 규범적으로 일반적이지 않은 감정과 의도를 등장인물에게 귀인하기. 불길한 사람, 동물, 대상, 특징의 추가. 마술적 혹은 자폐적 사고, 외부위협으로부터의 보호에 관한 걱정. 부상, 죽음, 살해에 대한 우려. 추적, 함정수사, 탈출에 관한 주제, 기이한 이야기 주제
동일시(identification): 기술의 모방, 성격과 자질의 모방, 동기 혹은 행동의 조절, 소속을 통한 자존감, 일, 만족의 지연, 역할분화, 도덕성

강렬한 정서가 기존의 조직화된 인지 체계에 영향을 주기 때문에 정동이 가득한 정보의 인지처리과정에서는 만성적 혹은 일시적 혼란이 발생할 수 있다(빠르게 찾기 5.12 참조). 정서의 강도가 가라앉고, 개인이 정서를 되돌아보고(기존의 조직화된 도식을 적용), 다른 관점으로 바라볼 때 현실검증력은 증가한다. 부적응적 도식은 안정된 구조처럼 보이지만, 활성화되기 전까지는 자력으로 활동할 수 없으며, 주의, 기억, 지각을 왜곡한다. 예를 들어, 우울증의 스트레스 취약성 모델은 역기능적 도식이 특정 생활 사건(특히, 부정적 정동을 경험할 때)에 의해 활성화된다고 가정한다(Beck, 2002).

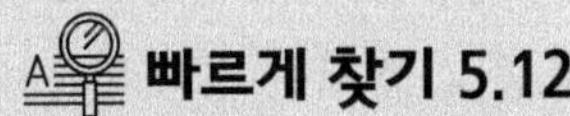

빠르게 찾기 5.12

정서와 현실검증

부정적 정서가 특히 강렬할 경우, 인지를 변화시킴으로써 현실검증을 방해할 수 있다(Epstein, 1994; Thompson, 1986).

1. 극심하고 강력한 부정적 정동은 경직되고 이분법적인 사고를 증가시키며, 심지어 핵심적인 인지적 구분의 상실을 야기하여, 상황에 대한 감정의 적절성을 평가하기 어렵게 만든다.
2. 정동은 마음을 온통 다 뒤흔들어 놓는 듯 보일 수 있으며, 추가적인 처리과정 없이 감정에 근거한 타인의 평가로 이어진다. 이처럼 단순화된 처리과정은 감정 그 자체로부터 정동의 대상을 판단하는 것을 어렵게 만든다.

3. 정동은 의도나 환경에 관한 정보처리를 방해하며, 적절한 인지적 구별 없이 감정을 모든 사람, 집단, 상황으로 귀인시킨다.
4. 정동은 회피, 방어적 태도, 열정의 부족과 불안의 연합으로 감지되었기 때문에 사소한 장애물을 성취에 대한 넘어설 수 없는 장벽으로 인식하도록 유도할 수 있다.
5. 지루함, 낮은 각성상태와 같은 정동은 미묘한 대인관계 정보를 처리하는 것을 간과하도록 만들어, (실패와 역경에 대한 근거 없는 낙관주의처럼) 좀 더 단순하고, 희망적이고, 편향된 관점을 초래한다.

미묘한 구별에 대한 실패는 분노, 비난처럼 감정을 충동적으로 표현하도록 하거나, 위협적이고 고통스러운 기대를 하도록 만든다(예: 상황-특수적으로 고려하기보다는 묵살당하거나 비판받을 것이라는 일반적 기대를 함).

도식 복합성과 도식의 활성화를 구별하는 것은 TAT 이야기 반응에서 '공허함(empty)'과 '죄책감(guilty)'이라는 두 가지 형태의 우울증상 간의 차이를 설명할 수 있다(Wilson, 1988). 공허함은 활동이나 관계에서의 흥미(에너지) 유지와 도전에 대처해 나가는 데 필요한 내적 자원의 결여로 특징지어지는데, 이는 고갈된 도식의 기능으로 여겨진다. 우울증의 죄책감 형태는 부정적 정동 혹은 부정적 사회적 단서에 의한 자기 비난적 도식의 준비된 활성화와 관련된다(빠르게 찾기 5.13 참조). 공허함 형태의 우울증은 초기에 발달하며, 보다 후기에 나타나는 죄책감에 비해 좀 더 심각한 병리적 문제와 관련이 있다(Kernberg, 1975a, 1975b). 도식의 질은 만성적이지 않은 우울증보다는 만성적 형태의 우울증에 좀 더 심각한 영향을 미친다.

빠르게 찾기 5.13

우울증의 만성적 유형

- 역기능적 도식은 비만성적인 우울증보다 만성적인 우울증과 좀 더 관련된다.
- 만성적으로 우울한 사람은 손상된 자율성(문제에 대한 빈약한 대처 능력과 환경에 대한 관점)과 과각성(개인의 실수에 대한 과각성으로, 이는 엄격한 수행기대에서 비롯됨)을

특징으로 한다(Riso et al., 2003).

- 만성적 우울증을 겪는 사람은 명백한 문제는 거의 보고하지 않지만, 다양한 삶의 영역에 대한 전반적인 불만족과 불만감을 보인다(McBride, Farvolden, & Swallow, 2007). 치료자는 각각의 문제 영역을 단편적으로 다루는 것에 어려움을 느끼며, 일반화된 부적응적 도식의 공통 주제하에서 불편함의 다양성을 개념화하는 것이 도움이 된다(Riso, Maddux, & Turini-Santorelli, 2007).

공허한 유형의 우울증 특징을 드러내는 TAT 반응

공허한 유형의 우울증은 자기조절 활동을 이끄는 내적 구조의 빈약함이 특징적인데, TAT 이야기 반응에서는 다음과 같은 형태로 나타난다(Wilson, 1988).

- 공허함, 무가치함, 상실, 외로움에 관한 주제. 만약 그림이 하나의 인물만 묘사한다면, 수검자는 다른 등장인물을 소개할 수 없어서 인물의 고립과 외로움에 초점을 맞춘다.
- 적절한 회한이나 죄책감보다는 자신과 타인에 대한 혹평.
- 등장인물이 지루하고, 무관심하고, 아무것도 느끼지 않는 것으로 설명.
- 폭발적 정동 혹은 충동적 행동.
- 만족을 필요로 하는 것으로 특징지어지는 타인.

(그림에 묘사되지 않은 유익한 인물을 소개하거나 문제 해결 계획을 수립함으로써) '공허한' 느낌은 필요한 지원을 제시하지 못하는 것과 이러한 표상(내적 자원)에 의존하는 문제와 자연스럽게 양립할 수 있다. 내적으로 조직화되고 표상화된 자기조절에 관한 원천 없이, 개인은 가혹하고 비판적으로 자기조절의 외적 원천을 부과하는 시도를 타인에 의해 경험할 수 있다. 우울증의 '공허함' 혹은 '죄책감' 유형을 구별하는 것은 이야기 묘사 기법이 DSM 준거의 보조적 도구로 유용하게 활용될 수 있음을 보여 주는 예이다.

TAT 이야기 반응에서의 정서적 성숙 수준

높은 정서적 성숙 수준에서 장면에 묘사된 긴장은 개인 내에서 일관적인 방식으로 식별되며, 개인 간에 조화를 이루며, 전반적이고 모호하기보다는 구체적이다. 다음에 묘사된 것처럼, 정서적 성숙은 다섯 가지 단계로 조직화된다. 4장에서 소개하였듯이 정서의 개념에 관한 다섯 가지 단계는 인지적-경험적 통합을 기반으로 하지만, 정서에 초점을 둔다.

1. 정서의 복합성과 일관성(한 개인 내)

- 정서는 즉각적인 요구와 유발 자극보다는 등장인물의 장기적인 관심 및 신념과 관련이 있다. 정서는 자극 및 일시적인 순간에 대한 반응이나 모호한 괴로움의 표현보다는 지속적인 내적 동기와 신념을 포함한다.
- 정서적 경험의 개념화는 행동과 의도의 영향을 구분해 준다. 이러한 구분은 직접적으로 언급되기보다는 암묵적일 수 있다.
- 정서, 사고, 행동, 결과는 서로 일치하며, 사회적 인과성과 조화되며, 자극 형태에 적합하다. 따라서 정서는 (자극의 일부분 및 독립 사건과 연결되거나 이야기의 세부사항에 앞서가기보다는) 장면의 전반적인 '메시지'에 적절히 대응되며, 전개되는 이야기 속에 의미 있게 스며들어 있으며, 적절하게 변화된다.
- 정서는 진부하고, 피상적이고, 거짓되고, 차용되고, 결합된 장황함보다는 수검자 경험의 의미 있는 통합으로부터 도출된다.

2. 정서의 조화(여러 대상에 걸쳐서)

- 딜레마를 정의하는 데 있어서, 수검자는 관련된 모든 등장인물의 정서를 공유된 맥락으로 조화시킨다. 다양한 등장인물의 내적 상태는 개별 인물의 자기중심적 사고로 견고해지기보다는 (명시적이든 암묵적이든) 잘 조화된다. 전문가는 등장인물이 한 명일지라도 등장인물의 활동이 타인에 대한 배려와 기준 및 원리를 준수하는 정도와 일치하는지 확인함으로써 이러한 조화를 추론할 수 있다.
- 이러한 딜레마를 해결할 때, 수검자는 관련된 모든 등장인물의 관점과 요구를 조화시킨다. 이런 해결책은 문제의 원인과 영향에 대한 적절한 이해를 반영한다.
- 내적 현실과 외적 현실은 구별된다. 수검자는 외부 자극으로부터 내적 상태를 구별한다(예: 지각하는 자의 감정을 특정 자극 또는 감정의 출처와 구분함).
- 등장인물의 정서는 이야기에 묘사된 유발상황에 (자연적이고 강렬한) 적절한 것으로 자극구성의 정확한 이해에 근거한다.

3. 정서 식별 과정에서의 명확성과 특이성

- 수검자는 사건(유발상황, 광범위한 맥락), 등장인물의 내적 세계와 사건과의 관계(감정, 의도)를 모호한 형태(예: '어떤 나쁜 일이 일어났기 때문에 슬퍼 보여요')보다는 명확하고 특별한 형태로 인식한다.
- 수검자는 성격이나 관점의 차이 혹은 유발상황에 따라 등장인물의 정서를 명확하게 구별한다(한 명의 등장인물만 묘사되었다면, 위의 범주를 적용한다).
- 수검자는 묘사된 감정에 대한 등장인물 간의 관계를 명확하게 기술한다.

A. 정서의 복합성과 일관성(한 개인 내)

(각 이야기에 적용되는 만큼 체크하시오.) 도판번호 →	1	2										
정동이 지속적이고 내적인 동기, 장기적인 흥미 혹은 신념과 관련이 있다(일시적 욕구에 대한 반응, 당면한 유발상황, 불특정한 고통과 대조적인 기준, 목표, 원만한 관계).												
행동이 정동에 미치는 영향이 행동의 의도와 구별된다.												
정서, 사고, 행동, 결과가 서로 일치하고, 전개되는 이야기 묘사에 의미 있게 섞여 있으며, 사회적 인과론 및 사극과 조화되어 있다.												
감정이 (기본적, 피상적, 허위적, 연상적 장황함과 대조적으로) 수검자 경험의 의미 있는 통합으로부터 묘사된다.												

B. 정서의 통합과 조화(여러 대상에 걸쳐서)

(각 이야기에 적용되는 만큼 체크하시오.) 도판번호 →	1	2										
딜레마를 정의할 때, 연관된 모든 등장인물의 감정이 공유된 맥락에 조화되어 있다.												
딜레마를 해결할 때, 연관된 모든 등장인물의 관점과 욕구가 (사회적 인과성과) 조화되어 있다.												

C. 정서 식별 과정에서의 명확성과 특이성

(각 이야기에 적용되는 만큼 체크하시오.) 도판번호 →	1	2										
내적 현실과 외적 현실의 구분 및 외적 유발환경으로부터 내적 상태를 구별함(예: 지각하는 사람의 정서는 표적 대상의 특성이나 감정의 근원과 구별된다).												
감정이 그 특성과 강도에 있어 이야기에 묘사된 상황에 적절하며, 자극의 정확한 이해에 근거한 것이다.												
등장인물의 감정에 관한 환경의 명백하고 명확한 관련성												
묘사된 감정에 관한 등장인물 상호 간의 관계에 대한 명확한 설명*												
유발상황이나 성격 및 관점의 차이에 따라 등장인물의 서로 다른 감정을 명확하게 구분함												

* 만약 한 사람만 묘사되었다면(한 사람만 그려진 것으로 가정한다면), 그 위의 범주를 적용한다.

표 5.3 체크리스트: 정서적 성숙

개념화에 대한 성숙과 정서적 긴장에 대한 해결 수준

정서의 통합적 이해는 다음의 두 가지 관련 요소를 함께 고려한다. 정서가 개념화되는 방법(외적으로 유발된 것과 달리 내적으로 조직화된)과 정서가 해결되는 방법(즉각적인 대응에서 장기간 대응까지). 정서의 개념화는 해결방법보다 더 정교할 수 있지만, 그 반대는 성립하지 않는다. 어설프게 이해된 정서는 비현실적이고 모호하며 근시안적인 방식과 유사한 대처를 야기한다.

정서적 성숙의 다섯 가지 수준은 (앞서 기술된) 개념화와 (대처 부분에서 기술된) 긴장 해결 모두를 포함한다.

수준 1

개념화: 비일관적(disjointed). 다양한 지표에서 정서가 이야기의 사건이나 자극

에 비일관적인 방식으로 연결되어 있음이 드러난다. (a) 감정이나 상황이 자극과 모순된다. (b) 정서, 동기, 목적이 내적 속성을 나타내지 않고 자극의 구체적인 설명, 자극으로 인한 감정상태에 대한 전반적 반응, 모호한 느낌, 지각된 유발 자극에 대한 조절되지 않고 부적절한 반응으로 드러난다. (c) 의도가 영향과 분리되지 않거나 감정과 관련된 상황이 타당해 보이지 않는다.

해결: 미대처(noncoping) 혹은 즉각적/부분적 대처(immediate/partial coping). 이 수준에서 개념화되는 정서는 내적으로 조직화되지 않거나 사건과 현실적으로 연결되지 않았기 때문에 문제 해결에 도움이 되지 않으며, 건설적인 행동을 할 수 없다. 이야기는 부적절하고, 매우 부적응적이거나 비현실적인 해결로 끝난다(이야기가 긴장의 해결 없이 끝난다). 정서는 그 반대의 형태로 제멋대로 변하거나 새로운 정서가 앞선 이야기의 전제와 모순된다. 이야기의 결말은 제시된 문제를 해결하지 않지만 행복한 결말(그녀는 그저 자전거를 타고 TV를 봤어요)이나 불행한 결말(그가 죽었어요)을 이야기 묘사과정에 부여한다. 다른 가능성은 상황이 악화됨에 따라 부정적 정서경험(두려움/적개심/무력감)이 강렬해지는 것이다. 등장인물은 아무런 해결책 없이 극심한 박탈감, 두려움, 유기 및 혼란상태를 지속할 수 있으며, 그릇된 판단이나 반사회적 행동을 명백히 나타낼 수 있다.

WISC에서 전체 IQ가 119였던 8세 3개월 아론의 사례를 다시 살펴보자. 아론은 아동을 위한 치료 프로그램에서 '정서장애'로 확인되었다.

도판 1. 남자아이는 그림을 그리고 싶어 했는데, 그림 도구가 없었어요.[검사자: 그 전에 무슨 일이 있었지?] 그는 약간의 잉크와 연필이 필요했지만, 종이가 약간 찢어져 있고 어떤 테이프도 가지고 있지 않았어요. [검사자: 그래서 그는 어떤 생각을 했지?] 그림 그리는 생각을 하고 있어요. [검사자: 그래서 그의 기분이 어떨 것 같아?] 음… 그림을 망쳐서 모든 사람이 자신을 비웃을 거라는 생각에 걱정하고 있어요. [검사자: 그렇다면 결과는 어떻게 되지?] 테이프를 구해서 그림을 마무리했어요.

검사자의 질문에 대하여, 자신의 계획된 행동을 수행하기 위해 필요한 재료를 가지지 못했던 최초의 딜레마는 (일을 망치고 놀림거리가 되는) 해결되지 않은 새로운 근심을 악화시킨다. 이야기는 아무런 설명도 없이 갑자기 남자아이가 필요로 했던 도구('잉크와 연필'이 아닌 '테이프')를 얻어서 그림을 마무리하는 것으로 끝난다. 이처럼 여기서의 대처 전략은 긴장의 개념화만큼이나 파편화된 것이다.

수준 2

개념화: 촉발된(provoked). 정서는 주로 순간적인 고려사항(예: 유발 자극, 욕구, 바람)과 관련이 있으며, 단순한 인과관계를 포함한다. 예를 들어, 정서는 선행사건이나 일시적인 욕구에 의해 유발될 수 있으며, 일련의 사건(시간순서에 대한 연합적 프레임)에 포함되거나 장기적 관점(원리, 윤리, 목표, 관계)을 아우르기보다는 맥락을 벗어나서 발생할 수 있다. 정서는 일반적으로 기대할 수 있는 개인의 신체적 혹은 심리적 안녕에 대한 지각된 위협에 대한 반응일 수 있으며, 특정 순간에 개인이 원하는 것을 얻고 행하거나 그렇지 못함으로써 유발될 수 있다. 정서는 또한 자극이나 일시적인 외적 환경에 의해 매우 정당화될 수 있다.

해결: 미대처 혹은 즉각적/부분적 대처. 다음과 같은 몇 가지 가능성이 있다. (a) 정서가 동일하게 남아 있다. (b) 변화가 충분히 설명되지 않는다. (c) 해결책이 문제의 일부를 다루거나, (d) 해결과정에서 등장인물 중 하나가 고려되지 않는다. 다시 말해서, 정서나 사건이 명백하고 합리적인 개입과정 없이 변화한다(예: 기분이나 행동의 변화가 곧 결과임, 긴장이 간과되거나 문제가 그냥 사라진다). 행동이 모호하고, 건설적으로 문제를 다루지 않거나 긴장에 대한 단기적 해결과 장기적 해결 간의 구별을 간과한다.

이 수준은 유치원 여아의 이야기를 통해 이해할 수 있다. 이 아이의 교사는 그녀를 공감능력이 낮고 제한적인 사교능력을 지녔다고 묘사했다.

도판 1. 그는 슬퍼요. 그의 엄마는 죽었어요. 그는 엄마가 아팠다고 생각하기 때문에 슬퍼하는 거예요. [검사자: 그다음에는?] 그는 엄마와 무엇을 해야 할지 생각하고 있어요. [검사자: 결말은?] 그는 무언가를 해요. [검사자: 무엇을?] 모르겠어요.

엄마의 상태에 대한 걱정과 관련된 감정은 그의 상실감과 엄마와 '무언가' 하고 싶은 즉각적인 욕구와 관련이 있다. 마찬가지로, 모호한 해결('무언가 한다')은 엄마의 회복(보다 장기적인 걱정)에 고정되어 있지 않다. 아이는 엄마의 물리적 부재 동안 그녀를 대신할 만한 엄마와의 관계에 대한 내적 표상을 지니고 있지 않다.

수준 3

개념화: 외적으로 조직화된(externally organized). 정서는 등장인물에게 내적으로 인식되지만 타인의 평가(예: 성공, 인정, 비판)나 자기 평가에 의해 유발되는데, 자기 평가는 지각된 타인의 평가를 참고한 것이거나 (독단적이거나 변덕스러운 요구는 아닌) 외부의 기준, 의무, 규칙을 따라야 하는 압력과 관련되어 있다. 타인의 행동 및 요구의 영향과 의도를 구별하는 것이 최소한 표면적으로 가능하다.

해결: 미대처 혹은 즉각적/부분적 대처. 정서의 변화는 현실적으로 타인에 의한 개입이나 환경의 외적 변화와 관련이 있지만, 지속적인 신념이나 장기적 해결책을 찾는 계획을 설명하지 못한다. 이 수준에서의 개념화를 고려하면, 무행동(미대처)으로 인한 긴장 해결의 실패는 외부 도움의 필요성으로 해석될 수 있다. 등장인물이 지각된 외적 요구를 충족시키기 위해 건설적인 행동을 한다면, 그 동기는 인정이나 보상을 얻거나 단기적 결과를 피하는 것이다. 그리하여, 외적 근원은 정서의 변화를 불러일으킨다(예: 오직 외적 결과에 의해서 잘못된 행동을 후회한다. 타인이 보상이나 안심을 제공하기 때문에 정서가 변한다). 내적 긴장의 해결과 노력을 기울이기 위한 노력은 타인의 반응과 관련이 있다. 몇몇 양립 불가능성(incompatibility)이나 양면성은 단기적 해결과 장기적 해결 혹은 긴장의 내·외적 근원을 다루는 것 사이에 지속될 수 있다.

이 수준은 1학년 제이미의 이야기를 통해 확인할 수 있다.

도판 1. 남자아이는 바이올린 활을 잃어버렸는데, 엄마가 다가와서 "왜 바이올린을 켜지 않니?"라고 말했고, 아이는 "바이올린 활을 잃어버렸거든요."라고 대답했어요. 엄마는 "활을 찾아라. 만약 못 찾는다면 큰일 날 줄 알아."라고 말했어요. 그리고는 끝났어요. 그는 활을 찾았고, 엄마는 "잘했어, 연주를 마치기 전에 칭찬해 줄게."라고 말했어요. [검사자: 감정은? 생각은?] 처음엔, '이런, 나는 활을 잃어버렸어. 엄마가 알기 전까지 좀 미루지 뭐.'라고 생각했죠.

그는 슬펐어요. 마지막엔 '신난다, 칭찬받았어.'라고 생각했죠. 끝.

남자아이는 엄마가 혼내기 전까진 잃어버린 활을 찾으려는 어떠한 노력도 기울이지 않았다. 사고와 감정은 긍정적이든 부정적이든 외부 압력이나 보상에 초점이 맞춰져 있다.

수준 4

개념화: **내적으로 조직화된**(internally organized). 의미나 긴장의 문제는 이야기에 묘사된 상황과 조화되며, 정서적 경험은 사회적으로 승인되고 내재화된 규칙, 가치, 목표에 따라 조직화된다. 따라서 걱정은 사소하지 않으며, 일시적인 관점과 장기적 관점 간의 균형과 참조에 있어서 외적인 틀과 내적인 틀 간의 균형이 드러난다. 더욱이, 정서는 원칙적이고, 계획적이고, 목적의식이 있는 행동이나 결정을 안내하고 이끄는 자산이다.

해결: **장기적 대처**(long-term coping). 등장인물은 자신의 감정과 행동을 조절해야 하는 책임을 갖는다. 부정적 정서는 긴장의 근원을 확인하고, 대응에 대한 잠재적 장애물을 예측하는 단서와 정서나 환경을 다루는 현실적인 전략으로 여겨진다. 긴장을 해소하거나 긍정적 상태를 촉진하기 위해 등장인물의 대처전략은 목적의식이 있는 사고, 계획 및 행동을 조화시키는 내적 상태와 외적 요인을 적절하게 강조한다. 이러한 적극적인 노력이 가능하지 않다면, 등장인물은 적절한 도움을 찾고 논리적 결과나 불가피한 사건을 받아들인다. 다른 사소한 것이 해결된다면, 등장인물은 자신을 재구성함으로써 긴장을 해소한다. 결과는 문제 설정과 노력에 적절하다. 더욱이, 해결은 긴장의 내적 근원과 외적 근원을 해소하기 위한 계획을 반영한다.

이 수준은 유치원 여아의 이야기를 통해 확인할 수 있다. 아동은 연구에 자원했으며, 교사는 아동의 공감수준이 높다고 보고하였다.

도판 1. 남자아이가 바이올린을 바라보고 있어요. 그는 바이올린을 연주하려고 해요. 그는 바이올린을 싫어해요. 하지만 엄마는 바이올린을 연주하라고 그에게 말했어요. 그는 엄마에게 연주하는 것을 원치 않는다고 말했어요. 엄마는 그에게 나중에 하라고 말했어요. 그는 저녁을 먹고 연주했어요. 그때 그는 바이올린을 연주하는 게 좋았고, 엄마도 그것을 좋아했어요.

이 이야기는 긴장의 내적 근원과 외적 근원을 조화시킨다. 처음에, 남자아이는 엄마의 요구에도 바이올린 연주를 원치 않았다. 아이가 엄마에게 말한 후에, 그들은 장기적 관점을 아우르고 서로 만족할 수 있는 타협('나중에 연주하기')을 하였다. 마지막에는 (단지 표면상의 순종이 아닌) 두 인물의 감정을 민감하게 포착하면서('…그도 좋아했고, 엄마도 좋아했다.'), 감정의 중요성에 공감하였다. 만약 수검자가 남자아이의 바이올린을 연주하기로 한 약속이나 목표를 설명하였다면, 이야기는 최고 수준으로 부호화될 것이다.

수준 5

개념화: **원칙적인(principled).** 정서는 친사회적이고, 자체 정의된 기준과 목표에 의해 유발되는데, 그 기준과 목표는 압박감 없이 한계를 적절히 수용하고 자기를 인식할 수 있게 결부되어 있다. 수검자는 이야기 속에 자극의 미묘한 차이를 풍부하게 묘사한다.

해결: **장기적 대처.** 문제의 추상적이고 성숙한 개념화는 '의미', 원리, 가치에 맞추어 조정하는 대처와 관련이 있으며(예: 진실성이나 용기를 가지고 행동함, 사려 깊은 결정을 내림), 원하는 결과를 얻거나(예: 관계를 유지하거나 회복하기, 장애물을 극복하기, 성공하기) 고통을 다루는 것만을 배타적으로 지향하지 않는다.

벤지의 이야기를 살펴보자.

도판 1. 남자아이는 바이올린을 가지고 있지만, 연주를 매우 잘하는 것은 아니에요. 그는 바이올린을 잘 연주하는 방법을 몰라서 화가 났어요. [바이올린 아래의 종이를 가리키며] 선생님은 제가 이것을 무엇으로 생각하는지 알고 싶나요? [검사자: 내키는 대로 하렴] 그는 바이올린을 연주하는 법을 모르기 때문에 연주를 계속해야 할지, 그만두어야 할지 생각하고 있어요. [검사자: 그래서?] 그는 절대로 연주를 잘할 수 없다고 결론을 내렸기 때문에 포기했어요.

외부 압력이나 기대에 관한 딜레마는 표현되지 않았으며, 자신의 기준에 미치지 못한 연주를 계속할지에 대한 남자아이의 자율적인 결정에 관해서만 표현되었다. 여기서 중요한 것은 남자아이가 연주를 할지 여부를 선택한 것이 아니라, 결정이 이루어지는 과정이다. 남자아이가 바이올린을 포기한 이유는 일시적인 좌절 때문이 아니라 자신은 '절대로' 연주를 잘할 수 없을 것이라는 결론 때문이다.

정서적 성숙의 수준

수준 1: 개념화 – 일관성 없는. 정동은 비일관적인 방식으로 자극이나 이야기 사건과 연결된다(예: 감정과 관련된 상황이 매우 타당해 보이지 않는다. 감정이나 상황이 자극과 빈약한 조화를 이룬다). 정서, 동기, 목적은 내적 속성을 반영하지 않지만, 자극의 특정한 표현, 자극에서 나타나는 감정상태와 모호한 느낌에 대한 전반적인 반응, 지각된 유발상황에 대한 다듬어지지 않고 부적절한 반응을 나타낸다. 의도는 영향으로부터 분리되어 있지 않다.

해결– 미대처 혹은 즉각적 대처. 이 수준에서 개념화된 감정은 내적으로 조직화되거나 사건과 현실적으로 관련되지 않았기 때문에 현실적인 해결에 도움이 되지 않는다. 이야기는 부적절하고 매우 부적응적인 해결이나 아무런 해결책 없이 끝날 수 있다. 정동은 그 반대의 형태로 제멋대로 변할 수 있어서, 새로운 감정은 앞선 이야기의 전제를 반박한다. 결과는 극심한 무력감, 공포, 적개심을 나타낼 수 있으며, 명백하게 반사회적인 행동이나 좋지 못한 판단을 포함할 수 있다. 상황이 악화됨에 따라 정동은 보다 부정적으로 되거나 더 강렬해질 수 있다. 등장인물은 아무런 해결책 없이 여전히 극심한 박탈감, 혼란, 유기상태로 남겨질 수 있다.

수준 2: 개념화–유발된. 정서는 큰 맥락과는 제대로 조화되지 않으며, 주로 일시적인 걱정과 관련이 있다(유발 자극, 요구, 욕구). 감정은 타당해 보이지 않고, 근시안적이고, 자아도취적이고, 단순하고, 매우 모호한 방식으로 사건과 연결된다. 감정은 큰 맥락이나 통합적인 일련의 사건과 관련된다기보다는 마지막 사건이나 일시적인 욕구에 대한 반응일 수 있다. 감정은 자극이나 일시적인 외부 환경에 의해 피상적이거나 거짓일 수 있으며 혹은 전적으로 정당화될 수 있다. 심리적 과정이나 사회적 인과성에 대한 저조한 이해가 드러난다.

해결–미대처, 즉각적 혹은 부분적 대처. 정동은 변하지 않거나, 부적절하게 변화가 설명된다. 감정이나 사건은 명백하고 합리적인 개입과정 없이 변화하거나 자극 혹은 딜레마의 중요한 측면을 고려하지 않고 변화한다(정동이나 행동의 변화는 곧 결과로 이어진다. 정동이 무시되거나 문제가 그냥 사라진다). 행동은 모호하거나 문제를 건설적으로 다루지 않는다. 정동적 긴장을 해결하는 데 있어 단기적 방법과 장기적 방법의 구분이 결여된다.

수준 3: 개념화–외적으로 조직화된. 정서가 등장인물에게 내적으로 조직화된 것으로 인식되지만, 타인의 행동이나 반응과 같은 외적 근원이나 외부의 피드백 혹은 요구에 의해 주로 유발되며, 최소한 의도와 영향 간의 표면적인 구별이 존재한다. 정서는 (누군가의 기분이 아닌) 타당한 외부 기준, 요구, 규칙을 따라야 하는 압력, 친숙하지 않거나 평가받게 되는 상황과 연관된다.

해결—미대처 혹은 즉각적/부분적 대처. 정동 변화는 타인의 개입이나 외부 상황의 변화와 현실적으로 연관되지만, 지속적인 신념이나 장기적 해결책을 찾거나 목표를 추구하는 등장인물의 계획을 수반하지 않는다. 이 수준에서 미행동으로 인한 긴장해소의 실패는 외부의 도움이 필요한 것으로 해석될 수 있다. 건설적인 행동이 타당한 외부의 요구를 충족시킬 때, 그 동기는 인정이나 보상을 받거나 결과를 피하는 것이다. 그리하여 외적 근원은 정동 변화에 영향을 끼친다(예: 긍정적 행동은 보상이나 인정을 가져오기 때문에 가치가 있다. 잘못된 행동은 오직 외적 결과만을 초래한다). 내적 긴장의 해결은 타인의 반응에 달려 있다. 몇몇의 양립 불가능성(incompatibility)이나 양면성은 단기적 해결과 장기적 해결 혹은 긴장의 내 · 외적 근원을 다루는 것 사이에 여전히 존재한다.

수준 4: 개념화—내적으로 조직화된. 정서는 외부 환경과 적절한 방식으로 이야기 묘사에 순조롭게 통합되며, 동기와 신념, 계획적이고 목적 있는 행동과 조화된다. 참조의 내외적 프레임은 균형이 잡혀 있다. 다양한 관점이 조화된다. 등장인물은 적절하게 의사소통하며, 자신의 감정에 건설적으로 행동한다. 정동이나 문제 정의는 상황과 조화되며, 관련된 모든 인물의 심리적 진실성을 존중한다. 문제나 과제에 대한 정서적 반응은 자극과 이야기 맥락에 적절한 것이며, 명확성과 특이성으로 설명된다. 걱정은 사소하지 않으며, 일시적인 압력과 장기적 관점 간의 균형을 나타낸다.

해결—장기적 대처. 등장인물은 감정과 행동을 조절하는 책임을 진다. 이들은 현실적이고, 계획적이고, 적극적인 문제 해결 노력을 보이거나 논리적 결과나 필연적인 사건을 수용함으로써 부정적 감정을 해소한다. 해결은 문제설정과 긴장의 내적 · 외적 근원에 대한 계획에 기울이는 노력에 적절한 것이다. 등장인물의 내적 상태와 더불어 외부요인은 목적 있는 사고, 계획, 행동으로 이끈다.

수준 5: 개념화—원칙적인. 정서는 한계를 적절히 수용하고 자기를 인식할 수 있는 것과 결부된 친사회적이고, 자체 정의된 기준과 목표에 의해 유발된다. 자극의 미묘한 차이는 이야기 묘사에 풍부하게 포함된다.

해결—장기적. 문제에 대한 추상적이고 성숙한 개념화는 '의미', 원리, 가치에 맞추어 조정하는 대처와 관련이 있으며, 감정의 조절, 관계를 유지하거나 회복하기, 장애물을 극복하기, 성공하기 등을 다루는 것만을 배타적으로 지향하지 않는다.

사례 예시

제인의 사례

평가 당시, 제인은 13세였는데, 학교장면이 그녀의 요구에 적합하지 않은 것처럼 보여서 자택교육을 받고 있었다. 그녀의 정신과 주치의는 좀 더 많은 정보를 얻기 위해 심리 평가를 의뢰하였다. 다음에 제시된 이야기를 바탕으로 정서적 성숙 수준을 부호화하였으며, 표 5.4에 제시하였다.

도판 1. 남자아이의 엄마는 아이가 항상 바이올린 레슨을 받기를 원하는데, 아이는 만일 자신이 레슨을 받기 시작한다면, 엄마의 기대엔 부응할 수 없을 것이라 확신해요. 아이는 레슨을 받았는데, 선생님은 아이가 생각한 것보다 아량이 넓은 사람이었지만 방과 후에는 레슨을 받아야만 했고, 실제로 그렇게 했어요. 지금 아이는 레슨에 가야 한다고 느끼고 있고, 너무 피곤해서 가기 싫지만 엄마를 실망시키고 싶지 않아서 가고 있어요.

내용 함의: 만약 남자아이가 자신은 항상 엄마의 기준에 미치지 못할 것을 확신한다면, 아이는 엄마를 실망시키지 않으려고 노력하고 좌절, 피로와 씨름할 것이다.

이 이야기는 자극구성을 정확하게 설명하고, 외적으로 부여된 기준과 이를 충족시키기 위해 내적으로 경험된 압력을 구별한다. 효과적인 대응에 장애물이 될 수 있는 것은 등장인물의 좌절감(부정적 사건이 예상했던 것보다 좋은 것으로 밝혀지더라도, 부정적 사건을 예상함), 피로감(동기와 에너지의 결여)과 관련이 있다. 남자아이는 바이올린을 연주하고자 하는 개인적 욕망이 없으며, 타인을 실망시키고 싶지 않은 마음이 동기가 된다. 자신이 무엇을 해야 하는지 생각하는 과정에서, 남자아이는 불쾌한 정서적 상태에 빠지게 된다.

도판 2. 한 여자아이가 농장에 살고 있는데, 아이는… [긴 침묵] 아이는 몇 분 내로 학교를 가야 하는데, 집 안에 할 일이 가득 쌓여서 등교를 결정하는 게 처음엔 쉽지 않았어요. 가족들은 학교에 가라고 권했지만, 학교엔 친구가 많지 않아서 아이는 두려워했어요. 음, 이것은 아이가 학교에 간 지 사흘째 되는

날이에요. 아이는 매번 긴장했지만, 반 친구들이 아이에게 매우 잘 대해 줘서 학교 가는 것을 기대하고 있어요. [검사자: 마지막은 어떻게 되니?] 마지막에, 아이… 아이는 학교에서 많은 것을 배우고, 또 심지어 친절한 새 친구도 사귀어서 학교에 다시 가기를 원해요.

내용 함의: 만약 여자아이가 (친구 없이) 학교 가는 것을 걱정한다면, 가족의 격려는 아이를 학교에 가도록 하는 동기가 되고, 아이는 자신이 학교를 좋아한다는 것(친구를 사귀고 공부하는 것)을 발견하고 놀란다.

다시 말해, 등장인물은 처음에는 (특히 동료의 사회적 지지에 대해) 걱정하지만, 예상했던 것보다 일이 잘 해결되는 것을 발견한다. 처음에, 여자아이는 학교에 다니지 않을 가능성을 고려했지만, 가족의 격려로 도전해 보기로 한다. 근본적인 쟁점은 불편할 것으로 예상되는 상황을 견디거나 회피하는 것 중 하나를 선택하는 것이다. (도판 1에서도 보이는) 사회적으로 허용된 행동에 참여하고 싶은 욕구가 있지만, 그렇게 하면 높은 수준의 스트레스에 직면하게 된다.

도판 3BM. 여자는 자고 있는 것 같네요. 네. 음, 이 여자는 대학에 간 지 얼마 안 됐는데, 엄청 일찍 일어나야만 했어요. 교실에 갔더니 아무도 없어서 그때서야 휴강인 걸 알았어요. 건물은 직원을 위해 열려 있던 거였어요. 여자는 차로 돌아가기 너무 피곤해서 낮잠을 자야겠다고 생각했어요. 아마 일어나면 차로 돌아갈 것 같아요. 그다지 바람직한 건 아니지만 제 생각에는 그럴 것 같아요. 여자가 무슨 생각을 하냐고요? 글쎄요, 잠들 무렵 여자는 잠깐 낮잠을 잔다고 생각했지만, 일어났을 땐 벌써 시간이 4시간 가까이 지났다는 걸 알게 되었죠. 여자는 당황했지만 아무도 개의치 않는 것 같아서 대수롭지 않게 생각했어요.

내용 함의: 일반적인 삶의 요구는 지나치게 피곤하지만, 의무로부터 해방된 상황(휴강)임을 고려하면, 여자는 당혹감을 감수하면서 즉각적인 휴식(낮잠을 기다릴 수 없음)을 택할 것이다.

도판 1에서 보이는 피로와 관련된 주제는 일상적인 요구를 만족시키는 데 필요한 체력이 부족한 곤란한 상황과 함께 수면 위로 드러난다. 이 이야기에서, 피로는 매우 극심하여 여자는 집에 가기 전에 교실에서 낮잠을 잔다. 수검자는 사회적 기대에 부응하고자 하는 수인공의 욕구와, 관련된 스트레스에 대

한 내성 간의 조화를 위해 노력하며, 수검자는 신경과민과 피로를 경험하고 부정적 사건을 예상한다. 여자는 어렵고 부담스러운 기대를 수용하는 것과 회피하는 것 사이에서 갈등하면서, 도전에 직면할 때 종종 예상한 것보다 일이 잘 풀린다는 것을 발견한다. 하지만 이러한 스트레스에도 불구하고, 긍정적인 행동을 지속하는 것은 어려울 수 있으며, 회피행동은 그럴듯하다. 주인공은 중요 사안을 다루지 않고 비교적 단기적인 휴식을 제공하는 것으로 문제를 해결하면서 하루를 소비한다.

도판 4. 남자는 직장상사가 항상 자기를 힘들게 해서 퇴근해서는 기분이 나빴어요…. 음… 남자는 컴퓨터 작업을 하고, 직장상사는 혼자서는 어떤 일도 할 수 없었기 때문에 남자는 항상 그를 게으르다고 느꼈어요. 그리고 그는… 운전해서 귀가 하는 길에 거의 사고를 당할 뻔했는데, 이것이 그의 기분을 더 악화시켰어요. 집으로 돌아왔을 때 아내는 그가 왜 화가 났는지 이해하지 못했는데, 그는 기분이 너무 나빠서 아내에게 왜 그런지 설명하지 않았어요. 하지만 아내는 그를 돕고 싶었고, 그는 기분이 다소 진정될 때까지 기다리면 얘기할 수 있을 것 같다고 생각했어요. 하지만 남자는 만약 지금 아내에게 설명한다면, 그러고 싶지는 않지만 아내에게 소리를 지를까 봐 두려웠어요. 그래서 남자는 아내를 화나게 만들고 싶지 않다고 느꼈고, 기분이 괜찮아질 때까지 기다린 후 얘기하고 싶어 해요.

내용 함의: 일상적인 일과 중에 격한 분노를 경험하고, 타인(도움을 주고자 하는 가족 구성원)에게 화를 내지 않고 자신의 감정을 표현하는 것이 어렵다면, 남자는 차분해질 때까지 기다릴 것이다.

다시 말해, 삶이 번거롭고, 부정적 정서가 일과 동안에 쌓인다. 가족 구성원과 같은 다른 사람들은 도움을 주고자 하지만, 그의 정서적 강도를 이해하는 것이 어려울 수 있다. 귀찮은 일로 인해 유발된 불편한 감정은 관계를 복잡하게 만들며, 타인을 화나지 않게 만들기 위해 정서적 강도를 조절하는 것이 필수적이다. 문제는 '항상' 발생하지만, 해결은 하루에 국한되며 문제의 표현을 조절하는 방법에 중점을 둔다(일시적/부분적 대응).

도판 5. 이 여자는 12세 남자아이의 엄마인데, 아들에게 음식을 먹인 지 약 1시간 후에 아이가 큰 소리로 엄마를 찾는 것 같았는데, 물이나 뭐 그런 걸 달

라는 것 같았어요. 그리고 엄마는… 어… 뜨개질하는 중이었는데, 위로 올라가서 아들이 무엇을 원하는지 보기로 결심했어요. 엄마가 위로 올라갔을 때, 아들은 정말로 아파 보였어요. 엄마는 아들에게 기분이 어떤지 물어보았고, 아들이 열이 있는 것 같다고 말해서 엄마가 열을 쟀는데 그렇게 심하진 않았어요. 하지만 엄마는 어쨌든 아들을 병원에 데리고 가야겠다고 생각했어요. 아들을 의사에게 데리고 갔는데, 의사는 아들이 단지 독감에 걸렸다고 말하면서 몇 가지 약을 처방했어요. 아들이 괜찮다는 사실에 엄마는 기뻤어요.

내용 함의: 12세 남자아이가 아플 때, 엄마는 아들을 잘 돌보아 준다.

엄마는 아이가 말하는 것에 반응하며, 아들이 '정말로 아파 보인다.'고 스스로 판단하여 효과적으로 대응한다. 아이가 신체적으로 아플 때 돌봐 주는 것과 요구를 만족시키기 위한 그 외의 노력 간의 차이가 있다.

도판 6BM. 남자는 경찰서에서 왔어요. 그는 경찰인데, 경찰 옆에 서 있는 여자는 죽은 사람의 엄마예요. 경찰은 여자와 말하기 위해 왔는데, 그는 유가족을 대하는 걸 정말로 싫어해서 이전엔 그런 적이 없었어요. 그래서 그는… 그의 상사에게 가기 싫다고 말했지만 상사는 그가 가야만 한다고 말했어요. 그래서 그는 여자와 대화하기 위해 왔어요…. 그가 여자에게 아들이 죽었다고 말할 때, 여자는 엄청 분노했고, 사실을 믿지 않았어요. 그녀는… 그러니까… 경찰이 기대하는 것처럼… 기분이 좀 나아진 것처럼… 그렇게 행동하길 원치 않았어요. 경찰은 여자의 기분을 달래려고 노력했어요. 그는 여자의 기분을 달래기 위해 어떤 말이라도 하고 싶었지만 그녀를 더 이상 화나게 하고 싶지 않았어요. 그래서 그는 그냥 자신이 하는 말을 여자가 듣고 싶어 할 때까지 기다렸어요.

내용 함의: 나쁜 소식을 전달해야 하는 것을 싫어하지만, 이를 피할 수 없다면, 남성은 적당한 때를 기다림으로써 고통을 최소화할 것이다.

이 이야기는 수검자의 대인관계 민감성, 정서의 현저성, 낯선 일을 하는 것과 관련된 불안을 정확히 담아낸다. 경찰은 이전에 나쁜 소식을 전한 적이 없었다. 경찰은 압력을 받을 때 자신이 예상하는 일을 피하기 어려울 것이며, 세심한 주의를 기울일 것이다.

도판 7GF. 여자아이는 이제 막 10세가 되었어요. 엄마는 생일 때마다 매번

인형을 사 줘서 아이는 인형이 질렸지만, 부모가 주시는 선물을 감사하게 생각하기 때문에 엄마의 감정을 상하게 하는 어떤 말도 하고 싶지 않아 해요. 그리고… 음… 하녀 중 한 사람이 아이가 화가 났고 도움이 필요하다는 걸 눈치채고 아이와 이야기를 나누려고 시도했지만 아이는 자신의 감정에 대해 이야기하고 싶지 않은 것처럼 보였어요. 그래서 하녀는 아이에게 자신이 쓴 몇 가지 이야기를 읽어 주었고, 아이는 이 때문에 좀 누그러졌어요…. 마치… 아이가 그것에 대해 생각하고, 엄마가 자신에게 무언가를 줘서 기뻐하는 것과 같아요. 여기까지예요.

내용 과정 함의: 누군가(엄마) 여자아이에게 잘해 주었는데 아이가 만족하지 못한다면, 아이는 자신의 솔직한 감정을 표현하지 않고 타인이 자신을 위해 노력한 것에 대해 감사해 할 것이다.

도판 4와 6BM처럼, 이 이야기는 정서적으로 민감한 주제를 다루는 데 있어 신중함과 민감성을 보여 준다. 아이는 엄마의 감정을 다치게 할 수 있는 잠재적인 위험을 무릅쓰기보다는, 스스로를 불만족한 상태로 두면서 상황을 긍정적으로 재구조화한다(중요한 것은 누군가 선물을 줄 만큼 충분히 돌보았지만, 그 선물을 좋아할 만큼은 아니라는 것이다). 하지만 이것은 일회적 사건이 아니며, 반복될 가능성이 있다('항상 선물을 사 주었다'). 아마도 정서의 강도는 (이전 이야기에서 본 것처럼) 그것을 표현하기에는 위험한 것처럼 느껴진다.

도판 13BM. 음, 이 남자아이의 아빠는 목장에서 일하기 때문에 소랑 같이 일하는 것을 좋아하고, 아이는 항상 소와 함께 아빠를 도와주고 싶어 했어요. 하지만 아빠는 아들이 너무 어려서 조심하지 않으면 소에 밟힐까 봐 걱정되어서 아들이 자기와 소에게 접근하지 않기를 원했어요. 아이는 아빠가 항상 자신을 멀리 떨어져 있게 하고, 자신이 할 수 있다고 생각하는 것에도 관여하지 못하도록 하는 것처럼 느껴져서 화가 났어요. 아이는 그냥 앉아서 아빠가 일하는 것을 지켜보았고, 아빠를 오랜 시간 지켜보면 자기도 일하는 방법을 배울 수 있을 거라고 생각했어요. 만일 아빠가 자신이 일을 돕는 것을 허락한다면, 아빠가 예상한 것보다 자신이 일을 더 잘할 것이라고 생각했어요. 어떻게 되었냐고요? 마지막에… 아이는 몇 년 동안 아빠를 도울 수 없었지만, 도울 수 있는 나이가 되었을 때에는 아빠에게 상당히 큰 힘이 되었어요.

내용 과정 함의: 남자아이가 어른이 하는 일을 못하도록 아빠가 방지한다면, 아이는 무시당한 느낌을 받겠지만 아빠의 신뢰를 얻을 때까지 기다려서 마침내 스스로 능력을 입증한다.

남자아이는 오랜 시간 고민하여 신중한 선택을 내리는 것처럼 보이지만 무시당한 느낌에 '머물러' 있다. 단기적 · 장기적 고려사항에 대한 이해와 두 등장인물(아빠와 아들)의 의도에 대한 공감이 존재한다. 아들은 돕고 싶지만 아빠는 위험으로부터 아들을 보호하고자 한다. 하지만, 나이가 들면 큰 도움이 될 거라는 아이의 낙관론은 현시점에서 미해결된 부정적 감정을 수반한다. 다시 말해, 아이는 실망감을 표현하지 않고, 단기적 결과와 장기적 결과 간의 차이를 타협하지 않은 채로 기다리고 관찰한다.

제인은 감정의 원인을 내적 근원에 두며, 명백하고, 구체적이고, 등장인물 간의 조화된 방법으로 정서를 확인한다. 정서의 개념화는 비교적 성숙하고(보통 수준 4), 부정적 감정의 해결은 단기적이고 부분적인 대응 전략으로 다뤄진다(보통 수준 2). 개념화와 대응의 조합은 (표 5.4에서 볼 수 있듯이) 많은 이야기가 수준 3의 정서적 성숙을 나타냄을 보여 준다.

(각 이야기에서 적용할 수 있는 최고 수준을 선택하라)

도판	1	2	3BM	4	5	6BM	7GF	13B
제인	3	3	2	3	4	3	3	3

표 5.4 정서적 성숙: 제인의 이야기

이야기 요약

중학교 2학년 동안(본 평가에 앞서 약 1년간), 제인은 학교 시스템과 '잘 맞지 않는' 것으로 요약되는 다양한 문제로 인해 자택교육을 받기 시작했다. 제인은 4회의 평가회기 동안 협조적이었지만 대체로 피곤하고 무기력했는데, 이는 아마도 대체로 오후가 될 때까지 일어나지 못하는 제인이 검사를 아침에 받았기 때문일 것이다. 구조화된 인지적 · 성취 과제를 실시할 때, 제인은 질문에 부적절한 불필요한 사항을 제시함으로써 중심에서 벗어나는 경향이 있었다.

제인은 제시된 학습과제를 완료하였지만, 오랜 시간 동안 어려움을 겪었으며, 평균적으로 45분이 지나면 휴식을 요구하였다.

현재, 제인은 좋지 못한 수면 습관과 다양한 신체적 증상을 지니고 있다. 제인은 스트레스 사건이 예상될 때 두통과 복통을 경험하며, 사건이 발생하고 나면 진정된다. 소화불량, 과민성, 수면문제, 두통과 같은 신체적 반응은 어릴 때부터 두드러졌다. 좀 더 최근에는 이런 스트레스 주기가 학교 출석과 관련하여 확연해졌다. 제인의 어머니는 제인이 가만히 있지 못하는 아이였고, 일상적인 생활소음과 사회적 단서와 같은 낮은 수준의 자극에도 반응했다고 설명했다. 너무 강렬해서 처리하기 힘든 자극으로부터 자신을 보호하고 철수하기 위한 현재 제인의 경향성(예: 또래 친구와의 관계를 회피하고 학교를 그만두길 원한다)은 주변 자극에 민감하게 반응하는 과거 행동에서 추적해 볼 수 있다. 현재, 불규칙적인 수면 습관은 제인의 기능을 방해한다. 제인은 아침에 극도로 무기력하고, 제인의 어머니는 오후 2시가 되도록 제인을 깨우는 것이 어렵다고 보고한다. 제인은 일어날 때 배가 아프고, 약간의 어지러움을 느낀다. 하지만, 날이 갈수록 증가된 신경성 증상은 제인을 긴장하게 만들어서 새벽 2~3시까지, 때로는 밤새 깨어 있도록 한다. 제인은 주로 밤 동안 일상의 사소한 일에 대해 걱정한다.

구조화된 인지적 · 성취 과제에서 제인의 점수는 웩슬러 검사에서 평균~평균 상 수준이고, 우드콕-존슨 검사 수행에서는 평균~매우 우수 수준이다. 제인의 TAT 이야기 반응은 제인이 에너지를 매일의 번거로운 상황에 대응하는 데 사용하여 장기적 목표나 관심사를 탐색할 에너지가 고갈된 상태라는 점과 일치한다. 제인의 대처 방식을 보여 주는 이야기 반응은 보다 장기적인 사안을 다루는 전략을 사용하지 않고 즉각적인 감정을 개선하는 것에 초점을 둔다. 이야기의 등장인물은 긴장된 정서를 다루고, 매일의 과업과 관계에 관련된 요구를 충족시키기 위해 피로를 조절하려고 노력하는데, 이는 제인이 직면하는 매일의 딜레마와 일치한다. 이야기는 관계와 사회적 인과론에 관한 세련된 이해를 암시하는데, 문제해결은 보통 긴장을 개선하고 타인의 기대를 충족시키는 것에 초점을 둔다. 이 시점에서 제인의 많은 에너지는 불안을 다루는 데 소모되어, 종종 장기적 관점에서 중요한 것에 열중하기보다는 자신이 경험하는 압력으로부터 일시적인 안정을 찾는 것에 집중한다. 하루 내내 악화되는 불안의 주기를 깰 수 있는 처방이 제인에게 유용할 수 있다. 불안의 감소 및 수면 패턴 확립과 함께, 매일의 번거로운 상황에 대한 민감성과 반응을 다루는 상담 목표를 설정하고 관심사를 추구하는 것과 같이 장기적인 사안과 씨름하도록 자원을 증대시키는 치료 방향이 제인에게 도움이 될 것이다.

기억해 두기

묘사된 정서의 조직화된 설명을 방해하는 인지적 처리과정의 어려움과 (긴장을 평가하는 것의 정확성과 같이) 정서적으로 강렬한 상황에 대한 사고는 이전 장에서 확인할 수 있다.

기억해 두기

어떤 면에서, 모든 해석상의 단위는 자동적으로 적용된다. 이야기에서 유의미하게 환경과 조화를 이루거나 그림자극과 모순되는(4장 참조) 정서는 손상된 현실 검증력을 암시한다.

유의사항

검사자는 특정한 이야기 요소와 그 해석 간의 1:1 관련성을 가정해서는 안 된다. '그림을 봐도 아무것도 떠오르지 않아요.'와 같은 반응은 수검자가 자극을 회피하거나 비난함으로써 불안에 대해 방어하거나(Cramer, 1996), 수검자가 제시된 장면에 맞추어 이야기를 발전시키지 못한다는 것을 나타낼 수 있다.

자기점검

1. '정서 이야기'란 무엇을 의미하는가?
2. 정서가 어떻게 사건의 평가에 영향을 미치는가?
3. 도식의 어떤 특성이 정서조절과 관련이 있는가?
   (a) 복합성
   (b) 기억의 인출
   (c) 'on-line' 처리과정과의 조화
   (d) 모두
4. 다음의 쌍 중 상호 관련성이 낮은 것은 무엇인가?
   (a) 평가 및 대응
   (b) 정서의 내적 조직과 긍정적 정동
   (c) 정서적 성숙과 현실검증
   (d) 방어기제와 인지
5. _______ 평가는 행동의 의도와 행동의 영향 간의 구별을 야기할 수 있다.
   (a) 내적으로 조직화된
   (b) 모호한
   (c) 유발된
   (d) 선의의
6. 정서의 현실검증에 대해 정의하라.

정답: 1. 정서는 경험, 반응, 사고, 계획, 행동, 결과를 정당화하는 네트워크에 연결되어 있다. 2. 특정 사건의 평가는 개인의 현재 정서에 영향을 받으며, (직접적이거나 간접적인) 이전의 경험을 나타내는 도식에 의해 활성화된다. 평가에 영향을 미치는 (복합성, 조직, 활성화와 같은) 도식의 질은 주어진 상황에서의 개인의 주의과정과 정서조절 능력에 의해 형성된다. 결국, 기억은 기억과 관련된 감정에 따라 부호화되기 때문에, 긍정적 · 부정적 정서는 기분과 일치하는 도식에 대한 선택적 접근을 가능하게 한다, 3. d, 4. b, 5. a, 6. 개인으로 하여금 정서적 반응이 타당한지 질문하도록 하여 감정을 유발하는 대상의 객관적 특성으로부터 인물의 감정을 분리하는 것.

6 CHAPTER

TAT를 활용한 대상관계 평가의 핵심

도식 이론과 대상관계 이론은 심리적 구조가 '대인관계 양상에서의 규칙성'을 상징적으로 나타내며(Baldwin, 1992), 이러한 대인관계 패턴은 향후 상호작용에서 예상되는 대인관계 양상에 대한 전형적 틀(template)의 역할을 한다는 기본적인 가정을 공유한다. 도식 이론과 비교하여 대상관계에 관한 연구는 역사적으로 적응, 정신병리, 치료방법의 결정과 관련된 보다 광범위한 문헌에 임상적 기반을 두고 있다(Bornstein & O'Neill, 1992; Leigh, Westen, Barends, & Mendel, 1992; Masling & Bornstein, 1994; Westen, 1993). 반면, 도식 이론은 정신병리를 이해하고 심리치료적 개입을 고안하는 데 점차 적용되었다(Riso, du Toit, Stein, & Young, 2007). 도식과 매우 유사하게, '대상관계(object relations)'는 누적된 경험이 조직화된 것으로, 의식되지 않는 영역에서 대인관계와 관련된 경험을 이해하기 위한 렌즈로서 기능한다. 대상(object)이란, 자기와 타자에 대한 내적인 상(象, image)을 의미한다(Meissner, 1971, 1972). 대상관계 이론은 사람들 간의 관찰 가능한 상호작용에 중점을 두는 것이 아니라 발달과정에서 개인이 경험하는 실제 상호작용이 주관적인 표상으로 형성되는 방법에 관한 것이다(Fairbairn, 1952; Klein, 1948; Winnicott, 1965). 대상관계 이론에 의하면, 개인은 자기와 타자 간의 경험에 대한 내적 양식에 따라 다른 사람과 관계를 맺는다. 그러므로 관계에 대한 주관적인 경험은 자기와 타자에 대해 기억하는 내용과, 과거에 지각하던 방식으로 현재의 정보를 처리하려는 과정에 기초한다.

(대상에 대한) 내적 표상은 일반적으로 도식의 발달추세를 반영하기 때문에, 내적 표상은 당면한 상황에 기초하여 발달하다가 점차 상징적/개념적이

고, 일관적인 형태로 발전한다. 따라서 더 구체적인 대상표상은 대상관계의 일반적인 원리로 변형된다(Greenberg & Mitchell, 1983). 대상표상은 구체적인 관계와 직접적으로 결부되어 있지만, 대상관계는 추상적인 도식으로 자기와 타자에 대한 개인의 개념을 조직화하는 원리와 과정을 포함한다.

본질적으로, (추상화된 모든 도식처럼) 대상관계는 내부조절 능력을 향상하는 내적 구조를 구성하고 있는데, 이는 외부의 지원이나 안내 없이 경험을 조직화하도록 하는 내적 자원을 통해 이루어진다. Klein(1932)이 최초로 상정한 내적 대상(internal objects)의 개념은 실제의 관계가 정신내적인 구조로 변화됨을 가정하는데, 정신내적인 구조는 대상의 부재에도 개인이 타인과 연결되어 있다고 느끼게 한다. 이러한 내적 대상이나 대상표상은 내부세계와 외부세계 간의 관계를 조직화하고 유도한다. 내면화된 정신구조는 이전에 외부 관계를 맺었던 방식으로 개인을 이끌기 때문에, 대상관계는 동기체계(motivational system)의 원인이 된다. 표면적인 모습을 지향하는 피상적, '거짓(false)', 가짜(inauthentic) 자기와 달리, 참(true) 자기의 감각은 내면화 과정을 통한 '내부 세계'의 창조(Meissner, 1981)에 의해 촉진된다(Guntrip, 1968; Kernberg, 1976; Kohut, 1977; Winnicott, 1965). 개인의 '내부세계'는 외부세계와의 만남을 이해하고 조정하는 여과기능을 한다.

대상관계의 평가는 관계에 대한 내부세계의 지도를 제공한다. '대상관계'의 구성개념은 꿈 및 초기기억의 분석, 주제통각자극에 대한 이야기 묘사와 같은 서술적 기법, Rorschach 등과 같은 여러 가지 도구를 이용하여 다양한 이론적 관점에서 측정되어 왔다(Stricker & Healey, 1990; Pinsker-Aspen, Stein, & Hilsenroth, 2007). 이야기가 "친밀한 관계에서의 대인관계 기능과 관련된 인지적, 정동-동기적 양상에 대한 많은 접근을 제공하기(Westen, 1991)" 때문에, 그림에 대한 반응으로 이야기를 사용하는 것은 특히 관계의 내적 표상을 평가하는 데 적합한 것으로 고려된다. 대상관계는 이전에 양육자로부터 제공받았던 자기조절 기능을 자아가 수행할 수 있도록 용인하기 때문에, Bellak의 TAT 및 CAT 채점체계(Bellak, 1993; Bellak & Abrams, 1997)는 대상관계를 자아통합의 일반적인 기준에 포함한다.

대상관계의 발달

Fairbairn(1954)이 발달시키고 이후에 다른 학자들(Guntrip, 1968; Kernberg, 1976; Kohut, 1977)에 의해 정교화된 대상관계 모형은 발달과 행동을 이해하는 데 있어서 대인관계를 강조함으로써 고전적 정신분석 이론의 단점 중 일부를 보완하고자 시도하였다. 자기에 대한 표상과 타자에 대한 표상은 동시에 발달하는데(Sandler, 1992), 자기 내에서 이 둘을 구분하는 것은 타자로부터 자기를 분화시키기 위한 전제조건이다(Meissner, 1981). 이전 장에서 논의했듯이, 타자에게 의도를 전가하려는 유아의 경향성은 유아 고유의 행동이 의도적이라는 인식에 달려 있다. 18개월 정도의 유아는 실제 행동이 아니라 타인의 의도를 모방하는 것으로 나타났다(Meltzoff, 1995). 대상표상의 일반적인 발달과정은 자기표상의 점진적인 분화와 유사하다. 일반적인 도식의 발달과 동일하게, 자기 및 타자의 표상은 성장과 경험을 통해 더 복잡해진다.

분리-개별화 단계는 자기 및 타자의 내적 표상과 관련된 인지-정동 기제의 발달을 보여 주는데, 대상관계의 발달(빠르게 찾기 6.1 참조)은 분리-개별화 단계에서 자기와 타인이 분리되는 것처럼 자기감각의 점진적인 발달을 통해 진행된다(Mahler, 1966; Mahler, Pine, & Bergman, 1975). 타자에 대한 최초의 표상은 지각하는 사람(perceiver)의 욕구 만족에 반응한다. 하지만, 타인에 관한 도식은 개인의 고유한 욕구와 별개로 형성되기 때문에, 내부세계 및 외부세계의 특징은 독립적으로 개념화된다. 그럼에도 불구하고, 타자로부터 분리되는 것은 지각하는 사람의 인지와 정서에 의존한다. 이전 장에서 논의했듯이 감정은 판단에 영향을 미치고, 관련 있거나 의미 있는 것에 주의를 기울이게 하는 반면에, 정서는 인지와 함께 대상표상에 대한 구조적 조직화에 영향을 미친다.

빠르게 찾기 6.1

대상관계의 발달

대상을 단절된 조각 혹은 전반적이거나 분산된 것으로 지각하는 것에서, 보다 조직화되고 일관된 것으로 지각하는 것에 이르는 일련의 과정을 통해 자기에 대한 내면화된 상과 타자에 대한 내면화된 상이 함께 발달하며, 이는 안정되고 일관적인 표상을 야기한다(Kernberg, 1976). 가장 높은 발달단계에서(자아 정체성), 과거의 경험은 이전에 애착을 느꼈던 구체적 대상을 초월하여 가치체계와 추상적인 행동원칙으로 통합된다. 자기-대상 분화의 실패와 자기 통합의 결여는 자기의 요구와는 별개로 타자의 특성을 평가하는 것을 불가능하게 만든다. 분열(splitting)은 경험을 보다 복잡하거나 추상적인 개념으로 통합하기보다는 완전 좋거나 완전 나쁜 것(all good or all bad), 즉 이분법적으로 분류하는 기제이다(예: 양가감정). 이러한 이분법적 사고는 극도로 강렬한 정서에 대한 반응으로 발생하거나, 인지/주의의 한계로 인해 경험을 통합하는 것이 어려워서 발생할 수 있다. 하지만, 개인은 유쾌하고 불쾌한 만남 등 경험의 다양한 측면을 통합시키지 않고, 현재에만 살고 있으며, 오직 타자가 그 순간에 제공하는 것만을 평가한다. 개인은 자기와 타자 혹은 '현재'와 '이후'를 통합하는 능력 없이, 현재 경험의 일차원적 즉시성에 갇히게 된다.

빠르게 찾기 6.2

도덕적 정서: 죄책감과 수치심
(Tangney, Stuewig, & Mashek, 2007)

죄책감, 공감, 수치심, 심지어 분노와 같은 많은 정서가 도덕적 행동에 내재되어 있다. 비록 죄책감과 수치심은 윤리 혹은 사회적 규범의 위반에서 발생되는 부정적인 감정이지만, 도덕적 행동을 취할 가능성에 있어서 중요한 차이가 있다. 죄책감을 느낄 때, 개인은 특정 행동을 하거나 하지 않는 것에 초점을 맞추고, 잘못을 정정하도록 노력한다. 하지만 수치심을 느낄 때, 개인은 자기의 부적절한 모습에 초점을 맞추기 때문에, 상황을 개선하기보다는 체면을 지키려는 경향(회피, 철수)이 있다. 그럼에도 불구하고, 개인이 자기에 대한 부정적인 감정을 피하기 위해 사회적 기준을 위반하는 것을 자제할 때, 수치심은 도덕적 행동을 유도할 수 있다.

점차 복잡해지는 자기표상 및 타자표상의 발달과 강화를 통한 적응적 행동 양상의 습득은 또 다른 원리를 따른다(Meissner, 1974; Raynor & McFarlin, 1986; Sandler & Rosenblatt, 1962). 내적 구조의 지속적인 성장은 외부의 강화 없이도 건설적인 행동을 유지할 수 있는 능력과 타자와의 분리를 감내할 수 있는 능력을 증대시킨다. 이러한 발달은 기능적 기술의 목록을 획득하는 것에 크게 의존하지 않지만, 안정성과 정동적 개입과 같은 관계의 질에 달려 있다. 따라서 구체적인 강화물에 의한 학습 패러다임은 대상관계라는 더 큰 구조에 포함된다(Meissner, 1981). 내면화는 우연성에 기초한 행동에서 양심과 내적 윤리에 기초한 자기 주도적 행동으로 변화할 수 있도록 하는 학습의 한 형태이다(Kochanska & Thompson, 1997). 하지만, 실제 도덕적 행동은 내부 조절의 복잡하고 다각적인 자원을 포괄하는데(Kochanska & Aksan, 2006), 그 자원으로 도덕적 정서(예: 죄책감, 수치심, 공감)의 활성화와 행동적 기준 및 이러한 기준을 따르기 위한 자기조절 능력 등이 있다. 죄책감과 수치심은 도덕적 정서로 함께 연구되었지만 중요한 측면에서 서로 차별화된다(빠르게 찾기 6.2 참조).

대상관계와 적응

많은 정신분석 연구자는 대상표상과 관련된 문제를 정신병리의 유형 및 심각도와 결부시켰다(Blatt, Brenneis, Schimek, & Glick, 1976; Blatt & Lerner, 1983; Bornstein & O'Neill, 1992; Mayman, 1967; Procidano & Guinta, 1989; Spear & Lapidus, 1981; Stuart, Westen, Lohr, & Benjaminn, 1990). 이는 두 가지 이유로 인해 논리적으로 보인다. 첫째, 경험을 조직화하는 것의 어려움은 내면화와 관련된 복잡한 동합 과세를 완수할 능력을 제한한다. 둘째, 내면화와 관련된 문제는 자기조절에 필요한 내적 구조의 발달을 방해한다. 관련된 세 가지 병리적 양식(빠르게 찾기 6.3 참조)은 대상관계 틀 안에서 묘사된다(Kernberg, 1975, 1976; Kohut, 1971). (a) '자기 대상'으로서의 타자에 관한 것, (b) '과도기적 대상'으로서의 타자에 관한 것, (c) '부분 대상'으로서의 타자에 관한 것. 세 가지 양식은 모두 특정 발달 시기에는 적절하지만, 이것이 지속된다면 병리적이다(Klein, 1948; Mahler et al., 1975; Winnicott, 1971).

빠르게 찾기 6.3

병리적 관계 양식

1. 자기-대상관계: 오직 개인이 바라거나 필요로 하는 타자의 모습에 대해서만 타자를 개념화함. 자기와 관련 없는 타자의 속성은 가치 있게 여겨지지 않으며, 심지어 인식할 수조차 없다. 이러한 자기중심적 관점은 타자를 왜곡된 방식으로 지각하게 만들고, 타자의 개성을 평가할 가능성을 배제시켜 버린다. 극단적으로, 자기일관성의 결여와 자기-타자 분화의 부재는 망상적 왜곡, 파편화, 자기일관성의 상실과 관련이 있다.
2. 과도기적 대상관계(Winnicott, 1971): 실제 사람과 그 사람에 대한 내적 표상을 매개하는 대상. 취침 시 특정 담요나 테디 베어가 안락함을 제공하는 것처럼, 과도기적 대상은 불안을 감소시키는 기능을 하는데, 그 대상은 자기 외부의 것이지만 사람 그 자체는 아니다. 이때 개인은 내적 수단을 통한 자기진정 혹은 자기조절 기능을 활용하기보다, 평범한 아이가 과도기적 대상을 사용하는 것과 비슷한 방식으로 다른 사람을 이용한다. 이러한 개인은 자기의 책임을 타자에게 표면화시키고, 이 과정은 자기표상과 대상표상의 안정성을 모두 손상시킨다.
3. 부분-대상관계(Klein, 1948; Sullivan, 1953; Mahler et al., 1975; Kernberg, 1976): 타자가 제공하는 기능에 한정하여 타자를 바라보는 관점. 그래서 어떤 기능을 수행하기에 적합하지 않은 개인의 속성은 눈에 띄지 않거나 인식되지 않는다. 개인은 오직 자신이 수행하는 구체적인 기능의 측면에서만 평가된다. 이러한 대인관계 유형은 구별하지 못하는 능력, 흥미의 결여, 두려움으로 인한 회피와 같은 다양한 요인 때문일 수 있다.

타자의 실질적인 특징은 만남이 해롭고, 위협적인 것인지 (아니면 가치 있고, 만족스럽고, 고무적인 것인지) 결정하는 개인적인 정보처리 방식과 결합되어 있다. 대상관계 발달의 주된 인지적 기반은 자기와 타자 간의 미묘한 차이를 분화하고, 이러한 요소를 응집력 있게 통합하는 정보처리의 복합성이다(4장, 5장 참조). **분화(differentiation)**는 기분, 가치, 선호, 관점, 자기 및 타자에 관한 다른 특징을 알아차리는 것이고, **통합(integration)**은 분화된 여러 차원 간의 결합을 형성하는 것이다(Baker-Brown et al., 1992; Suedfeld, Tetlock, & Streufert, 1992). 복잡한 정신 표상은 (영속적인 성격기질과 일시적인 상태 간의 관계, 의식과 무의식 간의 관계와 같은) 심리적 과정의 미묘한 차이와 (과거력 혹은 개인적 의미처럼) 현재에 사건을 해석하는 데 영향을 미치는 다른 요인의 미묘한 차이를 이해하게 한다.

내용이 개인에게 매력적이거나 의미가 있을 때, 정보처리는 더욱 복잡해진다(McArthur & Baron, 1983; Woike & Aronoff, 1992). 공감과 긍정적 정서는 대인관계와 관련된 정보의 미묘한 차이를 처리하는 것에 지속적인 관심을 가지도록 하여, 개인 및 관계에 대한 표상의 인지적 복합성을 증가시킨다. 의미적으로, 공감은 자신의 경험과 타인의 경험이 다르다는 것에 대한 정확한 이해를 필요로 하는데(Hoffman, 1982, 2000), 이는 대인관계와 관련된 정보를 정확하게 처리할 때 가능하다. 유치원에서 6학년 사이의 아동을 대상으로 TAT를 통해 측정한 표상의 복합성은 실제 연령보다 아동의 공감수준과 훨씬 밀접한 연관이 있었다(Locraft & Teglasi, 1997). 동일한 자료를 이 장에서 논의된 상호자율성의 다섯 가지 수준에 따라 다시 부호화하였을 때, TAT 측정은 공감에 의해 분류된 집단과 대체로 관련이 있었고, 연령에 의해 분류된 집단과는 약간의 관련이 있었다(Teglasi, Locraft, & Felgenhauer, 2008a).

정서조절은 공감과 관련된 반응에서 영향력이 큰 변수로 나타났다(Eisenberg, Wentzel, & Harris, 1998). 정서조절에 따라 공감은 동감(걱정 혹은 슬픔)과 같은 **타자-중심(other-focused)** 정서 또는 주관적 고통감(혹은 결핍)과 같은 **자기-중심(self-focused)** 정서를 초래한다. **타자-중심(other-focused)** 정서는 개인이 자신의 욕구를 제외하고 타자의 특성을 파악하고 평가하도록 유도한다. 하지만 부정적 정서를 소멸하는 데 문제를 겪고 있는 개인은 타인의 고통에 동감하거나 공감하기보다는 자신의 개인적인 고통으로 반응한다. 결국, 개인적인 고통은 타자를 도와주려는 행동보다는 자신의 심리적 불편을 개선하려는 행동을 촉진한다. 따라서 강렬한 정동은 복잡한 구분의 일시적인 상실과 자신의 상태에 대한 걱정을 초래한다.

높은 수준의 공감적 정서를 경험하는 개인은 대인관계에서의 미묘한 차이를 보다 잘 처리할 것이고, 이로 인해 타자의(그리고 아마 자신의) 정신 및 정서적 상태에 대한 이해가 더욱 촉진될 것이다. 결국, 자기조절과 관련된 자원은 개인에게 건설적이고 친사회적인 행동으로 인식될 수 있는 것이 무엇인지 파악할 수 있도록 한다. 자기조절은 타인의 고통을 알아차렸을 때 목적에 맞게 행동하도록 하는 대리인으로서의 자율성과 지각하는 사람의 자기조절과 관련된 관심뿐만 아니라 타인의 경험을 토대로 타인을 평가하는 상호자율성을 가능하게 한다. (5장에서 자세히 다루었듯이) 내 · 외적 자원에 감정이 기여하는 것 또한 관련이 있다. 외부의 관점은 공동의 이해(shared understanding)가 아니라 행동의 거래적(give-and-take) 패턴에 중점을 두는 관계에서 교환 지향성(exchange orientation)과 양립할 수 있다. 이러한 지향성은 행동에 대한 제한된 통찰 혹은 제한된 정서적 관여와 관련된 기능으로 여겨진다.

기억해 두기

'관계'는 '상호작용'과 구별된다. 위원회에 참가하는 위원들처럼, 관계를 수반하지 않고 협조적인 상호작용을 하는 수많은 상황이 있다. 그럼에도 불구하고, 교환의 성질은 타인의 공헌을 인식하는 개인의 능력에 의해 영향을 받을 수 있으며, 자신의 공헌과 균형을 이룬다. 접수 담당자와의 만남처럼 매우 일상적인 상호작용에서, 가치는 관계가 아니라 서비스의 질(상호작용)에 달려 있다.

상호자율성(분화와 통합)

상호자율성(mutuality of autonomy)은 타자의 독특한 특성을 (복합성의 연장선에서)이해하고 가치 있게 여기는 개인들 간의 의존성 및 상호존중과 관련이 있다. 자율성이 자기 안에서 경험될 때에만 자율성이 타인에게 인정될 수 있다. 그러므로 성격의 중요한 두 차원인 자기정의(definition of self) 및 타자와의 관련성(Blatt, 1990)은 상호자율성의 개념과 발달적으로 연관되어 있다. 자기정의와 관련된 사안에 몰두하거나(예: 죄책감, 자기비난) 관계를 유지하기 위해 자기정의를 희생하는 것처럼, 개인은 둘 중 하나를 더 강조할 수 있다. 두 가지 경우 모두 상호자율성을 경험하도록 하는 능력을 제한한다. 만약 자기정의가 생생한 경험으로부터 단절된다면, 자율성에 대한 감각은 고통받고, 타자와의 관계는 허상으로 여겨질 것이다.

상호자율성의 평가(Urist, 1977, 1980; Urist & Shill, 1982)는 서로 다르지만 중첩되는 대상관계의 두 차원을 강조한다. (a) 자기-대상 분화의 정도, (b) 공감적 관계의 정도. 분화수준이 낮을 때, 자기와 타자 간의 경계는 흐릿하고, 자율성에 대한 감각은 희미하거나 느껴지지 않는다. 분화수준이 높을 때, 자기 및 타자에 대한 정의는 자율적인 별개의 개인들 사이에서 잘 정의된 경계로 이어져 있으며, 각각 상대적으로 안정적이고 독특한 심리적 과정을 지닌다. 공감적 관계가 낮을 때, 타자에 대한 지각은 개인을 사로잡고 있는 생각에 의해 결정된다. 반면에, 높은 공감적 관계는 현실적이고, 상호적이고, 개성을 존중하는 타인에 대한 관점과 관련이 있다(Teglasi et al., 2008a). 개성을 인정하는 것은 타자가 다른 가치, 의견, 기준을 지니고 있다는 인식을 필요로 한다. 그렇지 않으면, 자기와 타자 간의 관계를 조절하는 원리는 공감적 이해에서 비롯되는 것이 아니라, 의무 혹은 규범적인 기대에 대한 엄격한 의존에 기인한다. Westen(1985)이 언급했듯이, 관계의 요구-충족 형태와 도덕성의 요구-충족 관점은 구분하기 어렵다. 그러므로 공감적 관계와 정보처리는 도덕성과 타인에 대한 걱정과 복잡하게 얽혀 있다.

Westen 등은 심리치료 과정에 영향을 미치는 현재와 미래의 대인관계 처리 과정을 이해할 필요성을 주장하면서, 성인과 아동의 대상관계의 다양한 발달적 수준을 평가하기 위해 TAT 이야기를 해석하는 절차를 구성하였다(Westen, Klepser, Ruffins, Silverman, Lifton, & Boekamp, 1991). 이러한 수준(빠르게 찾기 6.4 참조)은 대상관세 이론, 사회인지, 임상적 관찰을 포함하며, 사회적 적응과 관련되어 있고, 준거집단을 예측하는 것으로 나타났다(Leigh et al., 1992; Westen, 1993).

이 책의 이전 장들은 사회적 정보처리 및 도식 발달에 일반적으로 적용되는 통합과 분화의 인지적 과정과 정동적 과정을 설명한다. 앞서 언급한 정보처리과정에서의 편견과 차이는 대상관계의 체계적 발달을 방해하며, 사기조절을 위한 소중한 내적 자원을 박탈한다. 5장에서 묘사된 정서의 인지적 조직화는 자기표상 및 타자표상의 발달에 중요한 역할을 한다. '정서 이야기'는 감정, 의도, 목표에 관한 내적 세계와 반응, 행동, 결과에 관한 외적 세계 간의 연관성에서 개인차를 보여 준다. 내적 자원에 의해 경험되는 긍정적 혹은 부정적 정서는 자신의 요구와 별개로 타자를 평가하는 것, 내재적 동기, 공감, 규범을 준수하는 것에 기반을 둔다. 그 대신에, 외적 자원에 의해 직접적으로 촉진되는 정서는 보상 혹은 처벌에 초점을 맞추고, 요구-충족 관계에 초점을 맞추도록 기초를 마련한다. '정서 이야기'의 다른 차원은 의도, 수단, 결과 간의 관련성으로 구성되는데, 이는 곧 자율성의 초석으로 개인이 목표를 달성하기 위해 목적의식을 가지고 행동하는 것으로 정의된다.

상호자율성의 구성개념은 내부세계와 외부세계를 통합하기 때문에, 대상관계의 본질을 담아낸다. 자율성은 의도, 목표, 느낌, 사고, 행동과 기대 간의 관련성(즉, 타자로부터의 결과 혹은 반응)에 대한 내부세계에 초점을 맞추는 반면에, 상호자율성은 개인 내부세계와 개인과 상호작용하는 대인관계적 세계 간의 상호보완적인 관계를 인정한다. 그러므로 상호자율성의 기초는 각 개인이 이전 경험에 대한 자신의 표상과 마음에 대한 현재의 틀을 특정한 대인관계적 만남으로 가져오는 것을 인식하는 것이다. 내부세계와 외부세계를 조화시키는 방식(세계, 일반화된 타자, 구체적인 타자와 관련된 자기)에 따라 개인은 서로 관련된다. 근본적으로, 대상관계는 사회적 정보처리를 관장하는 대인관계에 관한 도식이다. 전문가는 복합성, 논리, 조직화와 같은 도식의 특징을 TAT를 활용한 대상관계 평가에 적용할 수 있다.

빠르게 찾기 6.4

사회인지 및 대상관계 척도 (Social Cognition and Object Relations Scales, SCORS; Westen et al., 1991; Westen, 1993)

사회인지와 대상관계의 네 가지 차원을 평가하기 위해 다섯 수준이 사용된다(Kelly, 1996, 1997).

1. 사람에 대한 표상의 복합성. 이 구조는 세 가지 발달적 현상을 포함한다. (a) 자기와 타자를 구분하는 능력, (b) 자기와 타자가 안정적이고 다차원적인 기질을 갖고 있다는 지각, 그리고 (c) 자기와 타자의 복잡한 동기 및 주관적 경험에 대한 의식. 가장 성숙한 수

준은 일시적이고 지속적인 심리적 경험 간의 상호작용에 대한 이해를 포함한다. 가장 기초적인 수준에서 사람과 조망은 명확하게 구분되지 않는다.

2. 관계의 정동적 분위기. 다른 세 가지 차원과는 다르게 이 차원은 연령에 따른 발달적 진전을 가정하지 않는다. 사람과 관계에 대한 표상의 질은 관계가 안전하거나 풍부하다고 기대되는 가장 높은 수준(자비심)에서부터 관계가 파괴될 것이라고 기대되는 가장 낮은 수준(악의)에 이른다.
3. 관계 혹은 도덕적 규범에 대한 정서적 투자능력. 이 척도는 보상 혹은 처벌 대 죄책감 혹은 타인의 기대에 부응하는 지향성과 같은 도덕적 근심의 자원을 평가하기 위해 고안되었다. 가장 높은 수준에서, 관계는 도덕적 규범에 대한 헌신, 각자의 자질에 대한 인정, 상호 간의 관심에 기초한다. 가장 낮은 수준에서, 관계는 욕구를 만족시키는 것에 기초한다.
4. 사회적 인과성의 이해. 이 차원은 대인관계 행동에 대한 인과적 귀인에 초점을 맞춘다. 가장 높은 수준에서 다양하게 상호작용하는 경험의 차원이 사회적 상호작용에 대한 설명으로 잘 이해되며, 가장 낮은 수준에서는 비논리적이고, 부적절하고, 믿기 힘든 설명 혹은 설명을 하지 않음으로써 원인이 잘 이해되지 않는다.

상호자율성의 측면에서 대상관계의 부호화

분화와 통합의 두 절차는 상호자율성에 기여한다. 분화는 개인 내 경험 및 개인 간 경험의 다양한 차원의 미묘한 차이에 대한 인식을 수반한다. 통합은 분화된 차원 간의 조화이다. 분화된 특성은 인식을 차지하며, 이러한 구별의 통합을 관장하는 규칙은 분화된 특성 간의 관계에 영향을 준다. 자기 내에 생성되는 구별과 연합(예: 일련의 의도-행동)은 타자에게 일반화할 수 있다. 그러므로 개인의 고유한 심리적 세계의 미묘한 차이를 인식하는 것은 타자가 그들 고유의 관점, 이유 혹은 행위에 대한 동기가 있다는 것을 이해하도록 한다. 개인에게 가장 중요한 자기 및 타자(그리고 세계)의 특징은 정신적 구조로 가장 잘 표상화되며, 그림자극에 대한 이야기 묘사와 대인관계적 만남에서 가장 두드러진다. 그러므로 이야기 과제는 개인이 가장 식별하기 쉬운 관계 및 인물의 가벼운 특성(예: 내적 혹은 외적 속성)과 고려된 다른 차원의 숫자(예: 의도와 충격)를 초대한다. 개인은 관념과 같은 다른 차원과의 결합 없이 행동과 같은 경험의 특정한 차원에 대해 광범위하게 설명할 수 있다. 더욱이, 개인은 등장인물의 겉모습(의상, 연령)이나 배경에 대한 복잡한 세부사항을 제공하지만, 감정이나 의도를 경시할 수 있다.

대상관계의 부호화는 몇 가지 차원을 포함한다. (a) 개인 내/개인 간 관점과 특성의 분화, (b) 개인 내/개인 간 감정, 사고, 행동의 통합, (c) 등장인물이 서로의 자율성을 상호존중하는 것으로 나타나는 상호자율성. 다음 단락에서는 체크리스트 방식으로 이야기의 세 가지 변수를 제시하고, 이를 대상관계에 대한 다섯 가지 수준으로 분류한다. 체크리스트와 대상관계 수준에 대한 부호화는 단어 그 자체를 기반으로 하는 것이 아니라, 상호자율성의 구조에 대한 측면에서 모든 이야기 세부내용에 의해 전달되는 도식이 (중독적인 방식이 아니라) 관계의 특정 양식과 부합하는 정도를 기반으로 한다. 대상관계에 초점을 맞추는 부호화 변수는 4장과 5장에서 논의된 기본적인 인지적, 정동적 과정을 포함하고, Rorschach 기법(Blatt & Lerner, 1983; Urist, 1977, 1980)과 TAT(DeCharms, 1992; Thompson, 1986; Westen, 1991)에 대상관계를 적용하는 연구 등 대상관계에 관한 연구로부터 정보를 얻는다. 다음에 제시된 절차를 활용할 때, 교사 평정에서 높은 공감수준을 지닌 아동의 TAT 이야기 반응은 낮은 공감수준을 지닌 아동의 이야기보다 상호자율성의 수준이 높게 부호화되었다(Teglasi et al., 2008a). 공감수준에 따라 분류된 집단은 대체로 TAT 공감 점수를 예측했지만, 학년으로 분류된 집단(저 = k~1, 고 = 4~6)은 예측 정도가 미약했다. 각 이야기에서의 질문 혹은 단어의 평균치는 두 집단 간의 차이가 없었다.

특성과 관점의 분화

분화는 수검자가 각 등장인물에 대해 관심을 기울이는 것(외부 특성 대 내적 근심)과 이러한 차이를 전달하는 명확성(구체적 대 모호한)에 초점을 둔다(빠르게 찾기 6.5 참조).

빠르게 찾기 6.5

분화의 지표

- 개인은 물리적 환경 및 발생한 특정 사건과는 별개인 심리적 존재로 존재한다(즉, 개인의 물리적인 측면이 곧 그 사람을 의미하는 것은 아니며, 개인은 한 가지 측면이 아닌 다양한 측면의 관점에서 존재한다).
- 행동과 다른 주관적인 상태—개인의 외현적, 관찰 가능한 측면이 내면적, 내재적인 측면과 구분된다(즉, 개인의 모습이 곧 그 사람을 의미하는 것은 아니며, 의도는 자기표상에서 비롯된 행동의 영향 혹은 진심과 다를 수 있다).
- 개인은 일차원적(all good 혹은 all bad)이 아니라, 모순되는 경향과 복잡한 동기를 포함한 다양한 특징을 가질 수 있다.
- 개인의 장기적인 포부는 순간적인 경험과 갈등할 수 있고, 장기적인 포부와 순간적인 경험의 불일치는 조절될 필요가 있다.

특성과 관점의 통합

통합은 인식된 개인의 특성이 개인 내에서 그리고 개인 간에 조화되는 방식에 초점을 둔다. TAT 이야기에서 각각의 등장인물은 자신의 환경과 장면에 묘사된 다른 등장인물과 관련이 있다. 친사회적 가치 혹은 원칙에 입각한 가치를 인식하고, 사회적 인과성의 이해에 따라 현재의 반응에 영향을 미치는 이전의 경험, 선호, 목표, 가치에 대한 개인적 특성을 인식할 때, 통합은 분명해진다. 오직 한 명의 등장인물만 묘사된다면, 통합은 개인 내적인 특성과 외부 환경, 행동, 결과 간의 응집력 있는 조화를 포함한다. 한 명 이상의 등장인물이 묘사된다면, 각 등장인물의 이러한 측면은 다른 등장인물의 측면과 조화된다(빠르게 찾기 6.6 참조).

빠르게 찾기 6.6

통합의 지표

- **한 개인 내:** 친사회적 목표 및 원리에 의해 동기화되는 한 등장인물의 의도, 행동, 결과 간의 논리적인 연결. 사회적 인과성에 대한 이해에 따라, 등장인물은 목표 및 원리에 의해 동기화되는 행동을 취한다.
- **개인 간:** 모든 구성원의 의도, 행동, 결과가 조화되어, 구성원은 상호호혜적으로 상호작용하며 타인에게 휘둘리거나 불행에 허우적거리는 사람은 아무도 없다.
- **개인 내 및 개인 간:** 관계의 연속성은 독립된 특성이나 행동-지향 상호작용보다는 등장인물의 부정적 특성과 긍정적 특성의 조화 또는 진실한 관계에 대한 헌신으로 드러난다. 시간조망의 연속성은 구성원의 현재, 과거, 미래의 관심을 조화시키는 긴장에 대한 현실적인 해결에 의해 전달된다.

기억해 두기

개인 내적 도식(intrapersonal schemas)은 한 개인의 내부세계 및 외부세계의 다양한 차원에 대한 조화를 포함한다.

개인 간 도식(interpersonal schemas)은 개인을 가로지르는 개인 내적 도식의 조정을 포함한다.

- 자신의 감정을 극히 단순하게 외적 사건과 연관시켜서 판단하는 개인은 (강렬한 정서에 의해 와해되지 않는다면) 타인의 감정, 동기, 삶의 환경을 유사하게 추론할 수 있다.
- 타자에 대한 기대가 개인 내적 도식에 반영된다. 그러므로 이야기가 한 명의 등장인물에 관한 것이라면, 그 인물이 타자와 연결된 방식을 추론하는 것은 가능하다.
- 다른 개인의 관점을 완전히 조화하는 것은 각 개인이 경험과 관점의 독특한 조합(독특한 내적 및 개인 간 도식)을 활용한다는 사실에 대한 암묵적인 이해를 필요로 한다.

분화 및 통합과 관련된 TAT 이야기의 측면은 상호자율성으로 불리는 대상관계 척도의 다섯 가지 수준으로 조직화된다. 이 장에서 논의된 절차에 따라 부호화된 상호자율성 수준은 공감수준이 높은 집단과 낮은 집단을 구분한다(Teglasi et al., 2008a, b). 하지만 이러한 분류는 교사 평정에 의존하는데, 교사 평정은 아동의 공감적 표현이 아니라 동감적 표현에 대한 관찰에 기초한 것이기 때문에, 이러한 분류가 공감(empathy)보다는 동감(sympathy)을 더 반영할 수 있음을 명심하는 것이 중요하다. 아동, 청소년, 성인의 도덕적 정서와 친사회적 행동의 관계에 관한 연구는 동감에 중점을 두었다(Eisenberg, 2006).

1. 개인 내 및 개인 간 특성과 관점의 분화

각 인물의 관점이 불분명하다. 한 등장인물의 관점과 요구는 모호하거나, 등장인물 간의 변별이 사실상 명확하지 않다. 수검자는 개인 내 혹은 개인 간의 개성을 인식하지 못한다. 의도, 목표, 행동, 감정, 사고, 결과의 측면에서 등장인물의 구분이 불가능하다(그림자극에서의 등장인물의 묘사가 이러한 구분을 정당화한다면, 이는 특히 문제가 된다). 수검자가 지나치게 전반적인 방식(예: 만연한 부정적인 정동이나 분노)이나 지나치게 구체적인 방식(예: 눈썹이 있는, 탁자를 느끼는)으로 인물을 묘사할 수 있다.

- 수검자는 표면적이고 외적인 특성(겉모습, 재산)이나 그림자극이 어떻게 보이는지에 기초하여 등장인물을 구분한다.
- 수검자는 심리적 절차에 대한 이해 없이, 간단한 사건-감정 관련성이나 모호한 의도에 기초하여 구분한다(예: '그는 넘어져서 울고 있다.' 혹은 '이게 무엇인지 파악하고자 한다').
- 수검자는 어머니, 남편, 친구로서의 역할을 수행하는 것과 같은 편견이나 의무에 기초하여 구분한다.
- 수검자는 이분법적 구분을 사용한다(예: 선함 대 악함, 약함 대 강함, 위협 대 안전, 특별함 대 평범함).
- 인물의 특성은 오직 다른 사람의 욕구, 욕망, 선입견과 관련해서만 지각된다(예: 감정이 오인된다. 대인관계적 사건에 대한 추론은 사회적 인과성에 대한 현실적인 이해보다는 소원, 두려움, 몰두, 시각하는 사람과의 연

관성에 기초한다).

- 그림자극에서의 등장인물의 묘사에 따라 이들의 요구, 관점, 행동은 다르며, 이러한 차이는 상호존중적 관계에서 정당한 것으로 간주된다.
- 수검자는 등장인물의 가치, 목표, 원칙, 장기적 투자, 목적의식이 있는 건설적인 행동에 기초하여 구분한다.

2. 개인 내 및 개인 간 감정과 관점의 통합

- 수검자는 감정, 긴장, 갈등을 개인 간의 관점(예: 공유된 이해, 공동목표) 혹은 개인 내 관점(예: 오직 한 명의 등장인물만 묘사될 때에도 의도, 행동, 결과 간에 친사회적 관련성이 있다)과 관련된 의미 있는 맥락에 포함한다.
- 수검자는 (독립된 특성 혹은 일시적인 근심에 집중하기보다) 등장인물의 긍정적 및 부정적 측면이나 개인 간의 진실한 관계를 조화시킴으로써 내적 삶의 연속적인 감각을 전달한다.
- 수검자는 모든 등장인물의 관점과 요구를 구분하고, 과거, 현재, 미래의 모든 흥미를 조화시킴으로써 이들 간의 균형을 유지한다.
- 개인은 고통스러운 통찰 혹은 분노 상황에 빠져 있지 않으며, 마술 같은 해결책도 없다. 오히려, 등장인물은 타인과 의사소통하고, 목적과 원칙에 의해 유도된 건설적인 행동을 하며, 상호존중하고 이해한다.

3. 상호자율성

- 수검자는 등장인물이 자율성, 자주성, 신념을 지니도록 하고, 현실적이고 목표 지향적인 행동을 계획적으로 추구하도록 한다.
- (그림에 있거나 이야기에 소개된) 모든 등장인물은 각자의 자율성에 의해 균형을 이룬다. 각각의 등장인물은 자율적이며, 자신의 요구나 감정에서 벗어나 타인의 특성을 존중한다.
- 등장인물은 사전 내력, 개인적 신념 (혹은 투자) 없이 당면한 상황, 행동, 요구에 반응하며, 계획적인 의도 없이 행동하거나 행동하는 것에 실패한다.
- 수검자는 오직 인물이 제공하는 측면에 대해서만 그를 평가한다. 등장인물은 타인의 자율성에 대한 인식 없이, 서로를 위해 행하는 것이 무엇인

지 혹은 서로에게 원하는 것이 무엇인지와 관련이 있다.

- 수검자는 한 등장인물은 유능하고, 투지 넘치고, 강압적인 사람으로 묘사하고, 다른 등장인물은 무능하고, 무력하고, 무시당하는 사람으로 묘사함으로써 자율성의 불균형에 대해 이야기한다. 그림자극에 묘사된 등장인물이 이야기에서 누락될 때 이 부호화를 적용한다.
- 수검자는 상호존중 없이 대상을 방해물 혹은 장애물로 평가한다.

대상관계의 수준: 상호자율성(가장 알맞은 것을 고르시오)

주제통각적인 이야기 묘사는 개인이 사회적 정보를 처리하는 일반적인 방식을 드러내지만, 모든 상황이나 모든 관계유형에 적용되지는 않는다. 관계의 미묘한 차이를 좀 더 인식할 수 있는 개인은 낮은 수준에서 행동을 선택할 수 있다. 일부 관계는 각본으로 짜여진 만남이거나 계획적으로 이뤄진다. 예를 들어, 아이를 데려다주기 위해 카풀을 하는 이웃은 이웃끼리 합의된 기능을 수행하는 것을 제외하고는 다른 사람에게 관심이 없을 수 있다. 스트레스 상황에서, 개인은 자신의 걱정에 관심을 기울이기 때문에 (원해서든 혹은 필요에 의해서든) 타인의 경험에 대한 미묘한 차이를 무시할 수 있다. 일반적이지는 않지만, 자기 및 타자를 인식하는 과정에서 발생하는 맹점은 개인이 질투심이나 위협감을 느끼는 특정 시기나 특정 관계로 한정될 수 있다. 대상관계 수준을 평가하는 것의 핵심은 모든 관계에서의 행동을 예측하는 것이 아니라, 수검자가 특징적으로 파악한 개인 내적인 차이 및 개인 간의 관계를 평가하는 것이다.

1. 해체된(disorganized) 혹은 동떨어진(detached) 관계경험

개인은 관계를 이해할 수 있는 자원이 전혀 없으므로, 상호관계의 심각한 불균형(예: 지배적이고 영향력 있는 타자의 변덕에 대한 무력감), 빈약한 현실검증, 자율성의 심각한 제약을 경험한다. 손상된 인지-정서적 처리과정(해체되거나 매우 단순화된)은 다양한 관점(상호관계) 및 자기-응집성(자율성)의 분화와 통합을 방해한다. 개인의 내적 삶은 혼란스럽거나 전반적으로 산만하고,

(각 이야기에 적용되는 만큼 체크하시오.) 도판번호 →	1	2	3BM	4	5	6BM	8BM	13MF	17BM		
그림에서 다르게 묘사된 등장인물의 행동, 감정, 사고가 동일한 것으로 서술되어 **관점의 구분이 불분명함**											
피상적이고 표면적인 속성이 구별된다(생활방식, 소유물, 등장인물이 보는 방식, 자극에서 등장인물이 하고 있는 것).									√		
전면적 구분, 인물을 부정적인 정서 혹은 분노감의 확산 측면에서 묘사					√						
즉각적인 욕구, 욕망, 바람(비현실적 목표, 영속적이지 않은 의도)에 기초한 구분	√	√	√	√			√	√			
단순한 사건-감정 연결(그는 넘어져서 운다. 그녀는 처벌을 피할 수 있어서 기분이 좋다)이나 심리적 과정에 대한 이해가 없는(**감정과 사고의 기능**이 사건과 별개인 것을 인식하지 못함) **모호한 의도**(어떤 것이 무엇인지 알아냄, 문제를 해결함)에 근거한 구분						√					

표 6.1 체크리스트: 분화, 통합, 상호자율성 개인 내 및 개인 간 분화의 특징

(각 이야기에 적용하는 만큼 체크하시오.) 도판번호 →	1	2	3BM	4	5	6BM	8BM	13MF	17BM		
부모, 배우자, 아동, 친구로서의 **전형적인 역할이나 의무**처럼 등장인물에 의해 제시되는 기능에 대한 강조											
이분법적 구분(좋음-나쁨, 약함-강함,위협-안전, 특별한-일반적)											
등장인물의 가치, 목표, 원리, 장기적 투자에 대한 구분											
등장인물이 요구, 감정, 관점, 행동에 있어 타당한 차이를 보인다(**심리적으로 서로를 구분**).											
서로 다른 개인은 단지 타인의 즉각적인 요구를 만족시키는 것이 아니라 **자신만의 관점을 지닌 자발적**인 인간으로 간주된다.											
등장인물은 관계 혹은 친사회적 **목표 지향** 행동의 **지속적인 투자**와 일시적인 관심 간의 균형을 유지한다.											

표 6.1 (계속)

개인 내 및 개인 간 통합

(각 이야기에 적용되는 만큼 체크하시오.) 도판번호 →	1	2	3BM	4	5	6BM	8BM	13B	13MF	17BM		
어느 인물에서든 현실적이고, 친사회적이고, 목표 지향적인 행동의 추구, 자율성, 진취감, 신념을 보인다.												
모든 등장인물은 자율성을 가지며, 서로의 개성(예: 의도, 감정, 사고, 행동, 결과)을 존중하고 인정하며, 협력적으로 상호작용하면서 각자의 개성을 확립한다.												
등장인물 간의 관계가 모호하거나 진부하지 않고 잘 정의되어 있다.												
등장인물은 당면한 상황에 배타적으로 반응하기보다 경험의 도덕적 차원으로 이해된다.												
등장인물은 과거의 내력, 신념, 투자를 가져오며, 순간의 유발 자극보다는 계획적인 의도에 근거하여 행동한다.												
감정, 긴장, 목표의 차이는 존중되고 인정되며, 합리적으로 처리된다.												

표 6.1 (계속)

(각 이야기에 적용되는 만큼 체크하시오) **도판번호 →**	1	2	3BM	4	5	6BM	8BM	13B	13MF	17BM		
개인의 표면적 양상은 내적인 심리과정과 관련이 있다(행동의 결과 대 행동의 의도, 진실한 감정 대 자기표현).												
한 개인의 안정적이고 영속적인 기질과 순간적인 경험은 조화를 이룬다.												
한 개인의 긍정적 측면과 부정적 측면이 조화를 이룬다.												
(고립된 특성, 일시적인 걱정, 물질적 획득, 명예, 인정과는 대조적으로) 개인 간의 관계는 가치 있게 여겨진다.												
해결과정에서 한 인물의 관점과 요구에 초점을 맞추기보다는 그림자극이나 이야기에 묘사된 모든 등장인물의 관점과 요구를 고려한다.												
등장인물은 서로의 생각을 공유하며, 상호이해와 존중을 바탕으로 행동한다.												

참고: 오직 한 명의 인물만 묘사되었을 때, 위의 특징을 내포할 수 있다.

표 6.1 (계속)

제한된 분화와 통합

(각 이야기에 적용되는 만큼 체크하시오) 도판번호 →	1	2	3BM	4	5	6BM	8BM	13B	13MF	17BM		
한 사람은 유능하고, 투지 넘치고, 강압적인 반면에 나머지 인물은 무능하고, 무기력하고, 무시되는 자율성의 불균형				√	√		√		√			
인물이 방해물이나 유해한 대상으로 여겨지고, 반성을 하지 않거나 결과를 생각하지 않고 행동한다.					√		√					
등장인물은 거시적 관점(평가와 반응에 영향을 미치는 고려사항)을 견지하지 못한 상태에서 독립된 경험에 반응한다.	√	√	√	√	√	√	√	√	√	√		
인물은 오직 자신이 제시하는 관점에 의해서 평가된다. 등장인물은 서로의 자율성에 대한 인식 없이, 서로를 위해 무엇을 해야 할지 혹은 서로에게 원하는 것이 무엇인지에 대해 이야기한다.	√	√	√				√		√			

표 6.1 (계속)

혹은 개인이 타자의 개성을 인식하지 못하기 때문에, 내부(자기)세계와 외부(타자)세계 간의 경계가 미분화되었거나 불분명하다. 그림에 나타난 등장인물들의 자세와 얼굴표정이 다를 때, 개인은 등장인물 간의 사고, 감정, 행동을 구별하지 못할 수 있다('모두 똑같이 느껴요'). 자율성이 매우 제한적이고 힘의 불균형이 매우 심하여, 등장인물은 타자를 착취하고, 비방하고, 제압하거나 억울한 심정을 호소한다. 등장인물은 상처를 주는 행동에 대해 후회하지 않으며 혹은 다른 사람에게 비현실적이거나 불합리한 요구를 한다. 이야기 묘사는 손상된 사회적 추론을 보여 주는데(예: 개연성 없는 일련의 사건), 이는 정동과 사고를 통합하는 것과 관련된 문제 혹은 소망과 현실적인 고려사항을 구분하는 것과 관련된 문제에 의해 유발된다.

이 수준의 예로, 전체 지능지수가 113인 15세 슬레이드의 세 가지 이야기 반응을 살펴보자. 슬레이드는 계획살인 혐의로 체포된 것과 관련하여 심리 평가를 받았다. 전체 프로토콜은 이 장의 말미에 제시하였다.

도판 1. 이것에 대해 이야기하길 원하세요? 좋아요. 학교에서 콘서트를 개최하려고 하는데, 남자는 거기에 참여하길 원해요. 남자는 집에 가서 아버지의 낡은 바이올린을 찾았는데, 바이올린을 이리저리 살피더니 연주하려고 해요. 아버지에게 도움을 요청하여 바이올린 연주법을 배워서 콘서트에 참가해요. [검사자: 생각은?] 남자는 연주하는 법을 몰라서 어떻게 배울지 생각하고 있어요. [검사자: 감정은?] 불안하고 혼란스러워요.

이야기 묘사의 전세가 비현실적이다. 소년은 대개 몇 달이나 몇 년이 소요되는 일(콘서트에서 연주하기)을 즉각적으로 이루기를 바란다. 소년은 맥락(음악의 역사) 혹은 콘서트에 참가하는 것 이상의 목표를 고려하지도 않고서 잇따른 개연성 없는 사건을 통해 자신이 원하는 것(아버지의 낡은 바이올린, 아버지의 도움, 콘서트 참가 기회)을 간단하게 '이룬다.' 마찬가지로, 수검자의 도식은 복잡하고 장기적인 문제에 대한 빠른 해결을 불러일으킨다.

도판 4. 남자는 어디론가 떠날 준비가 되었어요. 여자는 남자가 떠나길 바라지 않아요. 남자는 떠나게 돼요. 남자는 떠나기로 결심했다고 느껴요. 여자는 남자가 떠나서 외로움을 느껴요.

수검자는 각각의 세부 지시사항 및 그림에 묘사된 등장인물의 겉모습에 따라 기계적인 방식으로 이야기를 구성하는 것처럼 보인다. 이야기는 남자의 정서에 대한 강렬함 또는 남자와 여자의 관계를 담아내지 못한다(즉, 과거력 혹은 맥락). 내부세계의 의도와 동기에 대한 걱정은 없다. 슬레이드가 지닌 도식의 냉혹한 현실은 개인이 (원하는 것 이상의) 타당한 이유 없이 그리고 타자의 감정과 관계없이 자신이 원하는 대로 단순히 행동한다는 점이다.

도판 8BM. 어, 이 소년이 누군가에게 총을 쏘았어요…. 총이 있네요. 소년이 고의로 한 것 같아요…. 표정에 슬픔이 없어요. 수술에 들어간 남자를 생각하고 있어요. [검사자: 미래는?] 남자는 살고, 소년은 살인미수로 구속돼요. [검사자: 감정은?] 꽤 비열해 보여요.

고의로 누군가에게 총을 쏜 소년에 대한 묘사는 냉정하고 사실적이다. 이야기는 그림에 제시된 단서와 사회적 결과('살인미수로 구속돼요')에 대한 초점과 관련이 있다. 하지만, 동기에 대한 설명이나 상황을 완화시키려는 노력과 반성이 없다. 슬레이드의 프로토콜을 살펴보면 전체적으로 도덕 원리 혹은 행동을 이끄는 공감적 연관성이 현저하게 결핍되어 있다.

2. 일시적인(momentary) 관계경험

자율성 또는 제한된 상호관계에 대한 기본적인 의식은 그 순간에 존재하며, 자기중심적인 관계 방식 혹은 이기적인 관계 방식과 동시에 일어난다. 수검자는 타자의 특성이 즉각적인 요구상태와 관련이 있음에 주목하여, 통찰 혹은 심사숙고 없이 상황에 따라 자기 및 타자에 대한 지각을 바꾼다. 정서는 즉각적인 외적 사항과 관련이 있으며, 후회는 결과와 관련이 있다. 내적 특성은 지속적이고 결합적인 전체로서의 성격에 대한 경험 없이 편견(예: 의무에 관한 언어적 표현이 설득력이 없음)에 기초하거나 혹은 불분명하다(예: 널리 퍼져 있는 부정적 정동 혹은 전반적인 분노감). 상호작용은 자기응집성을 발전시키기 위해 타인을 필요로 하는 상호자율성의 상당한 불균형(예: 한 사람의 관점을 강조하거나 서열 혹은 힘의 불균형을 강조)을 수반한다. 수검자는 등장인물이 온전한 사람이라는 인식 없이, 일시적인 요구 또는 즉각적인 획득에 근거하여 등장인물을 구분한다. 관계는 오로지 타자가 물리적으로 존재할 때에만 경험될 수 있다(단일 등장인물은 외로움을 느끼며, 아무도 도움을 주지 않는다. 관심은 기본적으로 안전, 생존, 보호에 대한 욕구를 중심으로 이루어진다). 관계 그 자체는 중요하지 않고, 지속적이지 않으며, 교체 가능하다(예: 공유된 경험에 대한 언급이 없음. 언급되거나 암시된 기준 혹은 원칙이 없음). 공상은 실제 관계를 대체할 수 있다(예: 등장인물은 배우처럼 비현실적이다). 등장인물은 수동적이거나 반응적이며, 행동이나 결과에 대한 책임을 지지 않는다.

이 수준의 예로, 평균적인 지능을 보유한 16세 짐이 묘사한 세 가지 이야기가 있다. 입원환자로 평가가 시행되기 전, 짐은 품행장애로 진단되었다.

도판 1. 남자는 바이올린을 바라보고 있어요. 아마 지루해서 바이올린 연주를 원하지 않는 것 같아요. 어떤 사람이 남자 앞에 바이올린을 두었어요. 누가 바이올린 연주를 시켜서 남자는 몹시 화가 났어요. 그래서 남자는 연주하지 않아요.

소년은 외부의 요구에 대한 자신의 일시적인 감정에 반응하며, 어떤 목적도 설명되지 않는다. 소년의 앞에 바이올린을 놔둔 '어떤 사람'은 (의도, 이유, 정체성을 지닌) 온전한 인간으로 등장하지 않는다.

도판 4. 모르겠어요. 저는 이런 거 잘 못 해요. 남자와 여자가 있고, 여자가 남자에게 대화를 시도하고 있어요. 아마 언쟁하는 것 같아요. 잘 모르겠네요. 남자의 감정은, 모르겠어요. 여자의 감정은, 모르겠네요. 그리고 남자는 화나고, 감정이 상하고, 기분이 나빠서 떠나려고 하는 것 같아요. 모르겠어요. 아마 노 남아서 듣고 있다가 떠날 것 같아요.

이전 수준의 슬레이드의 이야기와는 대조적으로, 두 사람은 그림자극의 장면을 정확히 담아내는 상호작용(언쟁)을 하고 있다. 하지만 남자가 경청하는 것처럼 행동을 취하다가 원래 의도했던 대로 떠나기 때문에 이들의 상호작용은 일시적이다.

도판 8BM. 어떤 사람이 폭행을 당해서 두 사람은 수술을 해야만 해요. 사람이 테이블 위에 있어요. 아들은 방에 있어요. 아버지가 죽을 수도 있어서 아들은 두려움을 느껴요. 아들은 감정을 조절하면서 무슨 일이 일어나는지 지켜봐요.

어떤 사람이 '폭행을 당할' 때, 그 사람을 구해 주는 것은 자연스럽다. 하지만 아버지의 생명이 위태로울 때, 아들은 (그 순간의) 자신의 감정을 '조절하면서', 아버지에게 '무슨 일이 일어날지 지켜본다.'

3. 기능적인(functional) 관계경험

인간관계보다는 부과되는 의무 또는 기능을 강조한다. 상호호혜(reciprocity)는 교환(exchange)에 대한 보수에 엄격하게 의존하는 형태로 인식된다. 찬성과 반대, 보상과 처벌은 기능적 교환에 기여한다. 개인은 잘못된 행동에 대한 처벌을 예상하며, 진심으로 후회한다. 하지만 개인은 자신의 고유한 기준을 설정하지 않으며, 외부의 기대를 따르려고 한다. 의무(obligation)는 (도덕적 원리와 같은) 내부의 힘에 기인하는 것이 아니라, 상호 거래적(give-and-take) 반응 또는 사회적 관습에 의해 부여된다. 그러므로 의무 혹은 상호작용은 어떤 것에 대한 목표(즉, 원칙의 문제)가 아니라 수단(즉, 상호호혜적 기능)으로 여겨진다.

이 수준의 예로, 스탠퍼드-비네(Stanford-Binet) 검사에서 138의 지능지수를 획득한 10세 9개월 제이미가 묘사한 세 가지 이야기 반응이 있다. 평가할 시점에 교사는 제이미가 "매우 영리하지만" 종종 "멍하며", "부주의하다"라고 말했다.

도판 1. 좋아요. 이 소년은 이전에 소년의 어머니가 바이올린 연습을 하라고 말했는데, 연습을 하지 않으면 곤란해질 게 뻔해서 소년은 슬퍼요. 지금 소년은 연습하고 싶지 않아서 어머니에게 화가 났어요. 이 바이올린은 비싼 것이고, 할아버지가 어머니에게 주었던 것을 어머니가 다시 자신에게 물려주신 것만 아니라면 바이올린을 부수고 싶지만, 그러면 안 된다는 걸 알고 있어요. 그래서 소년은 연습을 하지만, 진심은 없어요.

이야기 묘사는 방향과 자극단서를 순조롭게 포함한다. 이야기 속 소년은 자신이 좋아하지 않는 활동을 추구하도록 하는 가족(최소한 핵가족)의 압력에 분개하지만, 동기의 외적 자원에 굴복한다. 소년은 자신의 분노를 억제하며, 곤경에 처하는 것을 피하기 위해 '진심'을 다하지 않고 연주하는 것을 따른다. 제이미는 짐보다 더 장기적인 시각을 지니고 있으며, 타자의 의도 및 바이올린의 정서적, 금전적 가치를 이해하고 있다. 제이미는 등장인물처럼 자신이 해야만 하는 활동을 경험하고 있다. 주의를 유지하는 것의 어려움 또는 활동에 대한 무관심은 긴장수준에 영향을 미칠 수 있다('연습하고 싶지 않아요.').

도판 4. 이 남자는 경찰, 첩보원인데, 사람을 만나서 첩보활동을 해요. 이건 가장 위험한 일 중 하나이기 때문에 아내는 남자를 걱정해요. 남자가 나가려고 하는데 여자가 막아요. 남자는 아내를 밀쳐내고, "이것은 나라를 위한 일이야."라고 말하면서 떠나요. 끝이에요.

타자의 선한 의도(아내의 걱정)에 대한 인식과 의견 차이와 관련된 맥락이 드러난다. 하지만, '첩보원'으로서 남자의 역할은 오직 관계에서의 입에 발린 말로만 수행된다('아내에게 나라를 위한 일이라고 말해요'). 예를 들어, 나라에 대한 남자의 의무는 아내의 걱정에 대해 민감하게 반응하는 것과 균형을 이룰 수 있는데, 예를 들어 '조심하겠다' 또는 '연락하겠다'고 약속할 수 있다. 우리는 제이미가 타인의 선한 의도를 알아차리고, 관습적인 경계(자신의 의무를 이행)에 머무르고자 하는 것을 볼 수 있다. 하지만, 이전 이야기의 소년과 유사하게, 남자는 아내에게 정서적으로 개입하지 않음으로써 '진심'을 다하지 않고 행동한다. '첩보원'이 되는 것은 보다 일상적인 상황에서 집중을 유지하는데 어려움을 겪는 개인의 관심을 끌 수 있는 흥미로운 활동이다.

도판 8BM. 이 작은 소년은 아버지가 건강하게 수술을 끝마치기를 희망하고 있어요. 소년의 아버지는 내부 출혈을 겪고 있는데, 의사는 치명적일 수 있다고 했어요. 너무 늙고 허약해서 소년을 돌봐 줄 수 없는 조부모를 제외하면 아버지가 유일한 혈육이기 때문에, 소년은 아버지가 죽는 것을 바라지 않아요. 의사가 실수로 어느 부위를 절단하여 소년의 어머니는 출산할 때 죽었어요. 몇 주 뒤에, 의사는 아버지가 퇴원하는 것은 시간문제라고 말해요. 소년은 두 가지 이유로 인해 매우 기뻐해요. 하나는 의사가 아버지가 곧 집에 갈 수 있을 것이라고 말한 점이고, 다른 하나는 아버지가 오랫동안 위험한 다른 질병이 없을 것이라고 말한 점이에요. 끝이에요.

아버지에 대한 소년의 걱정은 아버지가 자신을 돌봐 줄 수 있는 유일한 혈육이라는 기능적인 측면과 연결되어 있다.

4. 관계의 기초로서의 상호호혜(reciprocity) 및 기준

자율성 및 관계는 공명정대한 행동 혹은 친사회적 기준에 대한 확실한 감각에 의해 제어된다. 이러한 가치는 타자와의 관계 및 자기 내부의 관계에 대한 연속성과 일관성을 촉진한다. 상호호혜는 보상으로 지각되는 것이 아니라, 서로를 배려하는 개인들 간의 자연스러운 관계 형태로 지각된다. 수검자는 등장인물의 내재된 기준과 행동규칙을 명백히 구별하는데, 행동규칙은 적절한 타협을 이끌 만큼 충분히 유연하다.

다음의 세 이야기는 조사연구에 참여한 유치원생 #203이 말한 것으로, 교사는 유치원생이 높은 공감수준을 지닌 것으로 평정하였다(모든 참가자는 언어적 지능이 평균 혹은 평균 이상이었다).

도판 1. 그는 슬퍼요. 그 후에도 그는 여전히 슬퍼요. 그는 연주하는 방법을 몰라요. 그는 연주하려고 하지만, 삐걱거리고 미운 소리가 나요. [검사자: 생각은?] 연주하는 방법을 알면 어떤 소리가 날까. 그다음에 그는 다시 시도하는데 잘하게 돼요.

등장인물은 바이올린 소리가 삐걱거려서 슬프며, 암묵적 기준(삐걱거리는 소리에서 좋은 소리로 향상시키는 것)에 도달하기 위해 계속해서 연습한다. 소년의 노력은 목표와 결과를 달성하기에 충분하다. 좋은 소리를 내기 위한 노력(과정목표)은 (연주하는 방법을 모른 채로 콘서트에 참여하는 슬레이드의 이야기에 제시된 딜레마에 비해) 상대적으로 쉽게 성취될 수 있다. 다른 등장인물이 소개되지 않았지만, 외적 관계를 '대신하는' 내면화된 기준에 대한 인식이 명확하다. 대인관계적 장면과 관련된 다음의 이야기는 구체적 상호작용의 맥락에서 일반화된 관계를 나타낸다.

도판 4. 아픈 남자가 있고 돌봐 주는 여자가 있어요. 그는 무언가 하고자 하지만, 여자는 남자가 아픈 것을 알기 때문에 하지 못하게 해요. 그리고 남자는 그것을 할 준비가 거의 다 되었는데, 여자는 못하게 했어요. 여자가 원하지 않았기 때문에 남자는 하지 않았어요. 여자는 남자가 그것을 하도록 허용했다면 무슨 일이 일어났을지 생각하고 있어요. 남자는 자신이 그것을 하지 않으면 무슨 일이 일어날지 생각하고 있어요. [검사자: 감정은?] 뭐랄까, 남자가 그것을 하지 않아서 행복해요. 그때 남자는 뱀을 죽이고 싶어 했던 것 같아요.

간호해 주는 여자가 남자의 건강이 위험할 것이라고 주장했기 때문에, 남자는 자신이 원하는 어떤 것을 제지당했다. 반대에 대한 위협 또는 강압적인 형태는 없기 때문에, 주요한 힘의 불균형이 없다. 마지막에, 남자는 지시를 따른 것에 만족한다.

도판 8BM. 소년은 수술을 받고 있어요. 그리고 소년은 자고 있어요. 소년은 큰 상처를 입었어요. [검사자: 과거는?] 소년은 결혼식 날 사고를 당했어요. 그건 수술이 끝난 소년과 똑같아요[그림 앞에 있는 소년]. 수술이 끝난 후의 소년의 모습이에요. 소년은 수술을 받아서 슬퍼요. [검사자: 어떻게 되지?] 괜찮아져요. 의사가 소년을 도와줘서 소년은 좋아져요.

이 이야기는 사고로 인한 불가피한 수술을 회상하는 소년에 대한 이야기다. 소년은 회복해서 삶을 이어 간다. 세련되지 못한 이야기지만, 이러한 묘사는 그림자극의 전경과 배경 간의 관계를 재치 있게 설명하고, 역경에서 회복된 자율적인 인물을 묘사한다.

5. 상호자율성을 통한 관계

이 수준은 사회적 교환이나 관습적인 윤리에 대한 요구와는 별개인, 독특성과 개성의 완전한 이해를 특징으로 한다. 이야기 묘사는 일시적인 심리적 경험과 지속적인 심리적 경험 간의 관계에 대한 인식을 전달하며, 자기 및 타자의 복잡한 동기에 대한 인식을 전달한다. 수검자는 그림자극에 제시된 등장인물의 모습에 부합되게 모든 등장인물의 내적 삶과 근심을 묘사한다. 또한 개인적인 방식에 대한 상호존중, 개인 내 및 개인 간의 미묘한 차이에 대한 이해를 수반하는 방식으로 모든 등장인물의 내적 삶과 근심을 묘사한다. 등장인물은 도덕적 규범에 대한 전념 및 상호배려의 맥락에서 사회적 규칙 또는 의무를 평가한다. 상호자율성은 또한 지나친 개성이나 사회적 연결망으로부터의 이탈과는 거리가 멀다. 사실, 결합은 너무 강해서 타인의 즉각적인 존재를 초월하기도 한다. 한 등장인물의 관심이 타인의 관점을 균일하게 포함하거나, 단기적 고려사항과 장기적 고려사항 간의 균형을 유지하는 것처럼 복합적으로 상호작용하는 경험의 차원에 대한 잘 조정된 이해가 있다.

이 수준의 예로, 스탠퍼드-비네 검사에서 140의 지능지수를 획득한 9세 벤지가 묘사한 세 가지 이야기 반응이 있다. 벤지는 조사연구에 참여 중이었으며, 교사는 벤지가 본질적으로 성적보다는 기준에 의해 동기가 부여되고, 친구에게 매우 인기가 많다고 말하였다.

도판 1. 소년은 바이올린을 가지고 있지만 연주를 잘하지는 못해요. 그래서 그는 자신이 연주를 잘하지 못한다는 사실에 대해 조금 화가 나 있어요. 선생님은 제가 이 그림에 대해 어떻게 생각하는지 알고 싶은 거죠? [바이올린 아랫부분을 가리키며] [검사자: 이야기하고 싶은 대로 하렴.] 소년은 자신이 연주를 잘하지 못한다는 사실을 알기 때문에 바이올린을 계속할지 그만둘지를 고민하고 있어요. [검사자: 나중엔 어떻게 될 것 같아?] 소년은 잘하지 못할 것을 알기 때문에 그만두게 될 것 같아요.

소년은 불만이나 순간의 충동에 따라 반응하는 것이 아니라, 특정 행동을 절대로 해낼 수 없을 것이라는 결론을 내린 후에 자율적인 결정을 내린다. 결정을 내린 것은 자신이기 때문에, 소년은 도움, 조언, 승인을 추구하지 않는다. '분개'는 '훌륭하게' 연주하고 싶은 자신의 기준을 만족시킬 수 없다는 점을 인식함으로써 유발된다. 외적 압력에 대한 단서는 없다. 소년은 단순히 타인이 (주의 깊게 추론된) 자신의 결정을 존중할 것이라고 가정한다.

도판 4. 음, 남자는 짜증나게 하거나 불쾌하게 하는 사람에게 매우 화가 나 있는 것처럼 보여요. 그리고 남자의 아내는 불쾌하게 하는 사람을 공격하는 것처럼, 남자가 이후 후회할 수 있는 어떤 행동을 말리고 있어요. 결국, 아내는 남편을 말릴 거고, 남자는 멈추고 화를 가라앉힐 거예요.

상호자율성은 남편이 '후회하게 될' 어떤 행동을 하는 것을 말리려는 아내의 노력으로 나타난다. 따라서 아내는 자신의 기준을 부여하지 않고, 남편이 화나서 흥분한 것을 깨닫고는 합리적인 관점을 제시한다. 결국, 남편은 분노의 영향에 대해 이해한다. 아내의 말을 듣고 나서, 남편은 자신의 감정에 책임을 지고 '분노를 가라앉힌다.' 단기적 및 장기적 심리과정은 이 이야기에서 훌륭하게 균형을 이룬다. 두 등장인물의 내부세계 및 외부세계는 구분되고 조화된다.

도판 8BM. 청소년에 좀 더 가까운 소년인데, 수술을 받아야 해요. 소년은 어떻게 될지 상상하고 있는데, 조금 무서워서 어떻게 될지 생각하고 있어요. 그래서 소년은 자신에게 일어날 일을 보는데, 그건 그를 더 무섭게 만들었어요. 총처럼 보이는 게 왜 거기 있는지 모르겠어요. [검사자: 결말은?] 소년은

이겨내고, 아무것도 느껴지지 않아서 아무것도 걱정하지 않았다는 것을 깨달아요.

이겨내기 위해 할 수 있는 것이 없다면, 불안을 발생시키는 사건에 머무르는 것이 비생산적이라는 점에 대한 적응적인 이해가 담겨 있다. 때때로, 현실은 기대한 것보다 무섭지 않다. 다시 말해서, 이것은 시간순서와 그림자극을 설명하는 풍부한 자원에 대한 훌륭한 묘사이다.

대상관계의 수준

수준 1: 해체된 혹은 동떨어진 관계수준. 이 수준에서 해체되거나 매우 단순화된 인지적 처리과정(비약한 현실검증)은 다양한 관점의 분화와 통합(상호 의존)을 방해하고, 자기응집성(자율성)에 지장을 줄 수 있다. 손상된 사회적 추론은 개인 내 혹은 개인 간의 감정, 의도, 사고를 조화하는 문제, 소망과 현실적 고려사항을 구별하는 문제, 사회적 인과성을 이해하는 것에 대한 심각한 문제에 기인할 수 있다. 이 수준은 TAT 이야기에서 분명하게 드러나는데, 다음의 내용 중 한 가지 이상을 특징으로 한다.

- 지배적이고, 영향력 있는 타인의 변덕에 직면할 때 나타나는 무력감을 동반한 자율성의 심각한 불균형
- 등장인물의 자율성에 대한 심각한 제약(극심한 무력감)
- 개성이 인식되지 않음(자세나 얼굴표정이 명백히 다름에도 불구하고, 등장인물이 똑같은 방식으로 느낀다)
- 심각한 자율성의 제약과 권력의 불균형은 등장인물이 타인을 착취하고, 비방하고, 압도하거나 혹은 억울한 심정을 호소하는 것에서 나타난다.
- 매우 해로운 행동에 대한 반성의 부재
- 타인에게 매우 비합리적이거나 비현실적인 요구를 하는 등장인물

수준 2: 관계의 일시적인 경험. 이 수준에서 가장 기본적인 자율성 또는 제한된 상호관계는 그 순간과 관련된 자기-도취적인 관계나 이기적인 관계와 일치한다. 개인은 자신이 전인적 인간이라는 인식 없이 일시적인 욕구 또는 즉각적인 이득에 근거하여 구별된다. 오직 관찰자의 즉각적인 요구 상태와 관련이 있을 때 타인의 특성이 인식되며, 그 결과 자기 및 타인의 인식은 통찰이나 반영된 생각 없이 환경에 따라 변화한다. 이 수준은 다음의 내용 중 한 가지 이상을 특징으로 하는 TAT 이야기에서 제시된다.

- 등장인물은 타인의 기여 혹은 상호호혜성을 고려하지 않고, 타인을 장애물 혹은 방해물로 평가함
- 정서는 즉각적이고 외부적인 고려사항과 연결되며, 후회는 즉각적인 결과와 연결된다.
- 내적 특성은 불분명하거나(부정적인 감정의 확산), 성격은 연속적이고 일관된 전체라는 인식이 없는 선입견(의무 혹은 맹목적 강요에 대한 설득력 없는 발언)에 기초한다.
- 한 등장인물은 유능하고, 영웅적이고, 강압적일 수 있고 또 다른 인물은 무능하고, 무기력하고 무시당할 수 있는(또한 어떤 장면에서 한 등장인물이 이야기에서 제외될 때) 것처럼, 상호자율성의 상당한 불균형
- 등장인물은 오직 다른 사람이 물리적으로 존재할 때에만 관계를 경험한다. 한 명의 등장인물만 묘사되었을 때, 등장인물은 자신의 고통을 다룰 수 없고 누구도 도와주려고 하지 않는다.
- 등장인물의 관심은 기초적으로 안전, 생존, 보호를 중심으로 다룬다.
- 관계 그 자체는 중요하지도 않고 지속적이지도 않다. 요구를 충족시키는 타인은 대체될 수 있다.
- 등장인물은 자신의 감정 또는 행동에 책임을 지지 않는다(환상이 실제 관계를 대체할 수 있다—등장인물은 배우이거나 자신의 의도, 확신, 강렬한 감정을 쉽게 포기한다).

수준 3: 관계의 기능적 경험. 이 수준에서 개인은 교환에 대한 경직된 보상 방식으로 상호호혜와 관련된 특성을 인식하는데, 이 방식은 인간적 관계보다는 제공되는 기능 혹은 의무를 강조한다. 책임은 내적으로 뿌리를 두지 않거나 결과(물질원리)로 평가되지 않지만, 상호교환을 중요하게 여기는 관계에서 거래적(give-and-take) 반응을 구성한다. 보상 및 결과뿐만 아니라, 승인 혹은 반대도 이러한 교환에서 두드러질 수 있다. 개인은 잘못된 행동에 대한 처벌을 예 상하고, 기대를 충족시키는 것의 지각된 실패 또는 범죄에 대한 진지한 반성을 표현한다. 하지만 개인은 자신의 고유한 기준을 세우지 못한다. 인식되거나 인정된 타인의 특성은 기대되는 타인의 기능의 원인이 된다. 이 수준에서 타인에게 두드러지는 것은 더 이상 지각하는 사람(perceiver)의 즉각적인 요구와 감정에 의존하지 않으며, 상호호혜에 대한 인식을 동반한 기능적 교환의 장기적인 관점에 달려 있다. 이 수준은 다음의 내용을 특징으로 하는 TAT 이야기에서 제시된다.

- 등장인물은 자신이 제공할 수 있는 것에 따라 구분되며, 타인의 자율성에 대한 인식 없이 등장인물이 타인에게 원하는 것이 무엇인지 혹은 타인을 위해 하는 것이 무엇인지에 대한 측면과 관련이 있다.
- 등장인물이 타인의 내력, 개인적 신념, 투자에 대해 고려하지 않고 반응한다. 중요한 것은 교환에 대한 보상이다.
- 등장인물이 행동에 실패하거나 신중한 의도 없이 행동한다.

- 비록 경직되거나 진부한 방식일지라도, 등장인물이 주는 사람(giver)과 받는 사람(taker)의 역할을 번갈아가며 한다.

수준 4: 관계의 기초로서 상호호혜와 기준. 이 수준에서의 자율성과 관계는 타인과 내적 자기의 관계에서 연속성과 일관성을 촉진하는 공정하거나 친사회적인 기준에 대한 감각으로 제어된다(기준에 대한 책무, 자기-지향적 목적이 있는 행동의 추구). 상호호혜는 보상이 아니라 서로 관심을 가지는 개인 간 관계의 자연스러운 형태로 지각된다. 그러므로 두드러지고 인정받는 타인의 특징에 대한 범위는 더 넓고, 지각하는 사람의 욕구 혹은 몰두에 보다 독립적이다. 개인은 서로 고유의 견해를 가지고 자기-지향적이고 의미심장한 행동을 추구할 자유를 가진다. 개인은 그들의 기준에 만족하지 않고 고집을 부린다면 실망할 수 있다. 이 수준에서 TAT 이야기는 등장인물을 다음과 같이 묘사한다.

- 등장인물은 행동에 대한 내면화된 기준과 규칙의 측면에서 명확하게 구분되는데, 이는 적절한 타협을 허용할 만큼 충분히 유연하다.
- 등장인물은 자율적이고, 목표 또는 원리를 지니고 있으며, 친사회적인 자기-결정적(self-determined) 행동을 취할 수 있다. 오직 한 명의 등장인물만 포함된다면, 자율성은 타인의 개성에 대한 존중을 내포한다.
- 등장인물 각자의 자율성은 균형이 잡혀 있다(의도, 행동, 결과가 구분되지만 조화된다). 등장인물의 계획, 목적, 신념, 목표 지향적 행동의 계획적인 추구는 타인을 폄하하지 않는다.

수준 5: 상호자율성을 통한 관계. 이 수준에서 자율성에 대한 개인의 인식은 사회적 교환 또는 사회적 관습에 대한 요구와는 별개로, 자기와 타인의 개성 및 독특성에 대한 균형 잡힌 이해를 포함한다. 이야기 묘사는 일시적인 심리적 경험과 지속적인 심리적 경험에 대한 인식을 통해, 그리고 자기와 타인의 복잡한 동기에 대한 인식을 통해 복합적으로 상호작용하는 경험의 차원에 대한 조정된 이해를 전달하는데, 이는 다음의 내용 중 하나 이상을 특징으로 한다.

- 모든 등장인물의 내적 삶과 근심은 그림자극에 제시된 등장인물의 모습과 비슷하게 묘사되며, 개인 내 및 개인 간 미묘한 차이에 대한 이해와 함께 개인적 양식에 대한 상호존중을 수반한다.
- 등장인물은 상호관심 및 도덕적 기준에 대한 책무의 맥락에서 사회적 관습과 의무를 평가하고, 모든 구성원의 자율성을 증대시키는 방식으로 상호작용의 유연성을 보인다.
- 대인관계적 유대는 결과 혹은 반대의 위협을 초월할 만큼 충분히 강하다.
- 이야기 묘사는 장·단기적 고려사항과 각자의 자율성의 균형을 이루는 방식으로 등장인물의 관심을 조화시킨다.

사례 예시

슬레이드의 사례

15세 슬레이드는 마음의 틀을 이해하기 위해 평가를 받았는데, 이는 살인죄로 인해 부과된 것이다. 전문가는 TAT, Rorschach, 웩슬러 지능검사를 포함한 다양한 평가도구를 활용했다. 슬레이드는 전반적으로 평가에 협조적이었지만, 계속해서 손가락으로 책상을 두드렸고 때때로 부적절하게 웃었다. 표 6.1과 6.2는 이 장에서 소개한 변수로 슬레이드의 프로토콜을 부호화하는 것을 보여준다. 해당되는 범주는 진하게 표시하였다.

(각 이야기에 해당하는 한 수준을 고르시오)

도판	1	2	3BM	4	5	6BM	8BM	13B	13MF	17BM
슬레이트	1	1	1	1	1	1	1	1	1	1

표 6.2 슬레이드의 이야기 반응에 대한 대상관계의 수준

도판 1. 이것에 대해 이야기하길 원해요? 좋아요. 학교에서 콘서트를 개최하려고 하는데, 남자는 거기에 참여하길 원해요. 남자는 집에 가서 아버지의 낡은 바이올린을 찾았는데, 바이올린을 이리저리 살피더니 연주하려고 해요. 아버지에게 도움을 요청하여 바이올린 연주법을 배워서 콘서트에 참가해요. [검사자: 생각은?] 남자는 연주하는 법을 몰라서 어떻게 배울지 생각하고 있어요. [검사자: 감정은?] 불안하고 혼란스러워요.

함의: 소년은 부모님의 도움을 얻을 수 있다면, 비현실적인 것일지라도 자신이 원하는 것을 이룰 수 있다(일반적으로 소요되는 시간과 과정을 거치지 않고 콘서트에서 연주하는 것).

이 이야기에서 화자는 쉽고 빠른 해결책을 복잡하고 장기적인 문제에 적용할 수 있다는 신념을 표현한다. 이야기에서는 일이 '어떻게' 일어나는지에 대한 이해가 부족하며, 부모의 지지에 대한 비현실적인 기대와 같은 단순한 추론을 보여 준다. 첫째, 밴드와 함께 연주해 본 사전 경험 없이 학교 콘서트에 참여하길 바라는 것은 사회적 인과성의 기초적인 원리에 위배되는 것이다. 콘서트 일정에 대한 소식을 접한 시점부터 콘서트 당일까지의 시간 동안 소년이 (아버지의 바이올린을 얻고, 아버지의 도움을 받아서) 복잡한 기술을 습득할 것이라는 기대는 이와 관련된 절차를 이해하지 못했음을 암시한다. 화자의 판단은 사회적 현실의 제약을 무시하는 경향이 있다. 둘째, 소년이 콘서트에 참가하길 원하는 이유(예: 음악에 대한 흥미, 친구와 함께하려고)에 대한 설명이 없다. 사실, 소년의 감정에 대해 질문했을 때, 슬레이드는 감정을 이야기의 행복한 사건과 연결하지 않고 자극(부정적 정서)에 초점을 맞췄다.

도판 2. 생소하네요. 알겠어요. 내 생각에 이 여자의 아버지는 여자가 일을 하길 바라는 것 같아요. [검사자: 어떤 종류의?] 농장에서. 여자는 학교에 가서 어떤 좋은 것을 배우고 싶어 해요. 가족은 여자가 농장에서 일하기를 원해요. 여자는 결단을 내리려고 해요. 여자가 학교에 가려고 떠나는 것처럼 보여요. [검사자: 감정은?] 염려되고, 조금 걱정되고, 자신이 없어요.

함의: 소녀의 가족이 소녀가 원하는 것과 다른 것을 원한다면, 소녀는 가족이 다른 것을 원하는 이유나 의도를 고려하지 않고, 또한 어떠한 의사소통도 없이 자신이 즐거운 일을 할 것이다.

단순화된 추론 또는 사고가 소녀의 의사결정 과정에서 명백히 드러난다. 핵심 문제를 가족이 원하는 것과 소녀가 원하는 것 간의 이분법적 문제로 묘사하는 과정에서 거리감이 느껴진다. 각 만남이 다른 것으로부터 분리되는 것(의도, 관계, 과거 맥락의 부재)처럼 고립감이 존재한다. 핵심 등장인물은 타인의 요구에 주의를 기울이지 않거나 가족 내에서 자신의 위치를 인정하지 않으면서 자신이 원하는 것을 한다. 또한 소녀의 결정은 미래에 대한 결과를 포함하지 않으며, 오직 자신의 의도 또는 목표와 모호하게 연결된다('어떤 좋은 것을 배우다'). 한 가지 궁금한 것은 이 소녀가 어제 무엇을 했고, 내일 무엇을 할지이다. 이전의 이야기처럼, 정서와 행동은 이야기 묘사 진행에 의미 있게 통합되기보다는 그림자극(소녀는 떠날 것 같아요)으로 회귀한다.

도판 3BM. 발 옆에 있는 것이 뭐지? 남자인지 여자인지 모르겠어요. [검사

자: 중요하지 않아.] 이 사람은, 음, 잘 모르겠는데, 아마 취한 것 같아요. 운전을 할지 말지 결정하려고 하는데 다리 옆에 차 열쇠가 있어요. 교통사고가 무서워서 운전하고 싶지 않아요.

함의: 술에 취한 사람은 (목적지 없이) 운전에 대해 생각하고 있지만 오로지 교통사고가 두렵기 때문에 운전하지 않기로 결심한다.

이번에도 역시 추론은 과거 혹은 목표가 없는 즉각적인 사고에 한정되어 있으며 단순하다. 이야기의 전제(취한 상태에서 운전을 할지 말지 결정)는 특정한 목적지로 운전할 이유를 제공하거나 등장인물이 취한 이유에 대해 설명하는 과거의 사건과 결합되어 있지 않다. 그러므로 등장인물의 딜레마는 외부의 상황 혹은 내적인 심리과정에 대한 맥락을 포함하지 않는다. 이야기는 사고에 대한 두려움으로 운전을 원하지 않는 등장인물과 처음에 운전하길 원했던 이유 혹은 법적, 도덕적 제약에 대한 언급 없이 인물의 안전에 대한 불안에 의해 유발된 결정으로 끝난다(참고: 위의 이야기에서 운전 혹은 한 가족으로부터 떠나는 행동은 자율성의 반영이 아니다. 오히려 자율성은 목적을 추구하는 주도권을 갖는 데 있다).

도판 4. 남자는 어디론가 떠날 준비가 되었어요. 여자는 남자가 떠나길 바라지 않아요. 남자는 떠나게 돼요. 남자는 떠나기로 결심했다고 느껴요. 여자는 남자가 떠나서 외로움을 느껴요.

함의: 남자가 여자를 떠나길 원한다면, 남자는 여자가 외로움을 느낄 것이라는 점을 잘 알 것이다.

남자와 여자 사이의 관계 또는 행동의 지속적인 의도에 대한 어떠한 이해 없이도 상호작용은 극도로 단순하게 이해된다. 등장인물의 의도 혹은 상호작용의 사전 내력은 무관하며, 의사소통, 타협, 상대방에 대한 관심이 없다. 마찬가지로, 개인은 행동에 대한 보다 원대한 내적 목표가 없다. 남자는 그저 떠나길 원한다. 정서는 무시되고, 잠시 동안이라도 서로를 묶어 주는 접착제가 없다. 여기서 메시지는 (도판 2에서처럼) 만약 사람들이 원하는 것이 다르다면, 서로에 대한 관심 혹은 떠나려는 특별한 이유 없이, 각자 별개의 길로 갈 것이다.

도판 5. 글쎄요. 여자가 집에 들어갔는데, 창문은 부서지고 문은 열려 있었

어요. 분실된 것이 있는지 확인하기 위해 지금 막 거실에 왔어요. 금고가 깨져서 열려 있고, 모든 돈이 사라졌어요. [검사자: 감정은?] 모든 물건을 도난당하고, 절도범이 아직 집 안에 있을지 모르기 때문에 무서워요.

함의: 만약 어떤 사람(노파)이 피해자라면, 여자는 건설적인 행동을 취하지 않고 타인의 동정심에 그저 머물러 있을 것이다.

절도를 당한 후 소지품 분실로 겁먹은 여자는 자신을 보호하기 위해 행동하거나 도움을 구하지 않고(예: 경찰에 신고하거나 집 밖으로 나오기), 재범에 취약한 상태로 남아 있다. 화자는 여자를 두려운 상태로 놔두거나, 아직 숨어 있을지도 모르는 절도범으로부터 여자가 안전한지 알지 못하도록 남겨 두어, 인물의 처한 곤경을 끝낼 의향이 없는 것 같다. 등장인물의 정서는 적절한 행동을 유발하는 데 실패하고, 화자는 너무 무심하여 결말을 매듭짓지 않으며, 여자에게서 위험을 제거하지 않는다.

도판 6BM. 남자가 방금 어머니에게 전쟁터로 가야 한다고 말했어요. 여자는 어떤 일이 발생할지 생각하면서 창문 밖을 바라보고 있어요. 결국 남자는 전쟁에 참전하고 집에 무사히 돌아와요. 다른 것을 말할 수 있게 됐어요.

함의: 한 남자가 어머니에게 전쟁터에 간다고 말할 때, 남자는 허락을 구하지 못했지만 무사히 돌아왔다.

어머니와 아들이 정서적으로 단절되어 있어서, 일상적인 작별 장면과는 거리가 멀다. 아들은 겉보기에 전쟁에 참전하는 비참한 뉴스를 가져온 것 같지만, 정보의 정서적 영향은 없다(어머니는 냉담하게 미래에 일어날 일을 생각하지만, 아들과 의사소통하지 않는다). 이야기는 어머니와 아들 사이의 관계에 대한 어떠한 정보도 없이 그림을 있는 그대로 딱딱하게 해석하려 한다.

도판 8BM. 어, 이 소년이 누군가에게 총을 쏘았어요…. 총이 있네요. 소년이 고의로 한 것 같아요…. 표정에 슬픔이 없어요. 수술에 들어간 남자를 생각하고 있어요. [검사자: 결국에는?] 남자는 살고, 소년은 살인미수로 구속돼요. [검사자: 감정은?] 꽤 비열해 보여요.

함의: 남자가 어떤 사람을 고의로 쏘고도 후회하지 않는다. '어떤 사람'은 살아 있고 남자는 단지 살인미수로 구속됐기 때문이다.

슬레이드는 그림에 제시된 단서를 토대로 '남자의 얼굴에 슬픈 표정이 없기'

때문에, 아무런 후회 없이 고의로 행해진 총격을 묘사한다. 어떤 사람을 쏜 행동은 보통 평범한 사건으로 받아들여지기보다는 설명을 필요로 한다. 하지만, 슬레이드는 총격에 대해 사회적으로 수용될 만한 이유를 제공하지 않는다. 슬레이드는 소년이 살인미수로 구속됐다고 하면서 무미건조하게 이야기를 끝맺는다. 이전과 마찬가지로, 추론은 단순하다. 결국, 이전 내력, 추론, 도덕적 감정 없이 총의 존재와 소년의 얼굴표정만으로 고의로 총을 쏜 것을 자동적으로 '이야기로 만든다.' 유사하게, 슬레이드는 도덕적 정서, 대인관계적 관계, 지속적인 의도와 분리된 매우 단순화된 추론에 근거하여 행동했을 가능성이 있다. 심지어 가능한 결과에 대한 슬레이드의 인식은 예상되는 결과의 영향을 고려하지 않는다.

도판 13B. 남자는 농장에 살고 농촌에서 자란 것 같아요. 남자는 지금 앉아서 햇볕을 쬐고 있어요. [검사자: 결국에는?] 자라서, 농부가 돼요. [검사자: 생각은? 감정은?] 어떤 것을 걱정하는 것 같고, 좀 문제가 있는 것 같아요. 아마 가축을 걱정하는 것 같아요.

함의: 만약 소년이 농장에 산다면, (자신의 생각이나 감정 없이) 소년은 농부가 될 것이다.

다른 이야기처럼, 이 이야기는 극도로 단순화된 추론의 산물이다. 슬레이드는 그림에 제시된 단서를 활용하여 단순한 줄거리를 구성하였고, 이야기의 줄거리는 소년의 내적 삶을 무시하고 다른 인물을 소개하지 않는다. 소년의 현재 사고나 감정을 다루기보다 화자는 시간적으로 큰 도약을 취한다(소년은 자라서 농부가 된다). 질문에 대한 반응으로 슬레이드는 소년이 나이에 맞지 않게 가축에 대해 걱정하고, 농촌생활과 관련된 것에 대해 모호하게 걱정한다고 묘사하였다.

도판 13MF. 둘 다 취한 것 같아요. 파티에서 성관계를 가졌어요. 남자는 이 여자가 누군지 모른 채 일어났어요. 남자는 거의 인사불성이에요. [검사자: 생각은?] 걱정되고, 주변 환경을 의심하고 있어요.

함의: 파티에서 술을 마시고 여자와 성관계를 가진 후에, 남자는 여자가 누군지 모르고, 주변 환경이 의심스러워서 정신적 혼란에 빠져 있다.

객관적인 방식으로, 슬레이드는 오직 자기 자신과 지금 자신이 처한 상황만을 생각하는 남자를 묘사한다. 이번에도, 의도, 선행사건, 관계, 미래의 결과는 슬레이드의 고려사항이 아니다.

도판 17BM. 음, 남자가 줄을 타고 있는 것 같아요. 바지나 신발을 착용하진 않았지만, 아마 노동자일 거예요. 행복해 보이는 벌거벗은 남자가 줄을 타고 올라가고 있어요. [검사자: 생각은?] 줄을 타고 오르는 것에 대해 생각해요. [슬레이드가 웃는다] 원숭이가 됐어요. [검사자: 결국에는?] 남자는 여기서 끝나요[슬레이드가 보호시설을 가리킨다].

함의: 만약 남자가 어떤 활동을 즐긴다면(그림에서 묘사된 것처럼), 남자는 정신과 시설에 수감될 것이다.

과정 함의: 정서나 의도에 대한 이해 없이, 수검자는 그림에 제시된 상황을 이해할 수 없어서 웃는다.

동기 혹은 의도에 대한 탐구가 불가능하기 때문에, 슬레이드는 장면에서 일어나고 있는 것을 설명할 수 없고, 기본적으로 그림자극에 대해 묘사한다. 비록 그는 결과를 인식하지만, 결과의 정서적 영향을 경험하는 데 실패한다.

이야기 요약

슬레이드의 이야기에서 반영된 추론의 단순화된 과정과 생각은 보다 구조화된 검사(IQ와 성취도)에서의 슬레이드의 수행과 대조적이다. 외적 표현에 집중해서 슬레이드는 현재 상황을 과거, 미래사건 혹은 감정의 내부세계, 영속적인 의도와 연결하려는 노력 없이 그림 장면에서 일어나고 있는 것을 묘사한다. 슬레이드의 등장인물은 다른 사람과의 유의미한 관계와 장기적 직업에서 감정적 유대 없이, 자극에서 묘사된 자신의 모습에 비례하여 냉담하다. 감정을 촉진하는 상황에서(그가 자발적으로 하지 않기 때문에), 슬레이드는 자극에서 인물이 보이는 방법으로 회귀하고, 따라서 등장인물의 경험(이야기 사건)과 행동은 감정으로부터 분리된다. 비록 슬레이드가 그림에서 묘사된 감정을 명명할 수 있었음에도 불구하고, 그는 관계를 유지하거나 의도를 형성하는데 감정의 심리적 의미를 이해하지 않았다. 행동과 반응은 과거와 미래의 현실적인 연결과 동떨어진 순간적인 사고에 기초했고, 의도와 감정은 의미 있게 통합되지 않았다. 슬레이드의 판단과 경험은 사회적 인과 혹은 타인에 대한 사고의 현실적인 이해를 포괄하는 데 실패했다. 슬레이드는 대인관계적 관계, 장기적 목표, 영속적인 의도에 의해 유도되지 않은 반응을 보였고, 오히려 그 순간에 자신이 원하는 것에 몰두했고 현재 상황, 이전 내력, 차후에 예상되는 결과 간의 어떠한 연결도 이해하지 않았다. 더욱이, 감정적인 수준에서 슬레이드는 그 자신과 타인 간의 연결을 보이지 않았고, 순간을 넘어선 걱정도 나타내지 않았다. 다차원적 인간의 경험으로부터 단절된 독립적 사건에 대한 슬레이드의 주의는 평가 간 슬레이드가 보여 준 초연한 행실, 반성이 결여된 일반적인 인상과 일맥상통한다.

유의사항

심각한 지적 장애를 가진 사람은 구체적인 묘사가 가능하지만 종종 이야기를 만들어 낼 수 없으며, 이들에게 이 장에서 논의한 다양한 대상관계 지표를 적용할 수는 없다. 그럼에도 불구하고, 반응은 장면에 묘사된 관계와 감정을 파악하고 처리하는 것에 대한 개인의 특성을 보여 준다.

기억해 두기

내용과 더불어, 이야기의 구조적 특징(예: 자극과 사건의 논리적 전개가 일치하는 것)은 대상관계의 수준을 결정하는 데 있어 중요하다.

자기점검

1. 대상관계 이론은
(a) 사람들 간의 관찰 가능한 교환을 중요시한다.
(b) 초기 기억을 중요시한다.
(c) 도식 이론과 중복된다.
(d) 모두

2. 대상관계는 추상적이고, 대상표상은 구체적(concrete)인 이유를 설명하시오.

3. 개인의 일상적 기능을 위한 기술을 학습하는 절차는 본질적으로 심리적 구조의 발달을 이끄는 '내면화(internalization)' 절차와 동일하다.
(예/아니요)

4. 대상관계 체계 내에서 묘사된 관계에 관한 세 가지 병리적 양식을 정의하시오.
(a) 자기-대상,
(b) 과도기적 대상,
(c) 부분-대상

5. 자율성 및 상호자율성은 대상관계와 어떤 관련이 있는가?

6. 긍정적 정서, 공감, 정서조절은 대상관계의 수준과 어떤 관련이 있는가?

정답: 1. c, 2. 대상표상은 구체적인 관계와 직접적으로 관련되어 있지만, 대상관계와 추상적 도식은 자기 및 타자의 개념을 조직화하는 원리를 포함한다. 3. 아니요, 4. (a) 자기-대상관계: 자신의 고유한 감정과 사고에서 벗어나 타인의 특성을 인식하는 것에 실패한다. (b) 과도기적 대상관계: 타인을 오직 그들이 제공하는 안락함의 측면에서만 평가한다. (c) 부분-대상관계: 타인이 제공하는 기능에 한정하여 타인에게 관심을 가진다. 5. 자율성은 한 개인 내의 내적 세계와 외적 세계 간의 관계와 관련이 있기 때문에, 자율성은 외부 환경에 대한 자기의 표상과 관련이 있다. 개인은 자율적일수록, 타인의 자율성을 존중할 수 있으며(상호자율성) 자기-흥미와 별개로 타인을 인정할 수 있다. 6. 빈약한(poor) 정서조절은 타인의 심리적 고통에 대해 자신의 불편함에 집중하는 것과 관련이 있으며, 공감을 방해한다. 긍정적 정서와 공감은 타인의 특성에 대한 관심을 유발하고, 이는 좀 더 복합적인 대인관계적 정보를 처리하도록 한다.

7

CHAPTER

TAT를 활용한 동기와 자기조절 평가의 핵심

동기(motivation)와 자기조절(self-regulation)은 서로 관련이 있다. 목표는 조정적 기능(regulatory functions)에 기여하며, 목표 지향적 행동의 수행은 자기조절을 필요로 한다. 동기 와 자기조절에 관한 이론은 두 가지 중심적인 질문으로 수렴된다(Johnson, Chang, & Lord, 2006). "개인이 무엇을 원하는가(목표설정)?"와 "어떤 방법으로 원하는 것을 얻으려고 하는가(목표추구)?"이다. 동기와 관련된 도식은 원하는 목표(무엇)와 그것을 이루기 위한 수단(어떻게)에 관한 것이다. 목표는 (a) 환경이나 기억 속에 있는 정보에 선택적으로 주의를 기울이도록 하고, (b) 과제나 활동의 선택에 영향을 미치며, (c) 목적이 있는 행동을 추구하도록 노력을 촉구하기 때문에, 목표가 확고히 설정되면 이는 자기조절의 근원으로 작용한다(Gollwitzer & Moskowitz, 1996; McClelland, 1987; Payne, Youngcourt, & Beaubien, 2007).

의도한 행동을 수행하기 위해 자기조절 과정은 눈앞의 선호보다 장기간의 노력을 중요시하며, 외부 원인으로 인해 동기를 추구하려는 경향이 위협을 받거나 주의가 분산될지라도 의도를 유지한다(Kuhl, 1984, 1992). 목표관련 행동을 체계적으로 실행하기 위한 실행 의도(implementation intentions)에는 목표 지향적 행동을 언제, 어디서, 어떻게 할지에 대한 계획이 포함된다(Gollwitzer, 1999; Gollwitzer & Sheeran, 2006). 일단 실행 의도가 상황(언제, 어디서)과 연합되면, 이는 자동적으로 목표(무엇)와 행동계획(어떻게)을 활성화한다. 즉, 일련의 행동계획과 연합된 상황은 목표에 대한 개인의 인식 없이도 동기와 관련된 복잡한 행동을 촉진할 수 있다(Chartrand & Bargh, 2002). 따라서 내 · 외적 장애물에 직면하거나 시간이 지나더라도 의도를 유지하기 위해 동기화된 행동은 목표설정 과정을 수반하며, 목표를 실행하기 위한 계획과 자원을 포함한다. 실제로 동기와 관련된 연구 분야는 목표의 자기조절 기능을 강조하며 자기조절 과정은 목표추구를 필요로 한다.

자기조절은 그 자체로 다른 목표에 영향을 미치는 중요한 목표이다. 기질과 성격 분야는 자기조절의 중심적 역할을 인정하지만, 무엇이 그리고 어떻게 조절되는지에 대한 주안점은 다르다. 기질 연구 분야는 자극이나 정서적 강도의 최적 수준을 유지하는 것과 같은 기본적인 처리과정의 조절에 중점을 두는데, 이는 신경생물학적인 체계에 기반을 두고 있다(Rothbart, Derryberry, & Posner, 1994; Posner & Rothbart, 2007; Strelau, 1994). 성격 연구는 특정한 목적을 이루거나 적응적 요구를 만족시키기 위해 개인의 다양한 기질을 조직하고 조화시킴으로써 자기조절 기능을 수행하는 체계나 처리과정(예: '집행기능' 혹은 '자아')을 중시한다(Karoly, 1993). 어떤 의미에서 기질적인 자기조절 기능은 성격 분야에서의 조절 연구를 구성하는 한 축이다(Teglasi, 2006). 개인은 자신의 목표를 추구하고 체계화함에 있어 기질적인 성향과 사회적 기대 간의 균형을 유지하기 위해 의식적 혹은 무의식적으로 매일 결정을 내린다. 부정적 정동에 사로잡히지 않기 위해 상당한 에너지를 소비하는 사람은 장기적 관심사에 집중하는 데 제약이 있을 수 있지만 즉각적인 안정에 맞추어진 대처 전략을 촉진할 수 있다. 기질적 성향과 상충하는 활동에 참여하는 사람은 큰 스트레스를 받을 것이다(Strelau, 1983).

상대적으로 높은 기질적 반응성을 지닌 사람들은 두려움을 누그러뜨리고, 과민성을 통제하고, 긍정 및 부정 정서를 정확히 파악하고, 떠올리기 싫거나 반추적인 사고가 발생하지 않도록 하는 자기조절 과제에 더 많이 직면한다(Henderson & Fox, 1998; Rothbart & Bates, 2006). 정서, 주의 혹은 행동을 통제하기 위한 노력에 몰두하는 것은 장기간의 노력을 통해 얻은 자원을 다른 곳으로 유용하게 전환할 수 있도록 한다. 의도적 통제(effortful control)가 감소할 경우 개인이 판단을 내리는 데 있어 실수를 범할 가능성이 더 높아지지만, 비의식적 처리과정은 이러한 고갈에 구애받지 않고 효과적으로 계속 작동한다(예: 장기기억으로의 인출(retrieval from long-term memory); Hasher & Zacks, 1979, 자동적 자기-지향 활동(automatic goal-directed activity); Bargh,

Gollwitzer, Lee-Chai, Barndollar, & Troetschel, 2001; 새로운 자극에 대한 자동적 평가(automatic evaluation of novel stimuli); Duckworth, Bargh, Garcia, & Chaiken, 2002). 개인은 정신적인 활동을 하거나(Fischer, Greitemeyer, & Frey, 2008), 힘든 과제가 주어질 것을 걱정하여 정신적 에너지를 절약함으로써(Muraven, Shmueli, & Burkley, 2006), 정신적 노력을 줄여 나간다(예: 신념과 모순되는 정보를 부정하는 것). 또한 개인은 바라는 목표와 관련된 행동의 조절을 자동화하기 위해서 전략적으로 실행 의도를 사용할 수 있다(Gallo, Keil, McCulloch, Rockstroh, & Gollwitzer, 2009).

어떤 특정한 행동은 의도적 조절과 자동적 조절 간의 유연한 절충 그리고 단기적인 자기조절 요구와 장기적인 목표 간의 융통성 있는 절충의 결과물일 수 있다. 또한 행동은 부정적인 정서(예: 불안, 지루함, 긴장, 공허함)를 감소시키기 위한 근시안적인 노력 혹은 외부 자극에의 목적 없는 반응의 결과물일 수도 있다. 예를 들어, 새로운 상황에 대해 높은 반응성을 보이는 사람은 친숙하지 않은 상황을 무턱대고 피하거나, 이러한 상황이 일으킨 감정을 해결할 수 있는 효과적인 전략(미리 계획하고, 준비하고, 실행하는 것)을 발전시킬 수 있다. 따라서 동기의 목표 범위는 현재 사로잡혀 있는 생각과 기질적 요구(고갈 등)를 해결하기 위한 시도에서부터 유기적으로 잘 연결되어 있는 목표와 신념 추구에 이른다. 다시 말하면, 목표 지향적 행동의 범위는 반응적이고 무계획적인 행동 및 결정에서 계획되고 조직화된 행동 및 결정에 이른다. 동기에 대한 종합적인 이론은 목표, 인지, 정서, 행동 간의 상호적인 영향뿐만 아니라 목표설정에 영향을 주고 목표지향 행동을 형성하는 자동적이고 의도적인 심리적 처리과정에 대해서도 밝혀왔다(Cantor & Sanderson, 1999).

목표와 행동의 특징

동기와 관련된 구성개념은 명시적, 암묵적 형태로 존재하며(1장 참조), 이는 자기보고식 검사나 TAT와 같은 수행을 통해 각각 측정된다. TAT에서 이야기로 표현되는 암묵적 동기는 성취에 대한 기대, 목표를 이루기 위한 수단, 목표가 두드러지는 상황, 목표 유형을 기술하는 도식에 깊숙이 자리 잡고 있다. 개인마다 도식에 저장된 목표, 행동, 예상되는 결과 간의 연결 유형 및 강도가 다양하다(Kruglanski et al., 2002). 이 장에서의 부호화 절차는 특정한 동기와 상관없이 목표/의도, 행동, 결과 간 관련성의 측면에서 동기적 특징을 기술한다(예: 개인주의적인 성취, 대인관계, 도덕적 판단 결정, 역경 대처). 성취, 권력, 친밀함과 같은 다양한 동기는 일반적으로 TAT 이야기에서 개별적으로 연구되지만(Smith, 1992), 개인은 종종 개인적 열망과 타인의 행복에 대한 배려와 관련된 대인관계적 목표 간의 균형을 이루며, 이것의 상대적인 중요성은 문화에 따라 다르다(Suarez-Orozco, 1989).

이 책에서 중요한 네 가지 동기에 대한 구성개념 간의 관련성은 (a) 목표 체계화 혹은 문제, 목표, 딜레마가 기술되는 방식, (b) 목표 유지 혹은 목표가 불러일으킨 문제나 정서를 포함하는 목표에 대한 반응, (c) 목표 지향적 결정, 계획, 행동, (d) 목표 및 목표추구 수단과 관련된 예상되는 결과 등을 통해 TAT 이야기를 부호화하는 데 포함된다.

목표 체계화

개인이 설정한 목표 유형은 자신의 수행 및 결과에 부여하는 개인적 가치가 무엇인지를 밝혀준다. 자기계발(예: 성취감 추구, 일을 통한 열등감 극복), 생활양식(예: 생활비 마련, 가난 극복, 다른 사람들처럼 되는 것), 관계(예: 거절 회피, 우정 쌓기, 타인으로부터 자유 획득), 좋은 기분(예: 두려움이나 불안 회피, 즐거운 활동추구) 혹은 성취를 위한 노력 중에서 어디에 중점을 두는지와 상관없이 목표는 행동의 원인이 된다. 목표 이론(goal theory)은 사회적 비교나 자기계발에 기반하며 학업장면에서의 목표 유형과 개인의 자기평가를 관련시켜 설명한다(Pintrich & Schunk, 2002). 숙달 목표는 개인의 자기평가에 의해 동기부여 되는 사람, 자기계발을 목표로 하는 과제에 착수하는 것을 선호하는 사람, 현실적인 피드백을 추구하는 사람에 의해 설정된다. 수행 목표는 다른 사람들의 호의적인 평가를 얻고 유능감을 보여 주는 것에 관심 있는 사람들에 의해 설정된다(빠르게 찾기 7.1 참조). 또 다른 관점인 자기결정 이론(self-determination theory)(Kasser & Ryan, 1993, 1996)은 개인이 특정한 활동 그 자체의 내재적(intrinsic) 매력에 가치를 두는지, 또는 특정 목표를 그것과 관련된 활동의 외현적(extrinsic) 결과로 여기는지에 중점을 둔다(빠르게 찾기 7.2 참조). 둘 간의 핵심적인 차이는 내재적 목표(intrinsic goal)(성장, 관계, 공동체)와 외현적 목표(extrinsic goal)(부, 명성, 인상)에 달려 있다. 목표의 개인차는 학습, 성취, 지속성과 관련된다(Vansteenkiste, Simons, Lens, Sheldon, & Deci, 2004).

빠르게 찾기 7.1

숙달 목표 대 수행 목표

- **숙달 목표 대 수행 목표:** 숙달 목표와 수행 목표 간의 핵심적인 차이는 개인이 수행을 평가할 때 사용하는 기준이다(Elliot & McGregor, 2001; Pintrich & Schunk, 2002). 숙달 목표는 자기향상을 위해 노력하고 과제를 숙달함으로써 만족을 얻는 것을 지향한다. 수행 목표는 동료를 능가하고 규준적인 수행 기준을 뛰어넘으려고 애쓰며, 사회적 비교를 통해 만족을 얻는 것을 지향한다. 경쟁적인 자기평가에 중점을 두는 것은 숙달 목표를 손상시킬 수 있다(Brophy, 2005 참조). 숙달 목표는 교육장면에서 개념적인 이해와 기억을 향상시키는 학습 전략을 사용하도록 촉진한다(Grant & Dweck, 2003; Wolters, 2004). 반면 수행 목표는 개념적인 이해라기보다는 암기와 시연과 같은 표면적인 수준의 학습 전략과 관련된다(Elliot & Harackiewicz, 1996).
- **숙달 목표와 수행 목표에의 접근 혹은 회피:** 숙달-접근 목표(숙달 목표의 정의와 일치)에서는 개인이 배우고, 숙달하고, 진심으로 이해하기를 원하는 것에 중점을 둔다.
  숙달-회피 목표에서 개인은 특정한 과제를 통해 배울 수 없다고 예상하거나 오해하지 않도록 하는 데 중점을 둔다(Elliot & McGregor, 2001; Moller & Elliot, 2006). 수행-접근 목표는 개인이 타인을 능가함으로써 유능감에 대해 긍정적인 평가를 받도록 하는 반면, 수행-회피목표는 개인이 다른 사람과의 비교에서 유능감에 대한 비판적인 평가를 회피하는 것을 지향한다(Elliot & Harackiewicz, 1996). 목표 접근과 회피는 정서와 관련된다(Pekrun, Elliot, & Maier, 2006). 숙달 목표는 학습에 대한 즐거움과 정적으로 관련되며, 지루함과 분노와는 부적으로 관련된다. 수행-접근 목표는 자신감과 관련되고, 수행-회피 목표는 불안, 절망, 수치심과 관련된다.
- **숙달 지향과 수행 지향의 조합:** 목표 지향은 각각 독립적으로 평가되지만, 보통 개인

은 숙달 목표와 수행 목표를 둘 다 지닌다(Midgley, Kaplan, & Middleton, 2001; Regner, Escribe, & Dupeyrat, 2007).

- **학습 환경의 목표 구조:** 학생이 지향하는 숙달 및 수행 목표와 수업에서 강조하는 목표의 일치 정도는 학생이 특정 수업에서 얼마나 잘하는지에 영향을 준다(Meece, Anderman, & Anderman, 2006; Lau, Liem, & Nie, 2008).

목표는 추구하는 피드백의 유형, 도전 상황에 대한 지속성, 그 목표가 가장 두드러지는 조건에 영향을 미친다. 일반적으로 TAT 그림은 딜레마를 내포하는데, 이는 이야기에 포함된 등장인물의 암묵적 목표와 행동계획과 관련지어 확인되고 해결된다. 자율적이거나 타율적인 것과 상관없이, 일단 목표가 설정되면 이야기 묘사 구조와 내용 모두 목표 유형을 밝혀준다.

빠르게 찾기 7.2

동기의 자기통제적, 자기조절적 (자율적) 근원

(자기조절 이론 Deci & Ryan, 1985, 2000; Ryan & Connell, 1989; Vansteenkiste, Lens, & Deci, 2006).

교육장면에서 동기는 학습이 내재적(흥미나 즐거움) 혹은 외현적(결과와 같은 외부적 요소)으로 발생하는지의 유무에 따라 분류된다. 동기는 자기통제와 자기조절이라 불리는 자율성의 상대적 수준에 따라 두 가지 유형으로 구분되는데, 이는 목표 지향적 행동에 해당된다(Kuhl & Fuhrmann, 1998).

자기통제(self-control)는 목표 지향적 행동추구와 관련되고 의미 있는 타인으로부터 강요받거나 문화적 가치를 채택함에 따라 나타나지만 개인적 선호 요인은 포함되지 않는다. 목표추구에 관한 자기통제 방식은 기질에 맞지 않는 것을 견디기 위해 분투하면서 개인적 성향을 극복하려는 상당한 노력을 수반한다. 대조적으로 **자기조절(self-regulation)**은 개인의 단 · 장기적인 경향성을 따르며, 통합된 자기와 일치하는 목표 지향적인 행동추구와 관련된다. 자율적인 동기(예: 자기조절)는 보다 적은 피상적인 정보처리(Vansteenkiste, Simons, Lens, Sheldon, et al., 2004), 높은 성취(Soenens & Vansteenkiste, 2005), 증진된 안녕감(Black & Deci, 2000; Levesque, Zuehlke, Stanek, & Ryan, 2004) 등으로 인하여 통제된 동기에 비해 이점을 지닌다. 이러한 이점(Reeve, Deci, & Ryan, 2004)은 미국 이외의 국가에서도 마찬가지로 나타난다(Chirkov & Ryan, 2001; Vansteenkiste, Zhou, Lens, & Soenens, 2005).

- **외부 조절**(external regulation)은 자율성이 가장 적은 (외현적) 동기 유형으로, 개인은 보상, 처벌, 마감일과 같은 외현적 수반성 때문에 행동에 착수한다. 행동의 추진력은 전적으로 외현적이다(학생은 부모로부터 보상을 받기 위해 공부함).
- **내사**(introjection)는 외부 통제(승인 혹은 비승인)를 참고하여 행동에 관한 법칙을 받아들이는 과정으로, 개인에 작용하는 내적 힘(자존감에 근거한 압박감, 자기인정 가능성, 죄책감의 위협)이나 타인의 기대와 법칙에 의해 통제되는 것에 관한 근본적인 주관적 경험을 수반한다. 개인은 기대를 만족시키고 규칙을 따르는 욕구를 내면화하지만 필요한 활동을 수행하려는 압박감도 경험한다(죄책감을 느끼지 않기 위해 공부함).
- **동일시**(identification)는 개인이 활동을 가치 있게 여기고 동일시하는 과정으로, 행동과 그 결과에 대해 전적으로 책임지는 것을 받아들이는 것이다. 주관적 경험은 개인의 행동과 내적 상태 간의 일관성과 일치감을 더 많이 수반한다. 동일시된 조절은 여전히 다소 외현적이지만 비교적 의지적이다(좋아하는 분야에서 일하는 것이 중요해서 사법고시를 위해 공부한다). 개인은 활동의 적절성을 판단하고 자발적으로 착수하며 자아로부터 나오는 통제 근원을 경험한다(예: Black & Deci, 2000).
- **내재화**(internalization)는 가족과 공동체가 지지하는 행동, 신념, 가치를 받아들이는 경향성의 원인으로 역량, 자율성, 관계에 대한 심리적인 욕구를 만족시킨다(Grolnick, Deci, & Ryan, 1997).

이야기 묘사 구조와 목표 체계화의 과정

수검자가

- 인과관계 이해를 함축하는 자극을 고려해 볼 때 모호하고 명확하지 않은 의도나 갈등보다 중요한 문제, 갈등 혹은 딜레마에 대해 명확하고 적절하게 정의하는가?
- 부적절하거나 모순되는 세부사항이 없으며, 논리적이고 그럴듯한 일련의 사건과 사실적인 추론을 포함하는 이야기를 만들어 내는가?

등장인물이

- 스스로 설정하거나 혹은 타인에 의해 강요받지만 기꺼이 수용되는 현실적이고 친사회

적 목표로 나아가는가? 즉 다른 등장인물의 일시적인 생각에 의해 강요받지 않고 그 등장인물이 받아들인 것으로 사회적으로 수용된 역할과 책임감과 일치하는 목표로 나아가는가?

- 순간적 욕구(예: 장난감을 가지거나 놀고 싶은 것)나 분노 유발 자극에 반응하기보다 일상적 활동에의 관여 또는 딜레마나 갈등해결을 추구하거나, 현실적이고 친사회적인 목표로 나아가는가?
- 친사회적 활동이나 성취를 촉진하는 이상이나 기준에의 전념, 흥미, 호기심, 자신감, 관심사, 및 공감을 보이는가?

각 이야기가 보여 주는 목표의 특징

부재하는–모호한–명확한	자기 주도적–강요된	현실적–비현실적
장기적–단기적	친사회적–반사회적	대인관계–과업
과정–결과	이상주의–물질주의	내적 기준 충족–요구나 기대 충족
중요한–사소한	긍정획득–부정회피	

목표 유지

외현적 원인으로 인해 주의가 산만해지거나 동기를 추구하는 경향성과 대립되는 상황에 직면하더라도 목표 지향적 행동을 지속시키려면 개인은 의도를 유지(행동 통제)하고 계획한 행동을 실행(수행 통제)하기 위한 역량을 갖추어야 한다. 개인이 목표 관련 행동을 효율적으로 통제할 수 있다고 가정했을 때, 그렇게 하고자 하는 의향이 가장 중요하다. 목표 지향적 행동을 지속하는 것은 부분적으로 그 행동이 시작된 이유에 달려 있다. 예를 들면, 타인의 기대를 따르는 것, 정체성을 위한 활동이나 목표의 중요성 또는 활동에 대한 흥미 등이 있다(Burton, Lydon, Alessandro, & Koestner, 2006; Deci & Ryan, 1985; Reeve, Deci, & Ryan, 2004; Sheldon, Ryan, Deci, & Kasser, 2004). 흥미롭지 않거나 쓸모없어 보이고 지나친 노력을 요구하며, 타인에 의해 강요받는다고 생각하면 목표 지향적 활동은 유지되기 힘들다. 개인은 힘든 과제를 처리하는 동안 정신적 에너지를 절약하거나 일시적 흥미 상실, 스트레스의 영향을 최소화하려는 노력을 유지하고 목표를 수정하며 더 큰 목표를 위한 하위 목표를 설정하면서 목표추구에서의 많은 고려사항 간 균형을 유지한다(Muraven, Shmueli, & Burkley, 2006).

TAT에서 줄거리의 복합성, 목표를 이루기 위한 지각된 역량, 외부 장애물, 변화하는 상황은 수검자의 동기 관련 도식을 더욱 구체화한다. 등장인물의 반응은 목표 유지(예: 목표 포기, 목표 변경, 모순되는 목표에의 직면, 활동하기 힘들다고 보는 것), 환경으로부터의 지지나 장애물 예측에 관한 문제, 목표 관련 활동 수행에서의 어려움(예: 자신감 부족이나 지루함) 또는 다른 복잡한 문제를 나타낼 수 있다.

다음 이야기 묘사 특징은 목표 유지와 관련된다.

이야기 묘사 구조와 목표 유지 과정

수검자가

- 세부적인 사소한 생각으로 이야기를 꾸미기보다는 계획에 따라 이야기를 구성하는가?
- 질문을 받든, 받지 않든 보는 것을 설명하는가? 만약 반응을 촉구한다면, 이야기가 빈약해지거나 자꾸 반복되기보다는 세련되어진다.
- 그림에서 등장인물이 어떻게 보이는지에 대해 단순히 묘사하기보다는 정서를 이야기에 통합시키는가?

목표 유지 내용

등장인물이

- 내면세계(원하는 것)와 외부현실(확인된 문제, 바라는 결과를 위한 수단, 자극의 영향력) 사이를 조정하는가? 만약 그렇다면, 등장인물은 통찰력을 발휘하고 미리 계획하며 우선순위를 정하거나 혹은 자신이나 타인, 모두의 결과를 예측할 것이다. 또한, 등장인물은 목표를 포기하지 않고 목표

성취에 있어 내부 혹은 외부의 장애물을 (반추되고 사로잡혀 있는 생각이 아닌) 현실적으로 평가하거나 쉬운 목표보다는 현실적인 대안을 선택할 수 있다.

- 외부 보상에 의존하거나 압박감을 느끼기보다는 목표를 (모호한 소망이거나 당면한 욕구나 결핍을 충족시키는 것이 아닌) 흥미롭고 즐겁고 가치 있고 의미 있는 것으로 여기는가? 만약 그렇다면, 그들은 책임감이나 요구를 피하거나 미루지 않고 목표 관련 행동에 관여하고자 한다.

목표추구

목표 지향적 행동은 (a) 개인이 목표 지향적 행동을 유지하도록 하는 인지, 주의, 정서적 자원을 가지고 있을 때, 그리고 (b) 개인이 의도적 자기통제 전략에 덜 의존하고 자동적인 자기통제 전략을 최대한 활용함으로써 복잡하고 장기적인 노력을 위한 자원이 생겨날 때 더 지속될 가능성이 있다(빠르게 찾기 7.3 참조). 주어진 특정 상황에서 개인이 정보처리 및 정서적 혹은 행동적 요구를 충족시키지 못할 때, 의도를 추구하고자 하는 역량은 약화된다. 일상적인 의사결정과 관련된 정보를 무시하는 사람은 판단에서 실수를 범한다. 장기간의 노력을 기반으로 하는 행동을 지속시킬 수 없는 사람은 목표를 포기할 것이다. 기질적인 자기조절 요구를 충족시키기 위해 노력하는 것은 개인의 자원을 고갈시킬 수 있고, 좌절이나 스트레스는 목표 관련 행동을 시작하고 유지하는 능력을 일시적으로 제한한다.

의도 추구에의 노력은 행동, 계획, 의사결정의 결합으로 이루어진다. 행동은 외부세계에 대한 통제를 중시하거나, 불가피한 것에 적응하고 외부세계를 보다 효과적으로 통제하기 위해 내부세계를 변화시키는 것을 중시할 수 있다. TAT 이야기에서는 다음과 같은 행동의 세 가지 특징이 중요하다. (a) 목표를 향한 행동 대 목적이 없고 되는대로 하며 미리 계획되지 않거나 혹은 부추김을 받아서 하는 행동과 같은 행동의 신중성. (b) 욕구를 충족시키기 위해 단독으로 취하는 행동(먹기, 샤워하기, 자기)이나 일상적 행동 VS. 도구적 행동과 같은 행동의 의도. (c) 당면한 욕구, 분노를 위발하는 것 또는 자극에의 반응 대 오랜 기간 자신과 타인에 대한 흥미를 포함하는 넓은 관점과 같은 행동에 관한 관점의 폭. 또한 이와 더불어 신중한 계획과 생각 대 반추하는 정신적 과정과 같은 목표 지향적인 정신적 노력의 질도 중요함. 이야기 속 갈등을 해결하거나 신중하고 자발적인 방법으로 목표를 달성하기 위해 적극적으로 결정하는 것은 실제 결정과는 독립적으로 고려될 수 있다.

이야기 묘사의 몇 가지 특징은 적극적인 의도 추구를 위한 수검자의 도식과 관련되며, 이는 수단-목적과 원인-결과 관계를 포함한다.

이야기 묘사 구조와 목표추구 과정

수검자가

- 자발적 행동을 유지하고 의도한 바를 완수하기 위한 자원이 충분함을 암시하는 적절한 과도기적 사건이나 수단과 목적의 관련성을 포함하고 있는가?

내용

등장인물이

- 기대하는 결과에 적합하고 사실적이며 친사회적인 결정이나 행동을 하는가?
- 결과와는 별개로 목표 지향적이고 책임감 있는 행동이나 결심을 소중하게 여기는가? 만약 그렇다면, 등장인물은 타인을 위한 행동의 결과를 지각하고 원칙에 입각한 선택과 자기조절에 대해 적절한 책임을 질 것이다.
- 수단과 결과의 관련성에 대해서 내적 동기와 외적 제약 간 균형을 현실적으로 유지하는가? 만약 그렇다면, 등장인물은 분별력 있게 결과를 예상하고 행동에의 잠재적 장애물을 예측하고 해결할 것이다.

빠르게 찾기 7.3

목표추구와 성취에 영향을 미치는 요인

1. 장기적인 목표를 충족시키기 위해서는 환경적 자원에 의해 주의가 산만해지지 않도록 하고 상충하는 목표를 처리하여야 한다(Cantor & Blanton, 1996). 자기조절은 장기적인 관점을 선호하여 당장의 이점을 중시하지 않는 주도적인 방식(proactive modes)과 반응적인 방식(reactive modes)(외부 정보에 따라 즉각적으로 행동을 조절하는 것)을 수반한다(Bandura, 1988, 1989). 반응적 통제는 변화하는 단서와 환경에 지식을 적용하거나 기술을 시행하는 데 필수적이다. 주도적 통제는 장기적 측면에의 초점을 유지하기 위해 필요하다.
2. 자기통제에 대한 지나친 의존은 주관적인 스트레스 경험과 관련되고 개인의 신체적, 심리적 안녕을 위태롭게 할 수 있다(Deci & Ryan, 1991). 동기의 암묵적 근원(개인의 소망)과 명시적 근원(자기인식이나 타인에 있어서 중요한 것) 간의 대립은 안녕을 방해하는 스트레스의 잠재적 근원일 수 있다(Baumann, Kaschel, & Kuhl, 2005). 그럼에도 자기통제는 단기적 선호가 미래에 부정적인 결과를 초래할 가능성이 있을 때 필요하다. 이론상 자기통제는 문제행동이 자동적으로 계속되거나 정서적인 만족을 줄 때까지 일시적으로 작동한다.
3. 도식은 목표 관련 행동에 대한 의도적, 자동적 통제 간의 간극을 메운다. 목표 관련 행동에 대한 의식적이고 의도적인 통제에서 도식에의 의존으로 이행하는 것은 선택된 환경단서에 의해 개인이 무의식적으로 유도될 때 가능하다. 개인이 목표 관련 행동에 관여하는 방법, 시간, 장소를 구체화하는 실행 의도를 체계화할 때 이러한 이동이 발생한다(Gollwitzer, 1996). 결국 일련의 목표 관련 행동에 착수하는 것은 개인의 의지를 요하기보다는 상황 단서의 통제하에서 시작된다(즉, 대학생은 아침 일과를 정하는데, 이는 수업참여로 이어지는 일련의 사건 순서-자명종, 샤워, 아침식사, 수업에 대해 무의식적으로 신호를 준다). 개인은 목표가 모호할 때보다는 실행 의도가 구체적일 때 목표를 달성할 가능성이 더 높다(Locke & Latham, 1990).

행동 특징(각 이야기에 적용)

존재하는－부재하는	계획적－무계획적	현실적－비현실적
친사회적－반사회적	주도적(계획된)－반응적(무계획)	긍정추구－부정회피
목표 지향적－목표가 없는	자기의존－외부의존	즐거운－힘든

결과에 대한 기대

TAT 이야기는 바라거나 혹은 바라지 않는 결과가 어떻게 발생하는지에 대한 수검자의 암묵적 기대를 나타낸다. '좋고 나쁜 결과에 이르는 조건은 무엇인가?'라는 질문에 대답함으로써 이야기의 교훈을 추론한다(이것의 의미는 3장에서 설명하였다). '동기 이야기'는 목표(특정한 맥락에서 의도를 가지거나 원하는 것)와 목적(계획, 결정, 딜레마 해결, 행동)을 실제 결과(함의)와 관련지음으로써 다양한 결과에 이르는 방법에 대한 수검자의 기대를 나타낸다. 이야기 구조 및 내용의 특징은 표 7.1에 요약되어 있다. 지금부터 동기 수준을 기술하는 접근법에 대해 상세히 설명할 것이다.

동기

이야기는 기대하는 결과와 관련된 의도를 통해 인간행동의 통합을 이해하는 수단을 제공한다. 동기의 구성요소(목표 체계화, 목표 유지, 도구적 행동, 결과)는 각각 개별적으로 평가될 수 있지만, 행복하거나 불행한 결과가 나타나는 조건에 관한 수검자의 도식은 '동기 이야기' 내 구성요소의 일관성으로부터 추론된다. 그러므로 동기의 네 가지 수준은 동기와 관련되는 것으로 확인된 목표나 행동과 같은 분리된 구성요소의 합이라기보다 이야기의 의미와 일치한다(3장 참조).

동기 수준은 행복하거나 불행한 결과에 의해서가 아니라 주로 의도-수단-목적의 연관성을 통해 표현되는 신념에 따라 결정된다. 그러므로 행복한 결과가 적절한 행동이나 태도로부터 초래되고 현실적일 때만 건설적인 신념을 반영한다. 또한 불행한 결과는 그 의미가 친사회적이고 현실적일 때(예: 범죄 행위는 득이 되지 않는다. 노력 부족은 실패로 이어진다) 건설적인 신념을 반영한다. 예를 들어, 도둑질하면 안 된다는 교훈을 전하는 것과 같이 수검자가 절도에 관한 이야기에서 부정적인 결과를 말한다면, 이 신념은 개인과 사회에 대한 장기적 관심을 가지는 데 도움이 된다. 다음에 설명되는 동기의 네 가지 수준은 등장인물이 당면하고 있는 결과가 아니라 수검자의 도식의 함축된 반영에 따라 결정된다.

1. 극도로 빈약한 동기

이 수준은 목표, 행동, 결과 간 관련성이 비현실적이거나 비논리적이며, 이러한 구성요소들의 조화가 결핍된 것이 특징이다. 예를 들면 “성공은 목표나 노력 없이 발생한다.” 혹은 “고생 끝에 실패가 따라온다.”가 있다.

긍정적 결과:

- 의도/목표가 모호하고, 악의를 가지며, 비현실적이고, 설명되지 않고, 부적절하게 정의되고, 사소하거나 극단적으로 숭고하다.
- 역동은 지루함, 흥미의 명백한 결여, 실패나 좌절을 감내할 수 없는 능력, 혹은 노력이나 성공에 대한 부정적 태도를 포함한다.
- 문제를 가진 등장인물의 행동은 비현실적이고, 존재하지 않거나, 건설적이지 않다. 노력 혹은 반응의 부재, 목표가 없거나 반응적인 행동, 타인에 대한 맹목적 의존, 반항적 저항 혹은 타인에 의한 모욕, 가망이 없거나 반사회적 의미, 현실적 근거가 없는 소망적 사고

함의: 어떤 사람은 명확하거나 현실적인 목표, 장기적 전념이나 흥미 혹은 적극적인 노력 없이 성공이나 행복을 이룰 수 있다. 또 어떤 사람은 반사회적이거나 비현실적인 수단(불가능한 사건 전환, 불가사의한 힘, 구원)을 통해 목표를 이룰 수 있다.

부정적 결과(갈등에서의 변화가 없음):

- 의도/목표는 불분명하고 말로 표현되지 않으며 부적절하거나 비현실적이

A. 과제수행 — 이야기 구조와 과정

도판번호 →	1	2								
(모호하고, 불특정한 의도나 긴장상태와 대조적으로) 그림자극에서 묘사된 주요한 문제, 긴장, 딜레마의 분명하고 적절한 정의										
이야기는 논리적이며 모순되거나 부적절한 세부사항 없이 전개된다. 추론은 현실적이고, 사건의 배열은 타당해 보인다.										
이야기가 세부적인 사소한 이야기의 연속이기보다는 계획에 따라 전개된다.										
검사자의 질문 여부와 상관없이 수검자 스스로 모든 이야기에 대해 설명해 나간다. 반응을 유도하면 이야기는 (빈약하거나 반복되기보다) 점차 풍성해진다.										
행동과 결과 간의 관련성이 명백하고 논리적이며, 이야기 구성요소는 서로 조화를 이룬다.										
수단과 목적의 적절한 연관성(혹은 다른 과도기적 사건)은 수검자가 자기 주도적 활동을 유지하고 목적을 완수할 수 있음을 암시한다.										

B. 목표나 열망의 특성

도판번호 →	1	2								
타인에 의해 딜레마나 현실적이고 친사회적인 목표(바람이나 욕구가 아님)가 부여되지만, 등장인물은 이를 수용한다.										
등장인물은 현실적이고, 친사회적인 목표, 갈등, 딜레마를 설정한다.										
등장인물은 기준, 이상, 과업, 친사회적 행동에 대한 헌신과 더불어 흥미, 호기심, 자부심, 관심, 공감을 보인다.										

표 7.1 TAT 이야기의 동기 관련 특성 체크리스트

C. 실행자원

(각 이야기에 적용되는 만큼 체크하시오) 도판번호 →	1	2								
등장인물은 방해받지 않고 가능한 외적 장애물이나 내적 한계를 인정한다. 등장인물은 우선순위를 정하고, 통찰력을 보이며, 미리 계획하고, 결과를 예측한다.										
등장인물은 목표 관련 행동으로 인해 압박감을 느끼고, 외적 보상에 의존하고, 책임감이나 요구를 회피하기보다는 목표 관련 행동을 흥미롭고, 가치 있고, 의미 있는 것으로 지각한다.										
등장인물은 목표에 계속 전념하거나, 설정한 목표가 적절하지 않다는 합리적인 결정을 내린다(더 자기 지향적인 목표를 선택한다).										

D. 수단-목적의 관련성

(각 이야기에 적용되는 만큼 체크하시오) 도판번호 →	1	2								
행동은 친사회적이고 현실적이며, 예상되는 결과를 이끌어 내기에 충분하다.										
책임감 있고 목표 지향적인 행동이나 원칙에 입각한 결정이 결과와는 별개로 평가된다.										
등장인물의 내적 동기와 외부의 제약은 '목표-행동-결과'라는 일련의 과정에서 현실적으로 균형을 이룬다.										

표 7.1(계속)

	목표의 특징 도판번호 →	1	2							
	부재하는 - 모호한 - 명확한									
	장기적 - 단기적									
	과정 - 결과									
	중요한 - 사소한									
	자기 주도적 - 강요된									
	친사회적 - 반사회적									
	이상주의 - 물질주의									
	긍정획득 - 부정회피									
	현실적 - 비현실적									
	대인관계 - 과업									
	내적 기준 충족 - 요구나 기대 충족									

	행동의 특징 도판번호 →	1	2							
	존재하는 - 부재하는									
	친사회적 - 반사회적									
	목표 지향적 - 목표가 없는									
	계획적 - 무계획적									
	주도적 - 반응적									
	자기의존 - 외부의존									
	현실적 - 비현실적									
	긍정획득 - 부정회피									
	즐거운 - 힘든									

표 7.1(계속)

다(진술되거나 함축되는 긍정적인 목적이 없다).

- 적극적으로 노력하거나 스스로 선택함(수검자는 원인과 결과 또는 목적과 수단을 연결 짓지 않고 스토리텔링 과제 요구나 근거를 충족시킬 수 없다)에도 불구하고 역동은 실패에 대한 예상을 포함한다. 실패를 다른 사람 탓으로 돌리거나 성실히 노력한 것에 대해 진가를 인정받지 못한다고 느낀다. 실패나 역경은 극복될 수 없지만 수면, 꿈, 상상, 도피, 속임수, 위장, 무기력감, 무능감, 혼란, 무대책, 좌절, 절망으로 이어진다.
- 행동은 낙담, 목표의 부재, 혼란스러운 상태로 인한 건설적 행동의 부재와 환경에 의해 좌절되거나 진가를 인정받지 못할 수 있는 적극적 노력을 포함한다.

함의: 좋은 목적, 현실적 목표, 적극적 노력에도 불구하고 와해되고 혼란스러운 상태이기 때문에 개인은 부정적인 결과를 예측할 것이다. 과제나 실패는 낙심, 좌절, 충동적 행동, 나태함으로 이어질 수 있다.

사례

앤소니(14세 6개월, 평균 하의 IQ)는 학교에서 정서장애와 우울증을 호소하였으며, 이에 대한 체계적 개입이 필요한 상황으로 확인되었다.

도판 1. 그는 책을 읽고 있어요. 그러니까 그는 무슨 생각을 하고 있었어요. 그는 지루해 보이고 잠자러 갈 거예요. 아무 생각이 없는 건 아니에요. 그게 다예요. [전에 무슨 일이 일어났을 것 같니?] 모르겠어요. [앤소니가 좀 더 이야기할 수 있게 촉구하고 북돋아 주었다.] 그는 밖에 있었어요. [이 이야기가 어떻게 끝날 것 같니?] 그는 여전히 슬플 거예요. [그는 무슨 생각을 하고 있니?] 그는 어떤 걸 생각해 내려고 노력 중이에요. [앤소니는 그림을 확 뒤집고는 밀어 치웠다. 이것은 그가 더 이상 이야기하고 싶지 않다는 것을 암시했다. 그래서 나는 초점을 바꾸어 그를 북돋아 줘야 했다.] 그는 게임을 하고 있었어요. 그러더니 밖으로 나갔어요…. 그는… 어… 계획을 가지고… 그가 누군가를 때렸고 그를 죽였어요. [계속 이야기해 봐] 그게 제가 아는 전부예요. [그렇구나. 이야기는 어떻게 되니?] 여전히 슬퍼요. 이야기는 끝났어요. [앤소니는 도판을 뒤집어 치워 버렸다.]

2. 빈약한 동기

이 수준에서 수검자는 원하는 결과를 얻기 위해 무엇이 필요한지에 대해서 다소 이해하는 것으로 나타나지만 독립적으로 성취하기 위해서 필요한 자기의존을 포함하지는 않는다. 등장인물은 변덕스럽게 바꾼 쉬운 목표로 성공을 이룬다. 또는 성공은 불충분한 행동 혹은 마지못해서 하는 행동 뒤에 따라온다. 실패는 분명하게 식별되지 않은 방해물로 인한 것이다.

긍정적 결과:

- 의도/목표는 명확하게 진술되고 친사회적일 수 있으나 여전히 모호하다. 체계화된 목표가 없을지라도 몇몇 긍정적 목표는 이야기에 함축되거나 분명하게 표현된다.
- 역동은 성공이 무의미하고 보람이 없으며 갈등으로 이어진다는 생각과 근거가 충분하지 않은 낙관주의를 포함한다. 등장인물은 그저 문제를 잊고 나름대로 최선을 다하거나 시도하는 것에 행복해한다.
- 행동은 당면한 과제와 직접적으로 관련 없거나 마지못해서 행해진다. 목표를 향한 수단은 모호하거나 등장인물은 요구되는 것보다 덜 노력한다. 행동은 승인과 인정, 적합성, 자기중심적 동기로 인해 행해진다. 등장인물은 성공을 바라거나 그 문제에 대해 생각한다. 흥미를 가지거나 전념하지 않고 행동한다. 등장인물은 도움이나 조언에의 수동적인 의존을 나타낸다.

함의: 목표와 직접적으로 관련이 없으며 마지못해서 하거나 불충분한 행동에도 불구하고 성공을 이룰 수 있으며 또는 쉬운 목표를 설정함으로써 성공할 수 있다.

부정적 결과:

- 의도/목표는 명확하게 진술되고 친사회적일 수 있으나 여전히 모호하다. 체계화된 목표가 없을지라도 몇몇 긍정적인 목적은 이야기에서 함축되거나 분명하게 표현된다.

- 역동은 좌절, 지루함이나 화를 포함한다. 외부 방해물은 충분히 행동하지 못하게 하거나 바라는 행동에 관여하는 것을 방해한다.
- 행동은 심사숙고 과정과 계획을 포함하지만 직접적 노력은 수반하지 않는다. 외부 요소로부터 방해받고 조치를 취할 수 있음에도 불구하고 역경이나 실패를 견딘다.

함의: 계획하고 숙고함에도 불구하고 부적절하게 정의된 목표, 내부 및 외부 장애물, 불충분한 행동으로 인하여 개인은 실패하거나 불행하다(목표가 친사회적일 때). 실패나 불행의 원인은 등장인물이나 수검자에 의해 명확하게 이해되지 않는다(오히려 이야기는 경험적인 규칙에 근거한 연상과정으로 이루어지는데 이것은 유용한 신념에 이르기까지 통합되지는 않는다).

사례

제이슨(12세, 평균 수준의 IQ)의 부모는 제이슨이 시련에 직면할 때마다 멈춰버리고 꼼짝 못하게 된다고 말하며 의뢰함.

도판 1. 어린 소년은 생일선물로 바이올린을 받았어요. 또 그는 바이올린을 어떻게 켜는지 배우고 싶어 해요. 그의 할아버지는 어렸을 때 바이올린을 연주하셨어요. 그에게 바이올린을 어떻게 켜는지 가르쳐 주셨어요. 그건 그렇고 그는 지금 매우 유명한 오케스트라에서 연주하고 있어요. [검사자: 좀 더 얘기해 보겠니?] 그는 바이올린 켜는 걸 매우 좋아하고 그의 아들에게도 가르쳐 주고 싶어 해요. [검사자: 그는 무슨 생각을 하고 있니?] 바이올린 연주하는 방법에 대해 배우는 거요. [검사자: 그는 어떤 감정을 느끼고 있을까?] 약간 우울하고 혼란스러워요.

3. 약한 긍정적인 동기

이 수준에서 수검자는 목표성취와 관련된 어려움과 도움을 구하거나 목표수정 혹은 보상적 행동에 대한 욕구를 적절하게 인지한다. 만약 지속적인 노력이나 다른 적절한 수단을 통해 장애물 혹은 불리한 환경을 극복할 수 없다면(책임감을 완전히 떨쳐내지 못한 채로) 실패하거나 불행해진다. 만약 장애물을 극복하기 위한 현실적인 보상 전략이 있다면 성공은 따라올 것이다. 동기와 관련된 요소 간의 관계성은 인과관계에 대한 충분한 이해를 반영한다. 성공은 설정된 목표와 사용된 전략에 비례한다(세계적으로 유명세를 얻는 것은 엄청난 몰입을 필요로 한다). 도식이나 목적의 동기적이고 의지적인 측면이 존재하거나 강하게 함축되어 있다. 목표는 분명하지만 목표에 대한 반응은 엇갈릴 수 있다. 도구적 행동과 계획의 필요성을 인지하지만 목적을 이행하는 것은 어렵다.

긍정적 결과:

- 의도/목표는 친사회적이고 충분히 명확하게 표현되지만 엇갈리는 감정을 수반하며 달성하기 어렵거나 적당하다.
- 역동은 혼합되거나 양가적인 반응을 포함하고 등장인물은 할 수 있는 모든 것을 하기 전에 능동적으로 추가적인 도움이나 조언을 구한다. 하지만 등장인물이 맹목적으로 의존하는 것은 아니며 이점에 근거하여 조언을 평가한다. 다른 등장인물은 충분한 지지나 격려를 제공한다. 일시적인 몇몇 갈등이나 손실은 성공과 관련된다.
- 행동은 장애물을 마주하거나 초기에 낙심하더라도 유지된다. 등장인물은 노력하지만 결과는 불확실하고 조건부이거나 가능성 있는 것으로 간주된다. 등장인물은 일시적인 방해가 있거나 허용되지 않더라도 건설적인 행동을 계속해서 한다.

함의: 개인은 가능한 모든 것을 하기 전에 타인으로부터 도움을 얻거나 적당한 목표를 설정하여(아마 조건적이거나 초기에 낙담한 후) 성공이나 행복을 달성하지만 이는 여전히 현실적인 수단을 통한 것이다.

부정적 결과:

- 의도/목표는 친사회적이고 현실적이며 적절하게 진술된다.
- 역동은 등장인물의 체계화 부족, 부정적 태도, 지연행동, 실수, 계획 부족으로 인한 결과뿐만 아니라 좋은 충고를 무시하거나 지나친 독립심에 대해 파악하는 것도 포함한다.
- 행동은 (계획을 수립함에도 불구하고) 불충분한 선략적 노력을 포함한다.

함의: 불충분한 계획이나 노력은 적절한 부정적 결과로 이어지고 등장인물은 이를 통해 교훈을 얻는다. 이야기는 잘 구조화되어 있으며, 수검자가 이런 통찰을 보유하고 있고 사용할 수 있다는 것을 보여 준다.

사례

매튜, 11세 8개월, 우수 수준의 IQ

도판 1. 소년은 바이올린을 갖고 싶었어요. 많이 원했죠. 그래서 그는 부모님에게 사달라고 했어요. 그렇지만 부모님은 안 된다고 했어요. 그는 계속해서 졸랐고 마침내 부모님은 그가 바이올린을 정말 원한다는 생각이 들어서 소년에게 선물로 줬어요. 그렇기 때문에 그는 지금 바이올린을 갖고 있는 거예요. 그는 그걸로 무엇을 해야 할지 모르고 있어요. 그는 정말로 그걸 원했던 게 아닐지도 모른다고 생각하고 있죠. 결국 그는 연주하는 방법을 배우고 자신에 대해 긍정적으로 생각하고 유명한 바이올린 연주가가 될 거예요.

4. 높은 동기

이 수준에서 수검자는 개인적이고 사회적인 책임이라는 틀에서 기능하고 목표, 목적, 행동, 결과, 환경 간 관계(그림자극과 이야기 사건)에 대한 현실적인 이해를 분명히 표현한다. 수검자의 도식은 장기적이고 동기가 부여된 행동을 유지하는 데 필요한 다양한 요소를 명확하고 짜임새 있게 표현한다.

긍정적 결과:

- 의도/목표는 현실적이고 명확하게 표현되며 장기적인 목적의식을 반영한다.
- 역동은 흥미, 원칙, 기준, 현실적인 자신감을 반영한다. 등장인물은 자기결정을 보이지만 할 수 있는 모든 것을 하고 나서 충고를 구할 수 있고 적절한 요구를 받아들인다. 그들은 일에 대한 긍정적인 태도를 드러내며 물질주의적이거나 편의주의적인 가치보다는 이상적이고 윤리적이며 이타적인 가치를 선호하는 것으로 보인다.
- 행동은 자율적이고 친사회적이며 타인을 존중하고 언급한 목표와 결과에

충분하며 원칙을 반영한다.

함의: 현실적인 목표나 자기결정적이고 원칙에 입각한 행동은 성공, 만족, 행복, 조화로운 관계로 이어진다.

부정적 결과:

- 의도/목표는 나쁜 의도, 우월감, 자기중심적 목표, 잘못된 행동을 포함한다.
- 역동은 충동적 행동, 부적절한 수단, 무관심, 지루함의 부정적 영향을 이해하고 실패를 타인 탓으로 돌리는 것이 부적절하다고 인지하는 것을 포함한다. 수검자는 합리적인 조언이나 도움을 구하거나 받지 않는 것, 맹목적으로 의존하는 것, 저항하는 것과 같은 다른 요소가 부정적 결과에 영향을 끼친다고 인식한다.
- 행동은 결과와 연결되고 의도-행동-결과의 연속적인 사건은 서로 모순되지 않으며 결과와도 일치한다. 따라서 아무것도 하지 않는 행동 혹은 비합리적이거나 잘못 계획된 행동은 부정적 결과와 관련되고 그렇기 때문에 동기요소의 결합성과 친사회적 신념을 나타낸다.

함의: 잘못 계획된 행동이나 충분하지 않은 방법(예: 너무 미흡하고 너무 늦은)은 실패, 불행, 관계 단절로 이어진다. 잘못 계획된 행동은 성공을 수반하더라도 처벌받는다. 또 수검자는 통찰을 가지고 있고 이를 사용할 수 있다.

사례

로버트, 9세 7개월, 평균 상의 IQ

도판 1. 바로 거기 있는 그건 뭔가요? 음…아, 이 소년은 악기 레슨을 받고 싶어 해요. 그는 피아노 레슨을 받고 싶지만 엄마는 그가 바이올린 레슨을 받길 원해요. 엄마는 소년을 바이올린 레슨에 등록시켰어요. 그래서 그는 바이올린을 슬프게 쳐다보고 있어요. [검사자: 어떻게 되니?] 첫 바이올린 레슨을 받고 나서부터는 좋아하게 돼요.

	긍정적 이야기 결과	부정적 이야기 결과
수준 1 **극도로 빈약한 동기** 비현실적이거나 비논리적이고 목표, 행동, 결과 간 관련성이 없다(목표나 노력 없는 성공 또는 고생 끝에 오는 실패).	**의도/목표**—모호하고, 악의를 가지며, 비현실적이고, 설명되지 않고, 부적절하게 정의되고, 사소하거나 극단적으로 숭고하다. **역동**—지루하고 흥미가 명백하게 결여되어 있으며, 실패나 좌절을 견디지 못한다. 노력이나 성공에 대해 부정적인 태도를 가진다. **행동**—노력하지 않으며 목적 없는 활동을 한다. 타인에 맹목적으로 의존하고 고질적으로 반항하거나 혹은 타인에 의해 지나친 압박감을 느낀다. 성공할 것 같지 않거나 반사회적이고 건설적이지 않은 행동을 한다. **신념**—성공이나 행복은 명확하고 사실적인 목표, 장기간의 투자, 흥미, 적극적 노력 혹은 비현실적이거나 반사회적인 수단 없이 이룰 수 있다.	**의도/목표**—불분명하고 진술되지 않으며 부적절하거나 현실적이고 사회적으로 적절하다. **역동**—적극적으로 노력하고 본인이 선택했음에도 불구하고 요구를 충족시키거나 이해하는 데 어려움을 가지기 때문에 실패를 예상한다. 실패나 역경은 극복될 수 없고 타인의 탓으로 돌리거나 낙심, 좌절, 나태, 무기력, 위장, 속임수, 탈출, 상상, 꿈, 수면, 부적절성 혹은 혼란으로 이어진다. **행동**—긍정적 노력은 잘못 해석되거나 혼란, 목표 부족, 낙심으로 인한 건설적 행동의 부재나 환경으로 인하여 방해받는다. **신념**—바람직한 목적, 현실적 목표, 친사회적 행동이나 적극적 노력에도 불구하고 혼란이나 극심한 질서 와해로 인하여 부정적 결과를 예상한다.
수준 2 **빈약한 동기** 목적을 향한 수단에 대해 다소 이해하지만 독립적으로 성취하기 위해 필요한 자기의존이 나	**의도/목표**—명확하게 진술되고 모호하거나 친사회적이다. **역동**—근거가 불충분한 낙관주의이며 등장인물은 잊어버리고 나름대로 최선을 다하며 시도하는 것에 행복해한다. 성공은 보람되지 않거나 무의미하며 갈등으로 이어진다.	**의도/목표**—명확하게 진술되고 모호하거나 친사회적이다. **역동**—좌절, 지루함, 분노 혹은 외부 장애물은 충분한 행동이나 요구된 행동을 못 하게 한다.

표 7.2 결과에 관한 동기 수준—목적이나 목표에 관한 수단과 결과 간 관계의 일관성

타나지 않는다(변덕스럽게 쉬운 목표로 바꿈으로써 성공하며 성공은 꺼리는 행동이나 불충분한 행동 뒤에 따라오고 실패하게 하는 장애물은 확실히 이해되지 않는다).	**행동**—당면한 과제와 직접적인 관련이 없고, 목표를 향한 수단은 모호하거나 요구된 것보다 덜 노력한다. 행동은 승인과 인정, 적합성, 자기중심적 동기로 인해 행해진다. 성공을 바라거나 문제에 대해 생각한다. 흥미를 가지거나 전념하지 않고 행동한다. 도움이나 조언에 수동적으로 의존한다. **신념**—마지못해 주저하거나, 목표와 직접적인 관련이 없거나, 충분히 적절하지 못한 행동에도 불구하고 성공 또는 행복이 '쉬운' 목표설정으로 인해 획득된다.	**행동**—생각하고 계획하지만 행동이 발생하지 않는다. 관련 없는 요인들이 방해한다. 행동할 수 있더라도 역경이나 실패를 견딘다. **신념**—실패나 불행(목표가 친사회적일 때)은 다르게 행동하길 원하고 생각하고 계획함에도 불구하고 내부 혹은 외부 방해물, 불충분한 행동 때문일 수 있다(실패나 불행의 원인은 수검자나 등장인물에 의해 명확하게 이해되지 않는다.)
수준 3 **약한 긍정적 동기** 목표는 명백하고 계획을 필요로 하며 행동은 인지되지만 목적을 실행하는 것은 어려움을 불러일으킨다. 결과는 수단, 사회적 인과성과 조화를 이루며 설정된 목표와 사용된 전략에 비례한다.	**의도/목표**—친사회적이고 적절하게 정의되지만 적당하거나 매우 어려우며 혼합된 감정을 수반한다. **역동**—혼합되거나 상반되고, 가능한 모든 것을 하기 전에, 등장인물은 적극적으로 추가적인 도움이나 충고를 구한다. **행동**—장애물에 직면하거나 초기에 낙심하더라도 유지된다. 노력을 기대하지만 결과는 불분명하고 가정적이거나 가능성 있다고 여길 수 있다. **신념**—성공 또는 행복은 실제적으로 가능한 모든 것을 시도하기에 앞서 다른 사람들의 도움을 얻거나, 초기에 좌절되거나, 달성되게 된다.	**의도/목표**—친사회적이고 적절하게 정의된다. **역동**—수검자는 등장인물은 계획 부족, 실수, 지연, 부정적 태도, 혹은 좋지 못한 조직화의 결과뿐만 아니라 좋은 충고에 주의를 기울이는 것을 거부하고 지나치게 독립적인지를 파악한다. **행동**—불충분한 전략적 노력을 수반한다(계획을 세움에도 불구하고). **신념**—불충분한 계획이나 노력은 적당한 부정적 결과로 이어지고 교훈을 배운다(이 이야기는 수검자의 느낌을 전달하며 잘 구조화되어 있고 통찰을 가지고 활용할 수 있다).

표 7.2 (계속)

	긍정적 이야기 결과	부정적 이야기 결과
수준 4 **높은 동기** 상황(그림자극과 이야기 사건), 목표, 의도, 행동, 결과 간 관련성이 명확하고 구체적이고 현실적이며, 독립적이고 사회적으로 책임 있는 일관된 목표추구와 일치한다.	**의도/목표**—현실적이고 명확하게 표현되며 장기적 목적을 반영한다. **역동**—흥미, 신념, 기준, 현실적 자신감, 자기결정을 반영한다. 하지만 가능한 모든 것을 한 후에 조언을 구할 수 있고 적당한 압박감을 수용한다. 일에 대한 긍정적 태도를 가지며 물질주의적이거나 편의주의적인 가치보다는 이상적이고 윤리적이고 이타적인 가치를 선호한다. **행동**—자율적이고 친사회적이며 타인을 존중한다. 진술된 목표와 결과에 충분하고 신념을 유지하기에 적당하다. **신념**—현실적인 목표, 자기결정적이고 원칙에 입각한 행동은 성공, 행복 또는 원만한 관계를 이끈다.	**의도/목표**—바람직하지 못한 의도, 우월감, 자기중심적 목표나 잘못된 행동을 포함한다. **역동**—수검자는 등장인물의 의도나 이전 행동이 부적절함을 인지한다(예: 부적절하거나 충동적). **행동**—행동과 결과는 결합성을 지니며 친사회적이고 지속적인 신념을 나타낸다. **신념**—잘못 의도된 행동이나 부적절한 방법(예: 너무 적거나 늦음)은 실패, 불행, 혼란된 관계로 이어진다. 잘못 의도된 행동은 심지어 성공을 수반하더라도 벌을 받는다(또 수검자가 통찰을 가지고 이를 사용할 수 있다고 지각한다).

표 7.2 (계속)

자기조절

자기조절(self-regulation)은 포괄적인 동기이자 매우 중요한 구성개념이다. 왜냐하면 이는 계획한 행동과정을 추구하고 목표를 설정, 유지하는 것과 관련되는 통제적, 자동적인 다양한 처리과정을 포함하기 때문이다(빠르게 찾기 7.4 참조). 앞서 언급했듯이 의도적 조절은 쉽게 감소하고, TAT 이야기에서 고갈(depletion)에 대한 주제는 의도적 자기조절 과정을 유지하기 어려울 수 있음을 시사할 가능성이 있으므로 신중하게 검토되어야 한다.

목표 관련 행동을 조직화하고 우선순위를 매기기 위한 자기조절은 전반적인 목적에 도움이 되는 행동에 관여하기 위해 주의산만이나 다른 단기적 영향을 무시하는 능력과 관련되며, 관계적 목표와 개인주의적 추구 간 균형을 맞추는 것을 포함한다(Andersen & Chen, 2002; Baldwin, 1992; Markus & Kitayama, 1991). 사회적으로 적절한 범위 내에 있는 행동의 자기조절은 정서적 반응성을 완화하고 융통성 있고 효율적으로 주의를 사용하는 자원에 의해서 촉진된다(Eisenberg & Fabes, 1992; Kochanska & Aksan, 1995; Rothbart & Bates, 2006). 집행적 자기조절은 개인으로 하여금 자동적 도식에 기반을 두는 반응 경향성이 상황에 적절한지를 판단하고 필요하다면 다른 반응으로 대체하도록 한다(MacDonald, 2008).

빠르게 찾기 7.4

자동적 처리과정과 통제적 처리과정

자동적 처리과정(automatic processes): 개인의 적극적인 유도가 필요 없으며 주로 행동에 영향을 미친다. 이러한 처리과정은 통제하기 어려울 수 있으며 자동적으로 활성화되는 정신적 연상, 습관, 감정, 행동 경향성을 포함한다.

통제적 처리과정(controlled processes): 의도적 통제와 집행기능으로 불리는 의도적인 조절은 더 적절한 반응으로 대안을 수정하고 우세한 반응 경향성을 조절하는 것을 수반한다. 두 가지 유형의 통제적 처리과정은 착수, 계획, 예상하는 능력에 의해 가능해진다. 하지만 집행기능은 구조화된 과제에서의 작업 기억과 주의 이동과 같은 인지적 반응을 통제하는 맥락에서 사용된다. 반면, 의도적 통제는 정보제공자나 자기보고를 통해 측정되기 때문에 사회정서적 맥락에서 사용된다(Blair & Razza, 2007; Rothbart, Ahadi, & Evans, 2000; MacDonald, 2008; Zelazo & Cunningham, 2007).

다중 처리과정(multiple processes): 어떤 특정한 시기에서의 자기조절은 단순히 자동적 또는 통제적 처리과정의 기능뿐만 아니라 이 둘의 기능이 결합되어 있다(Sherman, Gawronski, Gonsalkorale, Hugenberg, Allen, & Groom, 2008). 통제적 처리과정은 우세한 반응 경향성이 행동에서 나타나지 않도록 할 수 있다. 자동적 정보처리과정에서의 실수를 바로잡기 위해 신중히 생각하는 것은 자동적 처리과정을 중단시키며 이것은 사회적 조절에 중요하다(Richeson & Shelton, 2003). 하지만 이러한 인지적 통제의 사용은 개인으로 하여금 활성화된 도식을 통해 주위 정보의 중요성을 인지하도록 요구한다.

자기조절 역동에 관한 완벽한 설명은 자동적이고 통제적 처리과정의 계속 진행되는 상호작용, 도식에 저장된 목적, 일시적인 위급상태, 변화하는 상황 단서를 기반으로 하는 행동과 결정을 개인이 조정, 재조정하는 것으로 간주한다.

자기조절은 맥락 의존적인데, 이는 과업과 환경에 따라 자기조절 요구가 다르기 때문이다. 1장에서도 언급했듯이 TAT 과제는 옳은 반응이 무엇인지가 분명하지 않은 환경의 요구와 유사한 자기조절 요구를 만들어 낸다. 따라서 집행기능과 같이 매우 구조화된 과제를 사용하는 심리학적 구성개념의 평가는 덜 구조화된 환경에서 나타나는 구성개념을 예측하지 못할 수 있다(Chaytor & Schmitter Edgecombe, 2003). 현실세계에서의 문제해결은 정해진 목표와 하위목표를 위계적으로 계획하고 수행하는 것을 포함하지만, 매우 구조화된 과제는 이러한 처리과정의 역할을 최소화한다. 일상적으로 마주하는 복잡한 문제를 처리하기 위해 개인은 **자기점검(self-monitoring)**이 순간의 반응을 조정할 수 있도록, **자기주도성(self-direction)**이 구체적인 목표에 따라 활동에 집중하도록, **자기결정(self-determination)**이 다양한 우선순위 간의 조화와 균형을 이끌어 낼 수 있도록 다양한 자기조절 요구들 간의 균형을 맞춘다. 점점 더 복잡한 이 세 가지 자기조절 기제는 스토리텔링에서 나타난다. 일반적으로 개인은 단기간과 장기간의 다양한 목표를 효율적으로 조직하는데, 이는 그림자극으로 이야기를 구성할 때 작동하는 자기조절 과정 체계의 도움을 받는다.

자기점검

현재 상황에서 변화하는 단서에 대한 반응의 조절 및 측정은 개인이 그 순간 기능할 수 있게 하는 기본적인 적응을 돕는 레퍼토리로 구성된다. 당면한 상황의 요구에 따라 행동을 유지하도록 하는 **자기점검(self-monitoring)**은 부적절한 행동을 억압하는 행동조절과 가장 중요한 것에 주의를 할당하는 인지적 통제 기제를 필요로 한다(Nigg & Casey, 2005). 개인은 지속적으로 행동을 조정하기 위해서 변화하는 단서를 계속 파악하는 작업 기억과, 그 상황에서 무엇이 예상되는지에 관한 정신적 모델을 필요로 한다. 개인은 당면해 있는 맥락에서 행동이 적절한지 점검하지만 반드시 단기간 이상의 목적에 적합하도록 행동을 조정하지는 않는다. 현재 상황의 요구에 대한 생각, 정서적 표현, 다른 행동을 적절하게 자기점검하는 것과 관련된 일반적 지표는 (a) 검사자의 쓰기 속도에 맞추어 이야기를 말하는 속도를 조정하려는 시도, 눈 맞춤 유지, 수검자와의 상호적 대화 참여와 같이 평가 동안 적절한 행동을 드러내는 것, (b) 기본적 이야기 묘사 내용이 사회적으로 용인 가능하고 기본적으로 이치에 맞는 범위를 유지하고 그림자극을 정확하게 해석하는 것과 같은 기본 서술 능숙도를 보여 주는 것 등이 있다.

평가 동안의 행동

심리 평가 중에 나타나는 행동(부적절한 대화, 용인될 수 없거나 특이한 행동)이나 이야기의 내용(섬뜩한, 적대적인, 가학적인, 특이한)의 측면에서 자기표현이 부적절한 경우에 개인은 사회적 기대에 대한 행동이나 사고 처리과정을 검토하는 조직화된 도식을 사용하지 않는다.

자극 사용

자기점검은 개인이 주위의 중요한 정보를 평가할 것을 요구한다. 이러한 관심은 수검자가 그림 장면의 요점을 완전히 파악하는지에 의해서 나타난다.

이야기의 내적 논리

명백히 비논리적인 생각, 보속반응, 모순되는 세부사항으로부터의 자유롭고 사회적으로 적절한 이야기는 수검자가 전개된 이야기의 세부사항을 듣고 기억한다는 것을 암시한다. 기본적으로 자기점검은 행동과 반응을 상황적 기대에 적합하도록 조정하는 필수적인 기술을 수반한다. 자기점검을 초월하는 것은 시간이 흐름에 따라 계속적으로 개인의 활동에 대해 평가하는 것뿐만 아니라, 즉각적으로 이용할 수 있는 환경적 단서를 조직화하는 도식을 과거에 얻은 교훈과 미래에 미치는 영향에 따라 통합하고 분화시키도록 요구한다.

자기주도성

자기주도성(self-direction)은 주의와 노력의 방향을 현재 상황적 영향에서 미래의 관심사로 바꾸는 것과 관련된다. 장기적인 적응적 요구를 추구하는 것이 필요할 때, 행동의 내적 조직화는 개인으로 하여금 현재 상황의 영향으로부터 벗어날 수 있게 한다. 자기주도성은 시간의 흐름에 따라 행동을 점검하고 지속시키고 우선순위를 정하는 것을 수반하는데, 이는 현재의 외부 압력만 처리하기보다는 장기적인 사회적 기대를 만족시키고, 일련의 복잡한 행동을 수행하고 과제를 완수하려는 노력을 유지하고 전략을 세우며 부정적인 상황을 다루거나 문제를 해결하기 위해서이다. 자기점검은 당면한 환경에 대해 반응적인 반면, 자기주도성은 보다 주도적이고 행동의 내적 통제를 더 많이 요구한다. 통제된 행동을 의도적으로 유지하는 것에 관한 다양한 수준의 어려움은 주의력결핍 및 과잉행동장애, 기분장애, 조현병과 같은 대부분의 DSM 장애뿐만 아니라 다양한 행동 및 성격장애와 관련된다(Frick & Lahey, 1991). 예를 들어, 주의력결핍은 개인의 목표보다는 외부의 우발적 사건에 의해 주의력이 통제되는 것으로 설명된다(Barkley, 1997).

자기주도성이 없는 자기점검은 스토리텔링 과제에서 자극 특징, 지시, 외부 요구, 고정관념을 중심으로 조직화되는 이야기로 반영된다. 자기주도성은 등장인물의 묘사로 설명되는데, 그들의 행동은 이야기나 그림에서 묘사된 현재 상황의 분노 촉발 자극을 초월하여 친사회적 목적, 목표, 기대로 향해 있다. 이야기 구조는 결합성의 측면에서 검토되고 계획에 따라 구성되며 자극의 영향에서 벗어나고 스토리텔링 방향을 순조롭게 통합한다.

자기결정

동기 연구 분야는 내재적으로 가치 있다고 생각되는 목표 지향적 행동을 사회적으로 촉진된 활동과 구별하기 위해 다양한 개념을 상정했다. 자기결정(self-determination)은 경험의 내적 및 외적 측면의 균형을 이루는 결정, 목표, 행동과 관련된다. 예를 들면, 감정을 수반하는 자기표현, 내재적 만족이나 가치, 기준에 따른 행동, 장기간 소망에 대한 현재 요구가 있다. 주관적 자기결정감은 높은 수준의 동기 및 자기조절과 관련된다(Deci, Eghrari, Patrick, & Leone, 1994; Deci & Ryan, 1985; Reeve, Deci, & Ryan, 2004)

스토리텔링 과제에서 자기결정은 자기점검과 자기주도성에 필요한 자원뿐만 아니라 다른 자원도 필요로 하는데 (a) 다양한 고려사항(예: 자기와 타인, 현재와 미래, 결과와 과정, 수단, 신념)에 근거하고, 사회적 인과관계에 대한 정확한 이해를 기반으로 하는 통합적 정보처리과정에 의한 결정과 행동, (b) 결과뿐만 아니라 도구적 행동의 우선순위 설정과 기준에의 전념, (c) 실패나 낙담으로부터 회복하기 위한 현실적이고 융통성 있는 대처가 포함된다. 자기결정은 계획적이고 목적의식이 있는 행동, 조직화된 등장인물에 관한 묘사에서 분명히 드러나는데, 이는 통합되고 매우 정교한 정신적 삶과, 성공적인 결과를 초월하는 동기나 내적 기준에의 의존을 기반으로 한다.

자기조절 수준

자기조절 과정은 자신과 집단을 위해 즉각적이고 장기적인 기능에 동시에 기여하는 방법으로서, 입력되는 자극에 대해 반응하는 기본 수준에서부터 장기적 목표나 이상의 전략적 추구에 이르는 복합성의 정도에 따라 수준이 특징지어진다. 정보처리과정이 지속적으로 복잡해지는 것은 다양한 고려사항으로 하여금 자기조절을 이끌도록 하고, 잘 개발된 도식은 개인의 목표, 기준, 원칙에 관한 환경 단서를 적응적이고 자동적으로 조직화하는 본보기를 제공함으로써 정보처리과정의 노력을 감소시킨다. 이 장에서 소개된 자기조절의 다섯 가지 수준은 이전에 설명한 모든 부호화 차원을 종합한 것에서 비롯되었다(빠르게 찾기 7.5 참조).

도식이 외부 단서나 내적 상태(동기, 감정) 혹은 둘 다에 의해서 활성화된다는 점을 고려하면, 서로 다른 도식은 서로 다른 상황에서 두드러질 수 있다. 몇몇 조건하(예: 구조화된 위험이나 낮은 위험 또는 좀 더 나은 기분)에서 잘 기능하는 개인은 다른 조건에서는 우유부단하고 혼란스러울 수 있다. 개인이 강렬한 정서의 영향을 받거나 난관, 과도기 상태에 있을 때 통상적인 수준 이하로 기능하는 것은 드문 일이 아니다. 이러한 때에 개인은 타인의 요구에 즉각적으로 반응하지 않으며 현재 압박에 더 중점을 둔다. 스트레스나 다른 부정적 정서에 직면할 때 자기와 세계에 대한 통합된 도식은 활성화되지 않을 수 있다(Gray, 1987; Kuhl, 1996).

빠르게 찾기 7.5

자기조절: 인지, 정서, 관계, 동기의 수렴

(Blankman, Teglasi, & Lawser, 2002; Bassan-Diamond, Teglasi, & Schmidt, 1995; Teglasi, 1993; Lohrs Teglasi, & French, 2004).

- 인지: 높은 수준의 자기조절은 자신, 타인, 세상을 정확하고 능숙하게 지각하는 것뿐만 아니라, 지각한 것을 논리적이고 사회적 인과성의 규칙에 따라 조직화시키는 것을 수반한다. 높은 수준의 특징은 경험 조직을 더 크게 통합시키는 것이다. 반면, 낮은 수준은 신념이나 원칙 혹은 과거나 미래와 적절히 관련되지 않은 경험을 연결 지어 현실을 이해하는 것을 수반한다. 수검자가 이야기 내용을 사회적으로 용인할 수 있는 범위 내에서 조절(지나친 폭력, 병적인 무기력)하거나 구상한 것을 계속 기억하는 것에서 어려움을 느낄 때(모순, 지나친 반복, 논리적으로 그릇된 생각) 심각한 자기조절에서의 문제가 분명히 드러난다.
- 정서와 관계의 조직화: 높은 자기조절 수준에서 정신적 삶의 조직화 증가는 예상결과나

외부사건에 반응적인데 비해 자신과 타인에 대한 평가 기준과 행동을 결정한다. 더 잘 통합된 정보처리과정은 능숙하게 문제를 해결하고 과잉 반응이나 단기적 반응을 조정할 수 있게 한다(예: 모순되는 목표나 갈등의 절충, 자신과 타인의 흥미 간 균형 유지).

- 동기: 높은 수준의 자기조절은 주도적으로 계획하고 추구하는 잘 조직화된 관심사, 목표, 원칙에 대한 강조를 포함한다. 반응적이고 되는대로 하거나 계획되지 않은 행동이나 결정은 당면한 욕구, 바람, 화나게 하는 자극에 의해 촉진되고, 멀리 있는 목표, 통찰, 원칙이나 가치에의 전념을 수반하는 행동이나 결정과 달리 낮은 수준의 자기조절을 나타낸다.

1. 조절곤란

이야기의 조직과 내용은 정동 조절 혹은 사고 조직화의 손상으로 인한 일상에서 겪는 경험처리에서의 파편화(fragmentation)를 반영한다. 이러한 손상은 현실검증, 목적 체계화, 관계 맺기와 관련된 문제로 나타난다. 개인은 사소하고 중요하지 않은 사항에 중점을 두는 것과 같이 불완전한 지각과 인지에 반응하거나 강렬한 정서(공포, 공황, 두려움, 분노)에 사로잡힌다. 개인은 현재 상황의 적절한 구성요소를 통합하지 않으며 명확한 지침 없이는 일상적 행동을 섬김하는 것이 어렵다. 수검자는 경험의 분리된 측면(예: 자극의 의미를 정확히 파악하지 않고 그림의 요소에 제한적으로 중점을 두는 것)이나 전반적인 느낌(예: 장면 전체에 대해 포괄적으로 반응하는 것)에 중점을 둘 수 있다. 평가 중에 나타나는 매우 부적절한 행동과 더불어 이야기의 다섯 가지 특징은 이 수준을 나타낸다.

1. 수검자가 특정한 감정과 세부사항을 지나치게 되풀이하거나 자세히 설명한다. 또는 전체 이야기와 관련 없는 생각을 일부 포함한다.
2. 수검자가 불완전한 논리 혹은 모순되거나 매우 상반된 생각을 보여 준다(예: 각기 다른 수준의 관념을 같은 선상에 놓는 것).
3. 수검자가 그림 장면을 잘못 해석한다.

4. 이야기는 받아들이기 어렵고 사회적으로 부적절하거나 기이한 내용을 포함한다.
5. 등장인물은 원인과 결과에 대한 매우 기이한 관점에 기반하여 행동하거나 반응한다(예: 심각한 무기력이나 결핍상태의 지속).

이 수준에서의 수검자 도식은 현재 환경의 다양한 단서가 얼마나 어우러지는지를 평가하기 위한 세밀한 지침을 제공하지 못한다. 매우 구조화된 상황에서는 조직화가 잘된 도식의 필요성이 축소(모호한 단서에 대한 판단을 요구하지 않음)되기 때문에 이 수준으로 이야기를 만드는 수검자는 몇몇 성취 및 지적 평가에서 가장 높은 수행 범위에 속할 수 있다. 하지만 친숙한 상황에서도 타인이나 자신의 행동결과를 자각하지 못한 채 기능할 수 있다.

이 수준의 자기조절은 아론이 도판 1, 2에서 보여 준 다음의 이야기를 통해 설명된다. 아론은 8세 3개월이며, 평균 상의 IQ를 기록하였고 정서장애로 인해 특수 교육을 받고 있다.

도판 1. 남자는, 아이는 자신에게 없는 재료로 그림을 그리길 원했어요. [검사자: 전에는 무슨 일이 있었을까?] 그는 잉크와 연필을 원했지만 종이는 찢어져 있었고 테이프도 없었어요. [검사자: 무슨 생각을 하고 있을까?] 그림 그리는 것에 대해 생각하고 있어요. [검사자: 감정은 어떨 것 같아?] 음, 음, 걱정하고 있어요. 왜냐하면 그가 그림을 망칠 것이고 사람들은 그를 비웃을 거라고 생각하기 때문이에요. [검사자: 나중엔 어떻게 될까?] 그는 테이프를 갖게 되고 그림을 완성했어요.

그림자극에서 묘사된 맥락 단서와 이야기가 다소 어긋나는 점 외에도 이야기의 관점이 제멋대로 바뀌고 서로 조화되지 않는 내용을 말하고 있기 때문에(예: 소년은 잉크와 연필을 필요로 했다) 이야기는 전반적으로 개연성이 부족하다(예: 그림 그리는 도구가 부족한 것에 집착하는 것에서부터 비웃음을 당할까 봐 걱정하는 것에 이르기까지). 그림을 망쳐서 조롱당할까 봐 걱정하는 더 심각한 문제와 비교할 때, 그림 도구가 준비되지 않았다는 앞선 반응은 다소 사소한 것이다(즉, 상반된 수준의 개념화로 생각을 펼쳐 놓는 것에 해당한다). 심각해 보이는 방향으로 전개된 이야기는 마치 수검자가 그 의미를 생각하지 못한 것처럼 불쑥 시작되고 그러고는 갑자기 끝나버린다(즉 이야기한 내용이 불충분하다). 결국에 소년은 테이프를 갖게 되고 그림을 완성한다. 하지만 수검자는 잉크와 연필이 어떻게 이야기에서 빠지게 되었는지에 대해 설명하지 않는다.

도판 2. 경작된 큰 밭이 있는 오래된 헛간이었어요. [잠시 멈춤] 이, 이 농장은 돈이 없어요. 그래서 그들은 농기구를 살 수 없었죠. 하지만 쟁기와 말은 가지고 있었어요. 말을 가진 남자는, 말은 50살이고 소녀는, 그녀는 항상 손에 책을 가지고 다니는데 손으로 책을 감싸고 있어요. 그리고 그녀는 매일 똑같은 옷을 입고 머리는 예쁘게 늘어뜨려요. 그녀는 밭을 경작하는 걸 좋아하고 건초와 동물과 함께 농장에서 살아요. 그 후로 그녀는 행복하게 살 거예요. [검사자: 무슨 생각을 하고 있니?] 그들은, 어, 많은 돈으로 즐거운 시간을 보내고 그들이 원하는 모든 걸 살 수 있다는 생각을 하고 있어요. [검사자: 감정은 어때?] 글쎄, 그들은 돈을 조금 가졌고 매우, 매우 행복해요.

의인화된 농장(이 농장은 돈이 없어요)에서 사람(그래서 그들은 농기구를 살 수 없었죠)으로의 관점 변화는 이야기의 이상한 특징이다. 부자가 되는 생각이 결국 등장인물을 행복하게 만들지만 수단과 결과의 관계가 비현실적이다. 장면에 대한 설명은 각기 다른 개념화 수준에 해당되는 세부사항을 연결짓기 때문에(그 소녀는, 그녀는 손에 책을 들고 다니고 손으로 책을 감싸고 있다) 매우 특이하다. '책을 손으로 감싸고 있다'는 사소한 관찰보다 '책을 들고 다닌다.'가 더 의미 있는 표현이다. 밀의 나이나 소녀가 매일 똑같은 옷을 입는다는 것과 같은 다른 세부사항은 전체 이야기와 상관없다. 수검자는 장면에서 묘사된 사람의 의도나 감정과 이들의 관계와 같은 더 중요한 고려사항을 무시한다.

2. 즉시성

정보처리와 행동은 이전 사건, 미래결과나 타인에게 끼치는 영향을 충분히 생각하지 않고 그 순간의 중요한 것이나 느낌에 중점을 둔다. 판단과 행동은 과거나 미래를 현재 상황의 중요한 측면과 관련짓지 않고 의식을 즉각적으로 지배하는 것에 기반을 둔다. 그러므로 행동은 상황에 반응적이며 자신이나 타인에게 끼칠 영향이나 미래결과에 대해 깊이 생각하지 않은 채 즉각적인 이득이나 경감 추구를 목표로 한다. 대인관계와 관련된 정보처리는 적절한 고려사항에 주의를 기울이지 않고 순간의 개인적 욕구나 결핍에 기여하는 다른 특징에 대해 선택적 주의를 기울임으로써 왜곡된다. 개인의 자기표현은 순간적으로는 검열을 통과할 수 있지만 시간의 흐름에 따른 행동의 비일관성은 다른 사람이 알아채기 쉽고 개인이 계속 전념하지 못하는 것은 이야기 전개의 수정을 어렵게 한다. 즉각적인 행복감을 주지 않는 상황에서 흥미를 지속시킬 수 없음에 따라 장기적 자기조절은 억제된다.

정서, 의도, 생각, 행동, 결과는 시간적 관점이나 개인 내와 개인 간 맥락에서 앞뒤가 맞지 않지만 이전 수준만큼 조화되지 않고 모순되거나 비논리적이지는 않다. 따라서 내용이 사회적으로 부적절하거나 기이하지는 않지만 인과관계에 대한 수검자의 이해가 장기적 측면에서 부족하다. 생각, 감정, 의도와 같은 내적 상태에 대한 설명의 구체성 결여는 사회적 인과성에 대한 이해 부족이 원인일 수 있다. 이야기의 다섯 가지 특징은 이 수준과 관련된다.

1. 수검자는 내적 상태를 알아차리는 것이 어렵기 때문에 오직 외부 단서나 구체적 단서에 의존하여 정서를 파악한다. 정서는 일련의 전개 사건과 명확히 관련 없는 자극, 예상치 못한 사건이나 촉발 자극(예측 부족)에 의해 발생된다.
2. 등장인물은 목적이나 상황을 고려하지 않고 순간적인 정동적 영향을 기반으로 서로 관련된다. 따라서 의도는 정동적 영향에 독립적이지 않다.
3. 정보처리는 현실적인 고려사항을 생각하지 않고 개인이 무엇을 열망하는지에 따라 결정된다.
4. 목표는 갈등 회피나 불쾌한 정동적 상태의 단기적 경감을 중시한다. 또는 등장인물은 문제를 예측하거나 계획하지 않고 행동하거나 반응한다.
5. 문제 개념화는 눈앞에 있는 것에 중점을 둠으로써 제한된다.

짐(16세)은 품행장애 진단을 받았으며 도판 1, 2에 대한 이야기 반응은 즉시성 수준의 특성을 보여 준다.

도판 1. 그는 바이올린을 쳐다보고 있어요. 아마 지루한 거 같고… 하고 싶지 않아요. 누군가가 그 앞에 그걸 가져다 뒀어요. 어떤 사람이 연주하라고 그에게 요구해서 그는 몹시 화가 난 상태예요. 그래서 그는 하지 않아요.

'그걸 하라.'는 모호한 요청의 의도나 이유, 이전 맥락(누군가 그 앞에 그걸 가져다 놓았어요)을 중요하게 고려하지 않고 그림을 보고 포착되는 대로 전체 이야기를 즉시적으로 구성한다. 따라서 의도와 정동적 영향이 거의 분리되어 있지 않으며 사회적 인과성에 대한 이해도 매우 부족하다. 또한 요구에 응하지 않은 데 대한 결과가 드러나지 않고 있는데, 이는 사회적 인과성에 대한 이해가 부족함을 암시한다(그래서 그는 그걸 하지 않아요). 소년(수검자)의 의식은 당면한 단서와 감정에 의해 지배당하고 이러한 방식은 순간에 대해 반응적으로 행동하도록 한다.

도판 2. 여기는 농장이에요. 음, 소녀는 학교를 마치고 집으로 오고 있어요. 그녀의 어머니와 아버지는 농장에서 일을 하고 있어요. 소녀는 숙제를 해야 해요. 소녀는 숙제를 할 것처럼 행동하지만 하지 않아요. 또 뭘 이야기할까요? [검사자: 감정은 어때?] 숙제를 해야 하기 때문에 아마 몹시 화가 나 있는 거 같아요. 하지만 그녀는 숙제를 하지 않을 거예요.

숙제를 할 것처럼 함으로써 그 부담을 회피하려고 노력한다. 이러한 행동을 취하는 것은 순간적으론 효과가 있지만 보다 장기적으로 보았을 땐 효과가 없다. 도판 1, 2의 이야기에서 등장인물은 화가 나 있고 다른 고려사항을 제외한 채 화난 감정에 대해서 반응적으로 행동하고 정보를 처리한다.

3. 외부 지향

대인관계를 포함하여 현재 상황에 대한 다양한 요소는 현실적으로 평가되지만 정보처리과정과 행동은 외부적으로, 즉 타인의 기준과 피드백에 의해 통제된다. 이 수준에서의 이야기 내용은 이전 수준의 특징인 일시적인 분노나 기분, 사회적으로 기대되는 행동(예: 학교 가기)의 회피라기보다는 더 복잡한 외부 요구(지위, 법칙, 틀에 박힌 사회적 기대)에 따르는 것과 같이 편협하지 않고 보다 보편적인 관심사와 장기적 기대를 중심으로 이루어진다. 그럼에도 불구하고, 자신과 타인에 대한 지각은 구별되지 않고 상호 호혜적으로 주고받는 관계에 대한 의존으로 인하여 융통성 없는 관계로 제한된다. 등장인물에게서 드러나는 정서는 피상적이고 진부한 특징을 보인다. 따라서 등장인물은 경솔한 행동결과를 경험하지만 후회나 의도에 대한 깊은 생각은 보이지 않는다.

이 수준에서는 과제나 목표가 적당한 것으로 받아들여지거나 스스로 부과한 것이더라도 개인이 독립적이고 도구적인 행동을 시작하고 유지하기 위해서는 외부 피드백이나 강화를 받는 것이 필요하다. 개인은 기대를 충족시키기 위한 노력을 지각하고 모순되어 보이는 요구 간 우선순위를 정하는 문제를 알아차릴 수 있는데, 이는 행동에 관한 승인기준에 따르도록 압박감을 초래한다. 자기조절에의 정서적, 인지적 장애물은 동기 원천이나 외부의 승인 없이는 주체적으로 부단히 노력하는 데 어려움을 초래할 수 있다. 조절에 관한 외부적 원천이 필요한 이유는 생각을 조직화하고 정서를 조절하거나 주의를 유지시키는 데 가벼운 문제를 가지기 때문이다. 개인은 그날, 그날의 기대가 적당하지만 힘들다고 지각할 수 있고 자기주도성은 실패하기 쉽다. 이야기의 여섯 가지 특징은 이 수준에 적용된다.

1. 수검자는 의도로부터 정서적 영향이 분리됨을 알아차리고 내적 동기를 지각하지만, 통찰력이나 주체성보다 외부적 사건에 중점을 둔다.
2. 지각된 기준이나 결과가 개인적 전념을 유도한다기보다 행동을 이끈다. 등장인물은 외부 압력, 승인, 의무, 보상 때문에 옳은 일을 하거나 잠재적인 부정적 결과를 피하기 위해서 옳은 일을 한다.
3. 등장인물은 통찰력을 가지고 건설적으로 행동하거나 목적을 이행하는 데 어려움을 나타낼 수 있다.
4. 제한된 내재적 동기는 외부적 유인 없이 열망이나 목표를 이루거나 적당한 외부적 요구를 충족시키기 위해 등장인물에게 힘든 요구를 할 수 있다.
5. 수검자는 자신의 판단을 뒷받침하기 위해 그림의 세부사항을 중시하지만 제공된 단서를 벗어날 수도 있다.
6. 등장인물은 수행 요구에 대한 반응인 정동적 민감성(예: 불안이나 좌절을 경험하는 경향성) 때문에 외부적 지지를 필요로 할 수 있다.

제이미(10세 9개월, 최우수 수준의 IQ)의 이야기 반응은 외부 지향 수준의 특징을 보여 준다. 제이미의 교사는 그녀가 학업은 우수하지만 대인관계에서 문제를 보인다고 하였다.

도판 1. 이 소년은, 그는 슬퍼요. 왜냐하면 어머니가 그에게 바이올린을 연습하지 않으면 벌 받을 거라고 말했기 때문이에요. 그는 지금 연습을 하고 싶지 않고 엄마에게 몹시 화가 나 있어요. 그리고 비싼 바이올린이라는 점만 아니면 바이올린을 부숴버리고 싶어 해요. 어머니가 할아버지로부터 받은 바이올린을 그에게 주었기 때문에 그는 그걸 부수면 안 된다는 걸 알고 있어요. 연습은 하지만 열과 성을 다하진 않아요.

소년은 자신의 가족에게 있어 그 바이올린이 가지는 의미를 알고는 있지만 가풍적 관계를 공유하진 않는다. 그는 분함을 떨쳐버리지 못하며 열정을 쏟지 않고 연습한다. 소년은 가족의 요구에 따라 행동을 조절하지만 그렇게 하기 위해선 외부적 결과가 필요하다. 조절과 동기의 근원은 외현적이다.

도판 2. 그림을 잠깐 살펴봐도 될까요? 이건 재밌을 거예요. 그림 속에 큰 농장이 있고 도시는 32km 정도 떨어져 있어요. 소녀의 어머니는 임신을 했고 출산에 관한 책을 몇 권 가지고 있어요. 그리고 어린 소녀는 공부를 해야만 해요. 그래야 어머니의 출산을 도울 수 있거든요. 이 남자는 그녀의 오빠이고 그는 남동생을 원해요. 하지만 소녀는 여동생을 원하죠. 그래서 이 문제로 싸워요. 몇 주 후에 어머니는 쌍둥이 남매를 낳아요. 그래서 둘 다 만족하죠. 어, 이걸 깜빡하고 이야기 안 했는네, 남자는 농장일 때문에 어머니가 아이 낳는 걸 도와줄 수 없었어요.

수검자는 풍부한 자원을 가지고 책을 들고 있는 소녀와 임신한 것으로 보이는 여자를 종합하여 이야기를 만들어 냈다. 도판 1에서 가족의 기대에 부응하기 위해 필요한 혼자만의 활동과는 대조적으로, 제이미는 중요한 조력자의 역할을 상정할 때 보다 편안해하고 자원이 풍부해진다. 제이미의 외부적 지향은 남매 간 갈등의 유형과 외부적 해결(쌍둥이 출생)에서 분명하게 드러난다. 남자가 도와주지 못한 이유는 활동이나 협동 간 균형 유지의 어려움을 가지고 융통성 없이 자극에 집착하기 때문일 것이다(농사일을 해야만 했다). 시급한 것을 처리하기 위해서 농사일을 잠깐 중단하는 것이 비합리적이지는 않다. 그럼에도 불구하고 내적으로 조직화된 행동, 협동, 타협보다 외부 요구가 우선시 되는 것 같다.

4. 내부 지향

정보처리과정과 행동은 가치와 기준의 내적 표상에 의해 작동한다. 이 수준에서의 행동은 내적으로 조직화되고 조절되며 주도적으로 작동하지만, 신념을 지키기 위한 개인적인 노력보다는 문화적 가치나 기준을 강조한다. 등장인물의 행동과 반응은 당면해 있는 환경적 영향력이나 촉발요인과 일치하지만, 이를 초월하는 합리적인 맥락에서 정해진다. 이전 수준보다 더 큰 역량을 필요로 하는 내부 지향 수준은 바라는 결과에 적합하기 때문에 목표 지향적 행동에 자주성과 지속성을 부여한다. 과제 참여와 대인관계에 관련된 상호작용은 이전 수준처럼 더 이상 많은 것을 요구하지 않는다. 그럼에도 불구하고 사고, 느낌, 행동을 개인이 연관성을 가지고 장기적 측면에서 지향하더라도 신념이나 기준에의 전념을 강조하기보다는 적응적 요구나 목표를 만족시키는 것을 중심으로 조직화된다. 이 수준에서 기능하는 개인은 자기-귀인적 동기(self-attributed motives, 기질적인 선호에 의해서는 완전히 지지되지 않는 내재화된 기준)와 암묵적 동기(implicit motives)에 의해 고무되는 행동 간에 비교적 심하지 않은 이중성을 경험하는 것에 취약하다.

개인은 장기적 흥미추구에서 더 큰 자기의존을 보이고 이전 수준보다는 더 영속적인 대인관계와 관련된 관계성을 유지한다. 분명히 드러나는 맹점이 다소 있음에도 불구하고 이 수준에서 기능하는 개인은 장기적, 단기적 고려사항을 조직화하고 가족과 친구에 관한 관심사와 구체적 목표 간 균형을 유지한다. 이야기는 잘 조직되어 있으며, 등장인물은 친사회적인 목표에 적합하도록 노력을 조정하고 계획하고 예상한다. 이 수준은 연구에 참여한 한 유치원생의 사례를 통해 설명된다.

도판 1. 그는 슬퍼요. 계속 슬퍼요. 그는 할 수… 그걸 어떻게 연주하는지 몰라요. 그는 연주하려 하지만 삐걱거리고 듣기 싫은 소리만 나죠. [검사자: 무슨 생각을 하고 있니?] 그가 연주하는 방법을 알았더라면 어떤 소리가 났을지에 대해서요. 그러고 나서 다시 시도하는데 그때는 훌륭하게 연주해요.

그 소년은 삐걱거리는 소리를 바꾸기 위해 적극적으로 악기연주를 시작한다. 그러고 나서 그는 훌륭하게 연주한다. 이 표현은 5세 아이에게 적절하기 때문에 극히 단순하지만 도식은 정교하다.

도판 2. 여기서 무슨 일이 일어나고 있냐면, 소녀는 손에 책을 들고 있어요. 농장도 있어요. 말을 가진 소년도 있고요. 나무 옆에는 여자가 있어요. 이들은 먹을 것이 없기 때문에 슬퍼요. 그래서 식량을 재배하려고 해요. 이들 모두 함께 일해서 식량을 재배해요. 그리고 행복해져요.

처음에 수검자는 단지 자극 요소들을 설명하고, 그런 다음 공동의 목표를 달성하기 위해 함께 일하는 가족에 대해 간단히 이야기한다. 결국 가족은 자신이 필요한 식량을 재배함으로써 문제를 해결하고 행복하게 이야기를 끝맺는다.

5. 자기결정

정보처리에 관한 복합적이고 잘 통합된 내적 체계는 묘사한 환경과 등장인물의 사고, 느낌, 행동, 결과 간 결합에서 분명히 나타난다. 다양한 고려사항은 관점 내 혹은 관점 간에서 아주 매끄럽게 통합된다. 수검자는 표현했던 극심하고 부정적인 정서를 윤색하지 않고 자극의 미묘한 차이를 통합시킨다. 사고, 느낌, 행동, 일련의 사건, 다양한 등장인물의 관점은 상대적 중점 사항, 맥락, 기간의 측면에서 잘 조직화된다. 등장인물은 신중하고 계획되고 의욕적이고 지주적이고 목적의식 있는 행동이나 결정에 관여하는데, 이는 현실적인 결과를 수반한다. 그들은 이러한 활동과정에 전념하고 결과가 중요하지만 이는 부차적이다. 관계와 자율성 간 균형과 복잡한 정보처리과정의 조합은 지각자의 욕구나 감정으로부터 분리하여 사람들을 평가하도록 한다.

이 수준의 이야기는 이전 수준의 특징을 모두 포함하며 (a) 이야기 내용과 구조에서 자기평가와 행동(명시적 혹은 암묵적)에 관한 내적 기준, (b) 행동을 통제하거나 사건의 흐름에 일관성을 부여하는 원칙이나 이상적 목표를 나타내고, (c) 결과와는 별개로 목적을 본질적으로 충족시키거나 이에 기여하기 때문에 목표 관련 활동을 소중히 여김을 보여 준다. 자기결정은 바라는 결과와의 관련성을 초월하여 평가되는 목표나 기준을 충족시키는 내재적 추동을 포함한다. 도구적 행동은 때때로 결과를 희생시키면서 지속된다. 자기조절의 수준이 높을 때조차도 스트레스, 피로 혹은 극심한 정서로 인하여 일시적이거나 어떤 상황에 국한된 자기주도성이나 자기점검의 실수가 있을 수 있다.

이 수준은 벤지가 한 이야기를 사례로 설명하겠다. 벤지는 9세 11개월이며 그의 선생님은 그를 매우 의욕적이고 공감적이라 평가하였고 그의 친구도 벤지를 높이 평가한다고 말했다.

도판 1. 소년은 바이올린을 가지고 있지만 연주를 잘하지는 못해요. 그래서 그는 자신이 연주를 잘하지 못한다는 사실에 대해 조금 화가 나 있어요. 선생님은 제가 이 그림에 대해 어떻게 생각하는지 알고 싶은 거죠? [바이올린 아랫부분을 가리키며] [검사자: 이야기하고 싶은 대로 하렴.] 소년은 자신이 연주를 잘하지 못한다는 사실을 알기 때문에 바이올린을 계속할지 그만둘지를 고민하고 있어요. [검사자: 나중엔 어떻게 될 것 같아?] 소년은 잘하지 못할 것을 알기 때문에 그만두게 될 것 같아요.

소년은 바이올린을 잘 연주하는 방법을 몰라서 속상하다. 이것은 외부 요구에의 반응이 아니라 기준과 관련된 내적 염려이다. 자발적인 활동임을 고려할 때, 이 갈등은 소년이 바이올린을 계속할지 그만 두어야 할지에 관한 결정을 내리는 과정으로 이동한다. 자주적인 결정은 소년이 절대 할 수 없을 것이라는 신중한 판단과정을 따라 내려진 것으로, 좌절감에 대한 반응이 아니다.

도판 2. 여기 가운데 부분은 1800년대의 가족인 것 같고, 쉬고 있는 이 사람은 엄마, 말을 끌고 있는 이 사람은 아들이거나 아버지 둘 중 하나예요. 그리고 여기 이 소녀는 방금 전까지 책을 읽고 있었고 이제 집으로 돌아가려 해요. 이때 당시를 생각해 본다면 이 소녀가 학교를 과연 다녔을까 싶어요. 아무튼 저는 소녀가 학교에 갔다 오는 것 같네요. [검사자: 이 가족들은 어떤 일을 하고 있는 것 같아?] 생계를 위해 하루 일과를 열심히 보내고 있는 것 같아요.

농장을 묘사할 때, 벤지는 적절한 역사적 맥락(1800년대)에서 자극을 통합하는 데 관심을 가진다. 이와 같이 그는 정보처리과정에서 당면해 있는 고려사항을 초월하고 그 당시에 부모가 딸을 학교에 보냈는지에 대해 고심까지 한다. 수검자는 정확한 것을 매우 중시해서 오늘날 기준에서 논리적으로 보이는 이야기를 지어낼 수 없다. 그는 결국 할 일을 마치려고 하는 가족에 관한 간단한 이야기를 하고 그들은 생계를 꾸릴 수 있게 된다. 벤지의 이전 이야기 또한 그의 신중함과 높은 기준을 암시한다.

간단하게 보이는 이야기는 수준 5에 해당되도록 하는 두 가지 고려사항을 제외하면 수준 4에서 부호화될 수 있다. 첫째, 이야기 세부사항을 그림 단서와 그 시대의 사회적 현실성에 적합하게 하기 위해 정확성과 역사적 맥락을 부여하려는 노력은 자기조절과 정보처리에 정교하게 접근하고 있음을 암시한다(메시지: 역사적 시간이나 장소가 어떻든 가족 구성원들은 생계를 유지하기 위해 함께 일한다). 둘째, 공통 목표의 맥락에서 개인에 관한 함축된 이해는 복잡하고 정교한 도식을 나타낸다(메시지: 생계를 꾸리기 위해 협력하는 동안 독서와 같이 개인은 흥미를 추구할 수 있다).

수준 1: 조절곤란(dysregulation)
이야기 양식과 내용은 사고 조직화 결함과 관련된 생활경험 처리에서의 파편화를 반영한다(예: 문맥을 벗어난 생각, 받아들이기 어려운 사건 순서, 비논리적이거나 기괴한 생각, 일치하지 않는 개념화 수준, 보속증). 개인은 희망을 잃은 채 가만히 있거나 극히 작고 부적절한 사항에 의해 유발된 불완전한 지각에 반응한다. 수검자는 의미를 파악하지 않고 그림의 요소에 편협하게 초점을 두거나 자극 전체에 전반적인 반응을 보인다. 등장인물은 원인과 결과를 지각하지 않은 채 행동하고 반응하거나 평가 중의 수검자 행동은 의심할 여지없이 부적절하다. 현재 상황의 적절한 구성요소는 통합되지 않고 개인은 명확한 지침 없이는 일상적 행동을 점검하는 것이 어렵다.
수준 2: 즉시성(Immediacy)
정보처리과정과 행동은 이전 사건, 미래결과나 타인에게 끼치는 영향에 관한 충분한 고려 없이 바로 그 순간과 관련된다. 판단과 행동은 중요하지만 먼 미래의 결과를 수반하는 현재 상황의 중요한 측면을 조직하거나 통합하지 않고 의식을 즉각적으로 지배하는 것에 기반을 둔다. 자기점검은 일시적으로는 그런대로 괜찮지만 장기적 자기주도성은 주관적 안녕감에 즉각적으로 기여하지 않는 상황에서 흥미를 유지할 수 없기 때문에 방해받는다. 행동은 즉각적 획득이나 경감을 추구하는 것을 목표로 한다. 감정은 내부적으로 조절되지 않지만 당면한 외부 환경에 의해 유발된다. 따라서 행동 이면의 의도는 감정적 영향과 완전히 별개가 아니다.

표 7.3 자기조절 수준

수준 3: 외부 지향(external direction) 정보처리과정과 행동은 현재의 일시적인 생각이나 촉발 자극보다는 외재적으로 강요된 기준, 피드백, 필요성(예: 부정적 사건)에 의해 좌우된다. 현재 상황과 관계의 다양한 요소들은 이전 수준에 비해 현실적으로 평가된다(상호성에 대한 보상물, 기대와 규칙의 지각, 의도와 정서적 영향의 구별을 포함). 이야기 내용은 보다 장기적인 예상, 편협하거나 사소하지 않은 것을 중심으로 이루어지지만, 자기와 타인에 대한 지각이 잘 구별되지 않기 때문에 다소 비현실적이거나 단순할 수 있다. 내적 가치나 기준에 의해 유도되기보다는 인정되는 행동기준을 따르거나 타인의 요구를 만족시키려는 압박감이 있을 수 있다. 좌절을 견디고 장기적으로 도움이 되는 행동을 지속하기 위해서는 확신이나 동기의 외부적 근거가 필요하다.
수준 4: 내부 지향(internal direction) 정보처리과정과 행동은 내부적으로 나타나고 개인이 이루기에 충분하다고 느끼는 기준과 친사회적 가치에 의해서 암묵적으로 지배된다. 개인은 개인적 관심사와 가족과 친구의 요구 간 균형을 유지할 수 있고 단기적이고 장기적인 고려사항을 조정한다. 과제 관여와 대인관계 상호성이 이전 수준처럼 부담스럽지는 않지만 높은 수준의 개인적 신념은 부족하다. 주도성과 노력은 바라는 결과나 적응적 요구를 만족시키기에 적절하다(잘 조직화되고 장기적이다).
수준 5: 자기결정(self-determination) 자극, 묘사된 환경, 행동, 결과와 일치하는 방식으로 등장인물 간 또는 내에서의 내적 경험을 자세히 설명하는 이야기에서 알 수 있듯이 정보처리과정은 복합적하고 합리적이다. 따라서 등장인물의 의도, 생각, 감정, 행동, 결과와 이야기 내용은 상대적 중요성, 맥락, 기간 내에서 잘 통합된다. 등장인물은 자율적이고 사회적으로 책임감 있고 목적이 있는 행동에 전념하며 신념을 유지하는 데 몰두한다. 정보처리과정은 장기간에 걸쳐서 경험의 다양한 측면과 다른 중요한 경험의 관점을 통합하기 때문에 이전 수준보다 복잡하다. 그러므로 사람과 사건은 지각자의 욕구나 감정과 관계없이 있는 그대로 평가될 수 있다. 기준이나 목표는 바라는 결과와의 관계와 상관없이 평가되고 도구적 행동은 지속된다.

표 7.3 (계속)

(각 이야기의 동기 수준을 기록하라)

도판	1	2												

사례 예시

산드라의 사례

산드라는 19세 대학생으로, 그녀의 TAT 이야기 반응은 개인의 목적과 이를 추구하기 위한 자기조절 자원 간 차이를 이해하는 것이 치료적 개입을 위해서 중요함을 보여 준다. 표 7.1과 7.4는 이 장에서 소개한 변인에 따라 프로토콜을 부호화하여 제시한 것이다. 산드라는 정기적인 치료를 받던 6개월 무렵부터 여러 문제가 드러나 치료자가 평가에 의뢰하였다. 그녀는 삶의 목적이 없는 듯 보이는 딸의 문제를 걱정한 부모의 의견에 따라 치료에 참여하게 되었다. 평가의 일환으로 TAT, 성인용 웩슬러 지능검사, Rorschach 잉크반점 검사를 실시하였다.

도판 1. …그림이 마음에 들지 않아요. 전부 다 그런 건 아니에요…. 음… 이야기같이, 옛날 옛날에…. 소년이에요…. 그는… 이건 바이올린인가요? 모르겠네요. 두 가지를 얘기해도 되나요? [검사자: 원하는 대로 하세요.] 그는 바이올린을 연주할 수 없어서 좌절감을 느끼거나 또는 더 이상 바이올린을 연주하는 것이 허용되지 않아서 슬퍼하고 있어요. 그는 바이올린을 연주하고 싶지만 몇 가지 이유 때문에 할 수 없어요…. [그림을 빤히 쳐다본다.] [검사자: 어떻게 되나요?] 그는 훌륭한 사람이 되어요. 제가 바이올린이라고 말했나요? 바이올린 연주가요. 그리고 그는 행복해요. [검사자: 네, 그렇군요.]

함의: 개인이 목표를 설정하고 추구하는 데 어려움을 겪고 있더라도 언젠간 매우 성공하고 행복하게 될 것이라고 단순히 가정한다.

산드라는 과제에 집중하지 못하고 그녀의 의도에 따라 그림자극에 대한 설명을 자주 바꾼다. 이야기 내용은 자극에 적절하지만 산드라는 소년이 성취를 방해하는 내적 (좌절감) 혹은 외적 (허락되지 않음) 장애물을 경험하고 있는지 결정할 수 없다. 어쨌든 수검자는 주의를 기울이지 않고 소년은 아무런 노력도 하지 않은 채 훌륭한 바이올린 연주가가 될 것이라고 설명한다. 이러한 수단과 결과 간 관련성의 부족은 목표를 명확하게 정의하고 장애물을 극복하며 목적을 성취하기 위해 필요한 조치를 취하는 것에 관한 산드라의 어려움과 유사하다.

도판 2. 맙소사! 이것들은…자, 여기… [쳐다본다] 이 소녀는 학교 가는 길에, 학교로 가는 중이에요. 그러다가 밭에서 일하는 이 남자를 보게 돼요. 그의 아내는 그를 보고 있어요. 제가 보기엔 아내는 그에게 말하고 있는 거 같아요. 그는 말을 끌고 밭에서 일하는 중이고 그녀는 나이가 들어서 그 아주머니처럼 보이고 싶지 않다는 생각을 하고 있어요. 그녀는 농가에서 살고 싶어 하지 않아요. 그녀는 아주머니를 안쓰럽게 여기고 있어요. 그래서 그녀는 그들처럼 되지 않기 위해 교육을 받으려고 학교에 다녀요.

함의: 개인은 타인의 보잘것없는 삶을 바라보면서 학교에 가서 좋은 교육을 받아 그들처럼 되지 않아야 한다는 생각을 한다.

소녀는 배우는 것에 흥미가 있어서가 아니라 그녀가 두려워하는 것을 피하기 위해 학교에 다닌다. 산드라는 교육의 중요성에 대해 피상적인 말만 하지만, 그녀의 내재된 도식은 긍정적 정서와 관련된 노력이나 학습을 하도록 고취시키지 않는다. 일반적으로 산드라는 등장인물의 내적 세계를 깊이 파고들지 않고 사회적 관습(교육을 받는 것)과 자극이나 겉모습(그 아주머니처럼 보이고 싶지 않아요)에 의존한다. 이와 같이 외부 구조와 지지가 그녀의 목표 지향적 행동을 이끈다.

도판 3BM. 이게 뭔지 모르겠어요…. 음… 소녀일 거 같아요. 소년 혹은 소녀는 자거나 울거나… 음… [낙담한다] 뭔지 모르겠어요. [검사자는 지시를 반복한다.] 그녀는 울고 있는 거 같은데 왜냐하면… 설명하기 어려워요. [도판에 정답이 있는 것처럼 응시한다.] 차 열쇠라고 생각해요. 모르겠어요. 이 사람은 아무 말도 하지 않고 있어요. 그녀는 울고 있는데 왜냐하면… 그게 뭔가 하면… 어떤 사람이 그녀의 차를 훔쳤어요. 그녀는 여기에서 집으로 돌아갈 방법이 없어요. 그래서 그녀는 경찰을 불러서 차를 잃어버렸다고 말해요. 결국 경찰은 그녀의 차를 찾고 그녀는 행복하게 되어요. 이게 무엇인지 말해 줄 수 있나요? [검사자: 사람마다 다르게 보일 수 있어요.]

함의: 체계 없이는 무슨 일이 일어나는지 알기 어렵지만, 개인은 환경에서 해결의 실마리를 찾고 도움을 구한다면 잠깐 난처한 상황에 처하더라도 결국 잘될 것이다.

산드라는 분명한 요구 없이는 결정하는 것이 쉽지 않다. 그녀는 줄거리를 만들기 전에 처음에는 머뭇거렸다. 이 과정에서 그녀는 과제에 말문이 막히고 낙담했지만 격려를 하자 효과가 있었다. 외적 요인 탓으로 돌리는 이러한 경향성은 그녀가 행동을 조절하는 환경에 의존하는 것과 일치한다. 경찰을 부르는 것은 차를 도난당했을 때 하는 신속하고 관습적인 반응이지만 집으로 돌아갈 방법이 없다는 다른 문제는 해결하지 못한다. 따라서 산드라의 불완전한 정보처리(문제의 일부만 다루는 것)와 제한된 자원(가능한 지지 자원에 대한 내적 표상의 부재, 과업에 대한 명백한 좌절, 이야기 묘사에의 비체계적 접근)은 그녀가 장기 목표를 성취하기 위해 행동을 조절하는 데 어려움을 겪는 이유를 드러낸다(지지체계가 부족한 상황).

도판 4. 남자와 여자인데, 방금 둘이서 싸웠거나 남자는 어디론가 가고 싶어 해요. 그리고 그녀는 그가 안 갔으면 해요. 그녀는 남자가 자신을 용서하거나 가지 말라고 설득하고 있어요. 그리고 결국 그는 그렇게 할 거 같아요. 그녀를 용서하거나 그렇지 않거나 또는 떠나거나 머무를 거예요. 그리고 그들은 이후 행복하게 살아요.

함의: 두 사람 간 문제가 여전히 불분명하고 해결되지 않아도 해결하려고 노력한다면 이후 행복하게 살 수 있다.

과정 함의: 수검자는 갈등이 행복하게 끝날 것이라고 하지만 그 과정에 대해서는 분명하게 알지 못한다.

마찬가지로, 산드라는 한 가지 줄거리에 집중하지 못한다. 그림 속에서 무슨 일이 일어나는지에 대해 갈팡질팡하는 것은 다른 몇몇 도판에서도 나타났는데, 이는 그녀가 외부 단서와 지지에 의존하며 다소 모호한 상황을 추정하는 것에 대해 확신하지 못함을 의미한다. 이 이야기의 결말은 행복하지만 딜레마에 대한 해결방법이 없다. 이전 이야기와 마찬가지로 수단과 결과 간 관련성이 부족하다.

도판 5. 여기 없는 사람을 지어내도 되나요? 한 부인이 아이들에게 낮잠 잘 시간이라고 이야기하러 왔어요. 그래서 그녀는 안으로 머리를 쑥 내밀고 저녁 시간이라고 말해요. 그리고 아이들 모두 식사하러 와요. 모든 사람들이 저녁을 먹고 아이들은 돌아가서 놀아요. 서재, 아지트에서. 서는 서재일 거라 생각해요.

함의: 만약 개인이 어떤 걸 하려 하다가 관련된 다른 걸 하더라도 다행히 잘 풀린다.

과정 함의: 수검자가 체계에 의해 이끌어지지 않거나 자기가 했던 말을 잊어버릴 때, 친숙한 맥락을 찾는다면 잘 해결된다.

이 부인은 그녀의 아이들이 낮잠 잘 시간이지만 저녁을 먹으라고 부른다. 이러한 이야기의 전개는 산드라가 세부사항을 추적 관찰하지 않고 있으며 도움 없이는 의도를 유지하는 데 어려움을 겪고 있음을 암시한다. 또한 등장인물을 추가하는 것에 관한 질문은 그녀에게 외부적 지도가 필요함을 암시한다.

도판 6BM. 이 남자와 그의 어머니는… [웃음]… 그는 어머니에게 직장 때문에 떠날 거라 말하기 위해 왔어요. [웃음] 그는 어디론가 떠났고 그녀는 속상해하고 있어요. 그가 안 갔으면 해요. 그녀는 아들 없이 무엇을 할지 생각하면서 창밖을 보고 있어요. 그리고… [이야기를 들려 달라고 요청했다.] 그는 그녀에게 가야 할 이유를 말했어요. 저, 그러고는 그녀는 이유를 이해했지만 여전히 그가 가지 않았으면 해요. 그러나 그녀는 그것이 아들에게 최선임을 이해하고 가도록 허락해요. 못하게 하지 않아요. 화가 난 건 아니에요. 그가 원하는 건 무엇이든 할 수 있기 때문이죠. 그녀는 그에게 축복을 빌어 주었고 "무슨 말인지 아시겠어요?" 그렇지만 그녀는 여전히 속상해요. 악감정은 없어요. 그들은 작별인사를 해요. 더 이야기해야 하나요?

함의: 남자가 어머니를 떠나야 하는 이유를 설명한다면(직장을 옮기는 것), 그녀는 슬프지만 이해하고 축복을 빌어 줄 것이다.

이 이야기는 이야기 요소들(상황, 의도, 행동, 결과) 간에 더 유기적인 관련성을 가진다. 하지만 실제 행동은 필요로 하지 않는다. 한 등장인물이 그저 다른 사람을 이해해야만 한다. 아들은 그가 가야 하는 이유를 말하고 어머니는 이해한다. 그렇지만 작별인사는 약간 갑작스러운 것 같다. 이별을 늦출 방법이 없기 때문이다.

도판 8BM. 이상하네요! 이 아이가 뭘 하고 있는지 모르겠어요. 이것은 혹시… 아 참, 선생님은 나에게 말해 줄 수 없구나. 이 남자는 총에 맞았고 두 남자는, 아마도 의사겠지만 그렇지 않을 수도 있어요. 두 남자가 총알을 제거하고 그를 살리려 하고 있어요. 그의 아들… 딸, 잘 모르겠는데… 아들은 그의 아

버지가 살아서 이 끔찍한 비극을 견뎌 내기를 기도하고 있어요…. 그리고… 그러고는, 나중에 알고 보니 그들은 숲에서 길을 잃은 거 같아요…. 그를 치료하고, 이 남자들은, 그러고 나서 그들은 그를 병원으로 데리고 가요. 그리고 그는 살아나서 이 남자들에게 살려줘서 고맙다고 말해요.

함의: 소년의 아버지는 숲속에서 총에 맞은 후 다른 사람들이 그 현장으로 와서 소년이 기도하는 동안 그를 구하기 위해 필요한 대처를 할 것이다. 그리고 후에 아버지는 고마움을 표현한다.

아버지가 총에 맞은 후 아들이 주도한 것은 아니지만 구조자 두 명이 현장에 나타난다. 산드라는 관습적인 역할을 할 때 타인이 도움이 된다고 지각한다. 하지만 딜레마에 직면한 등장인물은 제한된 자원을 가진다.

도판 7GF. 아, 맙소사… [웃음] …자. [도판을 뒤집고 손가락을 깨물고 얼굴을 찌푸린다.] 좋아요, 이 소녀는… 그녀의 어머니 혹은 선생님과 함께… 잠깐만요. 이 여성은 어린 소녀에게 이걸 읽어 주고 있어요. 슬픈 이야기예요. 그밖에 다른 걸 말해야 하나요? 이 소녀는 주의를 기울이는 거 같지 않아요. 그치만 그녀는 자리에 앉아 있어요. 그녀는 이야기에 놀라요. 이 아이를 떨어뜨릴 거예요. 그녀는 많이 놀랐어요. 진짜 아기가 아니고 아기 인형이에요. 그러고 나서 그녀는 이야기를 마치고 이 아이는 떠나요. [멈춤] 이거 짜증나요. 끝났으면 좋겠어요. 선생님이 이걸로 뭘 할 수 있는지 이해가 안 되네요.

과정 함의: 곤란한 상황에서 수검자가 갈등을 해결하길 원하지 않는다면, 단지 보이는 것과는 다르게 행동할 수 있다.

수검자는 주의를 기울이는 것으로 보이지 않는다고 한 소녀를 이야기에 너무 몰두한 나머지 (다행히도 나중에 인형이라고 밝혀진) 아기를 떨어뜨린다고 설명함으로써 그림 속의 갈등을 회피했다. 갈등이나 불화를 피하는 산드라의 대처 전략은 필요한 개입과정 없이 행복하게 끝나버리는 이전 이야기에서 분명히 드러난다. 비슷하게 등장인물들은 그들 앞에 놓인 딜레마나 문제를 해결하는 데 도움이 되는 행동을 수행하는 것이 부족하다. 산드라에게 TAT 과제는 부담스럽고 좌절감을 준다. 과제와 그림의 모호성에 대한 불편감은 그녀 자신의 자원보다는 외부 단서에의 의존과 관련되며 이는 그녀로 하여금 장면을 설명하는 것을 어렵게 한다.

이야기 요약

산드라는 대학생활에 어려움을 겪고 있는 것으로 보이는데, 이는 그녀가 본질적으로 학습과정에 몰두하지 않으며, 비조직적인 대학교 환경에서의 행동을 조절하는 데 필요한 자원을 발달시키지 못했기 때문이다. 그녀는 미래의 행복이 교육 여하에 따라 결정된다고 믿기 때문에 학교를 계속 다니길 원한다. 하지만 그녀는 학업과정에 전념할 수 없고 먹고, 자고, 수업을 듣는 일정을 유지하는 데 어려움이 있다. 그녀는 검사자에게 고등학생 때도 일어나는 것이 힘들었고 평균적으로 일주일에 한 번은 결석했다고 말했다. 게다가 그녀는 좀처럼 공부를 하지 않았고 그럭저럭 해나가기 위해 부정행위를 했으며 5학년 이후에는 약물 남용에 심각하게 연루된 적이 있다고 고백했다. 산드라는 (평가를 요구하지 않았던) 치료자가 치료회기 동안 지시하지 않았고, 중요한 문제에 대한 질문을 받지 않았기 때문에 자신에 대해서 그와 상의하지 않아도 된다는 것처럼 행동하였다. 결과적으로 산드라는 단지 무의미한 주제에 대해서만 이야기했다. 산드라는 학업적으로 성공하려는 욕구에 대해 분명히 알고 있었지만, 그와 동시에 자신은 학교공부를 싫어하고 자신의 목표를 성취하고 있지 않다는 것을 깨달았다.

구조화된 웩슬러 지능검사에서 산드라의 점수는 평균 상 범위에 속했고 그 외에는 특별한 것이 없었지만, TAT는 그녀의 현 상태의 원인을 설명하는 많은 단서를 제공하였다. 첫째, 산드라는 일반적으로 자극에서의 긴장이나 갈등을 인지할 수 있음에도 불구하고 한 가지 설명을 고수하는 것에 어려움이 있었는데, 이는 외부의 명확한 지침 없이 결정하거나 판단하는 것에 대해 느끼는 불편감을 반영한다. 과제 자체는 부담스럽고 좌절감을 주었으며 검사자의 추가적인 지시가 없었고 산드라는 외부 단서를 찾았다. 그렇게 하는 동안 감정, 사고나 의도(내부적)의 정교화보다는 그림자극(외부적)의 설명에 상대적으로 중점을 더 두었고 자신이 꺼낸 주제를 전개하는 데 어려움이 있었다. 게다가 이야기는 충분한 계획, 행동이나 딜레마에 직면한 등장인물이 주도하지 않은 채 긍정적인 결과를 낳는데, 이는 이러한 자원이 산드라의 일상적 행동을 유도함에 있어 유용하지 않음을 암시한다.

산드라는 외부체계와 지지를 준비시킬 수 있는 방향성을 지닌 치료적 개입을 필요로 한다. 평가 뒤에 산드라는 목표를 충족시키는 행동에 관여하도록 촉진하는 외부체계를 찾으려고 애썼다(예: 여학생 클럽에 가입해서 친구와 함께 식사하는 것, 이 장의 전반부에서 다룬 실행 의도를 형성함으로써 아침에 준비하고 수업에 늦지 않으며 공부할 수 있는 일과를 행하고 실현 가능한 일정을 짜는 것). 산드라는 이러한 외부체계에 빠르게 반응하고 자신의 삶에 대한 통제가 증가한다고 느끼기 시작했다. 다음 회기는 이러한 일과를 습관적이게 하고 의도, 행동, 결과 간 관련성을 증진하는 것을 방해하는 요소들을 검토하는 방법에 중점을 두었다. 그녀의 실행 의도가 확고하고 자동화됨에 따라 하루 일과는 환경에 의해 활성화되도록 변화되었다. 따라서 알람시계가 울리면 그녀는 다음에 무엇을 해야 하는지에 대해 신중하게 생각하지 않아도 된다. 왜냐하면 알람은 샤워를 하라는 신호이고 샤워는 아침 일과를 구성하는 다른 요소에 대한 단서를 제공해 주기 때문이다.

기억해 두기

이야기 분석은 동기와 자기조절의 '무엇(what)'과 '어떻게(how)'에 대한 답을 찾는 것이다.

1. 개인에게 흥미 있는 자기, 타인, 세계에 대한 정보는 무엇인가?
2. 개인을 행복하거나 불행하게 만드는 것은 무엇인가? 개인은 무엇을 원하는가? 성취에 관해 무엇이 평가되는가? (예: 결과, 과정, 기준, 조화로운 관계)
3. 개인은 과제, 활동, 목표, 위험성을 선택할 때 무엇을 찾는가? (즉각적인 안심, 본질적인 흥미)
4. 단기간-장기간, 본질적인 흥미, 의무, 외부압력과 같은 여러 가지 목표 간 균형을 유지함에 대한 개인의 우선사항은 무엇인가?
5. 원하는 것을 얻거나 목표를 성취할 가능성과, 타인으로부터의 방해나 지지에 대해 무엇을 예측하는가?
6. 동기 관련 목적, 감정, 사고, 행동, 기대된 결과의 다양한 요소들이 어떻게 화합하고 현실성을 추구하는가?
7. 목적추구에서의 행동을 어떻게 조직화하고 계획하는가?

도판	이야기의 함의	동기 수준 선택	
		긍정적 결과	부정적 결과
1	목표를 설정하고 추구하는 데 어려움을 가지더라도 그저 언젠간 행복하고 성공하게 될 것이라고 생각한다.	1	
2	타인의 단조로운 삶을 보고 그런 삶을 살지 않기 위해 좋은 교육을 받으러 학교에 다니도록 개인을 일깨운다.	2	
3BM	체계 없이는 무슨 일이 일어나는지 알기 어렵지만 단서를 찾아서 도움을 구한다면 결국 일은 잘 풀릴 것이다.	2	
4	두 사람 간 문제가 여전히 불분명하고 해결되지 않더라도, 그들이 잘해 낸다면 그 후로 행복하게 살 수 있다.	2	
5	어떤 사람이 어떤 일을 하려고 의도했다가 그것이 아닌 다른 관련된 일을 한다 해도 상황은 똑같이 잘 풀린다.	2	
6BM	남자가 어머니를 왜 떠나야만 하는지에 대해 설명한다면 (이직), 슬프지만 그녀는 이해하고 축복을 빌어 줄 것이다.	3	
7GF	어떤 사람이 어려운 상황에서 갈등을 다루길 원하지 않는다면, 그는 갈등이 보이는 것과는 다른 것처럼 단순히 행동할 수 있다.	1	
8BM	소년의 아버지가 숲 속에서 총에 맞았을 때 다른 사람들이 그 현장으로 와서 그를 구하기 위해 필요한 조치를 취하고 한편 소년은 기도한다. 후에 아버지는 그들에게 고마움을 표현한다.	2	

표 7.4 의미와 동기 수준

주의사항: 중요한 의미가 이야기 구성으로부터 추론될 수 없다면, 이야기 구조나 과정의 형식적인 특징으로부터 추론될 수 있다.

도 판	1	2	3BM	4	5	6BM	7GF	8BM
산드라	2	3	2	2	2	3	2	3

표 7.5 자기조절

자기점검

1. 동기와 자기조절은 관련되어 있는데, 왜냐하면

(a) 목표는 생각, 감정, 행동을 조절한다.

(b) 자기조절은 다른 목표에 영향을 미치는 중요한 목표이다.

(c) 'a'와 'b' 모두이다.

(d) 'a', 'b' 둘 다 아니다.

2. '함의'는 동기와 어떻게 관련되는가?

3. 기질적 성향과 일치하는 동기는 다음 용어 중 무엇과 관련되는가?

(a) 내적 투사

(b) 통합

(c) 실행 의도

(d) 자기조절

4. 동기 수준을 명시하는 데 포함되지 않는 것은?

(a) 목표설정

(b) 목표유지

(c) 특정 목표

(d) 목표성취 수단

5. 자기조절 수준은 이전의 모든 부호화 차원을 어떻게 통합하는가?

6. 높은 동기 수준으로 평가되기 위해서 이야기는 행복하게 끝나야 한다.

(예/아니요)

7. 개인은 기질에 맞지 않은 행동에 자주 관여할 때, 자기조절이 최적인 것으로 묘시된다.

(예/아니요)

정답: 1. c, 2. 동기의 핵심 구성요소를 통합시킨다. 3. b, 4. c, 5. 인지적, 정서적, 동기적 과정은 세계와 자신과 타인에 관한 지각을 이끄는 광범위한 자기조절 도식을 발달시키는 데 기여한다. 6. 아니요, 7. 아니요

8 CHAPTER

CAT와 아동을 위한 기타 스토리텔링 검사의 핵심

모든 주제통각기법은 이야기를 이끌어 내는 그림을 사용하고, 반응을 해석할 수 있는 훈련된 전문가를 요구한다. 각 기법은 제시되는 각 도판과 이야기를 분석하기 위해 사용하는 특정한 방법에서 핵심적인 차이를 보인다. 아동용 주제통각검사의 예처럼, TAT의 도입 이후 스토리텔링 도구의 발전은 TAT 그림에서 보고된 이야기를 해석하는 다양한 접근에 대한 기술과 타당화를 통해 진행되었다. 그리고 Roberts-2(아동용 로버트 통각검사; Roberts Apperception Test for Children, RATC의 대체)나 TEMAS(Tell-Me-A-Story)와 같은 새로운 해석 기준을 가진 도판 세트들이 제작되었다. 주제통각검사(Murray에 의해 도입되고 이전 장에서 설명하였던)는 일련의 그림과 관련이 있으며, 이는 다양한 해석절차에도 불구하고 공통적인 부분이다. 반면, 일부 도판 세트는 특정한 해석방법과 연관되어 있다. 물론 TAT는 병원에서 성인에게 사용하는 가장 일반적인 스토리텔링 검사도구(Gieser & Stein, 1999)이며, 아동과 청소년에게도 유용하게 활용된다(Teglasi, 1993). 이 장에서는 아동과 청소년에게 활용하기 위해 특별히 개발된 세 가지 스토리텔링 검사에 대해 설명하고자 한다. 하나의 이야기 기법에 대해 확실히 이해하게 되면 이를 다른 이야기 기법에 일반화할 수 있기 때문에, 모든 스토리텔링 측정방법에 대한 심층적인 설명은 불필요하다(Russ, 1998).

아동용 주제통각검사(CAT)

아동용 주제통각검사(Children's Apperception Test, CAT)의 도입은 3~10세

사이의 아동이 사람보다 동물에게 동일시를 더 잘할 것이라는 전제에 기반을 둔다(Bellak & Bellak, 1949, 1952). 그러나 후속연구들은 CAT가 TAT보다 더 유용할 것이라는 주장을 뒷받침해 주지 않았다. 그리고 둘 간의 차이가 발견된 연구에서도, 사람 모습의 도판이 동물 도판보다 더 유용한 것으로 나타났다(Holt, 1958; Light , 1954; French, Graves, & Levitt, 1983). 실제로, CAT는 퇴행적인 이야기 내용을 이끌어 내고, 최저 실시 연령인 3~4세 아동을 제외하고는 TAT에 비해 유용성이 떨어진다(Eagle & Schwartz, 1994; Schwartz & Eagle, 1996).

Bellak은 동물 도판이 사람을 묘사한 도판보다 우수하다는 것에 대해 의문을 제기한 연구들을 고려하여, 본래의 CAT에서의 동물 도판을 사람으로 대체하는 CAT-H를 제작했다(Bellak & Bellak, 1965). 제작자들은 인물판을 만들면서 두 가지 도판 세트를 동일하게 만드는 것을 목표로 삼았다. 그러나 연령과 성별 그리고 특정한 문화적 특징과 관련하여 두 도판이 동일한 수준의 모호함을 유지하는 것은 불가능하였다. 비록 Bellak과 연구진은 기존의 CAT를 지속적으로 선호했지만, 7~10세 아동이나 더 어리지만 높은 지능의 아동(동물 도판을 유치하다고 생각할 수 있는 아동)에게는 아동용 CAT-H가 더 적합할 수 있다는 것을 인정했다. CAT와 CAT-H의 반응비교에 대한 연구들은 두 검사 간에 두드러진 차이가 없다는 것을 밝혔으며(Gardner & Holmes, 1990; Haworth, 1966; Myler, Rosenkrantz, & Holmes, 1972; Neuringer & Liversey, 1970), 차이가 존재하는 경우라 할지라도 심리적으로 의미 있는 자료를 불러일으킨다는 점에서 사람 도판이 동물 도판에 비해 심지어 더 우수한 것으로 나타났다. 이러한 결과는 여러 연령대(미취학 아동에서 6학년까지)와 집단 내에 걸쳐(잘 기능하는 또는 감정적으로 불안한, 지적 발달이 늦은 또는 우수한) 동일하게 나타났다. 다른 연구자들은 CAT와 CAT-H 간의 차이를 면밀하게 재검토하였다(Bellak & Abrams, 1997).

CAT 자극의 우수성을 뒷받침하는 연구의 실패에도 불구하고, (기존의 CAT와 CAT-H) 도판이 특정한 주제를 이끌어 낸다는 것을 기억해야 한다(빠르게 찾기 8.1 참조). 임상가는 각기 다른 개인을 대하며, 특정 주제 도판의 유용성은 사례에 따라 변화한다. 예를 들어, 임상가들은 특정한 성인의 성격유형에 CAT를 사용하는 것에 대한 이점을 알고 있다(Kitron & Benzimen, 1990). 몇몇 연구자들은 성적 중립성과 다문화적 적용 가능성의 이점 때문에 CAT 동물 도판을 사용하는 것을 고려하였다(Kline & Svaste-Xuto, 1981). Hoar와 Faust(1973)는 CAT의 시행에서 아동의 참여를 유도하기 위해 CAT 도판의 직소 퍼즐판을 개발하였다. 이처럼, CAT와 CAT의 변형판은 임상가를 위한 다양한 도구를 제공해 준다.

사람과 유사한 상황에 처해 있는 동물을 묘사한 10장의 CAT 도판은 아동이 처할 수 있는 다음과 같은 다양한 상황에서 발생하는 문제를 명백하게 드러내기 위해 고안되었다. 식사 상황, 부모(편부모 혹은 부부 모두)와의 관계(오이디푸스적 느낌 등의 원초적 장면), 홀로 남겨지는 것에 대한 두려움, 형제간 경쟁, 배변훈련, 기술 숙달, 공격성, 성인 세계의 수용(빠르게 찾기 8.1 참조). 제작자들은 발달에 대한 정신분석적 관점에 따른 보편적인 쟁점과 관련된 내용을 이끌어 내기 위해 CAT를 개발했지만, 이에 더하여 특정 문제를 파악하기 위한 보충 그림판 아동용 통각검사(CAT-S)를 도입하였다(Bellak & Bellak, 1952)(빠르게 찾기 8.2 참조). 검사자는 CAT 자극에 더하여 보충 도판 세트에서 하나 혹은 그 이상의 도판을 추가로 선택할 수 있다.

빠르게 찾기 8.1

CAT 도판

1. 음식이 가득 담긴 큰 쟁반이 놓인 탁자에 병아리가 둘러앉아 있고, 한쪽에는 윤곽이 뚜렷하지 않은 큰 닭이 서 있다.
2. 한쪽에는 한 마리의 곰이 줄을 잡아당기고 있고, 반대쪽에서는 다른 곰과 아기 곰이 함께 줄을 잡아당기고 있다.
3. 담뱃대와 지팡이를 가진 사자가 의자에 앉아 있다. 그 오른쪽 아래에는 작은 쥐가 쥐구멍에서 나오고 있다.
4. 머리에 모자를 쓴 캥거루가 우유병이 들어 있는 바구니를 들고 있다. 캥거루의 주머니에는 풍선을 든 아기 캥거루가 있다. 아기 캥거루보다 조금 더 큰 캥거루는 자전거를 타고 있다.

5. 어두운 방에 큰 침대가 있고 그 앞에는 아기 곰 두 마리가 있는 작은 침대가 있다.
6. 어두운 동굴 뒤편에 흐릿한 모습의 큰 곰 두 마리가 있고, 입구에는 아기 곰이 있다.
7. 날카로운 어금니와 턱을 가진 호랑이가 공중에 있는 원숭이에게 뛰어들고 있다.
8. 두 마리의 성인 원숭이가 소파에 앉아서 차를 마시고 있다. 다른 성인 원숭이 한 마리는 그 앞에 앉아서 아기 원숭이와 이야기를 하고 있다.
9. 어두운 방이 밝은 공간을 향해 열린 문을 통해 들여다보인다. 어두운 방 안 아기침대 속에는 토끼 한 마리가 앉아서 문을 바라보고 있다.
10. 아기 강아지가 성인 강아지의 무릎 위에 누워 있다. 두 마리의 모습은 최소한의 표현으로 제시된다. 이 모습은 화장실을 배경으로 하고 있다.

빠르게 찾기 8.2

CAT 보충 도판

1. 네 마리의 꼬마 쥐가 미끄럼틀 위에 있다. 한 마리는 미끄럼틀을 타고 내려오는 중이고 다른 한 마리는 이제 막 내려오려고 하며, 다른 두 마리는 계단을 올라가고 있다. 첫 번째, 세 번째 쥐는 수컷으로 보이며, 두 번째, 네 번째는 암컷(스커트, 머리의 리본)처럼 보인다.
2. 세 마리의 작은 원숭이가 교실 안에 있는 상황을 보여 준다. 두 마리는 학교 책상에 앉아 있고, 한 마리는 손에 책을 들고 서 있다. 앉아 있는 원숭이 중 한 마리는 자신의 꼬리를 만지고 있다.
3. 꼬마 쥐 여러 마리가 소꿉놀이를 하고 있다. '아빠 쥐'는 명백하게 성인처럼 보이고 다소 큰 안경을 끼고 있으며, '엄마 쥐'로부터 음료를 받고 있다. 장난감과 유모차 안의 아기인형이 주변에 흩어져 놓여 있다.
4. 큰 곰 한 마리가 앞으로 쭈그리고 앉아서 아기 곰을 무릎 위에 앉히고 팔로 안고 있다.
5. 캥거루 한 마리가 목발을 짚고 다리와 꼬리에 붕대를 감고 있다.
6. 네 마리의 여우(두 마리는 수컷, 두 마리는 암컷)가 눈앞에 보이는 결승점을 향해 달리고 있다. 그리고 한 마리의 수컷이 결승점에 거의 도착하려고 한다.
7. 고양이 한 마리가 거울 앞에 서서 자신의 모습을 비춰보고 있다.
8. 의사 토끼가 아기 토끼를 청진기로 진찰하고 있다. 뒤에 약병이 보인다.
9. 큰 사슴 한 마리가 샤워를 하고 있고 몸의 절반이 샤워커튼에 가려져 있다. 한 마리의 작

은 사슴이 그 모습을 보고 있다. 관장약이 들어 있는 가방 하나가 벽에 매달려 있다.
10. 임신한 고양이가 앞치마를 비스듬히 걸쳐 입고 똑바로 서 있다.

CAT의 시행

2장에서 설명한 시행절차는 모든 스토리텔링 기법에 동일하게 적용된다. 그러나 도판의 제시 및 지침의 구체적인 표현은 여러 기법마다 다양하다. CAT 제작자들은 10가지 도판을 숫자의 순서에 따라 시행할 것을 제안한다. 그러나 만약 아동이 지루해하기 시작하면 임상가는 그림에 의해 유발되는 주제를 기반으로 하여 적은 수의 도판을 선택적으로 제시할 수도 있다. 다음에 소개할 CAT의 지시는 TAT와 달리 놀이의 한 절차로서, 지시할 때에는 수검자가 등장인물이 무슨 생각을 하는지, 어떻게 느끼는지에 대해 구체적으로 언급하지 않는다.

> 이제 이야기를 만드는 놀이를 해 볼까요? 여기에 10개의 그림이 있어요. 선생님이 각 그림을 보여 줄 때 그림에 대해 생각나는 이야기를 만들어 보세요. 그림에서 무슨 일이 일어났는지, 다음으로 무슨 일이 일어날 것인지, 그리고 이야기는 어떻게 끝날 것인지에 대해 이야기해 주세요. 또는 그림에서 이전에는 무슨 일이 일어났는지 만들어 보고, 지금 그림에서는 무슨 일이 일어나고 있는지 그리고 그 이야기가 어떻게 끝나는지 만들어 보세요. 선생님은 네가 어떻게 이야기의 시작, 중간, 끝을 상상해서 만들어 내는지에 대해 관심을 가지고 있어요. 자 여기 첫 번째 그림을 보세요. (Bellak, & Abrams, 1998)

만약 아동이 도판을 설명하다가 중간에 검사를 지속하기를 어려워한다면, 검사자는 다음과 같이 이야기해 줌으로써 격려해 줄 수 있다.

"이야기의 시작은 아주 좋았어요. 이제 다음에 무슨 일이 일어날지에 대한 생각을 말해 줄 수 있나요?" 만약 아동이 이야기의 결말을 내지 못한다면 검사자는 즉시 "이제 어떻게 이야기가 끝나나요?"라고 할 수 있고, 만약 필요하다면 검사자는 아동에게 지금까지의 이야기를 다시 읽어 줄 수도 있다.

CAT의 해석

제작자들이 CAT의 도판 자극과 그 변형 도판을 처음 소개하였을 때, 이야기를 해석하는 새로운 해석적 절차와 방식을 적용하였다. 그러나 다른 연구자들은 특정 CAT의 해석 방식을 새로 도입하거나(Haworth, 1963), 또는 이미 TAT 도판에서 사용하고 있던 해석 방식을 받아들였다(Chandler, Shermis, & Lempert, 1989). Bellak과 Abrams(1997)는 TAT에 대한 성인과 아동의 반응 혹은 아동의 매해 달라지는 반응에서의 특정한 차이를 설명하는 체계적인 연구가 충분히 많다는 점을 고려하여, TAT와 CAT의 해석 사이에 작은 차이가 존재한다는 점을 지적하였다. Haworth(1966)는 다양한 연령대에 따른 몇 가지 평범한 CAT 이야기 사례를 제시하고, 유치원에서 10세까지의 발달적 동향을 검토하였다(빠르게 찾기 8.3 참조).

Bellak(1992 개정판)의 이야기 분석을 위한 단축형 검사는 TAT와 CAT 도판 모두에 사용할 수 있도록 고안된 것이다. 이 양식의 이론적 토대에 익숙한 검사자는 주요 주제, 주요 인물, 인물의 주요 요구사항, 환경의 이해, 대상관계, 주요 갈등, 불안의 특성, 갈등과 두려움에 대한 주요 방어기제, 초자아의 적절성 그리고 자아의 통합 등 10가지 변인에 따라 각각의 이야기를 자세히 분석하여 수검자의 반응을 체계화하는 데 사용한다.

빠르게 찾기 8.3

연령에 따른 CAT 자극의 지각 변화

1. 어린 연령(6세 이하)의 아동은 도판 3의 생쥐, 도판 4의 주머니와 아기와 같은 세부사항을 인식하지 못할 수 있다. 따라서 도판 3에서 수검자가 작은 생쥐 그림에 주목하지 않을 경우 아버지와 자녀관계에 대한 내용을 이끌어 내기 어렵다. 해당 도판의 인물판에서 아

동은 이러한 관계를 더 잘 파악한다.
2. 7세 이후에는 등장인물의 누락이 거의 없다(평균 = 1.4).
3. 특히 5세 이하의 연령에서, 누락된 인물은 매우 작고 모호하며 흐릿한 형태로 표현된다.
*Haworth(1966)를 보라.

이야기 내용을 해석할 때 임상가는 자신의 정신분석적 관점에 기초한 분석을 위해 각각의 이야기에서 고려되는 변인을 추출한다. 각 독립적인 이야기에 대한 해석보다는 이야기의 양상과 경향성을 찾기 위해 임상가가 10가지 변인 분석을 해야 한다고 언급했던 Bellak의 채점체계는 다음의 예시에 잘 나타나 있다. 이 양식은 또한 14가지 자아기능 각각에 대한 평가도 포함한다(빠르게 찾기 8.4 참조).

빠르게 찾기 8.4

CAT와 TAT에서 평가된 자아기능

1. 현실 검증력－내부와 외부의 자극 구별, 지각의 정확성, 의식의 반영.
2. 판단력－결과에 대한 예상과 그것의 정서적 적절성.
3. 현실감각－현실감 상실 또는 이인화의 정도, 자기와 세계 간의 경계에 대한 명확성.
4. 조절과 통제－추동, 정동, 충동의 조절, 충동표현의 직접성, 지연기제의 유효성.
5. 대상관계－관련성의 정도와 종류(예: 어느 대상이 독립적인 자기로 인식되는지에 대한 범위, 지각의 원시성).
6. 사고과정－기억, 집중, 주의 그리고 개념화 및 일차적, 이차적 과정.
7. 자아 체계 안에서의 적응적 퇴행(regression)－새로운 인지적 배열의 형성과 같은 창의성.
8. 방어기능－방어의 적응성 혹은 부적응성.
9. 자극 장벽－자극에 대한 반응을 위한 역치와 과도한 자극 입력을 관리하기 위한 전략의 효율성.
10. 자율적 기능－일상적 과제를 관리함에 있어 기능장애가 없음.
11. 종합적-통합적 기능－화자가 각각의 사건을 적극적으로 연관시키거나 부조화를 해

소하는 정도.
12. 숙달-역량–환경을 다루는 것과 관련된 유효성.
13. 초자아–초자아의 강도와 적응성(예: 너무 강하거나, 너무 약하거나, 모순되는가의 여부).
14. 추동(drive)–동기의 강도와 적응성(예: 너무 강하거나, 너무 약하거나, 적절하지 않음. 너무 공격적이거나 충동적인가의 여부).

CAT에서 보고된 이야기를 해석하는 또 다른 절차는 특정한 CAT 그림의 활용에 따라 발전하거나 혹은 TAT 해석 절차가 적용되었다. CAT의 분석을 위한 계획(Haworth, 1963)에서, 분석의 순서는 먼저 이야기의 질적인 평가를 목적으로 하고, 두 번째로 개인 내 비교와 집단비교를 위한 대략적인 양적 지표를 만드는 것을 의도하며, 다음과 같은 세 가지 넓은 범주를 포함한다. (a) 반동형성, 취소와 양가성, 고립, 억압과 부인, 기만, 상징화, 투사, 내사와 같은 방어기제, (b) 공포 또는 불안을 시사하는 공포증적이거나, 미성숙하거나, 와해된 반응 혹은 퇴행 또는 약하거나 부재된 통제, (c) 적절한 성별, 잘못된 성별, 불분명한 성별(도판에 제시된 등장인물의 성별과 보고된 성별이 일치하는가, 불일치하는가, 인식하지 못하는가)로 평가된 성 역할에 대한 동일시. 각 범주에서 계산된 핵심 '점수'는 임상장면 혹은 학교장면에 따라 차이를 보이는 것으로 나타났다. 최근에는 Cramer(1991, 2007)에 의해 TAT와 CAT 모두에서 부정, 투사 그리고 동일시의 세 가지 기제가 널리 연구되고 있다.

유의사항

CAT 해석 단위에 대한 규준은 여전히 정립되어 있지 않으며, 다양한 채점 방식에 대한 평가자 간 신뢰도는 확실하지 않다. 따라서 CAT는 이론적으로는 설명되지만, 심리측정학적인 타당성은 입증되지 않았다(Hatt, 1985).

Byrd와 Witherspoon(1954)은 열거적 요인(대상 명명), 기술적 요인(도판 자극의 객관적 특징 서술에 대한 질), 통각적 요인(그림의 객관적 특징을 넘어서는 해석)으로 CAT 반응을 분류하는 연구를 진행하였으며, 이 연구는 가장 높은 수준의 신뢰성을 지니고 있다. 도판 1에서 '병아리'는 열거적 요인으로 볼 수 있다. '앉아 있는'은 기술적 요인으로 평가할 수 있으며, '무언가를 먹고 있고, 엄마 닭이 먹이고 있다.'는 통각적 요인으로 볼 수 있다(Bellak & Bellak, 1952). 통각적 반응은 형제간 경쟁, 공포 또는 공격성 등과 같은 잠재된 역동에 따라 더 넓게 분류될 수 있다.

TAT 도판의 사용에서 소개되었던 연상적 정교화와 통합 척도(Slemon, Holzwarth, Lewis, & Sitko, 1976)는 CAT에도 동일하게 적용될 수 있다(Schroth, 1977). 연상적 정교화 척도(Associative Elaboration Scale)는 도판에 나타나 있는 특징 이상으로 세부적인 이야기를 윤색해 내는 경향을 측정하기 위한 의도로 제작되었으며, 해석적 기준에 따라 10점 척도로 평정한다. 통합 척도(Integration Scale)는 수검자가 응집력 있는 구성으로 이야기의 세부사항을 언급한 정도를 측정하기 위한 것으로, 주제가 없거나 또는 지나치게 순진(naive)한 설명에서부터 적절하고 통합된 이야기까지를 6점 척도로 평정한다. Schorth는 CAT에 이러한 척도를 적용하는 것과 관련하여 임상현장에서 충분히 높은 평가자 간 상관이 나타남을 발견하였다. 8~10세의 아동은 6, 7세 아동에 비해 유의하게 높은 연상적 정교화 및 통합성 점수를 받았다. 지능과 연상적 정교화 간 상관(.13), 지능과 통합성 간 상관(.03)은 유의하지 않았다.

초월 지수(Transcendence Index)는 본래 TAT와 함께 사용되도록 고안된 것이지만(Weisskopf, 1950), CAT에도 적용되고 있다(Armstrong, 1954; Budoff, 1960; Haworth, 1963; Weisskopf-Joelson & Lyn, 1953; Weisskopf Joelson & Foster, 1962). 초월 지수는 도판 자극에 대한 순수한 묘사를 넘어선 진술 및 실제 도판에서 보이는 장면에 대한 진술, 둘 중 하나에 대한 진술의 수이다. 진술의 빈도 계산은 이야기의 길이에 과도한 영향을 받음에도 불구하고, 이 지수는 등장인물의 내면세계(정서, 사고)의 정교화와 도판장면의 이전 또는 이후에 발생하는 사건에 영향을 미치기 때문에 생산성을 측정하기 위한 것으로 종종 사용된다. 그러나 초월 지수는 이런 구성요소 간 응집성이나 도판 자극과의 양립 가능성을 고려하지는 않는다.

TAT와 CAT 이야기의 비교

지금부터 생활연령이 6세 4개월인 DM의 TAT 이야기가 제시되며, 뒤이어 4장에 포함된 인지적 변인의 부호화에 기반을 둔 결론이 제시된다(빠르게 찾기 8.5 참조). 다음으로 제시된 이야기 반응은 DM의 CAT 검사 반응으로 Bellak의 10가지 변인을 기반으로 한 결론이 부연 설명되어 있다. 5개월이 지난 후(빠르게 찾기 8.6 참조) 다음의 전체 보고서에서 확인할 수 있듯이 이 두 검사에서 주요 결론은 거의 동일하다.

TAT 이야기

도판 1. 그는 그… 바이올린에 대해 생각하고 있어요. 그리고는 그것을 보고 있어요. [검사자: 그 전에는 어땠을까?] 내 생각에 그건 부러졌어요. [검사자: 감정은 어떨 것 같아?] 슬퍼요…. [검사자: 이후에는 어떻게 될 것 같아?] 그는 울게 될 거예요. [검사자: 그리고 그다음에는?] 그게 끝이에요.

함의: 무언가가 부러져서 누군가 슬퍼한다. 그 혹은 그녀는 울고 그 후 아무 일도 일어나지 않는다.

핵심사항: 외부 사건(부러진 바이올린)에 처한 등장인물은 어떠한 행동을 하거나 도움을 청하려는 시도도 없이 슬픔과 눈물을 보인다. 이야기는 장면이 묘사된 순간부터 이전 사건, 행동의 의도 또는 도움을 제공하는 최소한의 다른 요소도 포함하고 있지 않다.

도판 2. 여자는 성경을 들고 있어요. 위에 보이는 남자는 말을 가지고, 이리… 왔어요. 그리고 한 여자가 나무 옆에 서 있고 그녀는 다른 여자를 보고 있어요…. [검사자: 무슨 생각을 하고 있을까?] 그녀는 예수님에 대해 생각하고 있어요…. [검사자: 어떤 기분일까?] 행복, 왜냐하면 그녀는 예수님에 대해 생각하고 있으니까…. [검사자: 이후에 어떤 일이 일어날까?] 그녀가 할렐루야! 라고 말해요. [검사자: 결국에는 어떻게 될 것 같아?] 그녀가 받을 약간의 돈을 가난한 사람에게 줘요. 이걸 다 해야 되나요? 이거 전부 다요?

함의: 전체 도판에 대해 이해하지 못하였을 때, 수검자는 불안감을 낮출 수

있는 그림 속 안전한 어떤 대상에 초점을 두게 되지만 여전히 그러한 불안감에 압도되어 있다.

핵심사항: 이 아동의 연령에서 상대적으로 복잡한 도판 자극을 연합하는 것을 어려워하는 것은 드문 일이 아니다. 그러나 지각적 단서에 대한 DM의 부족한 현실 검증력(예: 사람이 '말을 가지고'를 수정하여 '말을 데리고'로 수정한 점)을 나타낸 점은 예상 밖의 일이다. DM이 검사상황에서 겪는 어려움을 감안할 때, 더 많은 이야기를 만드는 것에 대한 불안을 표현하는 것은 충분히 이해할 수 있다.

도판 3BM. 그는 울고 있고… 그녀도 울고 있어요. 그러니까, 그녀는 죽어가는 것 같아요. 왜냐하면 칼이 저기에 있기 때문이에요. [검사자: 이전에 무슨 일이 있었지?] 누군가가 그녀를 칼로 찔렀어요. [검사자: 왜 그랬을까?] 나도 몰라요. 그래서 그녀가 울고 있어요. 이게 3번 그림이에요.

과정 함의: 만약 무슨 일이 일어나고 있는지 알아보기 어려운 경우, 수검자는 제한된 단서에 반응하고 두려워하며, 그로 인해 혼란스러워한다.

핵심사항: DM의 인과관계 이해에 대한 경직성의 문제(예: 의도를 고려하는 능력의 부재)는 지나치게 단순한 연상에의 의존을 초래한다(예: 칼과 사건 등 대상 간의 일대일 대응). 다시 말해 이 그림에 대해 그가 느낀 불확실성과 불안은 그가 도판의 번호를 확인하게끔 만든다.

도판 4. 그녀는 남자를 보고 있어요. 그는 그녀의 남편이에요. 그리고 그녀는 그를 안아 줬어요. [검사자: 어떤 기분일까?] 행복해요. [검사자: 누가?] 그녀가 행복해요…. [검사자: 남자는?] 그는 슬퍼요. [검사자: 왜 그럴까?] 잘 모르겠어요. [검사자가 수검자에게 이야기를 만들도록 격려하였다.] … 누군가가 그의 할머니를 죽였어요. [검사자: 어떤 생각을 하고 있을까?] 아무 생각도 안 해요. [검사자: 결국 어떻게 될까?] 둘은 서로 포옹해요. 그녀는 그를 안아 줘요. 한 장, 두 장, 세 장, 네 장… [쌓여 있는 카드를 센다].

과정 함의: 만약 수검자가 정서와 대인관계에 대해 이해하지 못했다면, 수검자는 도판 자극의 각 부분이 상호작용하는 것을 파악하지 못하며 단지 그림의 일부분에 대해서만 반응할 것이다.

핵심사항: 처음에 DM은 도판 자극의 여러 부분에 대한 연결 없이, 정보의

부분적인 면에만 반응하는 수검 경향에 따라 다른 등장인물의 감정을 무시하고 주인공에만 초점을 맞춘다. 그림에 대해 구체적으로 질문했을 때 DM은 남편이 아내와 다르게 느끼고 있음을 인식한다. 그러나 아내가 행복하다고 설명하는 것과 남편이 슬퍼한다고 설명하는 것은 장면과 모순된다.

도판 5. 여자는 전등을 보고 있고, 또 시든 꽃을 보고 있어요. 꽃은 약간의 물을 필요로 해요. 그리고 그녀는 마실 수 있는 뭔가가 필요해요. [검사자: 어떤 생각을 하고 있을까?] 그녀는 여러 다른 색깔에 대해 생각하고 있어요. [검사자: 어디서?] 바로 여기… 책이요. [검사자: 기분은 어떨 것 같아?] 행복해요. [검사자: 마지막엔 어떻게 될까?] 몰라요. [검사자가 DM의 이야기를 다시 읽어준다.] 그녀는 거기에 물을 부어요.

과정 함의: 수검자는 과거의 경험에 대한 조직적인 이해 없이 현재 보고 있는 것만 생각하기 때문에 이 상황을 이해하기 어렵다.

핵심사항: 이 여성은 특별한 목표나 의도가 없다. 그러나 장면에서 나타난 다양한 사물의 여러 색깔을 보고 행복해한다(실제로 그림은 검은색과 흰색의 조합으로만 이루어져 있다). 그녀는 꽃에 물을 주는 것과 자신이 물을 마시는 행동을 같은 것으로 여긴다. 등장인물의 일상 활동에 부정적인 감정을 이끌어내는 구체적인 단서가 없는 경우, DM은 행복의 감정을 장면에 연합한다.

도판 6BM. 그는 어딘가를 보고 있어요. 그리고 여자는 자신의 자동차가… 잘 주차되어 있는지 확인해요. 남자는 그녀를 안았어요. [검사자: 어떤 느낌일까?] 행복, 행복해요…. [그림을 가리키면서] 둘 다 행복해요. 이 숫자는 뭐예요? [검사자의 반응기록지의 이야기 번호를 지적했다.]

함의: 감정과 대인관계에 대해 이해하기는 어려우나, 포옹은 행복감을 높여준다.

핵심사항: DM은 논리적인 설명 없이 긴장이 고조되는 장면에 애정과 행복을 중첩시킨다.

도판 7GF. 한 여자가 아기를 데리고 있고, 여자의 엄마가 "아기가 떨어질 수도 있으니까 여기 내려놓지 마라."라고 말해요. 여자, 그러니까 그 딸은 엄마를 때려요. [검사자: 누가 누구를 때린다고?] 여자의 엄마 …와 아기요. [검사자: 어떤 기분일까?] 모두가 행복해요. 여기 F, G는 뭐예요? 이건 6이네요! [뒤

집혀 있는 이전 카드의 뒷면을 보고]

함의: 부모가 여자의 딸을 훈계한다면, 아동(수검자)은 주변의 모든 사람에게 폭력을 행사할 것이지만 결국에 이들은 모두 행복해진다.

핵심사항: 이야기는 잘 이해되지 않는 외부의 행동에 대한 정보에 과민 반응하는 DM의 경향과 일치한다.

도판 8BM. 여자가 남자를 칼로 찔렀고, 꽂은 채로 놔두고 있어요…. 하지만 소년은 아무것도 하지 않아요. 소년은 행복해요. 그리고 소년은 [뒤의 남자를 가리키며] 이 사람을 죽였어요. 그의 아버지에게도 칼을 꽂았고, 소년은 영원히 행복하게 살았어요. 그리고 아버지도… 소년도…

과정 함의: 수검자는 정보(그림)에 대한 이해 없이 보이는 그대로 반응한다.

핵심사항: DM은 등장인물이 오래오래 행복하게 산다는 익숙한 이야기 구조를 논리적 연관성 없이 펼친다. DM은 경험을 종합하지 못하며 정보의 단편적인 부분에 대한 연결 없이 이야기를 만든다.

도판 13B. 이건 몇 번이에요? 남자는 엄마를 그리워해요. 남자의 엄마는 죽었어요. 그리고 할머니가 남자를 돌봐 주었고, 남자는 친구에 대해 생각하고 있어요. [검사자: 어떤 기분일까?] 행복해요. [검사자: 어떤 일이 일어났을까?] 남자는 무언가를 마시고 있으며, 스쿨버스가 오자 거기에 탔어요.

함의: 누군가가 자신을 돌봐 주고, 스스로 일상생활에 참여할수록, 그 사람은 행복을 느낀다.

핵심사항: 걱정은 욕구의 만족과 두드러진 일상적인 활동의 원천을 유지하는 가운데 존재한다.

함의 요약

한마디로 DM은 세상에 대한 잘못된 지각에 반응하며, 조화되고 예측 가능한 환경을 필요로 한다. 사회적 인과성의 이해를 위한 조직화된 도식에 대한 접근이 없으므로, DM은 사회적 상황을 파악하는 것을 어려워하며, 스스로에게 무력감을 느끼고, 또한 기계적이고 유연성 없는 태도를 지닌다. 반응의 지속적인 연합을 구성하고자 하는 특정 목표나 계획이 없기 때문에 DM의 행동은 외부적인 계기에 의해 나타난다. 혼란스러움과 흥분(예: 훈계받는 상황)을 느길 때, DM은 폭력적인 행동이나 부적절한 행동을 드러낼 가능성에 특히 취약하다.

CAT 이야기

도판 1. 아기가 수프를 먹는 것처럼 보이는데··· [검사자: 어떤 기분일까?] 행복해요···. [검사자: 그럼 어떤 생각을 하고 있을까?] 모르겠어요···. 아마도 엄마 생각을 할 것 같아요. [검사자: 엄마를 생각하는 중이야?] ···몰라요. [검사자: 그다음은 어떻게 됐어?] 좋아요. 좋아, 좋아··· [검사자: 어떤 일이 일어났을까?] 그냥 놀아요.

함의: 아동이 가족과 함께 식사를 할 때, 모든 가족 구성원은 행복을 느끼며 식사를 마친 후 함께 놀이를 한다.

핵심사항: 이야기 방식이 TAT 도판에서 했던 이야기와 유사하다. 특히, DM은 이야기를 촉발할 수 있는 구성요소를 필요로 하며 정확한 것을 필요로 하고, 의도, 정서, 사고의 내면세계를 묘사하는 데 어려움을 겪는다. TAT 도판이 부정적인 정서를 나타내고 있기 때문에, 수검자는 약간의 긴장이 나타날 것을 예상하고, 등장인물이 행복하다고 결론을 짓기 전에 앞서 딜레마를 해결할 것으로 예상하기 때문이다. 앞선 이야기와는 대조적으로, 행복한 정서가 이 그림자극과 어울리지 않는 것은 아니다.

도판 2. 이은 밧줄을 당겨요···. 그리고 남자가 넘어져요 [대상의 왼쪽을 가리키며] 남자는 무서워하고··· 또 지쳤어요···. [가운데를 가리키며] 그리고 남자가 이것을 당겨요[오른쪽을 가리키며]···. [검사자: 남자가 왜 무서워하고 있을까?] 머리를 부딪쳐서요. [검사자: 그리곤 어떤 일이 일어났을까?] 몰라요···. 음··· 남자는 머리를 부딪친 후 누워 있어요.

함의: 다른 사람과 밧줄을 당길 때 누군가가 다치게 될 것을 두려워하였고, 실제로 다친다.

핵심사항: 등장인물을 '목적이 있는 활동에 관여한다.'고 표현하기보다 '밧줄을 당기고 있는'으로 표현한 것은 그림에서 보이는 바를 말로 그대로 옮긴 것이라 할 수 있으며, 이는 TAT 반응과 유사하다. 또한 등장인물은 타인의 존

재와는 무관하게 각자의 기분과 활동에 심취한다.

도판 3. 그는 앉아 있어요. 나이 든 사자예요…. 그리고 이건 쥐예요. 이건 쥐의 동굴이고요…. 그리고 이건 널빤지예요. [배경을 가리키며] 이것은 사자의 곰방대이고, 이건 꽃이에요…. [바닥을 가리키며] [검사자: 어떤 기분을 느끼고 있을까?] 슬퍼요. [검사자: 왜 그렇지?] 왜냐하면… 왜냐하면 그는 진짜 친구가 없기 때문이에요. [검사자: 나중엔 어떻게 될 것 같아?] 나중에는 친구가 생길 것 같아요.

함의: 만약 누군가 친구가 없는 슬픔을 느끼고 있는 경우, 어떻게 사귀게 되었는지에 대한 이해과정 없이 친구가 생긴다.

핵심사항: 도판 자극 내 등장인물과 물건의 열거가 끝난 이후 검사자의 질문에 대한 응답으로, DM은 사자가 친구가 없기 때문에 슬프다고 묘사하였다. 결말이 어떻게 될지 물어보았을 때, 사자는 마술처럼 친구가 생긴다. DM이 그림 속에서 쥐도 발견했지만, 사자와 쥐를 관련시키려는 시도는 없다. 등장인물 간의 관련성 부재는 DM의 CAT와 TAT 검사 모두에서 일반적으로 나타나는 반응이다. 또한 두 검사의 이야기 반응에서 DM은 등장인물의 외부적 속성을 열거하거나 물건 나열에 강조와 우선순위가 없다.

도판 4. 아기 캥거루가 있고, [자전거에 탄 한 마리를 가리키며] 여기가 바퀴이고, 여기 또 다른 바퀴네요. 자전거를 타고 있어요. 아, 여기가 큰 아기, 여긴 작은 아기예요…. 작은 아기. [주머니 속에 든 한 마리를 가리키며] 모두 소풍을 가고 있어요. 그리고 그녀는 모자를 쓰고 있어요. 이것은 나무이고, 여기 다른 나무… 그리고 연기… [검사자: 어떤 기분일까?] 행복해요. [검사자: 무슨 일이 일어났을 것 같아?] 자리를 잡고 소풍을 즐겨요.

함의: 이야기에서 무엇이 중요하고 무엇이 아닌지는 구별하기가 어렵지만, 가족이 소풍을 즐길 때 행복해한다.

핵심사항: 장면에 드러나 있는 요소의 우선순위를 매기지 못하는 것(즉, 무생물과 등장인물의 상대적 중요성이 차별화되어 있지 않음)과, TAT 이야기에서도 드러난 바와 같이 주변 환경과의 연합으로부터 동떨어져 전개되는 생각은 DM이 환경적 단서를 해석하는 도식을 구성하지 못함을 암시한다.

도판 5. 곰이 누워 있어요. 그리고 이것은 침대… 음… 아기 요람이에요. 이

것은 창문과 블라인드예요. 그리고 이것은 빛이고, 이건 바닥이에요. [검사자: 좋은 설명이에요. 이제 선생님한테 이야기를 들려주세요.] 모르겠어요. 피곤해요. 밧줄을 당기고 있어요. [검사자: 나중에 어떻게 될 것 같아?] 아마 자리에서 일어날 거예요.

과정 함의: 수검자는 그저 보이는 그대로의 수준으로 자신의 주위를 인지할 수 있지만, 무슨 일이 일어나고 있는지에 대해서는 해석하지 못한다.

핵심사항: 그림 묘사 이후 이야기를 만들어 달라는 요청을 받았을 때, DM은 '밧줄(이전의 이야기와 연결됨)을 당기는 것' 때문에 피곤한 두 마리의 곰이 누워 있다고 설명한다. DM은 현재의 상황을 이해하기 위해 이전에 조직화했던 도식을 사용할 수 있는 능력이 없기 때문에, 현재 자신을 둘러싼 환경과는 동떨어진 생각에 사로잡힌다.

도판 6. 이건 큰 곰이에요. 여긴 작은 곰이고… 그리고 바위, 나무, 다양한 물건이에요. [검사자: 곰은 어떤 생각을 하고 있을까?] 슬퍼해요. [검사자: 왜 그럴까?] 아마, 가족이 살해당한 것 같아요. [검사자: 그다음은 어떻게 되니?] 몰라요.... 울고 있어요.

과정 함의: 상황을 이해하기 어려운 경우, 수검자는 어쩔 수 없이 최악의 상황(살해된 가족)을 가정한다.

핵심사항: DM은 도판 자극을 조직화하는 데 문제가 있고, 불확실감이 혼자 남겨질 것에 대한 두려움을 불러일으킨다.

도판 7. 윽, 저 이거 싫어요. 너무 무서워요. 이 그림이 싫어요. [검사자: 천천히 진정하고, 잠깐만 봐줄래?] 고릴라를… 저녁식사로 먹으려고 해요. 그리고 고릴라는 나무 위로 올라갔어요. 그리고 그의 줄무늬가 있어요. [검사자: 그러고 나서는?] 잡아먹혔어요, 그리고 가족은 슬퍼해요.

함의: 작은 동물이 더 큰 동물에게 잡아먹혔을 때, 그 가족은 슬퍼하였다.

핵심사항: 수검자가 이 그림에서 느끼는 두려움은 TAT 도판의 칼에 대한 반응과 유사하다. 또한 DM이 여러 세부사항('나무 위로 올라가기', '그의 줄무늬')의 각기 다양한 수준에 우선순위를 제대로 부여하지 못한 점은 개념 조직화에 문제가 있음을 보여 준다.

도판 8. 이것도 싫어요…. [검사자: 아까처럼 이것도 잠시만 살펴보자.] …재

있네요. 이건 엄마이고 이건 아빠… 그리고 또 다른 엄마와 남자아이예요. 이건 의자와 소파예요. 이건 아기 [그림의 배경을 가리키며], 그리고 이건 문이요…. [검사자: 어떤 일이 일어났을까?] 모두 행복해요…. [검사자: 무엇을 하고 있니?] 서로 비밀스럽게 이야기하고 있어요. [검사자: 그리고 어떻게 됐을까?] 다 괜찮아요. [검사자: 무슨 일이 일어났니?] 몰라요…. 나무를 올라가요.

함의: 사람이 함께 이야기를 나눌 때 모두 행복해한다.

핵심사항: 마찬가지로, DM은 장면의 제한된 특성에만 집중하며 자극의 크고 작은 부분을 동일하게 여긴다(예: 의자, 소파와 같은 무생물이 등장인물과 함께 나열된 점, 그림의 배경에 있는 아기가 주요 등장인물과 동일하게 나열된 점). 다른 그림과 마찬가지로, DM은 그림에서 무슨 일이 일어났고, 혹은 후에 무슨 일이 일어날지 설명하지 못한다('행복하다'는 일관된 반응만 나타남).

도판 9. 자그마한 아기 당근이에요…. [검사자: 아기 뭐?] …당근이요. 아니 아기 토끼요…. 침대에 앉아 있어요. 이건 거울, 빛, 창문, 그늘… 이건 문이고… 이건 바닥이에요. 그리고 토끼가 낮잠에서 깼어요. [검사자: 어떤 기분일까?] 슬퍼요. [검사자: 왜 그렇지?] 왜냐하면 토끼는 아직 밖에 나갈 수 없기 때문이에요. [검사자: 언제?] 낮잠에서 깬 후에요.

함의: 아기 토끼가 낮잠에서 깨더라도, 아직 밖으로 나갈 수 없기 때문에 슬퍼한다.

핵심사항: 수검자가 언제 토끼가 나갈 수 있는지 질문을 받았을 때, '낮잠에서 깬 후'가 그 대답이었다. DM이 그 순간에 집중하여 반응한 것과 같이, 등장인물은 자신이 곧 밖으로 나갈 수 있을 것이라는 예상보다는 자신이 처한 상황으로 인한 정서적인 반응(슬픔)을 보였다.

도판 10. 이건 강아지, 작은 강아지고, 엄마 개가 강아지를 목욕시키고 있어요. 엄마는 의자에 앉아 있어요. 이건 욕실, 변기 그리고 이건 수건이에요. 이건 쓰레기통이고 이건 벽이에요. 강아지는 행복해요. 아기 강아지 발이에요…. [검사자: 엄마는 무엇을 하고 있니?] 강아지를 쓰다듬어요. [검사자: 이야기 끝났어?] 그리고 강아지는, 음… 엄마를 위한 음식을 만들어요.

함의: 아기 강아지는 목욕과 엄마의 쓰다듬기 그리고 나중에 엄마가 먹을 음식을 만드는 것에 행복해한다.

핵심사항: DM은 친근한 활동(식사, 피크닉)을 이야기할 때 행복함에 대해 이야기하는 경향이 있다. 그러나 DM은 새롭고 복잡한 또는 불행한 장면을 처리할 자원이 없다.

빠르게 찾기 8.5

4장의 변인에 따라 조직화된 TAT의 결론

- 지각적 통합. DM은 동떨어진 자극 특성을 해석할 때 개념적인 것보다는 보이는 그대로 응답한다. 이야기의 절반 이상에서 정서와 대인관계 묘사가 심각하게 모순되어 있다.
- 추상성의 수준. 이야기는 열거하는 것 (명명 또는 격리된 것을 설명 또는 관련 없는 세부사항) 또는 구체화하는 것으로 (내면세계가 아닌 또는 사건과 감정을 단순히 잇는 것) 특징된다.
- 계획하기와 점검하기. 사회적 인과성에 대한 빈약한 이해는 그가 자신의 행동의 결과나 다른 사람의 반응을 예측하기 어렵게 하고, 결과적으로 최종적인 목표 또는 목적 없이 반응하는 경향을 갖게 한다. DM의 사건을 알아차리는 것 또는 대안을 고려하는 것에 대한 무능력은 일을 파악하는 것 또는 목표 지향적 생각이나 행동하는 것을 제한한다.
- 시간 조망. DM의 사고과정, 감정과 행동은 그 순간의 직접성에 뿌리를 두고 있다.
- 추론의 과정/이야기 구조의 일관성. 이야기는 수많은 잘못 조직된 생각, 잘못된 논리와 생각이 어떻게 연합하는지에 대한 많은 예시를 제공한다.
- 경험의 내적, 외적 요소의 조화. DM은 등장인물의 의도, 기준 또는 심리적 과정을 염두에 두지 않는다. 내부 및 외부세계 사이의 응집력 부족은 DM의 현실에서 상상 속의 행동을 분리해 내는 것을 어렵게 한다. 다른 사람과 관련하여 자기의 내구성 또는 응집력이 없는 것에 대해서 DM은 현상에 대해서 분명한 기대와 방법 그리고 직접적인 수용의 신호를 필요로 한다. 그렇지 않으면 그는 고립된 단서 또는 혼란, 공포, 분노와 도발에 반응한다.
- 각기 다른 개인의 관점의 조화. 생각, 감정 또는 의도의 내면세계를 이해하지 못하는 것에 대해 DM은 그림 안에 묘사된 자세의 구성, 얼굴표정 그리고 관계를 묘사하는 데 어려움이 있다. 그는 일상, 안전 및 수용의 기본 욕구의 암시에 따라 그 욕구의 외부 표면을 인지한다. (여기에 표현되지 않은 부호화 대상관계는 정보처리의 어려움에 영향을 미치고, 통제에 영향을 주는 것과 관련된 문제를 나타낸다.)

• 인지적-경험적 통합의 수준. 정보의 와해된 처리과정과 빈약한 현실검증(상황적, 대인적 관계의 단서뿐만 아니라 감정을 키우는 것의 어려움을 포함)을 시사하는 수많은 예시는 DM의 처리기능의 특징이다(수준 1).
• 연상적 사고의 수준. DM의 생각은 도판과 관련이 없거나 선형적이고, 최소한의 인과적 연결성을 지닌다(수준 1, 2). 생각은 자극에 대한 그의 반응 또는 그의 감정으로 인해 유발되고 확실한 조직화를 보이지 않는다.

빠르게 찾기 8.6

Bellak의 단축형 형식에 따라 조직화된 CAT의 결론

• (주요 주제, 주요 인물의 욕구와 추동에 근거한) 무의식의 구조와 추동. DM은 가족과 저녁식사를 하고, 이야기하고 목욕하는 등 친숙한 상황을 행복으로 여긴다. 반면 DM은 무기력함과 혼란스러움, 두려움을 느끼면서도 이를 벗어나 안심할 수 있고 안전한 상황으로 바꿀 수 있는 방법을 찾기 위한 노력을 하지 않는다.
• 환경의 개념. DM은 세상을 행복한 감정과 연관되는 친숙하고 일상적인 상황과 상처받기 쉽고 혼란스러움을 조장하는 상황으로 인식하는 이분법적 구조를 가지며, 이러한 환경의 미묘한 차이를 이해하기 힘들어한다. DM은 환경의 위협적이고 무섭고 자극적인 측면에 강하게 반응한다.
• 대상관계. DM은 부모 또는 가족 구성원을 지지적이며 안심할 수 있는 대상으로 이해하며 다른 인물은 중립적이거나 강한 존재(저항할 수 없는 존재)로 이해한다. DM은 그림 자극에 직접적으로 묘사되지 않은 경우 관련성을 추론하지 않는다.
• 주요 갈등. 내적 갈등이 분명하게 나타나지 않는다.
• 불안의 근원. DM의 일차적 두려움은 홀로 남겨져 신체적으로 고통받는 것과 강력한 상대에게 저항하지 못한 채 무기력하게 남겨지는 것이다.
• 갈등과 공포에 대항하는 주요 방어. 방어가 거의 나타나지 않는다(혹은 대부분 부인의 형태로 나타난다).
• 초자아 역할의 적절성. DM의 이야기 서술에서는 잘못에 대한 처벌의 예상이 정교한 형태로 나타나 있지 않다.
• 자아의 통합. 주인공이 부정적인 상황에 대한 대처능력이 떨어짐에 따라, 이야기에서 나

타나는 구체적인 생각과 비현실적으로 행복한 결말은 자아기능의 손상과 해당 연령에서 나타날 것이라 기대할 수 있는 자동적 행동을 충족하는 것의 어려움을 암시한다.

심리학적 평가

이름: DM
학교: G. 센터
연령: 6세 4개월

실시된 검사

아동용 웩슬러 지능검사(Wechsler Intelligence Scale for Children)
벤더 게슈탈트 검사(Bender-Gestalt Test)
아동 행동 체크리스트(Child Behavior Checklist, CBCL), 부모 및 교사 보고형
주제통각검사(TAT)
로르샤흐 잉크반점 검사(Rorschach Inkblot Test)
문장 완성 검사(Sentence Completion Task)
투사적 그림 검사(Projective Drawings)

의뢰사유 및 배경정보

1학년에 재학 중인 6세 4개월 남학생 DM은 최근 어린이 봉사센터에서 정서장애 진단을 받고 본원으로 옮겨졌으며, 검사는 모두 이전 센터에서 시행되었다. G. 센터에서, 첫날부터 DM은 과잉활동성, 충동성, 반항성 그리고 공격적인 행동을 나타냈으며, 이러한 행동으로 인해 본원과 같이 구조화된 환경에서조차도 센터요원이 그를 잘 다룰 수 없었다. DM은 수시로 욕을 하고, 요원을 말로 위협하고, 성인과 성적인 접촉을 하고 잡아끌었다. 또한 발로 차고, 물고, 침을 뱉는 신체적인 공격성을 드러냈다. 9월 27일, DM은 자기 비하적인 발언과 자살사고를 이야기했고, 그 시간에 DM을 돌보던 요원이 DM의 어머니에게

이에 대한 경고를 하고 그를 미국 정신보건센터에 의뢰했다. 외래 환자용 정신건강 평가의 결과로서, DM은 이전에 진단받은 ADHD의 증상을 해결하기 위해 10월 19일부터 리탈린을 복용하기 시작했고 치료 상담에 참여하고 있다. 10월13일부터 12월6일까지 DM의 담당교사의 차트에 기록된 DM의 부정적인 행동은 다양한 개입이 병행됨에 따라 서서히 감소한 것으로 나타났다. 담당교사는 DM의 행동이 개선됨에 따라 기록 작성을 중단하였다. 더욱 긍정적인 행동의 결과로, DM은 성공적으로 하루에 45~50분씩, 매주 3일의 언어예술 수업을 수강하였다. DM은 겨울방학이 끝날 무렵인 1월 6일부터 센터에서의 모든 개입에도 불구하고 대략 2주가 지난 시점부터 부정적인 행동이 다시 나타났다. 개별화 교육 프로그램(Indivisualized Education Program, IEP) 팀은 철저한 심리 및 교육 평가뿐만 아니라 종합적인 사회적 기록(사회/문화적 기록 제외)이 DM에게 더 나은 이해와 교육적인 서비스를 제공할 수 있다는 점에 합의하였다.

DM에 대한 배경정보는 P 학군 및 가족자원, 부모와 아동 치료 센터로부터 이관된 보고서에 불완전하게 기술되었다. DM과 어머니는 최근 P시에서 이 지역으로 이사했는데, DM은 정서장애를 가진 학생으로 분류되어 이 학군의 IEP 서비스를 받고 있다. P 학군의 평가에 따르면, DM은 대부분의 학습시도를 거부하지만, 평균적인 학습능력, 어휘, 양적 추론 그리고 단기기억능력을 보인다고 하였다. 이 평가에서 DM은 ADHD와 적대적 반항장애의 진단 여부로 의뢰되었다. 비록 이 진단은 기초자료로 사용할 수는 없지만 4개월 전에 진행된 정신건강평가에서 제안된 두 가지 잠정적 진단과 일치한다.

행동관찰

DM은 검사장면에 참여하는 것과 성인에게 특별한 관심을 받는 것을 좋아하였다. DM은 사회적인 대화상황을 즐기고 약간의 성적인 내용을 억제하지 못하는 것을 제외하고는 해당 연령에 적합한 태도로 참여했다. DM은 대부분의 검사에서 자신의 최대한의 능력을 발휘하여 최선을 다해 임했다. 예를 들어, DM은 퍼즐검사 문제 하나를 완벽히 해내기 위해 거의 11분을 소모했다. 그러나 다소 어려운 다른 검사는 싫어했다. 그는 징징대고, 짜증 내고, 울고 또 검사를 피하려고 주의를 다른 곳으로 돌렸다.

검사를 시작하던 무렵에 DM은 약 1개월간 리탈린을 복용하는 약물치료 중이었다. 이 약물은 검사하는 동안 DM의 능력을 명확하게 향상시켰다. 왜냐하면 그가 1시간의 검사를 하는 동안 일대일 상황에서 최적의 수행을 할 수 있는 주의의 개선효과를 보였기 때문이다. 동시에, 여전히 극도로 주의력을 유지하기 어려워하는 징후를 보였다. 계획과 유연한 사고를 보이지 않는 DM의 반응은 지속적으로 충동적이고 연상적(associative)인 측면이 있었다. DM은 종종 지시하기 전에 검사를 시작했고 지침을 따르는 데 어려움을 보였다. DM은 검사자가 자주 지시사항을 보고 들을 수 있게끔 검사자가 알려 줄 것과 수행을 제대로 하고 있는지에 대해 가르쳐 줄 것을 요구했다. 비슷한 패턴으로, 언어 및 비언어적 검사에서 청각 때문이라기보다는 주의력 때문에 문제가 발생했을 가능성이 발견되었다. 예를 들어, 언어적 항목에서 3개의 동전 이름을 물었을 때, DM의 즉각적인 연상은 미국 동전에 있는 대통령의 그림이었고, 그는 "에이브러햄 링컨, 그리고 조지 워싱턴?"이라고 이름을 말했다. 이는 DM이 문제를 확실히 이해하고 동전에 대해 상당한 지식을 가지고 있지만 그의 충동적인 반응으로 인해 올바른 답을 말하지 못함을 보여 준다. 또한 DM은 이전의 실수를 자신의 반응에 반영하거나 점검할 수 없었다. DM은 자신이 실수했다는 것에 대해 아무런 생각이 없었다. 만약 DM은 자신이 처한 검사의 첫 느낌이 부정확하더라도, 자신의 전략을 변경할 수 없었다. 또한 전반적인 검사진행을 통해 관찰된 양상은 DM의 인지적 경직성을 드러낸다.

검사결과에 대한 논의

검사 문제에 대해 명확히 알고 있음에도 불구하고 많은 오반응의 결과를 통해 드러나는 DM의 충동적인 반응 양식은 그가 시간을 두고 생각하는 방법(즉, 질문의 의미를 깊이 생각하고, 대안을 고려하고, 최선의 대응을 계획하는)을 학습하지 못했음을 의미한다. DM의 주의력 문제는 인지적 측정에 관한 DM의 수행에 명백하게 영향을 미쳤다. 이 결과는 DM의 현재 기능수준을 말해 주는 올바른 점수지만 이로 인해 자신의 진정한 능력을 과소 평가받을 가능성이 높다.

웩슬러 지능검사(WISC)에서 DM의 전체지능은 82점이었으나, 인지적 능력은 평균 하 범위로 DM의 연령 규준에서 백분위 12위에 해당하는 것으로 나타났다. 특히 언어검사 내 소검사 점수에서의 두드러진 분산은 학습장애를 시사한다. 언어검사에서 또래규준과 비교해 백분위 10위에 해당하는 DM의 수행은 연상적 사고와 충동적인 반응에 크게 영향을 받았다. 어휘는 DM의 상대적인 강점(완전한 평균)이며 이는 어떤 관찰자라도 손쉽게 알아차릴 수 있다. 따라서 DM의 실제 기능수준은 현재 나타나는 전반적인 기능수준보다 훨씬 더 양호할 것으로 고려된다. DM은 집중력과 작업 기억능력을 요구하는 언어검사에서 다소 고전하였으며, 이 검사에서는 평균 하의 수행을 보였다.

DM은 동작성 검사를 언어성 검사보다 더 선호하였으며 어떠한 외부적 구조화 작업 없이도 상당히 잘 집중하였다. 시각처리, 조직화, 계획하기, 비언어적 학습 및 기억검사에서 DM의 능력은 동일 연령의 다른 아동과 비교해 백분위 18위에 해당하였다. 다양한 검사를 통해 검사자는 DM이 하나의 단서나 세부사항에 집중하는 경향(주의가 '갇혀 있음')이 있으며 검사상황에서 제공되는 모든 정보를 탐색하는 데 실패한다는 점을 발견했다. 이는 앞서 언급된 인지적인 경직성의 일례이다. DM은 중요한 것에서 불필요한 세부사항을 구분해 내는 것에 어려움을 갖고, 처음으로 초점을 맞춘 대상에 대해 충동적이고 경직된 주의를 보인다.

벤디 게슈탈트 검사(BGT)의 기하학적인 디자인을 따라 그릴 것을 요구하였을 때, DM은 계획 세우기나 자신의 수행에 대한 점검과정 없이 충동적으로 검사에 접근했다. DM은 그림을 큰 형태로 그렸으며 보속 반응이 나타났고, 용지의 구조화와 경계선으로 종이의 가장자리를 사용하였으며, 무려 세 장의 용지를 사용하였다. 이러한 접근은 주로 충동성, 낮은 좌절에 대한 내성 및 행동화와 연관된다. DM은 검사를 4분 안에 완성했고, 이는 동일 연령의 대부분의 아동보다 30초나 빠른 것이다. 그럼에도 불구하고 그림의 질적 측면이 좋지 못한 탓에 75점의 표준점수로 변환된 것은 그리 놀라운 일이 아니었다. 회전오류 및 왜곡오류는 발달적 지연을 나타내는 지표로도 활용되기 때문에, 이를 통해 DM의 모든 실수가 그의 충동성 때문이라고 단언할 수는 없다. DM의 미세 운동능력은 ADHD 약물복용의 결과가 주의, 집중 그리고 행동의 개선된 결과에 영향을 미쳤음을 고려하여 관찰되고 재평가되어야 한다. DM의 도형 회상(부수적으로는 시각 기억능력)은 평균 범위에 있다. 다시 말하지만, DM은 용지를 3장이나 사용하였다.

DM의 어머니와 교사는 아동 행동 체크리스트(CBCL)를 작성했다. M 부인은 ADHD에 대한 약물치료를 시작하기 전과 후 두 차례에 걸쳐 그녀가 DM의 행동에 대해 어떻게 인식하는지를 평가하였다. DM의 교사는 그가 약물치료를 시작한 후 부정적인 행동이 1월 초에 재발하기 전에 평가를 완료했다. T 점수 50점이 평균이며, 67점 이하이면 정상범위 내에 있는 것으로 간주된다. 별표(*)에 해당하는 점수는 임상적 경계선 범위에 있는 점수이며 이중별표(**)에 해당하는 점수는 임상적으로 유의한 범위(즉, DM의 높은 부적응 수준을 나타낸다)에 해당되는 점수이다.

	약물치료 전 (어머니의 응답)	**약물치료 후** (어머니의 응답)	**약물치료 후** (교사의 응답)
전체점수			
내재화 행동	77**	53	48
철수행동	66	51	43
신체적 불평	58	50	50
불안/우울	50	50	50
외재화 행동	72**	57	50
비행행동/공격행동	82**	53	46
사회적 문제	85**	51	50
사고(thought) 문제	73**	64	51
주의력 문제	67*	50	50
성 문제	88**	70**	50

ADHD 약물을 복용하기 전과 후의 DM의 행동에는 확연한 차이가 있었다. 약물치료 전에 M 부인은 "다툼이 잦다.", "집중하지 못한다.", "주의를 오랫동안 유지하기 어렵다.", "성(性)적 강박 등 특정 생각을 지우지 못한다.", "무언

가를 부순다.", "가정과 학교에서 순종적이지 않다.", "잘못된 행동을 한 후 죄책감을 느끼지 않는다.", "생각 없이 충동적인 행동을 한다.", "거짓말이나 속임수를 쓴다.", "도둑질한다." 등과 같은 문항에 응답하였다. 약물치료 이후 M 부인은 이러한 문항 중 대부분이 사라졌거나 적어도 비슷한 강도의 행동이 관찰되지는 않았다고 보고하였다. 그러나 DM의 성적인 강박은 여전히 문제로 남았다. 교사의 관점도 동일했다. 교사는 DM이 약물을 복용 중일 때의 일반적인 교실에서의 행동을 관찰했다. 약물치료 이전에 DM의 행동에 대해 교사는 주로 '하고 싶지 않은 일을 거부함, 모든 과업에 일대일 주의가 필요함, 물리적 공격(때리기, 차기), 부적절한 언어구사, 성적인 언어 그리고 성적인 접촉' 등을 언급했다.

DM의 사회 정서적 기능은 성격 수행 기법을 통해 더욱 심도 있게 평가되었다. DM은 구조화되지 않은 모든 검사를 매우 어려워했으며, 무엇을 보는 검사인지에 대한 정보와 검사상황에 적절한 행동을 유지하게 해 주는 지지를 필요로 하였다. DM의 TAT 응답은 구체적인 사실을 주로 담고 있으며, 자주 도판자극과 상충되고, 논리적 진행이 부족하며, 많은 예시에서 사고의 결함을 보인다. DM의 사회적 인과성에 대한 이해 부족은 친숙하지 않은 상황을 정확하게 평가하고 반응할 수 있는 자원이 결여되어 있음을 드러내며, 이에 대한 취약함과 무기력함을 보인다. 예를 들어 두 개의 TAT 이야기에서, DM은 칼을 본 후 아무런 목적이나 의도 없이 어떤 사람이 등장인물에게 칼을 '꽂을 것이다.' 혹은 '찌를 것이다.'고 가정한다. DM의 구조화되지 않은 관념은 종종 스스로와 타인을 혼란스럽게 만든다. DM은 환상을 현실과 분리하는 것에 어려움이 있으며, 심지어 등장인물의 상황과 맞지 않는 경우에도 자신이 가지고 있는 제한된 도식에 고착된다. 자신이나 타인을 이해하는 DM의 도식은 특정 의도나 심리적 절차가 결여되어 있으며 원인과 결과를 연관 짓지 못한다. 이러한 인지기능의 손상 정도는 주의력 문제뿐만 아니라 정동과 관련된 침습적인 관념에서 정점을 보인다.

TAT에 대한 DM의 반응과 유사하게, Rorschach 검사에서는 DM이 보속 반응을 보이고, 세부사항에 집중하며 생각의 부적절한 통합을 보이는 경향이 있는 것으로 나타났다. 또한 Rorschach 지각 내용에서 DM은 자신의 신체기능에 대해 비정상적으로 집착한다. 이는 가정에서의 비정상적인 배뇨 및 배변 습관을 드러내는 것으로 보인다. DM은 집과 학교에서 성적인 농담과 성적 언어에 집착한다. 이러한 신체기능에 대한 집착은 스스로를 나약한 사람이라고 여기는 자기상에서 비롯된 것으로 보인다. TAT 이야기 반응에서, 부정적인 자극을 지각(예: 칼이나 총)할 때 DM은 무기력하고 방어를 잘하지 못하는 사람에게 강력한 누군가가 통제력을 행사할 것으로 가정한다. DM의 문장완성검사(예: '내가 가장 하고 싶은 것은… 영웅이 되어 모든 아동을 구하는 것이다.') 또한 그의 이러한 취약성을 드러낸다. 아동이 자율성에서 불균형을 경험하는 경우(예: 한쪽은 무기력하고 조종당하는 반면 다른 한쪽은 과한 힘을 갖고 남에게 해를 끼칠 때) 대부분 거리 두기 및 관계의 분리를 통해 대처한다. DM의 이야기에서 등장인물은 개성이나 감정이 없는 로봇처럼 보인다. 예를 들어, 어떤 이야기에서는 "누군가가 그녀에게 칼을 꽂아요."와, 다른 이야기에서는 "그녀가 어머니와 아기를 때려요…. 이들은 행복해요."라고 반응하였다. DM에게 가족화 검사에 대해 질문(검사자는 DM의 그림이 확실히 '가족' 그림임을 확인하였음)했을 때, DM은 자신, 친구, 여자를 그렸고 심지어 가족의 개념에 대해 혼란스러워했으며 "나는 이 여자의 이름을 몰라요."라고 답하였다. DM은 사회적 행동의 인과성을 이해하고 사회적 행동을 유도하기 위한 내부적 자원의 결여가 있는 것으로 보인다. 또한 자신의 주관적 경험을 통해 내재화되는 연령에 적합한 도식이 부족해 보인다. 이는 DM이 이러한 경험에 노출된 적이 없거나 인지적, 정서적으로 적절한 도식을 학습하지 못하였음을 암시한다.

요약 및 제언

DM은 6세의 G 센터 1학년 학생으로, 정서장애로 인해 P 학군에서 F 도시의 공립학교로 전학 왔다. DM은 올해 학교 적응에 어려움을 겪었으며 이전에 받은 심리 평가에 관한 정보에 한계가 있었기 때문에 IEP팀은 DM에 대한 전체 평가를 진행하기로 결정했다. 평가 결과, 평균 하의 인지적 기능을 보였으나 이는 DM의 실제 능력에 비해 과소평가되었을 가능성이 있다. 발달 초기 ADHD로 인해 DM은 동일 연령의 일반적인 다른 아동보다 정보에 대한 관찰,

처리, 저장 등의 능력에 한계를 보인다. 또한 주의력 향상과 충동성 억제를 위해 약물치료를 최근 시작하였지만, 검사 중에 보인 행동은 여전히 주의력결핍과 관련된 인지적 처리양상에 뚜렷한 변화가 나타나지 않았음을 시사하며, 이는 검사 수행의 저하로 이어졌다. 시각-운동 통합에서의 어려움이 관찰되었으나 충동성은 인지 처리과정 내 발달 정체의 문제와 복합되어 나타난다. 학습장애에 대한 추가적인 평가는 약 1년 정도 지켜볼 필요가 있을 것으로 보인다.

DM의 행동이 ADHD 약물 복용 이후 명백히 개선되었지만 아직 상황을 정확하게 파악(예: 환상과 현실을 혼동)하고 단순한 사회적 접촉을 계획하고 해결(잘못된 판단)하는 것을 어렵게 하는 와해된 사고의 문제가 남아 있다. 검사, 면담 그리고 관찰은 더 나아가 관계와 관련된 중요한 문제가 DM의 행동적 우려의 기저를 이룬다는 것을 시사한다. DM은 자신의 무기력감(실질적인 문제 해결책에 대해)과 거리 두기의 결과로, 강력한 타인과 통제에 의해 피해를 입을 것을 예상한다. 부족한 정보처리과정과 관계적 발달의 결합은 DM의 행동화를 설명한다. DM은 스스로 정확히 해석 가능하며 자신의 주변 환경에 대한 행동을 충분히 연령에 맞게 설명할 수 있는 도식의 뼈대가 발달되지 않았다. 또한 현재 자신의 행동을 지속하기 위해서는 타인에 의해 명확히 설정된 외부 구조와 가이드라인을 필요로 한다. DM의 관계 문제를 해결하기 위해선 지속적인 치료 상담을 하는 것이 강력히 권고된다. 검사결과는 현재의 다른 모든 평가 데이터와 함께 DM을 위한 가장 적절한 교육계획을 결정하는 데 사용될 것이다.

Lauren B. Lohr, MA.
NCSP School 심리학자
검사자

Mila French, PhD
NCSP School 심리학자
수련감독자

TELL-ME-A-STORY(TEMAS) 검사

소수인종 아동을 위한 유용한 주제통각검사를 개발하기 위한 노력의 일환으로, TEMAS(TELL-ME-A-STORY)의 제작자들은 도시환경과 인구-특수 규준 내에서 성해신 표준화 섬수로 재섬되는 소수인종 및 비소수인종 아동의 상호작용을 묘사한 2개의 동형 도판검사를 개발했다(Constantino, Malgady, & Rogler,1988; Constantino, Malgady, Rogler, & Tsui, 1988; Constantino, Dana, & Malgady, 2007; Constantino & Malgady, 2008). 제작자는 그림장면에 묘사된 상황이 수검자의 경험에 가까워야 한다는 근거를 제시했다(빠르게 찾기 8.8 참조). 그렇지 않을 경우, 자극에 대한 관심과 응답은 최소화되며 생성된 데이터는 신뢰성이 불충분할 것이다.

TEMAS 자극

제작자들은 TEMAS 검사의 도판이 도시에 사는 가난한 흑인계 어린이와 라틴 아메리카계 어린이에게 특별히 사용될 뿐만 아니라, 백인과 중산층 아동에게도 유용하다고 주장한다. 검사는 소수인종과 비소수인종 두 집단에 대한 규범적인 데이터가 있는 2개의 동일한 도판 세트이다. TEMAS 도판은 TAT처럼 인간 대 인간의 갈등상황을 묘사하지만, 차이점은 도판 자극에서 갈등의 두 측면을 보여 주며, 대부분의 그림은 내면의 딜레마(예: 도판 10B의 아이스크림과 자전거)나 대조적인 상황을 보여 주는 분할 화면과 유사하다. 따라서 TEMAS 도판 자극은 고도로 구조화되고 친숙한 장면으로 구성되어 있으며, 갈등의 두 가지 측면에 대한 묘사는 수검자가 이야기에 어떤 것을 포함해야 하는지에 대한 명확한 기대치를 제공한다. 이 검사의 채점은 이러한 갈등상황에 대한 적응과 부적응의 반응을 판별한다.

동일한 주제를 유도하기 위해 고안된 TEMAS의 각 버전은 도시 환경에서 라틴 아메리카계와 아프리카계 미국인을 주로 등장인물로 묘사하는 소수인종 도판 세트와 도시 환경에서 비소수인종 등장인물을 주로 묘사하는 도판 세트 등 총 23장 도판으로 구성되어 있다. 두 가지 버전 모두 9장의 그림으로 이루어진 단축형도 있다. 정식 버전에서는 12장 그림이 성별에 관계없이 사용되고, 11장 그림은 각 성별에 따른 도판이 사용된다. 오직 한 가지 그림만이 연령 특수성(22번 도판, 청소년 또는 소녀)이 있다. 여러 등장인물이 묘사된 4 장의 그림은 소수인종 집단 또는 비소수인종 집단 중 한 집단에 사용될 수 있다. 단축형 검사는 빠르게 찾기 8.8에 설명되어 있다. 더 자세한 사항은 매뉴얼을 참고하기 바란다(Constantino, Malgady, & Rogler, 1988).

빠르게 찾기 8.7

도판의 내용, 인종, 문화

1. 도판의 상황은 문화적인 영향으로 인해 아동에게 친숙하지 않을 수 있다.
2. 아동은 다른 문화적 또는 인종적 배경에서는 등장인물을 강하게 동일시하지 못할 수도 있다.
3. 같은 자극의 상황이 아동의 문화적 경험이나 또는 규준에 의해 다르게 해석될 수 있다.
4. 소수인종 아동에게 검사를 실시할 때, 모든 도판 자극에 대해 백인의 모습을 제시하는 것은 아동과의 교감을 방해할 수 있다.

빠르게 찾기 8.8

단축형에 포함된 TEMAS 자극

도판 1B. 어머니가 아들에게 명령하고 있다. 아버지는 배경에 있다. 친구들이 아들에게 함께 농구를 하자고 재촉하고 있다. (대인관계와 만족의 지연과 관련된 주제)

도판 1G. 어머니가 딸에게 명령하고 있다. 아버지는 배경에 있다. 친구들이 함께 딸에게 줄넘기를 하자고 재촉하고 있다. (대인관계와 만족의 지연과 관련된 주제)

도판 7. 화난 어머니가 깨진 램프를 들고 다투고 있는 아들과 딸을 보고 있다. (대인관계, 공격성, 도덕적 판단과 관련된 주제)

도판 10B. 한 소년이 돼지 저금통 앞에서 돈을 들고 서 있으며, 상점 안의 자전거를 보는 장면을 상상하며 아이스크림을 사고 있다. (만족의 지연과 관련된 주제)

도판 10G. 한 소녀가 돼지 저금통 앞에서 돈을 들고 서 있으며, 상점 안의 자전거를 보는 장면을 상상하며 아이스크림을 사고 있다. (만족의 지연과 관련된 주제)

도판 14B. 한 소년이 방에서 공부하고 있다. 한 무리의 소년 · 소녀가 거실에서 음악을 듣고 있다. (대인관계, 성취동기, 만족의 지연과 관련된 주제)

도판 14G. 한 소녀가 방에서 공부하고 있다. 한 무리의 소년 · 소녀가 거실에서 음악을 듣고 있다. (대인관계, 성취동기, 만족의 지연과 관련된 주제)

도판 15(소수인종 버전). 한 경찰관이 경찰운동리그(PAL) 야구선수에게 상을 주고 있다. 한 경찰관이 창을 부수고 물건을 훔친 세 소년과 한 소녀를 체포하고 있다. (대인관계, 공격성, 성취동기, 도덕 판단과 관련된 주제)

도판 15(비소수인종 버전). 한 경찰관이 축구선수에게 상을 주고 있다. 한 경찰관이 창을 부수고 물건을 훔친 세 소년과 한 소녀를 체포하고 있다. (대인관계, 공격성, 성취동기, 도덕 판단과 관련된 주제)

도판 17B. 한 소년이 공부를 하다가 선생님으로부터 A를 받는 꿈과 F를 받는 꿈을 꾸고 있다. (불안/우울, 성취동기, 자기개념과 관련된 주제)

도판 17G. 한 소녀가 공부를 하다가 선생님으로부터 A를 받는 꿈과 F를 받는 꿈을 꾸고 있다. (불안/ 우울, 성취동기, 자기개념과 관련된 주제)

도판 20. 한 젊은이가 침대 위에서 언덕을 올라가는 말과 강 그리고 성 쪽으로 나 있는 길을 보는 꿈을 꾼다. (불안이나 우울증과 관련된 주제)

도판 21. 한 젊은이가 침대 위에서 괴물이 무언가를 먹는 꿈과 괴물이 위협하는 꿈을 꾼다. (공격성, 불안/우울, 현실검증과 관련된 주제)

도판 22B. 한 소년이 화장실 거울 앞에 서서 남녀 모두의 성(性)을 가진 자신의 얼굴을 보고 있는 상상한다. (불안/우울, 성적 동일시, 현실검증과 관련된 주제)

도판 22G. 한 소녀가 화장실 거울 앞에 서서 남녀 모두의 성(性)을 가진 자신의 얼굴을 보고 있는 상상한다. (불안/우울, 성적 동일시, 현실검증과 관련된 주제)

TEMAS 시행

전체 23장의 도판을 모두 사용하는 절차 또는 9장의 보충 도판이 포함된 절차는 의뢰된 아동 누구에게나 실시할 수 있다. 임상가는 문화적, 인종적으로 아동에게 타당한 도판에 해당하는 검사(소수 또는 비소수 집단)를 선택한다. 매뉴얼은 보다 자세한 지침을 제공한다. 처음에 검사자는 "선생님은 네가 이야기를 들려줬으면 좋겠어요. 선생님은 네게 보여 줄 재미있는 그림을 많이 가지고 있어요. 사람과 그림의 장소를 주의 깊게 보고 난 후 선생님한테 시작과 끝이 있는 그림에 대한 완전한 이야기를 들려주세요."라고 이야기한다.

아동에게 첫 번째 도판을 보여 준 뒤, 검사자는 이야기를 말 할수 있는 사건의 시간적인 순서를 제공하면서 "선생님한테 각 그림에 대한 완전한 이야기, 처음과 끝이 있는 이야기를 들려주세요. 이야기는 (a) 그림에서 지금 무슨 일이 일어나고 있는지, (b) 이전에는 무슨 일이 있었는지, (c) 미래에는 무슨 일이 일어날 것인지에 대한 세 가지 질문에 대답할 수 있어야 돼요."라고 말한다. 검사자는 이러한 지시사항을 각 도판마다 반복해서 아동에게 말해 준다.

시간 순서에 대한 지침을 제공한 후 수검자는 자발적으로 이야기할 수 있는 기회가 주어진다. 이야기가 끝난 후, 이야기가 이러한 순서를 포함하고 있으며 빠르게 찾기 8.9의 여섯 가지 영역이 모두 다루어졌다면 더 이상의 질문은 불필요하다. 요청된 이야기의 요소가 점수로 매겨지기 때문에, 만약 검사자가 매뉴얼에 맞게 질문하는 것에 실패했을 경우, 수검자는 부당하게 손해를 볼 수 있다. 각 이야기의 완료 시 검사자는 먼저 뒤에 남겨진 여섯 가지 이야기 요소에서 필요로 하는 사건의 시간적 순서를 다룬다. 일반적으로 검사자는 아동이 문장을 완료할 수 있도록 아동을 격려하고, 등장인물의 동기와 행동을 명확히 설명할 수 있도록 장려해야 한다. 검사자는 수검자의 이야기를 명확히 하는 질문을 할 수 있으며, 삽입구로서 "?"를 표기하여야 한다. 이러한 질문은 채점체계에서는 분석하지 못하지만 임상적으로 유용할 수도 있다. 검사자는 수검자의 이야기 구성이 끝난 후 구조화된 질문을 하여야 하며 질문이 나온 각 도판을 모두 표기하여야 한다(예: '1a').

검사자는 각 도판에 대한 반응시간과 검사 전체에 걸린 시간 모두를 기록하기 위해 초시계를 사용한다. 검사자는 아동이 도판을 넘겨받을 때 초시계를 시작하여 아동이 반응하기 시작하는 순간에 정지시킨다. 이러한 지연시간은 각 이야기의 시작 부분에 기록되는 반응시간이다. 만약 이야기가 완성되면 검사자는 시간 재는 것을 중지한다. 그렇지 않다면 이야기가 완료될 때까지 초시계가 계속 진행되게 내버려 둔다. 검사자는 아동이 각 이야기를 최소한 2분씩 말하도록 격려한다(예: "이 그림에서 무슨 일이 일어났는지 말해 주세요." 또는 "무엇을 봤는지 말해 주세요."). 이 검사는 각 이야기에 최대 5분의 시간을 할당한다. 그리고 만약 반응이 너무 장황한 경우 4분이 지난 후 아동이 이야기를 신속하게 종료하도록 한다(예: "이 이야기는 어떻게 끝나나요?").

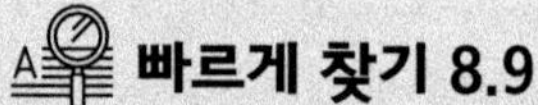

빠르게 찾기 8.9

6개의 질문 영역

1. (a) 이 사람들은 누구예요? 이들은 서로를 알고 있나요?
   (b) 이 사람은 누구예요?
2. (a) 이 사람들은 어디에 있어요?
   (b) 이 사람은 어디에 있어요?
3. (a) 이 사람들은 어떤 말과 행동을 하나요?
   (b) 이 사람은 어떤 말과 행동을 하나요?
4. (a) 이 사람들은 이전에 무엇을 했나요?
   (b) 이 사람은 이전에 무엇을 했나요?
5. (a) 이 사람들은 이후에 무슨 일을 하나요?
   (b) 이 사람은 이후에 무슨 일을 하나요?
6. (a) 이 사람(주요 등장인물)은 무슨 생각을 하고 있나요?
   (b) 이 사람(주요 등장인물)은 어떤 감정을 느끼고 있나요?

TEMAS 해석

TEMAS는 3가지 질적 지표에서 18가지 인지기능, 9가지 성격기능, 7가지 정동적 기능을 측정한다(빠르게 찾기 8.10에서~8.13 참조). 제작자에 따르면 이 검사는 5~13세 사이의 아동을 규준적, 임상적으로 해석할 수 있으며, 15~18세 청소년을 임상적으로 해석할 수 있다고 한다. 규준은 아동이 작업의 요구사항에 대해 이해하고 협조하도록 해 주고, 아동이 사건의 순서에 대해 의사소통할 수 있도록 해 준다. 해석은 자아심리학, 대인관계 심리학, 사회학습이론, 인지심리학 그리고 동기 심리학의 이론적 체계를 통합하는 역동적 인지 모델을 기반으로 한다(매뉴얼 참조).

빠르게 찾기 8.10

인지기능

1. 반응시간*-도판의 제시와 이야기의 시작 사이의 시간 경과.
2. 전체시간*-이야기의 시작과 결론 사이의 경과.
3. 유창성*-이야기의 단어 수.
4. 총누락*-이야기에서 언급되었지만 서술되지 않은 등장인물, 사건, 설정.
5. 주요인물의 누락***-주인공이 언급되지 않거나 이야기에서 등장인물이 없는 것.
6. 보조 등장인물의 누락***-이야기의 등장인물 또는 주요 등장인물 이외의 사람이 언급되지 않음.
7. 사건의 누락***-그림에서 어떤 일이 일어났는지 확인하지 못함.
8. 설정의 누락***-사건이 일어난 장소를 확인하지 못함.
9. 전체적 변형**-잘못 지각된 등장인물이나 사건, 설정의 묘사.
10. 주인공의 변형***-주인공의 잘못된 식별.
11. 보조 등장인물의 변형***-이차적 인물의 잘못된 식별.
12. 사건변환***-그림에서 무슨 일이 일어나고 있는지의 잘못된 식별.
13. 설정변환***-위치의 잘못된 식별 (계속).
14. 질문**-설명 및 구조화된 질문을 포함한 질문의 수.
15. 관계**-등장인물과 그간의 관계의 식별.
16. 상상**-등장인물, 이벤트 및 설정에 대한 자세한 설명을 넘은 내용.
17. 순서**-과거, 현재, 미래의 사건과 관련.
18. 갈등**-갈등의 인식은 양극성으로 묘사된다.

*양적 척도
**질적 척도
***부가적인 척도

빠르게 찾기 8.11

성격기능

아홉 가지 성격기능은 연속적인 사회-심리적 기준에 따라 정의되며 적응-부적응으로 평가한다.

1. 대인관계—분리/개별화, 존경/무례함, 양육/거절의 양극성을 통합하는 능력.
2. 공격성—개인, 타인, 소유물을 해치려고 의도하는 직설적인 말 또는 신체적 표현.
3. 불안/우울—최근의 상황이나 미래에 대한 비이성적인 두려움, 걱정 또는 광범위한 불행, 신체화 증후군, 자살사고, 무가치감, 우울하거나 수줍은 경향, 내성적.
4. 성취동기—목표를 성취하거나 이루고자 하는 것에 대한 특정 기준과 관련된 노력 내에서의 성공을 얻기 위한 욕망.
5. 만족의 지연—더 큰 보상이나 만족을 얻기 위해 즉시의 보상 또는 눈앞의 보상을 지연시킴.
6. 자기개념—환경을 넘어선 지적, 사회적, 신체적 숙달 그리고 직업적인 능력과 현실적인 자기지각.
7. 성적 정체성—적절한 성역할에 대한 현실적 지각.
8. 도덕적 판단—옳고 그름을 말할 수 있는 능력과 그것에 따라 움직일 수 있는 능력, 부정행위에 대한 책임을 받아들이는 것과 부당한 일에 대해 적절한 벌을 받는 것.
9. 현실검증—환상과 현실을 구별하는 능력, 문제적 상황을 인식하는 것, 행동의 개인적, 사회적인 결과를 예상하는 것.

빠르게 찾기 8.12

정동적 기능

일곱 가지의 뚜렷한 기분 또는 정서는 주요 등장인물 또는 장면의 긴장을 해소하는 것으로 묘사되는 등장인물을 통해 나타난다.

1. 기쁨*—장면에서 묘사된 딜레마의 만족스러운 해결과 관련된 자기만족.
2. 슬픔*—갈등의 해결과 관련된 불만.
3. 분노*—갈등과 관련된 강한 불쾌감.

4. 공포*–사건의 해결과 관련된 임박한 위험에 대한 기분.
5. 중립–갈등의 해결에 대한 정서적 무관심.
6. 양가감정–갈등의 해결과 관련된 정서적 선택.
7. 부적절한 정동–이야기 앞부분의 행동과 갈등이 해결되는 곳에서 주요 등장인물과 등장인물의 기분상태 간 불일치.

*양적 척도

빠르게 찾기 8.13

채점되지 않는 질적 지표

1. 검사상황에서의 행동 관찰.
2. 검사의 거부.
3. 이야기의 내용 분석.

첫 번째로, 검사자는 인지적, 성격적, 정동적 기능 점수를 체계적 순서에 따라 매긴다. 원점수를 정규 T 점수(평균=50, 표준편차=10)로 변환하고, 각각의 기능은 높고-낮은 점수(하나의 표준편차에서 평균의 위와 아래)의 관점에서 평가된다. 제작자들은 임상가가 명시된 해석 기능에 반하여 인지적, 정동적, 성격적 기능이 양적, 질적인 데이터를 넘어서는 의미 있는 패턴이 있을 것이라고 해석하지 말 것을 경고한다.

유의사항

TEMAS는 제작자가 실시한 연구 이외의 다른 연구가 거의 없고, 표준화 표본이 좁은 지역적 범위에서 제작되었다는 제한점이 있다 (Flanagan & DiGiuseppe, 1999). 표준화 표본은 각 연령 집단에 따라 아주 적은 수의 아동만이 포함되어 있다.

아홉 가지의 성격 기능은 모두 1점(매우 부적응적)부터 4점(매우 적응적)까지 질적인 점수로 매긴다. 더불어 성격기능을 TEMAS 이야기 내용의 일부가

끌어낼 수 없다면(N), 이는 특정 기능에 대한 부적응적인 선택적 주의를 나타내는 심각한 누락을 의미한다. N 절단점(cut-off)은 백분위 15위 이상이다. 가변성이 제한되기 때문에 14개의 인지기능과 3개의 정서적 기능은 T 점수로 변환되지 않는다. 절단점은 백분위 90위로 명시되었다.

Roberts-2

Roberts-2는 아동용 로버트 통각검사(the Roberts Apperception Test for Children)를 대체한다(RATC; McArthur & Roberts, 1982). 이와 같은 명칭의 변경은 통각에 대한 언급을 삭제하고, 투사적인 기법과의 연관성을 감추기 위해서였다. 제작자들은 Roberts-2나 그 이전 검사 (아동용 로버트 통각검사) 모두 투사적 검사의 지시문에 부합하는 것이 없다고 설명한다. 투사적 검사는 다양한 해석의 대상이 되는 모호한 자극을 제공하는 반면, 로버트 도판은 일반적으로 쉽게 인식되는 실제 발생하는 삶의 사건을 묘사한다. 로버트 통각검사는 아동이나 청소년의 정신건강이나 또는 특수 교육적 환경에 주목하게 하고, 또한 사회적 인지이해 지수를 제공하기 위한 연구목적으로 사용하기 위해 고안되었다.

더 구조화되고 덜 모호할수록 더 유창한 반응을 만들 수 있다는 논쟁은 역시 TEMAS 도판의 구조화를 증가시키는 근거가 되었다(Constantino & Malgady, 2008). 그럼에도 최적의 구조화와 모호함에 대한 문제는 여전히 논쟁 중이다. 구조가 다른 그림에서는 아마도 서로 다른 정보를 얻을 수 있겠지만 구조가 다른 그림에서 반응의 해석적 유용성이 밝혀진 특정한 스토리텔링 기법의 용이성을 추정할 기준이 없다.

아동용 로버트 통각검사의 개발을 위한 초기의 근거는 아동에게 사용 가능한 자극에 대한 불만족과 합의된 평가 시스템의 부재에 관한 불만에 기인한다(RATC; McArthur & Roberts, 1982). 제작자는 일상적인 생활상황에서 동물 도판을 사용하는 것은 대부분의 취학연령 아동에게 적절하지 않다고 생각했다.

빠르게 찾기 8.14

Roberts-2의 특징(Manual, Roberts & Gruber, 2005)

- 도판(16장)은 일반적인 대인관계 상황에서의 인식을 평가하고 일반적인 성격 묘사 및 임상적 의사결정을 돕기 위해 6~18세 사이의 아동 및 청소년에게 사용할 목적으로 고안되었다. 검사자극은 보다 현대적인 의상과 헤어스타일의 묘사를 위해 개선되었다.
- 제작자는 도판 자극이 모호하지 않고 수검자가 인식하는 실제의 사건을 묘사하기 때문에 투사적 검사의 구조가 이 검사에 적용되지 않는다고 주장하였다.
- 도판은 부모-자녀 관계, 형제자매 관계, 공격성, 숙달, 부모와의 의견 차이, 부모의 애정, 성과 관련된 나체 관찰, 학교 및 또래 관계 등의 주제를 이끌어 낸다. 4개의 도판은 공격적인 상황을 묘사하고 공격적인 도발에 대처하기 위한 전략을 설명할 것을 요구한다.
- Roberts-2는 아동의 표현적인 언어를 인지 사회적 기술의 지표로 사용한다. 채점기준은 객관적이고 높은 평정자 간 일치를 산출해 낸다.
- 표준화 표본(N=1,060)은 6 ~ 18세까지의 전국 대표 아동 표본(1학년에서 12학년)으로 학령아동의 인구와 임상적인 추가적 표본(N= 467)을 포함한다.
- 타당화는 사회인지 기술의 발달적 진행과 전국 대표표본 및 임상표본 간 차이의 비교를 통해 이루어졌다.

비록 제작자들은 TAT가 아동과 성인이 함께 사용할 수 있도록 설계되었다는 것을 인정했고, 설반 이상의 도판을 아동에게 적합한 것으로 간주(Murray, 1943)했지만, 실제로는 몇 가지 도판만이 아동의 묘사에 적절하다는 것을 관찰하였다. 이야기의 내용과 구조를 기록하기 위한 합의된 시스템의 부재로 인해 제작자는 새로운 검사자극과 그 해석적 접근법을 제안하였다. 매뉴얼 내에 설명된 검사의 수정판(Roberts & Gruber, 2005)은 사례집(Roberts, 2007)을 통해 보완되었으며 빠르게 찾기 8.14에 강조되어 있다.

Roberts-2 시행

수검자 한 명을 기준으로, 16장의 도판을 수검자의 성별에 해당하는 유형으로 사용하고 표준화 절차의 지침에 따라 도판의 순서대로 실시된다.

> 선생님이 그림을 몇 장 가지고 있는데 한 번에 하나씩 보여 줄 거예요. 그러면 네가 각 그림에 대한 이야기를 만들었으면 해요. 이 장면을 보고 그림에서 무슨 일이 있었는지 알려 주고 어떻게 이야기가 끝나는지 말해 주세요. 그리고 등장인물이 무엇에 대해 이야기하고 있고, 기분은 어떤지 말해 주세요. 너의 상상력을 이용해서 그림에 대한 이야기를 만드는데 이야기에는 옳고 그른 답이 없다는 것을 기억하세요. 만약 필요한 경우, 검사자는 "나는 네가 그림에서 무슨 일이 일어나고 있는지 시작과 중간, 결말을 이야기해 주기를 바라요."라고 추가할 수 있다. "그림에서 무슨 일이 있는지를 말하고, 그 사람의 생각, 느낌과 무엇을 하고 있는지 무슨 말을 하고 있는지 말해 주세요. 나는 네가 처음 두 가지 이야기를 시작하는 것을 도와줄 수 있어요."

처음 두 도판의 실시에서 검사자는 수검자에게 검사에 대해 확실히 이해시키기 위해 다음과 같은 질문을 제시할 수 있다. (a) 무슨 일이 일어났나요, (b) 주인공의 기분은 어떤가요, (c) 주인공이 무엇을 하고 있으며 무엇에 관해 이야기하고 있나요, (d) 이전에는 무슨 일이 일어났나요, (e) 어떻게 이야기가 끝나며, 그 이후에는 무슨 일이 일어나나요? 이러한 질문은 검사의 첫 두 도판에 대해 이야기할 때 자유롭게 사용할 수 있지만 그 후에는 드물게 사용해야 한다. 아동의 검사 시행에서 검사자에 의해 요청된 특정한 이야기 요소의 일관적인 누락은 특정 문제와 관련된 정보이다. 검사자는 필요에 따라 반응을 명확하게 하기 위해서 질문할 수 있다. 예를 들어, 아동에게 누가 '그'를 의미하는지를 알아내기 위해 그것이 하나의 등장인물인지 아니면 그보다 더 많은 것을 의미하는지 물을 수 있다. 검사자는 검사자의 질문으로 인해 나온 반응과 수검자의 자발적인 반응을 구분하기 위해 질문한 이야기의 지점을 표시해 두어야 한다. 이야기를 만들지 못하는 아동은 도판을 설명하는 것부터 시작하도록 권장된다.

Roberts-2 자극

검사자는 3가지 유형의 검사자극(백인, 흑인, 라틴 아메리카계 사람) 중 수검자에게 가장 적합한 설정의 그림을 선택한다. 그림자극은 아동의 삶에 나타나는 일반적인 상황, 갈등과 스트레스를 보여 준다. 각 검사자극에는 27장의 그림이 있고, 11장의 뒷면에는 문자로 'B'와 'G' 로 남성과 여성의 각 유형을 구분하기 위해 표기하였다. 5장의 그림은 모두에게 사용된다. 따라서 16장의 그림을 각 아동에게 실시할 수 있다(빠르게 찾기 8.15 참조).

Roberts-2 해석

측정은 성숙도와 경험에 따른 사회적 이해의 변화를 보는 발달적 적응기능(developmental adaptive function) 지표, 사회적, 정서적 어려움의 경험에 대한 아동 및 청소년과 또래 규준 간 차이를 보는 임상적 기능(clinical function) 지표로 이루어진다. 규준 데이터와 임상적 집단 간 비교는 7가지 척도와 보충 척도에서 유용하다(빠르게 찾기 8.16 참조).

빠르게 찾기 8.15

Roberts-2 자극은 다음의 주제를 이끌어 내도록 제작되었다.

그림 1B/G: 가족의 상호작용
그림 2B/G: 어머니의 지지
그림 3B/G: 학업
그림 4: 친구의 지지
그림 5B/G: 아버지의 영향
그림 6B/G: 또래/인종 간 상호작용
그림 7B/G: 불안/질병
그림 8: 가족 간 상호작용
그림 9: 신체적 공격성
그림 10B/G: 형제간 경쟁
그림 11: 공포, 두려움
그림 12B/G: 어머니의 우울/질병
그림 13B/G: 공격성의 해방
그림 14B/G: 어머니의 한계설정
그림 15: 나체/성적 취향
그림 16B/G: 아버지의 지지

빠르게 찾기 8.16

Robert-2 척도와 보충 척도

Robert-2는 2가지에서 6가지 하위 척도와 각 척도를 포괄하는 7가지 척도의 군집으로 구성된다.

주제 개관*: 일반적인 반응 끌어내기, 장면의 의미를 완성한다.

사용 가능한 자원: 5가지 범주는 다음과 같다. 1. 자기 기분(self-feeling), 2. 자기 옹호(self-advocacy), 3. 타인 기분(other-feeling), 4. 타인 도움(other-help), 5. 타인에 의존(reliance on other), 6. 한계설정(limit setting)

문제 인식*: 문제 인식의 5가지 위계수준은 다음과 같다. 인지(cognition), 묘사(description), 명료화(clarification), 정의(definition), 설명(explanation).

문제 해결*: 문제해결의 5가지 위계수준은 다음과 같다.단순 결말, 쉽고 현실적인 긍정적 결말, 건설적인 해결의 과정, 기분과 상황이 포함된 현실적인 과정과 결말, 충분히 발생 가능한 통찰과정이 정교화되어 있음.

정서: 정서에는 4가지 범주가 있다. 불안, 공격성, 우울, 거절.

결과**: 다음의 4가지 유형이 있다. 문제가 해결되지 않은, 비적응적인(nonadaptive), 부적응적인(maladaptive), 비현실적인

이례적이거나 비전형적인 반응: 범주는 거부(채점 불가능한 반응 또는 반사회적 반응), 또는 비전형적인 반응(내용이나 구조가 정상적인 5가지 범주를 유의하게 벗어나 있음. 비논리, 인지 왜곡, 완화된 생각, 주제에 대한 잘못된 이해, 폭력이나 과도한 공격성, 학대 또는 박탈, 괴물이나 귀신 같은 가상의 내용, 그림 내 주요인물의 죽음, 성적인 내용이나 기타 임상적으로 유의한 내용)이 있다.

*발달적 및 임상적 상태 모두 구별함

**임상집단 및 비임상집단을 가장 잘 구별함

ROBERTS-2와 TAT의 비교

Robert-2를 제작된 의도대로 사용하려면 매뉴얼을 잘 참고하여야 한다. 자극의 역할을 설명하기 위해 Roberts-2의 3F, 10F 그림과 TAT의 1과 7GF 그림의

이야기 내용을 비교해 보았다. 이야기는 6학년인 10세 재니어리라는 소녀가 시행한 검사 프로토콜에서 가지고 온 내용이다. 재니어리는 부모의 의뢰로 검사를 받았으며, 부모는 재니어리가 제시간에 학교공부를 마치지 못하는 것에 관해 걱정하고 있었고, 재니어리 스스로도 시험을 제시간에 치르고 마무리하는 데 있어서의 자신의 능력에 대해 의심과 걱정을 하는 것 같았다. 특히 재니어리와 부모는 과제를 시간 내에 마무리하는 능력에 대해 걱정하는 것으로 보였다. 재니어리의 부모에 따르면 재니어리는 학업을 완료하는데 보통의 학생이 필요로 하는 것보다 더 많은 시간을 필요로 한다. 현재 좋은 성적에도 불구하고, 재니어리의 부모는 미래에 있을 많은 시간을 요하는 시험을 완료하는 것에 대한 재니어리의 능력과 부모 또는 교사의 지원 없이 스스로 학업을 완료하는 능력에 대해 우려하고 있었다. 웩슬러 지능검사 점수는 평균이며 처리속도 점수는 평균 하에 해당하였다(빠르게 찾기 8.17 참조). Roberts 검사는 매뉴얼에서 채점을 위해 선택된 변인에 따라 부호화되었으며, TAT 검사는 이 책의 이전 장에서 설명된 변인에 따라 부호화되었다.

빠르게 찾기 8.17

재니어리의 아동용 웩슬러 지능검사(WISC-IV)

평균 = 100, 표준편차 = 15

	지표	95% 신뢰구간 점수	백분위	분류
언어이해	102	[95~109]	55위	평균
지각추론	108	[100~115]	70위	평균
작업기억	110	[102~117]	75위	평균
처리속도	83	[76~94]	13위	평균 하
전체 IQ	103	[98~108]	58위	평균

Roberts 도판 3F:

이 그림은 책상 앞에 앉아 있는 한 명의 학생과 펴지 않은 책이 묘사되어 있다.

가장 일반적인 주제, 즉 일반적인 반응(popular pull)은 학교와 관련된 문제이다. Roberts-2의 매뉴얼은 병원에 의뢰되지 않은 아동이 학업에 대해 긍정적인 태도를 표현하고, 성공적으로 문제를 해결하는 반면 임상적 평가를 위해 의뢰된 아동은 학교에 대해 부정적인 태도를 보이고 문제를 해결하지 못한다는 것을 보여 준다. 종종 병원에 의뢰된 아동은 등장인물이 처벌받는 것이나 학업을 끝마치지 못하는 것 또는 학업을 끝내도록 요구하는 부모님이나 선생님에 대해 화가 난 것으로 묘사한다.

"옛날에 공부를 좋아하고 잘하는 소녀가 있었어요. 소녀는 매우 똑똑했어요. 소녀는 책을 많이 가지고 있었고 책 읽는 것을 좋아했어요. 소녀는 필기도 잘했고 학급의 일에 잘 참여했어요. 어느 날 소녀는 슬픈 기분이었고 필기를 대충하기 시작했어요. 그리고 소녀는 더 이상 공부를 좋아하지 않게 되었어요. 소녀는 매우 피곤함을 느꼈지만 그 이유를 이해하진 못했어요. 지난밤 소녀는 새벽 2시까지 열리는 큰 파티에 갔었는데 아마도 파티 때문에 피곤했을 것 같아요. 왜냐하면 소녀는 보통 8시 30분에 잠들기 때문이에요. 그래도 소녀는 자신이 교실에서 하는 활동에 최선을 다해야 한다는 것을 알고 있었어요. 그리고 그녀는 정말로 배우는 것을 좋아하기 때문에 비록 자신이 피곤하더라도 이보다 더 열심히 할 수 있다고 마음먹었고 결국 공부를 하기로 최종적으로 결정했어요. 끝이에요."

일반적인 반응: 이 이야기는 학업에 어려움을 느끼는 아동의 이야기이다.

문제 인식: 이 척도의 수준에는 인지, 묘사, 명료화, 정의, 설명이 있다. 이 중 가장 높은 수준인 설명이 문제상황의 결과와 그 선행요인 그리고 내부 갈등의 결과가 잘 표현되었는가에 따라 이 이야기에 적용된다.

문제 해결: 이 척도의 수준에는 단순 결말, 쉽고 현실적인 긍정적 결말, 건설적인 해결의 과정, 기분과 상황이 포함된 현실적인 과정과 결말, 충분히 발생 가능한 통찰과정이 정교화되어 있음 등 5가지 수준이 있다. 이 이야기의 문제 해결 척도 적용수준은 5번째이다(문제와 기분에 관한 건설적인 해결과정이 완벽하게 설명되어 있다).

TAT 도판 1: 소년은 책상에 앉아 있고 그 앞에 바이올린이 있다. 비록 공통된 주제는 성취와 관련된 것이지만 바이올린을 연주하는 것은 필수적인 사항이 아니며, 연주하는 것과 관련된 그림자극은 반드시 학교생활과 연관되는 것은 아니며 종종 가족과 연관되는 것으로 나오기도 한다. 그럼에도 재니어리의 사례에서는 악기를 연주하는 것이 학업과 연관된다.

"옛날 옛적에 바이올린을 좋아하지만 연주하는 것은 좋아하지 않는 소년이 있었어요. 그러나 그는 바이올린을 반드시 연주해야만 해요. 지금 소년은 주위를 둘러보면서, 학교에서 좋은 성적을 받기 위해 연주해야 하는지 아니면 연주하는 것을 좋아하지 않기 때문에 연주하지 않아도 되는지 생각하고 있어요. 그리고 결국 소년은 연주하는 것을 좋아하지 않으니깐 바이올린을 연주하지 않을 것이라고 말해요. 끝이에요. [검사자: 감정은 어떨까?] 소년은 바이올린을 연주하지 않는다는 사실에 꽤 만족하고 있어요. 왜냐하면 소년은 바이올린 연주를 정말 좋아하지 않거든요."

지각적 통합: 지각적(장면의 세부사항) 과정과 개념적(장면의 의미) 과정(자극의 미묘한 차이를 설명하는 이야기의 정확성, 수검자의 사회적 인과성에 대한 이해, 그리고 내부세계와 외부세계를 조정하는 수검자의 심리적 마음가짐(psychological mindedness))의 범위를 나타낸다. 지각적 세부사항은 잘 설명되었지만 사회적 인과성은 이야기에서 잘 나타나지 않았다. 이야기의 등장인물은 바이올린을 연주하는 활동을 좋아하지 않기 때문에 자신이 해야만 할 것과 좋은 성적을 포기하는 것에 대해서 다가올 어떠한 결과도 예상하지 않는다. 다섯 가지 수준 중 이 이야기는 수준 3(피상적 수준)에 해당한다.

부정적인 정동에 대처하는 수준: 대처에는 세 가지 수준이 있다(부정적인 정서에 대해 대처하지 않거나 비현실적으로 대처, 부정적인 정서에 대해 즉각적인 또는 단기적인 대처, 기분과 문제에 따른 장기적이고 현실적인 대처). 이 이야기에서는 긴장이 장기적인 문제를 무시하는 즉각적이고 단기적인 전략으로 다루어지는 것을 나타내므로 수준 2에 해당한다.

자기조절의 수준: 자기조절에는 조절곤란(dysregulation), 즉시성(immediacy), 외부 지향(external direction), 내부 지향(internal direction), 자기결정(self-determination)의 5가지 수준이 있다. 만약 바이올린이 취미이고 아동의 장래 교육과 연관되지 않은 경우, 바이올린을 연주하지 않는다는 결정은 의사결정 과정에 따른 자기조절의 높은 수준과 호환된다. 그러나 이 이야기에서

자기조절에 대한 높은 점수를 얻기 위해서는 문제 해결이 즉각적인 감정을 포함하는 것뿐만 아니라 갈등에 의해 제기된 장기적인 문제 또한 해결되어야 할 것이다. 자기조절의 수준은 즉시성(수준 2)에 해당한다.

로버트 그림자극의 더 구조화된 맥락에서, 문제의 해결은 재니어리의 자기귀인적 동기나 좋은 학생이 되겠다는 약속에서 드러난다. 반면, 덜 구조화된 TAT 그림자극은 재니어리에게 부담된 의무로부터 자유롭고 싶은 암묵적 욕망을 나타낸다. 두 이야기의 함의는 각각 재니어리의 명시적 및 암묵적 동기를 보여 준다.

Roberts 검사의 함의: 만약 수검자가 똑똑하고 수업에 잘 참여하는 것에 자부심을 가지고 있다면, 자신의 일에 실수하거나 그 일에 더 이상 흥미가 없을지라도 더 열심히 노력하기로 결심한다.

TAT의 함의: 만약 수검자가 싫어하는 활동에도 참여해야 할 의무를 느끼는 경우, 해당 활동에서 좋지 않은 성적을 얻더라도 그 활동을 포기하기로 결정하며 그 결정에 만족한다.

Roberts 도판10F: 이 그림은 아기를 돌보는 어머니와 손위 아동의 상호작용을 관찰하는 것을 묘사하고 있으며, 손위 아동이 종종 어머니에게 무시 받는 것에 대한 질투의 감정을 반응으로 이끌어 낸다. 임상적으로 의뢰된 아동 혹은 의뢰되지 않은 아동 모두 손위 아동이 아기를 향한 어머니의 관심에 대해 부정적인 감정을 가진 것으로 설명한다. 그러나 임상적으로 의뢰되지 않은 아동은 의뢰된 아동과 반대로 전반적으로 긍정적인 해결책을 제시하는 경향이 있다.

"옛날 옛적에 한 소녀와 어머니가 있었어요. 소녀에게는 남동생이 생겼어요. 그러나 소녀는 아기를 좋아하지 않아요. 소녀는 아기가 너무 많이 울고, 그 때문에 아기가 어머니와 자신을 멀어지게 한다고 느꼈어요. 이제 소녀의 어머니는 아기를 돌보는 데 너무 전념하고 있어요. 소녀는 어머니가 더 이상 자신을 좋아하지 않는다고 생각해요. 어머니는 건강한 아기를 출산했고, 아기로 인해 아주 행복해해요. 그리고 아기도 어머니를 좋아하는 것으로 보여요. 또한 어머니는 소녀가 자신에 대해 별로 행복함을 느끼지 못하고 있다는 것을 이해하고 소녀에게 엄마가 이 아기를 돌보는 것이 얼마나 중요한지 설명하면서, 엄마는 소녀를 여전히 좋아하고 비록 아기를 돌보고 있더라도 엄마는 여전히 소녀를 사랑한다는 것을 이야기했어요. 그리고 소녀는 언제나 아기가 엄마를 독점하고 있는 것을 보더라도 더 이상 화를 내지 않아요. 엄마가 소녀에게 이야기하는 데 걸린 2분 정도의 시간을 빼고는. 그리고 둘은 서로를 이해하고 서로를 좋아한다는 것을 알게 되었어요. 세 식구 모두 서로를 좋아해요. 여기까지예요."

일반적인 반응: 이 이야기는 아기를 돌보는 어머니를 관찰하는 손위 형제에 대한 이야기이다(그리고 질투 또는 무시당하는 것 같은 느낌을 가진다).

문제 인식: 가장 높은 수준(설명)이 적용된다. 선행요인과 문제상황에 대한 이유가 잘 연결되고 내적인 갈등으로 인한 결과가 충분히 설명되어 있다.

문제 해결: 가장 높은 수준인 문제 해결 5에 해당한다(해결과정은 문제와 감정의 고민이 건설적인 해결을 통해 완전히 설명되었다).

TAT 도판 7GF: 이 그림은 나이 든 여자가 소파에 앉아서 책을 읽고 있거나 옆에 있는 무릎에 인형을 안고 먼 곳을 바라보고 있는 소녀에게 말을 건네는 것을 묘사하고 있다.

"옛날 옛적에 한 소녀와, 그 소녀가 학교에 가기를 간절히 바라는 엄마가 있었어요. 그러나 소녀의 엄마는 막 아기를 낳았기 때문에, 엄마는 딸에게 엄마가 지금 공부하고 책 읽기 바쁘니까 엄마를 위해 아기를 돌봐야 한다고 말했어요. 소녀는 지금 밖에서 다른 아이가 게임을 하거나 교실로 들어가 글 읽는 법을 배우는 것을 바라보며 학교에 가고 싶어 해요. 소녀는 글 읽기를 좋아하기 때문에 학교에 갈 수 있기를 간절히 바라고 있어요. 소녀는 친구가 없어서 슬프고 외롭지만 동시에 아기를 돌보는 것으로 엄마를 돕고 있기 때문에 따뜻한 기분을 느껴요. 이상이에요. [검사자: 그다음은 어떻게 됐을까?] 소녀는 엄마를 돌보는 것이 더 낫다는 것을 알게 되고, 아기가 자라서 학생이 되면 소녀는 더 이상 아기를 돌볼 필요가 없어져서 아마 이곳에서 벗어나 학교에 갈 수 있을 거예요. 소녀는 아마 계속 아기를 돌볼 거고 돌보는 데 성공할 거라는 걸 알고 있어요. 그리고 나중에 소녀는 실제로 엄마를 잘 돕고 있었다는 것을 알고 있기 때문에 괜찮아요. 여기까지예요."

지각적 통합: 수검자는 개념적 처리과정의 자원을 그림의 세부사항에 의존한다(엄마와 딸의 역할이 역전되어 엄마가 책을 읽고 딸이 교육을 포기하는

것으로 사회적 인과성을 잘못 이해하였다). 5가지 수준 중 이 이야기는 수준 3(피상적 수준)에 해당한다.

부정적 정동에 대처하는 수준: 이 이야기는 긴장이 현실적으로 해결되지 않았기 때문에 3개의 부호화 수준 중 수준 1에 해당한다.

자기조절의 수준: 이야기에 등장하는 문제 해결이 그림 단서에 한정되며, 등장인물의 의사결정이 타인의 기대를 충족하는 것을 기반(자신의 요구와 외부와의 균형을 맞추지 않음)으로 하기 때문에 자기조절의 수준은 외부 지향(수준 3)이다.

로버트 도판 10F 및 TAT 도판 7GF는 형제의 탄생과 그에 대한 손위 형제의 반응이라는 일반적인 주제를 공유한다. 그러나 TAT의 이야기에서는 아기가 자랄 때까지 손위 형제의 교육을 보류하고 또한 엄마는 글 읽기(도판에서 묘사된 바와 같이)에 바쁘며 상당한 희생을 요구하는 등 완전히 긍정적이지는 않은 해결책을 제시한다. 일어날 것 같지 않은(어려운) 해결책(엄마가 책을 읽고 소녀가 아기를 돌보는 상황)은 그림의 인지적 특성의 영향에 의한 것으로 보인다. 이야기의 결말은 그림에 묘사된 장면을 벗어나지 않았으며, 딜레마 해결을 위해 재니어리가 두드러진 그림자극 단서에 의존한 점을 강조했는데, 재니어리의 추론과정에 이러한 딜레마 해결을 위한 현실적인 사회적 인과성이 포함되어 있음을 볼 수 있었다. 비슷한 로버트 도판에서 재니어리는 가능한 사회적 도식(스크립트)에 의존하여 해결할 수 있었다.

Roberts 검사의 함의: 새로 태어난 아기가 어머니의 관심을 독차지할 경우, 손위 형제는 무시당하는 느낌이 있지만 사랑받고 있다는 확신을 통해 소녀는 상황을 받아들이고 모두 서로를 사랑한다는 것을 이해한다.

TAT의 함의: 새로운 동생의 출생 시, 손위 형제는 (엄마가 바쁘게 독서를 하는 동안) 아기 돌보기를 돕기 위해 등교 지연(무기한)이라는 요구를 따른다. 소녀는 외롭고 박탈당한 느낌을 가진다. 그러나 엄마를 돕는다는 생각은 소녀의 기분을 나아지게 한다.

또 다른 역량을 필요로 하는 작업과 다른 역량을 필요로 하는 상황에 걸쳐 작동하는 기제를 명확히 밝히기 위해서 구조, 참신함, 복합성의 정도의 차이가 그림자극에 반응하여 스토리텔링에 적용되는 인지적, 정서적 과정을 비교하기 위한 더 많은 연구가 필요하다(Teglasi, 1998).

자기점검

1. TAT의 도입 이후, 스토리텔링 평가의 혁신에는 ______이(가) 포함되었다.
   (a) 추가적인 해석절차가 필요 없는 새로운 그림자극의 소개
   (b) 기존에 있던 그림을 새롭게 해석하는 방법의 개발
   (c) 해석 기준에 따른 새로운 그림의 개발
   (d) 'a', 'b', 'c' 모두
2. CAT, CAT-H, CAT-S 도입의 근거는 무엇인가?
3. CAT의 시행은 TAT의 시행과 다르다. 왜냐하면 CAT는
   (a) 사고와 기분을 반드시 포함할 것을 요구하지 않기 때문이다.
   (b) 검사시행을 게임으로 소개하기 때문이다.
   (c) 'a'와 'b' 모두이다.
   (d) 'a', 'b' 둘 다 아니다.
4. TEMAS 개발의 이론적인 근거는 무엇인가?
5. Robert-2 개발의 이론적인 근거는 무엇인가?

정답: 1. d, 2. CAT의 근거는 어린 아동이 사람 도판보다 동물 도판에 자신을 동일시할 것이고, 특정 발달 주제를 연구하기 위한 그림자극에 대한 뚜렷한 요구가 있다는 점이다. CAT-H에 대한 이론적 연구는 동물 그림의 우수성을 지지하지 않기 때문에 동물에서 사람으로 등장인물 설정을 바꿀 병렬적 검사가 필요했다는 점에서 출발한다. 또한 일부 7세 이상의 아동은 동물 자극이 '유치하다'고 생각했다. CAT-S의 추가 그림자극에 대한 이론적 근거는 추가 자극으로 인해 임상적으로 관련된 특정 문제에 대해 배울 수 있다는 데 있다. 3. c, 4. TEMAS 자극은 소수인종과 비소수인종의 등장인물 및 인구관련 규범을 보여주는 도시환경과 병렬적 검사를 만어 소수인종 아동을 위한 스토리텔링 기법을 보다 더 적합하게 하기 위한 일환으로 도입되었다. 5. Roberts-2의 그림자극은 몇 개의 그림에서만 아동을 묘사하는 TAT 그림자극과 대조적으로 모두 아동을 묘사하기 위하여 고안되었다. 또한 합의된 평가체계의 부재하에 제작자는 새로운 자극과 함께 해석적 접근법을 제안하였다.

9 CHAPTER

스토리텔링 평가기법의 강점과 약점

스토리텔링은 고유한 방식으로 개인의 종합적 평가에 기여한다. 스토리텔링 기법의 다재성(versatility)과 풍부성(richness)은 이 기법의 딜레마이기도 한데, 이는 스토리텔링의 가장 큰 장점이자 단점이다. 스토리텔링의 가장 큰 장점은 불안과 관련된 사고를 기록하는 것과 같은 단순한 인지적 내용을 넘어서서, 사고, 추론, 사상의 전개과정을 드러낼 수 있다는 점이다. 풍부하면서도 복잡한 이야기 자료를 규준적(normative), 심리측정적(psychometrical) 평가를 통해 단순한 단위로 환원하는 것은 스토리텔링 기법의 강점을 약화시킬 수 있다. 다른 평가절차와 마찬가지로 스토리텔링 역시 장점 및 한계를 명확하게 숙지하고, 그 목적에 맞게 사용하여야 한다. 스토리텔링 기법의 강점과 약점은 이야기를 이끌어 내고, 이를 부호화하고 해석하는 특정 접근법에 따라 달라진다. 이야기는 다양한 자극에 의해 도출되고, 다양한 방법으로 부호화되며, 또한 다양한 관점에 따라 해석될 수 있다. 풍부한 해석절차(Jenkins, 2008)에도 불구하고, 임상적으로 활용하기에 충분한 종합적인 특성 접근법에 대한 합의는 아직 이루어지지 않았다. 스토리텔링 기법의 강점과 약점은 종합적 평가 배터리 내 다른 검사결과와 비교할 때 가장 분명히 드러날 것이다.

종합적 평가에 대한 스토리텔링의 고유한 기여

스토리텔링 기법은 성격 수행검사(performance tests of personality)로 불리는데, 이는 수검자의 과제 수행을 통한 결과의 도출과 수검자에 의한 보고를 구별하기 위함이다(Tegalsi, 1998). 심리적 기능 평가에서 스토리텔링의 고유한 기여는 두 가지 근본적인 차이에 근거한다. 하나는 개인이 보고한 것과 실제로 경험한 것 간의 차이이며, 다른 하나는 최대 수행조건(maximal performance conditions)과 전형적 수행조건(typical performance conditions)에서 개인이 어떻게 수행하는가의 차이이다. 스토리텔링은 성격 수행 측정도구로, 자기보고식 검사와는 다른 방식으로 수검자의 과제 처리와 관련된 사고과정과 문제 해결 전략을 드러낸다. 또한 스토리텔링이 요구하는 과제(전형적 수행조건)는 개인의 능력이나 성취도를 평가할 때 사용하는 구조화된 수행검사(최대 수행조건)와 비교해 볼 수 있다. 인지능력과 지식을 측정하는 검사 문항은 정해진 답이 있지만, 성격 수행검사는 다양한 '정답'이 있다. 이러한 차이는 현재 자각하고 있는 의식의 외부에 있기 때문에 자기보고식 검사에서는 잘 드러나지 않으며, 자기, 타인, 세상에 대한 정보를 조직화하는 도식의 개인차를 드러낸다. 평가 배터리에서 스토리텔링과 같은 성격 수행측정은 뚜렷한 수행 기준이 없는 상황에서의 반응을 조직화하기 위한 자원을 예측한다는 점에서 다른 수행과제와 구별된다. 반면, 구조화된 검사에서의 수행은 비슷하게 구조화된 상황에서 능숙하게 행동하는 정도를 예측한다(Teglasi, 1993, 1998).

스토리텔링 과제가 요구하는 것은 제시된 도판의 특징(예: 모호성이나 복합성, 2장 참조), (촉진을 포함하는) 주어진 지시사항, 반응을 평가하는 방법에 따라 다양하다.

종합심리 평가 내 다른 수행검사와의 비교

실제 상황과 유사하게, 수행검사는 반응을 형성하기 위해 제공되는 촉진, 단서, 구조화의 정도와 적절한 수행을 위해 필요한 조직화의 정도에 따라 다양해진다. 웩슬러 지능검사에서 수행되는 인지적 측정은 일반적으로 일상생활에서 접하는 상황보다 더 구조화된 상황에서 이루어진다. 예를 들어, 구두로 전달되는 과제는 관련 지식에 도달할 수 있게 도와주는 단서가 되는 단어를 포함하는 경향이 있지만, 일상생활에서의 일반적인 판단과 의사결정은 사전 지식의 자연스러운 활용이 요구된다. 반응을 이끌어 내기 위한 단서, 지시, 피드백, 외적 유인가(incentive)는 최대 수행에 필요한 조건이며, 반대로 이들의 부재는 전형적 수행에 필요한 조건이 된다. 전형적 수행과 최대 수행은 낮은 상관을 보인다(Sackett, Zedek, & Fogli, 1988). 구조화되고 표준화된 검사는 중요한 학업과 직업의 성과를 예측한다(Sackett, Borneman, & Connelly, 2008). 그러나 구조화된 검사에서 측정된 유동성 지능은 일상에 영향을 미치는 지적인 노력과 일치하지 않는다(Ackerman & Heggestad, 1997). 일반적으로 인지검사 점수와 실생활의 성취 정도 간의 상관은 .30이 채 되지 않는다(Deary & Stough, 1996; Hunt, 1980).

특정 질문(최대 조건)에 의해 유도될 때 사용할 수 있지만, 문제 해결 상황(전형적 조건)에서 활용하기에 충분히 조직화되지 않은 지식은 '비활성(inert)'이라 표현된다(Bransford, Franks, Vye, & Sherwood, 1989). 구조화된 검사에서의 반응을 실생활에 일반화하는 것은, 문제가 존재하거나 과제가 해결되어야 함을 아는 것, 암묵적이고 알아차리기 힘든 단서를 인식하고 반응하는 것, 성취를 위해서 우선순위를 정하고 계획을 짜는 것, 의도한 바대로 추진하기 위한 주도성을 가지는 것, 반응을 조직하고 유지하고 점검하는 것, 피드백을 구하고 활용하는 것, 관계와 독립적인 행동을 위한 장기적인 노력을 유지하는 것 등 검사과정에서 평가하지 못하는 특성이 존재한다는 점에서 한계가 있다. 전통적으로 성격 연구 분야에 속하는 것으로 간주되던 이러한 능력은 일상적 기능에 있어 필요하다. 그러나 매우 구조화된 검사에서는 이러한 능력을 평가하기 어렵다(빠르게 찾기 9.1 참조).

일상적 기능의 특징을 설명하는 데 있어서, 핵심적인 차이는 '인지적' 과정과 '비인지적' 과정 사이에 있지 않다. 비인지적(noncognitive)이라는 용어가 생각이나 추론과는 관련이 없는 과정이라면, 성격 수행측정이나 삶에서 마주하게 되는 과제에 대한 반응에 이를 적용하는 것은 부적절하다. 그러므로 인지수행검사와 성격 수행검사 간의 차이점은 요구되는 정보처리와 추론의 유형 및 이러한 과정과 밀접하게 관련되는 생활 사건이나 상황의 유형이다.

빠르게 찾기 9.1

구조화된 수행측정과 스토리텔링의 차이 비교

구조화된 수행측정	스토리텔링
문제 해결을 위한 특정 정보나 방법에 접근할 수 있는 언어적 단서를 제공하고, 이를 통해 최대 조건하에서의 수행을 밝힌다(Sackett et al., 1988).	장면을 해석하고, 문제가 있음을 인식하고, 해결책을 만들어 내기 위해 도식을 자동적으로 사용하고, 이를 통해 전형적 조건하에서의 수행을 밝힌다.
지식을 학습하고 사용하는 것과 관련된 과정을 밝히지 않고 단편적인 형태의 지식을 이끌어 낸다(Spitz, 1988).	경험을 조직화하는 특유의 방식에 따라 생각의 통합을 나타낸다.
하나의 정답을 명시한다.	과제를 완수하기 위해 수용 가능한 많은 방법과 함께 일관성, 논리, 자극과의 적합성과 같은 일반적인 수행 기준을 설정한다.
친숙하고 잘 짜인 상황하에서의 수행을 예측한다.	새로운 상황, 스트레스를 주는 상황 혹은 복잡한 상황하에서의 적응을 예측한다.
과제가 복잡하다면 다양한 단계에 대한 계획이 필요하다.	일어날 만한 결과를 예측하고 목적을 추구하기 위한 시간의 흐름에 따른 계획을 드러낸다.
논리적인 학습과 분석의 결과이다.	반영(reflection)과 세상과의 상호적 만남의 결과이다.

실생활의 다양한 상황에서 사용되는 개인의 추론 성향(disposition)은 전형적 수행조건에서 평가되는 반면, 추론능력(ability)은 최대 수행조건하에 있는 과제를 통해 평가된다. 추론 성향은 추론이 필요한 그 순간을 인지하는 민감성(sensitivity)과 필요한 에너지를 투자하는 경향(inclination)에 의해 영향을 받는다(Perkins & Ritchhart, 2004). 사용 가능한 단서를 면밀히 살피고 새로운 정보를 탐색하며, 가용한 정보에 대해 생각하거나 그에 따라 행동하는 경향은 개인마다 차이가 있다. 사고의 성향적 측면은 개인이 문제에 대한 명확한 해결

책을 이끌어 내는 최대 수행조건에서 추론할 수 있는가가 아니라, 일상생활에서 일반적으로 어떻게 추론하는가에 중점을 두고 있다(Ritchhart, 2002). 이러한 최대-전형적 조건의 차이는 수행이 성격(사회적이고 정서적)이나 인지/성취(비사회적이고 비정서적인 내용)의 영역에 속하는 내용과 관련되는지와 관계없이 적용된다. 예를 들어, 정서 이해와 같은 구성개념은 능력을 측정하는 검사와 같은 매우 구조화된 검사(예: 얼굴표정을 통해 정서를 식별하거나 상황과 일치하는 정서를 선택하기) 혹은 성향검사와 같은 모호한 조건에서의 검사(예: TAT 검사 도판에 묘사된 정서와 관계의 정확한 해석을 포함하는 스토리텔링)를 통해 측정될 수 있다.

자기보고식 검사와의 비교

자기보고식 검사는 다양한 장점에도 불구하고 뚜렷한 한계점 역시 존재한다(Glass & Arnkoff, 1997). 따라서 성격을 평가하기 위해 자기보고식 검사를 다른 검사와 함께 사용하여야 한다는 인식이 증가하고 있다. 언어적인 자기-기술(self-description)을 얻기 위한 지필형 검사, 개방형 면담, 이외 다른 여러 방법 모두 수검자가 자기, 타인, 세상에 대해 가지고 있는 개념에 대해 의식적으로 설명하도록 요구한다. 그러나 많은 연구결과, 개인은 자신의 인지적 과정의 상당 부분을 알아차리지 못한다는 사실이 드러났다(Kihlstrom, 1987). 예를 들어, 정서 지능에 대한 자기-판단(Brackett et al., 2006; "당신은 대개 자신의 정서적 상태를 명확하게 지각하는가?")은 수행측정과 그다지 밀접한 관련이 없다. 도식이 의식의 외부(outside awareness)에서 작동할 경우, 자기보고식 검사로는 이를 평가하기 어렵기 때문에 다른 검사를 통해서만 이를 추론할 수 있다. 스토리텔링은 의식의 외부에서 작동하는 도식을 포함하는 인지적-정서적 내용과 구조를 밝히며, 자기보고식 설문은 자기-귀인적(self-attributed) 특성을 명확하게 밝혀준다(빠르게 찾기 9.2 참조).

동기 평가와 관련된 일련의 설득력 있는 연구에서(Burton, Lydon, Alessandro, & Koestner, 2006), 설문형 검사는 개인의 정체감 혹은 자기표현(self-representation)에 중요한 역할을 하는 **자기-귀인적 동기**(self-attributed motive)를 측

정하며, TAT와 같은 유형의 검사는 흥미와 내재적 관심에 의해 발현되는 **암묵적 동기(implicit motive)**를 측정하는 것으로 드러났다. 자기-귀인적, 암묵적 동기라는 심리학적 구성개념은 측정방법이 같을지라도 상황적 단서와 표집된 주제에서 그 독립성이 유지된다(Schultheiss, Yankova, Dirlikov, & Schad, 2009). Schultheiss와 동료들은 수검자가 표준 지시사항에 따라 일상적인 장면의 그림에 대해 자유롭게 이야기할 수 있는 그림 이야기 연습문제를 사용하여 암묵적 동기를 측정하였다. 이들은 수검자에게 같은 그림(수검자가 방금 이야기를 만들어 낸 그림)을 보여 준 후 유사한 명시적 동기도 측정하였는데, 수검자들은 자유롭게 표현한 이야기를 부호화하기 위해 사용되는 주제와 일치하는 자기-기술적 진술을 보고하였다. 명시적 동기를 측정하기 위해 사용한 지시문은 다음과 같다. "각각의 그림에서 당신이 그림 속 상황에 처한 사람 중 한 명이라 상상해 보고, 다음의 14개 질문에서 무엇을 생각하고, 무엇을 느꼈으며, 무엇을 소망하고, 무엇을 해야 하는지에 대해 답하세요." 각 질문은 '예-아니오' 형식으로 답변하도록 제시되었다. 자극에 대한 반응으로서 자발적으로 표현된 생각은 다양한 선택사항 중 선택한 답과는 본질적으로 다르다.

자기-귀인적 동기와 암묵적 동기는 각기 다른 조건하에서의 행동을 예측하기 때문에, 자기보고와 이야기 묘사로 측정되는 두 가지 동기 간의 일치하는 정도가 낮은 것이 좋다고 볼 수 있다(Brunstein & Maier, 2005; Pang & Schultheiss, 2005; Schultheiss & Brunstein, 2001; Spangle, 1992). 최근 연구는 두 동기가 개인이 자기표현에서 선호하는 바와 일치하는 방식으로 암묵적 동기를 드러내는데 동시에 미치는 영향에 초점을 두고 있다. 예를 들어, 암묵적인 공격성이 심하나 친사회적인 자기상을 스스로 더 지지하는 사람은 공격성을 정당화하는 인지과정을 지지하거나 직접적인 방법보다 간접적인 방법으로 공격성을 표현하는 것을 선호한다(Frost, Ko, & James, 2007). 또한 암묵적 동기는 잘 알려진 또 다른 검사를 통해 관찰되고 보고될 수 있다(Daugherty, Kurtz, & Phebus, 2009).

빠르게 찾기 9.2

자기보고식 검사와 스토리텔링 검사의 비교

자기보고식 검사	스토리텔링 검사
수검자가 공유하고픈 소망과 언어적으로 조직화한(자기-귀인적, 명시적) 정보를 제공한다.	수검자가 의식하고 있는 자기개념에 포함되지 않는(암묵적) 지식을 밝혀 주며, 이는 자기보고식 검사를 통해 평가되기 어렵다.
스스로를 사회적으로 바람직한 방향으로 설명하기 위해 방어적 왜곡과 반응왜곡을 할 수 있다.	의식 외부에서 작동하는 도식을 평가함으로써 반응왜곡의 문제를 피할 수 있다.
특히 상황적 단서가 주어졌을 때, 즉각적인 선택을 예측한다.	자연스럽고 지속적인 선호를 예측한다(Spangler, 1992).
개인의 관심사가 정보처리나 대처능력과 관련이 없기 때문에, 개인이 지닌 특이한 사고 유형을 알아내기 어렵다.	사고의 내용과 정보처리 방식(문제 확인하기, 추론하기, 문제 해결하기)을 드러낸다.
자동적인 인지적 처리과정에 민감하지 않은 통제된 반영(reflection)을 드러낸다. 이러한 인지는 개입으로 인해 변할 수 있지만(예: 인지치료), 또 다른 변화로의 중재 역할은 하지 않을 수 있다(Hollon & Kendall, 1980; Hollon, Kendall, & Lumry, 1986).	생각을 조직화하고 의도, 행위, 결과, 정보처리의 또 다른 측면을 연관시키는 기능적 구조를 드러낸다.

강점과 약점을 오가는 다재성(versatility)

스토리텔링은 다른 방법으로 얻기 어려운, 풍부하면서도 복잡한 정보를 제공하며 낯설고 복잡한 혹은 스트레스 상황에서 개인이 대처할 수 있는 자원을 평가하는 데 특히 유용하다. 스토리텔링 기법을 체계적으로 사용하기 위해서는 상당한 훈련을 받은 전문가의 노력이 많이 요구되는 철저한 해석이 필요하다. 그러나 훈련은 임상가가 의사소통, 어투, 현실에 기반을 둔 수검자의 사고

과정에 대해 판단을 내리는 면담과 같은 다른 상호작용에서도 적용된다. 다면적인 자료를 '점수'로 바꾸는 것에 대한 본질적인 문제를 고려할 때, 스토리텔링의 수행 기준과 일반적 해석 지침에 지속적으로 의존하고 있는 것과 대조적으로, 전문가들은 심리측정학적으로 정확하게 기록할 필요성에 대해 각기 다른 의견을 가지고 있다. 다른 방법으로 얻은 수검자에 대한 정보는 스토리텔링이 채워 주지 못하는 부분을 메워 주며, 반대의 경우도 마찬가지이다. 스토리텔링 검사는 반응의 구조, 처리과정, 내용을 결합하는 기능적 해석 단위를 확립함으로써 인지적 내용을 벗어날 수 있다는 이점을 가진다. 사실, 맥락에서 분리된 특정한 인지를 고려하는 것은 이야기 추정을 방해한다. Cramer(1996)는 "수검자가 하거나 하지 않은 말을 기술하기 위해 체크리스트를 사용해서 도식의 점수를 매기는 것은 하나의 이야기를 다른 이야기(사용하는 단어가 달라서가 아니라 단어를 다르게 배열하여 다른 의미로 전달될 수 있음)와 구분할 수 있게 하는 중요한 특징을 간과하게 만든다."라고 말했다. 문제는 체크리스트의 사용 그 자체가 아니라 체크리스트를 어떻게 사용하였는가 하는 점이다. 전체에서 몇 개의 문항만을 발췌한 체크리스트는 수검자의 심리적 과정을 왜곡한다. 몇몇 연구자는 평가자 간 일치성을 높이고 함축된 의미를 최소화하기 위해서는 실제 단어와 비슷해야 한다고 주장한다. 그러나 단어에 의존하여 평가자 간 일치성을 증가시키는 것은 타당성을 떨어뜨릴 위험성이 있고, 생각의 나열로 전달되는 암묵적 이해를 경시하게 한다(빠르게 찾기 9.3 참조). 규준에 빗대어 비교해 보더라도 불안, 우울, 분노와 같은 특정한 정서와 일치하는 생각의 빈도를 조사하는 것은 신뢰도를 높일 수 있지만, 수검자가 그러한 정서를 어떻게 이해하고 있는가에 대한 정보는 제공하지 않는다. 이는 "과학의 목표는 복잡한 사실을 가장 단순하게 나타낼 수 있는 설명을 탐색하는 것이다. 간명성이 우리가 탐구하는 목적이기 때문에 사실이 그저 단순하다는 생각의 오류에 빠지기 쉽다. 모든 자연 과학자에게 있어서 인생의 좌우명은 '간명성을 추구하되 이를 항상 의심하라'가 되어야 한다."라는 표현으로 대변할 수 있다[영국의 수학자이자 철학자, Alfred North Whitehead(1861~1947)]. 수검자 반응의 의미를 희생시킴으로써 평가자 간의 일치성을 얻는 것보다 검사자가 수검자의 이야기 묘사를 잘 부호화할 수 있게 충분한 훈련을 받는 것이 더 바람직하다.

유의사항

스토리텔링 검사의 신뢰도, 타당도, 규준은 특정한 일련의 자극, 시행방법, 해석절차를 위해 확립된 것이기 때문에, 임상적으로 타당한 해석 단위와 일련의 단일 자극에 대한 합의가 이루어지기도 전에 대규모의 규준 연구를 하는 것은 어리석은 일이다.

빠르게 찾기 9.3

타당화 시 주의할 점

1. 타당도는 각 일련의 자극, 해석적 체계, 검사 진행절차에 따라 구분하여 설명되어야 한다.
2. 타당도는 각 전문가에게 검토되어야 하며, 각 전문가는 집중적인 훈련을 받아야 한다. 풍부한 질적 자료를 수량화하는 것은 가능하지만 숙련된 추론과정이 요구된다.
3. 별개의 내용 단위, 특히 수검자의 반응을 곧바로 부호화한 경우는 임상적으로 유용하지 않다. 더 좋은 접근법은 특정 심리학적 구성개념과 관련되는 군집 단위(내용, 구조, 이야기 과정 등)를 고려하는 것이다.
4. 타당화 연구는 집단 비교를 통해 시행되나, 임상적 의사결정은 여전히 개인에게만 적용된다.
5. 임상적 표본에 대한 진단적 규준이나 비교집단이 해석에 중요한 정보를 제공하더라도, TAT는 임상적 진단을 입증하는 것보다는 그러한 진단의 특성을 명확히 하는 데 사용되는 것이 좋다.
6. 타당화를 위한 외부 기준은 실제 생활에서의 지표와 TAT 과제를 통해 평가한 구성개념 간 일치 정도를 고려하여 선택해야 한다(예: 전형적 조건하에서의 과제 요구를 해결하는 능력, 대처능력, 자기조절).

정서에 대한 자기보고식 검사는 개인이 정서에 대해 어떻게 생각하는지를 드러내지 않는다. 예를 들어, 정서 경험에 있어서 극도의 '섬세함(granularity)'

을 갖춘 사람은 화, 분노, 부끄러움, 좌절과 같은 정서표현 간의 차이를 잘 구분하는 반면, 섬세함이 낮은 사람은 정서를 정확하게 범주화하지 못한다. 더 섬세한 정서표현은 대처 자원을 늘리며, 이는 선택될 수 있는 잠재적인 원인, 반응과 함께 이미 경험한 상태 간의 관련성에 대해 어느 정도 미묘한 차이를 제공하기 때문이다(Barratt & Gross, 2001).

다음의 두 이야기는 평균 상의 지능을 가진 두 10대 아동이 TAT 도판 3BM에 대해 이야기한 것이며, 정서적인 '섬세함'의 정도가 각각 다른 수준에서 불쾌한 상태를 묘사한다.

브라이언(14세): (웃음) 수지는 18살이에요. 그녀는 메릴랜드 대학에 갓 입학해서 처음으로 사교모임에 가게 되었어요. 거기서 그녀는 술에 너무 취한 나머지 운전 중 쓰레기통을 처박고는 그냥 그대로 집에 와서 잠들었어요. 다음 날 아침, 그녀는 심한 숙취에 시달리고 자동차 열쇠가 어디에 있는지 도무지 찾을 수 없었어요. [검사자: 생각은?] 그녀는 꿈을 꾸고 있어요. [검사자: 감정은?] 그녀는 취했어요.(웃음)

게일(15세): 음, (짧은 침묵) 한 소년이 강아지와 함께 산책하는 중이고, 소년은 강아지가 마음껏 뛰어 놀도록 잠깐 동안 목줄을 풀어 주었어요. 그러다 강아지는 달아나 버렸고 소년은 강아지의 이름을 부르며 찾아다녔지만 찾을 수가 없었어요. 소년은 점점 더 속이 타들어갔고, 도시가 너무 커서 강아지를 찾지 못할 수도 있다는 생각이 들기 시작했어요. 소년은 벤치에 앉아 고개 숙여 울음을 터뜨렸어요. 소년은 강아지가 멀리 가 버린 것이 자신의 잘못이라 여겨 죄책감이 들었고, 어찌할 바를 몰랐어요. 소년은 찾을 수 있을 만한 장소를 생각해서 찾아보기 시작했고 그러고 나서 강아지를 찾게 되었어요.

게일의 이야기는 정서(속상함, 죄책감, 잘못을 저지른 느낌)가 있는 풍부한 정신적 내용의 연상을 포함하고 있어 감정의 섬세함이 잘 드러나지만 브라이언의 이야기에서는 섬세함이 드러나지 않는다(정서와 관련된 단어가 없으며, 취함, 숙취, 잠과 같은 물리적 상태만 언급함). 두 수검자 모두 그림자극에 대해 부정적인 정동을 인지하였으나 게일은 이야기 속 인물의 행위와 사건에 대해 내적으로 조직화된 반응으로 부정적인 정서를 개념화한 반면 브라이언은 단지 외적인 사건으로 부정적인 상태를 바라보았다.

TAT의 임상적 가치는 특정 행동을 예측하는 것이 아니라, 개인이 자기, 타인, 세상을 어떻게 생각하는지 명백히 밝힘으로써 행동을 설명할 수 있다는 점이다. 따라서 TAT는 개인이 과제에 대해 계획하고, 예측하고, 대처하는 자원을 가지고 있음을 암시할 수 있지만, 특정한 맥락에서의 실제 적응은 환경이 개인의 주도성에 대해 어떻게 반응하는가와, 개인의 여타 특성에 달려 있다. 기질적 특성 또한 중요한 역할을 한다. 순한 기질을 가진 사람과 매우 반응적이고 쉽게 화를 내는 사람은 사회적 단서를 똑같이 잘못 해석하더라도 각각 다르게 행동할 것이다. TAT 반응을 통해 행동을 예측하는 것은 복잡하고 많은 노력을 요한다(빠르게 찾기 9.4 참조).

빠르게 찾기 9.4

스토리텔링 검사의 반응 내용을 통해 공격적인 행동을 예측하는 것에 대한 위험성

1. 공격적인 행동을 보이는 사람이라고 해서 반드시 이야기 내용에 공격성과 관련된 내용을 보이는 것은 아니다. 그러므로 단순히 공격적인 내용의 빈도를 세는 것은 공격적인 행동을 설명하는 사회적 정보처리과정을 평가하는 스토리텔링 검사의 본래 취지를 살리는 데 실패할 뿐만 아니라 이로 인해 개인을 잘못 이해하게 된다.
2. 검사의 해석은 모호성, 공격적인 단서의 표현과 같이 자극의 유형을 반드시 고려해야 한다. 공격성을 이끌어 내는 그림자극은 공격성의 표현을 완화해 주는 요인을 밝히는 방향으로 이끌어 주는 반면 공격성을 포함한 주제는 공격적인 사고나 행위를 억제하는 등 공격성을 포함하고 있지 않은 자극 신호 문제에 대해 이야기한다(Salz & Epstein, 1963). 공격적인 아동은 모호한 상황을 적대적인 의도가 있는 것으로 가정한다(Crick & Dodge, 1996). 따라서 자극의 모호성은 매우 중요하다고 할 수 있다.
3. 공격성을 포함한 내용의 해석에 있어 반드시 다음과 같은 사항을 고려하여야 한다.
   - 자극이 공격성을 이끌어 내는 정도
   - 공격성의 정당성(타당성)
   - 공격적인 행동으로 인한 지각된 이점과 결과
   - 공격성에 대한 불안, 결과의 예상, (행위의 영향과 더불어) 행위의 목적에 대한 추론, 사

회적 정보처리과정, 공감 등과 같은 공격적인 행위를 억제하는 요인
- 사고, 감정, 행위 혹은 이들의 결합 등에서 표현된 공격성의 수준. 무언가를 예측할 때, 사고는 생각을, 감정은 정서를, 행동은 행위를 가늠할 수 있게 해 준다(Tomkins, 1947).
- 개인의 정체성이나 자기-표현에 있어서 중요한 정도. 암묵적인 공격성이 어떻게 표현되었는가에 대한 예측에 있어서, 공격성을 정당화하기 위해 자기-귀인에 기반을 둔 공격성과 인지과정을 고려하는 것이 도움이 된다(Frost, Ko, & James, 2007).

향후 방향

스토리텔링의 평가와 관련된 두 가지 일반적인 추세는 (a) 심리학의 다양한 하위 분야에서 최근에 등장한 구성개념을 포함하기 위하여 이론적 관점을 확장하고, (b) 입증된 신뢰도, 타당도, 규준 자료를 포함하는 표준화된 채점 기준에 대한 요구가 증가하고 있다는 것으로, 이는 스토리텔링 기법이 향후 나아가야 할 방향을 제시해 준다.

이론적 관점: 이전 장에서 (a) 심리학적 구성개념의 자기-귀인적, 암묵적 형태, (b) 검사 수행의 최대 조건과 전형적 조건 간의 개념적 차이와 스토리텔링의 관련성을 살펴보았다. 심리학적 구성개념의 암묵적 형태와 명시적 형태를 표기하는 현재의 근거를 고려하면, 평가 배터리에 성격 수행측정과 자기보고식 검사를 포함하여 두 가지를 모두 평가하는 것이 필요하다. 개인은 다양한 삶의 상황과 마주하기 때문에, 심리적 과정의 암묵적인 요소와 명시적인 요소를 결합시킨다. 심리학적 구성개념의 암묵적인 면과 명시적인 면은 각기 다른 조건하에서의 반응을 설명한다. 또한 개인의 행동, 인지, 정서 모두의 영향을 통해 암묵적 동기와 자기-귀인적 동기는 환경에 노출되어 개인의 경험을 형성하는 접근방식 혹은 회피방식의 양상뿐만 아니라 선택적 주의와 정보처리과정을 촉진한다.

빠르게 찾기 9.5는 반응 내용이 사회적인가 혹은 비사회적인가에 관계없이 자기보고식 검사와 수행 측정검사, 최대 수행조건과 전형적 수행조건을 구분함으로써, 종합적 평가과정에서 얻을 수 있는 선택된 변인에 대한 정보를 조

직화하기 위한 틀(template)이다. 이 틀에 포함된 변인(정서, 주의, 행동의 자기조절, 인지, 동기부여, 대인관계)은 일상생활의 기능에 널리 적용 가능하며, 다양한 조건에서 각기 다른 방법으로 측정되기 때문에 선택되었다. 각 변인의 개념적 명확성은 체계적인 평가에 있어 매우 중요하다.

심리측정적 관점: 임상적으로 유용한 채점체계는 맥락에서 벗어난 단어로 내용을 부호화하기보다는, 수단과 바라는 목적 간의 연관성에 함축되어 있는 문제 해결 수준과 같이 내용으로부터 추출한 원리와 이야기 묘사의 구조적 특징에 초점을 맞추어야 한다. 임상적 활용에 있어서, 구조적 혹은 조직적 변인들은 내용의 기록에 비해 경험적으로 더 많이 지지된다(McGrew & Teglasi, 1990). 또한 이야기 묘사의 특정한 조직적인 특징은 다양한 명칭으로 혹은 조금씩 다른 부호화 기준을 바탕으로 많은 연구에서 다루어지고 있다. 이러한 영역은 합의된 일반적 기준을 확립하고 구조적 특성을 체계적으로 종합함으로써 유용하게 될 것이다. 하지만 이러한 조직화된 요소는 개인의 독특한 관심사를 정확히 담아내기 위해서 내용의 질적 분석과 통합되어야만 한다. 규준을 사용할 수 있더라도, 이러한 해석체계는 반복적이고 단계적인 과정을 수반하는 적절한 '해석'에는 충분하지 않다(빠르게 찾기 9.6 참조).

빠르게 찾기 9.5

종합적 평가에서의 정보 조직화를 위한 틀

기능적 자원: 최대 수행조건 혹은 전형적 수행조건하의 사회적/비사회적인 내용의 수행검사나 자기보고식 검사를 통해 측정된 자동적인 혹은 주의를 요구하는 암묵적 및 명시적 과정	현재 맥락	과거 이력	현재 평가 자기-귀인적 대 암묵적, 최대 수행조건 대 전형적 수행조건
정동의 자기조절 정동 조절을 위한 자원은 기질적 성향과 함축된 의미를 알아차리기 위해 가용한 정보의 해석을 도와주는 인지 도식에 기인한다.	수행조건: 사회적 상황 • 최대 수행조건 • 전형적 수행조건 비사회적 상황 • 최대 수행조건 • 전형적 수행조건	수행조건: 사회적 상황 • 최대 수행조건 • 전형적 수행조건 비사회적 상황 • 최대 수행조건 • 전형적 수행조건	자기보고식 검사 면담 성격 수행검사 부모 보고 교사 보고 동료 보고 관찰
주의의 자기조절 주의를 조절하는 자원은 유의미한 정보를 탐색하는 것(각성), 필요할 때 주의의 초점을 옮기는 것, 주의를 유지하는 것을 포함한다. 주의 이동에서의 유연성과 같은 집행적 주의는 주의의 초점으로서 무엇이 가장 중요한지를 가리키는 사전 지식이나 도식에 따라 계획하고 예측하는 데 기여한다.	검사상황 • 최대 수행조건 • 전형적 수행조건 사회적 상황 • 최대 수행조건 • 전형적 수행조건	검사상황 • 최대 수행조건 • 전형적 수행조건 사회적 상황 • 최대 수행조건 • 전형적 수행조건	자기보고식 검사(척도) 성격 수행검사 주의력 수행검사 부모 보고 교사 보고 동료 보고 관찰

행동의 자기조절 행동은 짧은 순간에 반응을 보이거나 규칙, 기준 혹은 장기간의 목적에 따라 좌우된다. 반응적 조절은 계획되지 않은 고립된 순간의 자극, 현재 감정, 상황적 압박(당면한 결과)에 빠르게 반응한다. 목표와 목적에 의한 보다 계획적인 행동조절은 계획, 인내, 끈기를 포함하는 계획된 반응을 시행하기 위한 자원을 필요로 한다.	검사상황 • 최대 수행조건 • 전형적 수행조건 사회적 상황 • 최대 수행조건 • 전형적 수행조건	검사상황 • 최대 수행조건 • 전형적 수행조건 사회적 상황 • 최대 수행조건 • 전형적 수행조건	자기보고식 검사 면담 부모 보고 교사 보고 동료 보고 성격 수행 검사 관찰
인지 이 구조는 추론, 추상적 개념, 작업 기억, 집행기능, 통찰력, 문제 해결자원을 포함한다.	검사상황 • 최대 수행조건 • 전형적 수행조건 사회적 상황 • 최대 수행조건 • 전형적 수행 건	검사상황 • 최대 수행조건 • 전형적 수행조건 사회적 상황 • 최대 수행조건 • 전형적 수행조건	구조화된 검사 성격 수행검사
성과/성취/지식 사전 지식은 어떻게 지식이 조직화되는지에 따라 다양한 영역에서의 수행과 신념을 알려 준다(단편적 암기부터 유연성 있게 구조화된 지식에 이르기 까지 광범위하다).	검사상황 • 최대 수행조건 • 전형적 수행조건 사회적 상황 • 최대 수행조건 • 전형적 수행조건	검사상황 • 최대 수행조건 • 전형적 수행조건 사회적 상황 • 최대 수행조건 • 전형적 수행조건	표준화된 성취검사 등의 구조화된 검사 성격 수행검사 성적 자기보고식 검사 부모 보고 교사 혹은 관리감독자 보고

동기 목표, 의도, 기준, 행복이나 불행의 근원에 대한 생각은 목표를 성취하기 위한 기술이나 사전 지식과 자기조절 자원(주의, 정서, 인지, 에너지, 끈기)과 함께 행동을 지시한다.	검사상황 • 최대 수행조건 • 전형적 수행조건 사회적 상황 • 최대 수행조건 • 전형적 수행조건	검사상황 • 최대 수행조건 • 전형적 수행조건 사회적 상황 • 최대 수행조건 • 전형적 수행조건	자기보고식 검사 성격 수행검사 부모 보고 교사 보고 관찰
대인관계 유대감, 공감, 상호 관계, 자율성.	가족 동료 권위자	가족 동료 권위자	자기보고식 검사 부모 보고 교사 보고 동료 보고 성격 수행검사

빠르게 찾기 9.6

스토리텔링 검사의 임상적 활용을 위한 단계

1. 유의미한 정보를 개념적으로 조직화하는 방법을 사용하라. 이 단계는 공식적인 규준 자료를 고려하거나 하지 않을 수 있지만 특정한 스토리텔링 검사 방법과 평가할 변인에 대한 개념적, 경험적 기초를 숙지하고 있어야 한다. 충분히 입증된 규준이 없기 때문에, 검사자는 예상되는 반응의 종류, 수검자의 연령, 수검자의 다른 특성, 수검자가 처한 상황에 대해 알아야 한다.
2. 스토리텔링 검사를 통해 이끌어낸 결론과 수검자에 대한 다른 정보를 통합하라. 이 단계는 배터리 내 다양한 검사가 수검자가 처한 상황과 사회문화적 맥락에 대한 이해와 관련된 구성개념을 어떻게 측정하는지에 대한 지식이 필요하다.
3. 발달, 정신병리, 성격에 대한 적절한 개념적 틀을 사용하여 이전에 내린 종합적인 결론을 수검자의 상황과 현재 관심사에 맞게 재해석하라.
4. 공식적인 진단을 받았는지의 여부와 관계없이 수검자에게 현존하는 문제의 복합성과 수검자의 변화 및 발전과정에 대한 이해를 기반으로 하여 개입을 계획하라.

자기점검

1. 스토리텔링 평가방법의 풍부성과 다재성은 심리측정학적 특성을 산출하는 과정을 복잡하게 한다.
   (예/아니요)
2. 스토리텔링 검사는 하나의 정답을 고르기보다는 일반적인 수행준거를 설정한다는 점에서 웩슬러 지능검사와 같은 수행검사와 구분된다.
   (예/아니요)
3. 자기보고식 검사와 스토리텔링 검사에 대한 설명으로 옳지 않은 것은?
   (a) 자기보고식 검사가 스토리텔링 검사에 비해 더 반응을 속이기 쉽다.
   (b) 자기보고식 검사는 자동적인 인지적 과정에 민감하지 못하다.
   (c) 자기보고식 검사를 통해 수검자의 독특한 사고과정 유형을 파악할 수 있다.
   (d) 자기보고식 검사의 결과는 개입으로 인해 바뀔 수 있으나 다른 변화를 중재하지는 못한다.
4. 임상적인 목적으로 검사자의 추론을 최소화하고 수검자가 말한 그대로를 바탕

으로 이야기를 부호화하는 방법은

(a) 신뢰도를 더욱 높인다.
(b) 타당도를 떨어뜨린다.
(c) 신뢰도를 높이나 타당도를 떨어뜨린다(a와 b 모두이다).
(d) 신뢰도를 높이지도, 타당도를 떨어뜨리지도 않는다(a와 b 둘 다 아니다).

5. **수검자의 반응 내용에서 공격적인 행동을 예측할 때, 다음의 진술 중 잠재적인 위험을 내포하고 있지 않은 것은?**

(a) 단순히 공격적인 반응 내용의 빈도를 파악하는 것은 수검자의 공격적인 표현에 비해 그 공격성을 완화시킬 수 있는 정보를 고려하는 것을 어렵게 한다.
(b) 자극에 따라, 공격성이 높은 수검자는 공격적인 반응 내용을 더 적게 이야기하는 경향을 보인다.
(c) 수검자에 대한 검사자의 예측은 수검자가 사고, 감정, 행동을 통해 공격적인 반응 내용에 대한 표현을 함으로써 더욱 복잡해진다.
(d) a, b, c 모두 잠재적인 위험을 내포한다.

정답 1. 예, 2. 예, 3. c, 4. c, 5. d

10 CHAPTER 종합심리 평가에서의 스토리텔링

9 장에서 소개한 틀(template)은 다음의 사항을 적용할 수 있는지에 따라 각각의 심리적 요소를 구분함으로써 종합적 평가에서 획득된 정보를 조직화한다. (a) 최대 또는 전형적 수행조건, (b) 심리적 요소의 암묵적 혹은 명시적 형태를 끌어내는 절차, (c) 주로 사회적이거나 비사회적인 맥락. 틀에 따르면, 평가되어야 할 각각의 심리적 요소는 최대 또는 전형적 수행조건, 사회적 혹은 비사회적 맥락, 자기-귀인적 혹은 암묵적 형태의 심리적 요소, 다양한 정보제공자 등에 걸쳐서 나타나는 일관성의 패턴 혹은 변화의 패턴을 고려하여 검토된다.

고등학교 2학년인 17세 카일은 주의 산만함, 주의력결핍과 관련된 문제와 더불어 이러한 문제가 대학 진학에 미칠 영향을 검토하기 위해 평가를 실시하였다. 배경정보는 평가를 실시하기 전에는 부모가, 평가 중에는 카일이 보고하였다. 최근에는 카일의 산만함이 학업의 다양한 측면(과제를 끝내는 것, 과제를 제출하는 것, 시험을 끝내는 것)과 일상의 활동(팀 스포츠를 하고, 운전을 하고, 키보드 연주를 할 때 부주의해지는 것)을 방해하였다. 평가를 받으러 왔을 때, 카일은 공립 고등학교에 입학하였으며 몇 가지 AP 과정을 이수하고 있었다. 카일은 자신이 최소한의 노력만 기울임에도 불구하고 괜찮은 점수를 받고 있다는 사실을 알고 있었다. 카일은 9학년이 되어서야 집중하는 것에 대한 어려움을 호소하였지만, 카일의 부모는 '빈둥거림'이 2학년부터 시작되었다고 회상했다. 또래관계, 알코올 혹은 다른 물질 사용과 같은 여타 발달적 측면

> **유의사항**
>
> 임상장면에서 질문지를 활용할 때, 흔히 두 명의 정보제공자로부터 얻은 보고 간에는 낮은 일치성이 나타난다(예: 부모-교사, 부모-아동, 아동-자녀, 어머니-아버지, De Los Reyes, & Kazdin, 2005).

에서의 문제는 없었다. 카일은 최근에 정신과 의사에게 ADHD 진단을 받았으며, 약물이 집중에 도움이 된다고 보고하면서 정기적으로 약물을 복용하고 있다. 카일은 평가회기 동안은 약물을 복용하지 않았다.

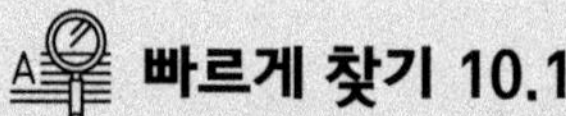

빠르게 찾기 10.1

최대 혹은 전형적 수행조건에 따른 사회적 혹은 비사회적 맥락에서의 기능

비사회적 - 최대 수행조건	**사회적 - 최대 수행조건**
수행측정-예시로 능력, 성취, 주의, 기억, 집행기능에 대한 구조화된 과제가 있다. 정보제공자의 보고-(과제할 때 도움을 받는 것처럼) 구조적이고 지지적인 조건하에서의 기능 혹은 관심사에 관한 것. 수행과 관련된 과거력-구조화된 검사에서의 점수, 구조화된 수업 과제의 완수, 참여, 이런 상황을 추구하고 지속하려는 선호.	수행측정-예시로 사회인지 혹은 사회정서 이해도를 평가하는 구조화된 과제(부자연스러운 상황이나 삽화)가 있다. 정보제공자의 보고-가상상황에서 개인의 반응 혹은 정해진 일상/구조에 대한 선호와 같은 구조화된 사회적 상황에서의 기능 또는 관심사에 관한 것. 수행과 관련된 과거력-교실이나 다른 구조화된 사회적 접촉에서의 사회-정서적 행동에 관한 학교의 기록.
비사회적-전형적 수행조건	**사회적 - 전형적 수행조건**
수행측정-예시로 사전 지식을 이용하는 새로운 방법의 개발, 과제나 문제를 규정하는 자율성, 계획, 정보탐색을 요구하는 좀 더 개방적인 (지식, 추론, 주의) 측정이 있다(예: Rorschach). 정보제공자의 보고-독립적인 노력이 필요하지만 즉각적인 피드백에 의해 유도되지 않은 개방형 과제에 관한 것. 수행과 관련된 과거력-독립적인 노력과 계획을 요구하는 과제 수행에 대한 기록.	수행측정-예시로 관련 단서에 대한 주의, 정서 및 행동의 자기조절, 우선순위를 설정하고 행동을 통제하는 도식을 필요로 하는 개방형 반응이 있는데, 이는 개인 내 및 개인 간의 상황을 포함한다(예: TAT). 개방형 상호작용의 관찰. 정보제공자의 보고-선호, 흥미, 즐거움과 개방형 사회적 조건 아래에서의 기능에 관한 것. 수행과 관련된 과거력-학교나 다른 장면에서 지속되는 훈육에 관한 기록. 행동관찰, 비언어적 표현, 참여 또는 대리측정(또래에게 수용되는 것과 같이 전형적인 조건하에서의 사회적 반응)

빠르게 찾기 10.2

카일의 평가정보를 조직화하기 위한 틀

기능적 자원	최대, 명시적(사회적, 비사회적)	전형적, 암묵적(사회적, 비사회적)
인지	구조화된 인지 과제에서의 수행(웩슬러 성인용 지능검사 4판, WAIS-IV). 카일의 점수는 평균에서 평균 상 수준이었다.	비교적 명확하지 않은 문제 해결상황에서, 카일은 단순한 인과적 추론과 융통성 부족을 보였다(대안을 찾지 못함). 카일과 그의 가족에 의해 보고된 과거의 정보와 현재의 적응력은 TAT 이야기 반응에서 나타나는 융통성이 부족한 사고와 일치한다. 카일의 이야기에 나타나는 등장인물과 유사하게, 일상적인 과제에 대한 그의 반응은 대개 극단적이며 중도적 반응은 거의 없다. TAT 이야기에서 인물들 간 의견이 일치하지 않거나 서로 다른 것을 기대할 때, 타협하거나 이해하려는 노력 없이 이들의 관계는 영원히 끝나버린다. '사람들은 가치가 없다 혹은 있다'고 평가하는 것과 같은 이분법적 사고가 TAT와 카일의 자기보고에서 명백히 드러난다.
정동 **자기조절**	구조화된 조건 아래에서, 카일은 차분한 인상을 보여 주기 위해 노력하고, 부정적 정서를 표현하는 것을 삼간다. 하지만, 구조화된 과제를 수행하는 동안의 행동관찰과 (보고서나 과제처럼) 자신이 보기에는 의미 없는 일을 교사나 부모가 하라고 요구할 때 나타나는 분노에 대한 자기보고에서 카일의 불만과 성급함이 명백히 드러난다. 카일은 분노와 불만으로 가득 찬 느	TAT를 활용한 구조화되지 않은 수행조건하에서, 카일은 정서적 긴장상태에 대처하기 위한 건설적인 전략을 묘사하지 않았다. 부정적 정서나 타인의 부담스러운 기대에 직면했을 때, 카일의 이야기에 등장하는 인물은 문제를 처리하거나 고통의 원인을 해결하기 위해 행동하는 대신에 문제를 사라지게 하는 비현실적인 방법이나 회피에 몰두했다. TAT에서 명확히 드러나

정동 자기조절	낌과 집중에의 어려움으로 인하여 고통을 받는다고 하였다. 카일은 잠들지 못하고 집중하지 못하는 악순환을 설명하면서, 학업에 많은 의지력이 필요하고 항상 포기해야 할 것 같은 느낌을 받는다고 보고했다. 카일은 걱정되거나 불행하다고 느낄 때, 이런 부정적인 생각을 무시한다고 보고하였다. 카일은 자신을 괴롭히는 문제를 처리하기 위한 다른 대응전략에 대해서는 언급하지 않았으며, 자신을 수동적이라고 설명했다.	듯이, 이분법적으로 판단하는 카일의 경향은 분노와 극단적 반응을 촉발하는 방식으로 상황을 단순하게 평가하도록 이끈다. 예를 들어, 부모가 카일에게 통제를 가하거나 무언가를 요구할 때, 카일은 부모의 결정 중 많은 부분을 잘못된 결정, 위선, 무시의 표현으로 받아들여 분노를 느낀다.
주의 자기조절	NEPSY의 소검사(주의력 & 집행기능) 점수는 평균을 훨씬 밑도는 점수(척도점수 2)에서 평균(척도점수 9, 10)범위의 점수로 나타났다. 최저점수(2)는 카일이 (검사 한계로 제시된) 지시를 따르지 않았기 때문이다. 일반적으로, 명명하기와 같은 단순하고 쉬운 과제에서의 카일의 수행은 평균에 속했지만, 새로운 규칙을 배우고 빠르게 학습해야 하는 과제에서의 수행은 평균보다 훨씬 아래로 떨어졌다. 주의의 어려움은 집중력을 요하는 우드콕-존슨 성취과제(지시 따르기, 이야기 회상)에서 나타난 상대적으로 낮은 수행에서 분명하게 드러났다. 카일이 BGT 회상 영역에서 상대적으로 낮은 수행을 보인 것은 주의력 부족이 부수적으로 단기 기억에도 영향을 미칠 수 있음을 의미한다.	카일 본인과 부모 모두 카일의 잡념에 빠지는 경향과 집중에의 어려움에 대해 염려하는 모습을 보였다. 주의를 조절하는 문제는 중요한 일상 활동 중에 '멍해지는' 경향과 과제를 완료하고 제출하는 것을 기억하려고 노력하는 것에서 명백히 나타난다. 주의 산만함으로 인한 사회적 적응에의 지연과 관련된 문제는 보고되지 않았다. 자기보고(Conners-Wells Adolescent Self Report Scale) 검사에서 카일의 인지적 문제/부주의, 과잉행동, ADHD 지표는 임상적 범위에 속하는 것으로 나타났다. 이러한 지표의 상승은 걱정을 표현하는 것, 과제 수행, 부모에 의해 보고된 과거력과 일치한다. 진단이 확정되지 않은 주의 관련 문제로 인한 카일의 불만은 그의 도식에 영향을 줄 수 있다. 예를 들어, 주의와 집중의 어려움은 (TAT 이야기에서) 타인의 기대를 자신이 충족시킬 수 없는 부담으로 간주하도록 할 수 있다. 결국, 보다 구조화되지 않은 맥락에 대한 카일의 단순한 추론은 문제를 해결하거나 과제에 부합할 수 있는 대안적 계획을 고안할 수 있는 융통성을 제한한다.

행동 **자기조절**	카일은 전반적으로 협조적인 태도를 보였으나, 평가 중 자주 피곤해 보였고, 종종 하품을 하거나 의자에 구부정하게 앉아 있었다. 카일은 대부분의 구조화된 검사 문항에서 고민 없이 빠르게 반응하였고, 종종 정답이 무엇인지 신중하게 생각하지 않고 머릿속에 가장 먼저 떠오르는 것을 말하는 것 같은 모습을 보였다. 문장을 작성할 때, 카일은 자주 (문장의 마침표와 같은) 적절한 구두점을 사용하지 않았다. 검사자와 잡담을 하는 동안에 카일은 우호적이고 상냥하였으며, 학교나 집에서 있었던 힘든 일에 대해 이야기할 때는 편안해 보였다. 카일은 학교에 대한 불만, 분노와 가족의 통제에 대해 솔직하게 말하였다. 검사자의 관찰, 자기보고, 부모보고에 의하면, 대부분의 구조화된 상황에서 카일의 행동은 사회적으로 적절한 것으로 고려된다. 구조화된 맥락에서, 카일은 자신이 생각하기에 어떤 일이 충분히 중요하다면, 최소한의 일을 함으로써 지시를 따를 것이다.	즉각적인 단서나 사회적 관습이 명백하지 못한 상황에서, 카일은 계획 없이 반응하는 경향을 보인다. 주의와 정동을 조절하는 것에 대한 어려움과 함께 TAT에서 평가된 자기조절에 관한 카일의 도식은 근시안적이고 반응적인 행동조절을 촉진한다. 카일은 주의산만, 불면, 분노, 실패감의 악순환에 빠져 있는 것으로 고려된다. 카일은 더 넓은 관점으로 살펴보지 않고, 당면한 문제와 외부 자극에 반응한다.
성과 **성취** **지식**	구조화된 성취검사에서의 점수는 평균에서 평균 상에 이르는 반면, 학업 과제의 능숙도는 평균 범위로 나타났는데, 이는 특정 기술을 수행함에 대한 자동성(automaticity)의 수준이 비교적 발달되지 못하였음을 의미한다. 맥락으로부터 정보를 회상하는 데의 어려움으로 인해, 언어 성취의 다른 영역에 비해 구어(oral language)의 성취수준은 낮은 것으로 나타났다(95% CI, [87-104], 38th percentile). 카일은 이야기의 세부사항이 아니라 요지를 기억하는 것으로 보였다.	인내력의 부족, 주의 산만함, 불만, 장기적인 과제를 준비하고 우선순위를 정하는 능력의 부족으로 인하여 카일은 일반적인 상황에서 어려운 과제를 성취하는 데 어려움을 겪는다. 카일은 아주 힘들다고 생각하는 일을 자신의 목표와 무관한 것이라며 평가 절하한다. 최근까지 진단되지 않았던 주의의 어려움은 원하는 목적을 이루기 위한 건설적인 수단과 관련된 도식의 발달을 제한하고, 성취추구에 대한 경멸을 야기하였다. 이러한 도식은 집중의 어려움과 학문에 대한 흥미의 결여와 결부되어, 자기 주도적 학습과 수행에 상당한 지장을 초래한다.

동기	구조화된 과제에서 카일의 반응을 관찰함으로써, 카일은 과제를 최소한으로 수행하는 것에 만족하며, 평가 동안 자신이 수행한 것에 대해 자랑스러워하지 않음을 알 수 있었다. 불완전한 문장 과제에서 카일은 자신의 완전한 생각을 표현하기보다 한 단어로 반응하는 모습을 보였다. 일반적으로, 구조화된 과제(WAIS, Woodcock-Johnson, NEPSY, Bender-Gestalt)에서 카일은 과제가 쉬울 때는 계속해서 시행했지만, 과제가 조금 어려워지면 노력을 하기보다는 포기하려고 하는 모습을 보였다.	구조화 및 비구조화된 다양한 과제의 시행 동안에 나타나는 카일의 행동과 반응양상에 관한 관찰은 자신 및 부모의 보고와 일치한다. 집중의 어려움과 해낼 수 있는 최소한의 일 이외에는 노력을 잘하지 않는 카일의 모습은 학업의 많은 부분이 힘들고 지루하고 해야 할 가치가 없으며, 음악가가 되고 대학에 진학하려는 자신의 목표와 무관하다는 카일의 보고와 일치한다. 카일은 학교를 쓸모없고 무의미하다고 평가했다. 카일은 대학에 가면 자신의 삶이 향상되고, 자신에게 흥미 또는 의미가 없는 일로부터 자유로워질 것이라 기대한다. 하지만, 카일은 운전이나 밴드에서의 키보드 연주와 같이 자신이 선호하는 활동에서 이따금 집중력을 잃는 것에 대해 걱정하였다. 인내력 결핍은 활동에 대한 카일의 선택과 상관없이 집중력이 요구되는 활동 전반에 걸쳐서 나타난다. TAT 이야기에서, 직면한 긴장이나 딜레마에 대응하기 위한 등장인물의 중요한 행동이 사실상 없기 때문에, 동기수준은 낮다고 볼 수 있다. 이야기는 등장인물이 목표를 설정하여 이를 적극적으로 추구하거나 긴장에 대응하기 위한 계획의 부재가 뚜렷했다. 학업에 흥미가 부족하기 때문에, 학업에 집중하기 위해서 카일은 지나치게 많은 의지력을 필요로 하였으며, 자주 포기하고 싶다는 기분이 든다고 말했다.

관계	자기보고(임상면접 및 문장완성)에 따르면, 가족 간 상호작용에서 자주 카일을 화나게 만들고, 자신이 이해받지 못한다는 느낌을 받는다. 카일은 부모가 자신을 사랑하고 도와주고 싶어 한다는 것을 알고 있지만, 부모의 행동과 결정이 독립, 자유, 책임감에 대한 자신의 욕망에 반한다고 느낀다. 카일은 자신을 보호하고, 자신이 학교생활을 잘하기 위해 시간을 체계화할 수 있도록 부모가 도와줄 이유가 없다고 본다. 카일은 친구가 지지와 행복의 근원이라고 말하며, 자신은 믿음직하고 배려심 있는 친구라고 설명한다. 카일은 자신은 대부분의 사람을 좋아하지 않으며, 많은 사람(또래와 성인)이 자신의 신경을 건드린다고(그들은 무식하고 옳지 않은 가치관을 가졌다) 말했다.	카일의 TAT 이야기는 대인관계의 지속성과 중요성에 대한 약간의 불확실성을 보여 준다. 순간적인 감정에 관한 인간의 속성은 두드러지며, 등장인물이 갈등을 겪거나 요구에 의해 부담을 느낄 때 등장인물 간의 관계는 거부적으로 끝났다. 등장인물이 서로 다양한 견해를 보일 때, 이해하거나 타협하려는 경우는 없었다.

정리한 것이다. TAT 이야기(빠르게 찾기 10.3 참조)와 평가지와 부호화 또한 제시하였는데(빠르게 찾기 10.4 참조), 그 이유는 종합적인 보고서를 제공하고자 함이 아니라 종합심리 평가 내에서 TAT의 용도를 보여 주기 위함이다.

활용된 절차:

Bender-Gestalt Test of Visual-Motor Integration(모사 및 회상)

Wechsler Adult Intelligence Scale-Fourth Edition(WAIS-IV)

Woodcock-Johnson Tests of Achievement-Third Edition(WJ III Ach)

Developmental Neuropsychological Assessment(NEPSY), Second Edition, selected tests

Conners-Wells Adolescent Self-Report Scale: Long Version

Incomplete Sentences Structured Interview

Thematic Apperception Test

Clinical Interview

빠르게 찾기 10.3

카일의 사례

1. 조니는 생일선물로 바이올린을 받았어요. 조니는 바이올린을 연주하려고 하였지만 그러지 못해서 매우 슬퍼졌어요. 조니는 스스로에게 실망하여 울음을 터뜨렸고, 그래서 바이올린을 탁자 위에 올려 두었어요. 끝이에요. [이전에는?] 조니는 항상 바이올린을 연주하고 싶어 했고, 그래서 하나 갖고 싶다고 말했어요. [생각은?] 자신이 실패했다는 것.
2. 사람들은 농장에서 생활해요. 이 남자는 집에 머무르면서 밭을 갈아야 하고, 이 여자/여자아이는 학교에 가야 해요. 구석에 있는 여자가 아기를 가졌기 때문에 이들은 돈을 벌어야 해요. [이전에는?] 이 남자와 여자는 결혼했는데, 여자의 여동생이 와서 같이 살고 있어요. 감정은? 아이를 키울 만큼 충분한 돈이 없어서 걱정하고 있어요. [결말은?] 아기가 죽어서 이들은 더 이상 돈이 필요하지 않게 돼요.

3BM. 화가가 되고 싶었던 남자가 있었는데, 그림을 잘 그리지 못해 총을 쏴서 자살했어요. 이 남자가 죽은 후에 그림이 유명해졌지만, 그는 이미 죽었기 때문에 그 사실을 알지 못

했어요. [감정은?] 죽었기 때문에 감정이 없어요. [이전에는?] 남자는 매우 우울했어요.

4. 이들은 어릴 적부터 친구였어요. 여자는 남자를 사랑했지만, 남자는 동성애자였어요. 그래서 여자는 슬퍼요. 남자는 다른 남자와 도망쳤고 여자는 혼자 죽었어요. [감정은?] 여자는 슬프고, 남자는 혼란스러워요. [생각은?] 남자는 여자가 떠나길 바라고, 여자는 남자가 자신을 사랑하기를 바라요.

5. 이 여자의 남편은 항상 연구하느라 절대 밖으로 나오지 않아요. 여자가 들어가서 남자를 밖으로 데리고 나오려고 하지만 남자는 나오지 않아요. 그래서 여자는 남자를 떠나요. [여자의 감정은?] 화나요. [이전에는?] 남자는 항상 쓸쓸했어요.

7GF. 이 어린 소녀는 배우고 싶지 않지만, 엄마는 자꾸만 가르치려 해요. 소녀는 밖으로 나가서 인형과 놀고 싶지만, 엄마가 그렇게 내버려 두지 않을 것이기 때문에 도망가요. [결말은?] 이들은 서로를 다시는 보지 못해요. [감정은?] 서로에게 화가 났어요.

8BM. 이 어린 소년은 수술을 받을 예정이에요. 소년은 수술 중에 죽어서 그의 형은 우울해요. 소년은… 그래서 형은 도망가요. [더 얘기해 봐요.] 소년은 차에 치여서 병원에 와야만 했어요.

13B. 어린아이는 농장에서 일하고 싶지 않았기 때문에, 매일 하모니카를 연주하며 앉아 있어요. [더 얘기해 봐요.] 그래서 그는 유명한 하모니카 연주자가 되어서 수백만 달러를 벌게 돼요. [감정은?] 행복해요.

빠르게 찾기 10.4

카일의 TAT 이야기에 대한 평가지와 부호화

I. 인지

추상성의 수준

도판	1	2	3BM	4	5	7GF	8BM	13B							
수준	3	2	3	3	3	3	3	3							

지각적 통합의 수준

도판	1	2	3BM	4	5	7GF	8BM	13B							
수준	3	3	3	2	3	3	3	3							

참고: 카일은 등장인물이 직면한 딜레마와 문제를 확인함으로써 장면에 묘사된 긴장감을

포함시킨다. 그러나 그는 적절한 해결책을 찾거나 심리적 과정을 완전히 파악하지 않는다. 그림에 나타난 긴장상태는 종종 부적절한 수행, 원치 않거나 부담스러운 의무, 관계로부터 원하는 것을 얻지 못하는 것에 대한 불만을 뜻한다.

계획하기와 점검하기: 방해요소에 대한 체크리스트

1. 화자의 행동

(각 이야기에 적용할 수 있는 만큼 체크하시오) **도판번호→**	1	2	3BM	4	5	7GF	8BM	13B		
도판을 보고 웃거나 비난하는 등 이야기를 묘사하는 동안 우스꽝스럽거나 부적절한 반응을 나타내며 과제에 저항한다.										
수검자가 도판을 보는 것을 불편해하고 무서워하거나, 장면에 대해 지나친 정서적 반응을 보이는 것과 같은 부정적 반응을 보인다.										
과제에 대해 상당한 불편감, 지루함, 불만을 보인다(과제를 그만두고 싶어 하며, 얼마나 남았는지 계속 묻는다).										
지시를 받거나 이야기를 하는 동안 친근한 방식으로 잡담을 함으로써 과제 외의 행동을 한다.										
도판을 던지거나 소음을 내는 것과 같은 비정상적인 행동을 한다.										

2. 이야기 보고에 대한 화자의 계획

(각 이야기에 적용할 수 있는 만큼 체크하시오) **도판번호→**	1	2	3BM	4	5	7GF	8BM	13B		
연상적 또는 반응적으로 생각을 형성한다(각각의 생각은 이전의 생각과 연관되어 있지만, 전반적인 주제와 연결되지 않는다).										
개인적 반응(그가 날 쳐다보고 있어요, 무서워요)이나 검사의 요구와 달리 다른 대상으로부터 자신을 분리하는 데 어려움을 시사하는 1인칭 시점을 보고한다.										
화자가 이야기를 만드는 일련의 흐름을 잃어버린다(검사자의 질문이나 개인적인 연상으로 인해 처음 이야기의 초점으로부터 벗어난다. 이행과정 없이 최초의 전제로부터 이야기의 흐름이 변한다. 관점이 제멋대로 변하며, 3인칭 시점에서 1인칭 시점으로 갑작스럽게 변한다).										

(각 이야기에 적용할 수 있는 만큼 체크하시오) **도판번호→**	1	2	3BM	4	5	7GF	8BM	13B		
이야기 묘사의 비일관성 혹은 모순되는 내용이 나타난다.										
화자가 사회적 인과성(동기, 의도, 수단-목적의 관련성)에 대해 제대로 이해하지 못한다.	√	√	√	√	√	√	√	√		
긴장상태나 결과가 없다(이 항목이 체크되면, 아래의 두 항목은 넘어가시오).										
적절한 이행과정 없이 결과나 변화가 일어난다.								√		
결과가 화자가 만든 핵심 갈등, 긴장 또는 딜레마를 충분히 뒷받침해 주지 못한다.	√	√	√	√	√	√	√	√		

3. 등장인물의 감정, 사고, 의도, 행동

(각 이야기에 적용할 수 있는 만큼 체크하시오)* **도판번호→**	1	2	3BM	4	5	7GF	8BM	13B		
등장인물은 무신경하고, 지루함을 견디지 못하며 따분해 하고, 소망적인 생각이나 단기적인 해결책만을 제시한다.										
등장인물은 충분한 노력 없이 즉각적인 만족감을 느끼거나 물질적인 이득을 얻는 것에 사로잡혀 있다.										
등장인물이 문제나 목표를 명확히 인식하지 않고 행동하거나 반응한다. 계획 또는 예측 없이 이전의 사건이나 행동에 대한 반응으로 행동이 발생한다.	√	√	√	√	√	√	√	√		
등장인물이 계획이나 예상되는 결과(어떤 행동을 하거나 하지 않음에 따라 수반되는 결과)를 생각하지 않고 행동한다.	√	√	√	√	√	√	√	√		
등장인물이 일반적으로 예측되는 과제나 상황에 직면한다.	√	√	√	√	√	√	√	√		
등장인물이 부적절하거나 성급한 결론을 내린다. 상황을 이해할 수 없다. 합리적인 대안을 생각하는 데 실패하거나 과잉 반응을 한다.	√	√	√	√	√	√	√	√		
등장인물이 타당하고 연령에 적절한 제약과 의무를 불공정하거나 이해할 수 없다고 여기면서 회피하려고 한다.						√		√		

(각 이야기에 적용할 수 있는 만큼 체크하시오) * **도판번호→**	1	2	3BM	4	5	7GF	8BM	13B		
등장인물이 '이렇게 해야 한다'고 생각하는 것과 반대되는 방식으로 지속적으로 행동한다.										

* 항목을 누구에게나 적용하기에는 매우 제한적일 수 있다.

참고: 위의 체크리스트는 목표를 추구하기 위해 행동을 계획하고, 조절하는 것에 대한 카일의 어려움을 강조한다. 외부 사건이나 불만족스러운 상황에 대한 반응은 민감하고 근시안적이다. 이러한 극단적인 반응이 종종 마음을 아프게 할지라도, 악의적인 것은 아니다. 오히려, 행동의 잠재적인 악영향에 대해 고려하지 않는다.

시간 조망

(각 이야기에 적용할 수 있는 만큼 체크하시오) * **도판번호→**	1	2	3BM	4	5	7GF	8BM	13B		
'지금-여기'에 있는 그림자극의 단서나 단적인 부분을 벗어나지 못하는 즉각적인 타임프레임	√									
비현실적이거나 모호한 타임프레임		√	√	√	√	√	√	√		
이야기 속에 설정된 문제에 대한 적절한 타임프레임										

이야기 구조의 인과적 추론/일관성의 과정

(각 이야기에 적용할 수 있는 만큼 체크하시오) **도판번호→**	1	2	3BM	4	5	7GF	8BM	13B		
지각적 통합 수준 1(모순된 수준)을 포함한 조직화되지 않은 이야기 전개, 초점이 맞지 않는 생각의 전개(개인화된 사고, 고집 또는 그림에 대한 정서적 반응)										
사회적으로 받아들여지지 않는 내용이나 신념 (예: 기이한, 지나친 무력감, 적대감, 폭력성)										
추상적 사고와 상반된 수준의 개념화(다양한 생각이 서로 '제각각'이며, 기이해 보임)										
잘못된 논리, 심각한 모순, 마술적 사고, 혼란, 불완전하게 남겨진 생각의 파편, 타당해 보이지 않는 일련의 사건										

참고: 주요 사고 문제에 대한 위의 지표 중 어느 것도 체크되지 않았다.

(연상적 사고의 수준)

도판번호	1	2	3BM	4	5	7GF	8BM	13B							
	2	2	3	3	3	2	2	3							

참고: 카일은 이야기의 요소를 결합하기 위한 생각(예: 자신이 처한 딜레마에 대응하거나 원하는 결과를 얻기 위해 중요한 행동을 하는 것)을 거의 떠올리지 않는다. 행동, 반응, 사건은 이전의 생각이나 이야기 사건에 의해 촉발된다. 또한, 결과가 부정적 상황을 극복하지 않거나(1, 8), 행복한 결말이 사건의 전환이나 무책임한 행동으로부터 비현실적으로 나타나거나(2, 3, 13), 사람들의 기대가 충족되지 않음으로써 관계가 끝날 때(4, 5, 7), 행동, 반응, 사건은 제약을 받는다. 등장인물은 자신이 원하는 것을 얻지 못할 때, 선형적 인과관계(그림자극에서 볼 수 있듯이, 뜻대로 되지 않는 것에 대한 불만으로 인해 실패한 것처럼 느끼고, 가만히 앉아 있게 된다. 아기가 재정적 부채를 만들고, 아기의 죽음으로 인해 부채가 없어진다)나 정형화된 이야기 묘사(사건이 바라던 대로 변하여 문제가 해결됨)와 같은 어떠한 대안도 그림자극 외부에서 탐색되지 않는다.

경험의 내적, 외적 요소의 조화

A. 경험의 내적, 외적 요소의 조화에서의 한계점

(각 이야기에 적용할 수 있는 만큼 체크하시오) **도판번호→**	1	2	3BM	4	5	7GF	8BM	13B		
외적 자극만 존재—등장인물의 관심과 행동은 내면의 목적이나 문제 해결을 위한 현실적인 시도보다는 요구, 욕심, 소망, 저항 또는 이전의 이야기 속 사건에 대한 반응으로 나타난다.	√	√	√	√	√	√	√	√		
내적 자극만 존재—등장인물의 관심과 행동은 외부세계의 환경과 밀접하게 연관되지 않는 반추적 연상이나 반응으로 나타난다. 정서는 환경이나 즉각적으로 문제를 해결하는 것을 크게 고려하지 않고 이야기 사건을 이끈다.										
경험의 도덕적 측면의 부재—등장인물이나 수검자는 행동의 결과에 대한 관심이 부족하며, 자신의 행동에 대한 책임감이 없거나 타인의 행복을 고려하지 않는다. 무책임한 행동에 따른 적절한 결과(처벌 등)가 발생하지 않는다.		√	√	√	√	√		√		
사회적으로 부적절한 행동—수검자의 행동이 검사자가 수용할 수 있는 한계에 다다르거나, 등장인물의 행동이 사회적 관습과 일치하지 않는다(반사회적, 병적으로 무력한).										

B. 개인 내 혹은 개인 간 내적, 외적 경험의 조화에 따른 자산(assets)

(각 이야기에 적용할 수 있는 만큼 체크하시오) **도판번호→**	1	2	3BM	4	5	7GF	8BM	13B		
소망과 환상이 현실적인 평가(외부의 요구, 규칙)와 구분된다.										
행동의 의도와 행동의 영향이 구분된다.										
행동 및 결과가 현실적인 사회적 인과성에 따라 분명하고 명확하게 의도 및 동기와 연결된다.										
등장인물은 서로 중요하고 호혜적인 관계로 연결되어 있다(관련이 없거나 이야기되지 않은 관심사와 이해에 사로잡히지 않는다).										
'문제'의 해결이 모든 등장인물의 견해와 요구를 조화시킨다.										
등장인물은 협력적으로 상호작용함으로써 각자의 특성(의도, 목표)을 유지한다.										

참고: 행동이 반사회적이거나 악의에 의한 것은 아니지만, 단지 경험의 도덕적 측면을 고려하지 못한다.

인지적-경험적 통합의 수준

도판	1	2	3BM	4	5	7GF	8BM	13B						
수준	2	2	2	2	2	2	2	2						

참고: 건설적이고 목적이 있는 행동의 부재, 비현실적인 해결, 불충분한 이행과정과 같은 단순한 추론이 인지적-경험적 통합수준 2에 해당한다. 결과는 흔히 모호하고, 당면한 딜레마를 해결하지 못한다. 내부세계(의도, 사고, 감정)가 외부세계(계획, 결정, 행동, 결과)와 잘 조화되지 않으며, 과거, 현재, 미래의 타임프레임이 잘 서술되지 않는다. 수검자의 사고와 문제 해결은 매우 융통성이 없는데, 이는 현실적인 결과를 예상하지 못한 잘 계획되지 않은 행동과 불만에 대한 극단적 반응을 촉진한다.

II. 정서

정동의 근원 : 체크리스트

(각 이야기에 적용할 수 있는 만큼 체크하시오) **도판번호→**	1	2	3BM	4	5	7GF	8BM	13B		
미인식된 것(장면에 묘사된 긴장감이 인식되지 않은)										

(각 이야기에 적용할 수 있는 만큼 체크하시오) **도판번호→**	1	2	3BM	4	5	7GF	8BM	13B		
외적으로 서술된 것(자극과 관련된)										
외적으로 유발된 것(이야기 묘사 속 맥락에 의한)	√	√	√	√	√	√	√	√		
내적인 것(긴장감의 내적 근원과 외적 근원의 조화)										

정동적 긴장에 대처하기(각 이야기에 대해 세 가지 수준 중 하나를 정하라. 미대처, 즉각적 대처, 장기적 대처 그리고 각각의 대처 방식 내에서 가장 적절한 하위 범주를 체크하라.)

1. 미대처 혹은 비현실적 대처 도판번호→	1	2	3BM	4	5	7GF	8BM	13B		
미인식된 대처(부정적 정서가 인식되지 않음)										
정서, 자기인식, 이해에서 변화가 없음	√	√	√	√	√	√	√	√		
압도된 대처(고통이 만연하거나 부정적 정동이 악화됨)	√			√	√	√	√			
반응적/충동적 대처(계획이나 목적 없이 행동을 유발함)	√	√	√	√	√	√	√	√		
분리된, 체념한, 희망 없는 대처(행동이나 반응의 실패, 철수, 포기)										
자기비난에 빠져드는 식의 대처(수치심, 후회)										
상당히 비현실적인, 마술적 외부개입 혹은 있을 법하지 않은 사건의 변화(예: 혼자서 전쟁에서 승리하기, 비현실적 요구를 용인받기), 꿈 혹은 기대(행동이 정당하게 여겨질 때)		√	√					√		
2. 즉각적 혹은 부분적 대처										
긴장의 원인을 완전히 다루지 않은 상태에서 부정적 정동이 일시적(근시안적)으로 감소하거나 딜레마의 악영향이 감소함(예: 회피, 일시적으로 안심시키는 언행, 무언가를 해결하기, 합법적 의무를 준수하기)										
중요한 문제를 인식하지 않은 채 긍정적 정동이 일시적(근시안적)으로 증가 혹은 유지되거나 상황이 개선됨										

2. 즉각적 혹은 부분적 대처 **도판번호→**	1	2	3BM	4	5	7GF	8BM	13B		
독립적인 행동이 타당할 때 도움을 구하거나 찾으면서 타인에게 과도하게 의존(맹목적으로 의존하거나 너무 이르게 도움을 요청함)										
일반적으로 도움을 요청하는 상황에 대응함으로써 타인으로부터 과도하게 독립(예: 바이올린을 만드는 어린아이)										
3. 장기적 혹은 문제 중심 대처										
효과적인 문제 해결을 통해 부정적 정동이 감소함(예: 감정의 원인을 다루기)										
효과적인 문제 해결을 통해 긍정적 정동을 증대시키거나 유지하기										
특별한 요청이 있든 없든, 적절한 도움, 조언, 안심시키는 언행은 등장인물이 효과적으로 딜레마를 해결할 수 있도록 함										

참고: 모든 이야기의 대응 방식은 수준 1(미대응 혹은 비현실적 대응)에 해당한다. 카일은 도판에 묘사된 긴장과 일치된 방식으로 딜레마를 표현하지만, 해결은 긴장을 개선하는 데 효과적이지 않으며, 심지어 단기적이다. 등장인물이 자신을 마치 실패자처럼 느끼고(1), 죽고 난 뒤에서야 재능을 인정받고(3), 거절당하고, 외롭고, 화나고, 고통 속에 있는 상태(4, 7, 8)로 이야기가 끝난다. 중요한 행동이 없어도 사건이 개연성 없이 전환되면 긴장은 완화된다(2, 13). 정서는 외적 요인으로 인해 유발되고 통제된다.

정서적 성숙: 자산(assets)에 대한 체크리스트

A. 정서의 복합성과 일관성(한 개인 내)

(각 이야기에 적용할 수 있는 만큼 체크하시오) **도판번호→**	1	2								
정동은 지속적이고 내적인 동기, 장기적인 흥미 혹은 신념과 관련된다(일시적 욕구에 대한 반응, 당면한 유발상황, 불특정한 고통과는 대조적인 기준, 목표, 원만한 관계).										
행동이 정동에 미치는 영향이 행동의 의도와 구별된다.										
정서, 사고, 행동, 결과가 서로 일치하고, 전개되지 않은 이야기 묘사에 의미 있게 섞여 있으며, 사회적 인과론 및 자극과 조화되어 있다.										

(각 이야기에 적용할 수 있는 만큼 체크하시오) **도판번호→**	1	2								
감정이 (각본적, 피상적, 허위적, 연상적 장황함과 대조적으로) 수검자 경험의 의미 있는 통합으로부터 묘사된다.										

B. 정서의 통합과 조화(여러 대상 간)

(각 이야기에 적용할 수 있는 만큼 체크하시오) **도판번호→**	1	2								
딜레마를 정의할 때, 연관된 모든 등장인물의 감정이 공유된 맥락에 조화되어 있다.										
딜레마를 해결할 때, 연관된 모든 등장인물의 관점과 욕구가 (사회적 인과성과) 조화되어 있다.										
내적 현실과 외적 현실의 구분 및 외적 유발 환경으로부터 내적 상태를 구별(예: 지각하는 사람의 정서는 표적 대상의 특성이나 감정의 근원과 구별된다)한다.										
감정이 그 특성과 강도에 있어 이야기에 묘사된 상황에 적절하며, 자극의 정확한 이해에 근거한 것이다.										

C. 정서 식별과정에서의 명확성과 특이성

(각 이야기에 적용할 수 있는 만큼 체크하시오) **도판번호→**	1	2								
등장인물의 감정에 관한 환경의 명백하고 명확한 관련성										
묘사된 감정에 관한 등장인물 상호 간의 관계에 대한 명확한 설명										
유발상황이나 성격 및 관점의 차이에 따라 등장인물의 서로 다른 감정을 명확하게 구분										

* 만약 한 사람만 묘사되었다면(한 사람만 그려진 것으로 가정한다면), 그 위의 범주를 적용한다.

참고 : 카일의 프로토콜에서 정서적 성숙을 특징으로 하는 자산은 없다.

정서적 성숙의 수준

도판번호	1	2	3BM	4	5	7GF	8BM	13B						
수준	2	2	2	2	2	2	2	2						

참고: 정서는 지각된 실패(1), 부담스러운 의무(2, 7), 힘들이지 않고 명성이나 행운을 바라는 것(3, 13), 필요로 하는 것을 주지 않는 다른 사람(4, 5), 반대 사건(8)에 의해 유발된다. 정서가 건설적이고 계획적인 행동을 유발하지 않지만, 약간의 선경지명이나 통찰을 동반한 반응과 원칙에 입각한 장기적 목적이나 타인에 대한 진심 어린 걱정이 부재한 반응을 유도한다.

III. 대상관계

분화와 통합

A. 개인 내 및 개인 간 분화

(각 이야기에 적용할 수 있는 만큼 체크하시오) **도판번호→**	1	2	3BM	4	5	7GF	8BM	13B		
그림에서 다르게 묘사된 등장인물의 행동, 감정, 사고가 동일한 것으로 서술되어 **관점의 구분이 불분명함**										
피상적이고 표면적인 속성이 구별(생활방식, 소유물, 등장인물이 보는 방식, 자극에서 등장인물이 하고 있는 것)됨							√	√		
등장인물을 만연한 부정적 정동이나 분노감 측면에서 묘사하는 **전면적** 구분	√		√	√	√	√	√			
즉각적인 요구, 욕구, 바람에 근거한 구분	√	√	√		√	√		√		
단순한 사건-감정 연결(그는 넘어져서 운다. 그녀는 처벌을 피할 수 있어서 기분이 좋다)이나 심리적 과정에 대한 이해가 없는(**감정과 사고의 기능**이 사건과 별개인 것을 인식하지 못함) **모호한 의도**(어떤 것이 무엇인지 알아냄. 문제를 해결함)에 근거한 구분	√	√	√	√	√	√	√	√		
부모, 배우자, 아동, 친구로서의 **전형적인 역할이나 의무**처럼 등장인물에 의해 제시되는 기능에 대한 강조										
이분법적 구분(좋음-나쁨, 약함-강함, 위협-안전, 특별한-일반적인)	√		√	√	√	√				

(각 이야기에 적용할 수 있는 만큼 체크하시오) **도판번호→**	1	2	3BM	4	5	7GF	8BM	13B		
등장인물의 가치, 목표, 원리, 장기적 투자에 대한 구분										
등장인물이 요구, 감정, 관점, 행동에 있어 타당한 차이를 보인다(**심리적으로 서로를 구분**).										
서로 다른 개인은 단지 타인의 즉각적인 요구를 만족시키는 것이 아니라 **자신만의 관점을 지닌 자발적인** 인간으로 간주된다.										
인물은 관계 혹은 친사회적 **목표 지향적** 행동의 **지속적인 투자**와 일시적인 관심 간의 균형을 유지한다.										

B. 개인 내 및 개인 간 통합

(각 이야기에 적용할 수 있는 만큼 체크하시오) **도판번호→**	1	2	3BM	4	5	7GF	8BM	13B		
어느 인물에서든 현실적이고, 친사회적이고, 목표, 지향적인 행동의 추구, 자율성, 진취감, 신념이 나타난다.										
모든 등장인물은 자율성을 가지며, 서로의 개성(예: 의도, 감정, 사고, 행동, 결과)을 존중하고 인정하며, 협력적으로 상호작용하면서 각자의 개성을 확립한다.										
등장인물 간의 관계가 모호하거나 진부하지 않고 잘 정의되어 있다.										
등장인물은 당면한 상황에 배타적으로 반응하기보다 경험의 도덕적 차원으로 이해한다.										
등장인물은 과거의 내력, 신념, 투자와 관련하여, 순간의 유발자극보다는 계획적인 의도에 근거하여 행동한다.										
감정, 긴장, 목표의 차이는 존중되고 인정되며, 합리적으로 처리된다.										
개인의 표면적 양상은 내적인 심리과정과 관련된다(행동의 결과 대 행동의 의도, 진실한 감정 대 자기표현).										
한 개인의 안정적이고 영속적인 기질과 순간적인 경험은 조화를 이룬다.										

(각 이야기에 적용할 수 있는 만큼 체크하시오) **도판번호→**	1	2	3BM	4	5	7GF	8BM	13B		
한 개인의 긍정적 측면과 부정적 측면이 조화를 이룬다.										
(고립된 특성, 일시적인 걱정, 물질적 획득, 명예, 인정과는 대조적으로) 개인 간의 관계는 가치 있게 여겨진다.										
해결과정에서 한 인물의 관점과 요구에 초점을 맞추기보다는, 그림자극이나 이야기에 묘사된 모든 등장인물의 관점과 요구를 고려한다.										
등장인물은 서로의 생각을 공유하며, 상호이해와 존중을 바탕으로 행동한다.										

참고: 오직 한 명의 인물만 묘사되었을 때, 위의 특징을 내포할 수 있다.

C. 제한된 분화와 통합

(각 이야기에 적용할 수 있는 만큼 체크하시오) **도판번호→**	1	2	3BM	4	5	7GF	8BM	13B		
한 사람은 유능하고, 영웅적이고, 강압적인 반면에 나머지 사람은 무능하고, 무력하고, 무시되는 자율성의 불균형	√	√	√	√	√	√		√		
인물을 방해물이나 유해한 대상으로 여기고, 반성하지 않거나 결과를 생각하지 않고 행동한다.		√		√						
등장인물은 거시적 관점(평가와 반응에 영향을 미치는 고려사항)을 견지하지 못한 상태에서 독립된 경험에 반응한다.		√	√	√	√	√	√	√		
개인은 오직 자신의 관점에 의해서 평가된다. 등장인물은 서로의 자율성에 대한 인식 없이, 서로를 위해 무엇을 해야 할지 혹은 서로에게 원하는 것이 무엇인지에 대해 이야기한다.		√	√	√	√	√	√	√		

대상관계의 수준

도판번호	1	2	3BM	4	5	7GF	8BM	13B						
수준	2	2	2	2	2	2	2	2						

참고 : 심지어 가까운 관계(소꿉친구, 남편과 아내, 부모와 자녀)도 서로에게 부담스러운 요구를 하거나 서로의 요구를 충족시키기 못할 때 사이가 멀어진다. 요구의 차이를 절충하기 위해 서로 약간의 융통성을 보이고, 즉각적인 안녕상태를 위해 서로 노력하기도 하지만, 서로에 대한 노력이 불충분하기도 하다. 대체로 관계는 부담스러운 의무와 부족한 지지체계로 가득 차 있다. 수검자는 개성을 이분법적으로 구분하여 각 개성 간의 절충을 어렵게 만든다. 개인은 종종 즉각적인 영향의 관점(요구되는 것을 개인이 제공하는지 혹은 개인이 원치 않는 요구를 하는지)으로 평가된다. 다른 특성은 파악되지 않는다.

IV. 동기와 자기조절

동기와 관련된 자산(이야기에 적용할 수 있는 항목을 모두 체크하시오)

A. 과제수행 - 이야기 구조와 과정 도판번호→	1	2							
(모호하고, 불특정한 의도나 긴장상태와 대조적으로) 그림자극에서 묘사된 주요한 문제, 긴장, 딜레마의 분명하고 적절한 정의									
이야기는 논리적이며 모순되거나 부적절한 세부사항 없이 전개된다. 추론은 현실적이고, 사건의 배열은 타당해 보인다.									
이야기가 세부적인 작은 이야기의 연속이기보다는 계획에 따라 전개된다.									
검사자의 질문 여부와 상관없이 수검자 스스로 모든 이야기에 대해 설명해 나간다. 반응을 유도하면 이야기는 (빈약하거나 반복되기보다) 점차 풍성해진다.									
행동과 결과 간의 관련성이 명백하고 논리적이며, 이야기 구성요소는 서로 조화를 이룬다.									
수단과 목적의 적절한 연관성(혹은 다른 과도기적 사건)은 수검자가 자기-주도적 활동을 유지하고 목적을 완수할 수 있음을 암시한다.									

B. 목표나 열망의 특성 도판번호→	1	2							
타인에 의해 딜레마나 현실적이고 친사회적인 목표(바람이나 욕구가 아님)가 부여되지만, 등장인물은 이를 수용한다.									
등장인물은 현실적이고, 친사회적인 목표, 갈등, 딜레마를 설정한다.									

B. 목표나 열망의 특성 도판번호→	1	2								
등장인물은 기준, 이상, 과업, 친사회적 행동에 대한 헌신과 더불어 홍미, 호기심, 자부심, 관심, 공감을 보인다.										

C. 실행자원 도판번호→	1	2								
등장인물은 방해받지 않고 가능한 외적 장애물이나 내적 한계를 인정한다. 등장인물은 우선순위를 정하고, 통찰력을 보이며, 미리 계획하고, 결과를 예측한다.										
등장인물은 목표 관련 행동으로 인해 압박감을 느끼고, 외적 보상에 의존하고, 책임감이나 요구를 회피하기보다는 목표 관련 행동을 홍미롭고, 가치 있고, 의미 있는 것으로 지각한다.										
등장인물은 목표에 계속 전념하거나, 설정한 목표가 적절하지 않다는 합리적인 결정을 내린다(더 자기 지향적인 목표를 선택한다).										

D. 수단 - 목적의 관련성 도판번호→	1	2								
행동은 친사회적이고 현실적이며, 예상되는 결과를 이끌어 내기에 충분하다.										
책임감 있고 목표 지향적인 행동이나 원칙에 입각한 결정이 결과와는 별개로 평가된다.										
등장인물의 내적 동기와 외부의 제약은 '목표-행동-결과'라는 일련의 과정에서 현실적으로 균형을 이룬다.										

참고 : 자산을 유지하는 긍정적 동기가 카일의 프로토콜에서는 하나도 없다.

목표 및 행동 특징에 대한 요약

목표의 특징*
부재하는 - **모호한** - 명확한 : 개인은 주로 장면에 묘사된 긴장에 반응하고, 중요한 행동의 기초가 되는 지속적인 목표를 설정하지 않는다. 오히려, 등장인물은 모호한 욕구에 근거하여 행동하거나 부정적 사건이나 불만에 반응한다
장기적 - **단기적** : 즉각적인 바람, 이는 때로 미래의 명성이나 운수와 관련이 있다

과정-결과 : 최종결과나 원하는 것에 도달하는 과정이 아니라 결과 혹은 원하는 것 자체를 강조한다.
중요한-사소한.
자기주도적 - **강요된** : 주로 부정적 사건, 의무, 실패에 반응을 보인다.
친사회적 - **반사회적** : 소망이나 욕구는 주로 친사회적이지만 행동은 종종 해롭다. 행동의 결과가 고려되지 않는다.
이상주의-물질주의
긍정획득 - **부정회피** : 주로 의무에 대한 압박감과 같은 순간의 불편함을 회피한다.
현실적 - **비현실적** : 그럴듯한 인과관계를 고려하지 않는다.
대인관계 - 과업 : 둘 다 흔하다.
내적기준 충족 - **요구나 기대 충족** : 성공 외에 함축된 기준은 없다.
행동의 특징*
존재하는 - 부재하는 : 때로 등장인물은 행동하는 데 실패하여 슬픔에 빠진다. 어떤 행동도 목표에 도움이 되지 않으며, 모든 행동이 수동적이고 목적을 상실했다.
친사회적 - 반사회적 - 둘 다 : 행동은 악의가 없지만, 결과는 알 수 없다.
목표 지향적 - **목표가 없는.**
계획적 - **무계획적.**
주도적 - **반응적.**
자기의존 - **외부의존** : 목적의식이 있는 자기주도적 행동은 없으며, 오직 반응만 있다.
현실적 - **비현실적** : 행동은 문제를 해결하는 데 특별히 적합하지 않다.
긍정획득 - **부정회피.**
즐거운 - **힘든.**

* 해당되는 경우 굵게 표시함

함의 및 동기 수준

도판	이야기의 함의	동기 수준을 선택	
		긍정적 결과	부정적 결과
1	만약 스스로 선정한 과제가 어렵다면, 수검자는 자신이 실패했다는 생각과 슬픈 감정을 무시할 것이다.		1

		동기 수준을 선택	
도판번호	이야기의 함의	긍정적 결과	부정적 결과
2	만약 남편과 아내가 태어날 아기를 키우기 위해 필요한 것을 걱정한다면, 이 걱정은 아기가 죽을 때 사라진다.	1	
3BM	만약 유명한 예술가가 되기에 충분한 재능을 가지지 않아서 좌절한다면, 수검자는 사후에 유작을 인정받기 위해 자살할 것이다.	1	
4	만약 자신을 사랑하지 않는 남자를 여자가 사랑한다면, 남자는 이사를 갈 것이고, 여자는 우울해지고 혼자 죽게 될 것이다.		1
5	만약 자신이 원하는 것을 남편이 하지 못하게 한다면, 여자는 남편을 떠날 것이다.		1
7GF	만약 놀고 싶을 때 엄마가 공부할 것을 요구한다면, 여자아이는 달아날 것이고, 엄마와 딸은 영원히 화난 채로 남아서 서로 다시는 보지 않을 것이다.		1
8BM	만약 수검자가 상실로 인해 절망에 빠진다면, 단지 신체적 고통만을 받기 위해 달아날 것이다(정신적 고통에서 벗어나는 것이 아님).		1
13B	만약 남자아이가 일이 아닌 자신이 원하는 것을 하기로 선택한다면, 아이는 성장해서 부유해지고 유명해질 것이다.	1	

참고 : 중요한 함의가 이야기 내용으로부터 도출되지 않는다면, 이는 이야기 구조나 이야기 과정의 일반적인 특성에 기인하는 것일 수 있다.

동기의 수준

도판번호	1	2	3BM	4	5	7GF	8BM	13B					
수준	N1*	P1**	P1	N1	N1	N1	N1	P1					

*N1 = 부정적 결과, 동기 수준 1, **P1 = 긍정적 결과, 동기 수준 1

참고 : 모든 이야기 함의는 다음과 같은 이유로 동기 수준 1(극도로 빈약한 동기)에 해당한다. (a) **장면에 묘사된 문제, 딜레마, 긴장이 정의되고 다루어지는 방법:** 위의 이야기 함의에서 '만약'은 딜레마를 다음과 같은 것으로 나타낸다. 원치 않거나 부담스러운 의무, 개인이 원하는 것을 얻거나 얻지 못하는 것, 요구되는 것을 타인이 제공하지 못하는 것. 문제를 직접적으로 해결하기 위한 어떠한 건설적인 행동도 행해지지 않는다. (b) **목표와 의도가 형성되는 방법:** 등장인물은 자신이 설정한 목적이 아니라 바람이나 유발자극에

수동적으로 반응한다. (c) **예상되는 결과가 문제, 목표, 행동과 연관되는 방법:** 딜레마에 대응하거나 긴장을 해소하기 위한 해결이 현실적이지 않다.

자기조절의 수준

도판번호	1	2	3BM	4	5	7GF	8BM	13B						
수준	3	3	2	3	2	2	2	2						

참고 : 이야기는 일상의 문제에 대한 등장인물의 극단적인 반응을 전달하는데, 이는 가족과 사회가 부과한 부담에 의해 유발된 것으로 보이는 지속적인 불만감과 융통성 없이 대안을 탐색하는 것과 관련이 있는 것처럼 보인다. 다음에 나오는 메타 함의(이야기 함의의 통합)는 카일의 경험적 도식을 잘 나타낸다. 개인은 자신에게 크게 중요하지 않거나 자신과 큰 관련이 없는 사회 구성원(권위자, 부모, 교사) 및 사회가 부과한 지나치게 부담스러운 기대에 매일 직면한다. 일상에서의 노력이 좌절감을 주어서(그리고 기대를 충족시키지 못한 것에 개인이 실망할 수 있어서), 개인은 최소한의 행동을 함으로써 요구를 단순화하며, 타인의 가치와 기대를 낮춘다. 일상에서의 부담스러운 기대와 마주하는 일을 최소화하여 삶을 개선하는 것이 어려워서, 개인은 (대학 및 성인에게 기대되는 것과 같은) 타인의 제약 없이 스스로 선택하고 결정할 수 있는 자유를 갈망한다. 대안을 탐색하지 못했을 경우, 개인은 수동적으로 아무것도 하지 않거나 감정이 유발될 때 즉각적이고 극단적인 행동을 취한다.

종합심리 평가 맥락 내에서의 이야기 해석

이전 장에서 논의하였듯이, 이야기는 경험의 언어(language of experience)로, TAT 이야기는 내부 및 외부 세계의 경험을 조화시키는 암묵적이고 주관적인 태세를 나타낸다. 그러므로 인간의 경험에 대한 표상에 적용할 수 있는 이론적 관점과 경험적 증거는 TAT 이야기의 해석에도 적용될 수 있다. 전문가는 주요 주제(함의)를 체크리스트에 세분화된 구체적인 부호화 항목과 연결함으로써 TAT 이야기로부터 결론을 도출할 수 있으며, 심리학 문헌과 의뢰 사유를 고려하여 TAT 결과를 종합심리 평가과정에서 획득된 다른 자료와 비교할 수 있다(빠르게 찾기 10.5 참조).

빠르게 찾기 10.5

TAT와 다른 출처에서 얻은 정보를 통합하기

카일의 이야기에서의 핵심 주제(사회가 지나치게 부담스러운 의무를 부과한다)에 대하여 아래에 기술되어 있듯이, TAT 이야기에서의 주요 주제(함의, 도식)는 TAT에서 부호화된 다른 변수, 심리학 문헌, 종합심리평가에서 실시했던 다른 검사결과와 관련하여 이해될 수 있다. 하지만, 몇몇 주제들은 서로 비슷한 것으로 여겨질 수 있으며, 다양한 주제는 서로 관련이 있을 수 있다.

1. **부호화된 다른 TAT 변수에 관하여:** 많은 TAT 이야기에 드러난 부담감과 혹사당하는 느낌은 반응을 관찰하고, 조직화하고, 계획하는 것의 어려움, 시련에 대응하는 것에 대한 무력감(미대응), 인지적으로 융통성이 없음(이분법적 사고, 직선적인 혹은 각본으로 짜여진 듯한 생각의 전개), 상황에 수동적으로 반응하는 자기조절, 목표를 설정하고 중요한 행동을 하기보다는 희망적인 사고를 하는 경향성과 같은 체크리스트의 다양한 부호화 범주에서 일관되게 나타난다. 특히 카일의 성취 지향적인 가족의 맥락에서, 대처자원의 결핍은 기대에 의한 부담감과 일치한다.
2. **이론과 연구에 관하여:** 지나친 요구에 의한 부담감과 관련된 카일의 분노와 불만은 카일이 부모의 통제(숙제하도록 스케줄을 부여하는 것)를 부모가 자신을 신뢰하지 않고, 존중하지 않는 것으로 평가함으로써 더 격렬해진다. 평가이론에 따르면, (TAT에서의) 도식은 정서의 궁극적 원인(distal causes)인 반면, 평가는 정서의 근접적 원인(proximal causes)이다. 평가에서의 개인차는 분노감에서의 변량을 설명하는 데 가장 큰 몫을 차지하지만(Kuppens, Van Mechelen, & Rijmen, 2008; Mauss, Cook, Cheng, & Gross, 2007), 기질적으로 타고난 부정적인 정서반응과 사회문화적 맥락 역시 분노감에 영향을 미친다. 카일의 경우, 주의력 조절과 관련된 문제는 학업 요구에 대해 지속적인 좌절감을 경험하게 하고, 일상의 기대에 의해 부담감을 느끼도록 도식을 발전시킨다. 부모의 통제와 학교의 기대가 타당성이 부족하다는 카일의 관점은 그의 분노 원인이 된다. 연구에 따르면, 사회적 규제에 대한 정서적 반응은 개인이 사회적 규제를 타당한 것으로 여기는가에 달려 있다(Nugier, Niedenthal, Brauer, & Chekroun, 2007). 개인이 자신의 행동을 내적인 기준이나 사회문화적 규준 및 가치에 반하는 것이라고 여길 때, 수치심이나 죄책감과 같은 도덕적 정서가 발생한다. 반면에, 개인이 자신의 행동을 적절하게 여기는 반면, 사회적 규제는 부적절하고, 불공평하며, 무례한 것으로 평가할 때, 분노가 유발된다. 카일은 자신의 행동이 규준에서 벗어나거나 거절당할 만하다고 보지 않고, 부모의 통제를 부당한 사회적 규제로 여기며(그보다 정도는 덜하지만, 교사에 대해서도 역시 그렇게 여김),

자신의 분노를 정당화한다.

3. **평가에서 얻은 다른 정보에 관하여:** 카일의 자기보고는 과도한 의무로 인해 부담감을 느끼는 TAT 주제와 일치한다. 카일은 자신에게 중요하지 않은 학교의 요구와 성취 지향적인 부모로 인해 지속적으로 압박감을 느끼며, 화가 난다고 보고하였다. 카일은 자신의 부모가 높은 학력과 좋은 직업을 성취했지만 이것이 그들에게 행복을 가져다주지 않았기 때문에, 성취를 강조하는 부모의 판단이 잘못된 것이라고 설명했다. 카일은 또한 쓸데없는 숙제를 내고, 판단력이 부족한 교사에 대해 상당한 거부감을 표현했다. 카일은 부모에게 매우 화가 나지만, 부모의 좋은 의도를 알고 있으며, 부모에게 지속적으로 도움을 받고 있다는 사실도 인식하고 있다. 심리 평가 동안의 다양한 수행과제에 대한 카일의 태도 또한 그의 부담과 대처자원의 결여를 인식하는 데 도움이 된다. 주의, 정서, 행동영역에서 나타나는 자기조절의 어려움은 다양한 과제 및 정보제공자에 의해서도 분명하게 드러난다(빠르게 찾기 10.2 참조).
4. **의뢰 문제에 관하여:** 개입에 대한 최근의 접근은 도식을 심리적 취약성의 근원적인 기제로 여긴다(Riso et al., 2007). 편견과 같은 부적응적 도식은 정보를 선택적으로 처리하게 하여서, 확실한 사실을 무시하고 다른 것을 과대평가하게 한다. 카일은 사회가 지나친 부담감을 부과한다는 자신의 경험적 도식으로 인해, 타인과 관련된 모든 정보를 충분히 처리하지 않은 채로 타인을 자신의 경험적 도식으로 이해함으로써 타인에 대한 확실한 판단을 내린다. 자기, 타인, 세상에 대한 카일의 이분법적 관점은 고통스러운 상황에서 대안적 방식으로 접근할 수 있는 사고의 융통성을 박탈한다. 사회가 지나친 부담감을 부과한다는 카일의 도식을 고려한 개입 전략을 구상할 때, 도식을 발전시키고 유지하는 요인이 어떠한 역할을 하는지 반드시 고려해야 한다. 학년이 올라가면서 학업에 대한 요구가 늘어날수록, 집중에의 어려움은 점점 더 큰 문제가 되었고, 결국 카일은 ADHD 진단을 받게 되었다. 진단을 받기 전까지, 과거로부터 지속되어 온 불만으로 인하여, 카일은 다양한 요구에 대처할 수 있는 자원을 증가시킬 수 있는 기술을 습득하기보다 요구에서 벗어나려고 하였다. 결국, 카일은 이러한 요구를 무시하였고, 상황이나 타인을 그들이 부과한 의무의 관점에서 판단하기 시작했다. 카일의 부모는 그가 과제를 완수하고, 학업적으로 발전하기 위해서는 체계가 필요하다는 것을 이해하였으며, 카일은 부모의 좋은 의도를 인지적으로는 이해하였지만, 실제 경험은 불만, 분노, 부담감 중 어느 하나로 나타났다. TAT 과제에서 암묵적인 경험의 실재는 표면화된다. 더불어, 카일은 자신에 대해 솔직하게 이야기하였는데, 이러한 자기보고는 TAT와 일치하였다. 현재 카일과 가족은 성공적인 대학진학을 위한 계획수립과 주의집중의 어려움을 개선하는 것에 가장 큰 관심을 두고 있다. 이런 걱정을 다루기 위해, 평가 배터리에서 얻은 모든 정보를 토대로 카일의 가족을 위한 제언을 구성하였다.

TAT 이야기를 해석할 때, 무엇이 존재하고 무엇이 부재하는가를 고려하는 것은 필수적이다. 두 가지 관련된 주제가 카일 이야기의 핵심이다. 하나는 부담스러운 의무에 대한 지각 또는 타인이 요구하거나 기대하는 것을 하지 못한다는 인식에 의해 유발된 불만에 대한 극단적인 반응이 존재한다는 것이다. 다른 하나는 긴장이나 시련에 현실적으로 대처하는 전략 또는 계획, 흥미, 동기의 부재이다. 이야기의 등장인물과 유사하게, 카일은 자신에게 부과된 의무를 엄청나게 부담스러운 것으로 여기고, 자신의 지속적인 불만에 건설적으로 대응하지 않는다. 카일은 자신이 해야 하는 수많은 학업은 쓸모없고 자신의 인생 목표와 관련이 없으며, 매일 스스로 공부하기 위해서는 엄청난 의지력이 필요하고, 종종 포기하고 싶은 기분이 든다고 검사자에게 보고하였다. 카일은 집중을 유지하는 데의 어려움에 대해 염려하였는데, 특히 이런 문제로 인해 대학 진학이 어려워질까 걱정하였다. 카일은 부모가 입시설명회에 참여하기를 바라면서, 대학에 성공적으로 진학하기 위해 필요한 지원에 대해 부모가 계획을 세워 주기를 바란다. 카일은 상황과 사람을 이분법적 방식(TAT에서 나타나는 이분법적 사고)으로 해석하고, 대상(특히, 성인)을 무언가를 요구하는 사람 또는 자신을 편안하게 해 주는 사람의 관점으로 바라본다. 카일은 학교와 집에서 자신에게 기대하는 행동이 무엇인지 명확히 인식하고 있지만, 이분법적이고 융통성이 부족한 카일의 사고는 현실과 진정으로 타협하려는 능력을 방해한다. 따라서 카일은 주로 타인의 지시에 순순히 따르기는 하지만, 내면적으로는 분노와 불만으로 들끓는다. '(과제에 대한 일정, 통금시간과 같은) 부모의 제약과 구조화는 자신에 대한 불신과 비존중에서 비롯되며, 과도한 부담이 된다'라는 카일의 해석은 부모와의 갈등에서 중심적 역할을 한다. 이처럼 융통성이 부족한 사고로 인해 카일은 다른 대안을 탐색하지 못하고, 일상의 기대에 효과적으로 대응하지 못하게 된다. 카일은 전반적인 사항을 고려하지 않고, 그 순간 자신에게 중요한 것에 반응하는 경향이 있다. 카일의 이야기에 등장하는 인물이 소망을 표현하지만 목표 지향적인 행동을 보이지 않는 것처럼, 카일도 자신의 미래에 대한 몇 가지 목표를 표현하지만 이를 시행하기 위한 현실적인 계획이 없다. 심리 평가 동안 수집된 정보를 바탕으로 카일의 가족에게 제언을 전달하였다(빠르게 찾기 10.6 참조).

빠르게 찾기 10.6

평가 후 카일의 가족과 함께 논의한 네 가지 범주의 제언

1. **카일의 독립에 대한 요구와 구조화에 대한 요구의 균형 맞추기.** 카일은 어김없이 독립과 관련된 규칙을 더 잘 따르겠지만, 비록 은연중에 거부할지라도 구조화와 지원이 지속적으로 필요할 것이다. 명시적인 수준에서 카일은 구조화와 지원이 필요한 이유를 이해한다. 하지만 융통성이 부족하기 때문에 카일의 결정은 제약을 받는다—절충할 수 있는 잠재적인 방법과 대안을 탐색하지 못한다. 카일과 규칙을 조정하는 일은 어려울 것이다. 부모는 실제로 필요한 구조화가 무엇인지에 대해 결정해야 하고, 이를 친절하고 일관되게 적용해야 한다.
2. **생산적인 학업을 위한 환경 조성하기.** 카일은 구조화된 환경과 비구조화된 환경 모두에서 집중을 유지하는 데 어려움을 겪는다. 하지만 카일은 무엇이 요구되는 것인지 알 수 있고, 주의 · 집중과 관련된 요구를 충족시킬 수 있는 구조화된 환경에서 훨씬 양호한 수행을 보인다. 집중력에 관한 문제 이외에도, 카일은 불만감에 대처할 수 있는 전략이 부족하며, 학습활동의 우선순위를 정하고, 계획하고, 체계화하는 데 어려움을 겪는다. 카일이 세부적인 학교 과제와 전반적인 목표를 달성할 수 있도록 노력을 어떻게 배분할 것인지에 대한 계획을 세우기 위해서는 부모는 서로 협력해야 한다. 현재 복용하고 있는 약의 용량에 대해 다시 논의하는 것이 도움이 될 수 있다. 카일은 약이 학업에 도움이 된다고 보고했지만, 여전히 집중력을 유지하는 데 상당한 어려움을 호소하고 있다.
3. **대학진학 준비하기.** 카일은 대학생활에서 자유와 독립을 기대하지만, 대학생활과 혼자 생활하는 것에 대해 비현실적이거나 이상적으로 생각할 수 있다. 대학지원 절차는 인내심을 요구하고, 열린 의사소통을 유지해야 하므로 카일에게는 어려울 수 있다. 또한, 카일의 요구를 충족할 수 있는 대학의 탐색에 있어서, 그의 관심사와 장점을 탐색하는 데 도움을 줄 수 있는 상담사와 이야기를 나누는 것이 도움이 될 수 있다.
4. **집에서 떠나 독립적인 삶으로 변화하기.** 현재 카일은 타인의 기대를 충족시키기 위해 쓸데없는 불편한 일을 하고 있는 것처럼 느끼고 있으며, 특히 혼자 있을 때, 겉보기에 지루한 활동에 언제까지 이런 노력을 유지할지 명확하지 않다. 대학에 입학하여 집을 떠나게 되면, 카일은 과정을 선택하고 자신이 감당할 수 있는 일정을 짜는 데 도움을 줄 수 있는 누군가의 지속적인 지원과 이해가 필요할 것이다. 카일은 대학교에서 제공하는 지원 서비스를 이용하면 도움을 받을 수 있을 것이다.

참고 문헌

Abelson, R. P. (1981). Psychological status of the script concept. *American Psychologist, 36*, 715-729.

Achenbach, T. M., & Edelbrock C. (1983). *Manual for the Child Behavior Checklist/4-18 and Revised Child Behavior Profile*. Burlington: University of Vermont.

Ackerman, P. L, & Heggestad, E. D. (1997). Intelligence, personality, and interests: Evidence for overlapping traits. *Psychological Bulletin, 121*(2), 219-245.

Alexander, J. E. (1988). Personality, psychological assessment and psychobiography. *Journal of Personality, 56*, 265-294.

Alvarado, N. (1994). Empirical validity of the Thematic Apperception Test. *Journal of Personality Assessment, 63*, 59-79.

Andersen, S. M., & Chen, S. (2002). The relational self: An interpersonal social-cognitive theory. *Psychological Review, 109*, 619-645.

Andersen, S. M., Reznik, I., & Glassman, N. S. (2005). The unconscious relational self. In R. Hassin, J. S. Uleman, & J. A. Bargh (Eds.), *The new unconscious* (pp. 421-481). New York: Oxford University Press.

Anderson, J. R., Bothell, D., Byrne, M. D., Douglass, S., Lehiere, C., & Quin, Y (2004). An integrated theory of the individual. *Psychological Review, 111*, 1036-1060.

Applebee, A. N. (1978). *The child's concept of story; Ages two to seven*. Chicago: The University of Chicago Press.

Archer, R. P., Marnish, M., Imhof, E. A., & Piotrowski, C. (1991). Psychological test usage with adolescent clients: 1990 survey findings. *Professional Psychology: Research and Practice, 22*, 247-252.

Armstrong, M. A. (1954). Children's responses to animal and human figures in thematic pictures. *Journal of Consulting Psychology, 18*, 67-70.

Arnold, M. B. (1962). *Story sequence analysis: A new method of measuring motivation and predicting achievement*. New York: Columbia University Press.

Astington, J. W. (1991). Intention in the child's theory of mind. In D. M. Frye & C. Moore (Eds.), *Children & theories of mind: Mental states and social understanding* (pp. 157-172). Hillsdale, NJ: Erlbaum.

Astington, J. W., & Lee, E. (1991). *What do children know about intentional causality?* Presented at meeting of Society for Research in Child Development, Seattle.

Atkinson, J. W. (1992). Motivational determinants of thematic Apperception. In C. P. Smith (Ed.), *Motivation and personality: Handbook of thematic content analysis* (pp. 21-48). New York: Cambridge University Press.

Atkinson, J. W., Bongort, K., & Price, L. H. (1977). Explorations using computer simulation to comprehend thematic apperceptive measurement of motivation. *Motivation & Emotion, 1*, 1-27.

Bailey, B. E., & Green, J. (1977). Black Thematic Apperception Test stimulus material. *Journal of personality Assessment, 41*, 25-30.

Baird, J., & Astington, J. W. (2005). The development of the intention concept: From the observable world to the unobservable mind. In R. R. Hassin, J. S. Uleman, & J. A. Bargh (Eds.), *The new unconscious* (pp. 256-276). New York: Oxford University Press.

Baird, J., & Baldwin, D. A. (2001). Making sense of human behavior: Action parsing and intentional inference. In B. F. Malle, L. J. Moses, & D. A. Baldwin (Eds.), *Intentions and intentionality: Foundations of social cognition* (pp. 193-206). Cambridge, MA: MIT Press.

Baker-Brown, G., Ballard, E. J., Bluek, S., dc Vries, B., Suedfeld, P., & Tedock, P. E. (1992). The conceptual integrative complexity scoring manual. In C. P. Smith (Ed.), *Motivation and personality: Handbook of thematic content analysis* (pp. 401-418). New York: Cambridge University Press.

Baldwin, D. A., Baird, J. A., Saylor, M. M., & Clark, M. A. (2001). *Infants parse dynamic action. Child Development, 72*, 708-717.

Baldwin, M. W. (1992). Relational schemas and the processing of social information. *Psychological Bulletin, 112*, 461-484.

Bandura, A. (1988). Self-regulation of motivation and action through goal systems. In V. Hamilton, G. H. Bower, & N. H. Frijda (Eds.), *Cognitive perspectives on emotion and motivation* (pp. 37-61). Dordreeht, Netherlands: Kluwer Academic Publishers.

Bandura, A. (1989). Human agency in social cognitive theory. *American Psychologist, 44*, 1175-1184.

Bargh, J. A., Gollwitzer, P. M., Lee-Chai, A. Y, Barndollar, K., & Troetschel, R. (2001). The automated will: Nonconscious activation and pursuit of behavioral goals. *Journal of Personality and Social Psychology, 81*, 1014-1027.

Bargh, J. A., & Morsella, E. (2008). The unconscious mind. *Perspectives on Psychological Science, 3*, 73-79.

Barkley, R. A. (1997). Behavioral inhibition, sustained attention, and executive functions: Constructing a unified theory of ADHD. *Psychological Bulletin, 121*, 65-94.

Baron-Cohen, S. (1991). Do people with autism understand what causes emotion? *Child Development, 62*, 385-395.

Baron-Cohen, S. (1995). *Mindblindness: An essay on autism and theory of mind.* Cambridge, MA: MIT Press/Bradford Books.

Baron-Cohen, S. (2000). Theory of mind and autism: A fifteen year review. In Baron-Cohen, S., Tager-Flusberg, H., & Cohen, D. J. (Eds), *Understanding other minds* (pp. 3-21). New York: Oxford University Press.

Baron-Cohen, S., Leslie, A. M., & Frith, U. (1986). Mechanical, behavioral, and intentional understanding of picture stories in autistic children. *British Journal of Developmental Psychology*, 113-125.

Barrett, L. F (1998). Discrete emotions or dimensions? The role of valence focus and arousal focus. *Cognition and Emotion, 12*, 579-599.

Barrett, L. F & Gross, J. J. (2001). Emotion representation and regulation: A process model of emotional intelligence. In T. Mayne & G. Bonnano (Eds.), *Emotion: Current issues and future directions* (pp. 286-310). New York: Guilford.

Barrett, L. F. (2004). Feelings or words? Understanding the content in self-report ratings of emotional experience. *Journal of Personality and Social Psychology, 87*, 266-281.

Barrett L. E (2006). Solving the emotion paradox: Categorization and the experience of emotion. *Personality and Social Psychology Review, 10*, 20-46.

Barrett, L. F, Mesquita, B., Ochsner, K. N., & Gross, J. J. (2007). The experience of emotion. *Annual Review of Psychology, 58*, 373-403.

Bassan-Diamond, L. E., Teglasi, H., & Schmidt, P. (1995). Temperament and a story-telling measure of self-regulation. *Journal of Research in Personality, 29*, 109-120.

Baumann, N., Kaschel, R., & Kuhl, J. (2005). Striving for unwanted goals: Stress-dependent discrepancies between explicit and implicit achievement motives reduce subjective welland increase psychosomatic symptoms. *Journal of Personality and Social Psychology, 89*, 781-799.

Beck, AT. (2002). Cognitive models of depression. In R. L. Leahy & T. E. Dowd (Eds.), *Clinical advances in cognitive psychotherapy: Theory and application* (pp. 29-61). New York: Springer Publishing Company.

Beck, A. T. (1976). *Cognitive therapy and emotional disorders*. New York: International Universities Press.

Beck, A. T. (2005). The current state of cognitive therapy: A 40-year retrospective. *Archives of General Psychiatry, 62*, 953-959.

Beck, A. T. (1963). Thinking and depression: 1. Idiosyncratic content and cognitive distortions. *Archives of General Psychiatry, 9*, 324-333.

Beck, A. T., & Clark, D. A. (1997). An information processing model of anxiety: Automatic and strategic processes. *Behavior Research and Therapy, 35*(1), 49-58.

Beck, AT., Freeman, A., & Davis, D. D. (2004) *Cognitive therapy of personality disorders* (2nd ed.) New York: Guilford Press.

Beck, A. T., & Weishaar, M. E. (1989). Cognitive therapy. In R. J. Corsini & D. Wedding (Eds.), *Current psychotherapies* (4th ed., pp. 229-261). Itasca, IL: Peacock.

Bellak, L. (1975). *The TAT, CAT, and SAT in clinical use*. New York: Grune & Stratton.

Bellak, L. (1986). *The TAT, CAT, and SAT in clinical use* (4th ed.). Orlando, FL: Grunc & Stratton.

Bellak, L. (1992). *Short Form TAT, CAT, & SAT Blank*. San Antonio, TX: Psychological Corporations.

Bellak, L. (1993). *The TAT, CAT, and SAT in clinical use* (5th ed). Boston: Allyn & Bacon.

Bellak, L., & Abrams, D. M. (1997). *The Thematic Apperception Test, the Children's Apperception Test, and the Senior Apperception Technique in clinical use* (6th ed.). Boston: Allyn & Bacon.

Bellak, L., & Abrams, D. M. (1998). *A manual for the Children's Apperception Test (animal figures)*. Larchmont, NY: C. P. S., Inc.

Bellak, L., & Bellak, S. S. (1949). *Children's Apperception Test*. Larchmont, NY: C. P. S., Inc.

Bellak, L., & Bellak, S. S. (1952). *The supplement to the Children's Apperception Test (CAT−S)*. Larchmont, NY: C. P. S., Inc.

Bellak, L., & Bellak, S. S. (1965). *The Children's Apperception Test*. Larchmont, NY: C. P. S., Inc.

Bellak, L., & Bellak, S. S. (1973). *Manual: Senior Apperception Test*. Larchmont, NY: C. P. S., Inc.

Berkowitz, F. (1990). On the formation and regulation of anger and aggression: A cognitive-neoassociationistic analysis. *American Psychologist, 45*, 494-503.

Biernat, M. (1989). Motives and values to achieve: Different constructs with different effects. *Journal of Personality, 57*, 69-95.

Black, A., & Deci, E. (2000). The effects of instructors' autonomy support and students' autonomous motivation on learning organic chemistry: A Self-Determination Theory perspective. *Science Education, 84*, 740-756.

Blair, C., & Razza, R. P. (2007). Relating effortful control, executive function, and false belief understanding to emerging math and literacy ability in kindergarten. *Child Development, 78*, 647-663.

Blankman, C., Teglasi, H., & Lawser, M. (2002). Thematic apperception, narrative schemas, and literacy. *Journal of Psychoeducational Assessment, 20*, 268-289.

Blatt, S. J. (1990). Interpersonal relatedness and self definition: Two personality configurations and their implications for psychopathology and psychotherapy. In J. L. Singer (Ed.), *Repression and dissociation: Implications for personality theory, psychotherapy and health* (pp. 299-335). Chicago: University of Chicago Press.

Blatt, S. J., Brenneis, C. B., Schimak, J. G., & Glick, M. (1976). Normal development and psychopathological impairment of the concept of the object on the Rorschach. *Journal of Abnormal Psychology, 85*, 364-373.

Blatt, S. J., & Lerner, II. (1983). The psychological assessment of object representations. *Journal of Personality Assessment, 47*, 7-28.

Bloome, D., Katz, L., & Champion, T. (2003). Young children's narratives and ideologies of language. *Reading and Writing Quarterly, 1*, 205-224.

Blum, G. S. (1950). *The blacky pictures*. New York: Psychological Corporation.

Bornstein, R. F (2002). A process dissociation approach to objective-projective test score interrelationships. *Journal of Personality Assessment, 78*, 47-68.

Bornstein, R. F (1998). Implicit and self-attributed dependency strivings: Differential relationships to laboratory and field measures of help-seeking. *Journal of Personality and Social Psychology, 75*, 778-787.

Bornstein, R. F, & O'Neill, R. M. (1992). Parental perceptions and psychopathology. *Journal of Nervous and Mental Disease, 180*, 475-483.

Borsboom, D., Mellenbergh, G. J., & Van Heerden, J. (2004). The concept of validity. *Psychological Review, 111*, 1061-1071.

Bosson, J. K., Swann, W. B., & Pennebaker, J. W. (2000). Stalking the perfect measure of self esteem: The blind men and the elephant revisited. *Journal of Personality & Social Psychology, 79*, 631-643.

Botvin, G. J., & Sutton-Smith, B. (1977). The development of structural complexity in children's fantasy narratives. *Developmental Psychology, 13*, 377-388.

Bower, G. H. (1992). How might emotions affect learning. In S. A. Christianson (Ed.), *Handbook of emotion and memory* (pp. 3-31). Hillsdale, NJ: Erlbaum.

Brackett, M. A., Rivers, S. E., Shiffman, S., Lerner, N., & Salovey, P. (2006). Relating 29 emotional abilities to social functioning: A comparison of self-report and performance measures of emotional intelligence. *Journal of Personality and Social Psychology, 91*(4), 780-795.

Bransford, J. D., Franks, J. J., Vye, N. J., & Sherwood, R. D. (1989). New approaches to instruction Because wisdom can't be taught. In S. Vosniadou & A. Ortony (Eds.), *Similarity and analogical reasoning* (pp. 470-497). New York: Cambridge University Press.

Brophy, J. (2005). Goal theorists should move on from performance goals. *Educational Psychologist, 40*, 167-176.

Bruhn, A. (1992). The early memories procedure: A projective test of autobiographical memory, Part 2. *Journal of Personality Assessment, 58*, 326-346.

Bruner, J. (1986). *Actual minds, possible worlds*. Cambridge, MA: Harvard University Press.

Bruner, J. (1990). *Acts of meaning*. Cambridge, MA: Harvard University Press.

Brunstein, J. C., & Maier, G. W. (2005). Implicit and self-attributed motive to achieve: Two separate but interacting needs. *Journal of Personality and Social Psychology, 89*, 205-222.

Budoff, M. (1960). The relative utility of animal and human figures in a picture-story test for young children. *Journal of Projective Techniques, 24*, 347-352.

Burton, K., Lydon, J., Alessandro, D., & Koestner, R. (2006). The differential effects of intrinsic and identified motivation on well-being and performance: Prospective, experimental, and implicit approaches to Self-determination Theory. *Journal of Personality and Social Psychology, 91*(4), 750-762.

Byrd, F., & Witherspoon, R. L. (1954). Responses of preschool children to the Children's Apperception Test. *Child Development, 25*, 35-44.

Campbell, D. T., & Fiske, D. W. (1959). Convergent and discriminant validation by the multitrait-multimethod matrix. *Psychological Bulletin, 56*, 81-105.

Campos, J., Frankel, C., & Camras, L. (2004). On the nature of emotion regulation. *Child Development, 75*, 377-394.

Cantor, N., & Blanton, H. (1996). In P. M. Gollwitzer & J. A. Bargh (Eds.), *The psychology of action: linking cognition and motivation to behavior* (pp. 338-359). New York: Guilford Press.

Cantor, N., & Sanderson, C. A. (1999). Life task participation and well-being: The importance of taking part in daily life. In D. Kahneman & F. Diener (Eds.), *Well-being: The foundations of hedonic psychology* (pp. 230-243). New York: Russell Sage Foundation.

Caplan, R. (1994). Thought disorder in childhood. *Journal of the American Academic of Child and Adolescent Psychiatry, 33*(5), 605-615.

Card, N. A., & Litile, T. D. (2006). Proactive and reactive aggression in childhood and adolescence: A meta-analysis of differential relations with psychosocial adjustment. *International Journal of Behavioral Development, 30*, 466-480.

Carlson, R. (1981). Studies in script theory: I. Adult analogs of a childhood nuclear scene. *Journal of Personality and Social Psychology, 40*, 501-510.

Carver, S., Scheier, M. F., & Weintraub, J. K. (1989). Assessing coping strategies: A theoretically based approach. *Journal of Personality and Social Psychology, 56*, 267-283.

Cervone, D. (2004). The architecture of personality. *Psychological Review, 111*, 183-204.

Chandler, L. A., Shermis, M. D., & Lempert, M. E. (1989). The need threat analysis: A scoring system for the Children's Apperception Test. *Psychology in the Schools, 26*, 47-54.

Chapman, B. P. (2008). Singer and Wynne's Communication Deviance Scoring System. In S. R. Jenkins (Ed.), *Scoring manual for empathy, a handbook of clinical scoring systems for thematic apperceptive techniques* (pp. 44-476,). New York: Erlbaum (Taylor and Francis Group).

Chartrand, T., & Bargh, J. A. (2002). Nonconscious motivations: Their activation, operation, and consequences. In A. Tesser, D. A. Stapel, & J. W. Wood (Eds.), *Self and motivation: Emerging psychological perspectives* (pp. 13-41). Washington, DC: American Psychological Association.

Chaytor, N., & Schmitter-Edgecombe, M. (2003). The ecological validity of neuropsychological tests: A review of the literature on everyday cognitive skills. *Neuropsychology Review, 13*(4), 181-197.

Chirkov, V. I., & Ryan, R. M. (2001). Parent and teacher autonomy-support in Russian and U. S. adolescents: Common effects on well-being and academic motivation. *Journal of Cross-Cultural Psychology, 32*, 618-635.

Cicchetti, D., Ackerman, B. P., & Izard, C. E. (1995). Emotions and emotion regulation in developmental psychopathology. *Development and Psychopathology, 7*, 1-10.

Cicchetti, D., & Rogosch, F. A. (1996). Fquifinality and multifinality in developmental psychopathology. *Development and Psychopathology, 8*, 597-600.

Clark, D. A., Beck, A. T., & Alford, B. A. (1999). *Scientific foundations of cognitive theory and therapy of depression*. New York: Wiley.

Cohen, H., & Weil, G. R. (1975). *Tasks of emotional development: A projective test for children and adolescents*. Boston: Tasks of Emotional Development (TED.) Associates.

Cole, P. M., Martin, S. E., & Dennis, T. A. (2004). Emotion regulation as a scientific construct: Challenges and directions for child development research. *Child Development, 75*, 317-333.

Cole, P M., Michel, M. K., & Teti, L. O. (1994). The development of emotion regulation and dysregulation: A clinical perspective. *Monographs of the Society for Research in Child Development, 59*, 73-100.

Compas, B. E., Oppedisano, G., Connor, J. K., Gerhardt, C. A., Hinden, B. R., Achenbach, T. M., & Hammen, C. (1997). Gender differences in depressive symptoms in adolescence: Comparison of national samples of clinically referred and nonreferred youths. *Journal of Consulting and Clinical Psychology, 65*(4), 617-626.

Compas, B. E., Connor-Smith, J. K., Saltzman, H., Thomsen, A. H., & Wadsworth, M. (2001). Coping with stress during childhood and adolescence: Progress, problems, and potential. *Psychological Bulletin, 127*, 87-127.

Constantino, G., Dana R. H., & Malgady, Ci R. (2007). *TEMAS (tell-me-a-story) assessment in multicultural societies*. Mahwah, NJ: Lawrence Erlbaum Publishers.

Constantino, G., & Malgady, G. R. (2008). Tell-Me-A-Story (TEMAS). In S. R. Jenkins (Ed.), *Empathy, a handbook of clinical scoring systems for thematic apperceptive techniques* (pp. 547-572). New York: Erlbaum (Taylor and Francis Group).

Constantino, G., & Malgady, R. C. (1983). Verbal fluency of Hispanic, Black and White children on TAT and TEMAS, a new thematic apperception test. *Hispanic Journal of Behavioral Sciences, 5*, 199-206.

Constantino, G., Malgady, R. C., & Rogler, L. H. (1988). *Tell-Me-A-Story, Manual*. Los Angeles: Western Psychological Services.

Constantino, G., Malgady, R. C., Rogler, L. H., & Tsui, E. C. (1988). Discriminant analysis of clinical outpatients and public school children by TEMAS: A thematic apperception test for Hispanics and Blacks. *Journal of Personality Assessment, 52*, 670-678.

Conway, L. G. III, Thoemmes, F., Allison, A., Towgood, K. H., Wagner, M., Davey, K., Salcido, A. et al. (2008). Two Ways to Be Complex and Why They Matter: Implications for Attitude Strength and Lying. *Journal of Personality & Social Psychology, 95*, 1029-104.

Cooper, A. (1981). A basic TAT set for adolescent males. *Journal of Clinical Psychology, 37*, 411-415.

Corbett, B., & Glidden, H. (2000). Processing affective stimuli in children with Attention-Deficit Hyperactivity Disorder. *Child Neuropsychology, 6*(2), 144-155.

Costa P. T., Somerfield, M. R., & McRae, R. R. (1996). Personality and coping: A reconceptualization. In M. Zeidner & N. Endler (coord.), *Handbook of coping: Theory, research, applications* (pp. 44-61). New York: Wiley.

Cramer, P. (2007). Longitudinal study of defense mechanisms: Late childhood to late adolescence. *Journal of Personality, 75*, 1-23.

Cramer, P. (1987). The development of defense mechanisms. *Journal of Personality, 55*, 597-614.

Cramer, P. (1991). *The development of defense mechanisms: Theory, research, and assessment*. New York: Springer.

Cramer, P. (1996). *Storytelling, narrative and the Thematic Apperception Test*. New York: Guilford Press.

Cramer, P. (2007). Longitudinal study of defense mechanisms: Fate childhood to late adolescence. *Journal of Personality, 75*, 1-24.

Cramer, P. (2009). An increase in early adolescent undercontrol is associated with the use of denial. *Journal of Personality Assessment, 91*, 331-339.

Crick, N. R., & Dodge, K. A. (1994). A review and reformulation of social information processing mechanisms in children's adjustment. *Psychological Bulletin, 115*, 74-101.

Crick, N. R., & Dodge, K. A. (1996). Social information processing mechanisms in reactive and proactive aggression. *Child Development, 67*, 993-1002.

Cronbach, L. J. (1970). *Essentials of psychological testing* (3rd ed.). New York: Harper & Row

Dana, R. H. (1982). *A human science model for personality assessment with projective techniques*.

Springfield, IL: Charles C. Thomas.

Daugherty, J. O., Kurtz, J. E., & Phebus, J. B. (2009). Are implicit motives "visible" to well-acquainted others? *Journal of Personality Assessment*, *91*, 373-380.

Deary, I. J., & Stough, C. (1996). Intelligence and inspection time: Achievements, prospects, and problems. *American Psychologist*, *51*, 599-608.

DeCharms, R. (1992). Personal causation and the origin concept. In C. P Smith (Ed.), *Motivation and personality: Handbook of thematic content analysis* (pp. 325-333). New York: Cambridge University Press.

Deci, E. L., Eghrari, H., Patrick, B. C., & Leone, D. R. (1994). Facilitating internalization: The self-determination theory perspective. *Journal of Personality*, *62*, 119-142.

Deci, E. L., & Ryan, R. M. (1985). *Intrinsic motivation and self determination in human behavior*. New York: Plenum Press.

Deci, E. L., & Ryan, R. M. (1991). A motivational approach to self: Integration in personality. In E. Dienstbier (Ed.), *Nebraska symposium on motivation* (pp. 237-288). Lincoln: University of Nebraska Press.

Deci, E. L., & Ryan, R. M. (2000). The "what" and "why" of goal pursuits: human needs and the self-determination of behavior. *Psychological Inquiry*, *11*(4), 227-268.

De Los Reyes, A. & Kazdin, A. E. (2005). Informant discrepancies in the assessment of childhood psychopathology: A critical Review, theoretical framework, and recommendations for further study. *Psychological Bulletin*, *131*, 483-509.

Demorest, A. P., & Alexander, I. E. (1992). Affective scripts as organizers of personal experience. *Journal of Personality*, *60*, 645-663.

Derry, S. J. (1996). Cognitive schema theory and the constructivist debate. *Educational Psychologist*, *31*, 163-174.

Derryberry, D., & Reed, M. A. (1994). Temperament and attention: Orienting toward and away from positive and negative signals as components of temperament. *Journal of Personality and Social Psychology*, *66*, 1128-1139.

Derryberry, D., & Rothbatt, M. K. (1997). Reactive and effortful processes in the organization of temperament. *Development & Psychopathology*, *9*(4), 633-652.

DeSteno, D. A., & Salovey, P. (1997). The effects of mood on the structure of the self-concept. *Cognition & Emotion*, *11*, 351-372.

Doane, J. A., Miklowitz, D. J., Oranchak, E., & Flores de Apodaca, R. (1989). Parental communication deviance and schizophrenia: A cross-cultural comparison of Mexican- and Anglo-Americans. *Journal of Abnormal Psychology*, *98*, 487-490.

Dodge, K. A., & Price, J. M. (1994). On the relation between social information processing and socially competent behavior in early school-aged children. *Child Development*, *65*, 1385-1897.

Dowd, E. T. (2006). What changes in cognitive therapy? The role of tacit knowledge structures. *Journal of Cognitive and Behavioral Psychotherapies*, *6*, 21-29.

Dowd, E. T., & Courchaine, K. E. (2002). Implicit learning, tacit knowledge, and implications for stasis and change in cognitive psychotherapy. In R. L. Leahy & F. T. Dowd (Eds.), *Clinical advances in cognitive psychotherapy* (pp. 325-344). New York: Springer.

Downey, G., Lebolt, A., Rincon, C., & Freitas, A. L. (1998). Rejection sensitivity and children's interpersonal difficulties. *Child Development*, *69*, 1074-1091.

Duckworth, K. L., Bargh, J. A., Garcia, M., & Chaiken, S. (2002). The automatic evaluation of novel stimuli. *Psychological Science*, *13*, 513-519.

Dunn, J. (1991). Young children's understanding of other people: Evidence from observations within the family. In D. Frye & C. Moore (Eds.), *Children's theory of mind: Mental states and social understanding* (pp. 97-114). Hillsdale, NJ: Erlbaum.

Eagle, C. J., & Schwartz, L. (1994). *Psychological portraits of adolescents*. New York: Lexington Books.

Egloff, B., Wilhelm, F. H., Neubauer, D. H., Mauss, I. B., & Gross, J. J. (2002). Implicit anxiety measure predicts cardiovascular reactivity to an evaluated speaking task. *Emotion, 2*, 3-11.

Ehrenreich, J. H. (1990). Quantitative studies of responses elicited by selected TAT cards. *Psychological Reports, 67*, 15-18.

Eisenberg, N. (2006) Empathy-related responding in children. In M. Killen & J. G. Smetana (Eds.), *Handbook of moral development* (pp. 517-549). London: Psychology Press.

Eisenberg, N., & Fabes, R. A. (1992). Emotion, regulation, and the development of social competence. In M. S. Clark (Ed.), *Emotion and social behavior* (pp. 119-150). Thousand Oaks, CA: Sage Publications.

Eisenberg, N., Fabcs, R. A., Shepard, S. A., Murphy, B. C., Guthrie, I. K., Jones, S., Friedman, J., Poulin, R., & Maszk, P. (1997). Contemporaneous and longitudinal prediction of children's social functioning from regulation and emotionality. *Child Development, 68*(4), 642-664.

Eisenberg, N., & Morris, A. S. (2002). Children's emotion-related regulation. In H. Reese & R. Kail (Eds.), *Advances in Child Development and Behavior, 30*, 189-229.

Eisenberg, N., Smith, C. L., Sadovsky, A., & Spinrad, T. L. (2004). Effortful control: Relations with emotion regulation, adjustment, and socialization in childhood. In R. F Baumeister (Eds.), *Handbook of self regulation: Research, theory, and applications* (pp. 259-282). New York: Guilford Press.

Eisenberg, N., Wentzel, N. M., & Harris, J. D. (1998). The role of emotionality and regulation in empathy-related responding. *School Psychology Review, 27*, 506-521.

Elias, M. J., & Tobias, S. E. (1996). *Social problem solving Interventions in the schools*. New York: Guilford Press.

Elliot, A. J., & Harackiewicz, J. M. (1996). Approach and avoidance achievement goals and intrinsic motivation: A mediational analysis. *Journal of Personality and Social Psychology, 70*, 416-475.

Elliot, A. J., & McGregor, H. (2001). A 2 x 2 achievement goal framework. *Journal of Personality and Social Psychology, 80*(3), 501-519.

Ellsworth, P. C., & Scherer, K. R. (20(13). Appraisal processes in emotion. In R. J. Davidson, H. Goldsmith, & K. R. Scherer (Eds.), *Handbook of affective sciences* (pp. 572-595). New York and Oxford: Oxford University Press.

Epstein, S. (1994). Integration of the cognitive and psychodynamic unconscious. *American Psychologist, 49*, 709-724.

Epstein, S., & Pacini, R. (1999). Some basic issues regarding dual-process theories from the perspective of cognitive-experiential self-theory. In S. Chaiken & Y. Trope (Eds.), *Dual process theories in social psychology* (pp. 462-482). New York: Guilford Press.

Evans, J. (2008). Dual processing accounts of reasoning, judgment, and social cognition. *Annual Review of Psychology, 59*, 255-278.

Fairbairn, W. R. D. (1952). *Psychoanalytic studies of the personality*. New York: Basic Books.

Fairbairn, W. R. D. (1954). *An object-relations theory of the personality*. New York: Basic Books.

Fischer, P., Greitemeyer, T., & Frey, D. (2008). Self-regulation and selective exposure: The impact of depleted self-regulation resources on confirmatory information processing. *Journal of Personality and Social Psychology, 94*, 382-395.

Fish, S., & Ritvo, E. R. (1979). Psychoses of childhood. In J. D. Noshpitz (Ed.), *Basic handbook of child psychiatry* (pp. 249-304). New York: Basic Books.

Fiske, A. P., Haslam, N., & Fiske, S. T. (1991). Confusing one person with another: What errors reveal about the elementary forms of social relations. *Journal of Personality and Social Psychology, 60*, 656-674.

Fiske, S. T., & Taylor, S. (1991). *Social cognition* (2nd ed). New York: McGraw Hill.

Fitzgerald, B. J., Pasewark, R. A., & Fleisher, S. (1974). Responses of an aged population on the Gerontological and Thematic Apperception Tests. *Journal of Personality Assessment, 38*, 234-235.

Fivush, R., & Haden, C. (1997). Narrating and representing experience: Preschoolers' developing autobiographical recounts. In P. van den Broek, P. A. Bauer, & T. Bourg (Eds.), *Developmental spans in event comprehension and representation: Bridging fictional and actual events* (pp. 169-198). Hillsdale, NJ: Lawrence Erlbaum Associates.

Flanagan, R. E., & DiGiuseppe, R. (1999). Critical review of the TEMAS: A step within the development of thematic apperception instruments. *Psychology in the Schools, 36*, 21-30.

Flavell, J. H. (1963). *The developmental psychology of Jean Piaget*. Princeton, NJ: Van Nostrand.

Flavell, J. H. (1988). The development of children's knowledge about the mind: From cognitive connections to mental representations. In J. W. Astington, P. L. Harris, & D. R. Olson (Eds.), *Developing theories of mind* (pp. 244-267). New York: Cambridge University Press.

Flavell, J. H., & Miller, P. (1998). Social cognition. In W. Damon (Series Ed.) & D. Kuhn & R. Siegler (Vol. Eds.), *Handbook of child psychology: Vol. 2. Cognition, perception, and language* (5th ed., pp. 851-898). New York: Wiley.

Foa, E. B., & Kozak, M. J. (1991). Emotional processing: Theory, research, and clinical implications for anxiety disorders. In J. D. Safran & F. S. Greenberg (Eds.), *Emotion, psychotherapy, and change* (pp. 21-49). New York: Guilford Press.

Folkman, S. (1984). Personal control and stress and coping processes: A theoretical analysis. *Journal of Personality and Social Psychology, 46*, 839-852.

Folkman, S., & Lazarus, R. S. (1980). An analysis of coping in a middle-aged community sample. *Journal of Health and Social Behavior, 21*, 219-239.

Folkman, S., & Lazarus, R. S. (1986). Stress processes and depressive symptomatology. *Journal of Abnormal Psychology, 95*, 107-113.

Folkman, S., & Lazarus, R. S. (1988). The relationship between coping and emotion: Implications for theory and research. *Social Science and Medicine, 26*, 309-317.

Folkman, S., & Moskowitz, J. T. (2004). Coping: Pitfalls and promises. *Annual Review of Psychology, 55*, 745-774.

Fonagy, P., & Target, M. (2003). Being mindful of minds: A homage to the contributions of a child-analytic genius. *The Psychoanalytic Study of the Child, 58*, 307-321.

Fosha, D. (2000). Meta-therapeutic processes and the affects of transformation: Affirmation and the healing affects. *Journal of Psychotherapy Integration, 10*(1), 71-97.

Frank, L. D. (1939). Projective methods for the study of personality. *Journal of Psychology, 8*, 389-413.

Frank, L. D. (1948). *Projective methods*. Springfield, IL: Thomas.

French, J., Graves, P. D., & Levitt, E. E. (1983). Objective and projective testing of children. In C. E. Walker & M. C. Roberts (Eds.), *Handbook of clinical child psychology* (pp. 209-247). New York: Wiley.

Frick, P. J., & Lahey, B. B. (1991). The nature and characteristics of Attention-deficit Hyperactivity Disorder. *School Psychology Review, 20*, 163-173.

Frijda, N. H. (2006). The laws of emotion. Mahwah, NJ: Erlbaum.

Frijda, N. H. (1986). *The emotions*. Cambridge, UK: Cambridge University Press.

Frith, U. (2000). *Autism: E laming the enigma*. Oxford: Blackwell.

Frost, B. C., Ko, C. E., & James, L. R. (2007). Implicit and explicit personality: A test of a channeling hypothesis for aggressive behavior. *Journal of Applied Psychology, 92*, 1299-1319.

Gallo, I. S., Keil, A., McCulloch, K. C., Rockstroh, B., & Gollwitzer, P. M. (2009). Strategic automation of emotion regulation. *Journal of Personality and Social Psychology, 96*, 11-31.

Gardner, D. R., & holmes, C. B. (1990). Comparison of the CAT and CAT-H with third grade boys and girls. *Psychological Reports*, *66*, 922.

Gardner, H. (1991). *The unschooled mind: How children think and how schools should teach*. New York: Basic Books.

Garnefski, N., & Kraaij, V. (2006). Relationships between cognitive emotion regulation strategies and depressive symptoms: A comparative study of five specific samples. *Personality and Individual Differences*, *40*, 1659-1669.

Geary, D. C. (2005). *The origin of mind: Evolution of brain, cognition, and general intelligence*. Washington, DC: American Psychological Association.

Gergen, K. J., & Gergen, M. M. (1988). Narrative and the self as relationship. In L. Berkowitz (Ed.), *Advances in experimental social psychology*, *21* (pp. 17-56). New York: Academic.

Gieser, L., & Stein, M. I. (Eds.). (1999). *Evocative images: The Thematic Apperception Test and the art of projection*. Washington, DC: American Psychological Association.

Glass, C. R., & Arnkoff, D. B. (1997). Questionnaire methods of cognitive self-statement *assessment. Journal of Consulting and Clinical Psychology*, *65*, 911-927.

Gold, J. M., & Hurt, S. W. (1990). The effects of haloperidol on thought disorder and IQ in Schizophrenia. *Journal of Personality Assessment*, *54*, 390-400.

Goldfried, M. R., Greenberg, L. S., & Marmar, C. (1990). Individual psychotherapy: Process and outcome. *Annual Review of Psychology*, *41*, 659-688.

Gollwitzer, P. M. (1996). The volitional benefits of planning In F M. Gollwitzer & J. A. Bargh (Eds.), *The psychology of action: Linking cognition and motivation to behavior* (pp. 287-312). New York: Guilford Press.

Gollwitzer, P. M. (1999). Implementation intentions: Strong effects of simple plans. *American Psychologist*, *54*, 493-503.

Gollwitzer, P. M., & Moskowitz, G. B. (1996). Goal effects on action and cognition. In E. T. Higgins & A. W. Kruglanski (Eds.), *Social psychology: Handbook of basic principles* (pp. 361-399). New York: Guilford Press.

Gollwitzer, P. M., & Sheeran, P. (2006). Implementation intentions and goal achievement: A meta-analysis of effects and processes. *Advances in Experimental Social Psychology*, *38*, 69-119.

Grant, H., & Dweck, C. S. (2003). Clarifying achievement goals and their impact. *Journal of Personality and Social Psychology*, *85*, 541-553.

Gray, J. A. (1987). *The psychology of fear and stress* (2nd ed.). Cambridge, UK: Cambridge University Press.

Greenberg, J., & Mitchell, S. (1983). *Object relations in pychoanalytic theory*. Cambridge, MA: Harvard University Press.

Greenberg, L. S. (1993). Emotional change processes in psychotherapy. In M. Lewis & J. Haviland (Eds.), *Handbook of emotion* (pp. 499-510). New York: Guilford Press.

Greenberg, L. S., Elliott, R., & Foerster, F. S. (1991). Experiential process in the psychotherapeutic treatment of depression. In D. McCann & N. Endler (Eds.), *Depression: Development in theory, research and practice* (pp. 157-185). Toronto: Thompson.

Greenberg, L. S., Rice, L. N., & Elliott, R. (1993). *Facilitating emotional change: The moment by moment process*. New York: Guilford Press.

Greenberg, M. A., Wortman, C. B., & Stone, A. A. (1996). Emotional expression and physical health: Revising traumatic memories or fostering self-regulation? *Journal of Personality and Social Psychology*, *71*, 588-602.

Greenwald, A. G., Banaji, M. R., Rudman, L. A., Farnham, S. D., Nosek, B. A., & Mellott, D. S. (2002).

A unified theory of implicit attitudes, stereotypes, self-esteem, and self-concept. *Psychological Review, 109*(1), 3-25.

Grolnick, W. S., Deci, E. L., & Ryan, R. M. (1997). Internalization within the family. In J. E. Grusec & L. Kuczynski (Eds.), *Parenting and children's internalization of values: A handbook of contemporary theory* (pp. 135-161). New York: Wiley.

Grolnick, W. S., & Ryan, R. M. (1987). Autonomy in children's learning An experimental and individual difference investigation. *Journal of Personality and Social Psychology, 52*, 890-898.

Gtoss, J. J. (1998). Antecedent and response-focused emotion regulation: Divergent consequences for experience, expression and physiology. *Journal of Personality and Social Psychology, 74*, 224-237.

Gross, J. J. (2001). Emotion regulation in adulthood: Timing is everything. *Current Directions in Psychological Science, 10*, 214-219.

Gross, J. J., & John, O. P. (2003). Individual differences in two emotion regulation processes: Implications for affect, relationships, and well-being. *Journal of Personality and Social Psychology, 85*, 348-362.

Guidano, V. F. (1995). Constructivist psychotherapy: A theoretical framework. In R. A. Neimeyer & M. J. Mahoney (Eds.), *Constructivism in psychotherapy* (pp. 93-110). Washington, DC: American Psychological Association.

Guntrip, H. (1968). *Schizoid phenomena, object relations and the self.* New York: International Universities Press.

Guntrip, H. (1974). Psychoanalytic object relations theory: The Fairbairn-Guntrip approach. In S. Arieti (Ed.), *American handbook of psychiatry* (Vol. 1, pp. 828-842). New York: Basic Books.

Hammer, D. (1996). Misconceptions or p-prisms: How may alternative perspectives of cognitive structure influence instructional perceptions and intentions? *Journal of the Learning Sciences, 5*, 97-127.

Harris, P. L., Olthof, T., & Terwogt, M. M. (1981). Children's knowledge of emotion. *Journal of Child Psychology and Psychiatry and Allied Disciplines, 22*, 247-261.

Hartman, A. A. (1970). A basic TAT set. *Journal of Projective Techniques and Personality Assessment, 34*, 391-396.

Hasher, F., & Zacks, R. T. (1979). Automatic and effortful processes in memory. *Journal of Experimental Psychology: General, 108*, 356-388.

Hart, C. V. (1985). Review of the Children's Apperception Test. In J. V. Mitchell (Ed.), *The ninth mental measurements yearbook* (pp. 314-316). Lincoln, NE: Burns Institute of Mental Health.

Haworth, M. R. (1963). A schedule for the analysis of CAT responses. *Journal of Projective Techniques and Personality Assessment, 27*, 181-184.

Haworth, M. R. (1966). The CAT Facts about fantasy. New York: Grune & Stratton.

Haynes, J. P., & Peltier, J. (1985). Patterns of practice with TAT in juvenile forensic settings. *Journal of Personality Assessment, 49*, 26-29.

Haynes, S. N., & O'Brien, W. H. (1990). Functional analysis in behavior therapy. *Clinical Psychology Review, 10*, 649-668.

Hemenover, S. H. (2003). Individual differences in tate of affect change: Studies in affective chronometry. *Journal of Personality and Social Psychology, 85*, 121-131.

Henderson, H. A., & Fox, N. A. (1998). Inhibited and uninhibited children: Challenges in school settings. *School Psychology Review, 27*, 492-505.

Henry, W. E. (1956). *The analysis of fantasy: The Thematic Apperception Technique in the study of personality*. New York: Wiley.

Hermans, H. J. (2003). The construction and reconstruction of a dialogical self. *Journal of Constructivist Psychology, 16*, 89-127.

Hermans, H. J., Kempen, H. J., & Van Loon, R. J. (1992). The dialogical self: Beyond individual and rationalism. *American Psychologist*, *47*, 23-33.

Higgins, E. T., King, G. A., & Mavin, G. H. (1982). Individual construct accessibility and subjective impressions and recall. *Journal of Personality and Social Psychology*, *43*, 35-47.

Hoar, M. W., & Faust, W. F. (1973). The Children's Apperception Test: Puzzle and regular form. *Journal of Personality Assessment*, *37*, 244-247.

Hoffman, M. L. (1982). Affect and moral development. In D. Cicchetti & P. Hesse (Eds.), *Emotional development* (pp. 83-103). San Francisco: Jossey-Bass.

Hoffman, M. L. (2000). *Empathy and moral development: Implications for caring and justice*. New York: Cambridge University Press.

Holinger, Paul C. (2008). Further issues in the psychology of affect and motivation: A developmental perspective. *Psychoanalytic Psychology*, *25*, 425-442.

Hollon, S. D., & Kendall, P. C. (1980). Cognitive self-statements in depression: Development of an automatic thoughts questionnaire. *Cognitive Therapy and Research*, *4*, 383-395.

Hollon, S. D., Kendall, P. C., & Lumry, A. (1986). Specificity of depressotypic cognitions in clinical depression. *Journal of Abnormal Psychology*, *95*, 52-59.

Holmstrom, R. W., Silber, D. E., & Karp, S. A. (1990). Development of the Apperceptive Personality Test. *Journal of Personality Assessment*, *54*, 252-264.

Holodynski, M., & Friedlmeier, W. (2006). *Development of emotions and emotion regulation*. New York: Springer.

Holt, R. R. (1958). Formal aspects of the TAT: A neglected resource. *Journal of Projective Techniques*, *22*, 163-172.

Holt, R. R. (1961). The nature of TAT stories as cognitive products: A psychoanalytic apprach. In J. Kagan & C. Lesser (Eds.), *Contemporary issues in thematic apperceptive methods* (pp. 3-40). Springfield, IL: Charles C. Thomas.

Holt, R. R. (1978). *Methods in clinical psychology, Vol. I: Projective assessment*. New York: Plenum Press.

Horowitz, M. J. (1991). States, schemas, and control: General theories for psychotherapy integration. *Journal of Psychotherapy Integration*, *1*, 85-102.

Howard, G. S. (1991). A narrative approach to thinking, cross-cultural psychology, and psychotherapy. *American Psychologist*, *46*, 187-197.

Hunt, E. (1980). Intelligence as an information-processing concept. *British Journal of Psychology*, *71*, 449-474.

Hunt, E. (1998). Constructivism and cognition. In J. Carlson (Ed.), *Issues in education* (pp. 27-42). Stamford, CT: JAI Press.

Hurley, A. D., & Sovner, R. (1985). The use of Thematic Apperception Tests in mentally retarded persons. *Psychiatric Aspects of Mental Retardation Reviews*, *4*, 9-12.

James, F. R. (1998). Measurement of personality via conditional reasoning. *Organizational Research Methods*, *1*, 131-163.

James, W. (1890). *The principles of psychology*. New York: Henry Holt.

Jenkins, S. R. (2008). Teaching how to learn reliable scoring. In S. R. Jenkins (Ed.), *A handbook of clinical scoring systems for thematic apperceptive techniques* (pp. 39-66). New York: Erlbaum.

Johnson, R. E., Chang, C-H. D., & Lord, R. G. (2006). Moving from cognition to behavior: What the research says. *Psychological Bulletin*, *132*, 381-415.

Johnston, M. H., & Holzman, P. S. (1979). *Assessing schizophrenic thinking: A clinical and research instrument for measuring thought disorder*. San Francisco: Jossey-Bass.

Karoly, P. (1993). Mechanisms of self-regulation: A systems view. *Annual Review of Psychology*, *44*, 23-52.

Karon, B. P. (1981). The Thematic Apperception Test (TAT). In A. J. Rabin (Ed.), *Assessment with projective techniques: A concise introduction* (pp. 85-120). New York: Springer.

Kasser, T., & Ryan, R. M. (1993). A dark side of the American dream: Correlates of financial success as a central life aspiration. *Journal of Personality and Social Psychology*, *65*, 410-422.

Kasser, T., & Ryan, R. M. (1996). Further examining the American dream: Differential correlates of intrinsic and extrinsic goals. *Personality and Social Psychology Bulletin*, *22*, 280-287.

Katz, H. E., Russ, S. W., & Overholser, J. W. (1993). Sex differences, sex roles, and projection on the TAT: Matching stimulus to examinee gender. *Journal of Personality Assessment*, *60*, 186-191.

Keiser, R. E., & Prather, E. N. (1990). What is the TAT? A review of ten years of research. *Journal of Personality Assessment*, *55*, 800-803.

Kelly, F. D. (1996). *Object relations in younger children: Rorschach and TAT measures*. Springfield, IL: Charles C. Thomas.

Kelly, F. D. (1997). *The assessment of object relations phenomena in adolescents*. Mahwah, NJ: Erlbaum.

Kelly, G. A. (1958). The theory and technique of assessment. In F R. Farnsworth & Q. McNemar (Eds.), *Annual review of psychology*, *9* (pp. 323-352). Palo Alto, CA: Annual Reviews.

Kendall, P. C. (1993). Cognitive-behavioral therapies with youth: Guiding theory, current status, and emerging developments. *Journal of Consulting and Clinical Psychology*, *61*, 235-247.

Kenny, D. T., & Bijou, S. W. (1953). Ambiguity of pictures and extent of personality factors in fantasy responses. *Journal of Consulting and Clinical Psychology*, *17*, 283-288.

Kernberg, O. (1975). *Borderline conditions and pathological narcissism*. New York: Jason Aronson.

Kernberg, O. (1976). *Object relations theory and clinical psychoanalysis*. New York: Aronson.

Kernberg, O. (1984). *Object relations theory and clinical psychoanalysis*. Northvale, NJ: Jason Aronson (paper edition).

Kessler, R. C., Berglund, P., Demler, O., Jin, R., & Walters, E. E. (2005). lifetime prevalence and age-of-onset distributions of DSM-IV disorders in the National Comorbidity Survey Replication. *Archives of General Psychiatry*, *62*, 593-602.

Kihlstrom, J. F. (1987). The cognitive unconscious. *Science*, *237*, 1445-1452.

Kitron, D. G., & Benzimen, H. (1990). The Children's Apperception 'rest: Possible applications for adults. *Israel Journal of Psychiatry and Related Services*, *27*, 29-47.

Klein, M. (1932). *The psychoanalysis of children*. New York: Grove Press.

Klein, M. (1948). *Contributions to psychoanalysis. 1921–1945*. London: Hogarth Press.

Kline, P., & Svaste-Xuto, B. (1981). The responses of Thai and British children to the Children's Apperception Test. *Journal of Social Psychology*, *113*, 137-138.

Knobe, J. (2003). Intentional action and side-effects in ordinary language. *Analysis*, *63*, 190-193.

Kochanska, G., & Aksan, N. (1995). Mother-child mutually positive affect, quality of child compliance to requests and prohibitions, and maternal control as correlates of early internalization. *Child Development*, *66*, 236-254.

Kochanska, G., & Aksan, N. (2006). Children's conscience and self-regulation. *Journal of Personality*, *74*, 1587-1617.

Kochanska, G., & Thompson, R. A. (1997). The emergence and development of conscience in toddlerhood and early childhood. In J. E. Grusec & E. Kuczynski (Eds.), *Parenting and children's internalization of values: A handbook of contemporary theory* (pp. 53-77). New York: Wiley.

Koestner, R., & McClelland, D. C. (1990). Perspectives on competence motivation. In L. Pervin (Ed.), *Handbook of personality theory and research* (pp. 527-548). NY: Guilford Press.

Koestner, R., Weinberger, J., & McClelland, D. C. (1991). Task-intrinsic and social-extrinsic sources of arousal for motives assessed in fantasy and self-report. *Journal of Personality*, *59*, 57-82.

Kohut, H. (1971). *The analysis of the self*. New York: International Universities Press.

Kohut, H. (1977). *The restoration of the self.* New York: International Universities Press.

Kroon, N., Goudena, P. P., & Rispens, J. (1998). Thematic Apperception Tests for child and adolescent assessment: A practitioner's guide. *Journal of Psychoeducational Assessment, 16*, 99-117.

Kross, E., Ayduk, O., & Mischel, W. (2005). When asking "why' doesn't hurt: Distinguishing rumination from reflective processing of negative emotions. *Psychological Science, 16*, 709-715.

Kruglanski, A. W., Shah, J. Y, Fishbach, A., Friedman, R. S., Chun, W. Y., & Sleeth-Keppler, D. (2002). A theory of goal systems: Implications for social cognition, affect, and action. In M. Zanna (Ed.), *Advances in experimental social psychology, 34* (pp. 331-376). New York: Academic Press.

Kuhl, J. (1984). Volitional aspects of achievement motivation and learned helplessness: Toward a comprehensive theory of action-control. In B. A. Maher (Ed.), *Progress in experimental research* (Vol. 13, pp. 99-171). New York: Academic Press.

Kuhl, J. (1992). A theory of self-regulation: Action versus state orientation, self-discrimination, and some applications. *Applied Psychology: An International Review, 41*, 97-129.

Kuhl, J. (1996). Who controls whom when "I control myself"? *Psychological Inquiry, 7*, 61-68.

Kuhl, J., & Fuhrmann, A. (1998). Decomposing self-regulation and self-control: The Volitional Components Inventory. In J. Heckhausen & C. S. Dweck (Eds.), *Motivation and self-regulation across the life span* (pp. 15-47). New York: Cambridge University Press.

Kuppens, P., Van Mechelen, I., & Rijmen, F. (2008). Towards disentangling sources of individual differences in appraisal and anger. *Journal of Personality, 76*, 969-1000.

Kuppens, P., Van Mechelen, I., Smits, D. J. M., De Boeck, P., & Ceulemans, E. (2007). Indidifferences in patterns of appraisal and anger experience. *Cognition & Emotion, 21*, 689-713.

Kymalainen, J., Weisman, A., Rosales, G., & Armesto, J. (2006). Ethnicity, expressed emotion and communication deviance in family members of patients with Schizophrenia. *Journal of Nervous and Mental Disease, 194*, 391-396.

Lau, S., Liem, A. D., & Nie, Y (2008). Task- and self-related pathways to deep learning: The mediating role of achievement goals, classroom attentiveness, and group participation. *British Journal of Educational Psychology, 78*, 639-662.

Lazarus, R. S. (1991a). *Emotion and adaptation.* New York: Oxford University Press.

Lazarus, R. S. (1991 b). Progress on a cognitive-motivational relational theory of emotion. *America Psychologist, 46*, 819-834.

Lazarus, R. S. (1994). Meaning and emotional development. In P. Ekman & R. J. Davidson (Eds.), *The nature of emotion: Fundamental questions* (pp. 163-171). New York: Oxford University Press.

Lazarus, R. S. (1995). Vexing research problems inherent in cognitive-mediational theories of emotion and some solutions. *Psychological Inquiry, 6*, 183-265.

Lazarus, R. S. (1999). llope: An emotion and a vital coping resource against despair. *Social Research, 66*, 665-669.

Lazarus, R. S., & Folkman, S. (1984). *Stress, appraisal, and copying.* New York: Springer Publishing Co.

Lehmann, I. J. (1959). Responses of kindergarten children to the Children's Apperception Test. *Journal of Clinical Psychology, 15*, 60-63.

Leigh, J., Westen, D., Barends, A., & Mendel, M. J. (1992). The assessment of complexity of representations of people using TAT and interview data. *Journal of Personality, 60*, 809-837.

Leslie, A. M. (1992). Pretense, autism, and the theory of mind module. *Current Directions in Psychological Science, 1*(1), 18-21.

Levesque, C. S., Zuehlke, N., Stanek, L., & Ryan, R. M. (2004). Autonomy and competence in German and U. S. university students: A comparative study based on self-determination theory. *Journal of Educational Psychology, 96*, 68-84.

Lewicki, P., Czyzewska, M., & Hill, T. (1997). Cognitive mechanisms for acquiring "experience": The dissociation between conscious and nonconscious cognition. In J. D. Cohen and J. W. Schooler (Eds.), *Scientific approaches to the question of consciousness* (Carnegie Mellon Symposium on Conscious ess) (pp. 161-177). Hillsdale, NJ: Erlhaum.

Lewicki, P., Hill, T., & Czyzewska, M. (1992). Nonconscious acquisition of information. *American Psychologist, 47*, 796-801.

Lewin, K. (1935). *A dynamic theory of personality*. New York: McGraw-Hill.

Lewis, W. A., & Bucher, A. M. (1992). Anger, catharsis, the reformulated frustration-aggression hypothesis, and health consequences. *Psychotherapy, 29*, 385-392.

Libby, L. K., & Fihach, R. P. (2002). Looking back in time: Self-concept change and visual perspective in autobiographical memory. *Journal of Personality and Social Psychology, 82*, 167-179.

Light, B. H. (1954). Comparative study of a series of TAT and CAT cards. *Journal of Clinical Psychology, 17*, 281-297.

Lilienfeld, S. O., Wood, J. M., & Garb, H. N. (2000). The scientific status of projective techniques. *Psychological Science in the Public Interest, 1*, 27-66.

Lindzey, G, (1952). Thematic Apperception Test: Interpretive assumptions and related empirical evidence. *Psychological Bulletin, 49*, 1-25.

Linehan, M. M. (1993). *Skills training manual for treating Borderline Personality Disorder*. New York: Guilford Press.

Linehan, M. M., Dimeff, L. A., Reynolds, S. K., Comtois, K. A., Shaw-Welch, S., Heagerty, P., Kivlahan, D. R. (2002). Dialectical behavior therapy versus comprehensive validation plus 12-step for the treatment of opioid-dependent women meeting criteria for Borderline Personality Disorder. *Drug and Alcohol Dependence, 67*, 13-26.

Linvile, P. W. (1985). Self-complexity and affective extremity: Don't put all your eggs in one cognitive basket. *Social Cognition, 3*, 94-120.

Linvihle, P. W. (1987). Self-complexity as a cognitive buffer against stress-related illness and depression. *Journal of Personality and Social Psychology, 52*, 663-676.

Locke, G. P., & Latham, E. A. (1990). Self-regulation through goal setting. *Organizational Behaviour and Human Decision Processes, 50*, 212-247.

Locraft, C., & Teglasi, H. (1997). Teacher rated empathic behavior and children's TAT stories. *Journal of School Psychology, 35*, 217-237.

Lohr, L., Teglasi, H., & French, M. (2004). Schemas and temperament as risk factors for emotional disability. *Personality and Individual Differences, 36*, 1637-1654.

Lundy, A. (1985). The reliability of the Thematic Apperception Test. *Journal of Personality Assessment, 49*, 141-149.

Luo, W., Watkins, D., & Lam, R. Y (2009). Validating a new measure of self-complexity. *Journal of Personality Assessment, 91*, 381-386.

Lutz, C., & White, G. M. (1986). The anthropology of emotions. *Annual Review of Anthropology, 15*, 405-436.

MacDonald, K. (2008). Effortful control, explicit processing, and the regulation of human evolved predispositions. *Psychological Review, 115*(4), 1012-1031.

Mahler, M. S. (1966). Some preliminary notes on the development of basic moods, including depression. *Canadian Psychiatric Association Journal, 11* (Suppl.), 250-258.

Mahler, M. S., Pine, F, & Bergman, A. (1975). *The psychological birth of the human infant*. New York: Basic Books.

Malle, B. F. (2001). Attribution processes. In N. J. Smelser and B. F. Baltes (Eds.), *International encyclopedia of the social and behavioral sciences* (Vol. 14, Developmental, social, personality, and motivational psychology; section editor N. Eisenberg, pp. 913-917). Amsterdam: Pergamon/Elsevier.

Malle, B. F., & Knobe, J. (2001). The distinction between desire and intention: A folk-conceptual analysis. In B. F. Malle, L. J. Moses, & D. A. Baldwin (Eds.), *Intentions and intentionality: Foundations of social cognition* (pp. 45-67). Cambridge, MA: The MIT Press.

Maloney, M. P., & Ward, M. P. (1976). *Psychological assessment A conceptual approach*. New York: Oxford.

Mancuso, J. C., & Sarbin, T. R. (1998). The narrative construction of emotional life: Developmental aspects. In M. F. Manscolo & S. Griffin (Eds.), *What develops in emotional development? Emotions, personality, and psychotherapy* (pp. 297-316). New York: Plenum Press.

Mandler, J. M. (1982). Recent research on story grammars. *Language and Communication, 15*, 207-218.

Markus, H., & Kitayama, S. (1991). Culture and the self: Implications for cognition, emotion, and motivation. *Psychological Review, 98*, 224-253.

Martin, L. & Tesser, A. (1996). Some ruminative thoughts. In R. S. Wyer (Eds.), *Advances in social cognition* (vol. 9, pp 1-48). Hillsdale, NJ: Erlbaum.

Martin, L. L., & Tesser, A. (1989). Toward a motivational and structural theory of ruminative thought. In J. S. Uleman & J. A. Bargh (Eds.), *Unintended thought* (pp. 306-326). New York: Guilford Press.

Masling, J. M., & Bornstein, R. F. (Eds.). (1994). *Empirical perspectives on object relations theory*. Washington, DC: American Psychological Association.

Mathews, A., & MacLeod, C. (1994). Cognitive approaches to emotion and emotion disorders. *Annual Review of Psychology, 45*, 25-50.

Mauss, I. B., Cook, C. L., Cheng, J. Y. J., & Gross, J. J. (2007). Individual differences in cognitive reappraisal: Experiential and physiological responses to an anger provocation. *Internal Journal of Psychophysiology, 66*, 116-124.

Mauss, I. B., Levenson, R. W., McCarter, L., Wilhelm, F. H., & Gross, J. J. (2005). The tie that binds? Coherence among emotional experience, behavior, and autonomic physiology. *Emotion, 5*, 175-190.

Mayer, J. D. (2003). Structural divisions of personality and the classification of traits. *Review of General Psychology, 7*, 381-401.

Mayman, M. (1967). Object-representations and object relationships in Rorschach responses. *Journal of Projective Techniques and Personality Assessment, 31*, 17-24.

McAdams, D. P. (1985). *Power, intimacy, and the life story: Personological inquiries into identity*. New York: Guilford Press.

McAdams, D. P. (1993). *The stories we live by: Personal myths and the making of the self*. New York: Morrow.

McAdams, D. P., Diamond, A., de St. Aubin, E., & Mansfield, E. (1997). Stories of commitment: The psychosocial construction of generative lives. *Journal of Personality and Social Psychology, 72*, 678-694.

McAdams, D. P., Hoffman, B. J., Mansfield, E. D., & Day, R. (1996). Themes of agency and communion in significant autobiographical scenes. *Journal of Personality, 64*, 339-378.

McAdams, D. P., & Pals, J. L. (2006). A new Big Five: Fundamental principles for an integrative science of personality. *American Psychologist, 61*, 204-217.

McArthur, D. S., & Roberts, G. E. (1982). *Roberts Apperception Test for Children Manuals*. Los Angeles: Western Psychological Services.

McArthur, L. Z., & Baron, R. M. (1983). Toward an ecological theory of social perception. *Psychological Review, 90*, 215-238.

McBride, C., Farvolden, P., & Swallow, S. R. (2007). Major Depressive Disorder and cognitive schema.

In L. P. Riso, P. L. Du Toit, D. J. Stein, & J. E. Young (Eds.), *Cognitive schemas and core beliefs in psychological problems. A scientist-practitioner guide* (pp. 11-39). Washington, DC: American Psychological Association.

McClelland, D. C. (1987). *Human motivation*. New York: Cambridge University Press.

McClelland, D. C., Koestner, R., & Weinberger, J. (1989). How do self-attributed and implicit motives differ? *Psychological Review*, *96*, 690-702.

McGrew, M. W., & Teglasi, H. (1990). Formal characteristics of Thematic Apperception Test stories as indices of emotional disturbance in children. *Journal of Personality Assessment*, *54*, 639-655.

Meece, J., Anderman E. M., & Anderman L. H. (2006). Classroom goal structure, student motivation, and academic achievement. *Annual Review of Psychology*, *Vol. 57* (pp. 505-528). Stanford, CA: Annual Reviews.

Meissner, W. W. (1971). Notes on identification. II. Clarification of related concepts. *Psychoanalytic Quarterly*, *40*, 277-302.

Meissner, W. W. (1972). Notes on identification. III. The concept of identification. *Psychoanalytic Quarterly*, *41*, 224-260.

Meissner, W. W. (1974). Differentiation and integration of learning and identification in the developmental process. *Annual of Psychoanalysis*, *2*, 181-196.

Meissner, W. W. (1981). Internalization and psychoanalysis. *Psychological Issues Monograph*, *50*. New York: International Universities Press.

Meltzoff, A. (1995). Understanding the intentions of others: Re-enactment of intended acts by 18-month-old children. *Developmental Psychology*, *31*, 838-850.

Mendoza-Denton, R., Ayduk, O., Mischel, W., Shoda, Y., & Testa, A. (2001). Person X Situation interactionism in self-encoding (I am... when...): Implications for affect regulation and social information processing. *Journal of Personality and Social Psychology*, *80*, 533-544.

Mesquita, B. (2001a). Culture and emotions: Different approaches to the question. In T. Mayne and G. Bonanno (Eds.), *Emotion: Current issues and future directions* (pp. 214-250). New York: Guilford Press.

Mesquita, B. (2001b). Emotions in collectivist and individualist contexts. *Journal of Personality and Social Psychology*, *80*(1), 68-74.

Mesquita, B., & Ellsworth, P. (2001). The role of culture in appraisal. In K. R. Scherer & A. Schorr (Eds.), *Appraisal processes in emotion: Theory, methods, research* (pp. 233-248). New York: Oxford University Press.

Messick, S. (1983). Assessment of children. In P. H. Mussen (Ed.), *Handbook of child psychology*, *Fourth Edition*, W. Kessen (Volume lid.), *Volume I: History, Theory, and Methods* (pp. 477-526). New York: Wiley.

Messick, S. (1989). Validity. In R. L. Linn (Ed.), *Educational measurement* (3rd ed., pp. 13-1 03). New York: MacMillan.

Meyer, G. J., & Kurtz, J. E. (2006). Advancing personality assessment terminology: Time to retire "objective" and "projective" as personality test descriptors. *Journal of Personality Assessment*, *87*, 223-225.

Midgley, C., Kaplan, A., & Middleton, M. (2001). Performance-approach goals: Good for what, for whom, under what circumstances, and at what cost? *Journal of Educational Psychology*, *93*(1), 77-86.

Miranda, J., Gross, J. J., Persons, J. B., & Hahn, J. (1998). Mood matters: Negative mood induction activates dysfunctional attitudes in women vulnerable to depression. *Cognitive Therapy and Research*, *22*, 363-376.

Mischel, W. (1968). *Personality and assessment*. New York: Wiley.

Mischel, W., & Ayduk, O. (2004). Willpower in a cognitive-affective processing system: The dynamics of delay of gratification. In R. F Baumeister & K. D. Vohs (Eds.), *Handbook of self regulation: Research, theory, and applications* (pp. 99-129). New York: Guilford Press.

Moller, A. C., & Elliot, A. J. (2006). The 2 x 2 achievement goal framework: An overview of empirical research. In A. V. Mitel (Ed.), *Focus on educational psychology research* (pp. 307-326). New York: Nova Science Publishers, Inc.

More, S., & Gullone, E. (1996). Predicting adolescent risk behavior using a personalized cost-benefit analysis. *Journal of Youth and Adolescence, 25*, 343-359.

Morgan, C. D., & Murray, H. H. (1935). A method for investigating fantasies: The thematic apperception test. *Archives of Neurology and Psychiatry, 34*, 289-306.

Morgan, W. G. (1995). origin and history of the Thematic Apperception Test images. *Journal of Personality Assessment, 65*, 237-252.

Moses, E. B., & Barlow, D. H. (2006). A new unified treatment approach for emotional disorders based on emotion science. *Current Directions in Psychological Science, 15*, 146-150.

Muraven, M., Shmueli, D., & Burkley, E. (2006). Conserving self-control. strength. *Journal of Personality and Social Psychology, 91*, 524-537.

Murray, H. A. (1938). *Explorations in personality*. New York: Oxford University Press.

Murray, H. A. (1943). *Thematic Apperception Test manual*. Cambridge, MA: harvard University Press.

Murstein, B. I. (1963). *Theories and research in projective techniques: Emphasizing the TAT*. New York: Wiley.

Murstein, B. I. (1965). The stimulus. In B. Murstein (Ed.), *Handbook of projective techniques*. New York: Basic Books.

Murstein, B. I. (1968). The effect of stimulus, background, personality, and scoring system on the manifestation of hostility on the TAT. *Journal of Consulting and Clinical Psychology, 32*, 355-365.

Myler, B., Rosenkrantz, A., & Holmes, G. (1972). A comparison of the TAT, CAT, and CAT-H among second grade girls. *Journal of Personality Assessment, 36*, 440-444.

Nannis, E. D. (1988). Cognitive-developmental differences in emotional understanding. *New Directions for Child Development, 39*, 31-49.

Nelson, K., & Fivush, R. (2004). The emergence of autobiographical memory: A social cultural developmental theory. *Psychological Review, 111*, 486-511.

Neuringer, C., & Livesay, R. C. (1970). Projective fantasy on the CAT and CAT-H. *Journal of Projective Techniques and Personality Assessment, 34*, 487-491.

Newmark, C. S., & Flouranzano, R. (1973). Replication of an empirically derived TAT set with hospitalized psychiatric patients. *Journal of Personality Assessment, 37*, 340-341.

Newmark, C. S., Hetzel, W., & Freking, R. A. (1974). The effects of personality tests on state and trait anxiety. *Journal of Personality Assessment, 38*, 17-20.

Newmark, C. S., Wheeler, D., Newmark, L., & Stabler, B. (1975). Test induced anxiety with children. *Journal of Personality Assessment, 39*, 409-413.

Nezlek, J., Vansteelandt, K., Van Mechelen, I., & Kuppens, P. (2008). Appraisal-emotion relationships in daily life. *Emotion, 8*(1), 145-150.

Nigg, J. T., & Casey, B. J. (2005). An integrative theory of Attention-Deficit/Hyperactivity Disorder based on the cognitive and affective neurosciences. *Development & Psychopathology, 17*, 785-8(16.

Nolen-Hoeksema, S. (1999). Ruminative coping with depression. In J. Heckhausern & C. S. Dweck (Eds.), *Motivation and self regulation across the life span* (pp. 237-256). New York: Cambridge University Press.

Nugier, A., Niedenthal, P. M., Brauer, M., & Chekroun, P. (2007). Moral and angry emotions provoked by informal social control. *Cognition and Emotion, 21*, 1699-1720.

Oatley, K. (1992). Integrative action of narrative. In D. J. Stein & J. E. Young (Eds.), *Cognitive science and clinical disorders* (pp. 151-172). San Diego, CA: Academic Press.

Oppenheim, D., Emde, R. N., & Warren, S. (1997). Children's narrative representations of mothers: Their development and associations with child and mother adaptation. *Child Development, 68*, 127-138.

Pang, J. S., & Schultheiss, O. C. (2005). Assessing implicit motives of US college students: Effect of picture type and position, gender and ethnicity, and cross cultural comparisons. *Journal of Personality Assessment, 85*, 280-294.

Parkinson, B. (1999). Relations and dissociations between appraisal and emotion ratings of reasonable and unreasonable anger and guilt. *Cognition and Emotion, 13*, 347-385.

Parry, A., & Doan, R. E. (1994). *Story re-visions: Narrative therapy in the post-modern world.* New York: Guilford Press.

Pasewark, R. A., Fitzgerald, B. J., Dexter, V., & Cangemi, A. (1976). Responses of adolescents, middle-aged, and aged females on the Gerontological and Thematic Apperception Tests. *Journal of Personality Assessment, 40*, 588-591.

Payne, B. K., Burkley, M., & Stokes, M. B. (2008). Why do implicit and explicit attitude tests diverge? The role of structural fit. *Journal of Personality and Social Psychology, 94*, 16-31.

Payne, S. C., Youngcourt, S. S., & Beaubien, J. M. (2007). A meta-analytic examination of the goal orientation nomological net. *Journal of Applied Psychology, 92*, 128-150.

Pekrun, R., Elliot, A. J., & Maier, M. A. (2006). Achievement goals and discrete achievement emotions: A theoretical model and prospective test. *Journal of Educational Psychology, 98*, 583-597.

Pennebaker, J. W. (199(1). Stream of consciousness and stress: Levels of thinking. In J. S. Uleman & J. A. Bargh (Eds.), *Unintended thought* (pp. 327-350). New York: Guilford Press.

Pennebaker, J. W. (1997). Writing about emotional experiences as a therapeutic process. *Psychological Science, 8*, 162-166.

Pennebaker, J. W., Mehl, M. R., & Niederhoffer, K. (2003). Psychological aspects of natural language use: Our words, our selves. *Annual Review of Psychology, 54*, 547-577.

Pennebaker, J. W., & Seagal, J. D. (1999). Forming a story: The health benefits of narrative. *Journal of Clinical Psychology, 55*, 1243-1254.

Perkins, D. N., & Ritchhart, R. (2004). When is good thinking? In D. Y. Dai & R. J. Steinberg (Eds.), *Motivation, emotion, and cognition: Integrative perspectives on intellectual functioning and development* (pp. 351-384). Mahwah, NJ: Erlbaum.

Peterson, C. A. (1990). Administration of the Thematic Apperception Test: Contributions of psychoanalytic psychothetapy. *Journal of Contemporary Psychotherapy, 20*, 191-200.

Peterson, C. A, & McCabe, A. (1983). *Developmental psycholinguistics: Three ways of looking at a child's narrative*. New York: Plenum.

Peterson, C. A., & Schilling, K. M. (1983). Card pull in projective testing. *Journal of Personality Assessment, 47*, 265-275.

Piaget, J. (1954). *The construction of reality in the child.* New York: Basic Books.

Piaget, J. (1965). *The moral judgment of the child.* New York: Free Press.

Pinsker-Aspen, J. H., Stein, M. B., & Hilsenroth, M. J. (2007). Clinical utility of early memories as a predictor of early therapeutic alliance. *Psychotherapy, 44*, 96-109.

Pintrich, P. R., & Schunk, D. H. (2002). *Motivation in education: Theory, research, and applications* (2nd ed). Columbus, OH: Merrill-Prentice Hall.

Posner, M. I., & Rothbart, M. K. (2007). Research on attention networks as a model for the integration of psychological sciences. *Annual Review of Psychology, 58*, 1-23.

Premack, D. (1992). On the origins of domain-specific primitives. In H. L. Pick & P. W. van den Broek

(Eds.), *Cognition: Conceptual and methodological issues* (pp. 189-212). Washington, DC: American Psychological Association.

Premack, D., & Woodruff, C. (1978). Does the chimpanzee have a theory of mind? *The Behavioral Sciences, 1*, 515-526.

Pretz, J. E., Naples, A. J., & Steinberg, R. J. (2003). Recognizing, defining, and representing problems. In J. F. Davidson & R. J. Steinberg (Eds.), *The psychology of problem solving* (pp. 3-30). New York: Cambridge University Press.

Procidano, M. E., & Guinta, D. M. (1989). Object representations and symptomatology: Preliminary findings in young adult psychiatric inpatients. *Journal of Clinical Psychology, 45*, 309-316.

Rabin, A. I., & Haworth, M. R. (1960). *Projective techniques with children*. New York: Grune & Stratton.

Rappaport, D. (1947). The scoring and analysis of the Thematic Apperception Test. *Journal of Psychology, 24*, 319-330.

Rappaport, D., Gill, M., & Schafer, R. (1975). *Diagnostic psychological testing* (Rev. ed). New York: International Universities Press.

Ray, R. D., Wilhelm, F. H., & Gross, J. J. (2(108). All in the mind's eye? Anger rumination and reappraisal. *Journal of Personality and Social Psychology, 94*, 133-145.

Raynor, J. O., & McFarlin, D. B. (1986). Motivation and the self-system. In R. M. Sorrentino & E. T. Higgins (Eds.), *Handbook of motivation and cognition: Foundations of social behavior* (pp. 315-349). New York: Guilford Press.

Reese, E. (2002). A model of the origins of autobiographical memory. In J. W. Fagen & H. Hayne (Eds.), *Progress in infancy research* (Vol. 2, pp. 215-260). Mahwah, NJ: Erlbaum.

Reese, J., Deci, E. L., & Ryan, R. M. (2004). Self-determination theory: A dialectical framework for understanding sociocultural influences on student motivation. In D. M. McInerney & S. Van Etten (Eds.), *Big theories revisited* (pp. 31-60). Greenwich, CT: Information Age Publishing.

Regner, I., Escribe, C., & Dupeyrat, C. (2007). Evidence of social comparison in mastery goals in natural academic settings. *Journal of Educational Psychology, 99*, 575-583.

Rehm, L. P. & Plakosh, P. (1975). Preference for immediate reinforcement in depression. *Journal of Behavior Therapy and Experimental Psychiatry, 6*, 101-103.

Richeson, J. A., and J. N. Shelton. 2003. When prejudice does not pay: Effects of interracial contact on executive function. *Psychological Science, 14*, 287-290.

Reisenzein, R. (2001). Appraisal processes conceptualized from a schema theoretic perspective: Contributions to a process analysis of emotions. In K. R. Scherer, A. Schorr, & T. Johnstone (Eds.), *Appraisal processes in emotion: Theory, methods, research. Series in affective science* (pp. 187-201). New York: Oxford University Press.

Riso, L. P, du Toit, P. L., Stein, D. J., & Young, J. E. (2007). *Cognitive schemas and core beliefs in psychological problems: A scientist-practitioner guide*. Washington, DC: American Psychological Association.

Riso, L. P, Maddux, R. E., & Turini-Santorelli, N. (2007). Fatly maladaptive schemas in chronic depression. In L. P. Riso, P. L. du Toit, D. J. Stein, & J. E. Young (Eds.), *Cognitive schemas and core beliefs in psychiatric disorders: A scientist-practitioner guide* (pp. 41-58). Washington, DC: APA Books.

Riso, L. P., McCullough, Jr. J. P., & Blandino, J. (2003). The cognitive behavioral analysis system of psychotherapy: A promising treatment for chronic depression. *The Scientific Review of Mental Health Practice, 2*, 61-68.

Ritchhart, R. (2002). *Intellectual character: What it is, why it matters, and how to get it*. San Francisco: Jossey-Bass.

Ritzler, B. A., Sharkey, K. J., & Chudy, J. F. (1980). A comprehensive projective alternative to the TAT.

Journal of Personality Assessment, 44, 358-362.

Roberts, G. E. (2007). *Roberts-2 Casebook*. Los Angeles: Western Psychological Services.

Roberts, G. E., & Gruber, C. (2005). *Roberts-2*. Los Angeles: Western Psychological Services.

Ronan, G. F, Colavito, V. A., & Hammontree, S. R. (1993). Personal problem-solving system for scoring TAT responses: Preliminary validity and reliability data. *Journal of Personality Assessment, 61*, 28-40.

Ronan, G. F, Date, A. L., & Weisbrod, M. (1995). Personal problem-solving scoring of the TAT: Sensitivity to training. *Journal of Personality Assessment, 64*, 119-131.

Rothbart, M. K., Ahadi, S. A., & Evans, D. E. (200(1). Temperament and personality: Origins and outcomes. *Journal of Personality and Social Psychology, 78*, 122-135.

Rothbart, M. K., & Bates, J. E. (2006). Temperament. In N. Eisenberg & W. Damon (Eds.), *Handbook of child psychology: Social, emotional, and personality development* (vol. 3, 6th ed., pp. 99-166). New York: Wiley.

Rothbart, M. K., & Bates, J. E. (2006). Temperament in children's development. In W. Damon, R. Lerner, & N. Eisenberg (Eds.), *Handbook of child psychology volume 3, Social, emotional, and personality development* (6th ed., pp. 99-106). New York: Wiley.

Rothbart, M. K., Derryberry, D., & Posner, M. (1994). A psychobiological approach to the development of temperament. In J. E. Bates & T. D. Wachs (Eds.), *Temperament Individual differences at the interface of biology and behavior* (pp. 83-116). Washington, DC: American Psychological Association.

Rothbart, M. K., & Jones, L. B. (1998). Temperament, self regulation, and education. *School Psychology Review, 27*, 479-491.

Rubin, K. H., Coplan, R. J., Fox, N. A., & Calkins, S. D. (1995). Emotionality, emotion regulation and preschoolers' social adaptation. *Development and Psychopathology, 7*, 49-62.

Rudman, L. A. (2004). Sources of implicit attitudes. *Current Directions in Psychological Science, 13*(2), 80-83.

Rund, B. R. (1986). Communication deviance in parents of schizophrenics. *Family Process, 25*, 133-147.

Russ, S. W. (1998). Teaching child assessment from a developmental-psycho dynamic framework. In L. Handler & M. J. Hilsenroth (Eds.), *Teaching and learning personality assessment* (pp. 453-468). Mahwah, NJ: Erlbaum.

Ryan, R. M., & Connell, J. P. (1989). Perceived locus of causality and internalization: Examining reasons for acting in two domains. *Journal of Personality and Social Psychology, 57*, 749-761.

Sackett, P. R., Borneman, M., and Connelly, B. 5 (2008). High stakes testing in education and employment: Evaluating common criticisms regarding validity and fairness. *American Psychologist, 63*, 215-227.

Sackett, P. R., Zedeck, S., & Fogli, L. (1988). Relations between measures of typical and maximum job performance. *Journal of Applied Psychology, 73*, 482-486.

Safran, J. D., & Greenberg, L. S. (1988). Feeling, thinking, and acting: A cognitive framework for psychotherapy integration. *Journal of Cognitive Psychotherapy, 2*, 109-131.

Salz, G., & Epstein, S. (1963). Thematic hostility and guilt responses as related to self-reported hostility, guilt, and conflict. *Journal of Abnormal and Social Psychology, 67*, 469-479.

Sandler, J. (1992). Reflections on developments in the theory of psychoanalytic technique. *International Journal of Psycho-Analysis, 73*, 189-198.

Sandler, J., & Rosenblatt, B. (1962). The concept of the representational world. *The Psychoanalytic Study of the Child, 17*, 128-145.

Santostefano, S. (1991). Coordinating outer space with inner self: Reflections on developmental psychopathology. In D. P. Keating & H. Rosen (Eds.), *Constructivist perspectives on developmental and atypical development* (pp. 11-40). Hillsdale, NJ: Erlbaum.

Schafer, R. (1992). *Retelling a life: Narration and dialogue in psychoanalysis*. New York: Basic Books.

Schank, R. C. (1990). *Tell me a story: A new look at real and artificial memory*. New York: Charles Scribner's Sons.

Schank, R. C. & Abelson, R. P. (1995). Knowledge and memory: The real story. In Wyer, R. S. (Ed.), Knowledge and memory: The real story. *Advances in Social Cognition, 8*, 1-85.

Schank, R. C., & Abelson, R. P. (1977). *Scripts, plans, goals and understanding An inquiry into human knowledge structures*. Hillsdale, NJ: Erlbaum.

Schartau, P., Dalgleish, T., & Dunn, B. (2009). Seeing the bigger picture: Training in perspective broadening reduces self-reported affect and psychophysiological response to distressing films and autobiographical memories. *Journal of Abnormal Psychology, 118*, 15-27.

Scherer, K. R. (1992). On social representations of emotional experience: Stereotypes, prototypes or archetypes? In M. von Cranach, W. Doise, & G. Mugny (Eds.), *Social representations and the social bases of knowledge* (pp. 30-36). Bern, Switzerland: Huber.

Scherer, K. R. (20(11). Appraisal considered as a process of multi-level sequential checking. In K. R. Scherer, A. Schorr, & T. Johnstone (Eds.), *Appraisal processes in emotion: Theory, methods, research* (pp. 92-120). New York and Oxford: Oxford University Press.

Scherer, K. R., Schorr, A., & Johnstone, T. (2001). *Appraisal processes in emotion: Theory, methods, research*. New York: Oxford University Press.

Schmeichel, B. J., Vohs, K. D., & Baumeister, R. F (2003). Intellectual performance and ego depletion: Role of the self in logical reasoning and other information processing. *Journal of Personality and Social Psychology, 85*, 33-46.

Schneider, M. F. (1989). *Children & Apperceptive Storytelling Test*. Austin, TX: Pro-Ed.

Schnell, K., Dietrich, T., Schnitker, R., Daumann, J., & Herpertz, S. C. (2007). Processing of autobiographical memory retrieval cues in Borderline Personality Disorder. *Journal of Effective Disorders, 97*, 253-259.

Schore, A. N. (2003). *Affect regulation and the repair of the self*. New York: W. W. Norton & Company.

Schroder, H. M., Driver, M. J., & Streufert, S. (1967). *Human information processing*. New York: Holt, Rinehart and Winston.

Schroth, M. L. (1977). The use of the Associative Elaboration and Integration Scales for evaluating CAT protocols. *Journal of Psychology, 97*, 29-35.

Schult, C. A. (2002). Children's understanding of the distinction between intentions and desires. *Child Development, 73*, 1727-1747.

Schultheiss, O. C., & Brunstein, J. C. (2001). Assessment of implicit motives with a research version of the TAT: Picture profiles, gender differences, and relations to other personality measures. *Journal of Personality Assessment, 77*, 71-86.

Schultheiss, O. C., Yankova, D., Dirlikov, B., & Schad, D. J. (2009). Are implicit and explicit motive measures statistically independent? A fair and balanced test using the Picture Story Exercise and a cue- and response-matched questionnaire measure. *Journal of Personality Assessment, 91*, 72-81.

Schwartz, J. C., & Shaver, P. (1987). Emotions and emotion knowledge in interpersonal relations. In W. Jones & D. Penman (Eds.), *Advances in personal relationships* (pp. 197-241). Greenwich, CT: JAI Press.

Schwartz, L., & Eagle, C. J. (1986). *Psychological portraits of children*. Lexington, MA: Lexington Books.

Shapiro, T., & Huebner, H. F. (1976). Speech patterns of five psychotic children now in adolescence. *Journal the American Academy of Child Psychiatry, 15*, 278-293.

Sheldon, K. M., Ryan, R., Deci, E., & Kasser, T. (2004). The independent effects of goal contents and motives on well-being: It's both what you pursue and why you pursue it. *Personality and Social Psychology Bulletin, 30*, 475-486.

Sherman, J. W., Gawronski, B., Gonsalkorale, K., Hugenberg, K., Allen, T. J., & Groom, C. J. (2008). The self-regulation of automatic associations and behavioral impulses. *Psychological Review, 115*, 314-335.

Shirk, S. R. (1998). Interpersonal schemata in child psychotherapy. *Journal of Clinical Child Psychology, 27*, 4-16.

Shirk, S. R., Boergers, J., Eason, A., & Van Horn, M. (1998). Dysphoric interpersonal schemata and preadolescents' sensitization to negative events. *Journal of Clinical Child Psychology, 27*, 54-68.

Shirk, S. R., & Russell, R. L. (1996). *Change processes in child psychotherapy: Revitalizing treatment and research*. New York: Guilford Press.

Shneidman, F. S. (1951). *Thematic test analysis*. New York: Crune & Stratton.

Shweder, R. A. (1994). "You're not sick, you're just in love": Emotion as an interpretive system. In P. Ekman and R. J. Davidson (Eds.), *The nature of emotion* (pp. 32-44). New York: Oxford University Press.

Singer, J. A., & Salovey, P. (1991). Organized knowledge structures and personality. In M. J. Horowitz (Ed.), *Personal schemas and maladaptive interpersonal patterns* (pp. 33-80). Chicago: University of Chicago Press.

Singer, J. A., & Salovey, P. (1993). *The remembered self Emotion and memory in personality*. New York: The Free Press.

Singer, J. A. (1981). Research applications of projective methods. In A. I. Rabin (Ed.), *Assessment with projective techniques* (pp. 297-331). New York: Springer.

Singer, M. T., & Wynne, L. C. (1966). Principles for scoring communication defects and deviances in parents of schizophrenics: Rorschach and TAT scoring manuals. *Psychiatry: Journal for the Study of Interpersonal Processes, 29*, 260-288.

Skinner, E. A. (1999). Action regulation, coping, and development. In J. B. Brandtstlidter & R. M. Lerner (Eds.), *Action and self-development* (pp. 465-503). Thousand Oaks, CA: Sage.

Skinner, E. A., & Zimmer-Cembeck, M. J. (2007). The development of coping. *Annual Review of Psychology, 58*, 119-144.

Slemon, A. G., Holzwarth, E. J., Lewis, J., & Sitko, M. (1976). Associative elaboration and integrations scales for evaluating TAT protocols. *Journal of Personality Assessment, 40*, 365-369.

Sloman, S. (1994). When explanations compete: The role of explanatory coherence on judgments of likelihood. *Cognition, 52*, 1-21.

Sloman, S. (1996). The empirical case for two systems of reasoning. *Psychological Review, 119*, 3-22.

Smith, C. A., & Kirby, L. D. (2001a). Affect and cognitive appraisal: From content to process models. In J. Forgas (Ed.), *Handbook of affect and social cognition* (pp. 75-92). Hillsdale, NJ: Lawrence Erlbaum.

Smith, C. A., & Kirby, L. D. (2001b). Breaking the tautology: Toward delivering on the promise of appraisal theory. In K. Scherer, A. Schorr, & T. Johnstone (Eds.), *Appraisal theories of emotion* (pp. 121-138). Oxford: Oxford University Press.

Smith, C. A., & Scott, H. S. (1997). A componential approach to the meaning of facial expressions. In J. A. Russell & J. M. Fernández-Dols (Eds.), *The psychology of facial expression* (pp. 229-254). New York: Cambridge University Press.

Smith, C. P. (1992). Reliability issues. In J. W. Atkinson, D. C. McClelland, & J. Veroff (Eds.), *Motivation and personality: Handbook of thematic content analysis* (pp. 126-142). New York: Cambridge University Press.

Smith, E. R., & Neumann, R. (2005). Emotion processes considered from the perspective of dual-process models. In L. F. Barrett, P. M. Niedenthal, & P. Winkielman (Eds.), *Emotion and consciousness* (pp. 287-311). New York: Guilford Press.

Smolensky, P. (1988). On the proper treatment of connectionism. *Behavioral and Brain Sciences, 11*, 1-74.

Soenens, B., & Vanstecnkistc, M. (2005). Antecedents and outcomes of self-determination in three life domains: The role of parents' and teachers' autonomy support. *Journal of Youth and Adolescence*, *34*, 589-604.

Solomon, I. L., & Starr, B. (1968). *School Apperception Method (SAM)*. New York: Springer.

Spalding, L. R., & Hardin, C. D. (1999). Unconscious unease and self-handicapping: Behavioral consequences of individual differences in implicit and explicit self-esteem. *Psychological Science*, *10*, 535-539.

Spangler, W. D. (1992). Validity of questionnaire and TAT measures of need for achievement. *Psychological Bulletin*, *112*, 140-154.

Spear, W. E., & Lapidus, L. B. (1981). Qualitative differences in manifest object representations: Implications for a multi-dimensional model of psychological functioning. *Journal of Abnormal Psychology*, *90*, 157-187.

Spinrad, T. L., Eisenberg, N., Cumberland, A., Fabes, R. A., Valiente, C., Shepard, S. A., Reiser M., Losoya, S. H., & Guthrie, I. K. (2(106). Relation of emotion-related regulation to children's social competence: A longitudinal study. *Emotion*, *6*(3), 498-510.

Spitz, H. H. (1988). Mental retardation as a thinking disorder: The rationalist alternative to empiricism. In N. Bray (Ed.), *International review of research in mental retardation* (Vol. 15, pp. 1-32). New York: Academic Press.

Stivastava, S., Tamir, M., McGonigal, K. M., John, O. P., & Gross, J. J. (2009). The social costs of emotional suppression: A prospective study of the transition to college. *Journal of Personality and Social Psychology*, *96*, 883-897.

Stark, K. D., Rouse, L., & Livingston, R. (1991). Treatment of depression during childhood and adolescence: Cognitive-behavioral procedures for the individual and family. In P. C. Kendall (Ed.), *Child and adolescent therapy: Cognitive and behavioral procedures* (pp. 165-208). New York: Guilford Press.

Stein, M. J. (1955). *The Thematic Apperception Test* (Rev. ed). Cambridge, MA: Addison Wesley.

Strelau, J. (1983). A regulative theory of temperament. *Australian Journal of Psychology*, *35*, 305-317.

Strelau, J. (1994). The concepts of arousal and arousability as used in temperament studies. In J. E. Bates & T. D. Wachs (Eds.), *Temperament: Individual differences at the interface of biology and behavior* (pp. 117-141). Washington, DC: American Psychological Association.

Streufert, S., & Nogami, G. Y (1989). Cognitive style and complexity: Implications for I/O psychology. In C. L. Cooper, I. T. Robertson et al. (Eds.), *International review of industrial and organizational psychology* (pp. 93-143). Chichester, England: Wiley.

Stricker, G., & Healy, B. J. (1990). Projective assessment of object relations: A review of the empirical literature. *Psychological Assessment: A Journal of Consulting and Clinical Psychology*, *2*, 219-230.

Stuart, J., Westen, D., Lohr, N. E., & Benjamin, J. (1990). Oh jeer relations in borderlines, depressive, and normals: An examination of human responses on the Rorschach. *Journal of Personality Assessment*, *55*, 296-318.

Suarez-Orozco, M. M. (1989). *Central American refugees and US. high schools: A psychosocial study of motivation and achievement*. Stanford, CA: Stanford University Press.

Suedfeld, P., Tetlock, P. E., & Streufert, S. (1992). Conceptual/integrative complexity. In C. F Smith (Ed.), *Motivation and personality: Handbook of thematic content analysis* (pp. 393-400). New York: Cambridge University Press.

Sullivan, H. S. (1953). *The interpersonal theory of psychiatry*. New York: Norton.

Swallow S. R. (2000). A cognitive-behavioral perspective on the involuntary defeat strategy. In L. Sloman and P. Gilbert (Eds.), *Subordination and defeat An evolutionary approach to mood disorders and their therapy* (pp 181-198). Mahwah, NJ; Erlbaum.

Symonds, P. M. (1939). Criteria for the selection of pictures for the investigation of adolescent fantasies. *Journal of Abnormal and Social Psychology, 34*, 271-274.

Symonds, P. M. (1949). *Adolescent fantasy*. New York: Columbia University Press.

Tangney, J., Stuewig, J., & Mashek, D. (2007). Moral emotions, moral cognitions, and moral behavior. *Annual Review, 58*, 345-372.

Tannock, R., Purvis, K. F., & Schachar, R. J. (1993). Narrative abilities in children with Attention Deficit Hyperactivity Disorder and normal peers. *Journal of Abnormal Child Psychology, 21*, 103-117.

Teglasi, H. (1993). *Clinical use of story telling: Emphasizing the TAT with children and adolescents*. Boston: Allyn & Bacon.

Teglasi, H. (1998). Assessment of schema and problem-solving strategies with projective techniques. In M. Hersen & A. Bellack (Series Eds.) & C. Reynolds (Vol. Ed.), *Comprehensive clinical psychology: Vol. 4. Assessment* (pp. 459-499). London, England: Elsevier Science Press.

Teglasi, H. (2006). Temperament. In G. Bear & K. Minke (Eds.), *Children's needs* (327-336). Washington, DC: National Association of School Psychologists

Teglasi, H., & Epstein, S. (1998). Temperament and personality theory: The perspective of cognitive-experiential self-theory. *School Psychology Review, 27*, 534-550.

Teglasi, H., & Fagin, S. (1984). Social anxiety and self-other biases in causal attribution. *Journal of Research in Personality, 18*, 64-80.

Teglasi, H., & JIoffman, M. A. (1982). Causal attributions of shy subjects. *Journal of Research in Personality, 16*, 376-385.

Teglasi, H., Locraft, C., & Felgenhauer, K. (2008a). Empathy. In S. R. Jenkins (Ed.), *Empathy, A handbook of clinical scoring systems for thematic apperceptive techniques* (pp. 573-606). New York: Erlbaum (Taylor and Francis Group).

Teglasi, H., Locraft, C., & Felgcnhauer, K. (2008b). Empathy. In S. R. Jenkins (Ed.), *Scoring manual for empathy: A handbook of clinical scoring systems for thematic apperceptive techniques* (pp. 607-632g. New York: Erlhaum (Taylor and Francis Group).

Teglasi, H., Rahill, S., & Rothman, L. (2007). A story-guided peer group intervention for reducing bullying and victimization in schools. In J. E. Zins, M. J. Elias, and C. A. Maher (Eds.). *Bullying, victimization, and peer harassment A handbook of prevention and intervention* (pp. 219-237). New York: Haworth Press.

Teglasi, H., & Rothman, L. (2001). STORIES: A classroom-based program to reduce aggressive behavior. *Journal of School Psychology, 39*, 71-94.

Thompson, A. E. (1986). An object relational theory of affect maturity: Applications to the Thematic Apperception Test. In M. Kissen (Ed.), *Assessing object relations phenomena* (pp. 207-224). Madison, WI: International Universities Press.

Thompson, C. E. (1949). The Thompson modification of the Thematic Apperception Test. *Rorschach Research Exchange and Journal of Projective Techniques, 13*, 469-478.

Thompson, J. M., & Sones, R. A. (1973). *Education Apperception Test*. Los Angeles: Western Psychological Services.

Tomkins, S. S. (1947). *Thematic Apperception Test*. New York: Grune & Stratton.

Tomkins, S. S. (1987). Script theory. In J. Aronoff, A. J. Rabin, & R. A. Zucker (Eds.), *The emergence of personality* (pp. 147-216). New York: Springer.

Trentacosta, C. J., Izard, C. E., Mostow, A., & Fine, S. E. (2006). Children's emotional competence and attentional competence in early elementary school. *School Psychology Quarterly, 21*(2), 148-170.

Uleman, J. S. (2005). On the inherent ambiguity of traits and other mental concepts. In B. F. Malle & S. D. Hodges (Eds.), *Other minds: How humans bridge the divide between self and others* (pp. 253-267). New

York: Guilford Publications.

Urist, J. (1977). The Rorschach test and the assessment of object relations. *Journal of Personality Assessment, 41*, 3-9.

Urist, J. (1980). Object relations. In R. H. Woody (Ed.), *Encyclopedia of clinical assessment* (Vol. 2, pp. 821-833). San Francisco: Jossey-Bass.

Urist, J., & Shill, M. (1982). Validity of the Rorschach Mutuality of Autonomy Scale: A replication using excerpted responses. *Journal of Personality Assessment, 46*, 450-454.

Vaillant, G. E. (1977). *Adaptation and life*. Boston: Little, Brown.

Vaillant, G. E. (1992). *Ego mechanisms of defense: A guidefor clinicians and researchers*. Washington, DC: American Psychiatric Press.

Vansteenkiste, M., Lens, W., & Deci, E. I. (2006). To plan or not to plan? Goal achievementor interrupting the performance of mundane behaviors. *Educational Psychologist, 41*(1), 19-31.

Vansteenkiste, M., Simons, J., Lens, W., Sheldon, K. M., & Deci, E. L. (2004). Motivating learning, performance, and persistence: The synergistic role of intrinsic goals and autonomy-support. *Journal of Personality and Social Psychology, 87*, 246-260.

Vanstecnkiste, M., Zhou, M., Lens, W, & Soenens, B. (2005). Experiences of autonomy and control among Chinese learners: Vitalizing or immobilizing? *Journal of Educational Psychology, 97*, 468-483.

Veroff, J. (1992). Thematic apperceptive methods in survey research. In J. W. Atkinson, D. C. McClelland, & J. Veroff (Eds.), *Motivation and personality: Handbook of thematic content analysis* (pp. 100-109). New York: Cambridge University Press.

Veroff, J., Atkinson, J. W., Feld, S. C., & Gurin, G. (1960). The use of thematic apperception to assess motivation in a nationwide interview study. *Psychological Monographs, 74*, 32.

Vitz, P. C. (199(3). The use of stories in moral development: New psychological reasons for an old education method. *American Psychologist, 45*, 709-720.

Watkins, C. E., Campbell, V. L., & McGregor, P. (1988). Counseling psychologists' uses of and opinions about psychological tests: A contemporary perspective. *Counseling Psychologist, 16*, 476-486.

Watkins, C. F., Campbell, V. L., Nieberding, R., & Hallmark, R. (1995). Contemporary practice of psychological assessment by clinical psychologists. *Professional Psychology: Research and Practice, 26*, 54-60.

Watson, D., & Clark, L. A. (1992). Affects separable and inseparable: On the hierarchical arrangement of the negative affects. *Journal of Personality and Social Psychology, 62*, 489-505.

Weiner, I. B. (1966). *Psychodiagnosis in Schizophrenia*. New York: Wiley.

Weisskopf, E. A. (1950). A transcendence index as a proposed measure in the TAT. *Journal of Psychology, 29*, 379-390.

Weisskopf-Joelson, E. A., & Foster, H. C. (1962). An experimental study of the effect of stimulus variation upon projection. *Journal of Projective Techniques, 26*, 366-370.

Weisskopf-Joelson, E. A., & Fyn, D. B. (1953). The effect of variations in ambiguity on projection in the Children's Apperception Test. *Journal of Consulting Psychology, 17*, 67-70.

Weisskopf-Joelson, E. A., Zimmerman, J., & McDaniel, M. (1970). Similarity between subject and stimulus as an influence on projection. *Journal of Projective Techniques and Personality Assessment, 34*, 328-331.

Wellman, H. M. (1990). *The child's theory of mind*. Cambridge: MIT Press.

Wellman, H. M. (2002). Understanding the psychological world: Developing a theory of mind. In U. Goswami (Ed.), *Handbook of childhood cognitive development* (pp. 167-187). Oxford: Blackwdll.

Wellman, H. M., & Gelman, S. A. (1998). Knowledge acquisition in foundational domains. In W. Damon (Series Ed.), & D. Kuhn & R. Siegler (Vol. Eds.), *Handbook of child psychology: Cognition, perception, and language* (vol. 2, 5th ed., pp. 523-573). New York: Wiley.

Wellman, H. M., Lopez-Duran, S., FaBounty, J. & Llamilton, B. (2008). Infant attention to intentional action predicts preschool theory of mind. *Developmental Psychology*, *44*, 618-623.

Wellman, H. M., & Phillips, A. T. (2001). Developing intentional understanding. In B. F. Malle, F. J. Moses, & D. A. Baldwin (Eds.), *Intentions and intentionality: Foundations of social cognition* (pp. 125-148). Cambridge, MA: MIT Press.

Wellman, H. M., & Woolley, J. D. (1990). From simple desires to ordinary beliefs: The early development (if everyday psychology. *Cognition*, *35*, 245-275.

Westen, D. (1985). *Self and society: Narcissism, collectivism, and the development of morals*. New York: Cambridge University Press.

Westen, D. (1990). Towards a revised theory of borderline object relations: Contributions of empirical research. *International Journal of Psychoanalysis*, *71*, 661-693.

Westen, D. (1991). Clinical assessment of object relations using the TAT. *Journal of Personality Assessment*, *56*, 56-74.

Westen, D. (1993). Social cognition and social affect in psychoanalysis and cognitive psychology: From regression analysis to analysis of regression. In J. W. Barron, M. N. Eagle, & D. L. Wolitzky (Eds.), *Interface of psychoanalysis and psychology* (pp. 375-388). Washington, DC: American Psychological Association.

Westen, D. (1995). A clinical-empirical model of personality: Fife after the Mischelian ice age and the NEO-lithic era. *Journal of Personality*, *63*, 495-524.

Westen, D., Klepser, J., Ruffins, S. A., Silverman, M., Lifton, N., & Boekamp, J. (1991). Object relations in childhood and adolescence: The development of working representations. *Journal of Consulting and Clinical Psychology*, *9*, 400-409.

Williams J. M. G., Watts, F. N., MacLeod, C., & Mathews A. (1997). *Cognitive psychology and emotional disorders* (2nd ed). Chichester, UK: Wiley.

Williams, L. M., Hermens, D. F, Palmer, D., Kuhn, M., Clarke, S., Keage, H., Clark, C. R., & Gordon, E. (2008). Misinterpreting emotional expressions in Attention-Deficit/Hyperactivity Disorder: Evidence for a neural marker and stimulant effects. *Biological Psychiatry*, *63*(10), 917-926.

Wilson, A. (1988). Levels of depression and clinical assessment. in H. D. Lerner & P. M. Lerner (Eds.), *Primitive mental states and the Rorschach* (pp. 441-462). Madison, CT: International Universities Press.

Wilson, E. J., MacLeod, C., Mathews, A., & Rutherford, E. M. (2006). The causal role of interpretive bias in anxiety reactivity. *Journal of Abnormal Psychology*, *115*, 103-ill.

Winnicott, D. W. (1965). *Maturational processes and the facilitating environment*. London: Hogarth Press and the Inst. of Psa; Madison, CT: International Universities Press.

Winnicott, D. W. (1971). *Transitional objects and transitional phenomena*. New York: Basic Books.

Winter, D. A. (1982). Construct relationships, psychological disorder and therapeutic change. *British Journal of Medical Psychology*, *55*, 257-270.

Winter, D. G., John, O. P., Stewart, A. J., Klohnen, E. C., & Duncan, L. E. (1998). Traits and motives: Toward an integration of two traditions in personality research. *Psychological Review*, *105*(2), 230-250.

Woike, B. A., & Aronoff, J. (1992). Antecedents of complex social cognitions. *Journal of Personality and Social Psychology*, *63*, 97-104.

Woike, B. A., Gershkovich, I., Piorkowski, R., & Polo, M. (1999). The role of motives in the content and structure of autobiographical memory. *Journal of Personality and Social Psychology*, *76*, 600-612.

Woike, B. A., Lavezzary, E., & Barsky, J. (2(1(31). The influence of implicit motives on memory. *Journal of Personality and Social Psychology*, *81*, 935-945.

Woike, B. A., Mcleod, S., & Goggin, M. (20(13). Implicit and explicit motives influence accessibility to different autobiographical memories. *Personality and Social Psychology Bulletin, 29*, 1046-1055.

Woike, B. A., & Polo, M. (2(101). Motive-related memories: Content, structure and affect. *Journal of Personality, 69*, 391-415.

Wolk, R. L., & Wolk, R. B. (1971). *The Gerontological Apperception Test*. New York: Behavioral Publications.

Wolters, C. (2004). Advancing goal theory: Using goal structures and goal orientations to predict students' motivation, cognition, and achievement. *Journal of Educational Psychology, 96*, 236-250.

Woolfolk, R. L., Gara, M. A., Allen, L. A., & Beaver, J. D. (2004). Self-complexity: An assessment of construct validity. *Journal of Social and Clinical Psychology, 23*, 463-474.

Worchel, F. T., Aaron, L. L., & Yates, D. F. (1990). Gender bias on the Thematic Apperception Test. *Journal of Personality Assessment, 55*, 593-602.

Wozniak, R. H. (1985). Notes toward a co-constructive theory of the emotion/cognition relationship. In D. Bearison & H. Zimiles (Eds.), *Thought and emotion: Developmental issues* (pp. 39-64). Hillsdale, NJ: Erlbaum.

Wyer, R. S., Jr., & Srull, T. K. (Eds.). (1994). *Handbook of social cognition* (2nd ed., Vols. 1-2). Hillsdale, NJ: Erlbaum.

Wynne, L. C., Singer, M. T., & Toohey, M. (1976). Communication of the adoptive parents of schizophrenics. In J. Jorstad & E. Ugelstad (Eds.), *Schizophrenia 75: Psychotherapy, family studies, research* (pp. 413-451). Oslo: University of Oslo Press.

Young, J. E., Klosko, J. S., & Weishaar, M. (2003). *Schema therapy: A practitioner's guide*. New York: Guilford Publications.

Zelazo, P. D., & Cunningham, W. A. (2007). Executive function: Mechanisms underlying emotion regulation. In J. J. Gross (Ed.), *Handbook of emotion regulation* (pp. 135-158). New York: Guilford Press.

Zaleski, Z. (1994). *Psychology of future orientation*. Fublin, Poland: Wydawnictwo Towarzystwa Naukowego Katolickiego Uniwersyteta Fubelskiego.

Zimbardo, P. G., & Boyd, J. N. (2008). *The time paradox*. New York: Free Press, Simon & Schuster.

Zimbardo, P. G., Keough, K. A., & Boyd, J. N. (1997). Present time perspective as a predictor of risky driving. *Personality and Individual Difference, 23*, 1007-1023.

Zubin, J., Fron, L. D., & Schumer, F. (1965). *An experimental approach to projective techniques*. New York: Wiley.

주요 참고 문헌 주석

Bellak, L., & Abrams, D. M. (1997). *The Thematic Apperception Test, The Children's Apperception Test, and The Senior Apperception Technique in clinical use*. Boston: Allyn & Bacon.

이 책은 Bellak의 정신역동적 해석 접근을 다루고 있으며, 관련 문헌과 적절한 사례 예시가 포함되어 있다.

Cramer, P. (2004). *Storytelling, narrative, and the Thematic Apperception Test*. New York: Guilford Press.

이 책은 특정 기법의 신뢰도와 타당도에 대한 학술적 개관과 더불어 임상적 사례 예시를 포함하며, TAT에 관한 문헌의 종합적 양식을 제공한다.

Gieser, L., & Stein, M. I. (Eds.). (1999). *Evocative images: The Thematic Apperception Test and the art of projection*. Washington, DC: American Psychological Association.

이 책은 임상 실제와 연구에 활용되는 TAT에 대하여 각 해당 분야의 선구자인 저자들의 생각과 의견을 바탕으로 구성되어 있다.

Jenkins, S. R. (Ed.). (2008). *A handbook of clinical scoring systems for thematic apperceptive techniques*. New York: Lawrence Erlhaum Associates.

이 책에는 다양한 임상적 채점체계가 정리되어 있다. 이 책은 각 채점체계의 이론적 배경과 연구뿐만 아니라, 채점 절차와 예시를 제공한다. 각 장의 저자들과 편집자의 공헌을 바탕으로, 이 책은 주제통각기법의 일반적인 이론적 배경과 각 채점체계와 관련된 정보를 제공한다.

Kelly, F. D. (1996). *Object relations in younger children: Rorschach and TAT measures*. Springfield, IF: Charles C. Thomas.

이 책은 아동의 대상관계 평가에 초점을 두고 있으며 , 상호자율성 척도(Rorschach)와 사회인지 및 대상관계 척도(TAT)를 설명하는 다양한 예시를 제공한다.

Kelly, F. D. (1997). *The assessment of object relations phenomena in adolescents*. Mahwah, NJ: Erlbaum.

이 책은 상호자율성 척도(Rorschach)와 사회인지 및 대상관계 척도(TAT)를 활용한 대상관계 평가 절차를 설명하는 임상적 사례 예시를 제공한다.

Kroon, N., Goudena, P. P., & Rispens, J. (1998). Thematic Apperception Tests for child and adolescent assessment: A practitioner's consumer guide. *Journal of Psychoeducational Assessment, 16*, 99-117.

이 개관 논문은 아동과 청소년에게 사용할 수 있는 12가지 주제통각검사에 대한 다양한 강점과 약점을 제시한다. 저자들은 특정한 심리평가적 주제를 다루는 다양한 검사가 TAT와 CAT에서 확립된 방법들을 보충하고 있음을 주시한다.

Peters, E. J., Hilsenroth, M. J., Eudell-Simmons, E. M., Blagys, M. D., & Handler, L. (2006). Reliability and validity of the Social Cognition and Object Relations Scale in clinical use. *Psychotherapy Research, 16*, 617-626.

Westen이 제안한 임상 채점체계인 사회인지 및 대상관계 척도(Social Cognition and Object Relations Scale; SCORS)는 TAT 및 기타 이야기 양식에서의 대상관계의 질을 평정하기 위해 연구에서 주로 사용된다. 대상관계의 차원은 사람에 대한 표상의 복합성, 관계의 정동적 분위기, 관계와 도덕적 기준에 대한 정서적 투자, 사회적 인과성의 이해를 포함한다. 이 논문은 임상 회기 동안 표현된 관계적 이야기를 SCORS로 측정하여 신뢰도와 수렴 타당도를 검증하였다.

Smith, C. P. (Ed.). (1992). *Motivation and personality: Handbook of thematic content analysis*. New York: Cambridge University Press.

이 책은 임상적으로 활용되지는 않지만 성격연구에서 널리 사용되는 TAT 내용분석의 역사와 채점절차에 대해 소개한다.

Teglasi, H. (1993). *Clinical use of storytelling: Emphasizing the TAT with children and adolescents*. Boston: Allyn & Bacon.

이 책은 이야기 내용, 구조, 과정과 같은 별개의 이야기 요소를 보다 일반적인 인지-정서 심리적 처리과정으로 조직화하는 통합적인 해석 지침을 제공한다.

Teglasi, H. (1998). Assessment of schema and problem-solving strategies with projective techniques. In M. Hersen & A. Bellack (Series Eds.) & C. Reynolds (Vol. Ed.), *Comprehensive clinical psychology: Vol. 4. Assessment* (pp. 459-499). New York: Elsevier Science Press.

이 책은 투사적 기법을 통해 도식과 문제해결 능력을 평가한 심리학 분야의 최신 개념과 연구에 대한 타당성을 개관한다.

찾아보기

[C]

[R]

[T]

[ㅈ]

[ㅊ]

[ㅋ]

[ㅌ]

[ㅍ]

[ㅎ]

역자 소개

장문선(moonsun@knu.ac.kr)

경북대학교 심리학과 및 동대학원 졸업
문학박사, 임상심리전문가, 중독심리전문가, 건강심리전문가
정신보건임상심리사 1급
현재 경북대학교 심리학과 교수
마인드플러스 심리상담센터 소장
한국임상심리학회 산하 지역사회심리자문연구회 회장
역서 이상심리학(공역, 2016, 박학사)
성격심리학(공역, 2013, 박학사)
심리학의 세계(공역, 2015, 학지사) 외 다수

이종환(leejonghwan7@gmail.com)

경북대학교 심리학과 및 동대학원 졸업
경북대학교 대학원 심리학과 박사과정 수료
임상심리전문가, 중독심리전문가
현재 경북대학교 심리학과 강사
한동대학교 상담심리사회복지학부 강사
마인드플러스 심리상담센터 부소장

TAT와 기타 스토리텔링 평가의 핵심, 제2판

Essentials of TAT and Other Storytelling Assessments

발 행 일 | 2016년 8월 30일 초판 1쇄 발행
저 자 | Hedwig Teglasi
역 자 | 장문선 · 이종환
발 행 인 | 구본하
발 행 처 | 도서출판 **박학사**
주 소 | 서울시 마포구 월드컵북로5길 33 동아빌딩 2층
전 화 | (02)3142-3764~5
팩 스 | (02)3142-3766
웹 사 이 트 | www.pakhaksa.co.kr
등 록 번 호 | 제10-2230호

정가 22,000원 ISBN 978-89-98521-53-0